“十三五”国家重点出版物出版规划项目

经济科学译丛

# 计量经济学
## 原理与实践
### （第二版）

达摩达尔·古扎拉蒂（Damodar Gujarati）　著

李井奎　译

ECONOMETRICS BY EXAMPLE
(SECOND EDITION)

中国人民大学出版社
·北京·

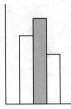

# 《经济科学译丛》总序

中国是一个文明古国，有着几千年的辉煌历史。近百年来，中国由盛而衰，一度成为世界上最贫穷、落后的国家之一。1949 年中国共产党领导的革命，把中国从饥饿、贫困、被欺侮、被奴役的境地中解放出来。1978 年以来的改革开放，使中国真正走上了通向繁荣富强的道路。

中国改革开放的目标是建立一个有效的社会主义市场经济体制，加速发展经济，提高人民生活水平。但是，要完成这一历史使命绝非易事，我们不仅需要从自己的实践中总结教训，也要从别人的实践中获取经验，还要用理论来指导我们的改革。市场经济虽然对我们这个共和国来说是全新的，但市场经济的运行在发达国家已有几百年的历史，市场经济的理论亦在不断发展完善，并形成了一个现代经济学理论体系。虽然许多经济学名著出自西方学者之手，研究的是西方国家的经济问题，但他们归纳出来的许多经济学理论反映的是人类社会的普遍行为，这些理论是全人类的共同财富。要想迅速稳定地改革和发展我国的经济，我们必须学习和借鉴世界各国包括西方国家在内的先进经济学的理论与知识。

本着这一目的，我们组织翻译了这套经济学教科书系列。这套译丛的特点是：第一，全面系统。除了经济学、宏观经济学、微观经济学等基本原理之外，这套译丛还包括了产业组织理论、国际经济学、发展经济学、货币金融学、公共财政、劳动经济学、计量经济学等重要领域。第二，简明通俗。与经济学的经典名著不同，这套丛书都是国外大学通用的经济学教科书，大部分都已发行了几版或十几版。作者尽可能地用简明通俗的语言来阐述深奥的经济学原理，并附有案例与习题，对于初学者来说，更容易理解与掌握。

经济学是一门社会科学，许多基本原理的应用受各种不同的社会、政治或经济体制的影响，许多经济学理论是建立在一定的假设条件上的，假设条件不同，结论也就不一定成立。因此，正确理解掌握经济分析的方法而不是生搬硬套某些不同条件下产生的结论，才是我们学习当代经济学的正确方法。

本套译丛于 1995 年春由中国人民大学出版社发起筹备并成立了由许多经济学专家学者组织的编辑委员会。中国留美经济学会的许多学者参与了原著的推荐工作。中国人民大学出版社向所有原著的出版社购买了翻译版权。北京大学、中国人民大学、复旦大学以及中国社会科学院的许多专家教授参与了翻译工作。前任策划编辑梁晶女士为本套译丛的出版做出了重要贡献，在此表示衷心的感谢。在中国经济体制转轨的历史时期，我们把这套译丛献给读者，希望为中国经济的深入改革与发展做出贡献。

《经济科学译丛》编辑委员会

计量经济学：原理与实践（第二版）

# 前　言

与第一版一样，《计量经济学：原理与实践》（第二版）主要是在不引入复杂的数学和统计学知识的情况下，来介绍计量经济学的基础内容。本书通篇的重点是用若干使用各种领域数据的例子来解释基本的计量经济理论。本书是为经济学、会计学、金融学、市场营销学等相关专业的学生而写的一本计量经济学教科书。对于 MBA 学员和企业、政府以及研究组织中的有关研究人员，本书也同样适用。

本书主要特点：

- 使用富有深度的例子来阐释计量经济学中的主要概念。
- 只要必要，我就把使用诸如 Eviews（第 8 版）、Stata（第 12 版）和 Minitab（第 16 版）所得到的图表以及计算机结果列在书中。
- 本书网站给出了示例以及习题中使用的数据。
- 所给出的习题可以作为课堂作业。
- 附录 1 给出了数据集的完整列表以及对分析中使用到的变量的描述。
- 附录 2 给出了理解本书所必要的基础统计学知识。

## 第二版的更新之处

- 增添了关于分位数回归建模和多回归子回归模型的两章。在本书网站上，还给出了关于分层线性回归模型和自举抽样的更深入的两章内容。
- 在原有各章里，增加了一些新的示例。
- 对基于数据的习题做了扩充。

## 本书结构

本书共分为五个部分。第一部分详细讨论了经典线性回归模型，这是计量经济学的主要工具。这一部分构成了本书其他部分的基础。其中新增的一些主题包括过原点回归或零截距模型，该模型由金融理论中著名的资本资产定价模型（CAPM）所阐释，使用的是英国证券市场数据。另外一个新增主题是分段线性回归，在该回归中，回归线的线性分段在某些节点处连接起来。

第二部分主要是批评性地审视了经典线性回归模型的假设。具体而言，这一部分探讨了多重共线性、异方差性、自相关和模型设定误差这几个专题。还讨论了联立方程偏误和动态回归模型。所有这些主题都使用具体的经济数据进行讨论，其中有些是这一版新加的。关于异方差性的那一章讨论了稳健标准误的一些技术层面，并介绍了异方差稳健 $t$ 统计量和异方差稳健瓦尔德（Wald）统计量的概念。关于自相关的那一章既讨论了自相关的标准德宾（Durbin）检验，也讨论了其他的德宾检验。该章还讨论了在小样本中通常使用的雅克-贝拉（Jarque-Bera）正态检验的局限。在这一部分，我增加了一些基于数据的习题。

第三部分探讨的是广义线性模型（GLM）。正如其名称所示，它们是经典线性回归模型的一般化。经典线性模型假设因变量是回归参数的线性函数，它是连续的，服从正态分布，而且具有不变的方差。对于误差项所作的正态性假设，目的是为了取得回归系数的概率分布，从而可以进行假设检验。这个假设在小样本中是非常重要的。

GLM 在以下这些情况下是很有用的：因变量均值是回归参数的线性函数，因变量不服从正态分布，且误差方差可能不是不变的。这部分所讨论的 GLM 包括 logit 和 probit 模型、多项回归模型、序数回归模型、截取回归模型和断尾样本回归模型以及处理计数数据的泊松和负二项回归模型。所有这些模型，我都给出了若干具体的例子来阐释。

在有一章的具体修订里包含了对 logit 模型和 probit 模型以及二元 probit 模型中机会比例的讨论，二元 probit 模型涉及两个可能相互关联的 yes/no 类型的因变量。第 11 章讨论了限值因变量回归模型，包含了对赫克曼（Heckman）的样本选择模型的讨论，该模型常被称作 Heckit 模型。本书这一部分涵盖了若干新习题。

第四部分讨论了在时间序列数据中经常遇到的若干主题。其中像平稳和非平稳时间序列数据、协整与误差纠正模型、资产价格波动性这类概念，用多个经济和金融数据集进行了说明。经济预测的主题是商业和经济预测者们最感兴趣的。预测的不同方法也得到了讨论和阐释。与本书其他部分一样，本部分到处可见新增的例子和习题。

第五部分包含了本版新增的两章，讨论计量经济学的若干高级专题。

第 17 章是关于面板数据回归模型的，这一章告诉我们如何研究横截面单位在一段时间上的行为以及在这类分析中如何研究其中的一些估计问题。其中一个例子就是美国 50 个州和华盛顿特区在 1985—2000 年期间的收入税以及对啤酒销售所征的啤酒税。

第 18 章是关于生存分析的，它考虑的是直到一件事件发生时的时间，譬如一个失业工人直到他找到工作时为止的这一段时间，一个被诊断为白血病的患者持续生存了多久，以及离婚到再婚的时间。在这一章，我们讨论了计量经济方法如何处理这类情况。

第 19 章是关于随机回归元与工具变量方法的，它解决了回归分析中的一个棘手问题，即回归误差项与模型中的一个或多个解释变量相关的问题。如果这样的相关关系存在，则回归参数的 OLS 估计值就不再是一致的；也即，无论样本有多大，它们都不会收敛到它们的真实值。工具变量（IV）或者叫代理变量，就被用来解决这一问题。工具变量必然满足两个标准：第一，它们一定与它们所代理的但又不与误差项相关的变量相关。

第二，工具变量本身在它们充当工具变量的模型中一定不是可能的解释变量。

第 20 章是关于分位数回归（QR）的，这是本版新增的一章。与 OLS 主要集中在估计一个或多个解释变量下的因变量均值不同，分位数回归通过把整个随机变量分布分成若干段，比如十分位、二十五分位和百分位，而着眼于整个（概率）分布。在偏态分布或存在若干异常值的分布中，估计分布的中位数可能比估计均值更好一些，因为后者可能会受到异常值或极端值的影响。在这一章，我说明了分位数回归是如何估计不同的分位数的，并给出了检验整个分布的一些优点。作为一个具体的例子，我重新探察了第 1 章讨论的工资数据和相关变量。

第 21 章是关于多回归子回归模型（MRM）的，也是本版新增的一章。MRM 在以下情况下是很有用的：我们有不止一个因变量，但每个因变量都有相同的解释变量。美国的学术能力测试（SAT）就是这样一个例子，这个考试是美国大多数高中生都要参加的。它由两部分组成：阅读成绩和数学成绩。我们可以估计考试成绩分别对每一种技能的 OLS 回归，但对于联合估计它们，它可能是很有优势的，因为影响每一考试成绩的变量是一样的。因此，这两个部分的成绩很可能是相关的。这两个分数的联合分布考虑了二者之间可能的相关性，从而给出了比分别由 OLS 估计时更有效率的估计量。不过，如果误差项不相关，联合估计并不比分别用 OLS 估计每个方程更有优势。

更广的一类 MRM 是似不相关回归方程（SURE）。在同一产业内部的几家不同企业的投资函数，就是这样的一个经典例子。由于这些企业面对的是相同的管制氛围，所以如果我们联合估计它们而不是分别估计每一个方程，则每个公司制定的投资决策可以得到更有效率的估计，因为很可能单个回归中误差项是相互关联的。要注意，与 SAT 中的例子不同，在那个例子中，相同的个体既参加阅读考试，又参加数学考试，在 SURE 中，情况并不是这样的。此外，在 SURE 中，解释变量对于不同企业可能是不同的。有意思的是，如果每个企业都有相同的解释变量，在每一家企业上取相同的值，SURE 估计值与通过估计每家企业的 OLS 回归所得到的估计值是一样的。而且，如果方程间的误差项不相关，那么这些方程的联合估计相对于每个方程的个别 OLS 估计，就没有什么优势了。

## 本书配套网站

本书配套网站是 www. palgrave. com/companion/gujarati-econometrics-by-example-2e，包括提供给学生和老师的指导手册。

对于学生，该网站上给出了 Excel 和 Stata 格式的所有数据集以及各章要点与结论。在若干章末的习题中，我鼓励学生使用这些数据进行实践操作，将所学知识应用到各种不同的情况中。

教师们也可以使用这些数据布置课堂作业，让学生建立并估计各种计量经济模型。对于教师来说，在这个配套网站上可找到章末习题的答案，其验证密码在教师区给出。在这里，教师们还可以找到每一章用于教学的幻灯片合集，以供上课使用。由于老师们专攻方向不同，所以，我还在本书配套网站上给出了另外两章内容，供他们选择讲述：第 22 章，分层线性回归模型［也被称为多水平线性回归模型（MLR）］要义，以及第 23 章，自举法：从样本中学习。

### 分层线性回归模型

MLR 的主要目标是在不止一个水平上预测作为解释变量函数的某个因变量的取值。有一个经常被研究的例子，就是学生们在标准化阅读考试中的分数。它既受到学生的特征（如学习时间）的影响，也受学生所在班级的特征（如班级规模）的影响。这是一个两种水平的分析。如果我们把学校的类型、本地或非本地纳入分析中来，这就成为一个三种水平的分析。该分析所从事研究的实际水平取决于所研究问题的类型、数据的可得性以及计算的便利性。正如你所能设想的那样，如果我们在多水平上研究一个问题，那么分析很快就会变得复杂起来。

这一例子中的要点在于，我们必须考虑分析得以完成的情境。这就是为什么 MLR 也被称为情境模型的原因。标准经典线性回归模型对于处理这类多水平分析是不够的。关于 MLR 的这一章解释了其中的原因，并且表明了这类多水平回归分析是如何被估计和解释的。

### 自举法

在经典线性回归模型中，如果增加回归误差项服从正态分布的假设，那么我们就能够估计该模型的参数，估计其标准误并建立真实参数值的置信区间。但如果正态性假设不成立或我们有一个其真实总体未知的样本，那么又会发生什么情况呢？在自举法这一章，我表明了如何取得感兴趣参数的估计量、它们的标准误以及基于所计算的标准误得到的置信区间。

# 致　谢

在《计量经济学：原理与实践》写作过程中，得到了纽约市立大学女王学院经济学助理教授 Inas Kelly 以及该校研究生中心的经济学杰出教授 Michael Grossman 极有价值的帮助，对他们我心怀感激。同时，我还要感谢以下评论者有益的评论和建议：

本书第一版的评论者：

▲ 沃里克大学 Michael P. Clements 教授

▲ 利物浦大学 Brendan McCabe 教授

▲ 佐治亚大学 Timothy Park 教授

▲ 哥本哈根大学副教授 Heino Bohn Nielsen

▲ 科因布拉大学助理教授 Pedro Andre Cerqueira

▲ 东英吉利亚大学 Peter Moffatt 博士

▲ 利物浦大学孙嘉静博士

本书第二版的评论者：

▲ 挪威商学院 Genaro Sucarrat 教授

▲ 圣安德鲁斯大学 Jouni Sohkanen 博士

▲ 杜尔海姆大学 Jin Suk Park 博士

▲ 皮泽学院 Linus Yamane 教授

▲ 安伯格·韦登应用科学大学 Horst Rottman 教授

▲ EDHEC 商学院 Frank J. Fabozzi 教授

▲ 西弗吉尼亚大学 Robert Duval 教授

▲ 马歇尔大学 Robert Bickel 教授

▲ 弗罗里达州立大学 Nicholas Stratis 教授

▲ 卡斯商学院和博戈莫大学 Giovanni Urga 教授

还有其他一些匿名的评论者不能一一列举表示谢忱了。当然对于本书所有可能的错误，本人负全部责任。

如果没有帕尔格雷夫·麦克米伦大学出版部的副总编 Jaime Marshall 以及本书编辑 Lauren Zimmerman 的鼓励和不断回馈，我可能无法按时完成此书，在此感谢他们。此外，我还要感谢 Aleta Bezuidenhout 和 Amy Grant 在幕后提供的无私帮助。

# 来自作者的一封信

亲爱的同学：

　　首先，我要感谢使用了本书第一版的同学和老师。正是他们的评论和建议鼓励了我，我才得以完成了本书的第二版。它仍然保留了对用户友好、以案例为基础的本书第一版的风格。在对本书第一版的主题进行了精炼之后，我在本版中做了一些修订。我在这一版中增加了两章内容，还在本书网站上增加了另外两章。在新版中我还增加了若干基于数据的习题。

　　正如在本书第一版中所提到的，如今计量经济学已经不再局限于经济系。计量经济技术被广泛应用于诸如金融、法律、政治科学、国际关系、社会学、心理学、医学和农业科学等诸多领域。有些为解决经济问题而特别发展的方法，现在已经在这些学科领域得到了运用。更新的计量经济学方法的不断发展，以及旧有的方法不断得到锤炼，使得计量经济学这门学科得到了飞速发展。

　　因此，这些领域中深入掌握计量经济学基础的学生往往在职业生涯中能够拔得头筹。很多公司、银行、房产经纪、各级政府以及像 IMF 和世界银行这样的国际组织，雇用了大量精通计量经济学的人员来估计需求函数和成本函数，对重要的国民经济变量和国际经济变量进行经济预测。此外，全世界各地的大学和学院对计量经济学家也构成了一个很大的需求。

　　现在市面上从初级到高级也有多本讨论计量经济学的教科书问世，帮助我们掌握这一技术。对于这个不断高涨的行业，我贡献了两本教材，一本是导论性质的，一本是中级水平的，现在我根据对一种新的写作方式的明确需要写作了第三本。我曾经在澳大利亚、印度、新加坡、美国和英国教授本科生和研究生的计量经济学多年，我逐步认识到，以一种直接、偏重实践的方式，通过引入若干有趣的案例，比如慈善捐赠、服装销售和汇率来深入浅出地解释这一常常是相对复杂的学科非常必要，事实上也很有市场。现在这种需求终于可以由本书来满足了。

今天学习计量经济学甚至变得更加激动人心，原因在于我们可以获得多种对使用者很友好的软件包。尽管这些软件包市面上竞争者众多，但是本书中我主要使用的是 Eviews 和 Stata，因为它们很容易得到，也很容易学习。这些软件包的学生版可以以一种相对合理的价格买到，我通篇都根据这些软件给出结果，因此你可以非常清楚地看到分析的结果。

通过将本书分为五个部分，我也让这本教材变得尽量便于使用，在本书前言中已经对此做出了详尽描述。每一章都遵循着类似的结构，以要点与结论结束全章，让同学们易于识记和复习。

我还把数据集和例子放在了本书配套网站 www. palgrave. com/companion/gujarati-econometrics-by-example-2e/上，一些学术杂志和大学包含的数据档案为研究者提供了进一步研究的大量数据。

我希望你能够尽情享受我所采用的方式学习计量经济学，也希望这本教科书可以成为你进一步学习经济学和其他相关学科以及你下一步职业生涯的有益的伙伴。

欢迎对本书提出反馈意见；请按照配套网站的邮件地址和我联系。这些意见对于修订本书弥足珍贵。

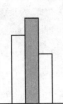

# 表格列表

这个列表中没有纳入的表格可以在本书配套网站上找到。参见附录1以得到这些表格的详细信息。

表格列表

计量经济学：原理与实践（第二版）

计量经济学：原理与实践（第二版）

# 图示列表

计量经济学：原理与实践（第二版）

# 目　录

## 第一部分　线性回归基础

# 第三部分 横截面数据主题

# 第四部分 时间序列计量经济学

计量经济学：原理与实践（第二版）

6

目　录

# 第一部分

## 线性回归基础

# 第1章

# 线性回归模型：一个概览

正如前言中所述，计量经济学的一个重要工具就是**线性回归模型**（linear regression model，LRM）。在本章，我们将讨论 LRM 的一般性质，并为后面本书中所阐释的各种例子作一背景铺垫。我们不提供证明，有关证明的部分可以很容易地在很多教科书中找到。[①]

## ▉ 1.1　线性回归模型

LRM 的一般形式可以写为：

$$Y_i = B_1 + B_2 X_{2i} + B_3 X_{3i} + \cdots + B_k X_{ki} + u_i \tag{1.1}$$

变量 $Y$ 是因变量（dependent variable），或**回归子**（regressand），变量 $X$ 是解释变量（explanatory variable），也可以称之为预测元（predictor）、协变量（covariate）或**回归元**（regressor）等，而 $u$ 是随机误差项。下标 $i$ 表示第 $i$ 个观察结果。为了表述方便，我们把方程（1.1）写作：

$$Y_i = \boldsymbol{BX} + u_i \tag{1.2}$$

这里 $\boldsymbol{BX}$ 是 $B_1 + B_2 X_{2i} + B_3 X_{3i} + \cdots + B_k X_{ki}$ 的缩写形式。

---

① 比如说，可以参见 Gujarati，D. N. and Porter，D. C.，*Basic Econometrics*，5th edn，McGraw-Hill，New York，2009（后面皆以 Gujarati/Porter 来指代）；Wooldridge，J. M.，*Introductory Econometrics：A Modern Approach*，4th edn，South-Western，USA，2009；Stock，J. H. and Watson，M. W.，*Introduction to Econometrics*，2nd edn，Pearson，Boston，2007；Hill，R. C.，Griffiths，W. E. and Lim，G. C.，*Principles of Econometrics*，3rd edn，Wiley，New York，2008。

方程（1.1）或其简写形式（1.2）就是**总体模型**或者**真实模型**（population or true model）。这个模型有两个组成部分：（1）**确定性的**（deterministic）部分 $BX$；（2）**非系统的**（nonsystematic）或**随机的**（random）部分 $u_i$。$BX$ 可以解释为 $Y_i$ 的条件均值（conditional mean）$E(Y_i \mid X)$，是以给定的 $X$ 值为条件的。① 因此，方程（1.2）说明，一个 $Y_i$ 值等于其总体的均值，再加上或减去一个随机项。总体是一个一般性的概念，可以指任何统计学或计量经济学分析关注的符合定义的实体（如人口、企业、城市、州、国家，等等）。

比如说，如果 $Y$ 表示在食品上的家庭支出，而 $X$ 表示家庭收入，则方程（1.2）表示单个家庭的食品支出等于所有在同一收入水平上的家庭的平均食品支出，加上或减去一个随机部分，这个部分允许家庭由于若干其他因素而呈现出千差万别的情形。

在方程（1.1）中，$B_1$ 是截距项，$B_2 \sim B_k$ 是斜率系数（slope coefficients）。它们一起被称为**回归系数**（regression coefficients）或**回归参数**（regression parameters）。在回归分析中，我们的基本目标是解释与回归元相关联的 $Y$ 的均值或平均行为，也就是说，解释 $Y$ 的均值是如何随着 $X$ 变量取值的变化而变化的。一个具体的 $Y$ 值总是围绕其均值而上下波动。

应该予以强调的是，如果在 $Y$ 和各 $X$ 变量之间确实存在因果关系，那么这种因果关系应该建立在这种相关理论（relevant theory）之上。

每一个斜率系数测量的是回归元的取值发生一单位变化时 $Y$ 的均值的（局部）变化率，当然这需要保持其他所有回归元取值不变，因此它是一种非独立的局部衡量。在一个模型中应该取定多少回归元取决于问题的性质，而且这也是随问题不同而各异的。

误差项 $u_i$ 则包罗万象，囊括了所有由于各种原因没有涵盖进模型的那些变量。不过，我们总是假定这些变量对回归子的平均影响是可以忽略的。

## □ Y 变量的性质

通常，我们假定 $Y$ 是一个随机变量。它可以由四种不同的刻度标准（scale）予以测度：**比率尺度**（ratio scale）、**区间尺度**（interval scale）、**序数尺度**（ordinal scale）和**名义尺度**（nominal scale）。

▲ **比率尺度**：一个比率尺度变量具有三种属性：（1）两个变量之比，（2）两个变量之间的距离，（3）变量的排序。就比率尺度而言，如果 $Y$ 取两个值：$Y_1$ 和 $Y_2$，则其比率为 $Y_1/Y_2$，其距离为 $(Y_2 - Y_1)$，此二者均是有特定含义的量，因为它们可以反映出变量间的比较或顺序，如 $Y_2 \leqslant Y_1$ 或者 $Y_2 \geqslant Y_1$。大多数经济变量皆属此类。这样我们就可以讨论 GDP 是不是今年大于去年，或者今年的 GDP 与去年的 GDP 之比是大于 1 还是小于 1。

▲ **区间尺度**：区间尺度变量不满足比率尺度变量的第一条性质。举例而言，两个时间段之间的距离，比如 2007 和 2000 的差（2007—2000）是有意义的，但是其比值2007/2000 就没什么意义可言。

---

① 回忆一下统计学导论中，$Y_i$ 的非条件期望值或均值表示为 $E(Y)$，而以给定 $X$ 值为条件的条件均值则表示为 $E(Y \mid X)$。

计量经济学：原理与实践（第二版）

▲ **序数尺度**：这类刻度下的变量满足比率尺度中的排序性质，但是不满足其他两个性质。比如，评分系统，其级别为 A、B、C，或者收入分类，其类别为低收入、中等收入和高收入，这些都是序数尺度变量，但是诸如级别 A 被级别 B 所除得来的量并没有什么意义。

▲ **名义尺度**：这类变量不具有比率尺度变量中的任何一个性质。诸如性别、婚否以及宗教信仰都是名义尺度变量。这类变量通常被称作**虚拟变量**（dummy variables）或**分类变量**（categorical variables）。它们通常被"量化取值"为 1 或 0，1 表示存在某一属性，而 0 表示不存在这种属性。因此，我们可以将性别进行量化，男性＝1，而女性＝0，或者反过来表示也可以。

尽管大部分经济变量都是以比率尺度或者区间尺度标准来测度的，但也有不少情况是需要考虑序数尺度变量和名义尺度变量的。这就需要用一些更为专业化的超出标准的LRM 之外的计量经济学技术来进行深入探究。在本书的第三部分我们将考察几个例子，这些例子向我们阐述了一些更为专业化的技术方法。

### □ *X* 变量或回归元的性质

尽管在很多应用中回归元都是以比例或区间刻度进行测度的，但回归元可以以我们上面讨论过的任意一种刻度标准进行测量。在标准的或者**经典线性回归模型**（classical linear regression model，CLRM）（我们将在稍后讨论）中，我们假定回归元是非随机的，意思是说在重复抽样中它们的取值是固定的。因此，我们的回归分析就是有条件的，即以回归元的给定值为条件。

我们也可以允许回归元像 Y 变量那样随机化，但是在那种情况下，解释结果时需要更加小心。在第 7 章我们将会阐述这一观点，并在第 19 章进一步予以更深入的讨论。

### □ 随机误差项 *u* 的性质

随机误差项包罗万象，囊括了所有那些无法轻易予以量化的变量。它可以包含那些由于数据不可得或者数据存在测量误差，抑或由于人类行为中的内在随机性而不能被放进模型的变量。无论随机项 *u* 的成因为何，我们总是可以假定误差项对回归子的平均效应是很低的。不过，对于这一点稍后我们还有更多的探讨。

### □ 回归系数 *B* 的性质

在 CLRM 中，即便我们并不知晓回归系数的真实值，我们也假定其是某个固定的数字而不是随机的。在样本数据的基础上估计回归系数的值，是回归分析的目标所在。统计学的一个分支——**贝叶斯**（Bayesian）统计，则将回归系数作为随机量来处理。在本书中，我们不打算在线性回归模型中追随贝叶斯方法。[1]

---

[1] 比如可以参见 Gary Koop，*Bayesian Econometrics*，Wiley，Chichester，UK，2003。

### □ 线性回归的含义

就我们的目的而言，在线性回归模型中，"线性"这个术语指的是回归系数 $B$ 的线性（linearity），而不是指 $Y$ 和 $X$ 变量的线性。比如，$Y$ 和 $X$ 可以是对数形式（如 $\ln X_2$），或者是倒数（$1/X_3$），也可以是幂的形式（如 $X_2^3$），其中 ln 表示自然对数，即以 e 为底的对数。[1]

$B$ 系数的线性性意味着，它们不会以增加幂指数（如 $B_2^2$）或被其他系数整除（如 $B_2/B_3$）的形式出现，也不会是经过其他任何变换——如取对数 $\ln B_4$——之后得到的结果。偶尔，我们也会考虑一些其回归系数不呈线性的回归模型。[2]

## 1.2　数据的性质与来源

为了进行回归分析，我们需要数据。对于分析来说，可用的数据有三种：（1）时间序列数据，（2）横截面数据，（3）混合数据或面板数据（一种特殊的混合数据）。

### □ 时间序列数据

一个时间序列是一组观测值，这些观测值是一个变量在不同时间所取的具体值，比如每天（如股票价格、天气预报）、每周（如货币供给）、每月（如失业率、消费者价格指数 CPI）、每季度（如 GDP）、每年（如政府预算）、每五年（如制造业调查）或每十年（如人口普查）的观测值。有时数据既按照季度也按照年份来收集（如 GDP）。所谓的**高频率数据**（high-frequency data）是在一个非常短的时间段上进行收集的。在股票和外汇市场上的**即时交易**（flash trading）中，这类高频率数据已非常普遍。

由于时间序列数据中连续的观察结果可能彼此相关，因此它们提出了一类与时间序列数据有关的特殊的回归问题，尤其是**自相关**（autocorrelation）问题。在第 6 章，我们会以适当的例子来阐释这一问题。

时间序列数据还提出了另外一个问题，即它们可能不是**平稳的**（stationary）。粗略地讲，如果一个时间序列数据集其均值和方差都不随时间而呈现系统性的差异，那么我们就说该数据集是平稳的。在第 13 章，我们将检验平稳和非平稳时间序列的性质，并展示由后者所产生的特殊的估计问题。

我们可以在处理时间序列数据，我们会用下标 $t$ 来标示观察结果（如 $Y_t$，$X_t$）。

---

[1] 与之相对，以 10 为底的对数称为常用对数。而在常用对数和自然对数之间存在着固定的关系，即：$\ln_e X = 2.302\,6\log_{10}X$。

[2] 由于这是一个相当专业化的主题，需要更高级的数学知识，故我们将不会在本书中涵盖这一领域。但读者可以参见 Gujarati/Porter, *op cit.*，Chapter 14。

计量经济学：原理与实践（第二版）

## □ 横截面数据

横截面数据是就一个或多个变量在某一共同时点上收集的数据。此类数据的例子比比皆是，如由国家统计局所做的人口普查，由各类民调组织所做的意见调查，以及在某些地点的给定时间点上的温度测定，等等。

和时间序列数据一样，横截面数据也有其特殊问题，尤其是**异方差性**（heterogeneity）问题。比如，如果你在某一个时点就某一个行业中的若干企业收集其工资数据，由于这些数据可能涵盖个体类型不一的大、中、小型企业的情况，从而异方差性问题就会出现。在第 5 章，我们将展示异方差单位的**规模效应**或**刻度效应**（size or scale effect）是如何被考虑进来的。

横截面数据会以下标 $i$ 来标示（如 $Y_i$，$X_i$）。

## □ 面板、纵列（longitudinal）或微观—面板数据（micro-panel data）

面板数据结合了横截面数据和时间序列数据的特点。比如，为了估计生产函数，我们可能会收集某个时间段（时间序列方面）若干企业（横截面方面）的数据。面板数据对回归分析提出了若干挑战。在第 17 章，我们给出了几个面板数据回归的例子。

面板观测值会以双下标 $it$ 标示（如 $Y_{it}$，$X_{it}$）。

## □ 数据来源

任何回归分析的成功都依赖于数据的获得。数据可以由政府部门（如财政部）、跨国组织〔如国际货币基金组织（IMF）或世界银行〕、私人部门（如标准普尔公司）或者个人或私人公司来收集。

时至今日，最为强大的数据来源乃互联网。我们需要做的仅仅是"Google"一下某个主题，然后就可以找到数量多得令人称奇的数据来源。

## □ 数据的质量

我们在很多地方都可以找到数据，但这并不意味着它们都是好的数据。我们必须仔细检查收集数据的那些机构的资质，原因是，这些数据普遍存在很多测量上的、遗漏的、舍入的等方面的误差。有时，数据只能在高度总括的层面拿到，对于包含在总体中的单个实体的情况，它所能表达的微乎其微。研究者需铭记于心的是，研究结果只会与数据质量一样。

遗憾的是，一个研究者总是难以有再一次进行数据收集的奢侈机会，而只能依靠二手材料。但是，应竭尽所能地去获得可靠的数据。

# 1.3 线性回归模型的估计

取得数据之后的关键问题则是：我们如何估计由方程（1.1）所给定的线性回归模型？假定我们想估计某个工人团体的工资函数。为了解释小时工资率（$Y$），我们可能要有诸如性别、种族、是否工会成员、受教育程度、工作经验以及其他方面的数据资料，这些都是回归元。进一步，假定我们已有 1 000 个工人的随机样本，那么我们能估计出方程（1.1）吗？答案如下。

## □ 普通最小二乘法 （OLS）

一个普遍使用的估计回归系数的方法就是**普通最小二乘法**（ordinary least squares，OLS）。[1] 为了解释这种方法，我们将方程（1.1）重写为：

$$u_i = Y_i - (B_1 + B_2 X_{2i} + B_3 X_{3i} + \cdots + B_k X_{ki})$$
$$= Y_i - \boldsymbol{BX} \tag{1.3}$$

方程（1.3）说明，误差项是 $Y$ 的真实值与通过回归模型所得的 $Y$ 值之差。

获取对系数 $\boldsymbol{B}$ 的估计值的一种方法就是使误差项 $u_i$ 之和 $(=\sum u_i)$ 尽可能地小，最好为零。由于理论和实践上的原因，OLS 方法无法最小化误差项之和，但是可以最小化误差平方项的和，如下：

$$\sum u_i^2 = \sum (Y_i - B_1 - B_2 X_{2i} - B_3 X_{3i} - \cdots - B_k X_{ki})^2 \tag{1.4}$$

这里的和取自所有观测值。我们称 $\sum u_i^2$ 为**误差平方和**（error sum of squares，ESS）。

现在，在方程（1.4）中，我们知道 $Y_i$ 和 $X$ 的样本值，但是不知道系数 $B$ 的取值。因此，为了最小化误差平方和，我们不得不去寻找能够尽可能最小化误差平方和的系数 $B$ 的值。然，ESS 是系数 $B$ 的函数。

对 ESS 进行最小化求解需要微积分知识。我们对每一个 $B$ 系数取 ESS 的（偏）导数，使所得方程等于 0，联立求解这些方程，可以得到 $k$ 个回归系数的估计值。[2] 既然有 $k$ 个回归系数，我们就可以同时求解 $k$ 个方程。这里我们不需要去求解这些方程，因为软件包可以循例求解之。[3]

我们用小写的 $b$ 表示 $B$ 系数的估计值，因而回归估计可以写为：

① OLS 是广义最小二乘（generalized least squares，GLS）方法的特殊情况。尽管如此，OLS 仍具有很多令人感兴趣的性质，后面将详细讨论。OLS 的一个具有广泛适用性的替代方法就是最大似然法（method of maximum likelihood，ML），在本章的附录中我们会简要地予以讨论。

② 了解微积分的读者可以回忆一下多变量函数最大值和最小值的求解方法，即一阶条件，是使函数对每一个变量的偏导数为零。

③ 数理倾向比较强的读者可以参考 Gujarati/Porter，*op cit.*，Chapter 2。

计量经济学：原理与实践（第二版）

$$Y_i = b_1 + b_2 X_{2i} + b_3 X_{3i} + \cdots + b_k X_{ki} + e_i \tag{1.5}$$

这可以称为**样本回归模型**（sample regression model），从而与方程（1.1）中的总体模型相对应。

令

$$\hat{Y}_i = b_1 + b_2 X_{2i} + b_3 X_{3i} + \cdots + b_k X_{ki} = \boldsymbol{bX} \tag{1.6}$$

方程（1.5）可以写为：

$$Y_i = \hat{Y}_i + e_i = \boldsymbol{bX} + e_i \tag{1.7}$$

式中，$\hat{Y}_i$ 是 $\boldsymbol{BX}$ 的估计值。正如 $\boldsymbol{BX}$［即 $E(Y \mid X)$］可以理解为**总体回归函数**（population regression function，PRF），我们也可以将 $\boldsymbol{bX}$ 理解为**样本回归函数**（sample regression function，SRF）。

我们称系数 $b$ 是系数 $B$ 的**估计量**（estimator），而 $e_i$ 作为误差项 $u_i$ 的估计量则被称为**残差**（residual）。估计量是一个公式或者规则，它告诉我们如何找到回归参数的值。由样本中的估计量所取得的数值就是**估计值**（estimate）。要特别注意，一方面，估计量 $b$ 是随机变量，因为它们的值随着样本的变换而不同。另一方面，总体回归系数或参数 $B$ 是固定的数字，尽管我们并不知道其确定值。根据样本，我们设法取得对它们的最佳推断。

由于在多数应用中出于各种各样的原因（包括对于成本的考虑），我们无法研究整个总体，从而总体和样本回归函数之间的区分是很重要的。这一情况在美国总统选举中表现得最为明显，民意测验总是基于比如 1 000 人这样的随机样本，而测验结果也经常与大选中的真实投票情况相当接近。

在回归分析中，我们的目标是在样本回归函数的基础上引出关于总体回归函数的推断，原因是在现实中我们很少能够观察到总体回归函数，我们只能猜测它的情况。这一点是很重要的，因为我们的最终目标是找出 $B$ 的真实值。关于这些，我们需要更多的理论，这些理论是由经典线性回归模型（CLRM）给出的，我们现在就来讨论。

## 1.4 经典线性回归模型 （CLRM）

CLRM 需做以下假设：

**A-1**：如方程（1.1）所示，回归模型依参数为线性的；而变量 $Y$ 和 $X$ 可以是线性的，也可以不是线性的。

**A-2**：回归元假定为不变的或者**非随机的**（nonstochastic），即其值在重复抽样中是固定的。这一假设可能并不适用于所有经济数据，但是正如我们在第 7 章和第 19 章将进行讨论的，如果 $X$ 和 $u$ 是独立分布的，只要给定我们的分析是以样本中所取得的特定 $X$ 值为条件的，在这里讨论的所有经典假设成立的基础上所得的结果就是成立的，然而，如果 $X$ 和 $u$ 是不相关的，那么经典结果（在大样本中）是渐近成立的。①

---

① 注意，独立意味着不相关，但是不相关并不必然意味着独立。

**A-3**：给定 $X$ 变量的值，误差项的期望值或者平均值为零。也就是说①，

$$E(u_i \mid \boldsymbol{X}) = 0 \tag{1.8}$$

这里为了表达的简便，$\boldsymbol{X}$（黑体 $X$）代表模型中所有 $X$ 变量。总之，给定 $X$ 变量的值，其误差项的**条件期望**（conditional expectation）为零。由于误差项表示的是那些具有随机性质的因素的影响，所以假设其期望或平均值为零是合乎情理的。

作为这一关键假设的结果，我们可以将式（1.2）写为：

$$\begin{aligned} E(Y_i \mid \boldsymbol{X}) &= \boldsymbol{BX} + E(u_i \mid \boldsymbol{X}) \\ &= \boldsymbol{BX} \end{aligned} \tag{1.9}$$

这可以理解为以 $\boldsymbol{X}$ 值为条件的 $Y_i$ 的期望或平均值的模型。这就是前面所提到的总体（均值）回归函数（PRF）。在回归分析中，我们主要的目的就是估计这一函数。如果只有一个 $X$ 变量，你可以直接将之显现为一条（总体）回归直线。如果 $X$ 变量超过一个，你可以将之想象为多维图形中的一条曲线。估计出来的 PRF 是方程（1.9）的样本对应，由 $\hat{Y}_i = bx$ 表示。即，$\hat{Y}_i = bx$ 是 $E(Y_i \mid X)$ 的估计量。

**A-4**：给定 $\boldsymbol{X}$ 的值，每一个 $u_i$ 的方差都是不变的，或者说它们具有**同方差性**（homoscedastic，homo 表示"相同"，scedastic 表示"方差"）。即，

$$\mathrm{var}(u_i \mid \boldsymbol{X}) = \sigma^2 \tag{1.10}$$

注意：$\sigma^2$ 没有下标。

**A-5**：两个误差项之间不相关。也就是说，不存在**自相关性**（autocorrelation）。以符号来表示，即

$$\mathrm{cov}(u_i, u_j \mid \boldsymbol{X}) = 0, \ i \neq j \tag{1.11}$$

这里 cov 代表协方差，$i$ 和 $j$ 是两个不同的误差项。当然，如果 $i = j$，则方程（1.11）就是方程（1.10）所给出的 $u_i$ 的方差。

**A-6**：在 $X$ 变量之间不存在完美的线性关系。这就是**无多重共线性**（no multicollinearity）假设。比如，形如 $X_5 = 2X_3 + 4X_4$ 的关系就被排除了。

**A-7**：回归模型是被正确地予以设定的。换句话说，就是在经验分析所用的模型中不存在**设定偏误**（specification bias）或**设定误差**（specification error）。即隐含的假设是：观测值的数目 $n$ 要比待估参数的数目多。

尽管不是 CLRM 的一部分，我们还是假定误差项服从零均值和（不变）方差 $\sigma^2$ 的**正态分布**（normal distribution）。用符号表示，即：

**A-8**：$u_i \sim N(0, \sigma^2)$。 $\tag{1.12}$

在 A-1 到 A-7 这些假设的基础上，我们可以展示普通最小二乘（OLS）方法，这一方法在实践中最为流行，它所提供的 PRF 参数的估计量有若干令人满意的统计性质，比如：

1. 估计量是线性的，也就是说，它们是因变量 $Y$ 的线性函数。与非线性估计量相比，线性估计量更易于理解和处理。

---

① $u_i$ 后的竖线提醒我们，该分析是以 $X$ 的给定值为条件的。

2. 估计量是无偏的，也就是说，在这一方法的重复应用中，平均而言，估计量接近于其真实值。

3. 在线性无偏的估计量中，OLS 估计量有最小方差。因此，真实参数值可以以最小可能的不确定性被估计出来；有最小方差的无偏估计量称为**有效估计量**（efficient estimator）。

简而言之，在这些假设条件下，OLS 估计量是**最佳线性无偏估计量**（best linear unbiased estimators，BLUE）。这就是著名的**高斯－马尔可夫定理**（Gauss-Markov theorem）的实质所在，它为最小二乘方法提供了理论依据。

若再增加假设 A-8，OLS 估计量自身就会呈现正态分布。因此，我们可以得到有关总体回归系数的推断，并进行统计检验。在增加正态性假设的情况下，OLS 估计量无论其是否线性都是所有无偏估计量族中的**最佳无偏估计量**（best unbiased estimator，BUE）。在正态性假设下，CLRM 称为**正态经典线性回归模型**（normal classical linear regression model，NCLRM）。

在继续讨论之前，我们先提出几个问题：这些假设有多大的现实性？如果一个或多个假设被违背，情况会怎么样？在这类情况下，有没有其他可替代的估计量？为什么我们不仅仅局限于线性估计量？所有这些问题随着本书内容的展开会逐步得到回答（参见第二部分）。不过在开始探究时需要再增添一些其他的知识基础。CLRM 提供了一个这样的知识基础。

# 1.5 OLS 估计量的方差和标准误

如前面所提到的，作为 OLS 估计量的这些系数 $b$ 是随机变量，因为它们的值随着样本的不同而有异。因此，我们需要一个对其变异的量度。在统计学里，随机变量的变异是由方差 $\sigma^2$ 或其平方根，即**标准离差**（standard deviation）$\sigma$ 来量度的。在回归的语境里，一个估计量的标准离差称为**标准误**（standard error），但是在概念上它和标准离差是相似的。对于 LRM 来说，误差项 $u_i$ 的方差的估计量 $\sigma^2$ 是由下式得到的：

$$\hat{\sigma}^2 = \frac{\sum e_i^2}{n-k} \tag{1.13}$$

即**残差平方和**（residual sum of squares，RSS）除以 $(n-k)$，后者称为**自由度**（degrees of freedom，df），$n$ 是样本规模，而 $k$ 是待估的回归参数的数目［一个截距项和 $(k-1)$ 个斜率系数］。$\hat{\sigma}$ 称为**回归的标准误**（standard error of the regression，SER）或**均方根**（root mean square）。它只是 $Y$ 值相对于估计回归线的标准偏离，也常常作为估计回归线的"拟合优度"（goodness of fit）的概括性量度（summary measure）而被使用（见 1.6 节）。注意，参数上的"帽"或 $\wedge$ 符号表示的是该参数的一个估计量。

须铭记在心的是，$Y$ 值的标准离差——由 $S_Y$ 表示——预期是大于回归标准误（SER）的，除非回归模型无法解释 $Y$ 值上的诸多变化。[①] 如果是这种情况，进行回归就没有什么意义了，因为此时 $X$ 回归元对 $Y$ 没有影响。从而 $Y$ 的最佳估计值就是其均值

---

① $Y$ 的样本方差定义为：$S_Y^2 = \sum (Y_i - \bar{Y})^2/(n-1)$，其中 $\bar{Y}$ 表示样本均值。方差的平方根就是 $Y$ 的标准离差 $S_Y$。

$\overline{Y}$。当然，我们使用回归模型总是心存一个信念：模型中所包含的 $X$ 变量会有助于我们更好地理解 $Y$ 的行为，而只有 $\overline{Y}$ 是做不到这一点的。

给定 CLRM 的假设，我们可以轻松地导出 $b$ 系数的方差和标准误，但是我们不会给出真实的公式来计算它们，因为统计包可以很容易地计算出来，下文我们会用一个例子来说明。

### □ OLS 估计量的概率分布

如果我们借助假设 A-8，$u_i \sim N(0, \sigma^2)$，就可以看出，回归系数的每一个 OLS 估计量自身也是服从正态分布的，其均值等于相应总体的值，而方差则包含 $\sigma^2$ 和 $X$ 变量的值。在实践中，$\sigma^2$ 由方程（1.13）所给出的它的估计量 $\hat{\sigma}^2$ 代替。因此，在实际操作中进行统计推断（即假设检验）时，我们使用 **$t$ 概率分布**（$t$ probability distribution），而不是正态分布。但是要记住，随着样本规模的扩大，$t$ 分布会趋近于正态分布。OLS 估计量呈正态分布的知识在设立置信区间以及对参数真实值进行推断方面是很有价值的。关于这一切是如何做到的，我们稍后就进行展示。

## 1.6　检验关于真实或总体回归系数的假设

若我们想检验这样一个假设：（总体）回归系数 $B_k = 0$，为了检验它，我们要使用统计学中的 $t$ 检验[①]，即

$$t = \frac{b_k}{se(b_k)}$$

其中 $se(b_k)$ 是 $b_k$ 的标准误。该 $t$ 值的自由度（df）为 $(n-k)$；回忆一下，与一个 $t$ 统计量相关的正是其自由度。在 $k$ 变量回归中，df 等于观测值的数目减去待估系数的数目。

一旦 $t$ 统计量被计算出来，我们就可以查 $t$ 统计表找到取得这样一个 $t$ 值或更大的值的概率。如果计算出来的 $t$ 值的概率很小，比如小于等于 5%，我们就可以拒绝零假设 $B_k = 0$。在这种情况下，我们说 $t$ 估计值是统计显著（statistically significant）的，也就是说，显著异于 0。

一般来说，被选择出来的概率值是 10%、5% 和 1%。这些值就是**显著性水平**（levels of significance）[通常以希腊字母 $\alpha$（alpha）来表示，也称为第 I 类错误（Type I error）]，因此有此名称：**显著性 $t$ 检验**（$t$ tests of significance）。

我们不需要手工计算，因为统计软件包为我们提供了必要的结果。这些软件包不但给出了 $t$ 的估计值，而且给出了 $p$ 值（概率），这是 $t$ 值的**真实显著性水平**（exact level of significance）。如果 $p$ 值被计算出来，就没有必要去使用任意选定的 $\alpha$ 值了。在实践中，低 $p$ 值意味着系数估计值是统计上显著的。[②] 这也将说明，在保持其他回归元取值

---

① 如果真实的 $\sigma^2$ 是已知的，那么我们就能使用标准正态分布来检验这一假设。由于我们是通过其估计量 $\hat{\sigma}^2$ 来估计真实的误差方差的，所以统计学理论表明，我们应该使用 $t$ 分布。

② 有些研究者选择 $\alpha$ 值，如果 $p$ 值低于选定的 $\alpha$ 值就拒绝零假设。

不变的情况下，所关注的特定变量对回归子有统计上显著的影响。

有些软件包，比如 Excel 和 Stata，也可以计算出单个回归系数的**置信区间**（confidence intervals，CI）——通常是 95％ 的置信区间。这样的区间提供了一个取值范围，即有 95％ 的机会涵盖真实的总体值。95％（或者类似的测量标准）称为**置信系数**（confidence coefficient，CC），其计算很容易，即 1 减去显著性水平 $\alpha$ 的值再乘以 100，也就是说，CC$=100\times(1-\alpha)$。

对于任一总体系数 $B_k$ 的置信区间 $(1-\alpha)$ 可以建立如下：

$$\Pr[b_k \pm t_{\alpha/2}se(b_k)]=1-\alpha \tag{1.14}$$

式中，Pr 代表概率，$t_{\alpha/2}$ 是查 $t$ 统计表所得的在 $\alpha/2$ 的显著性水平上以合适的自由度而取得的 $t$ 统计量的值，而 $se(b_k)$ 则是 $b_k$ 的标准误。换言之，我们减去或加上 $t_{\alpha/2}$ 乘以 $b_k$ 的标准误，即可取得真实的 $B_k$ 的 $(1-\alpha)$ 的置信区间。$[b_k-t_{\alpha/2}se(b_k)]$ 是置信区间的**下限**（lower limit），而 $[b_k+t_{\alpha/2}se(b_k)]$ 是置信区间的**上限**（upper limit）。这就是双侧置信区间（two-sided confidence interval）。

这样所取得的置信区间需要谨慎地予以解释。尤其需要注意以下各项：

1. 方程（1.14）中的区间并不是说 $B_k$ 真实值在给定上下限之间的概率就是 $(1-\alpha)$。尽管我们不知道 $B_k$ 的真实值到底是多少，我们仍可假定它是某个确定的数。

2. 方程（1.14）中的区间是**随机区间**（random interval）——也就是说，它随着样本的不同而不同，因为它是建立在 $b_k$ 上的，而 $b_k$ 是随机的。

3. 由于置信区间是随机的，诸如方程（1.14）这样的概率表述应该在一长时间段的意义上进行理解——也就是说，在重复抽样中进行理解：如果在重复抽样中如方程（1.14）那样的置信区间被无数次在 $(1-\alpha)$ 的概率基础上构造出来，那么在长时间段内，平均而言，这样的区间就囊括了 $(1-\alpha)$ 情况下的真实的 $B_k$ 值。

4. 如所提及的那样，方程（1.14）中的区间是随机的。但是，一旦我们有了一个具体的样本，且一旦我们取得了 $B_k$ 的特定数值，建立在这一取值之上的区间就不再是随机的了，而是固定的。因此，我们不能说这个给定区间囊括真实参数的概率就是 $(1-\alpha)$。在这种情况下，$B_k$ 要么在区间之内，要么不在。因此，其概率要么为 1，要么为 0。

在 1.8 节，我们将使用数值例子来详细阐释所有这些内容。

假定我们要检验假设：方程（1.1）中所有的斜率系数同时为零。这就是说，模型中所有的回归元对因变量都没有影响。简言之，模型无助于解释回归子的行为。在文献中这被称为**回归的整体显著性**（overall significance of the regression）。这一假设由统计学中的 **$F$ 检验**（$F$ test）来检验。$F$ 统计量可定义为：

$$F=\frac{\text{ESS/df}}{\text{RSS/df}}=\frac{\text{ESS 的均值}}{\text{RSS 的均值}} \tag{1.15}$$

其中 ESS 是由模型所解释的因变量 $Y$ 的变动部分，而 RSS 则是不能由模型所解释的 $Y$ 的变动部分。二者之和是 $Y$ 的总变动，称为**总平方和**（total sum of squares，TSS）。

正如方程（1.15）所示，$F$ 统计量有两组自由度，一组来自分子，一组来自分母。分母的自由度 df 等于 $(n-k)$ ——观测值的数目再减去待估参数的数目，包括截距项；而分子的自由度 df 等于 $(k-1)$ ——模型中回归元的总数，不包括常数项，这也是待估斜率系数的总数。

计算出的 $F$ 值可以与 $F$ 统计表中的 $F$ 值相比较，以检验其显著性。如果计算出的 $F$ 值比其在所选的 $\alpha$ 水平上的**临界**或**基准**（critical or benchmark）$F$ 值大，我们就能拒绝零假设，并推断至少一个回归元是统计显著的。与 $t$ 统计量的 $p$ 值一样，很多软件包也给出了 $F$ 统计量的 $p$ 值。所有这些信息都可以从**方差分析**（analysis of variance，AOV）表中得到，该表通常伴随回归结果一同生成；关于这方面的例子稍后给出。

注意，$t$ 检验和 $F$ 检验是明确地建立在误差项 $u_i$ 服从正态分布这一假设之上的，这是非常重要的。如果这一假设不能成立，那么在小样本中 $t$ 检验和 $F$ 检验程序就是无效的，尽管如果样本充分大（技术上无限大），它们仍然可以适用，我们在第 7 章的误差设定中还会回到这一要点。

## 1.7　$R^2$：对回归估计拟合优度的测度

**判定系数**（coefficient of determination），用 $R^2$ 表示，是估计回归线（或面，如果回归元超过一个）拟合优度的一个整体量度，也就是说，它给出了因变量 $Y$ 的总体变动中可由所有回归元解释的部分的比例或百分数。为了看清 $R^2$ 是如何被计算出来的，我们来定义：

$$总平方和（TSS） = \sum y_i^2 = \sum (Y_i - \bar{Y})^2$$
$$解释平方和（ESS） = \sum (\hat{Y}_i - \bar{Y})^2$$
$$残差平方和（RSS） = \sum e_i^2$$

现在我们可以得到：

$$\sum y_i^2 = \sum \hat{y}_i^2 + \sum e_i^2 \tag{1.16}[1]$$

这个方程说明，$Y$ 的真实值关于其样本均值的总变动（TSS）等于 $Y$ 的估计值关于其均值（与 $\bar{Y}$ 等同）的总变动再加上残差平方和。总而言之，即

$$TSS = ESS + RSS \tag{1.17}$$

现在我们将 $R^2$ 定义为：

$$R^2 = \frac{ESS}{TSS} \tag{1.18}$$

如此定义之后，判定系数就只是因变量 $Y$ 的总体变动中可由所有回归元解释的部分的比例或百分数了。

因而，只要模型中存在截距项，$R^2$ 就在 0 到 1 之间。越是接近于 1，拟合得就越好；而越是接近于 0，拟合得就越差。要记住，在回归分析中，我们的目标之一就是在回归

---

① 提示：由 $y_i = \hat{y}_i + e_i$ 开始，两边取此项的平方和，要记住作为 OLS 估计的结果 $\sum \hat{y}_i e_i = 0$。

元的帮助下尽可能多地解释因变量中的变动。

换一种表述方法，$R^2$ 也可以定义如下：

$$R^2 = 1 - \frac{\text{RSS}}{\text{TSS}} \tag{1.19}①$$

$R^2$ 的一个缺陷在于它是回归元数目的增函数。也就是说，如果在模型中增加了一个变量，则 $R^2$ 的值就会增加。因此，有时候研究者会玩一种"最大化"$R^2$ 的障眼法，意思是 $R^2$ 值越高，模型越好。

为了避免这种不良倾向，我们应该使用明确考虑了模型中回归元数目的 $R^2$ 量度。这样的 $R^2$ 称为**调整后的 $R^2$**（adjusted $R^2$），标示为 $\bar{R}^2$，这是由（未调整的）$R^2$ 经过如下计算得到的：

$$\bar{R}^2 = 1 - (1 - R^2)\frac{n-1}{n-k} \tag{1.20}$$

术语"调整"意味着自由度的调整，这取决于模型中回归元的数目（$k$）。

注意 $\bar{R}^2$ 的两个特征：

1. 如果 $k > 1$，$\bar{R}^2 < R^2$，也就是说，随着模型中回归元数目的增加，调整后的 $R^2$ 不断地变得比未调整的 $R^2$ 小。如此一来，$\bar{R}^2$ 就给增加更多回归元的行为带来了"惩罚"。

2. 未调整的 $R^2$ 总是正的，而调整后的 $R^2$ 有时可以是负的。

调整后的 $R^2$ 经常用来对有同样因变量的两个或更多的回归模型进行比较。当然，还有其他一些比较回归模型的方法，在第 7 章我们还会讨论。

我们已经学习了 CLRM 背后的基本理论，现在就提供一个具体的例子来阐释上述讨论的各点。这个例子是对多元回归模型的典型展示。

## 1.8 一个阐释性例子：小时工资的决定

人口现状调查（the Current Population Survey，CPS）是由美国统计局定期就各项指标进行的多种调查。在这个例子里，我们关注 1995 年 3 月调查的 1 289 个人的横截面数据，以研究该样本中决定小时工资（美元）的因素有哪些。② 须谨记的是，这 1 289 个观测值是来自更大的总体中的一个样本。

该分析中所使用的变量定义如下：

工资（*Wage*）：以美元计算的小时工资，这是因变量。

解释变量，或回归元如下：

女性（*Female*）：性别，女性标示为 1，男性标示为 0。

---

① TSS＝ESS＋RSS。因此，1＝ESS/TSS＋RSS/TSS。也就是说，1＝$R^2$－RSS/TSS。重新排列，我们可以得到方程（1.19）。

② 这里所用的数据来自 CPS，是从美国统计局得来的。也可参见 Paul A. Ruud，*An Introduction to Classical Econometric Theory*，Oxford University Press，New York，2000。

非白种人（*Nonwhite*）：种族，非白种人标示为 1，白种人标示为 0。

工会成员（*Union*）：是否工会成员，是标示为 1，不是标示为 0。

受教育程度（*Education*）：以年限来表示受教育程度。

经验（*Exper*）：潜在的工作经验（以年限来表示），定义为年龄减去受教育年限再减去 6（假定学校教育从 6 岁开始）。

尽管还有其他一些回归元可以加进这个模型，但是目前我们已经可以用这些变量阐明典型的多元回归模型了。

需提及的是，工资、受教育程度和工作经验都是比率尺度变量，而女性、非白种人和工会成员都是名义尺度变量，它们作为**虚拟变量**（dummy variable）显示。也要注意，这些数据是横截面数据。数据由表 1-1 给出，可以在本书配套网站上找到*。我们在第 3 章将会更全面地讨论虚拟变量在回归分析中的作用。

在本书中，我们使用 Eviews 和 Stata 软件包来估计回归模型。尽管对于给定的数据集，它们给出了相似的结果，但是在呈现这些结果的方式上还有些差异。为了让读者们熟悉这些软件包，本章我们将根据这些软件包给出结果。在后面的章节里，我们或者使用其中一个软件包，或者两个都使用，但主要还是使用 Eviews，因为它易于操作。①

使用 Eviews 6，我们可以得到表 1-2。

表 1-2　工资回归

Dependent Variable：WAGE
Method：Least Squares
Sample：1 1 289
Included observations：1 289

| | Coefficient | Std. Error | t-Statistic | Prob. |
|---|---|---|---|---|
| C | −7.183 338 | 1.015 788 | −7.071 691 | 0.000 0 |
| FEMALE | −3.074 875 | 0.364 616 | −8.433 184 | 0.000 0 |
| NONWHITE | −1.565 313 | 0.509 188 | −3.074 139 | 0.002 2 |
| UNION | 1.095 976 | 0.506 078 | 2.165 626 | 0.030 5 |
| EDUCATION | 1.370 301 | 0.065 904 | 20.792 31 | 0.000 0 |
| EXPER | 0.166 607 | 0.016 048 | 10.382 05 | 0.000 0 |

| | | | | |
|---|---|---|---|---|
| R-squared | 0.323 339 | Mean dependent var | 12.365 85 | |
| Adjusted R-squared | 0.320 702 | S. D. dependent var | 7.896 350 | |
| S. E. of regression | 6.508 137 | Akaike info criterion | 6.588 627 | |
| Sum squared resid | 54 342.54 | Schwarz criterion | 6.612 653 | |
| Log likelihood | −4 240.370 | Durbin-Watson stat | 1.897 513 | |
| F-statistic | 122.614 9 | Prob(F-statistic) | 0.000 000 | |

Eviews 的格式是高度标准化的。该表的第一部分显示了因变量的名称、估计方法（最小二乘）、观测值数目以及样本容量。有时候我们可以不用所有的样本观测值，而

＊　数据网址为：http://www.palgrave.com/economics/gujarati/students/，后面的数据下载都来自这一网址，数据分别以 Excel 和 Stata 两种格式保存，可以分别下载。——译者注

①　Excel 也能估计多元回归，但是在很多扩展方面不及这两个软件包。

保留一些观测值,这称为**保留观测值**(holdover observations),这种保留是出于预测的目的。

该表的第二部分给出了解释变量的名称、其估计系数、系数的标准误、每一个系数的 $t$ 统计量(这是简单地由估计系数除以其标准误得到的比率[①])和 $p$ 值,或 $t$ 统计量的**真实显著性水平**(exact level of significance)。对于每一个系数而言,零假设是总体的系数值(即 $B$)为 0,也就是说,在保持其他回归元取值不变的情况下,取定的回归元对回归子没有影响。

$p$ 值越小,反对零假设的证据越有力。比如说,取定变量——工作经验,即 Exper。其系数值大约为 0.17,$t$ 值约为 10.38。如果假设该变量在 PRF 中的系数值为零,那么我们完全可以拒绝这一假设,因为取得这样的 $t$ 值或更高的 $t$ 值,其 $p$ 值几乎为零。在这种情况下,我们说工作经验变量的系数值在统计上是高度显著的,也就是说它显著不为零。换种说法,我们可以说除模型中的其他变量影响之外,工作经验仍是小时工资的重要决定因素——这个发现并不令人感到意外。

如果我们选择 $p$ 值为 5%,表 1-2 说明每一个估计系数在统计上都显著不为零,也就是说,每一个变量都是小时工资的重要决定因素。

表 1-2 的第三部分给出了一些描述性的统计结果。$R^2$(判定系数)值约等于 0.32,即小时工资中 32% 的变异可以由这五个解释变量所解释。看起来似乎这个 $R^2$ 值太低了,但是要记得我们有 1 289 个观测点,其回归元和回归子的取值各不相同。在这样差异繁多的情况下,$R^2$ 值低是颇具代表性的,一旦分析个体层面的数据,它们总是很低的。这一部分也给出了调整后的 $R^2$ 值,它比未调整的 $R^2$ 值稍低,这和前面提及的是一致的。由于我们未将本工资模型与其他模型进行比较,故而调整后的 $R^2$ 并不是特别重要。

如果我们想检验假说:工资回归中所有系数同时为零,我们可以使用之前讨论的 $F$ 检验。在这个例子中,这个 $F$ 值约等于 123。如果估计 $F$ 值的 $p$ 值很低,这个零假设就可以拒绝。在我们的例子里,$p$ 值实际上是零,表明我们可以非常果断地拒绝所有解释变量对因变量——就是这里的小时工资——都没有影响这一假设。至少一个回归元对回归子有显著影响。

该表还列出了若干其他统计结果,比如赤池(Akaike)信息准则和施瓦茨(Schwarz)信息准则(在各种相互竞争的模型中作选择时,这些准则都用得着),还有德宾-沃森(Durbin-Watson)统计量(这是测量误差项的相关性的一种方法)和**对数似然统计量**(log-likelihood statistic)——在使用 ML 方法(参见本章附录)时这一统计量很有用。随着本书内容的展开,我们会讨论这些统计量的用处。[②]

尽管 Eviews 没有给出方差分析表,但是其他软件包给出了这一表格,而且此表可以很容易由表 1-2 的第三部分所提供的信息导出来。不过,Stata 不仅给出了这些系数、它们的标准误以及上述信息,而且还给出了这张 AOV 表。它还给出了每个估计系数的 95% 的置信区间,详情可见表 1-3。

---

① 这里隐含的零假设是:真实的总体系数为零。我们可以将 $t$ 比率写为 $t=(b_k-B_k)/se(b_k)$,如果 $B_k$ 事实上为零,则该式可以简写为 $t=b_k/se(b_k)$。但是你可以检验任何其他的关于 $B_k$ 的假设,只需将该值放入前面的 $t$ 比率中即可。

② Eviews 也给出了汉南-奎因(Hannan-Quinn)信息准则,该准则介于赫池和施瓦茨信息准则之间。

表 1-3 工资函数的 Stata 输出结果

| w | Coef. | Std. Err. | t | P>\|t\| | [95% Conf. Interval] | |
|---|---|---|---|---|---|---|
| female | −3.074 875 | 0.364 616 2 | −8.43 | 0.000 | −3.790 185 | −2.359 566 |
| nonwhite | −1.565 313 | 0.509 187 5 | −3.07 | 0.002 | −2.564 245 | −0.566 381 7 |
| union | 1.095 976 | 0.506 078 1 | 2.17 | 0.031 | 0.103 144 3 | 2.088 807 |
| education | 1.370 301 | 0.065 904 2 | 20.79 | 0.000 | 1.241 009 | 1.499 593 |
| experience | 0.166 606 5 | 0.016 047 6 | 10.38 | 0.000 | 0.135 124 2 | 0.198 088 9 |
| _cons | −7.183 338 | 1.015 788 | −7.07 | 0.000 | −9.176 126 | −5.190 551 |

注：|t|的意思是 t 的绝对值，因为 t 值可正可负。

　　如你所见，在回归系数的估计值上，Eviews 和 Stata 并无多大差别。Stata 独有的特征是，它给出了每个系数的 95% 的置信区间，这是由方程（1.14）计算而来的。比如，研究一下受教育程度变量。真实受教育程度系数的单个最佳估计值是 1.370 3，95% 的置信区间是（1.241 0, 1.499 5）。因此，我们可以说，对下面的断言有 95% 的把握：保持其他条件不变，多受一年学校教育对小时工资的影响至少为 1.24 美元，至多为 1.49 美元。

　　因此，如果你把前面提到的真实受教育程度系数 1.43 作为假设，我们不能说 1.43 在此区间之内，因为该区间是固定的。故而，1.43 要么在这个区间之内，要么不在其内。我们只能说，如果在重复抽样中以方程（1.14）的方式建立置信区间，我们将会合理地确信置信区间包含了真实的 $B_k$。当然，我们有 5% 的可能是错的。

## □ 对截距项的解释

　　在表 1-2 给出的关于工资的回归中，截距项的值约为 −7.183 3。从字面上解释，这意味着如果在回归中所有解释变量的值均为 0，则平均每小时的工资是 −7.183 3 美元。当然了，在目前的例子中这种情况没有任何实际意义。总体而言，虽然在某些情况下，一个负数的截距存在某些意义，但在大多数情况下，它没有切实的含义。此外，一个给定的例子也许不会包含所有回归量均为 0 的情况，所以将所有的回归系数都设为 0 也是不切实际的。

　　即便如此，在一个回归模型中保留截距项也是很重要的，如果在标准线性回归中舍去了截距项，将会造成残差的和，也就是 $\sum e_i$，不是 0。关于这一点更详尽的内容，我们将会在 2.10 节"过原点回归：零截距模型"中继续讨论。

## □ 回归元取值的单位变化对平均工资的影响

　　女性系数约等于 −3.07，意思是说，保持所有其他变量不变，女性的平均小时工资比男性的平均小时工资约低 3 美元。同样，保持其他条件不变，非白种人的平均小时工资比白种人的平均小时工资约低 1.56 美元。在其他条件不变的情况下，受教育程度系数表明，多受一年教育，平均小时工资提高约 1.37 美元。同样，在其他条件不变的情况下，多增加一年工作经历，平均小时工资提高 17 美分。

## □ 对回归的整体显著性检验

为了检验这一假设：所有斜率系数同时为零（即所有回归元都对小时工资没有影响），Stata 给出了表 1-4。

表 1-4　AOV 表

| Source | SS | df | MS | |
|---|---|---|---|---|
| Model | 25 967. 280 5 | 5 | 5 193. 456 11 | Number of obs＝1 289<br>F(5, 1 283)＝122. 61 |
| Residual | 54 342. 544 2 | 1 283 | 42. 355 841 1 | Prob＞F＝0. 000 0<br>R-squared＝0. 323 3 |
| Total | 80 309. 824 7 | 1 288 | 62. 352 348 4 | Adj R-squared＝0. 320 7<br>Root MSE＝6. 508 1 |

AOV 将**总平方和**（total sum of squares，TSS）分成两个部分：由模型解释的部分，称为**解释平方和**（explained sum of squares，ESS），即所选择的模型解释的平方和；以及不能由模型解释的部分，即**残差平方和**（residual sum of squares，RSS）。这些术语我们之前已经讲过。

现在，每个平方和都有与其相关的自由度。TSS 的自由度为 $(n-1)$，因为在通过相同的数据计算因变量 $Y$ 的平均值时失掉了一个自由度。ESS 的自由度为 $(k-1)$，即 $k$ 个回归元再去掉截距项所得到的差值，而 RSS 的自由度为 $(n-k)$，这等于观测值的数目 $n$ 减去待估参数的数目（包括截距项）所得到的差值。

现在如果把 ESS 除以其自由度，把 RSS 也除以其自由度，你会得到 ESS 和 RSS 的**均方和**（mean sums of squares，MS）。而如果取这两个均方和的比值，你就会得到 $F$ 值。我们可以看到，在零假设下，所有斜率系数同时为零，而假定误差项 $u_i$ 是正态分布的，计算出来的 $F$ 值服从 $F$ 分布，其分子自由度为 $(k-1)$，分母自由度为 $(n-k)$。

在我们的例子中，$F$ 值约为 123，这和 Eviews 得到的结果是一致的。正如该表所示，获得这样或更大的 $F$ 值的概率在实践中为零，这表明零假设可以被拒绝。至少有一个回归元显著异于零。

如果 AOV 表不可得，我们也可以检验这样的零假设：所有的斜率系数同时为零，即 $B_2＝B_3＝\cdots＝B_k＝0$，这要用到 $F$ 和 $R^2$ 之间的有趣关系，具体如下：

$$F=\frac{R^2/(k-1)}{(1-R^2)/(n-k)} \tag{1.21}①$$

由于所有的软件包都会给出 $R^2$ 值，所以使用方程（1.21）来检验零假设可能更为容易。就我们的例子而言，计算出来的 $R^2$ 是 0.323 3。利用该值，我们可以得到：

$$F=\frac{0.323\ 3/5}{(1-0.323\ 3)/1\ 283}\approx122.60 \tag{1.22}$$

该值和 Stata 的 AOV 表中的结果大致相同。

---

① 关于证明，可以参考 Gujarati/Porter,*op cit*.,p.241。

应该强调的是，方程（1.21）所给出的公式仅当我们想检验所有解释变量对因变量都没有影响时才可使用。

正如前面所提及的，$R^2$ 是因变量的变异由模型中的回归元所解释的比例。如果你从 AOV 表中取 ESS 对 TSS 的比例（$= 25\,967.280\,5/80\,309.824\,7$），可以验证上述结论，即 $R^2 = 0.323\,3$。

## 1.9  预测

有时我们可以使用估计的回归模型来进行预测。回到表 1-2 所给出的工资回归。假定给出了有关未来某个工资收入者的解释变量的信息。给定这样的信息以及表 1-2 中的回归系数，我们可以轻松求得此人的期望（平均）工资。至于该符合条件的工人是否会真正得到由表 1-2 计算而来的工资，则不一定。我们只能说，一个具有给定的（$X$）特征的人可能挣多少钱。这才是预测的本质所在。

预测一般用于时间序列分析。第 16 章我们将以阐释性的例子更为充分地探讨这一主题。

## 1.10  本书脉络

现在已经给出了 CLRM 的基础，由此我们要进行什么呢？答案如下。

表 1-2 所给出的工资回归是以 CLRM 的假设为基础的。自然而然产生的问题则是：我们怎么知道这一模型满足了 CLRM 的这些假设？我们需要知道下列这些问题的答案：

1. 表 1-2 给出的工资模型不但对于参数是线性的，对于变量也是线性的。举个例子来说，工资变量可以取对数形式吗？教育程度变量和工作经验变量也可以取对数形式吗？由于工资预期不会随工作经验永远线性增长下去，那么我们能把工作经验的平方项作为额外的一个回归元吗？所有这些问题都属于回归方程的**函数形式**（functional form）问题，而函数形式也确有多个选择。我们将在第 2 章研究这一主题。

2. 假定有些回归元是定量的，而有些则是定性的或是名义尺度变量，也可以称之为虚拟变量。在处理虚拟变量方面有什么特殊的问题吗？我们如何处理在给定情境下定量和定性变量之间的交互作用？在我们的工资模型中，有三个虚拟变量：女性、非白种人和工会成员。工会成员的女性工人会比非工会成员的女性工人挣得多吗？我们将在第 3 章处理**定性回归元**（qualitative regressor）的这些方面的问题。

3. 如果我们在回归模型中有若干个回归元，我们如何才能发现不会出现**多重共线性**（multicollinearity）问题？如果我们的确遇到了这一问题，后果将会如何？我们如何处理？我们将在第 4 章讨论这一主题。

4. 在横截面数据中，误差方差（error variance）可能是**异方差的**（heteroscedastic）而非同方差的。我们如何才能确定这一点？异方差性的后果是什么？OLS 估计量仍然是 BLUE 的吗？我们如何纠正异方差性？在第 5 章可以找到这些问题的答案。

5. 在时间序列数据中，误差项不存在**自相关性**（autocorrelation）的假设不可能得到满足。我们如何把这一问题找出来？自相关的后果是什么？我们如何纠正自相关？在第 6 章我们将会找到这些问题的答案。

6. CLRM 的假设之一是，经验分析中所用的模型是在下述意义上被"正确地设定的"：所有相关变量都被包含进了该模型中，没有多余的变量包括进来，误差项的概率分布也被正确地予以设定，在回归元和回归子的测量上没有误差。显然，这些都是苛求。但是，如果在具体应用中这些要求受到质疑，那么我们弄清楚一个或更多这种情况下的结果，是至关重要的。我们将在第 7 章讨论**模型设定**（model specification）方面的一些细节。在这一章，我们也会简要地讨论随机回归元而非固定回归元的情况，后者则是 CLRM 的假设。

7. 假定因变量不是比率尺度或区间尺度变量，而是名义尺度变量，即取值为 1 或 0。我们仍能应用惯用的 OLS 技术来估计这样的模型吗？如果不能，替代的方法是什么？这些问题的答案可以在第 8 章中找到，在该章中我们会讨论 logit 模型和 probit 模型，它们可以处理名义尺度因变量。

8. 第 9 章把二值 logit 和 probit 模型扩展到多类别名义尺度变量，其中回归子具有超过二值的取值情况。举例而言，我们考察上班的交通工具方式的选择。假定我们有三种选择：私家车、公交车或火车。我们如何在这些选择间进行决策？我们还能用 OLS 吗？正如我们将在此章所见，解决这类问题需要运用线性估计技术。这一章讨论的**多值条件 logit**（multinominal conditional logit）或**多值 probit 模型**（multinominal probit model）表明，多类别名义尺度变量可以被模型化。

9. 尽管名义尺度变量不能被轻易地定量化，但它们有时可以进行排序或排号。**有序 logit**（ordered logit）和**有序 probit 模型**（ordered probit models）将在第 10 章得到讨论，它们表明有序或排序模型可以被估计出来。

10. 有时候回归子会由于研究问题的设计而受到其取值的限制。假定我们想研究年收入在 50 000 美元以下的家庭住房支出。显然，这排除了那些收入超过此限制的家庭。**截尾样本**（censored sample）和**截断样本建模**（truncated sample modeling）将在第 11 章进行讨论，它们表明我们可以将此类现象进行模型化。

11. 偶然情况下，我们还会遇到计数类型（count type）的数据，诸如访问医生的次数、公司取得的专利数、在 15 分钟的间隔内经过付款台的顾客数，等等。为了模型化这些计数数据，经常会用到**泊松概率分布**（Poisson probability distribution，PPD）。由于 PPD 隐含的假设可能不会总是被满足，因而我们会简要地讨论一个替代性的模型，即**负二项式分布**（negative binomial distribution，NBD），我们将在第 12 章讨论这些主题。

12. 对于时间序列数据，CLRM 的一个潜在假设是：时间序列是**平稳的**（stationary）。如果不是这样，惯用的 OLS 方法仍然适用吗？替代性的办法是什么？我们将在第 13 章讨论这一主题。

13. 尽管异方差性通常是和横截面数据联系在一起的，但它也会出现在时间序列数据中，即金融时间序列中观察到的所谓的**波动率聚类**（volatility clustering）现象。第 14 章中讨论的 ARCH 和 GARCH 模型将会表明我们是如何将波动率聚类进行模型化的。

14. 如果你就一个或多个非静态时间序列进行非静态时间序列回归，就会导致所谓的**伪回归**\*或无意义回归现象（spurious or nonsense regression phenomenon）。但是，如果变量间存在稳定的长期关系，即如果变量是协整的，就不存在伪回归。在第 15 章我们将说明是如何发现这一问题的，以及如果变量不是协整的，将会如何。

15. 预测是时间序列计量经济学中的一个特殊领域。在第 16 章我们将使用 LRM 以及两个广泛使用的预测方法，即 **ARIMA**（autoregressive integrated moving average）以及 **VAR**（vector autoregression）来讨论经济预测问题。我们会用例子来说明这些模型是如何运行的。

16. 前述各章所讨论的模型处理了横截面数据或时间序列数据。第 17 章所处理的模型则结合了横截面数据和时间序列数据。这些模型就是**面板数据回归模型**（panel data regression model）。我们将在这一章说明这样的模型如何进行估计和解释。

17. 在第 18 章我们将讨论**期限分析或生存分析**（duration or survival analysis）。一段婚姻的期限、罢工的期限、一场疾病的期限以及失业所持续的时间都是这类期限数据的例子。

18. 在第 19 章，我们将讨论一个在文献中已经受到相当重视的专题，即**工具变量**（instrumental variables，IV）方法。这本书的大部分内容都致力于非随机或固定回归元的情形，但是也有一些情况我们不得不考虑随机回归元。如果随机回归元与误差项是相关的，那么 OLS 估计量不仅有偏，而且也是不一致的——也就是说，这一偏误无论样本规模有多大，都不能减少。IV 的基本原理是：它以另一个回归元组取代了随机回归元，该回归元组就是**工具变量**〔instrumental variable，或简单地称为**工具**（instrument)）〕它们与随机回归元相关，但是与误差项不相关。因此，我们可以获得回归参数的一致估计值。在这一章，我们将展现这是如何做到的。

19. 第 20 章分位数回归模型（QRM），是本次修订新加入的内容。在经典线性回归模型中，我们只考虑条件均值，而分位数回归模型会考虑一个关于变量基于条件分布的更加完备的描述。在某些情况下，也许估计一个对异常值观测不敏感的中位数回归模型是更好的。

我们不妨继续深入并将我们的数据分为若干群组，比如四分位（将样本总体分为四组）、十分位（将样本总体分为十组），或者百分位（将样本总体分为一百组）。通过分析不同的分组情况，我们也许能发现在不同分组下回归子的估计值是否不同，如果确实如此，那么对样本中所有观测值仅仅进行一次回归也许会扭曲回归子和回归元真实的关系类型。

20. 第 21 章同样是本次修订新增加的内容，本章讨论了已经在很多学科中得到应用的**多回归子回归模型**（multivariate regression model，MRM）。在 MRM 中，允许一个模型中存在若干个不同的因变量（回归子），以及对应的相同或不同的回归元。举个例子，美国的学术能力测试（Scholastic Aptitude Test，SAT）考查学生在语言和关于几个社会经济变量的定量问题中的表现。原则上，我们可以对 SAT 的语言和数学部分各自进行 OLS 回归。但这忽略了一个学生语言和数学成绩相关的可能性。而 MRM 则考虑到了这种相关性并将这两个成绩联合起来估计。

MRM 是**似不相关回归**（Seemingly Unrelated Regression，SUR）的一种形式。举个例子，尽管通用汽车（GM）、福特汽车和克莱斯勒相互独立地做出资本支出决策，但

---

\* 有的书也翻译成谬误回归。——译者注

因为所有公司都在相同的管理和资本市场条件下经营，也许事实上它们并不会相互独立。于是，将这些因素考虑进构建这三家公司支出的（回归）函数也许是必要的。在本章中，我们将会展示 MRM 如何解决这些问题。

在本书下面的部分中，我们将以具体的例子讨论所有这些主题。当然，所讨论的这一系列主题无论如何都无法穷尽所有的计量经济学方法，这些技术方法也是在不断演进着的。但是我希望本书中所讨论的这些主题和例子能够向初学者和研究者广泛展示常用的计量经济学技术方法。我还希望本书所讨论的这些例子能够引起读者学习更高级的计量经济学技术方法的兴趣。

## 习题 ☞

1.1 考虑表 1-2 中的回归结果。

(a) 假定你想检验假设：教育程度变量的真实或总体回归系数是 1。你将如何检验这一假设？给出必要的计算步骤。

(b) 你是拒绝还是接受假设：真实的工会成员的回归系数是 1？

(c) 你能取诸如性别、种族和工会身份这些名义尺度变量的对数吗？为什么？

(d) 该模型遗漏了哪些变量？

(e) 你打算根据白种人或非白种人、男性或者女性、工会成员或非工会成员来分别进行工资回归吗？你如何比较这些回归？

(f) 有些州有工作权利法（right-to-work laws）（即工会成员身份不是强制的），而有些州则没有这样的法律（即强制加入工会是允许的）。值不值得加入一个虚拟变量，如果拥有工作权利法即赋值 1，否则赋值 0？如果这个变量加进模型，你会期待发生什么？

(g) 你打算把工人的年龄作为一个解释变量加进模型吗？为什么？

1.2 表 1-5（见本书配套网站）给我们提供了 654 个年轻人样本的数据，这些人在 1970 年代居住在东波士顿地区，年龄在 3~19 岁之间。[①]

$fev$＝肺活量（以升为单位）

$smoke$＝抽烟者记为 1，不抽烟者记为 0

$age$＝年龄，以年为单位

$ht$＝身高，以英寸为单位

$sex$＝男性记为 1，女性记为 0

$fev$ 代表肺活量，也就是在深吸一口气之后可以用力排出的气体的体积，是肺功能的一个重要测度指标。这道题的目的在于找到年龄、身高、体重和抽烟习惯对 $fev$ 的影响。

(a) 为此目的建立适当的回归模型。

(b) 先验地说，每个自变量对 $fev$ 的影响是什么？回归结果支持你先前的想法吗？

(c) 哪些解释变量，或者说回归元是各自在 5％的水平上统计显著的？估计的 $p$ 值是多少？

(d) 如果估计的 $p$ 值超过了 5％的水平，这是否意味着相关回归元不具备现实意义呢？

---

① 这些数据来自美国统计协会（American Statistical Association）的数据档案，并由迈克尔·J. 卡恩（Michael J. Kahn）慷慨地提供给我。

（e）你期望年龄和身高是相关的吗？如果是的话，那么你希望你的模型出现多重共线性吗？你有解决这一问题的想法吗？请展示必要的计算过程。如果你并不知道答案，不要气馁，因为我们会在第4章较为深入地讨论多重共线性的某些方面。

（f）如果所有回归元的（斜率）系数都是统计不显著的，你会拒绝该假设吗？你将会采用什么检验？请展示必要的计算过程。

（g）建立方差分析表（AOV），这个表会告诉你什么？

（h）你的回归模型中的 $R^2$ 值是什么？有哪些因素会影响这个值呢？

（i）计算调整后的 $R^2$ 值，这个值和计算所得的 $R^2$ 值相比如何？

（j）你可以从这个例子得出吸烟对 $fev$ 有害的结论吗？请做出解释。

1.3  考虑如下的二元回归模型：

$$Y_i = B_1 + B_2 X_i + u_i$$

验证此模型的 OLS 估计：

$$b_2 = \frac{\sum x_i y_i}{\sum x_i^2}$$

$$b_1 = \bar{Y} - b_2 \bar{X}$$

$$\hat{\sigma}^2 = \frac{\sum e_i^2}{n-2}$$

其中，$x_i = X_i - \bar{X}$，$y_i = Y_i - \bar{Y}$，$e_i = Y_i - b_1 - b_2 X_i$。

1.4  考虑如下回归模型：

$$y_i = B_1 + B_2 x_i + u_i$$

其中，$x_i$ 和 $y_i$ 与习题 1.3 中的定义一致。请验证，在这个模型中，$b_1 = 0$。当 $b_1 = 0$ 时，这个模型有什么优于习题 1.3 中模型的地方呢？

1.5  **回归元的相互作用**。考虑表 1-3 中给出的关于工资的回归模型。假设你决定增加一个教育经验的变量，也就是上述两个回归元的乘积到模型中。那么将一个被称为交互变量的变量引入模型中，其背后的逻辑是什么呢？重新估计表 1-3 中的模型增加变量后的情形，并解释你的结果。

---

# 附录：最大似然法

正如前面提到的，OLS 的一个替代方法就是最大似然法（ML）。这一方法在估计非线性（于参数）回归模型的参数方面特别有用，比如 logit、probit、多类别 logit 以及多类别 probit 模型就是此类。在讨论这些模型的章节中，我们会遇到 ML。

在介绍 ML 之前，指出 ML 和 OLS 的不同是十分重要的。在 OLS 中，我们假设误差项 $u_i$ 的期望值是 0，并且它有有限方差。但是，我们不对误差项的可能分布做任何假

计量经济学：原理与实践（第二版）

设。在 ML 中，我们的假设却是，误差项有一个确定的概率分布，在经典正态线性回归中，它假设误差项遵循零均值和常数方差（同方差）的正态分布。正是由于这个假设，我们才能够推导出样本分布回归的估计量，并进行假设检验。

有趣的是，正如我们接下来将会展示的，在误差项正态分布的假设下，ML 和 OLS 关于参数的回归相同，尽管在大样本条件下二者相差无几，但是二者得到的误差方差 $\sigma^2$ 却是不同的。

为了最低程度地使用代数，我们只考虑两变量回归模型：

$$Y_i = B_1 + B_2 X_i + u_i \tag{1}$$

其中

$$u_i \sim IIDN(0, \sigma^2) \tag{2}$$

也就是说，误差项独立同分布于一个零均值和固定方差的正态分布（independently and identically distributed as a normal distribution）（即标准正态分布）。

由于 $B_1$ 和 $B_2$ 是常数，而 $X$ 在重复抽样中假定为固定不变的，因而方程（2）意味着：

$$Y_i \sim IIDN(B_1 + B_2 X_i, \sigma^2) \tag{3}$$

即，$Y_i$ 也独立同分布于给定参数的正态分布。因此，可以写为[1]：

$$f(Y_i) = \frac{1}{\sigma\sqrt{2\pi}} \exp\left[-\frac{1}{2\sigma^2}(Y_i - B_1 - B_2 X_i)^2\right] \tag{4}$$

这是具有方程（3）给出的均值和方差的正态分布 $Y_i$ 的密度函数。注意：exp 意味着 e 的幂指数的表达式在中括号内，e 是自然对数的底。

由于每一个 $Y_i$ 的分布都如方程（4），于是 $Y$ 观测值的联合密度（即联合概率）可以写为 $n$ 个这样的项的积，每个 $Y_i$ 对应一项。这个积可以写为：

$$f(Y_1, Y_2, \cdots, Y_n) = \frac{1}{\sigma^n(\sqrt{2\pi})^n} \exp\left[-\frac{1}{2}\sum \frac{(Y_i - B_1 - B_2 X_i)^2}{\sigma^2}\right] \tag{5}$$

如果 $Y_1$，$Y_2$，$\cdots$，$Y_n$ 已经给出或已知，而 $B_1$，$B_2$ 和 $\sigma^2$ 未知，那么方程（5）中的函数称为**似然函数**（likelihood function），用 LF（$B_1$，$B_2$，$\sigma^2$）表示。

正如其名字所示，最大似然法是以这样的方法估计出来的未知参数构成的：观察到样本 $Y$ 的概率是最大可能的。因此，我们要找到方程（5）的最大值。如果我们两边取此函数的对数，可以很容易地找到最大值：

$$\ln LF(B_1, B_2, \sigma^2) = -\frac{n}{2}\ln\sigma^2 - \frac{n}{2}\ln(2\pi) - \frac{1}{2}\sum \frac{(Y_i - B_1 - B_2 X_i)^2}{\sigma^2} \tag{6}$$

由于方程（6）的最后一项是负的，为了最大化式（6），我们需要最小化这最后一项。撇开 $\sigma^2$，该项只是 OLS 的误差项的平方。如果分别就截距和斜率系数对最后一项进行微

---

[1] 回忆一下统计学导论中，均值为 $\mu$、方差为 $\sigma^2$ 的随机正态变量 $X$ 的密度是：

$$f(X) = \frac{1}{\sigma\sqrt{2\pi}} \exp\left[-\frac{1}{2\sigma^2}(X-u)^2\right], \quad -\infty < X < \infty, \ \sigma^2 > 0。$$

分，你会发现 $B_1$，$B_2$ 的估计量和本章正文中讨论的最小二乘估计量是一样的。

不过，$\sigma^2$ 的估计量有所不同。该估计量可以表示为：

$$\hat{\sigma}^2_{\text{ML}} = \frac{\sum e_i^2}{n} \tag{7}$$

而 OLS 估计量为：

$$\hat{\sigma}^2 = \frac{\sum e_i^2}{n-k} \tag{8}$$

换言之，未知方差的 ML 估计量未经自由度调整，而 OLS 估计量则经过了调整。尽管在小样本中 ML 估计量是真实误差方差的一个有偏估计量，但在大样本中，这两个估计量给出了大体相同的值。

如果你看一下表 1－2 中工资回归例子中的回归结果，你会发现 lnLF 的值为－4 240.37。这就是对数似然函数的最大值。如果取该值的反对数（anti-log），你会看到它接近于 0。也需注意，在该表中给出的所有回归系数也是在误差项是正态分布这一假设下的 ML 估计值。

因此，出于实际操作的目的，假设误差项是正态分布的，回归系数的 OLS 和 ML 估计值是相同的。这就是弄明白误差项在任何应用中事实上是不是正态分布如此重要的原因。在第 7 章我们还会就这一主题进一步进行讨论。

ML 估计量有很多值得称道的大样本性质：（1）它们是渐近无偏的；（2）它们是一致的；（3）它们是渐近有效的——就是说在大样本中它们在所有一致估计量中有最小方差；（4）它们是渐近正态分布的。

须谨记的是无偏估计量和一致估计量之间的区别。无偏性是重复抽样的一个性质：保持样本规模不变，我们提取若干样本，从每一个样本中我们取得一个未知参数的估计值。如果所有这些估计值的平均值等于参数的真实值，那么该估计量（或者估计方法）就产生出了无偏估计量。

如果一个估计量随着样本越来越大而越接近参数的真实值，我们就说这个估计量是一致的。

正如之前所提及的，在 OLS 中我们使用 $R^2$ 作为估计回归线拟合优度的测度。在 ML 方法中与 $R^2$ 等价的是**拟 $R^2$**（pseudo $R^2$），可以定义如下[1]：

$$\text{拟 } R^2 = 1 - \frac{lfL}{lfL_0} \tag{9}$$

其中 $lfL$ 是所考察模型的对数似然值，而 $lfL_0$ 是模型中没有任何回归元（除去截距项）的对数似然值。这样，拟 $R^2$ 就通过 $lfL$（在绝对值上）比 $lfL_0$ 小这一性质完成了测度。

由于对数似然值代表联合概率，所以它必然在 0 到 1 之间。因此，$lfL$ 的值必然为负，如同我们的阐释性例子中一样。

---

[1] 接下来的讨论参见 Christopher Dougherty，*Introduction to Econometrics*，3rd edn，Oxford University Press，Oxford，2007，pp. 320-1。

在 OLS 中，我们通过 $F$ 检验验证了回归模型的整体显著性。在 ML 条件下，等价的检验是**似然比统计量**（likelihood ratio statistic）$\lambda$。

它可以这样定义：

$$\lambda = 2(lfL - lfL_0) \tag{10}$$

在虚拟假设——所有回归元的系数都等于 0——下，该统计量以 $(k-1)$ 的自由度服从 $\chi^2$（卡方）分布，其中 $(k-1)$ 是回归元的数目。与其他对显著性的检验一样，如果计算出的卡方值超过在选定的显著性水平上的卡方临界值，我们就拒绝该零假设。

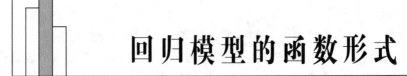

# 第 2 章

# 回归模型的函数形式

本书主要关注的是线性回归模型，即线性参数模型；这些模型可以线性于变量，也可以不线性于变量。在这一章，我们研究几个模型，它们线性于参数，但是并不一定线性于变量。我们将特别讨论下列模型，这些模型在经验分析中经常被使用。

1. 对数线性或双对数模型（log-linear or double-log models），其回归子和回归元都呈对数形式。

2. log-lin 模型，其回归子是对数形式的，而回归元可以是对数形式的，也可以是线性形式的。

3. lin-log 模型，其回归子是线性形式的，但是有一个或多个回归元是对数形式的。

4. 倒数模型，其回归元呈倒数形式。

5. 标准化变量回归模型。

我们会使用若干个例子来阐释这些不同的模型。

## 2.1 对数线性、双对数或常弹性模型

我们来看著名的柯布-道格拉斯（Cobb-Douglas，CD）生产函数，它可以表示为[1]：

$$Q_i = B_1 L_i^{B_2} K_i^{B_3} \qquad (2.1)$$

其中 $Q$＝产出，$L$＝劳动投入，$K$＝资本，而 $B_1$ 为一个常数。

这个模型对于参数是非线性的，估计它需要用非线性估计方法。不过，如果我们对

---

① 参见任何一本有关柯布-道格拉斯生产函数的历史和细节的微观经济学教科书。

此函数取对数形式，就会得到：

$$\ln Q_i = \ln B_1 + B_2 \ln L_i + B_3 \ln K_i \tag{2.2}$$

其中 ln 表示自然对数。

记 $\ln B_1 = A$，我们可以将方程（2.2）写为：

$$\ln Q_i = A + B_2 \ln L_i + B_3 \ln K_i \tag{2.3}$$

方程（2.3）对于参数 $A$，$B_2$ 和 $B_3$ 是线性的，因此是线性方程，尽管它对于变量 $Q$，$L$ 和 $K$ 是非线性的。[①]

将误差项 $u_i$ 添加进方程（2.3），我们可以得到如下 LRM：

$$\ln Q_i = A + B_2 \ln L_i + B_3 \ln K_i + u_i \tag{2.4}$$

方程（2.4）就是 **log-log**、**双对数**（double-log）、**对数线性**（log-linear）或**常弹性模型**（constant elasticity model），因为其回归元和回归子都呈对数形式。

对数线性模型有一个有趣的特征：其斜率系数可以被解释为弹性。[②] 具体而言就是在保持其他变量不变（这里是资本 $K$ 不变）的情况下，$B_2$ 是产出对于劳动投入的（偏）弹性。也就是说，它给出了在其他条件不变的情况下劳动投入的百分比变化所引致的产出的百分比变化。[③] 同样，$B_3$ 给出了在其他投入不变的条件下产出相对于资本投入的（偏）弹性。由于这些弹性在观测范围内是常数，因而双对数模型又被称为常弹性模型。

弹性的一个优点在于它是纯数字，也就是说，可以不管变量是以何种单位测量的，诸如美元、人均小时数或资本小时数等都可以不必理会，因为它们只是百分比变化的比值。

柯布-道格拉斯函数的另一个有趣的性质是：偏斜率系数之和（$B_2 + B_3$）给出了有关**规模报酬**（returns to scale）的信息，即产出对于投入的比例性变化的反应。如果其和为 1，则说明该生产函数是**规模报酬不变的**（constant return to scale）——即投入翻倍，产出也翻倍，三倍投入会得到三倍的产出，依此类推。如果其和小于 1，那么该生产函数是**规模报酬递减的**（decreasing returns to scale）——即投入翻倍，产出增加不足一倍。最后，如果其和大于 1，则该生产函数是**规模报酬递增的**（increasing returns to scale）——即投入翻倍，产出增加不止一倍。

在给出具体例子之前，我们应该注意的是，在包含若干个变量的对数线性模型里，每个回归元的斜率系数给出了在其他变量保持不变的情况下因变量相对于该变量的偏弹性。

### □ 美国的柯布-道格拉斯生产函数

为了说明柯布-道格拉斯函数，我们在表 2-1 中给出了有关美国制造业的产出（根

---

① 注意，$A = \ln B_1$。因此，$B_1 = \text{anti-log}(A)$，即 $B_1$ 等于 $A$ 的反对数，它是非线性的。不过，在大多数应用中，截距项都没有什么可行的经济解释。

② 弹性是一个变量的百分比变化除以另一个变量的百分比变化的简单比值。比如，如果 $Q$ 是数量，$P$ 是价格，那么数量的百分比变化除以价格的百分比变化就是价格弹性。

③ 即 $B_2 = \dfrac{\partial \ln Q}{\partial \ln L} = \dfrac{\partial Q / Q}{\partial L / L} = \dfrac{\partial Q}{\partial L} \cdot \dfrac{L}{Q}$，其中我们用 $\partial$ 表示取偏导数。

据附加值衡量，以千美元为单位）、劳动投入（工人小时数，以千为单位）和资本投入（资本支出，以千美元为单位）数据。该数据是横截面数据，覆盖美国 50 个州和华盛顿特区，时间是 2005 年。这张表可以在本书配套网站上找到。

表 2－2 给出了 OLS 回归结果。

### 表 2－2　2005 年美国柯布－道格拉斯函数

Dependent Variable：LOUTPUT
Method：Least Squares
Sample：1 51
Included observations：51

| | Coefficient | Std. Error | t-Statistic | Prob. |
|---|---|---|---|---|
| C | 3.887 600 | 0.396 228 | 9.811 514 | 0.000 0 |
| lnLABOR | 0.468 332 | 0.098 926 | 4.734 170 | 0.000 0 |
| lnCAPITAL | 0.521 279 | 0.096 887 | 5.380 274 | 0.000 0 |
| R-squared | 0.964 175 | Mean dependent var | | 16.941 39 |
| Adjusted R-squared | 0.962 683 | S. D. dependent var | | 1.380 870 |
| S. E. of regression | 0.266 752 | Akaike info criterion | | 0.252 028 |
| Sum squared resid | 3.415 520 | Schwarz criterion | | 0.365 665 |
| Log likelihood | −3.426 721 | Durbin-Watson stat | | 1.946 387 |
| F-statistic | 645.931 1 | Prob(F-statistic) | | 0.000 000 |

注：L 代表取对数。

## □ 对结果的解释

第一点需要注意的是，所有的回归系数（即弹性）从个体上讲都是高度统计显著的，因为它们的 $p$ 值都很低。其次，以 $F$ 统计量为基础我们也能推断出，劳动和资本两种要素投入都是高度统计显著的，因为其 $p$ 值也很低。$R^2$ 值为 0.96，也很高，对于涉及不同州的横截面数据来说这一点是很不寻常的。赤池和施瓦茨准则是对 $R^2$ 的一个替代，在本章我们会对此进行进一步的讨论。德宾－沃森统计量尽管照例会由 Eviews 产生，有时候它也是模型设定误差的一个指标，但是它可能对于横截面数据不总是那么有用，我们将在第 7 章有关模型设定误差的讨论中进行说明。

lnLABOR 的系数大约为 0.47，对此的解释是：如果我们提高劳动投入 1%，在保持资本投入不变的情况下，产出平均会提高 0.47%。同样，在保持劳动投入不变的情况下，如果我们提高资本投入 1%，产出平均会提高 0.52%。相对而言，资本的百分比投入似乎比劳动的百分比投入对产出的贡献更大。

这两个斜率系数的和为 0.989 6，接近于 1。这意味着美国的柯布－道格拉斯生产函数在 2005 年是规模报酬不变的。[①]

顺便提一下，如果你想回到方程（2.1）所给出的原生产函数形式，可以写为：

$$Q_i = 48.79 L^{0.47} K^{0.51} \tag{2.5}$$

---

① 这里我们不讨论作为一个整体美国的生产函数是否有意义。有关这一方面的文献非常多。我们这里的主要目的是阐释双对数模型。

注意：48.79 近似等于 3.887 6 的反对数。[1]

## □ 对结果的评价

尽管已用常用的统计标准进行了判断，但是表 2 - 2 给出的柯布-道格拉斯生产函数的结果仍显得很不寻常，我们需要确保不存在异方差性的可能。这是因为我们的"样本"是由多个不同的州所构成的，这些州的制造业部门也往往千差万别。同时，州与州之间在地理规模和人口密度等方面也迥异。在第 5 章讨论异方差性时，我们还会重新研究柯布-道格拉斯生产函数，来看看是否产生了异方差性问题。

在第 7 章讨论模型设定误差时，我们还要弄清楚误差项是否为正态分布的，因为 $t$ 检验和 $F$ 检验严重依赖于正态性这一假设，尤其是样本规模不大时更是如此。在第 7 章，我们还要研究当我们的例子中使用的柯布-道格拉斯生产函数有其他的误差设定时的情况。

尽管柯布-道格拉斯生产函数的双对数设定是文献中的标准做法，但是出于比较的目的，我们还是给出了线性生产函数的结果，即：

$$Output_i = A_1 + A_2 Labor_i + A_3 Capital_i + u_i \qquad (2.6)$$

这一回归的结果见表 2 - 3。

表 2 - 3　线性生产函数

Dependent Variable：OUTPUT
Method：Least Squares
Sample：1 51
Included observations：51

|  | Coefficient | Std. Error | t-Statistic | Prob. |
|---|---|---|---|---|
| C | 233 621.5 | 1 250 364. | 0. 186 843 | 0. 852 6 |
| LABOR | 47. 987 36 | 7. 058 245 | 6. 798 766 | 0.000 0 |
| CAPITAL | 9. 951 890 | 0. 978 116 | 10. 174 55 | 0. 000 0 |

| R-squared | 0. 981 065 | Mean dependent var | 43 217 548 |
|---|---|---|---|
| Adjusted R-squared | 0. 980 276 | S. D. dependent var | 44 863 661 |
| S. E. of regression | 6 300 694. | Akaike info criterion | 34. 207 24 |
| Sum squared resid | 1.91E+15 | Schwarz criterion | 34. 320 88 |
| Log likelihood | −869. 284 6 | Durbin-Watson stat | 1. 684 519 |
| F-statistic | 1 243. 514 | Prob(F-statistic) | 0. 000 000 |

在这一回归中，劳动和资本系数统计上高度显著。如果劳动投入增加一个单位，在资本投入不变的情况下，产出平均增加约 48 个单位。同样，如果资本投入增加一个单位，在其他条件不变的情况下，产出平均增加约 10 个单位。注意，在对数线性生产函数中斜率系数的解释和线性生产函数中的解释是不同的。

哪一个模型更好呢？是线性模型还是对数线性模型？遗憾的是，我们无法直接比较这两个模型，因为两个模型中的因变量是不同的。同样，我们也无法比较这两个模型的 $R^2$ 值，因为若要比较任何两个模型的 $R^2$ 值，则两个模型中的因变量必须相同。在 2.8

---

① 记住 $A = \ln B_1$，因此，$B_1$ 等于 $A$ 的反对数。

节，我们将表明，如何来比较线性模型和对数线性模型。

## 2.2　检验线性约束的有效性

对数线性柯布-道格拉斯生产函数对于生产数据的拟合，表明产出—劳动弹性和产出—资本弹性之和为 0.989 6，这个值约为 1。这意味着规模报酬不变。我们如何对此进行检验呢？

如果事实上 $B_2 + B_3 = 1$（这是线性约束的情形），那么检验规模报酬不变的一个办法就是将此约束直接纳入估计程序中。为了说明这是如何做到的，我们可以将此写为：

$$B_2 = 1 - B_3 \qquad\qquad (2.7)①$$

因此，我们可以将对数线性柯布-道格拉斯生产函数写为：

$$\ln Q_i = A + (1 - B_3)\ln L_i + B_3 \ln K_i + u_i \qquad\qquad (2.8)$$

合并同类项，我们可以把式（2.8）写为：

$$\ln Q_i - \ln L_i = A + B_3(\ln K_i - \ln L_i) + u_i \qquad\qquad (2.9)$$

利用对数的性质，我们可以将此方程写为：②

$$\ln\left(\frac{Q_i}{L_i}\right) = A + B_3 \ln\left(\frac{K_i}{L_i}\right) + u_i \qquad\qquad (2.10)$$

其中 $Q_i/L_i$ 是产出—劳动比或劳动生产率，$K_i/L_i$ 是资本—劳动比，这是两个关于经济发展和增长的"重要"比率。

总而言之，方程（2.10）说明劳动生产率是资本—劳动比的函数。显然我们可以称此方程为**约束回归**（restricted regression，RS），原方程（2.4）为**无约束回归**（unrestricted regression，URS）。

通过 OLS 估计出方程（2.10），我们可以得到 $B_3$ 的估计值，从中我们也就可以轻松得到 $B_2$ 的值，这是由于线性约束（$B_2 + B_3 = 1$）的缘故。那么如何判断线性约束是有效的呢？为了回答这一问题，我们首先给出基于方程（2.10）的回归结果，即表 2-4。

这些结果表明，如果资本—劳动比上升 1%，劳动生产率就会提高约 0.5%。换言之，劳动生产率对资本—劳动比的弹性是 0.5，这一弹性系数是高度显著的。值得注意的是，$R^2$ 值约为 0.38，与表 2-2 中的 $R^2$ 值是无法直接比较的，因为这两个模型的因变量不相同。

为了检验线性回归的有效性，我们首先需定义：

$RSS_R$＝约束回归方程（2.10）的剩余平方和；

$RSS_{UR}$＝无约束回归方程（2.4）的剩余平方和；

---

① 我们也可以将此线性约束表达为 $B_3 = 1 - B_2$。

② 注意，$\ln XY = \ln X + \ln Y$；$\ln(X/Y) = \ln X - \ln Y$；$\ln X^k = k\ln X$（其中 $k$ 是常数），但值得提及的是，$\ln(X+Y) \neq \ln X + \ln Y$。

计量经济学：原理与实践（第二版）

$m=$线性约束的数目（在当前的例子中是 1）；

$k=$无约束回归中参数的数目（在当前的例子中是 3）；

$n=$观测值的数目（在当前的例子中是 51）。

表 2-4　有线性约束的柯布-道格拉斯生产函数

Dependent Variable：LOG（OUTPUT/LABOR）
Method：Least Squares
Sample：1 51
Included observations：51

| Variable | Coefficient | Std. Error | t-Statistic | Prob. |
|---|---|---|---|---|
| C | 3. 756 242 | 0. 185 368 | 20. 263 72 | 0. 000 0 |
| LOG(CAPITAL/LABOR) | 0. 523 756 | 0. 095 812 | 5. 466 486 | 0. 000 0 |

| | | | |
|---|---|---|---|
| R-squared | 0. 378 823 | Mean dependent var | 4. 749 135 |
| Adjusted R-squared | 0. 366 146 | S. D. dependent var | 0. 332 104 |
| S. E. of regression | 0. 264 405 | Akaike info criterion | 0. 215 754 |
| Sum squared resid | 3. 425 582 | Schwarz criterion | 0. 291 512 |
| Log likelihood | −3. 501 732 | Prob(F-statistic) | 0. 000 002 |
| F-statistic | 29. 882 47 | Durbin-Watson stat | 1. 936 84 |

现在为了检验线性约束的有效性，我们使用第 1 章讨论过的 $F$ 统计量的另一变种。[①]

$$F=\frac{(\mathrm{RSS_R}-\mathrm{RSS_{UR}})/m}{\mathrm{RSS_{UR}}/(n-k)}\sim F_{m,(n-k)} \tag{2.11}$$

它是服从 $F$ 分布的统计量，其中 $m$ 和 $(n-k)$ 分别是分子和分母的自由度。应予以提及的是，$\mathrm{RSS_R}$ 从不会比 $\mathrm{RSS_{UR}}$ 小，因此 $F$ 比率总是非负的。

和通常一样，如果计算出来的 $F$ 值超过了在选定的显著水平和恰当的自由度上的临界 $F$ 值，我们就会拒绝虚拟假设；否则，我们就接受它。

从表 2-2 中我们可以得到 $\mathrm{RSS_{UR}}=3.415\,5$，从表 2-4 中我们可以得到 $\mathrm{RSS_R}=3.425\,5$。已知 $m=1$，$n=51$。将这些值代入方程（2.11），读者会发现 $F$ 的估计值约为 0.142。对于分子自由度 1 和分母自由度 48 而言，这个 $F$ 值并不是很显著；实际上取得这样一个 $F$ 的 $p$ 值（实际的显著性水平）约为 0.29。因此，所给例子的结论如下：表 2-2 中估计出的柯布-道格拉斯生产函数可能表现出了规模报酬不变的性质。故而在使用方程（2.10）给出的生产函数时，并不存在什么弊端。但是，应该予以强调的是，上述 $F$ 检验方法仅对于线性约束有效；对于非线性约束的检验，比如 $B_2B_3=1$，则是无效的。

## 2.3　log-lin 或增长模型

经济学家、政府、企业部门以及政策制定者极感兴趣的一个主题就是关键经济变量

---

① 详细内容可参见 Gujarati/Porter, *op cit.*, pp. 243-6。

诸如 GDP、货币供给、人口、就业、生产率和利率等的增长率问题。

为了观察经济变量的增长率是如何被测量的，我们介绍如下。具体来说，假定我们想测量美国 1960—2007 年 GDP 的增长率（即经通胀调整后的 GDP）。出于这个目的，我们使用下面这个模型：

$$RGDP_t = RGDP_{1960}(1+r)^t \tag{2.12}$$

其中 $RGDP$ 代表真实 GDP，$r$ 是增长率，而 $t$ 是根据时间顺序衡量的时间变量。

方程（2.12）是基础金融学里著名的复利公式。在方程两边取自然对数，我们有：

$$\ln RGDP_t = \ln RGDP_{1960} + t\ln(1+r) \tag{2.13}$$

现在令 $B_1 = \ln RGDP_{1960}$，$B_2 = \ln(1+r)$，我们可以将方程（2.13）写作：

$$\ln RGDP_t = B_1 + B_2 t \tag{2.14}$$

将误差项 $u_t$ 加入方程（2.14），我们可以得到下面的回归模型[1]：

$$\ln RGDP_t = B_1 + B_2 t + u_t \tag{2.15}$$

方程（2.15）和其他回归模型是一样的；仅有的差异在于这里的回归元是"时间"，可以取值为 1，2，…，47。

模型（2.15）称为**半对数模型**（semilog model），因为只有一个变量（在这个例子里是回归子）以对数形式出现，而回归元（这里是时间）则以水平或线性形式出现。出于描述性的目的，我们称模型（2.15）为 log-lin 模型。

方程（2.15）可以由常用的 OLS 估计出来。不过在我们给出回归结果之前，注意，方程（2.14）中的斜率系数 $B_2$ 衡量的是对于回归元值的一个给定的绝对变化，回归子的相对变化。即：

$$B_2 = \frac{回归子的相对变化}{回归元的绝对变化} \tag{2.16}[2]$$

在实践中，我们将 $B_2$ 乘以 100 可以计算出百分数变化或**增长率**（growth rate）；100 乘以 $B_2$ 就是回归子相对于回归元的**半弹性**（semi-elasticity）。

## □ 回归结果

使用美国 1960—2007 年的真实 GDP 数据，我们可以得到表 2-6 给出的结果。包含数据的表 2-5 可以在本书配套网站上找到。

---

[1] 我们将误差项加进来，以考虑复利公式可能不会切实成立这种可能性。

[2] 熟悉微积分的读者可以对方程（2.15）取 $t$ 的微分，得：$d(\ln RGDP)/dt = B_2$。而 $d(\ln RGDP)/dt = (1/RGDP)[d(RGDP)/dt]$ 是 $RGDP$ 的一个相对变化。

**表 2 - 6　美国 1960—2007 年实际 GDP 的增长率**

| | Coefficient | Std. Error | t-Statistic | Prob. |
|---|---|---|---|---|
| Dependent Variable：LRGDP<br>Method：Least Squares<br>Sample：1960 2007<br>Included observations：48 | | | | |
| C | 7.875 662 | 0.009 759 | 807.007 2 | 0.000 0 |
| TIME | 0.031 490 | 0.000 347 | 90.816 57 | 0.000 0 |
| R-squared | 0.994 454 | Mean dependent var | | 8.647 156 |
| Adjusted R-squared | 0.994 333 | S. D. dependent var | | 0.442 081 |
| S. E. of regression | 0.033 280 | Akaike info criterion | | $-3.926\ 969$ |
| Sum squared resid | 0.050 947 | Schwarz criterion | | $-3.849\ 003$ |
| Log likelihood | 96.247 27 | Durbin-Watson stat | | 0.347 740 |
| F-statistic | 8 247.650 | Prob(F-statistic) | | 0.000 000 |

## □ 对结果的解释

这些结果表明，1960—2007 年美国真实 GDP 的年增长率为 3.15%。由于 $t$ 估计值约为 90.82，高度显著，故而这一增长率在统计上是非常显著的。

截距项作何解释呢？如果取 7.875 6 的反对数，将会得到 2 632.27，这是真实 GDP 在 1960 年这一开始年份的值，是我们数据的起点。而 RGDP 在 1960 年的确切值是 25 018 亿美元。

图 2-1 给出了真实 GDP 的对数和时间的散点图，并且给出了拟合回归线。

**一个技术性注释**：系数 $B_2$ 给出了**瞬时**（instantaneous）（时间点上的）增长率，而不是**复合**（compound）（在一段时间上的）增长率 $r$。但是后者很容易就可以计算出来，要知道 $B_2 = \ln(1+r)$，因此，$r$ 等于 $B_2$ 的反对数值再减去 1。现在 $B_2$ 的反对数值等于 1.031 99。故而复合增长率为 0.031 99，即约为 3.2%，此值稍大于瞬时增长率值 3.1%。这个差异是由复合计算造成的。

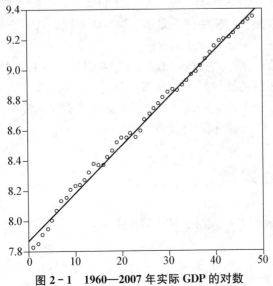

**图 2-1　1960—2007 年实际 GDP 的对数**

### □ 线性趋势模型

假设我们不估计增长模型（2.14），而是估计下面的模型：

$$RGDP_t = A_1 + A_2 time + u_t \tag{2.17}$$

这就是**线性趋势模型**（linear trend model），其中时间变量就是**趋势变量**（trend variable）。模型中的斜率系数 $A_2$ 给出了每时间单位 RGDP 的绝对变化（不是相对或百分比变化）。如果 $A_2$ 是正的，RGDP 就有**向上的趋势**（upward trend），而如果 $A_2$ 是负的，RGDP 或任何回归子就有**向下的趋势**（downward trend）。

使用表 2-5 给出的数据，我们可以得到表 2-7 中的结果。

表 2-7　1960—2007 年美国实际 GDP 的趋势

Dependent Variable：RGDP
Method：Least Squares
Sample：1960 2007
Included observations：48

|  | Coefficient | Std. Error | t-Statistic | Prob. |
|---|---|---|---|---|
| C | 1 664.218 | 131.999 0 | 12.607 81 | 0.000 0 |
| TIME | 186.993 9 | 4.689 886 | 39.871 74 | 0.000 0 |

| | | | |
|---|---|---|---|
| R-squared | 0.971 878 | Mean dependent var | 6 245.569 |
| Adjusted R-squared | 0.971 267 | S. D. dependent var | 2 655.520 |
| S. E. of regression | 450.131 4 | Akaike info criterion | 15.097 73 |
| Sum squared resid | 9 320 440. | Schwarz criterion | 15.175 70 |
| Log likelihood | −360.345 5 | Durbin-Watson stat | 0.069 409 |
| F-statistic | 1 589.756 | Prob(F-statistic) | 0.000 000 |

这些结果表明 1960—2007 年，美国的真实 GDP 每年增长约 1 870 亿美元，具有向上的趋势——这是一个毫不令人感到惊讶的发现。

尽管对于比较跨地区或国家 RGDP 而言增长模型相对来说可能更合乎逻辑，但对于增长模型（2.15）和线性趋势模型（2.17）之间的选择则取决于研究者自己。注意，由于在对数线性以及线性趋势模型中因变量不相同，因而比较这两个模型的 $R^2$ 值以决定选择哪一个模型并不合适。关于这一点的更多内容，见 2.7 节。

一旦我们开始处理时间序列数据，德宾-沃森统计量作为对误差项中自相关性的量度方法，就是一个非常重要的统计量了。在第 6 章讨论自相关时我们会看到如何来解释这个统计量。在这里注意到下面这一点就足够了：如果没有自相关性，德宾-沃森统计量的值约为 2[①]；它越接近于 0，自相关性就越明显。

## 2.4　lin-log 模型

在 log-lin 或增长模型中，我们感兴趣的是找到对于回归元的单位变化所引致的回归

---

① 正如我们将在第 6 章看到的那样，这一统计量是建立在若干假设之上的。

子的增长百分比。那么，对于回归元的百分比变化，我们又将如何衡量回归子的绝对变化呢？如果这是出于分析的目的，那么我们可以用下面的模型进行估计：

$$Y_i = B_1 + B_2 \ln X_i + u_i \tag{2.18}$$

我们可以顺理成章地称方程（2.18）为 lin-log 模型。

在这个模型中斜率系数 $B_2$ 告诉我们什么了呢？如我们所知，斜率系数给出了对于回归元的单位变化所带来的 $Y$ 的变化。因而，

$$B_2 = \frac{Y\text{ 的绝对变化}}{\ln X\text{ 的变化}} = \frac{Y\text{ 的绝对变化}}{X\text{ 的相对变化}} \tag{2.19}$$

要记住，一个数的对数变化是相对变化，乘以 100 之后也称百分比变化。

令 $\Delta$ 表示一个微小变化，我们可以将式（2.19）写为：

$$B_2 = \frac{\Delta Y}{\Delta X / X} \tag{2.20}$$

或

$$\Delta Y = B_2(\Delta X / X) \tag{2.21}$$

方程（2.21）说明，$Y$ 的绝对变化（即 $\Delta Y$）等于斜率乘以 $X$ 的相对变化。因此，如果($\Delta X/X$) 变化了 0.01 单位（或 1%），那么 $Y$ 的绝对变化为 $0.01B_2$。如果在应用中我们发现 $B_2$ 为 200，则 $Y$ 的绝对变化就是 $0.01 \times 200 = 2$。

因此，当我们估计如式（2.18）这样的方程时，不要忘记对估计出来的斜率值再乘以 0.01 或者除以 100（其结果是相同的）。如果不遵循此方法，你可能会从结果中得到令人误解的结论。

lin-log 模型常被用在恩格尔支出函数中，这个函数名称是为了纪念德国统计学家恩斯特·恩格尔（Ernst Engel，1821—1896）。恩格尔推断，"随着总支出的等比增加，用于食品的总支出趋向于呈算术级数增长。"[①] 表达这一观点的另一种方法是，用于食品支出的份额随着总支出的增加而下降。

为了说明这一点，表 2-8 给出了关于 1995 年美国 869 个家庭的食品和非酒精类饮料的消费（Expfood）以及家庭总支出（Expend）的数据，两者都以美元核算。[②] 这张表在本书配套网站上可以找到。

食品支出占总支出份额（SFDHO）的回归由表 2-9 给出。

---

① 这段引文出自 H. Working (1943)，Statistical laws of family expenditure，*Journal of the American Statistical Association*，38，43—56。

② 这是从美国劳工部劳工统计局完成的消费者支出调查的季度受访调查中收集的约 5 000 个家庭的随机样本。这里用的数据来源于 Christopher Dougherty，*Introduction to Econometrics*，3rd edn，Oxford University Press，2007。

**表 2 - 9　食品支出的 lin-log 模型**

Dependent Variable：SFDHO
Method：Least Squares
Sample：1 869
Included observations：869

|  | Coefficient | Std. Error | t-Statistic | Prob. |
| --- | --- | --- | --- | --- |
| C | 0. 930 387 | 0. 036 367 | 25. 583 59 | 0. 000 0 |
| LOG(EXPEND) | −0. 077 737 | 0. 003 591 | −21. 648 22 | 0. 000 0 |

| | | | |
| --- | --- | --- | --- |
| R-squared | 0. 350 876 | Mean dependent var | 0. 144 736 |
| Adjusted R-squared | 0. 350 127 | S. D. dependent var | 0. 085 283 |
| S. E. of regression | 0. 068 750 | Akaike info criterion | −2. 514 368 |
| Sum squared resid | 4. 097 984 | Schwarz criterion | −2. 503 396 |
| Log likelihood | 1 094. 493 | Durbin-Watson stat | 1. 968 386 |
| F-statistic | 468. 645 6 | Prob(F-statistic) | 0. 000 000 |

注：SFDHO＝食品和非酒精类饮料支出占总支出的份额，Expend＝家庭总支出。

　　所有的估计系数在个体上都是高度统计显著的。对−0.08 的斜率系数的解释是：如果总支出平均提高 1％，食品和非酒精类饮料支出所占份额就下降约 0.000 8 单位，这样一来就支持了恩格尔假说。在图 2-2 中，我们可以更清楚地看到这一点（注意：不要忘记将斜率系数除以 100）。对斜率系数的另外一种解释是：如果总支出平均提高 100％，食品和非酒精类饮料支出所占份额将下降约 0.08 个单位。

　　尽管我们已经拟合出 lin-log 模型，但图 2-2 所给出的 SFDHO 和 log(Expend) 之间的关系看起来还是非线性的。有很多捕捉变量间非线性关系的方法，比如倒数模型或多项式回归模型等，我们现在就来讨论。

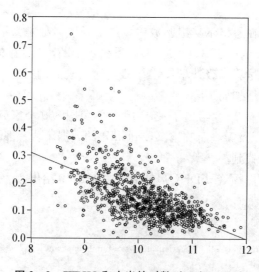

**图 2 - 2　SFDHO 和支出的对数（log(Expend)）**

计量经济学：原理与实践（第二版）

## 2.5 倒数模型

有时我们会遇到这样的情况：回归子和回归元之间的关系是倒数关系，如下面的回归模型：

$$Y_i = B_1 + B_2 \left( \frac{1}{X_i} \right) + u_i \tag{2.22}$$

这个模型对于 $X$ 是非线性的，因为它是以倒数的形式进入模型的，但它又是一个线性回归模型（LRM），因为其参数 $B$ 是线性的。

我们介绍一下这个模型的一些性质。当 $X$ 无限增加时 *，$B_2 \left( \frac{1}{X_i} \right)$ 会趋于零（注意，$B_2$ 是一个常数），而 $Y$ 会达到其极限，或渐近于值 $B_1$。方程（2.22）的斜率由下式给出：

$$\frac{\mathrm{d}Y_i}{\mathrm{d}X_i} = -B_2 \left( \frac{1}{X_i^2} \right)$$

因此，如果 $B_2$ 是正数，该斜率就总是负的；如果 $B_2$ 是负数，该斜率就总是正的。

### □ 阐释性例子： 重新回到食品支出

在前一节我们用 lin-log 模型拟合了食品支出与总支出之间的关系。现在我们来看看倒数模型是否同样能够拟合这些数据。因而，我们来估计（见表 2-10）

$$SFDHO = B_1 + B_2 \left( \frac{1}{Expend_i} \right) + u_i \tag{2.23}$$

**表 2-10  食品支出的倒数模型**

Dependent Variable：SFDHO
Method：Least Squares
Sample：1 869
Included observations：869

|  | Coefficient | Std. Error | t-Statistic | Prob. |
|---|---|---|---|---|
| C | 0. 077 263 | 0. 004 012 | 19. 259 50 | 0. 000 0 |
| 1/EXPEND | 1 331. 338 | 63. 957 13 | 20. 816 10 | 0. 000 0 |

| | | | |
|---|---|---|---|
| R-squared | 0. 333 236 | Mean dependent var | 0. 144 736 |
| Adjusted R-squared | 0. 332 467 | S. D. dependent var | 0. 085 283 |
| S. E. of regression | 0. 069 678 | Akaike info criterion | −2. 487 556 |
| Sum squared resid | 4. 209 346 | Schwarz criterion | −2. 476 584 |
| Log likelihood | 1 082. 843 | Durbin-Watson stat | 1. 997 990 |
| F-statistic | 433. 310 0 | Prob(F-statistic) | 0. 000 000 |

---

\* 此处原文为 indefinitely，即"不确定的"之意，但根据上下文，该单词应当是 infinitely，即"无穷的、无限的"，应是作者笔误，但是其勘误表并未列出，因而特此说明，如不改，则此句索解甚难。——译者注

**对结果的解释**

两组回归系数在统计上都是高度显著的，因为 $p$ 值实际上都是零。截距项约为 0.08，这说明如果总支出无限增加*，食品和非酒精类饮料在总支出中所占份额终会稳定在 8%。斜率系数 $B_2$ 是正数，这说明 SFDHO 相对于总支出的变化率总是负的。这可以从图 2-3 中更为明确地看出来。

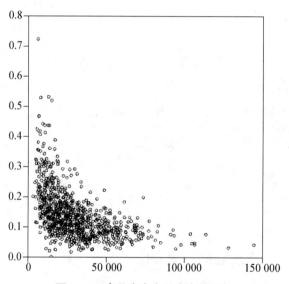

**图 2-3　食品支出占总支出的份额**

如果比较图 2-2 和图 2-3，你会发现表面上它们有些类似。实践中要提出的问题是：这两个模型——lin-log 模型和倒数模型——哪一个更好？

在经验研究中有一个普遍存在的问题——对合适模型的选择。由于两个模型都非常合理地拟合了数据，因此在这两者之间进行抉择就很艰难。根据 $R^2$ 这个标准，lin-log 模型给出了稍高的 $R^2$ 值，但是这两个 $R^2$ 值差距并不是很大。顺带要提一下，由于这两个模型中的因变量是一样的，所以我们才能比较它们两个的 $R^2$ 值。

## 2.6　多项式回归模型

我们来回顾一下方程（2.17）所考虑的线性趋势模型，在这个模型中我们将真实 GDP（RGDP）对趋势变量——$time$——进行了回归。现在，我们来看下面的模型：

$$RGDP_t = A_1 + A_2 time + A_3 time^2 + u_t \qquad (2.24)$$

方程（2.24）是一个二次函数的例子，或者更一般地讲，它是时间变量的二次多项式。如果我们再给这个模型加进 $time^3$，它就是三次多项式方程，回归元的最高次幂代表多项式的阶。

---

\* 参见上一页脚注。——译者注

计量经济学：原理与实践（第二版）

对于方程（2.24），首先需要注意的就是，尽管时间变量既以线性又以二次式加入了模型，但它是一个线性回归模型（LRM），线性于参数。其次，变量 time 和 $time^2$ 是以函数形式关联起来的，自然高度相关。这是否会产生多重共线性问题（多重共线性问题将会违反经典线性回归模型的一个假设，即回归元之间不存在真正的线性关系）？答案是否定的，即不会产生这一问题，因为 $time^2$ 是 time 的非线性函数。

使用有关 RGDP 的数据，我们可以得到如表 2 - 11 所示的结果。

表 2 - 11　1960—2007 年美国 GDP 的多项模型

Dependent Variable：RGDP
Method：Least Squares
Sample：1960 2007
Included observations：48

|  | Coefficient | Std. Error | t-Statistic | Prob. |
|---|---|---|---|---|
| C | 2 651.381 | 69.490 85 | 38.154 39 | 0.000 0 |
| TIME | 68.534 36 | 6.542 115 | 10.475 87 | 0.000 0 |
| TIME^2 | 2.417 542 | 0.129 443 | 18.676 47 | 0.000 0 |
| R-squared | 0.996 787 | Mean dependent var | 6 245.569 | |
| Adjusted R-squared | 0.996 644 | S. D. dependent var | 2 655.520 | |
| S. E. of regression | 153.841 9 | Akaike info criterion | 12.970 19 | |
| Sum squared resid | 1 065 030. | Schwarz criterion | 13.087 14 | |
| Log likelihood | −308.284 5 | Durbin-Watson stat | 0.462 850 | |
| F-statistic | 6 979.430 | Prob(F-statistic) | 0.000 000 | |

首先，要注意在经典模型通常的假设成立的情况下所有的估计系数在统计上都是显著的。我们如何解释这些结果呢？在方程（2.17）中，只有一个时间变量是回归元，时间的系数约为 186.99，这说明 RGDP 每年增长一个固定的量——1 869.9 亿美元。

但是对于二次模型，RGDP 必以一个递增的比率增加，因为时间和时间平方的系数都是正数。为了有所区分地看到这一点，对于方程（2.24）给出的二次模型来说，RGDP 的变化率可以如下给出：

$$\frac{\mathrm{d}RGDP}{\mathrm{d}time} = A_2 + 2A_3 time \tag{2.25}$$

由于 $A_2$，$A_3$ 都是正数，因而该值也是正的。

注意：这个方程的左边是 RGDP 对时间的导数。

利用表 2 - 11 中的结果，我们可得：

$$\frac{\mathrm{d}RGDP}{\mathrm{d}time} = 68.53 + 2 \times 2.42 time$$

$$= 68.53 + 4.84 time \tag{2.26}$$

如方程（2.26）所示，RGDP 的变化率有赖于测度变化率的具体时间点。这和线性趋势模型方程（2.17）形成了强烈的对比，后者显示的是每年约 1 870 亿美元的恒定变化率。[①]

---

① 如果对方程（2.24）求时间变量的二阶导数，你会得到 4.84 这个值。因此，变化率的变化率在时间上是恒定的。（注意，正的二阶导数意味着 RGDP 是以递增的比率在增加。）

### □ 有二次趋势变量的 log-lin 模型

假设现在我们不估计方程（2.24），而是估计下面的模型：

$$\ln RGDP_t = B_1 + B_2 time + B_3 time^2 + u_t \tag{2.27}$$

这个模型的回归结果见表 2-12。

表 2-12　1960—2007 年美国 GDP 对数的多项模型

| Dependent Variable：LRGDP | | | | |
|---|---|---|---|---|
| Method：Least Squares | | | | |
| Sample：1960 2007 | | | | |
| Included observations：48 | | | | |
| | Coefficient | Std. Error | t-Statistic | Prob. |
| C | 7. 833 480 | 0. 012 753 | 614. 223 9 | 0. 000 0 |
| TIME | 0. 036 551 | 0. 001 201 | 30. 442 92 | 0. 000 0 |
| TIME^2 | −0. 000 103 | 2. 38E-05 | −4. 348 497 | 0. 000 1 |
| R-squared | 0. 996 095 | Mean dependent var | | 8. 647 157 |
| Adjusted R-squared | 0. 995 921 | S. D. dependent var | | 0. 442 081 |
| S. E. of regression | 0. 028 234 | Akaike info criterion | | −4. 236 106 |
| Sum squared resid | 0. 035 873 | Schwarz criterion | | −4. 119 156 |
| Log likelihood | 104. 666 5 | Durbin-Watson stat | | 0. 471 705 |
| F-statistic | 5 738. 826 | Prob(F-statistic) | | 0. 000 000 |

在表 2-11 中趋势和趋势平方的系数都是正的，但在表 2-12 中趋势系数是正的，而趋势平方项的系数则是负的，注意到这一点会让人感觉很有趣。这说明尽管 RGDP 的增长率是正的，但它却是以一个递减的比率在增加。为了更清楚地看到这一点，我们对方程（2.27）求时间变量的导数，（在去掉误差项之后）会得到：

$$\frac{d\ln RGDP}{d time} = B_2 + 2B_3 time \tag{2.28}①$$

即：

$$\frac{1}{RGDP} \frac{dRGDP}{dt} = B_2 + 2B_3 time \tag{2.29}$$

而该方程的左边是 RGDP 的增长率。

$$
\begin{aligned}
RGDP \text{ 的增长率} &= B_2 + 2B_3 t \\
&= 0.036\ 5 - 0.000\ 2t
\end{aligned} \tag{2.30}
$$

如方程（2.30）所示，RGDP 的增长率每单位时间以 0.000 2 的比率下降。

要细心观察的是，在方程（2.24）中我们衡量的是 RGDP 的变化率，而在方程（2.27）中我们衡量的却是 RGDP 的增长率。从尺度上讲，这是两种不同的测度。

---

① 回顾一下，$d\ln Y/dX = (1/Y)\ dY/dX$，这是 $Y$ 的相对变化。如果乘以 100，它就是 $Y$ 的百分比变化，或者 $Y$ 的增长率。需谨记的是，一个变量的对数变化是相对变化。

计量经济学：原理与实践（第二版）

## 2.7 函数形式的选择

在经验研究工作中存在的一个实际问题就是如何来选择一个适合给定情境下的回归模型的函数形式。在两变量回归模型里，这一选择很常见，而且也并不困难，因为我们总能将回归子和（单个的）回归元绘出图来，从而从视觉上判断函数形式。而一旦进入多元回归模型，这一招就不那么灵光了，因为多维画图是很困难的。

因此，在实际操作中，我们需要了解本章所讨论过的这些模型的性质。完成这一任务的一个办法就是研究各类模型的斜率和弹性系数，在表 2-13 中我们做了一个总结。

如果在模型中有不止一个回归元，在保持模型中其他变量不变的情况下，我们可以计算出偏斜率和偏弹性系数。[1]

表 2-13 函数形式概括

| 模型 | 形式 | 斜率 $\left(\dfrac{\mathrm{d}Y}{\mathrm{d}X}\right)$ | 弹性 $\left(\dfrac{\mathrm{d}Y}{\mathrm{d}X}\right)\cdot\dfrac{X}{Y}$ |
|---|---|---|---|
| 线性 | $Y=B_1+B_2 X$ | $B_2$ | $B_2\left(\dfrac{\mathrm{d}Y}{\mathrm{d}X}\right)^*$ |
| 对数线性 | $\ln Y=B_1+B_2\ln X$ | $B_2\left(\dfrac{Y}{X}\right)$ | $B_2$ |
| log-lin | $\ln Y=B_1+B_2 X$ | $B_2(Y)$ | $B_2(X)^*$ |
| lin-log | $Y=B_1+B_2\ln X$ | $B_2\left(\dfrac{1}{X}\right)$ | $B_2\left(\dfrac{1}{Y}\right)^*$ |
| 倒数 | $Y=B_1+B_2\left(\dfrac{1}{X}\right)$ | $-B_2\left(\dfrac{1}{X^2}\right)$ | $-B_2\left(\dfrac{1}{XY}\right)^*$ |

\* 表示弹性系数是可变的，取决于 $X$ 和 $Y$ 所取的值。如果没有具体设定 $X$ 和 $Y$，这些弹性通常是在 $X$ 和 $Y$ 的均值下进行估计的，即在 $\bar{X}$、$\bar{Y}$ 条件下。

## 2.8 线性模型和对数线性模型的比较

在研究中经常遇到的一个问题是：如何在线性模型和对数线性模型之间进行选择？[2]

---

① 比如，对于模型 $Y=B_1+B_2 X+B_3 X^2$，斜率系数为 $\dfrac{\mathrm{d}Y}{\mathrm{d}X}=B_2+2B_3 X$，而其弹性系数为 $(\mathrm{d}/Y/\mathrm{d}X)(X/Y)=(B_2+2B_3 X)(X/Y)$，而且这一弹性将取决于 $X$ 值和 $Y$ 值。

② 在对数线性模型中，回归子是对数形式，而回归元可以是对数形式，也可以是线性形式。

我们来看一下前文对美国经济的生产函数的讨论。方程（2.4）是对数线性生产函数——柯布-道格拉斯函数——的例子，而方程（2.6）是线性生产函数的例子。对于表 2-1 所给出的数据而言，哪一个模型更好呢？我们分别在表 2-2 和表 2-3 中给出了这些模型的拟合结果。

就其自身而言，每一个模型都很好地拟合了数据。而我们无法直接比较这两个模型，因为这两个模型中的因变量是不同的。但是对因变量做一简单转换之后就可以对这两个模型进行相互比较了。步骤如下：

第一步：计算因变量的几何平均值（geometric mean，GM），称为 $Q^*$。[1] 对于表 2-1 中的数据来说，产出的几何平均值是 $e^{16.94139} = 22\,842\,628$。

第二步：用 $Q^*$ 去除 $Q_i$ 以得到：$Q_i/Q^* = \tilde{Q}_i$。

第三步：用 $\tilde{Q}_i$ 代替 $Q_i$ 作为因变量估计方程（2.4）（即使用 $\ln\tilde{Q}_i$ 作为因变量）。

第四步：用 $\tilde{Q}_i$ 代替 $Q_i$ 作为因变量估计方程（2.6）。

这样一来，转换后的因变量现在就可以比较了。运行这一转换后的回归，可以得到其残差平方和（RSS）（对于线性模型来说是 $RSS_1$，就对数线性模型而言是 $RSS_2$），从而选择具有更低 RSS 的模型。为了节省篇幅，我们不再复制这些转换后的回归结果，只给出下列统计值：

|  | RSS |
| --- | --- |
| 对数线性模型 | 3.415 5 |
| 线性模型 | 3.651 9 |

尽管这两个 RSS 确实很接近，但由于对数线性模型的 RSS 更低，因此我们会选它而不选线性模型。不过，我们可以给出一个更为严格的正式检验。

如果零假设是两个模型都同样好地拟合了数据，我们可以计算[2]

$$\lambda = \frac{n}{2}\ln\left(\frac{RSS_1}{RSS_2}\right) \sim \chi_1^2 \tag{2.31}$$

其中 $RSS_1$ 是来自线性模型的 RSS，而 $RSS_2$ 是来自对数线性模型的 RSS。如果计算出来的 $\lambda$ 超过了自由度为 1 的临界卡方值，我们可以拒绝零假设，从而得出结论：对数线性生产函数是更好的模型。不过，如果计算出来的 $\lambda$ 值低于临界值，我们就不能拒绝零假设，在这种情况下两个模型一样好。[3]

对于我们的例子而言，$\lambda = 74.2827$。自由度为 1 的 5% 的临界卡方值是 3.841。因为计算出来的卡方值为 74.2827，远远大于临界卡方值，因此我们只能得出这样的结论：对数线性模型比线性模型好。

由于对数线性模型易于根据劳动和资本的弹性以及规模报酬参数进行经济解释，因而在实际操作中我们也会选择这一模型。

---

[1] $Y_1$，$Y_2$ 的几何平均值是 $(Y_1Y_2)^{1/2}$，$Y_1$，$Y_2$，$Y_3$ 的几何平均值是 $(Y_1Y_2Y_3)^{1/3}$，依此类推。

[2] 参见 Gary Koop, *Introduction to Econometrics*, Wiley, Chichester, UK, 2008, pp. 114-15。

[3] 若 $RSS_2 > RSS_1$，将前者代入方程（2.31）的分子，后者代入分母。这里的零假设是：两个模型的表现一样好。如果这个假设被拒绝了，那么线性模型比对数线性模型更受到偏爱。

计量经济学：原理与实践（第二版）

## 2.9　对标准化后的变量进行回归

在迄今为止讨论过的各种例子中，回归子和回归元都不是必须以同样的测量单位出现在方程里。在前面讨论过的柯布-道格拉斯生产函数里，劳动投入和资本投入是以不同的测量单位进行测度的。这会影响到对回归系数的解释，因为（偏）回归系数的大小有赖于变量的测量单位。

不过，如果我们以标准化形式（standardized form）表示所有变量，这个问题就可以得到解决。在标准化形式中，我们把每个变量的值都表达为对均值的偏离，并且用该变量的标准差去除变量观测值对均值的差，如：

$$Y_i^* = \frac{Y_i - \overline{Y}}{S_Y}; \ X_i^* = \frac{X_i - \overline{X}}{S_X} \tag{2.32}$$

其中 $S_Y$ 和 $S_X$ 是样本标准差，而 $\overline{Y}$ 和 $\overline{X}$ 分别是 $Y$ 和 $X$ 的样本均值。$Y_i^*$ 和 $X_i^*$ 称为**标准化变量**（standardized variables）。

可以很容易地证明，一个标准化变量的均值总是为 0，而其标准差总是为 1，无论其初始的均值和标准差是多少。也很有趣的是，标准化变量是我们所谓的**纯粹的数字**（pure numbers，即与单位无关）。这是因为标准化变量的分子和分母都是用同样的测量单位来测度的。

如果现在运行下面这个回归：

$$Y_i^* = B_1^* + B_2^* X_i^* + u_i^* \tag{2.33}$$

你会发现 $b_1^*$ 是零。[1]

加星号的回归系数称为 **beta 系数**（beta coefficient），或者**标准化系数**（standardized coeffcient），而非标准化变量的回归系数称为**非标准化系数**（unstandardized coefficient）。

这个回归中的斜率系数可以解释如下：如果标准化回归元平均提高一个标准差单位，则标准化回归子会提高 $B_2^*$ 个标准差单位。需要记住的一点是，与通常的 OLS 回归不同，我们不是根据 $Y$ 和 $X$ 被测度的初始单位来衡量一个回归元的影响的，而是根据标准差单位来测度的。

还应该加上一句：如果回归元多于一个，我们就能标准化所有的回归元。为了说明这一点，我们重新看一下早前讨论过的美国线性生产函数（见表 2-3），再使用标准化产出、劳动和资本变量来估计一下。其结果见表 2-14。

正如所预期的那样，截距项为零。两个标准化变量各自对（标准化）产出的影响都是显著的。对 0.40 这个系数值的解释是：如果劳动投入增加一个标准差单位，在其他条件不变的情况下，产出的平均值就增加 0.40 个标准差单位。对资本系数 0.60 的解释是：如果资本投入增加一个标准差单位，产出的平均值就增加 0.60 个标准差单位。相对而言，资本对产出的影响比劳动更大。与之对照，表 2-3 中的回归系数是非标准化系数。

---

[1]　注意：$b_1^* = \overline{Y}^* - b_2^* \overline{X}^*$，但是标准化变量的均值为零，因此 $b_1^*$ 是零。

表 2 - 14　使用标准化变量的线性生产函数

| | Coefficient | Std. Error | t-Statistic | Prob. |
|---|---|---|---|---|
| Dependent Variable：OUTPUTSTAR<br>Method：Least Squares<br>Sample：1 51<br>Included observations：51 | | | | |
| C | 2.52E-08 | 0.019 666 | 1.28E-06 | 1.000 0 |
| LABORSTAR | 0.402 388 | 0.059 185 | 6.798 766 | 0.000 0 |
| CAPITALSTAR | 0.602 185 | 0.059 185 | 10.174 55 | 0.000 0 |
| R-squared | 0.981 065 | Mean dependent var | | 5.24E-09 |
| Adjusted R-squared | 0.980 276 | S. D. dependent var | | 1.000 000 |
| S. E. of regression | 0.140 441 | Akaike info criterion | | −1.031 037* |
| Sum squared resid | 0.946 735 | Schwarz criterion | | −0.917 400 |
| Log likelihood | 29.291 45 | Durbin-Watson stat | | 1.684 519 |
| F-statistic | 1 243.514 | Prob(F-statistic) | | 0.000 000 |

注：STAR 变量是标准化后的变量。

如果看一下表 2 - 3 中的结果，你会认为劳动对产出的影响比资本更大。但是由于劳动和资本是以不同的测量单位来测度的，所以这一结论会带来误导。但在标准化变量回归中，就更容易评价不同回归元的相对重要性，因为通过标准化，我们可以将所有的回归元置于相同的地位上进行考虑。

但是要注意，无论我们是使用标准化还是非标准化变量，$t$ 值、$F$ 值和 $R^2$ 值都保持不变，这样就不会影响统计推断。

## 2.10　过原点回归：零截距模型

虽然大多数回归模型都包含常数和截距项，但仍然存在模型中并不包含截距项的情况。一个著名的例子就是投资组合理论中的资本资产定价模型（CAPM），其风险溢价部分可以被概括为如下式子：

$$(ER_i - r_f) = \beta_i (ER_m - r_f) \tag{2.34}$$

其中 $ER_i$ ＝有价证券 $i$ 的预期回报率，$ER_m$ ＝在以标准普尔 500 股票指数或者道琼斯股票指数为代表的证券投资市场中的预期回报率；$r_f$ ＝无风险回报率，也就是说 90 天期限的美国国库券的收益；$\beta_i$ ＝**beta 系数**（beta coefficient），一个测算不能被投资分割消除的系统性风险的指标。

beta 系数测算有价证券 $i$ 随着风险调整后的市场回报率的变化，其风险调整后回报率变化的程度。

一个超过 1 的 beta 系数意味着一个不稳定的有价证券，一个小于 1 的 beta 系数意味着一个保守的有价证券，一个等于 1 的 beta 系数意味着有价证券的风险调整后回报率将会随着风险调整后的市场回报率一比一地变化。

为了方便估计，CAPM 模型通常也被写成如下形式：

$$R_i - r_f = \beta_i (R_m - r_f) + u_i \qquad (2.35)$$

其中 $R_i$ 和 $R_m$ 是观察到的回报率。公式（2.35）也会出现在有关CAPM理论的经验对应物——**市场模型**（Market Model）的文献中。

如果CAPM有效，那么在回归（2.35）中我们就不应该再期望能发现常数项。

为了简化计算，我们设

$Y_i = R_i - r_f =$ 有价证券 $i$ 的回报率超过无风险回报率的部分。

$X_i = R_m - r_f =$ 市场回报率超过无风险回报率的部分。

现在，我们可以把市场模型描述如下：

$$Y_i = B_2 X_i + u_i \qquad (2.36)$$

利用OLS，我们可以得到（参见习题2.8）

$$b_2 = \frac{\sum_{i=1}^{n} X_i Y_i}{\sum_{i=1}^{n} X_i^2} \qquad (2.37)$$

$$\mathrm{var}(b_2) = \frac{\sigma^2}{\sum_{i=1}^{n} X_i^2} \qquad (2.38)$$

$$\hat{\sigma}^2 = \frac{\sum e_i^2}{n-1} \qquad (2.39)$$

零截距模型有一个值得一提的特性，那就是，此时计算中的平方和以及交互乘积项均是未经处理的。在这个意义上，它们不是表示变量与其均值做差的绝对值。这一点和OLS回归模型形成了强烈的对比，在OLS中平方和以及交互乘积项是与其均值做差后得到的，这就是说它们所表示的是变量与其均值的绝对误差。同时我们也要注意到，关于误差方差估计的方程（2.39），因为只有一个系数被估计，其自由度为 $(n-1)$。

为了估计方程（2.35），你需要告知你的软件包如何表达这些常数项。

### □ 一个阐释性例子：英国股票市场中的CAPM

本书配套网站上的表2-15给我们提供了英国1980—1999年间在股票指数市场上的104种周期性消费的产品的超额利润 $Y_t$（%），以及整个股票市场的超额利润 $X_t$（%）的月度数据，这些数据基于240个观测值。超额收益是超过无风险资产收益的收益部分。[1]

基于Stata 12软件的操作，回归（2.36）的结果如表2-16所示。这些结果告诉我们，估计的beta系数具有高度的统计学意义。然而，注意到报告中的 $R^2$，一般被称作**原始 $R^2$**（raw $R^2$），这一数值是不能与有截距模型中得到的 $R^2$ 相比的。这是因为在原始 $R^2$ 的计算过程中，平方和与交叉项乘积加总是原始（未经过均值校正）的。于是，对这一结果，我们应该持保留态度。基于这一原因，一些软件包并没有设定自动报告零截距回归模型的 $R^2$ 值。

---

[1] 这些数据来源于 *Datastream* 数据库，参见 Heji，C.，de Boer，P.，Frances，P.，Kloek，T. and van Dijk，H. K.，*Econometric Methods with Applications in Business and Economics*. Oxford University Press，Oxford，2004，p. 751。接下来关于数据的更多细节将在这本书中出现。

作为对比，我们将展示含截距回归模型的结果（见表 2-17）。

**表 2-16　市场模型下的英国股票市场**

| regress $y\ x$ , noconstant | | | | | | | |
|---|---|---|---|---|---|---|---|
| Source | SS | df | MS | | | Number of obs | = | 240 |
| | | | | | | F (1 239) | = | 241.24 |
| Model | 74 127.634 34 | 1 | 7 427.634 34 | | | Prob>F | = | 0.000 0 |
| Residual | 7 358.578 19 | 239 | 30.789 030 1 | | | R-squared | = | 0.502 3 |
| | | | | | | Adj R-squared | = | 0.500 3 |
| Total | 14 786.212 5 | 240 | 61.609 218 9 | | | Root MSE | = | 5.548 8 |
| $y$ | Coef. | Std. Err. | t | P>|t| | [95%Conf. Interval] | | |
| $x$ | 1.155 512 | 0.074 395 6 | 15.53 | 0.000 | 1.008 958 | 1.302 067 | |

**表 2-17　有截距项的市场模型**

| regress $y\ x$ | | | | | | | |
|---|---|---|---|---|---|---|---|
| Source | SS | df | MS | | | Number of obs | = | 240 |
| | | | | | | F (1 238) | = | 241.34 |
| Model | 7 414.376 99 | 1 | 7 414.376 99 | | | Prob>F | = | 0.000 0 |
| Residual | 7 311.877 32 | 238 | 30.722 173 6 | | | R-squared | = | 0.503 5 |
| | | | | | | Adj R-squared | = | 0.501 4 |
| Total | 14 726.254 3 | 239 | 61.616 126 8 | | | Root MSE | = | 5.542 8 |
| $y$ | Coef. | Std. Err. | t | P>|t| | [95%Conf. Interval] | | |
| $x$ | 1.171 128 | 0.075 386 4 | 15.54 | 0.000 | 1.022 619 | 1.319 638 | |
| _cons | −0.447 481 1 | 0.362 942 8 | −1.23 | 0.219 | −1.162 472 | 0.267 509 5 | |

因为在这个模型中截距项没有统计学上的意义，我们也可以接受表 2-16 的结果，而这个结果支持方程（2.34）的市场模型。

## □ 零截距模型还是标准截距模型？

除非有极强的理论原因，否则不考虑截距项并不是一个明智的选择。[1] 首先，残差和在有截距项的回归模型中总是零，但在零截距回归模型中情况却并非如此。其次，含截距模型和无截距模型的 $R^2$ 值是不可互相比较的，因为在含截距模型中，$R^2$ 是变动比例，由围绕着 $Y$ 均值的平方和所测度，这是由回归方法决定的。对于无截距模型，$R^2$ 是回归分析中围绕原点的变动程度，两个 $R^2$ 值的不同可以在方程（1.16）中直观地看出来。关于这两个 $R^2$ 关系的更进一步的细节，读者可以翻阅哈恩的著作。[2]

---

① 正如亨利·泰尔（Henry Theil）所说，如果一个模型中截距项确实不存在，那么在零截距模型中，斜率系数往往会比标准截距模型估计出的大一些。参见 Henry Theil, *Introduction to Economics*, Prentice-Hall, Englewood Cliffs, New Jersey, 1978, p. 76.

② Hahn, G. J. (1979), Fitting Regression Models with no Intercept Term, *Journal of Quality Technology*, 9 (2), 56—61.

## 2.11 拟合优度的测度

如果看一下前面那些表所给出的各种计算机输出结果，你会发现有若干个估计模型的"拟合优度"的测量方法；也就是说明该模型如何很好地解释了回归子中的变动的指标。这些方法包括：（1）判定系数 $R^2$；（2）调整后的 $R^2$，通常以 $\bar{R}^2$ 来表示；（3）赤池信息准则；（4）施瓦茨信息准则。

（1）判定系数 $R^2$。

正如前面所提及的，这个指标是测度回归子的变动中能被回归元解释的比例。该值位于 0 到 1 之间，0 表示完全没有拟合，1 表示完全拟合。$R^2$ 通常位于这个区域之内；越是接近于 0，拟合得越差，而越是接近于 1，拟合得越好。这个方法的一个缺陷在于，它往往会使得过多的回归元进入模型，这样我们一般总能提高 $R^2$ 值。这是因为 $R^2$ 是模型中回归元数目的增函数。

尽管我们已经定义 $R^2$ 为 ESS 对 TSS 的比率，但它还可以由真实的 $Y$ 和由回归模型估计的 $Y(=\hat{Y})$ 之间的相关系数的平方通过计算来得到，其中 $Y$ 是回归子，即：

$$r^2 = \frac{\left(\sum y_i \hat{y}_i\right)^2}{\sum y_i^2 \sum \hat{y}_i^2} \tag{2.40}$$

其中 $y_i = Y_i - \bar{Y}$，而 $\hat{y}_i = \hat{Y}_i - \bar{Y}$。

（2）调整后的 $R^2$。

我们已经讨论过调整后的 $R^2(=\bar{R}^2)$。调整后的 $R^2$ 用于比较有相同因变量的两个或两个以上的回归模型，但其回归元的数目可以是不同的。由于调整后的 $R^2$ 通常比未调整的 $R^2$ 小，因而看起来像是对添加过多回归元进入模型而施加的惩罚。

（3）赤池信息准则（AIC）。

和调整后的 $R^2$ 相似，AIC 标准对添加过多回归元进入模型施加了更为严重的惩罚。用对数形式表示，AIC 可以定义如下：

$$\ln \text{AIC} = \frac{2k}{n} + \ln\left(\frac{\text{RSS}}{n}\right) \tag{2.41}$$

其中，RSS 是残差平方和，$\frac{2k}{n}$ 是惩罚因子。

AIC 标准在比较两个或两个以上的模型方面是很有用的。AIC 最低的模型一般会被采纳。AIC 标准也会用于评价回归模型的样本内（in-sample）和样本外（out-sample）预测绩效。

（4）施瓦茨信息准则（SIC）。

这是 AIC 标准的一个替代性方法，其对数形式可以表示为：

$$\ln \text{SIC} = \frac{k}{n} \ln n + \ln\left(\frac{\text{RSS}}{n}\right) \tag{2.42}$$

其中惩罚因子是 $\frac{k}{n}\ln n$，这比 AIC 还要严厉。和 AIC 相似，SIC 的值越低，模型越好。同样，与 AIC 类似，SIC 也可以用于比较模型的样本内和样本外预测绩效。

需要补充的是，添加惩罚因子其背后的思想是**奥卡姆剃刀**（Occam's razor）原理，即遵循"如无必要，勿增实体"的训诫。这也被称为**节俭原则**（principle of parsimony）。

根据这一原则，AIC 和 SIC 哪一个才是更好的标准呢？这两个标准经常会选择出相同的模型，但也不总是如此。从理论层面上看，AIC 可能更受欢迎，但实践中我们可能会选择 SIC 标准，因为在其他条件不变的情况下，我们根据它可以选择一个更为节俭的模型。[1] Eviews 会给出这两个标准。

如果比较表 2-7 给出的线性趋势模型和表 2-12 给出的二次趋势模型，你会发现对于线性模型赤池值是 15.0，而对于二次模型该值为 -4.23。这里你可能会选择二次趋势模型。根据施瓦茨准则，对于线性趋势模型其值为 15.17，而对于二次趋势模型其值为 -4.12。根据此准则，你可能会再次选择后者。然而，对于二次趋势模型而言，赤池值为 -4.23，比施瓦茨值 -4.12 更小，在选择上赤池准则具有些微的优势。

有趣的是，注意到对于 LRM 来说两个模型都和 $F$ 检验有下面的关联："当样本规模 $n$ 足够大时，AIC 值间的比较对应于临界值为 2 的 $F$ 检验，而 SIC 则对应于临界值为 $\log n$ 的 $F$ 检验。"[2]

如果我们在处理用最大似然法（ML）估计的非线性于参数的回归模型时，在第 1 章附录里讨论 ML 方法时解释过的似然比（LR）统计量 $\lambda$ 就可以用来测度拟合优度。在第三部分，我们将会讨论使用 LR 统计量的模型。

## 2.12 要点与结论

在这一章里我们考察了各种线性回归模型——也就是说，线性于参数或经过适当转换后可以线性于参数的模型。每一个模型在特定情况下都是有用的。在某些应用中，还会有不止一个模型能够拟合数据。我们根据斜率和弹性系数讨论了每个模型独有的特征。

根据 $R^2$ 对两个或两个以上的模型进行比较时，我们指出这些模型的因变量必须相同。我们特别讨论了在线性模型和对数线性模型之间的选择，这是两个研究中经常使用的模型。

尽管我们出于说明的目的就两变量或三变量线性回归模型讨论过各种各样的模型，但是它们都可以很容易地推广到包含更多回归元数目的回归模型。[3] 我们也讨论了一些模型，其中有些回归元是线性的，而有些是对数线性的。

我们简单地讨论了在回归分析中标准化变量的角色。由于标准化变量有零均值和单

---

[1] 关于不同模型选择标准的相对优势的讨论，可以参见 Francis X. Diebold, *Elements of Forecasting*, 3rd edn, Thomson/South-Western Publishers, 2004, pp. 87-90。

[2] 参见 Christiaan Heij, Paul de Boer, Philip Hans Franses, Teun Kloek and Herman K. van Dijk, *Econometrics Methods with Applications in Business and Economics*, Oxford University Press, Oxford, UK, 2004, p. 280。

[3] 为了处理这类多元回归模型，我们需要使用矩阵代数。

位标准差，所以更易于比较不同的回归元对回归子的相对影响。于是，模型中所有的变量都有标准的偏差单位。然而，我们需要提醒利用标准化系数测度回归元的相对重要程度的行为，这是因为回归元值的范围会影响标准化系数。

我们可以根据回归系数的预期符号来评估一个模型，根据系数的 $t$ 值来评价其统计显著性，或者如果我们对两个或更多变量的共同显著性感兴趣，也可以使用 $F$ 检验。我们可以根据 $R^2$ 来判断模型的整体绩效。在比较两个或更多个回归模型时，我们可以使用调整后的 $R^2$ 或者赤池以及施瓦茨信息准则。

在本章我们还讨论了如何将线性约束纳入回归中，以对回归模型进行估计。经济理论通常都会做出此类假设。

最后，我们还讨论了过原点回归模型。尽管其在某些场合很有用，但是一般来说，我们应该避免在回归模型中遗漏截距项。

习题

2.1 考虑如下生产函数，在文献中称为**先验生产函数**（transcendental production function，TPF）：

$$Q_i = B_1 L_i^{B_2} K_i^{B_3} e^{B_4 L_i + B_5 K_i}$$

其中 $Q$、$L$ 和 $K$ 分别代表产出、劳动和资本。

(a) 如何将此函数线性化？（提示：对数。）

(b) 在 TPF 中对不同系数的解释是什么？

(c) 给定表 2-1 中的数据，估计 TPF 中的参数。

(d) 假定你打算检验假设：$B_4 = B_5 = 0$。你将如何检验这些假设？给出必要的计算过程。［提示：受限最小二乘（restricted least squares）。］

(e) 如何计算该模型的产出—劳动弹性和产出—资本弹性？它们是不变的还是可变的？

2.2 如何计算由表 2-3 给出的线性生产函数的产出—劳动弹性和产出—资本弹性？

2.3 对于表 2-8 给出的食品支出数据，看看下面这个模型是否很好地拟合了数据：

$$\text{SFDHO}_i = B_1 + B_2 \text{Expend}_i + B_3 \text{Expend}_i^2$$

并将你得到的结果与文中的讨论相比较。

2.4 把对数线性柯布-道格拉斯生产函数中的变量进行标准化并使用标准化变量估计这个回归有无意义？给出必要的计算过程。

2.5 请说明判定系数 $R^2$ 也可以由真实 $Y$ 值和由回归模型估计得来的 $Y$ 值（$= \hat{Y}_i$）之间相关系数的平方来获得，其中 $Y$ 是因变量。注意，变量 $Y$ 和 $X$ 之间的相关系数定义如下：

$$r = \frac{\sum y_i x_i}{\sqrt{\sum x_i^2 \sum y_i^2}}$$

其中 $y_i = Y_i - \bar{Y}$；$x_i = X_i - \bar{X}$。注意 $Y_i$ 的均值和 $\hat{Y}$ 的均值是相同的，即都是 $\bar{Y}$。

2.6 表 2-18 给出了 1997 年 83 个国家工人人均 GDP 的跨国数据，以及 1998 年的腐败指数。[①]

(a) 绘制腐败指数和工人人均 GDP 的图形。

(b) 以上述图形为基础，哪一种模型更适合用于描述腐败指数和工人人均 GDP 之间的关系？

(c) 给出分析结果。

(d) 如果发现腐败和人均 GDP 之间存在正向关系，你将如何对这一结果进行合理解释？

2.7 本书配套网站上的表 2-19 提供了 64 个国家的生育及相关数据。[②] 请构建合适的模型来解释儿童死亡率，请考虑多种函数形式和在本章讨论过的拟合优度的度量方式。

2.8 验证方程 (2.37)、方程 (2.38)、方程 (2.39)。提示：最小化

$$\sum u_2^i = \sum (Y_i - B_2 \, X)^2$$

2.9 考虑如下没有任何回归元的模型：

$$Y_i = B_1 + u_i$$

你将如何获得 $B_1$ 的估计值？估计值的含义是什么？它有什么意义吗？

计量经济学：原理与实践（第二版）

---

① 资料来源：http://www.transparency.org/pressreleases_archive/1998/1998.09.22.cpi.html（关于腐败指数）；资料来源：http://www.worldbank.org/research/growth/（关于工人人均 GDP）。

② 资料来源：Mukkherjee, C., White, H., and Whyte, M., *Econometrics and Data Analysis for Developing Countries*, Routledge, London, 1998, p.456。这些数据来源于世界银行出版的世界发展指数。

# 第3章

# 定性解释变量回归模型[①]

到目前为止我们所讨论过的大部分线性回归模型涉及的都是定量的回归子和回归元。我们将继续假定回归子是定量的，但是现在要研究的模型其回归元可能是定量的也可能是定性的。在第8章，我们再来研究回归子也是定性的这类模型。

在回归分析中，我们经常会遇到定性的变量，比如性别、种族、肤色、宗教、国籍、地理区域、党派和政治突变等。例如，在第1章讨论过的工资函数中，我们就已经遇到过性别、是否工会成员以及是否少数族裔这类回归元，因为在工资的确定中这些定性变量也发挥着重要作用。

这些定性变量基本都是名义尺度变量，即没有什么具体的数值。但是我们可以通过创造所谓的"虚拟变量"来对它们进行"量化"，取值为0和1，0表示某种性质的缺失，1则表示此性质的存在。这样一来，性别变量可以如此量化：女性为1，男性为0，或者反过来表示也可以。顺便提一下，注意，虚拟变量也称为**指示变量**（indicator variables）、**分类变量**（categorical variables）和**定性变量**（qualitative variables）。

在这一章，我们要表明的是，虚拟变量可以在经典线性回归模型（CLRM）的框架中得到处理。为了名称表示的方便，我们用字母 $D$ 表示虚拟变量。

下面我们通过一个具体的例子来着手讨论。

## 3.1 工资函数再探

在第1章我们曾就来自1995年3月当前人口调查（CPS）中1 289人小时工资决定

---

① 至于更多细节，可以参考 Gujarati/Porter, *op cit.*, Chapter 9。

的横截面数据进行了讨论。该分析所使用的变量和回归结果已在表1-2中给出。

下面以不同的形式写出工资函数，以强调回归中虚拟变量的作用：

$$Wage_i = B_1 + B_2 D_{2i} + B_3 D_{3i} + B_4 D_{4i} + B_5 Educ_i + B_6 Exper_i + u_i \tag{3.1}$$

其中，如果是女性则 $D_{2i}=1$，是男性则为0；$D_{3i}=1$ 表示非白人，为0则表示白人；若为工会成员，则 $D_{4i}=1$，否则为0，这里的 $D$ 变量都是虚拟变量。

为了方便起见，我们将表1-2中的回归结果复制如下，使用的是方程（3.1）中给出的符号，见表3-1。

表3-1　工资决定模型

Dependent Variable：WAGE
Method：Least Squares
Sample：1 1 289
Included Observations：1 289

| | Coefficient | Std. Error | t-Statistic | Prob. |
|---|---|---|---|---|
| C | −7. 183 338 | 1. 015 788 | −7. 071 691 | 0. 000 0 |
| FEMALE | −3. 074 875 | 0. 364 616 | −8. 433 184 | 0. 000 0 |
| NONWHITE | −1. 565 313 | 0. 509 188 | −3. 074 139 | 0. 002 2 |
| UNION | 1. 095 976 | 0. 506 078 | 2. 165 626 | 0. 030 5 |
| EDUCATION | 1. 370 301 | 0. 065 904 | 20. 792 31 | 0. 000 0 |
| EXPER | 0. 166 607 | 0. 016 048 | 10. 382 05 | 0. 000 0 |

| | | | |
|---|---|---|---|
| R-squared | 0. 323 339 | Mean dependent var | 12. 365 85 |
| Adjusted R-squared | 0. 320 702 | S. D. dependent var | 7. 896 350 |
| S. E. of regression | 6. 508 137 | Akaike info criterion | 6. 588 627 |
| Sum squared resid | 54 342. 54 | Schwarz criterion | 6. 612 653 |
| Log likelihood | −4 240. 370 | Durbin-Watson stat | 1. 897 513 |
| F-statistic | 122. 614 9 | Prob(F-statistic) | 0. 000 000 |

在解释这些虚拟变量之前，我们依次对这些变量给出一些一般性的评论。

第一，如果模型包含截距项，且定性变量有 $m$ 个分类，那么只能引入 $(m-1)$ 个虚拟变量。比如，性别只有两个分类，因此我们对性别只能引入一个虚拟变量。这是因为如果女性得到值1，男性实际上就得到值0。当然，如果一个特性只有两个分类，哪个分类得到值1，哪个分类得到值0，并无关大局。因此，我们也可以将男性编码为1，女性编码为0。

再比如，如果我们考虑党派，选择有民主党、共和党和独立党派，我们至多只能有两个虚拟变量来表征这三个党派。如果不遵循这一规则，我们就会陷入所谓的**虚拟变量陷阱**（dummy variable trap），也就是说，出现完全共线性这种情况。如此一来，如果我们因三个政党而引入三个虚拟变量，再加上截距项，三个虚拟变量的和为1，那么它会等于值为1的普通截距项，从而导致完全共线性。[①]

第二，如果一个定性变量有 $m$ 个分类，只要没有把（普通）截距项包含在模型中，就可以纳入 $m$ 个虚拟变量。这样做我们就不会掉入虚拟变量陷阱。

---

① 注意，模型中包括截距项与模型中包括一个其值总为1的回归元是等价的。

第三，那些赋值为 0 的分类，称为**参考**（reference）类别、**基准**（benchmark）类别或**参照类别**（comparison category）。所有的比较都是相对于参考类别而言的，这一点我们会在例子中阐明。

第四，如果有几个虚拟变量，你必须对参考类别了然于心；否则，将很难解释这些结果。

第五，有时你可能不得不考虑**交互性虚拟变量**（interactive dummies），我们稍后进行解释。

第六，由于虚拟变量取值为 0 和 1，因而我们无法取其对数。也就是说，我们不能引入虚拟变量的对数形式。[①]

第七，如果样本规模相对较小，就不要引入太多虚拟变量。要谨记，每一个虚拟变量系数都是要以付出一个自由度为代价的。

### □ 对虚拟变量的解释

回到表 3-1 所给出的工资函数，我们来解释一下女性虚拟变量系数 -3.074 8。对它的解释是，在其他条件不变的情况下，一个女性工人的平均小时工资与一个男性工人的平均小时工资相比大约低 3.07 美元，男性工人的工资自然是参考类别。类似的，工会成员的平均小时工资比非工会成员的平均小时工资要高出约 1.10 美元，非工会成员的平均小时工资是参考类别。同样的，非白人工人的平均小时工资比白人工人的平均小时工资约低 1.57 美元，白人工人的平均小时工资是参考类别。

注意，在前文中所有的虚拟变量系数在个体上都是高度统计显著的，因为它们的 $p$ 值几乎都是 0。这些虚拟变量系数常称为**差别截距系数**（differential intercept dummies），因为它们表明了取值为 1 的类别与参考类别相比其截距值上的差异。

那么大约为 -7.18 的这一公共截距值又表示什么呢？它就是白人、非工会成员的男性工人的预期工资。也就是说，这一公共截距值指的是所有那些取值为 0 的类别。当然，这是对截距项非常机械的解释。[②] 正如我们已经多次提到过的，负的截距值经常没有一个可行的经济解释。

对定量回归元的解释是很直观的。例如，受教育程度系数 1.37 表示在其他因素都保持不变的情况下，每增加一年学校教育，平均小时工资就增加约 1.37 美元。同样，在其他条件不变的情况下，每增加一年工作经历，平均小时工资就增加约 0.17 美元。

## 3.2 工资函数的改进

我们已经发现，女性工人的平均工资低于相应的男性工人，我们还发现，非白人工人的平均工资要比相对的白人工人的工资低。女性非白人工人的平均工资与仅是女性工

---

① 但是，如果选择 10 和 1 作为虚拟变量，从而取代 1 和 0，那么也可以取对数。

② 基本上它表明了回归线（或面）沿着代表因变量的 $Y$ 轴。

人或仅是非白人工人的平均工资可能有差异吗？如果可能，关于这种对非白人女性工人的可能的歧视是否说明了什么？

为了回答这些问题，我们加上一项女性和非白人两个虚拟变量的乘积来重新估计工资函数。这个乘积项称为**交互虚拟变量**（interactive dummy），因为它表达了两个定性变量间的交互关系。加上这一项之后，我们可以得到如表 3-2 所示的结果。

表 3-2　具有交互虚拟变量的工资函数

Dependent Variable：WAGE
Method：Least Squares
Sample：1 1 289
Included Observations：1 289

| | Coefficient | Std. Error | t-Statistic | Prob. |
|---|---|---|---|---|
| C | −7.088 725 | 1.019 482 | −6.953 264 | 0.000 0 |
| D2(Gender) | −3.240 148 | 0.395 328 | −8.196 106 | 0.000 0 |
| D3(Race) | −2.158 525 | 0.748 426 | −2.884 087 | 0.004 0 |
| D4(Union) | 1.115 044 | 0.506 352 | 2.202 113 | 0.027 8 |
| EDUC | 1.370 113 | 0.065 900 | 20.790 76 | 0.000 0 |
| EXPERI | 0.165 856 | 0.016 061 | 10.326 31 | 0.000 0 |
| D2 * D3(GenderRace) | 1.095 371 | 1.012 897 | 1.081 424 | 0.279 7 |

| | | | | |
|---|---|---|---|---|
| R-squared | 0.323 955 | Mean dependent var | | 12.365 85 |
| Adjusted R-squared | 0.320 791 | S. D. dependent var | | 7.896 350 |
| S. E. of regression | 6.507 707 | Akaike info criterion | | 6.589 267 |
| Sum squared resid | 54 293.02 | Schwarz criterion | | 6.617 298 |
| Log likelihood | −4 239.783 | Durbin-Watson stat | | 1.898 911 |
| F-statistic | 102.387 5 | Prob(F-statistic) | | 0.000 000 |

交互虚拟变量（D2×D3）的系数约为 1.10，但是它在统计上并不显著，因为它的 $p$ 值大约为 28%。

但是我们如何来解释这一数值呢？保持其他条件不变，女性的平均工资低大约 3.24 美元，非白人的平均工资大约低 2.16 美元，而如果二者兼具，其平均工资就会低约 4.30 美元（=−3.24−2.16+1.10）。换句话说，与参考类别相比，非白人女性挣得的平均工资要比单纯是女性或单纯是非白人更低。

我们把下面这个问题留给读者去解决：女性工会成员工人或非白人工会成员工人是否挣得一份与参考类别不同的平均工资？你也可以把女性和工会成员、女性和工作经历、非白人和工会成员以及非白人和工作经历两个虚拟变量进行交互。

## 3.3　对工资函数的另一种改进

我们曾隐含地假设定量回归元——受教育程度和工作经历的斜率系数在男性和女性、白人和非白人之间保持不变。比如，这一假设意味着每增加一年学校教育或增加一年工作经历，男性和女性工人都会挣得一份同样的小时工资增加额。当然，这不过是个假设罢了。但在虚拟变量情况下，我们却可以明确检验这一假设。

我们将工资函数表示如下：

$$Wage_i = B_1 + B_2 D_{2i} + B_3 D_{3i} + B_4 D_{4i} + B_5 Educ_i + B_6 Exper_i$$
$$+ B_7 (D_{2i} Educ_i) + B_8 (D_{3i} Educ_i) + B_9 (D_{4i} Educ_i)$$
$$+ B_{10} (D_{2i} Exper_i) + B_{11} (D_{3i} Exper_i)$$
$$+ B_{12} (D_{4i} Exper_i) + u_i \tag{3.2}$$

在方程（3.2）中，$B_2$，$B_3$，$B_4$和前面一样，是**差别截距系数虚拟变量**（differential intercept dummy），而 $B_7 \sim B_{11}$ 是**差别斜率系数虚拟变量**（differential slope dummy）。例如，如果 $B_7$ 的估计系数 $b_7$ 在统计上是显著的，这将表明每增加一年学校教育，女性平均工资增长率与参照组是不同的，参照组是白人男性工人，其斜率系数是 $B_5$。其他的差别斜率系数可以得到类似的解释。

回归式（3.2）的结果如表3-3所示。相比于表3-1和表3-2中的结果，表3-3中的结果可以给我们不少启迪。女性关于受教育程度和工作经历的差别斜率系数是负值，而且统计上显著，这说明在受教育程度和工作经历方面，女性比男性工人的平均小时工资的增长率要小。对于非白人工人，受教育程度的增长率也是负值，低于白人工人，且它在10%的水平上统计显著。其他的差别斜率系数则不是统计上显著的。

出于讨论的目的，我们挑出差别斜率系数 D3 * EX、D4 * ED 以及 D4 * EX。结果如表3-4所示。

**表3-3　具有差别截距和差别斜率系数虚拟变量的工资函数**

Dependent Variable：W
Method：Least Squares
Sample：1 1 289
Included Observations：1 289

| | Coefficient | Std. Error | t-Statistic | Prob. |
|---|---|---|---|---|
| C | −11.091 29 | 1.421 846 | −7.800 623 | 0.000 0 |
| D2 | 3.174 158 | 1.966 465 | 1.614 144 | 0.106 7 |
| D3 | 2.909 129 | 2.780 066 | 1.046 424 | 0.295 6 |
| D4 | 4.454 212 | 2.973 494 | 1.497 972 | 0.134 4 |
| ED | 1.587 125 | 0.093 819 | 16.916 82 | 0.000 0 |
| EX | 0.220 912 | 0.025 107 | 8.798 919 | 0.000 0 |
| D2 * ED | −0.336 888 | 0.131 993 | −2.552 314 | 0.010 8 |
| D2 * EX | −0.096 125 | 0.031 813 | −3.021 530 | 0.002 6 |
| D3 * ED | −0.321 855 | 0.195 348 | −1.647 595 | 0.099 7 |
| D3 * EX | −0.022 041 | 0.044 376 | −0.496 700 | 0.619 5 |
| D4 * ED | −0.198 323 | 0.191 373 | −1.036 318 | 0.300 3 |
| D4 * EX | −0.033 454 | 0.046 054 | −0.726 410 | 0.467 7 |
| R-squared | 0.332 811 | Mean dependent var | | 12.365 85 |
| Adjusted R-squared | 0.327 064 | S. D. dependent var | | 7.896 350 |
| S. E. of regression | 6.477 589 | Akaike info criterion | | 6.583 840 |
| Sum squared resid | 53 581.84 | Schwarz criterion | | 6.631 892 |
| Log likelihood | −4 231.285 | Durbin-Watson stat | | 1.893 519 |
| F-statistic | 57.909 09 | Prob(F-statistic) | | 0.000 000 |

注：符号 * 代表相乘。

表 3 - 4　简化的工资函数

Dependent Variable：W
Method：Least Squares
Sample：1 1 289
Included Observations：1 289

|  | Coefficient | Std. Error | t-Statistic | Prob. |
|---|---|---|---|---|
| C | −10. 645 20 | 1. 371 801 | −7. 760 020 | 0. 000 0 |
| FE | 3. 257 472 | 1. 959 253 | 1. 662 609 | 0. 096 6 |
| NW | 2. 626 952 | 2. 417 874 | 1. 086 472 | 0. 277 5 |
| UN | 1. 078 513 | 0. 505 398 | 2. 133 988 | 0. 033 0 |
| ED | 1. 565 800 | 0. 091 813 | 17. 054 22 | 0. 000 0 |
| EX | 0. 212 623 | 0. 022 769 | 9. 338 102 | 0. 000 0 |
| FE * ED | −0. 346 947 | 0. 131 487 | −2. 638 639 | 0. 008 4 |
| FE * EX | −0. 094 908 | 0. 031 558 | −3. 007 409 | 0. 002 7 |
| NW * ED | −0. 329 365 | 0. 186 628 | −1. 764 817 | 0. 077 8 |

| | | | | |
|---|---|---|---|---|
| R-squared | 0. 331 998 | Mean dependent var | | 12. 365 85 |
| Adjusted R-squared | 0. 327 823 | S. D. dependent var | | 7. 896 350 |
| S. E. of regression | 6. 473 933 | Akaike info criterion | | 6. 580 402 |
| Sum squared resid | 53 647. 11 | Schwarz criterion | | 6. 616 442 |
| Log likelihood | −4 232. 069 | Durbin-Watson stat | | 1. 889 308 |
| F-statistic | 79. 520 30 | Prob(F-statistic) | | 0. 000 000 |

从这些结果中，我们可以得出男性、女性非白人和非工会成员工人的工资函数，如下所示：

白人非工会成员男性工人的工资函数：

$$\hat{Wage}_i = -10.645\ 0 + 1.565\ 8Educ_i + 0.212\ 6Exper_i \tag{3.3}$$

白人非工会成员女性工人的工资函数：

$$\begin{aligned}\hat{Wage}_i &= (-10.645\ 0 + 3.257\ 4) + (1.565\ 8 - 0.346\ 9)Educ_i \\ &\quad + (0.212\ 6 - 0.094\ 9)Exper_i \\ &= -7.387\ 6 + 1.218\ 9Educ_i + 0.117\ 7Exper_i\end{aligned} \tag{3.4}$$

非白人非工会成员男性工人的工资函数：

$$\begin{aligned}\hat{Wage}_i &= (-10.645\ 0 + 2.626\ 9) + (1.565\ 8 - 0.329\ 3)Educ_i \\ &\quad + 0.212\ 6Exper_i \\ &= -8.018\ 1 + 1.236\ 5Educ_i + 0.212\ 6Exper_i\end{aligned} \tag{3.5}$$

白人工会成员男性工人的工资函数：

$$\begin{aligned}\hat{Wage}_i &= (-10.645\ 0 + 1.078\ 5) + 1.565\ 8Educ_i + 0.212\ 6Exper_i \\ &= 9.566\ 5 + 1.565\ 8Educ_i + 0.212\ 6Exper_i\end{aligned} \tag{3.6}$$

当然，还有其他表示工资函数的可能性。

比如，你可以尝试将女性与工会成员以及受教育程度（女性 * 工会成员 * 受教育程度）进行交互，这一项表明受过教育并且属于工会的女性与受过教育或工会成员的女性相比是否有不同的工资。但要谨防引入太多虚拟变量，因为它们会迅速地吞噬自由度。在当前的这个例子中，这个问题还不是非常严重，因为我们的观测值有 1 289 个之巨。

## 3.4 工资回归的函数形式

在劳动经济学中使用工资对数而不是工资作为回归子比较常见，因为工资的分布具有较高的偏态，这可以从图3-1中看出来。

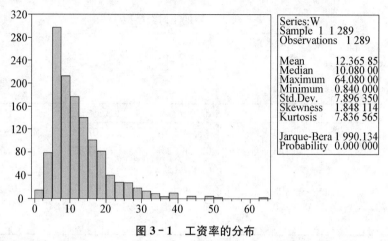

**图3-1 工资率的分布**

工资率的柱状图表明它是向右偏斜的，而且远离正态分布。如果一个变量是正态分布的，那么其**偏态**（skewness）系数（对称性的衡量指标）是0，其**峰度**（kurtosis）系数（正态分布多高或多平坦的衡量指标）是3。正如本图中的统计量所表明的，在我们当前使用的工资例子中偏态约为1.85，而峰度约为7.84，两个值都与正态分布的值大不相同。**雅克-贝拉（JB）统计量**［Jarque-Bera（JB）statistic］是基于偏态和峰度指标的统计量，我们在第7章会进行讨论。在这里我们只要了解对于一个正态分布变量来说JB统计量的值其期望为0就足够了，但是在本例中显然不是这种情况，因为JB估计值约为1990，这远远大于0，而获得这样零值的概率基本上是零。[①]

另外，工资对数的分布表明它是对称的且是正态分布的，如图3-2所示。

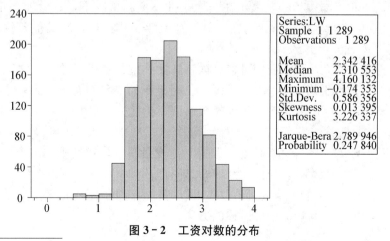

**图3-2 工资对数的分布**

---

① 在变量是正态分布的假设下，雅克-贝拉表明，在大样本里JB统计量服从自由度为2的卡方分布。

这就是我们更喜欢使用工资率的对数作为回归子的原因。而且，在对数转换中异方差性问题通常不会那么严重。

使用工资率的对数作为回归子（LW），那么方程（3.1）的估计如表3-5所示。通过该表可以看出，所有这些估计系数在个体上（以 $t$ 检验为基础）以及总体上（以 $F$ 检验为基础）都高度显著，因为它们的 $p$ 值都是如此之低。但是我们应该如何解释这些系数呢？

**表3-5　工资的半对数模型**

Dependent Variable：LW
Method：Least Squares
Sample：1 1 289
Included Observations：1 289

|  | Coefficient | Std. Error | t-Statistic | Prob. |
|---|---|---|---|---|
| C | 0.905 504 | 0.074 175 | 12. 207 68 | 0.000 0 |
| D2 | −0.249 154 | 0.026 625 | −9.357 891 | 0.000 0 |
| D3 | −0.133 535 | 0.037 182 | −3.591 399 | 0.000 3 |
| D4 | 0.180 204 | 0.036 955 | 4.876 316 | 0.000 0 |
| EDUC | 0.099 870 | 0.004 812 | 20.752 44 | 0.000 0 |
| EXPER | 0.012 760 | 0.001 172 | 10.889 07 | 0.000 0 |
| R-squared | 0.345 650 | Mean dependent var | | 2.342 416 |
| Adjusted R-squared | 0.343 100 | S. D. dependent var | | 0.586 356 |
| S. E. of regression | 0.475 237 | Akaike info criterion | | 1.354 639 |
| Sum squared resid | 289.766 3 | Schwarz criterion | | 1.378 666 |
| Log likelihood | −867.065 1 | Durbin-Watson stat | | 1.942 506 |
| F-statistic | 135.545 2 | Prob(F-statistic) | | 0.000 000 |

回忆一下我们在第2章中讨论的回归模型的函数形式，在表3-5中，我们估计了**半对数模型**（semi-log model），在这个模型里，工资率变量呈对数形式，而回归元则呈线性形式。正如我们所知，对于数量变量——受教育程度和工作经历，其系数表达的是半弹性——也就是说，回归元单位变动所带来的工资率的相对（或百分比）变化。因此，受教育程度系数0.099 9表示在其他条件不变的情况下，每增加一年学校教育，平均工资率就会上升约9.99%。同样，每增加一年工作经历，在其他条件不变的情况下，平均工资率就会上升约1.3%。

那么虚拟变量的系数呢？我们可以这样解释女性虚拟变量系数−0.249 2：它表示女性平均工资率比男性平均工资率低24.92%。但是，如果我们希望得到一个准确的百分比变化，就不得不取虚拟变量系数的反对数（以 e 为底），从中减去1，并用100乘以其差值。[①] 遵循这一程序，我们有 $e^{-0.249 2} = 0.779 4$。从中减去1，可得−0.220 6。乘以100，可以得到−22.06%。也就是说，保持其他变量不变，女性平均工资率要比男性平均工资率低大约22.06%，这与前面的24.92%有差别。

因此，表3-5给出的虚拟变量系数仅可以解释为近似的百分比变化。为了得到准确的百分比变化，我们必须遵循前面所述的方法。

---

① 对于技术性的讨论，可以参见 Gujarati/Porter, *op cit.*, Chapter 9, p.298。

表 3-1 和表 3-5 给出的线性和对数线性回归的结果表明，在这两种情况下，尽管回归元的系数给出的解释可以不同，但它们是高度显著的。但重点需要提及的是，表 3-1 中给出的 $R^2$ 值（0.323 3）以及表 3-5 中给出的值（0.345 7）由于各种本章业已讨论过的回归模型函数形式的原因，并不具有直接的可比性。微妙的区别在于，在线性模型中 $R^2$ 衡量了由所有回归元解释的回归子的变动比例，而在线性对数模型中它衡量的则是回归子的对数的变动比例。这两个并不是一回事。我们可以回忆一下，一个变量的对数的变化是比例变化或者相对变化。

我们把以工资率的对数作为回归子的练习留给读者，大家可以重复一下表 3-2、表 3-3 和表 3-4 的结果。

## 3.5  在结构变化中对虚拟变量的使用

假设我们打算研究美国 1959—2007 年私人总投资（GPI）和私人总储蓄（GPS）之间的关系，其跨度达 49 年之久。针对这个研究目的，我们考虑下面的投资函数：

$$\text{GPI}_t = B_1 + B_2 \text{GPS}_t + u_t, \quad B_2 > 0 \tag{3.7}$$

其中 $B_2$ 是**边际投资倾向**（marginal propensity to invest，MPI）——即对于增加的一美元储蓄所增加的投资。可以参见配套网站上的表 3-6。

1981—1982 年，美国饱受长期衰退之扰，到 2007—2008 年又陷入更严重的衰退。随着历史的变迁，方程（3.7）中所推断的投资—储蓄关系可能已经经历了一场结构性变化。为了弄明白美国经济是否真的经历了结构性变化，我们可以使用虚拟变量来彰显这一点。在这样做之前，我们给出不考虑任何结构性的突变时回归式（3.7）的结果，如表 3-7 所示。

表 3-7  1959—2007 年 GPI 对 GPS 的回归

Dependent Variable：GPI
Method：Least Squares
Sample：1959 2007
Included Observations：49

| Variable | Coefficient | Std. Error | t-Statistic | Prob. |
|---|---|---|---|---|
| C | −78.721 05 | 27.484 74 | −2.864 173 | 0.006 2 |
| GPS | 1.107 395 | 0.029 080 | 38.081 09 | 0.000 0 |
| R-squared | 0.968 607 | Mean dependent var | 760.906 1 | |
| Adjusted R-squared | 0.967 940 | S. D. dependent var | 641.526 0 | |
| S. E. of regression | 114.868 1 | Akaike info criterion | 12.365 41 | |
| Sum squared resid | 620 149.8 | Schwarz criterion | 12.442 62 | |
| Log likelihood | −300.952 4 | Hannan-Quinn criter. | 12.394 70 | |
| F-statistic | 1 450.170 | Durbin-Watson stat | 0.372 896 | |
| Prob(F-statistic) | 0.000 000 | | | |

这些结果表明 MPI 约为 1.10，意即如果 GPS 增加 1 美元，GPI 的平均值约提高 1.10 美元。尽管我们会担心出现自相关问题，但这个 MPI 是高度显著的，自相关问题我们会在其他章给出。

为了弄清楚是否存在结构性的突变，我们可以将投资函数表述如下：

$$\text{GPI}_t = B_1 + B_2\text{GPS}_t + B_3\text{Recession81}_t + u_t \tag{3.8}$$

其中 Recession81 是虚拟变量，1981 年之后的观察结果赋值为 1，该年之前的赋值为 0。$B_3$ 是差别截距系数，它告诉我们投资的平均水平自 1981 年以来已经变化了多少。回归结果如表 3-8 所示。

表 3-8  使用 1981 年衰退虚拟变量的 GPI 对 GPS 的回归

Dependent Variable：GPI
Method：Least Squares
Sample：1959 2007
Included Observations：49

| Variable | Coefficient | Std. Error | t-Statistic | Prob. |
|---|---|---|---|---|
| C | −83.486 03 | 23.159 13 | −3.604 887 | 0.000 8 |
| GPS | 1.288 672 | 0.047 066 | 27.380 38 | 0.000 0 |
| RECESSION81 | −240.787 9 | 53.396 63 | −4.509 421 | 0.000 0 |

| | | | | |
|---|---|---|---|---|
| R-squared | 0.978 231 | Mean dependent var | | 760.906 1 |
| Adjusted R-squared | 0.977 284 | S. D. dependent var | | 641.526 0 |
| S. E. of regression | 96.689 06 | Akaike info criterion | | 12.040 15 |
| Sum squared resid | 430 043.6 | Schwarz criterion | | 12.155 97 |
| Log likelihood | −291.983 6 | Hannan-Quinn criter. | | 12.084 09 |
| F-statistic | 1 033.538 | Durbin-Watson stat | | 0.683 270 |
| Prob(F-statistic) | 0.000 000 | | | |

−240.78 这一衰退虚拟变量是统计显著的，这说明在 1981 年前后投资水平上有一个统计上可见的改变。事实上，这个值显著低于预先认为的水平：（−83.48−240.78）= −324.26，这并不值得惊讶。这表明在经济衰退前后 GPI-GPS 关系确实发生了显著的结构性变化。

极有可能不仅截距，甚至投资—储蓄回归的斜率都已经改变了。考虑到这种可能性，我们可以引入差别截距虚拟变量和差别斜率虚拟变量。所以，我们设立了如下模型：

$$\text{GPI}_t = B_1 + B_2\text{GPS}_t + B_3\text{Recession81} + B_4\text{GPS} * \text{Recession81}_t + u_t \tag{3.9}$$

在方程（3.9）中，$B_3$ 表示差别截距系数，而 $B_4$ 表示差别斜率系数；从中可以看出，我们是如何将虚拟变量与 GPS 变量进行互动的。

该回归的结果如表 3-9 所示。现在两个差别截距系数和差别斜率系数都是统计上显著的。这意味着投资—储蓄关系自 1981 年的衰退以来已经发生了结构性变化。从这张表中我们可以导出 1981 年之前和之后两个时期的投资—储蓄回归如下：

1981 年前的投资—储蓄关系：

$$\widehat{\text{GPI}}_t = -7.779\ 8 + 0.951\ 0\text{GPS}_t$$

计量经济学：原理与实践（第二版）

1981 年后的投资—储蓄关系：

$$\widehat{GPI}_t = (-7.779\,8 - 357.458\,7) + (0.951\,0 + 0.371\,9)GPS_t$$
$$= -365.238\,5 + 1.322\,9GPS_t$$

表 3-9　使用互动虚拟变量的 GPI 对 GPS 的回归

Dependent Variable：GPI
Method：Least Squares
Sample：1959 2007
Included Observations：49

| Variable | Coefficient | Std. Error | t-Statistic | Prob. |
|---|---|---|---|---|
| C | −7.779 872 | 38.449 59 | −0.202 340 | 0.840 6 |
| GPS | 0.951 082 | 0.147 450 | 6.450 179 | 0.000 0 |
| RECESSION81 | −357.458 7 | 70.286 30 | −5.085 752 | 0.000 0 |
| GPS * RECESSION81 | 0.371 920 | 0.154 766 | 2.403 110 | 0.020 4 |

| | | | | |
|---|---|---|---|---|
| R-squared | 0.980 707 | Mean dependent var | | 760.906 1 |
| Adjusted R-squared | 0.979 421 | S. D. dependent var | | 641.526 0 |
| S. E. of regression | 92.030 45 | Akaike info criterion | | 11.960 22 |
| Sum squared resid | 381 132.2 | Schwarz criterion | | 12.114 66 |
| Log likelihood | −289.025 5 | Hannan-Quinn criter. | | 12.018 82 |
| F-statistic | 762.473 2 | Durbin-Watson stat | | 0.697 503 |
| Prob(F-statistic) | 0.000 000 | | | |

　　这个例子提醒我们，在使用虚拟变量时我们需小心谨慎。顺便提一句，在这一时期的经济中发生的结构性突变可能不止一次。比如，美国在 1973 年欧佩克石油卡特尔实施石油禁运之后还经历过另外一场衰退。因此，我们可以有另外一个虚拟变量以反映这一事件。在实践的过程中唯一需要的谨慎之处就是，如果你没有足够大的样本，那么引入太多虚拟变量要付出若干个自由度的代价。而随着自由度变得越来越小，统计推断会变得越来越不可靠。这个例子也提醒我们，在估计回归模型时如果没有注意到结构性突变的可能性，我们就应该提防机械地对它进行估计，尤其是在我们处理时间序列数据时，更应如此。

## 3.6　在季节性数据中对虚拟变量的使用

　　很多建立在周、月或季度基础上的经济时间序列数据的一个有趣的特征就是它们会表现出季节性波动或振荡运动（oscillatory movements）。我们经常遇到的例子是圣诞节期间的销售、假期中家庭对货币的需求、炎热的夏季对冰镇饮料的需要、在诸如感恩节和圣诞节这些主要节日里对航空旅行的需求以及在情人节这一天对巧克力的需求，等等。

　　从时间序列中去除季节性部分的过程称为**去季节性**（deseasonlization）或者**季节性调整**（seasonal adjustment），最终的时间序列称为去季节性或者季节性调整后的时间序列。[①]

　　诸如消费者价格指数（CPI）、生产者物价指数（PPI）、失业率、房屋开工率（housing starts）以及工业品指数这类重要的时间序列通常都是在季节性调整的基础上发布的。

---

　　① 注意，一个时间序列可能包括四个部分：季节性、周期性、趋势性以及随机性。

对时间序列去季节性的方法有多种，而最为简单便捷的方法就是虚拟变量方法。[①]

我们可以通过一个具体的例子来阐释这一方法。参见本书配套网站上的表 3-10。[②]

由于时尚服饰的销售对于季节非常敏感，所以我们预期在销售量上会有很多季节性变动。我们所考虑的模型如下：

$$Sales_t = A_1 + A_2 D_{2t} + A_3 D_{3t} + A_4 D_{4t} + u_t \tag{3.10}$$

其中 $D_2 = 1$ 表示第二季度，$D_3 = 1$ 表示第三季度，$D_4 = 1$ 表示第四季度，$Sales =$ 每千平方英尺零售面积的实际销售额。后面我们会将这一模型予以扩展，从而纳入一些定量的回归元。

值得注意的是，这里我们把该年第一季度作为参考季度。因此，$A_2$、$A_3$、$A_4$ 即差别截距系数，表示在第二、第三和第四季度的平均销售额与第一季度的平均销售额是不一样的。$A_1$ 是第一季度的平均销售额。还需提及的是，我们假定每个季度与不同的季节相关联。

估计方程（3.10）所需的数据由表 3-10 给出，该表同时也给出了一些其他变量的数据，这都可以在本书配套网站上找到。

回归（3.10）的结果如表 3-11 所示。这些结果表明，正如其 $p$ 值显示的那样，每一个差别截距虚拟变量都是高度统计显著的。比如，对 $D_2$ 的解释是：它表示第二季度的平均销售额比第一季度（即参考季度）要多 14.692 29 单位；第二季度的实际平均销售额是（73.183 43＋14.692 29）＝87.875 72。其他差别截距虚拟变量可以得到类似的解释。

表 3-11  回归（3.10）的结果

| | Coefficient | Std. Error | t-Statistic | Prob. |
|---|---|---|---|---|
| Dependent Variable：SALES | | | | |
| Method：Least Squares | | | | |
| Sample：1986Q1 1992Q4 | | | | |
| Included Observations：28 | | | | |
| C | 73.183 43 | 3.977 483 | 18.399 43 | 0.000 0 |
| D2 | 14.692 29 | 5.625 010 | 2.611 957 | 0.015 3 |
| D3 | 27.964 71 | 5.625 010 | 4.971 496 | 0.000 0 |
| D4 | 57.114 71 | 5.625 010 | 10.153 71 | 0.000 0 |
| R-squared | 0.823 488 | Mean dependent var | | 98.126 36 |
| Adjusted R-squared | 0.801 424 | S. D. dependent var | | 23.615 35 |
| S. E. of regression | 10.523 43 | Akaike info criterion | | 7.676 649 |
| Sum squared resid | 2 657.822 | Schwarz criterion | | 7.866 964 |
| Log likelihood | −103.473 1 | Durbin-Watson stat | | 1.024 353 |
| F-statistic | 37.322 78 | Prob(F-statistic) | | 0.000 000 |

如表 3-11 所示，时尚服饰销售在第四季度达到顶峰，这个季度包括圣诞节和其他节日，因而并不是一个让人感到惊讶的发现。

---

① 对各种方法的一个讨论可以参见 Francis X. Diebold, *Elements of Forecasting*, 4th edn, South Western Publishing, 2007。

② 这里使用的数据来自 Christiaan Heij, Paul de Boer, Philip Hans Franses, Teun Kloek, Herman K. van Dijk, *Econometric Methods with Applications in Business and Economics*, Oxford University Press, 2004，但最初的来源是 G. M. Allenby, L. Jen and R. P. Leone, Economic Trends and Being Trendy: The Influence of Consumer Confidence on Retail Fashion Sales, *Journal of Business and Economic Statistics*, 1996, 14, pp. 103−111。

计量经济学：原理与实践（第二版）

由于销售量各个季度大不相同，我们该如何获得涵盖了观察到的季节性变动的时尚服饰销售时间序列数据？换言之，我们如何在这一时间序列数据中去除季节性呢？

为了在销售量时间序列中去除季节性，我们可以按照如下步骤展开：

1. 从估计模型（3.10）中我们可以得到估计出的销售量。

2. 从实际的销售量中减去估计出的销售量，可以得到残差。

3. 为了估计残差，我们加入销售的（样本）均值，在这个例子中是98.1236。这些值是去除季节性后的销售量。在表3-12中我们给出了计算结果。

表3-12 销售量、预测销售量、残差以及经过季节性调整的销售量

| obs | SALES | SALESF | RESID | SEADJ |
|---|---|---|---|---|
| 1986Q1 | 53.714 00 | 73.183 43 | −19.469 43 | 78.654 17 |
| 1986Q2 | 71.501 00 | 87.875 72 | −16.374 71 | 81.748 89 |
| 1986Q3 | 96.374 00 | 101.148 1 | −4.774 143 | 93.349 46 |
| 1986Q4 | 125.041 0 | 130.298 1 | −5.257 143 | 92.866 46 |
| 1987Q1 | 78.610 00 | 73.183 43 | 5.426 571 | 103.550 2 |
| 1987Q2 | 89.609 00 | 87.875 72 | 1.733 286 | 99.856 89 |
| 1987Q3 | 104.022 0 | 101.148 1 | 2.873 857 | 100.997 5 |
| 1987Q4 | 108.558 0 | 130.298 1 | −21.740 14 | 76.383 45 |
| 1988Q1 | 64.741 00 | 73.183 43 | −8.442 429 | 89.681 18 |
| 1988Q2 | 80.058 00 | 87.875 72 | −7.817 714 | 90.305 89 |
| 1988Q3 | 110.671 0 | 101.148 1 | 9.522 857 | 107.646 5 |
| 1988Q4 | 144.587 0 | 130.298 1 | 14.288 86 | 112.412 5 |
| 1989Q1 | 81.589 00 | 73.183 43 | 8.405 571 | 106.529 2 |
| 1989Q2 | 91.354 00 | 87.875 72 | 3.478 286 | 101.601 9 |
| 1989Q3 | 108.133 0 | 101.148 1 | 6.984 857 | 105.108 5 |
| 1989Q4 | 135.175 0 | 130.298 1 | 4.876 857 | 103.000 5 |
| 1990Q1 | 89.134 00 | 73.183 43 | 15.950 57 | 114.074 2 |
| 1990Q2 | 97.765 00 | 87.875 72 | 9.889 286 | 108.012 9 |
| 1990Q3 | 97.374 00 | 101.148 1 | −3.774 143 | 94.349 46 |
| 1990Q4 | 124.024 0 | 130.298 1 | −6.274 143 | 91.849 46 |
| 1991Q1 | 74.589 00 | 73.183 43 | 1.405 571 | 99.529 17 |
| 1991Q2 | 95.692 00 | 87.875 72 | 7.816 286 | 105.939 9 |
| 1991Q3 | 96.942 00 | 101.148 1 | −4.206 143 | 93.917 46 |
| 1991Q4 | 126.817 0 | 130.298 1 | −3.481 143 | 94.642 46 |
| 1992Q1 | 69.907 00 | 73.183 43 | −3.276 428 | 94.847 17 |
| 1992Q2 | 89.151 00 | 87.875 72 | 1.275 286 | 99.398 89 |
| 1992Q3 | 94.521 00 | 101.148 1 | −6.627 143 | 91.496 46 |
| 1992Q4 | 147.885 0 | 130.298 1 | 17.586 86 | 115.710 5 |

注：残差（RESID）＝实际的销售量－预测的销售量。SEADJ＝经过季节性调整的销售量，这可以通过将样本期间内的销售平均值加入残差中得到，为98.1236。

图3-3给出了时尚服饰销售量的实际值和调整值。正如你从该图中看到的，经过季节性调整的销售时间序列比初始的序列要平滑得多。由于季节性因素已经从调整后的销售时间序列中剔除，因此在调整后的时间序列中的升降反映了周期性、趋势性和随机性这些可能存在于该序列中的成分（参见习题3.12）。

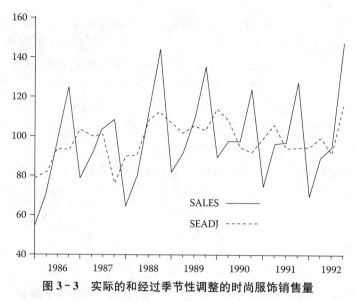

**图3-3 实际的和经过季节性调整的时尚服饰销售量**

从零售商的观点看,季节性因素的知识是非常重要的,因为它能够让零售商们根据季节准备存货。这也会帮助制造商制订其生产计划。

## 3.7 扩展后的销售函数

除了销售量之外,我们还有有关个人实际可支配收入(RPDI)和消费者信心指数(CONF)的数据。将这些变量加入回归(3.10)后,我们可以得到表3-13。

**表3-13 时尚服饰销售量的扩展函数**

Dependent Variable:SALES
Method:Least Squares
Sample:1986Q1 1992Q4
Included Observations:28

| | Coefficient | Std. Error | t-Statistic | Prob. |
|---|---|---|---|---|
| C | −152. 929 3 | 52. 591 49 | −2. 907 871 | 0. 008 2 |
| RPDI | 1. 598 903 | 0. 370 155 | 4. 319 548 | 0. 000 3 |
| CONF | 0. 293 910 | 0. 084 376 | 3. 483 346 | 0. 002 1 |
| D2 | 15. 045 22 | 4. 315 377 | 3. 486 421 | 0. 002 1 |
| D3 | 26. 002 47 | 4. 325 243 | 6. 011 795 | 0. 000 0 |
| D4 | 60. 872 26 | 4. 427 437 | 13. 748 87 | 0. 000 0 |

| | | | |
|---|---|---|---|
| R-squared | 0. 905 375 | Mean dependent var | 98. 126 36 |
| Adjusted R-squared | 0. 883 869 | S. D. dependent var | 23. 615 35 |
| S. E. of regression | 8. 047 636 | Akaike info criterion | 7. 196 043 |
| Sum squared resid | 1 424. 818 | Schwarz criterion | 7. 481 516 |
| Log likelihood | −94. 744 61 | Durbin-Watson stat | 1. 315 456 |
| F-statistic | 42. 099 23 | Prob(F-statistic) | 0. 000 000 |

首先需要注意的是,所有差别虚拟变量系数都是高度显著的(在每种情况下 $p$ 值都

计量经济学:原理与实践(第二版)

非常低），这表明每一个季度都存在季节性因素。定量的回归元也是高度显著的，而且具有先验预期的符号；两个回归元对销售量的影响都是正的。

由于遵循了去除时间序列中季节性因素的步骤，所以对于扩展后的销售函数我们可以得到如表 3-14 所示的经过季节性调整的销售量。图 3-4 描述了这些结果。

表 3-14　实际销售量、预测销售量、残差和经过季节性调整的销售量

| SALES | FORECAST SALES | RESIDUALS | SADSALES |
|---|---|---|---|
| 53.714 00 | 65.900 94 | −12.186 94 | 85.936 66 |
| 71.501 00 | 83.408 68 | −11.907 68 | 86.215 92 |
| 96.374 00 | 91.909 77 | 4.464 227 | 102.587 8 |
| 125.041 0 | 122.775 8 | 2.265 227 | 100.388 8 |
| 78.610 00 | 66.773 85 | 11.836 15 | 109.959 8 |
| 89.609 00 | 78.805 58 | 10.803 42 | 108.927 0 |
| 104.022 0 | 95.259 96 | 8.762 036 | 106.885 6 |
| 108.558 0 | 122.125 7 | −13.567 74 | 84.555 86 |
| 64.741 00 | 73.552 22 | −8.811 222 | 89.312 38 |
| 80.058 00 | 86.167 32 | −6.109 321 | 92.014 28 |
| 110.671 0 | 104.927 6 | 5.743 355 | 103.867 0 |
| 144.587 0 | 133.797 1 | 10.789 86 | 108.913 5 |
| 81.589 00 | 83.367 07 | −1.778 069 | 96.345 53 |
| 91.354 00 | 92.495 50 | −1.141 502 | 96.982 10 |
| 108.133 0 | 111.184 4 | −3.051 364 | 95.072 24 |
| 135.175 0 | 140.976 0 | −5.801 002 | 92.322 60 |
| 89.134 00 | 81.997 27 | 7.136 726 | 105.260 3 |
| 97.765 00 | 92.767 32 | 4.997 684 | 103.121 3 |
| 97.374 00 | 97.349 40 | 0.024 596 | 98.148 19 |
| 124.024 0 | 121.585 8 | 2.438 186 | 100.561 8 |
| 74.589 00 | 70.902 84 | 3.686 156 | 101.809 8 |
| 95.692 00 | 90.009 40 | 5.682 596 | 103.806 2 |
| 96.942 00 | 104.752 5 | −7.810 495 | 90.313 10 |
| 126.817 0 | 127.346 9 | −0.529 909 | 97.593 69 |
| 69.907 00 | 69.789 81 | 0.117 194 | 98.240 79 |
| 89.151 00 | 91.476 20 | −2.325 197 | 95.798 40 |
| 94.521 00 | 102.653 4 | −8.132 355 | 89.991 24 |
| 147.885 0 | 143.479 6 | 4.405 374 | 102.529 0 |

注：经过季节性调整的销售量（SADSALES）＝残差＋98.123 6。

正如预期的那样，经过季节性调整的销售图比初始的销售图平滑得多。

**一个技术性注释**：在时尚服饰销售时间序列中我们可以找到季节性的特征。那么在 PPDI 和 CONF 时间序列中也存在季节性特征吗？如果存在季节性特征，如何去除它们的季节性？有趣的是，用于去除时间序列季节性的虚拟变量也可以去除另外两个时间序列中的季节性。这是统计学中一个著名的定理，即**弗里希-沃定理**[1]（Frisch-Waugh the-orem，参见习题 3.9）。因此，通过在模型中引入季节性虚拟变量，我们可以去除模型中

---

[1]　"一般而言，这个定理表明，如果变量通过普通最小二乘以及该回归方程中随后所用的残差服从先验的调整，那么最终的估计值与来自使用未经调整的数据但使用了调整后的变量的回归结果是相同的。"Adrian C. Darnell，*A Dictionary of Econometrics*，Edward Elgar，UK，1997，p. 150。

使用的所有时间序列的季节性因素。也就是说，我们以一套虚拟变量这一石而击中了（即去除季节性）三只鸟（三个时间序列）。

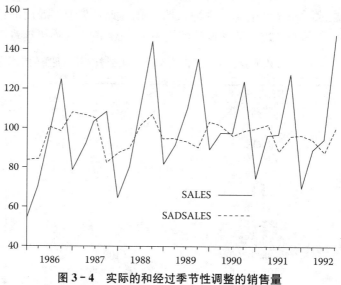

图 3-4　实际的和经过季节性调整的销售量

表 3-13 中给出的结果假设那些反映了季节性因素的截距随季节不同而不同，但是 RPDI 和 CONF 的斜率系数自始至终都保持不变。我们能够通过引入如下差别斜率系数来检验这一假设：

$$
\begin{aligned}
Sales_t = {} & A_1 + A_2 D_{2t} + A_3 D_{3t} + A_4 D_{4t} + B_1 RDPI_t + B_2 CONF_t \\
& + B_3 (D_2 * RPDI_t) + B_4 (D_3 * RPDI_t) + B_5 (D_4 * RPDI_t) \\
& + B_6 (D_2 * CONF_t) + B_7 (D_3 * CONF_t) + B_8 (D_4 * CONF_t) + u_t \quad (3.11)
\end{aligned}
$$

在这个方程式中，差别斜率系数 $B_3 \sim B_8$ 可以帮助我们发现两个定量回归元的斜率系数是否随季节不同而不同。结果如表 3-15 所示。

表 3-15　有差别截距和差别斜率虚拟变量的时尚服饰销售量回归

Dependent Variable：SALES
Method：Least Squares
Sample：1986Q1 1992Q4
Included Observations：28

| | Coefficient | Std. Error | t-Statistic | Prob. |
|---|---|---|---|---|
| C | −191.584 7 | 107.981 3 | −1.774 239 | 0.095 1 |
| D2 | 196.702 0 | 221.263 2 | 0.888 995 | 0.387 2 |
| D3 | 123.138 8 | 163.439 8 | 0.753 420 | 0.462 1 |
| D4 | 50.964 59 | 134.788 4 | 0.378 108 | 0.710 3 |
| RPDI | 2.049 795 | 0.799 888 | 2.562 601 | 0.020 9 |
| CONF | 0.280 938 | 0.156 896 | 1.790 602 | 0.092 3 |
| D2 * RPDI | −1.110 584 | 1.403 951 | −0.791 042 | 0.440 5 |
| D3 * RPDI | −1.218 073 | 1.134 186 | −1.073 963 | 0.298 8 |
| D4 * RPDI | −0.049 873 | 1.014 161 | −0.049 176 | 0.961 4 |
| D2 * CONF | −0.294 815 | 0.381 777 | −0.772 219 | 0.451 2 |
| D3 * CONF | 0.065 237 | 0.259 860 | 0.251 046 | 0.805 0 |
| D4 * CONF | 0.057 868 | 0.201 070 | 0.287 803 | 0.777 2 |

| R-squared | 0.929 307 | Mean dependent var | 98.126 36 |
|---|---|---|---|
| Adjusted R-squared | 0.880 706 | S. D. dependent var | 23.615 35 |
| S. E. of regression | 8.156 502 | Akaike info criterion | 7.333 035 |
| Sum squared resid | 1 064.456 | Schwarz criterion | 7.903 980 |
| Log likelihood | −90.662 49 | Hannan-Quinn criter. | 7.507 578 |
| F-statistic | 19.121 02 | Durbin-Watson stat | 1.073 710 |
| Prob(F-statistic) | 0.000 000 | | |

由于差别斜率系数在统计上都是不显著的，所以这些结果表明 RPDI 和 CONF 的系数并不是随季节而不同。由于这些结果也表明没有季节性虚拟变量是显著的，所以在时尚服饰销售中不存在季节性变动。但是如果我们将差别斜率系数从这个模型中去掉，所有（差别）截距虚拟变量在统计上都是显著的，正如我们在表 3-13 中看到的那样。这有力地说明，在时尚服饰销售中存在着很强的季节性因素。

上述结果表明，差别斜率虚拟变量并不属于这个模型。因此，我们会在表 3-13 中继续使用这个模型。

表 3-15 中的练习并不是琐碎无用的，因为它表明在对一个现象进行建模时我们必须考虑截距和斜率系数中存在差别的可能性。如方程（3.11）所示，只有当我们考虑了整个模型时，我们才能发现截距或斜率是否存在差别。

# 3.8 分段线性回归[①]

为了说明虚拟变量技巧的多用途，考虑图 3-5 所展示的每个个体的平均花费（$Y$，$）和制造商的批次产量 X。

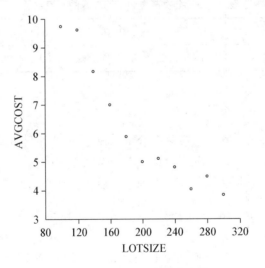

图 3-5　平均成本和批次产量

---

① 分段线性回归是一种更一般地被称为**样条函数**（spline function）的一个例子。关于样条函数的更多讨论，请参见 Montgomery, D. C., Peck, E. A., and Ving G. G, *Introduction to Linear Regression Analysis*, 4th edn, Wiley, New York, 2006, pp. 207−9。

看起来平均生产成本在批次产量达到 200 个时迅速下降，但之后下降得却较为缓慢。我们可以想象一条线性的直到批次产量为 200 单位的回归线，与此同时，还有另一条大于该生产规模的线性回归线。我们可以称其为阈值，也可以理解为影视作品中剧情发生变化的节点。现在我们就有了一幅关于分段线性回归，即本例中在阈值（节点）200 处连接在一起的两段线性回归的图。[1]

如果我们对批次产量和平均成本只进行一次回归，也许我们会得到一个相较于这两个变量真实关系有所扭曲的图形，然而，我们可以利用虚拟变量技术来解释这两个变量关系脱节的本质。为此，考虑如下模型：

$$Y_i = B_0 + B_1 X_i + B_2 (X_i - X^*) D_i + u_i \tag{3.12}$$

其中 $Y$＝平均生产成本，$X$＝批次产量，$X^*$＝提前已经知道的批次产量的阈值[2]，如果 $X_1 > X^*$，则 $D=1$，如果 $X_i < X^*$，则 $D=0$。

误差项 $u_i$ 代表其他可能影响平均生产成本的变量。

从式（3.12）中，我们可以得到如下分段曲线：

$$E(Y_i) = B_0 + B_1 X_i, \quad D_i = 0 \tag{3.13}$$
$$E(Y_i) = (B_0 - B_2 X^*) + (B_1 + B_2) X_i, \quad D_i = 1 \tag{3.14}$$

其中，$B_1$ 确定了回归线在阈值之前的斜率，$(B_1 + B_2)$ 确定了回归线在阈值之后的斜率，$B_2$ 就是二者相差的斜率系数。如果方程（3.12）中的 $B_2$ 是统计显著的，我们就可以推断出这两个回归线拥有不同的斜率。

为了解释方程（3.12）中的分段回归模型，考虑表 3-16 中的数据。

表 3-16 批次产量和平均成本的假设数据

| 批次产量 | 100 | 120 | 140 | 160 | 180 | 200 | 220 | 240 | 260 | 280 | 300 |
|---|---|---|---|---|---|---|---|---|---|---|---|
| 平均成本（美元） | 9.73 | 9.61 | 8.15 | 6.98 | 5.87 | 4.98 | 5.09 | 4.79 | 4.02 | 4.46 | 3.82 |

资料来源：Montgomery et al., Exercise 7.11, p.234.

实证结果见表 3-17。

无论是独立的（基于 $t$ 检验）还是联合的（基于 $F$ 统计量）检验，所有被估计的回归系数都是统计显著的。于是，我们可以确信两个回归线的斜率系数是存在统计差异的。从这个表中，我们可以得到在阈值 200 之前和之后各自独立的回归如下：

$$\text{AVGCOST} = 15.116\,4 - 0.050\,2\text{LOTSIZE}, \quad \text{LOTSIZE} < 200 \tag{3.15}$$
$$\begin{aligned}\text{AVGCOST} &= (15.116\,4 - 0.038\,5 \times 200) + (-0.050\,2 + 0.038\,8)\text{lot size} \\ &= 7.416\,4 - 0.011\,4\text{LOTSIZE}, \quad \text{LOTSIZE} > 200\end{aligned} \tag{3.16}$$

---

[1] 我们也可以由此引申出多分段线性回归的概念，即每个分段都有其自身的斜率，但是各个分段通过相应的节点连接起来。

[2] 如果之前并不知晓这个阈值，我们可以通过切换回归模型的方法将其分析出来。关于这一内容更多的讨论，请参见 Montgomery et al., *op cit*.

注：方程（3.16）中的截距值不是特别重要。

表 3-17　平均生产成本与批次产量之间的关系

| Dependent Variable：AVGCOST<br>Method：Least Squares<br>Sample：1 11<br>Included Observations：11 | | | | |
|---|---|---|---|---|
| Variable | Coefficient | Std. Error | t-Statistic | Prob. |
| C | 15. 116 48 | 0. 535 383 | 28. 234 92 | 0. 000 0 |
| LOTSIZE | −0. 050 199 | 0. 003 332 | −15. 065 01 | 0. 000 0 |
| Z* DUMY | 0. 038852 | 0. 005 946 | 6. 534 113 | 0. 000 2 |
| R-squared | 0. 982 938 | Mean dependent var | | 6. 136 364 |
| Adjusted R-squared | 0. 978 673 | S. D. dependent var | | 2. 161 417 |
| S. E. of regression | 0. 315 651 | Akaike info criterion | | 0. 758 640 |
| Sum squared resid | 0. 797 083 | Schwarz criterion | | 0. 867 157 |
| Log likelihood | −1. 172 522 | Hannan-Quinn criter | | 0. 690 236 |
| F-statistic | 230. 441 0 | Durbin-Watson stat | | 2. 597 435 |
| Prob（F-statistic） | 0. 000 000 | | | |

注：在该表中，$Z$ 代表（实际批次产量－阈值批次产量）。

通过这个分析我们可以得出结论：当批次产量逐渐接近 200 单位时，每次多生产一件，单位成本减少 5 美分，但当批次产量超过 200 单位后，其仅减少 1 美分。图 3-5 同样证明了这一点。

作为对比，我们在图 3-5（表 3-18）中给出了不考虑批次产量-成本关系纽结的回归结果。

这些结果告诉我们，平均支出均匀地按照批次产量每增加一单位，平均支出减少 3

表 3-18　不考虑阈值的批次产量和平均成本的关系

| Dependent Variable：AVGCOST<br>Method：Least Squares<br>Sample：1 11<br>Included Observations：11 | | | | |
|---|---|---|---|---|
| Variable | Coefficient | Std. Error | t-Statistic | Prob. |
| C | 12. 290 91 | 0. 749 146 | 16. 406 55 | 0. 000 0 |
| LOTSIZE | −0. 030 773 | 0. 003 571 | −8. 616 397 | 0. 000 0 |
| R-squared | 0. 891 882 | Mean dependent var | | 6. 136 364 |
| Adjusted R-squared | 0. 879 869 | S. D. dependent var | | 2. 161 417 |
| S. E. of regression | 0. 749 146 | Akaike info criterion | | 2. 423 201 |
| Sum squared resid | 5. 050 982 | Schwarz criterion | | 2. 495 545 |
| Log likelihood | −11. 327 60 | Hannan-Quinn criter | | 2. 377 598 |
| F-statistic | 74. 242 29 | Durbin-Watson stat | | 0. 663 330 |
| Prob（F-statistic） | 0. 000 012 | | | |

美分的比例下降，显然，这和我们在回归（3.15）和（3.16）中看到的结果有很大区别。

## 3.9　要点与结论

定性或虚拟变量的取值为 0 和 1，说明了定性回归元如何被"量化"以及它们在回归分析中所扮演的角色。

如果由于定性回归元而使回归子的反应有所差异，那么这些差异可以在截距或斜率系数以及兼有二者的各种子群回归的差异中体现出来。

虚拟变量被用于各种不同的情况，比如：（1）比较两个及以上的回归，（2）时间序列中的结构性突变，（3）在时间序列中去季节化和分段线性回归。

尽管虚拟变量在回归分析中发挥着有益的作用，但是我们仍需小心对待。第一，如果回归模型中存在截距，虚拟变量的数目必须比每个定性变量的分类数目少 1。第二，如果从模型中去掉（公共）截距，你当然就会拥有和虚拟变量类别数一样多的虚拟变量。第三，虚拟变量的系数必须总是被解释为与参考类别（即取值为 0 的类别）有关联。对参考类别的选择取决于在研项目的目的。第四，虚拟变量可以与定量回归元交互，正如与其他定性回归元交互一样。第五，如果一个模型有若干个具有多个类别的定性变量，虚拟变量的引入对于所有这些组合而言，要消耗掉大量的自由度，尤其是当样本规模相对较小时，这一问题就更为严重。第六，需要谨记的是，在时间序列数据中去季节化还有其他一些成熟的方法，例如美国商务部使用的 Census X-12 方法。

### 习题 ☞

3.1　你将如何比较表 3-1 中给出的线性工资函数结果与表 3-5 给出的半对数工资回归？你将如何比较这两个表给出的各种系数？

3.2　复制表 3-4，使用工资率的对数作为因变量，并比较表 3-4 中给出的结果。

3.3　假设你就受教育程度和工作经历以及性别、种族和工会成员身份三个虚拟变量对工资率的对数进行回归。你将如何解释这一回归中的斜率系数？

3.4　除了表 3-1 和表 3-5 的工资回归中包含的那些变量之外，你还打算纳入其他哪些变量？

3.5　假设你打算研究一下工人居住的地理区域，并假设把美国各州分为四组：东、南、西、北。你将如何扩展表 3-1 和表 3-5 给出的模型？

3.6　假设你不是把虚拟变量赋值为 1 或 0，而是 −1 和 +1。你将如何解释使用这一赋值的回归结果？

3.7　假设有人认为在半对数工资函数中可以不使用 1 和 0 对虚拟变量进行赋值，而让你使用 10 和 1 两个值。结果将会如何？

3.8　参见表 3-10 给出的时尚服饰销售数据。使用销售量的对数作为因变量，请求出与表 3-11、表 3-12、表 3-13、表 3-14 和表 3-15 对应的结果，并比较这两组结果。

3.9　分别就 Sales，RPDI 和 CONF 对一个截距项和三个虚拟变量进行回归，从中得到三个残差，记为 $S_1$，$S_2$，$S_3$。现在就 $S_1$ 对 $S_2$ 和 $S_3$ 进行回归（在这一回归中没有截距项）[1]，并表明 $S_2$ 和 $S_3$ 的斜率系数确实如表 3-13 中所示的 RPDI 和 CONF 的值一样，这样就验证了弗里希-沃定理。

3.10 收集个人消费支出（PCE）和个人可支配收入（DPI）的季度数据，对它们都做扣除通胀处理，并就个人消费支出对个人可支配收入进行回归。如果你认为在该数据中存在季节性因素，你将如何使用虚拟变量对该数据进行去季节化？给出必要的计算过程。

3.11 接上题，你将如何判断在 PCE 和 DPI 的关系中是否存在结构性突变？给出必要的计算过程。

3.12 参见本章中讨论的时尚服饰销售的例子。通过加入趋势变量，重新估计方程 (3.10)，趋势变量取值为 1、2，等等。将你的结果与表 3-10 给出的结果进行比较。这些结果表明了什么？

3.13 接上题，在剔除了销售时间序列数据中的季节性和趋势性成分之后，估计销售序列，将你的分析与本章中的讨论进行比较。

3.14 使用表 3-19 中的数据（可在本书配套网站上找到）[2] 估计 *ban* 和 *sugar-sweet-cap* 对 *diabetes* 的影响，其中：

*diabetes*＝国家中的糖尿病流行程度

*ban*＝如果某类对转基因产品的禁令存在则为 1，否则为 0

*sugar-sweet-cap*＝人均糖与甜料的国内供给量，以千克计算

在本模型中还可以有其他哪些变量加入进来？

3.15 **钻石的定价**：钻石的价格取决于以下四个因素：克拉数、颜色、纯净度和切口。本书配套网站上的表 3-20 提供了 308 笔在新加坡进行的钻石交易的数据。[3]

Carat＝以克拉为单位的钻石重量

Color＝钻石的颜色，分为 D，E，F，G，H 和 I 几类

Clarity of diamonds＝分为 IF，VVS1，VVS2，VS1 或者 VS2 几类

Price＝以新加坡元为单位的钻石价格

因为罕见，D 到 F 等级的钻石是最珍贵和最令人满意的，（欣赏）这样的钻石对任何人的视觉来说都是一场盛宴，相比之下，那些 G，H，I 等级的钻石就不那么珍贵了。[4]

钻石纯净度是指可被观测到的识别特征，如夹杂物和瑕疵。夹杂物是指内部缺陷，瑕疵是指表面缺陷。为了给钻石分级，所有缺陷都被称为夹杂物，纯净度分级如下：

F：无瑕疵，无内部缺陷或外部缺陷，极为罕见。

IF：内部无缺陷，但有些许表面缺陷，非常罕见。

_____

① 由于 OLS 残差的均值总为零，故没有必要在此回归中取截距项。

② 该表取自 Rashad (Kelly)，Inas, Obesity and diabetes：the roles that prices and policies play. *Advances in Health Economics and Health Services Research*，17，pp. 113-28，2007。数据来自不同的年份。

③ 新加坡国立综合大学的 Singfat Chu 博士慷慨地给我提供了数据，该数据最初刊登于 2000 年 2 月 18 日的《新加坡商业时报》（*Singapore Business Times*），并在美国统计协会（American Statistical Association）的数据库存档。

④ 此条及以下信息均来自 www. diamondmanufacturer. com/tutorial/certificate。

VSS1～VSS2：极其细微的夹杂物（两个等级），其中微小的夹杂物即使是经过训练的宝石专家在十倍放大镜下都难以发现。

VS1～VS2：非常细微的夹杂物（两个等级），其中微小的夹杂物在十倍放大镜下不容易被观察到。

SI1～SI2：细微的夹杂物（两个等级），在十倍放大镜下较容易被发现。

记住：从等级 F 到 SI，钻石的纯净度仅仅对它的价值有影响，对未被放大的钻石的外观无影响。

尽管无缺陷的钻石是最珍贵的，但是一颗钻石不是必须没有瑕疵才会令人震惊。事实上，即使你将钻石的纯净度降低到 I 等级，也仅仅是对钻石的价值有影响，而不是对未放大的钻石的外观有影响。VSS 和 VS 等级的钻石是兼顾价值和品相的最优选择。

证书就是钻石的"设计图"，它告诉你钻石的确切尺寸和重量，同时也告诉你钻石的切割和质量。它精确地指出了这块石头所有的个体特征。证书同时也有证明钻石身份和价值的作用。

三个著名的认证机构分别是 GIA（美国宝石协会）、IGI（国际宝石协会）和 HRD（比利时钻石高级理事会）。这些机构给出的认证具有极高的价值，因为它们的认定可以让购买者安心，这就像某种形式的保险单。

基于这些数据，构建一个描述钻石定价的合适模型，将上述四个因素纳入模型中，将克拉数和价格设为定量变量，同时将其他变量设为定性变量。你也许会适当地编码，以避免虚拟变量陷阱。

3.16　本书配套网站上的表 3－21 提供了 130 个人的体温（华氏温度）、心率和性别（1＝男性，2＝女性）数据。[①]

（a）将体温对心率以及性别进行回归，并列出常规回归的结果。

（b）你将如何解释这个模型中的虚拟系数？对于传统的 0 和 1 编码，这种虚拟变量的编码方式是一个进步吗？

3.17　**每盎司可乐定价的决定因素**。我的学生凯西·谢弗通过 77 个观测值构建了如下回归。[②]

$$P_i = B_0 + B_1 D_{1i} + B_2 D_{2i} + B_3 D_{3i} + u_i$$

其中，$P_i$＝每盎司可乐的价格

$D_{1i}$＝如果是折扣店为 001，如果是连锁店为 010，如果是便利店为 100

$D_{2i}$＝如果是有商标产品为 10，如果是无商标产品为 01

$D_{3i}$＝如果是 67.6 盎司（2 升）的瓶子为 0001，如果是 28～33 盎司的瓶子为 0010，如果是 16 盎司的瓶子为 0100，如果是 12 盎司的听装为 1000

结果如下：

---

① 这些数据最初刊登于 Shoemaker, A. L., What's normal? Body temperature, gender, and heart rate, *Journal of Statistical Education*，1996，4(2)。

② Schaefer, C., Price per ounce of cola beverage as a function of place of purchase, size of container, and branded or unbranded product. 未发表的学期论文。

$$\hat{P}_i = 0.143 - 0.000\,00D_{1i} + 0.009\,0D_{2i} + 0.000\,01D_{3i}$$
$$t = \qquad (-0.383\,7) \quad (8.392\,7) \quad (5.812\,5), R_2 = 0.603\,3$$

括号中的数值为估计的 $t$ 值。

(a) 评价此模型中虚拟变量的引入方式。

(b) 假设虚拟变量的引入是可接受的, 你如何解释回归结果?

(c) $D_3$ 的系数是正的且统计显著的, 你如何合理地解释这个结果?

3.18  本书配套网站上的表 3-22 提供了 528 个来源于美国劳工部的 1985 年人口调查中的工人样本, 变量如下:

Ed＝受教育年限

Region＝居住地区, 如果是南方为 1, 如果是其他地区为 0

Nwnhisp＝如果是非白人、非西班牙裔为 1, 其他为 0

His＝如果是西班牙裔为 1, 其他为 0

Gender＝如果是女性为 1, 男性为 0

Mstatus＝如果已婚为 1, 未婚为 0

Exp＝劳动市场经验, 以年为单位

Un＝如果是工会成员为 1, 其他为 0

Wagehrly＝小时工资, 以美元为单位

(a) 就婚姻状况和居住地区对小时工资进行回归, 得到常规的统计数据, 并解释你的结果。

(b) 小时工资和受教育年限之间的关系是什么? 列出必要的回归结果并解释你的结论。

(c) 就受教育年限、性别、婚姻状况和是否为工会成员对小时工资进行回归, 解释你的结果。

(d) 重复操作 (c), 同时加入 $His$ 变量, 结果如何?

(e) 重复操作 (c), 同时加入交互项 (性别×教育), 比较本次回归与操作 (c) 的结果。交互项系数说明了什么?

(f) 试着建立一个更广泛的包括上述变量和更多交互项的对工资的回归。

# 第二部分

## 回归诊断

# 第 4 章

# 回归诊断 I：多重共线性

经典线性回归模型（CLRM）的一个假设是回归元之间不存在线性关系。如果回归元之间存在一个或者更多这样的关系，我们就称之为存在多重共线性，或简称为共线性。首先，我们必须区分一下**完全共线性**（perfect collinearity）和**不完全共线性**（imperfect collinearity）。[①] 为了便于解释，我们考虑如下 $k$ 个变量的线性回归模型：

$$Y_i = B_1 + B_2 X_{2i} + \cdots + B_k X_{ki} + u_i \tag{4.1}$$

举例来说，一方面，如果我们有 $X_{2i} + 3X_{3i} = 1$，我们就有完全共线性的情形 $X_{2i} = 1 - 3X_{3i}$。因此，如果在同一个回归模型中包含 $X_{2i}$ 和 $X_{3i}$ 两个变量，我们就遇到了完全共线性，也就是说这两个变量间存在完全的线性关系。在诸如此类的情况下，我们甚至无法估计出回归系数，更不用说做任何形式的统计推断了。

另一方面，如果我们有 $X_{2i} + 3X_{3i} + v_i = 1$，这里 $v_i$ 是随机误差项，我们就遇到了不完全共线性的情况，即 $X_{2i} = 1 - 3X_{3i} - v_i$。因此，在这种情况下两个变量间不存在完全的线性关系；也就是说，误差项 $v_i$ 冲淡了这些变量间的完全关系。

在实践中，回归元之间真正的线性关系是比较少见的，但是在很多应用中回归元却可能存在高度共线性。这种情况我们称之为**不完全共线性**（imperfect collinearity）或**近似共线性**（near-collinearity）。因此，这一章我们集中关注不完全共线性。[②]

---

[①] 如果在两个及以上回归元之间存在一个完全线性关系，我们称之为共线性，但是如果存在不止一个完全线性关系，我们称之为多重共线性。不过，我们会交互地使用共线性和多重共线性这两个术语而不做区分。研究的问题所在的情境会告诉我们要处理的是哪一种共线性。

[②] 为了给出一个关于完全共线性的极端例子，假定我们在消费者函数中引入以美元和美分计量的两个收入变量，将消费支出与收入联系起来。由于 1 美元等于 100 美分，这当然会带来完全共线性问题。另一个例子就是所谓的虚拟变量陷阱，正如在第 3 章中所见到的，如果我们既引入截距项又引入所有的虚拟变量类别，这种情况就会出现。比如，在回归中解释工作小时数与其他若干经济变量之间的关系，我们要纳入两个虚拟变量，一个是男性，一个是女性，而且保留截距项。这也会带来完全共线性。当然，如果在这种情况下去掉截距项，我们就会避开虚拟变量陷阱。在实践中，最好是保留截距项，而且只包括一个性别虚拟变量，该虚拟变量对于女性取值为 1，对于男性取值为 0。

## 4.1 不完全共线性的结果

1. OLS估计量仍然是BLUE，但是它们会有很大的方差和协方差，从而很难做出准确的估计。

2. 结果使置信区间变得更宽。因此，我们可能不会拒绝"零假设"（即真实的总体系数为0）。

3. 由于第1点，一个或多个系数的$t$比率倾向于在统计上不显著。

4. 即使某些回归系数在统计上是不显著的，$R^2$值仍可能很高。

5. OLS估计量及其标准误对数据中的微小变化可能很敏感（参见习题4.6）。

6. 在所选的回归模型中加入共线变量会改变模型中其他变量的系数。

简言之，当回归元存在共线性的时候，统计推断将会变得不那么可靠，如果存在近似共线性，就更是如此了。这应当并不奇怪，因为如果两个变量高度共线，在回归子中分离出每一个变量的影响就会变得极为困难。

为了了解这些结果中的一部分，我们考虑一个三变量模型，将被解释变量$Y$与两个回归元$X_2$和$X_3$联系起来。即我们考虑如下模型：

$$Y_i = B_1 + B_2 X_{2i} + B_3 X_{3i} + u_i \tag{4.2}$$

使用OLS，得到OLS估计量如下[1]：

$$b_2 = \frac{\left(\sum y_i x_{2i}\right)\left(\sum x_{3i}^2\right) - \left(\sum y_i x_{3i}\right)\left(\sum x_{2i} x_{3i}\right)}{\left(\sum x_{2i}^2\right)\left(\sum x_{3i}^2\right) - \left(\sum x_{2i} x_{3i}\right)^2} \tag{4.3}$$

$$b_3 = \frac{\left(\sum y_i x_{3i}\right)\left(\sum x_{2i}^2\right) - \left(\sum y_i x_{2i}\right)\left(\sum x_{2i} x_{3i}\right)}{\left(\sum x_{2i}^2\right)\left(\sum x_{3i}^2\right) - \left(\sum x_{2i} x_{3i}\right)^2} \tag{4.4}$$

$$b_1 = \bar{Y} - b_2 \bar{X}_2 - b_3 \bar{X}_3 \tag{4.5}$$

其中变量被表示为对其均值的偏离——即 $y_i = Y_i - \bar{Y}$，$x_{2i} = X_{2i} - \bar{X}_2$，$x_{3i} = X_{3i} - \bar{X}_3$。

注意，这个有两个斜率系数的方程在如下意义上是对称的：通过交换变量的名字可以把变量彼此替换掉。

可以进一步表示为：

$$\text{var}(b_2) = \frac{\sigma^2}{\sum x_{2i}^2 (1 - r_{23}^2)} = \frac{\sigma^2}{\sum x_{2i}^2} \text{VIF} \tag{4.6}$$

和

$$\text{var}(b_3) = \frac{\sigma^2}{\sum x_{3i}^2 (1 - r_{23}^2)} = \frac{\sigma^2}{\sum x_{3i}^2} \text{VIF} \tag{4.7}$$

---

[1] 参见 Gujarati/Porter，*op cit.*，pp.193-4。

式中,

$$\text{VIF} = \frac{1}{1-r_{23}^2} \tag{4.8}$$

其中 $\sigma^2$ 是误差项 $u_i$ 的方差,$r_{23}$ 是 $X_2$ 和 $X_3$ 的相关系数,VIF 是**方差膨胀因子**(variance-inflating factor),这是对由共线性所导致的 OLS 方差膨胀的程度进行测量的指标。如表 4-1 所示。

表 4-1  增加 $r_{23}$ 对 OLS 估计量 $b_2$ 的方差的影响

| $r_{23}$ 的值 | VIF | $\text{Var}(b_2)$ |
| --- | --- | --- |
| 0.0 | 1.00 | $\sigma^2 / \sum x_{2i}^2 = K$ |
| 0.50 | 1.33 | $1.33 \times K$ |
| 0.70 | 1.96 | $1.96 \times K$ |
| 0.80 | 2.78 | $2.78 \times K$ |
| 0.90 | 5.26 | $5.26 \times K$ |
| 0.95 | 10.26 | $10.26 \times K$ |
| 0.99 | 50.25 | $50.25 \times K$ |
| 0.995 | 100.00 | $100 \times K$ |
| 1.00 | 未定义 | 未定义 |

注:同样可以得到对 $b_3$ 的方差的影响的表格。

从表 4-1 中我们可以很清楚地看到,随着 $X_2$ 和 $X_3$ 之间相关系数的增加,$b_2$ 的方差以非线性的形式迅速增加。结果使置信区间逐渐变得更宽,从而我们会错误地得出结论,认为真实的 $B_2$ 与零无异。

可能还需一提的是 VIF 的倒数,被称为**容许度**(tolerance,TOL),即

$$\text{TOL} = \frac{1}{\text{VIF}} \tag{4.9}$$

当 $r_{23}^2 = 1$(即完全共线性)时,TOL 为 0,而当前者为 0(即不存在共线性)时,TOL 为 1。

在两个变量的回归中给出的 VIF 的公式可以推广到 $k$ 个变量的回归模型中〔1 个截距和 $(k-1)$ 个回归元〕:

$$\text{var}(b_k) = \frac{\sigma^2}{\sum x_k^2}\left(\frac{1}{1-R_k^2}\right) = \frac{\sigma^2}{\sum x_k^2}\,\text{VIF} \tag{4.10}$$

其中,$R_k^2$ 是模型中第 $k$ 个回归元对其他回归元的回归而得到的 $R^2$,而 $\sum x_k^2 = \sum(X_k - \overline{X}_k)^2$ 是第 $k$ 个变量关于其均值的变差(variation)。第 $k$ 个回归元对模型中其他回归元的回归称为**辅助回归**(auxiliary regression),因此,如果模型中有 10 个回归元,我们就会得到 10 个辅助回归。

正如接下来将要展示的,诸如 Stata 和 Eviews 等统计软件包均可以计算 VIF 和 TOL。

为了证明结果的不完全共线性，考虑表4－2所给的假设数据。

表4－2　关于10个消费者的支出、收入和财富的假设数据

| 支出（美元） | 收入（美元） | 财富（美元） |
| --- | --- | --- |
| 70 | 80 | 810 |
| 65 | 100 | 1 009 |
| 90 | 120 | 1 273 |
| 95 | 140 | 1 425 |
| 110 | 160 | 1 633 |
| 115 | 180 | 1 876 |
| 120 | 200 | 2 052 |
| 140 | 220 | 2 201 |
| 155 | 340 | 2 435 |
| 150 | 260 | 2 686 |

基于这些数据，我们可以得到如表4－3所示的回归结果。

表4－3　回归结果（括号中为 $t$ 值）

| 因变量 | 截距 | 收入 | 财富 | $R^2$ |
| --- | --- | --- | --- | --- |
| 支出 | 24.774 7 | 0.941 5 | −0.042 4 | 0.963 5 |
| | (3.669 0) | (1.144 2) | (−0.526 1) | |
| 支出 | 24.454 5 | 0.509 1 | — | 0.962 1 |
| | (3.812 8) | (14.243 2) | | |
| 支出 | 24.441 0 | — | 0.049 8 | 0.956 7 |
| | (3.551 0) | — | (13.290 0) | |
| 财富 | 7.545 4 | 10.190 9 | — | 0.997 9 |
| | (0.256 0) | (62.040 5) | | |

表中的第一个回归是收入和财富对支出的多元回归，如你所见，没有任何一个系数是统计显著的，$t$ 值也是统计不显著的，但是 $R^2$ 的值却非常高。这是严重的共线性的典型情况。

如果你看到了第二个回归，你会发现单独的收入变量对支出有着非常显著的影响，同时 $t$ 值和 $R^2$ 值都非常高。

如果你看到了第三个回归中单独的财富变量对支出的影响，你会发现财富对支出有着显著的影响，同时 $t$ 值和 $R^2$ 值都非常高。

如果你看到了第四个即收入对财富的回归，你会发现这两个变量具有极强的相关性，以至如果我们在收入和财富对支出的影响回归中同时包含这两个变量（参见第一个回归），没有一个是单独显著的。因为财富几乎总是收入的10倍，所以这并不令人惊讶，如果财富总是精确地10倍于收入，我们将会得到完全共线性（的结果）。

现在，让我们考虑一个具体的例子。

## 4.2 举例：劳动市场上已婚妇女的工作小时数

为了阐明多重共线性的性质，我们使用姆罗茨（Mroz）所做的经验研究中的数据进行说明[1]——参见本书配套网站上的表 4-4。他试图评估的是劳动市场上若干社会经济变量对已婚妇女工作小时数的影响。这是包括了 1975 年 753 位已婚妇女的横截面数据。注意，其中 325 位已婚妇女并没有工作，因此其工作小时数为零。

他使用的一些变量如下：

*Hours*：1975 年工作的小时数（因变量）

*Kidslt 6*：6 岁以下的子女数

*Kidsge 6*：6～18 岁之间的子女数

*Age*：女性年龄

*Educ*：受教育年限

*Wage*：从收入中估计得到的工资

*Hushrs*：丈夫的工作小时数

*Husage*：丈夫的年龄

*Huseduc*：丈夫的受教育年限

*Huswage*：丈夫 1975 年的小时工资

*Faminc*：1975 年的家庭收入

*Mtr*：妇女面临的联邦边际税率

*motheduc*：母亲的受教育年限

*fatheduc*：父亲的受教育年限

*Unem*：所居县市的失业率

*exper*：实际的劳动市场经验

作为讨论的基础，我们可以得到表 4-5 中的回归结果。

表 4-5　妇女的工作小时数回归

Dependent Variable：HOURS
Method：Least Squares
Sample（adjusted）：1 428
Included Observations：428 after adjustments

| | Coefficient | Std. Error | t-Statistic | Prob. |
|---|---|---|---|---|
| C | 8 595.360 | 1 027.190 | 8.367 842 | 0.000 0 |
| AGE | −14.307 41 | 9.660 582 | −1.481 009 | 0.139 4 |
| EDUC | −18.398 47 | 19.342 25 | −0.951 207 | 0.342 1 |
| EXPER | 22.880 57 | 4.777 417 | 4.789 319 | 0.000 0 |
| FAMINC | 0.013 887 | 0.006 042 | 2.298 543 | 0.022 0 |

① 参见 T. A. Mroz，The Sensitivity of an Empirical Model of Married Women's Hours of Work to Economic and Statistical Assumptions，*Econometrica*，1987，vol. 55，pp. 765-99。

| | | | |
|---|---|---|---|
| FATHEDUC | $-7.471\,447$ | $11.192\,27$ | $-0.667\,554$ | $0.504\,8$ |
| HUSAGE | $-5.586\,215$ | $8.938\,425$ | $-0.624\,966$ | $0.532\,3$ |
| HUSEDUC | $-6.769\,256$ | $13.987\,80$ | $-0.483\,940$ | $0.628\,7$ |
| HUSHRS | $-0.473\,547$ | $0.073\,274$ | $-6.462\,701$ | $0.000\,0$ |
| HUSWAGE | $-141.782\,1$ | $16.618\,01$ | $-8.531\,837$ | $0.000\,0$ |
| KIDSGE6 | $-24.508\,67$ | $28.061\,60$ | $-0.873\,388$ | $0.383\,0$ |
| KIDSLT6 | $-191.564\,8$ | $87.831\,98$ | $-2.181\,038$ | $0.029\,7$ |
| WAGE | $-48.149\,63$ | $10.411\,98$ | $-4.624\,447$ | $0.000\,0$ |
| MOTHEDUC | $-1.837\,597$ | $11.900\,08$ | $-0.154\,419$ | $0.877\,4$ |
| MTR | $-6\,272.597$ | $1\,085.438$ | $-5.778\,864$ | $0.000\,0$ |
| UNEM | $-16.115\,32$ | $10.637\,29$ | $-1.514\,984$ | $0.130\,5$ |

| | | | |
|---|---|---|---|
| R-squared | $0.339\,159$ | Mean dependent var | $1\,302.930$ |
| Adjusted R-squared | $0.315\,100$ | S. D. dependent var | $776.274\,4$ |
| S. E. of regression | $642.434\,7$ | Akaike info criterion | $15.805\,07$ |
| Sum squared resid | $1.70E+08$ | Schwarz criterion | $15.956\,82$ |
| Log likelihood | $-3\,366.286$ | Durbin-Watson stat | $2.072\,493$ |
| F-statistic | $14.096\,55$ | Prob(F-statistic) | $0.000\,000$ |

注：Prob. 是指 $t$ 统计量的 $p$ 值。

人们会想当然地预期工作小时数与教育、经验、父亲和母亲的受教育年限存在正向关系，与年龄、丈夫的年龄、丈夫的工作小时数、丈夫的工资水平、边际税率、失业率以及 6 岁以下的子女数有负向关系。这些预期中的大部分都被统计结果所证实。但是，系数的实际值却在统计上不那么显著，这可能就意味着这些变量之间存在着共线性，从而导致标准误偏高，减小了 $t$ 比率。

## 4.3 检验多重共线性

正如我们将在讨论自相关和异方差性这些章节中所要看到的，检验多重共线性的方法并不唯一。上例文献中讨论的一些诊断方法如下：

1. **$R^2$ 很高而显著的 $t$ 比率很少**。在我们的例子中，$R^2$ 值为 0.34，并不是特别高。而这在有多个不同观测值的横截面数据中也不会让人感到惊讶。然而，很可能由于在某些变量之间存在共线性，使得只有很少的 $t$ 比率在统计上是显著的。

2. **在解释变量或回归元两两之间存在较高的相关性**。回忆一下变量 $X$ 和 $Y$ 之间的样本相关系数的定义：

$$r_{XY} = \frac{\sum x_i y_i}{\sqrt{\sum x_i^2 \sum y_i^2}} \tag{4.11}$$

其中变量被定义为与均值的偏离（即 $y_i = Y_i - \bar{Y}$）。由于我们有 15 个回归元，因而将会得到 105 对相关关系。[①] 我们不给出所有的相关关系。大部分相关系数都不是特别高，但是有些也超过了 0.5。比如，丈夫的年龄和家庭收入之间的相关系数约为 0.67，母亲的受教育年限和父亲的受教育年限之间的相关系数约为 0.55，而边际税率和家庭收入之间的相关系数约为 $-0.88$。

可以断言，回归元两两之间较高的相关度是存在共线性的一个信号。因此，我们应该剔除高度相关的回归元。而依靠简单或双变量相关系数进行判断并不是一个很好的办法，因为它们不能保证在计算两两之间的相关系数时模型中的其他变量不变。

3. **偏相关系数**。为了保证其他变量不变，我们必须计算偏相关系数。假设我们有三个变量 $X_1$，$X_2$，$X_3$，则我们就会有三个两两之间的相关系数 $r_{12}$，$r_{13}$，$r_{23}$，还有三个偏相关系数 $r_{12.3}$，$r_{13.2}$，$r_{23.1}$；比如，$r_{23.1}$ 意味着保持 $X_1$ 的值不变时 $X_2$ 和 $X_3$ 两个变量之间的相关系数（关于如何计算偏相关系数，可参见习题 4.4）。$X_2$ 和 $X_3$ 两个变量之间的相关系数（$=r_{23}$）很可能会很高，比如为 0.85。但是这一相关系数并未考虑第三个变量 $X_1$ 的存在。如果变量 $X_1$ 既影响 $X_2$ 又影响 $X_3$，那么后二者之间的高相关系数可能正是 $X_1$ 的共同影响所致。偏相关系数 $r_{23.1}$ 可以计算出剔除 $X_1$ 的影响之后 $X_2$ 和 $X_3$ 两个变量之间的相关系数。在此情况下，我们所观察到的 $X_2$ 和 $X_3$ 之间较高的相关系数 0.85 会减少，比如会减少到 0.35。

不过，不能确保偏相关系数可以给出对多重共线性准确无误的判断。为了节省篇幅，我们不再给出上例中偏相关系数的真实值。Stata 可以在简单的操作之后给出一组变量的偏相关系数。

4. **辅助回归**。为了找出哪些回归元与包括在模型中的其他回归元存在高度共线性，我们可以将每个回归元对剩下的回归元进行回归，以得到前文提到的辅助回归。

由于我们有 15 个回归元，那么就会有 15 个辅助回归。我们可以通过第 2 章讨论过的 $F$ 检验来检验每个回归总体的显著性。这里的零假设是：在辅助回归中所有回归元系数均为零。如果我们因一个或更多辅助回归而拒绝该假设，我们就可以推断出这样的结果：具有显著 $F$ 值的辅助回归与模型中的其他变量存在共线性。当然，如果我们已经有了如本例所示的几个回归元，计算若干个辅助回归元虽然在计算方面不是不可能，却也是非常单调乏味的工作。

5. **方差膨胀因子（VIF）和容许度因子（TOL）**。在我们的例子中，VIF 和 TOL 可以通过 Stata 求得，如表 4-6 所示。文献中的一个经验性法则告诉我们：如果 VIF 超过 10，那么辅助回归中将会有 $R_j^2$ 的值超过 0.9，则 $j$ 回归元就是（和其他回归元）高度共线的。当然，和所有经验结论一样，这个结论必须谨慎使用。

表 4-6 VIF 和 TOL 因子

| 变量 | VIF | TOL=1/VIF |
|---|---|---|
| mtr | 7.22 | 0.138 598 |
| age | 5.76 | 0.173 727 |
| husage | 5.22 | 0.191 411 |

[①] 当然，不是所有的相关关系都不一样，因为 $Y$ 和 $X$ 之间的相关关系与 $X$ 和 $Y$ 之间的相关关系是一样的。

| | | |
|---|---|---|
| faminc | 5.14 | 0.194 388 |
| huswage | 3.64 | 0.274 435 |
| educ | 2.02 | 0.494 653 |
| hushrs | 1.89 | 0.529 823 |
| huseduc | 1.86 | 0.536 250 |
| fatheduc | 1.61 | 0.621 540 |
| motheduc | 1.60 | 0.623 696 |
| exper | 1.53 | 0.652 549 |
| kidsge6 | 1.41 | 0.708 820 |
| wage | 1.23 | 0.813 643 |
| kidslt6 | 1.23 | 0.815 686 |
| unem | 1.08 | 0.928 387 |
| MeanVIF | 2.83 | |

这张表说明，在若干个变量之间存在着高度的共线性，其 VIF 的平均值甚至超过了 2。

# 4.4 补救措施

文献中给出了几种补救措施。[①] 它们中的任一种是否都需要一个特定的运行环境尚且富有争议。只要共线性不是完全的，那么 OLS 估计量就是 BLUE 的，正是基于此，通常推荐的最佳补救措施就是除了简单地给出拟合模型结果之外什么也不做。之所以如此，是因为共线性通常是由数据缺陷问题引起的，在很多情况下我们可能无法取得研究所需的那些数据，从而带来共线性。[②]

但是，有时重新思考一下我们为分析所选定的模型或许有用，以确认模型中所囊括的所有变量可能都不是必要的。我们回顾一下表 4-5 中给出的模型，变量父亲的受教育年限以及母亲的受教育年限很可能是相关的，这反过来意味着女儿的受教育年限可能也与前面两个变量存在相关关系。对于将 6 岁以上的子女数作为解释变量是否有意义，我们也会提出质疑。同样，妻子和丈夫的年龄也会存在相关关系。因此，如果我们将这些变量从模型中剔除出去，可能共线性问题就不会像前面表现的那样严重了。[③]

修正后的模型的结论如表 4-7 所示。

正如你所见，现在大部分变量在 10％或更低的显著性水平上是统计显著的，而且其经济意义也显而易见，唯一的例外是失业率，它在 11％的显著性水平上才显著。该表中

---

[①] 更为详尽的探讨，请参见 Gujarati/Porter, *op cit.*, pp. 342-6。

[②] 计量经济学家阿瑟·金德尔伯格（Arthur Goldberger）称这一问题为"**微数缺测性**"（micronumerosity），它只是说明了小样本或回归元取值中充分有效性的缺失这种情况。参见 Arthur Goldberg, *A Course in Econometrics*, Harvard University Press, Cambridge, MA, 1991, p. 249。

[③] 但是要谨防识别偏误。我们不应该只是为了避免共线性而排除这些变量。如果一个变量的确属于该模型，即便其在统计上不显著，也应该予以保留。

计量经济学：原理与实践（第二版）

那些系数相应的 VIF 和 TOL 因子如表 4-8 所示。

尽管 VIF 的平均值降下来了，但修正后的模型中的那些变量仍存在可观的共线性现象。我们可以使用由表 4-5 给出的各种解释变量的组合来估计更多类似的模型，看看哪个模型的共线性程度最低。而这个被称为"**数据挖掘**"（data mining）或者"**数据捕鱼**"（data fishing）的策略，我们不会推荐。如果我们拥有一个这样的模型，它涵盖了所有应该涵盖的变量，那么最好把这样的变量都留在模型之中。如果该模型中的一些系数不是统计显著的，那就这样即可。即使可行，收集新的或一套不同的数据也存在困难，我们对数据能做的事情实在乏善可陈。

表 4-7 修正后的妇女工作小时数回归

| Dependent Variable：HOURS | | | |
|---|---|---|---|
| Method：Least Squares | | | |
| Sample（adjusted）：1 428 | | | |
| Included Observations：428 after adjustments | | | |
| | Coefficient | Std. Error | t-Statistic | Prob. |
|---|---|---|---|---|
| C | 8 484.523 | 987.595 2 | 8.591 094 | 0.000 0 |
| AGE | −17.727 40 | 4.903 114 | −3.615 540 | 0.000 3 |
| EDUC | −27.034 03 | 15.794 56 | −1.711 604 | 0.087 7 |
| EXPER | 24.203 45 | 4.653 332 | 5.201 315 | 0.000 0 |
| FAMINC | 0.013 781 | 0.005 866 | 2.349 213 | 0.019 3 |
| HUSHRS | −0.486 474 | 0.070 462 | −6.904 046 | 0.000 0 |
| HUSWAGE | −144.973 4 | 15.884 07 | −9.126 972 | 0.000 0 |
| KIDSLT6 | −180.441 5 | 86.369 60 | −2.089 178 | 0.037 3 |
| WAGE | −47.432 86 | 10.309 26 | −4.600 995 | 0.000 0 |
| MTR | −6 351.293 | 1 029.837 | −6.167 278 | 0.000 0 |
| UNEM | −16.503 67 | 10.559 41 | −1.562 935 | 0.118 8 |
| R-squared | 0.335 786 | Mean dependent var | 1 302.930 |
| Adjusted R-squared | 0.319 858 | S. D. dependent var | 776.274 4 |
| S. E. of regression | 640.199 2 | Akaike info criterion | 15.786 80 |
| Sum squared resid | 1.71E+08 | Schwarz criterion | 15.891 12 |
| Log likelihood | −3 367.375 | Durbin-Watson stat | 2.078 578 |
| F-statistic | 21.080 98 | Prob(F-statistic) | 0.000 000 |

表 4-8 表 4-7 中的 VIF 和 TOL 系数

| 变量 | VIF | TOL=1/VIF |
|---|---|---|
| mtr | 6.54 | 0.152 898 |
| faminc | 4.88 | 0.204 774 |
| huswage | 3.35 | 0.298 295 |
| hushrs | 1.76 | 0.568 969 |
| age | 1.49 | 0.669 733 |
| exper | 1.46 | 0.683 036 |
| educ | 1.36 | 0.736 669 |
| wage | 1.21 | 0.824 171 |
| kidslt6 | 1.19 | 0.837 681 |
| unem | 1.07 | 0.935 587 |
| MeanVIF | 2.43 | |

## 4.5 主成分方法

**主成分分析**（principal component analysis，PCA）是一种统计学方法，它可以将有相关关系的变量转换为正交或无相关关系的变量。[①] 这样取得的正交变量称为主成分。回到我们在表4-5中给出的工作小时数回归，我们有15个回归元。主成分方法原则上可以计算出15个主成分，即PC，标示为$PC_1$，$PC_2$，$PC_3$，…，$PC_{15}$，这些主成分之间相互是没有相关关系的。这些主成分是正交回归元的线性组合。实际上，我们并不需要使用所有的15个主成分，因为正如我们后面将要看到的，通常有更小数目的主成分来解释所研究的现象已经足够了。

主成分分析背后的基本思想很简单。它将有相关关系的变量分成几个子组，从而使属于某个子组的变量存在一个"共同"的要素，正是这个要素将它们聚在一个子组里。这一共同的要素可以是技术、能力、智商、种族或其他诸如此类的要素。这样的共同要素并不总是可以很轻易地辨别出来，我们把它称为主成分。每一个共同的要素存在一个主成分。这些共同的要素或者主成分在数目上很可能比变量的最初数目要少。

主成分分析的起点是初始变量的关联矩阵。这个$15 \times 15$的关联矩阵要想在这里给出，实在是显得过大了，但是任何统计包都可以给出。通过这个相关矩阵，我们使用Minitab 15可以得到下面的主成分（见表4-9），总共15个。因为涉及的内容过于复杂，所以这里不讨论得出这些主成分的实际的数学知识。

**表4-9　工作小时数例子中的主成分**

| Eigenanalysis of the Correlation Matrix<br>428 cases used，325 cases contain missing values | | | | | | | |
|---|---|---|---|---|---|---|---|
| Eigenvalue | 3.544 8 | 2.881 4 | 1.459 8 | 1.296 5 | 1.040 0 | 0.884 3 | 0.825 9 | 0.698 4 |
| Proportion | 0.236 | 0.192 | 0.097 | 0.086 | 0.069 | 0.059 | 0.055 | 0.047 |
| Cumulative | 0.236 | 0.428 | 0.526 | 0.612 | 0.682 | 0.740 | 0.796 | 0.842 |
| Eigenvalue | 0.649 5 | 0.587 4 | 0.415 1 | 0.346 9 | 0.182 3 | 0.104 6 | 0.083 0 | |
| Proportion | 0.043 | 0.039 | 0.028 | 0.023 | 0.012 | 0.007 | 0.006 | |
| Cumulative | 0.885 | 0.925 | 0.952 | 0.975 | 0.987 | 0.994 | 1.000 | |

| Variable | PC1 | PC2 | PC3 | PC4 | PC5 | PC6 |
|---|---|---|---|---|---|---|
| AGE | 0.005 | 0.528 | 0.114 | 0.021 | −0.089 | 0.075 |
| EDUC | 0.383 | −0.073 | 0.278 | −0.064 | 0.188 | 0.150 |
| EXPER | −0.039 | 0.373 | 0.267 | 0.025 | 0.255 | 0.058 |
| FAMINC | 0.424 | 0.106 | −0.314 | 0.179 | −0.029 | −0.026 |
| FATHEDUC | 0.266 | −0.142 | 0.459 | −0.081 | −0.289 | −0.142 |
| HUSAGE | −0.008 | 0.513 | 0.106 | 0.021 | −0.141 | 0.033 |
| HUSEDUC | 0.368 | −0.091 | 0.129 | 0.015 | 0.069 | 0.230 |

---

[①] 确切地说，"正交"这一术语意思是指以直角相交。无相关关系的变量彼此间是正交的，因为将它们彼此连结时，从图形上看它们的坐标关系是呈直角的。

| | | | | | |
|---|---|---|---|---|---|
| HUSHRS | 0.053 | −0.129 | 0.099 | 0.718 | 0.049 | 0.461 |
| HUSWAGE | 0.382 | 0.093 | −0.373 | −0.240 | −0.141 | −0.185 |
| KIDSGE6 | −0.057 | −0.320 | −0.309 | 0.062 | −0.292 | 0.101 |
| KIDSLT6 | 0.014 | −0.276 | 0.018 | −0.278 | 0.515 | 0.163 |
| WAGE | 0.232 | 0.052 | −0.031 | −0.054 | 0.526 | −0.219 |
| MOTHEDUC | 0.224 | −0.214 | 0.450 | −0.031 | −0.299 | −0.238 |
| MTR | −0.451 | −0.127 | 0.228 | −0.197 | 0.018 | −0.003 |
| UNEM | 0.086 | 0.071 | −0.039 | −0.508 | −0.208 | 0.711 |

## □ 对主成分的解释

表 4-9 中的第一部分给出了 15 个主成分。第一个主成分 $PC_1$，其方差（＝特征值）为 3.544 8，可以解释所有回归元总变动的 24％。第二个主成分 $PC_2$ 的方差为 2.881 4，可以解释 15 个回归元总变动的 19％。这两个主成分解释了总变动的约 43％。通过这种方式，你将会看到，前 6 个主成分共解释了所有回归元总变动的 74％。因此，尽管有 15 个主成分之多，但看起来仅 6 个在数量上是比较重要的。在图 4-1 中我们可以看得更清楚一些，该图来自 Minitab 15。

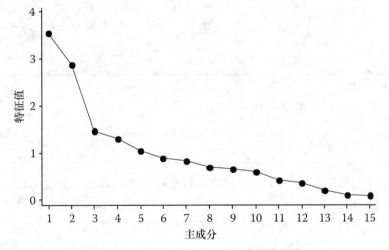

图 4-1　特征值（方差）对主成分的连线

现在我们来看一下表 4-9 的第二部分。对每一个主成分，它都给出了所谓的**权重**（loadings or scores or weights）——也就是说，每一个初始回归元对这个主成分的贡献度是多少。比如，我们看 $PC_1$：教育、家庭收入、父亲的受教育年限、母亲的受教育年限、丈夫的受教育年限、丈夫的工资水平以及边际税率都对这个主成分有很大的贡献。但如果你来看 $PC_4$，你会发现，丈夫的工作小时数对这个主成分的贡献也很大。

尽管在数学上非常优美，但是对主成分的解释却是主观的。举例来说，我们可以把 $PC_1$ 看成是代表了教育的总体水平，因为该变量对该主成分的贡献是很大的。

一旦主成分被提取出来，我们就可以用初始的回归子（工作小时数）对主成分进行回归了，这就绕过了初始回归元：为了进行阐明，假设我们仅使用第一部分的 6 个主成分，因为它们看起来似乎是最重要的。用工作小时数对这 6 个主成分进行回归，我们可以得到通过 Minitab 15 而得到的如表 4 - 10 所示的结果。

从这些结果中可以看出，似乎 $PC_2$ 和 $PC_4$ 可以对妇女的工作小时数的特性做出最好的解释。当然这里的困难在于我们不知道如何解释这些主成分。不过，主成分方法通过缩减具有相关关系的回归元数目，将之转换为数目有限的几个成分（而这些成分之间则是不具有相关关系的），这的确是一个行之有效的方法。因此，我们不必再面对共线性问题。可是天下毕竟没有免费的午餐，这种简化势必要付出代价，因为我们不知道该如何在实践中以一种有意义的方式来解释这些主成分。如果我们能够以某些经济变量对这些主成分进行识别，主成分方法就会在辨识多重共线性问题上卓有成效，也为该问题的解决提供了答案。

表 4 - 10　主成分回归

Hours＝1 303－1.5C23＋84.0C24＋18.6C25＋106C26＋4.8C27－56.4C28
428 cases used，325 cases contain missing values*

| Predictor | Coef | SE | Coef t | P(P value) |
|---|---|---|---|---|
| Constant | 1 302.93 | 36.57 | 35.63 | 0.000 |
| PC1 | −1.49 | 19.45 | −0.08 | 0.939 |
| PC2 | 84.04 | 21.57 | 3.90 | 0.000 |
| PC3 | 18.62 | 30.30 | 0.61 | 0.539 |
| PC4 | 105.74 | 32.16 | 3.29 | 0.001 |
| PC5 | 4.79 | 35.90 | 0.13 | 0.894 |
| PC6 | −56.36 | 38.94 | −1.45 | 0.149 |

S** ＝756.605R－Sq＝6.3％R－Sq(adj)＝5.0％

注：* 表示 325 位已婚妇女的工作小时数为零。

** 这是回归的标准误（＝$\hat{\sigma}$）。

第一列给出了回归元的名称，即 $PC$，第三列给出了其标准误的估计值，第四列给出了估计的 $t$ 值，最后一列给出了 $p$ 值（即确切的显著性水平）。

顺便提一下另外一种处理具有相关关系的变量的方法，即**岭回归方法**（the method of ridge regression）。由岭回归所产生的估计量是有偏的，但是它们却有着比 OLS 估计量更小的均方误（MSE）。[1] 对岭回归的讨论超出了本书的范围。[2]

## 4.6　要点与结论

在本章，我们解释了多重共线性问题，在经验研究中这是经常会遇到的问题，尤其是如果模型中存在多个具有相关关系的解释变量，就更是如此。只要共线性不是完

---

[1] 一个估计量的均方误（MSE），比如 λ 的估计量 $\hat{\lambda}$，等于其方差加上在估计它时产生的偏误的平方。

[2] 为了便于讨论，可以参见 Samprit Chatterjee and Ali S. Hadi，*Regression Analysis by Example*，4th edn，Wiley，New York，2006，pp. 266-75。

全的，我们就能在经典线性回归模型的框架中进行研究，前提是 CLRM 的假设需要得到满足。

如果共线性虽然非完全但程度也很高，那么随之而来的会是以下几个结果。OLS 估计量仍然是 BLUE 的，而且一个或更多个回归系数相对于系数值有很大的标准误，因而要使 $t$ 比率变得小些。因此我们会（错误地）推断这些系数的真实值就是零。而且，回归系数可能对数据中的微小变化都非常敏感，尤其是当样本数量相对比较小时更是如此（参见习题 4.6）。

对于共线性的检测有若干个诊断检验办法，但是均无法确保会产生令人满意的结果。这基本上是一个反复试错的过程。

最好的操作建议就是当你遇到共线性时什么也不做，因为我们常常对数据无法把控。但是，要细心选择进入模型的变量，这是非常重要的。正如我们举的示例所表明的那样，通过排除那些可能不属于该模型的变量而重新调整模型会减轻共线性的程度，前提是我们没有遗漏那些在给定情境下具有关联的变量。否则，在减少共线性时我们会犯模型设定错误，这个问题我们会在第 7 章进行讨论。因此，在估计一个回归模型之前，请深入细致地思考你的模型吧！

还有一个注意事项。如果在一个模型中存在多重共线性，而你的目的在于预测，那么只要样本中观察到的共线性关系会一直持续到预测时，多重共线性的存在就可能不会把事情变得那么糟糕。

最后，还有一个统计上的技术方法，即所谓的主成分分析法，它可以"解决"准共线性问题。在主成分分析法中，我们构建了一些彼此正交的人为变量。这些人为变量就是所谓的主成分，它们是从初始的 $X$ 变量得来的。我们可以将初始的回归子对主成分进行回归。我们使用示例给出了主成分是如何计算而来以及是如何被解释的。

这种方法的一个优势是，主成分通常在数目上要少于初始的回归元。但是主成分分析法有一个实际操作上的劣势，那就是主成分通常不具备切实的经济含义，因为它们是初始变量的（加权）组合，是以不同的测量单位测度的。因此，解释这些主成分显得很困难。尽管在心理学或教育研究中主成分法被广泛使用，但正是由于这种解释上的困难，在经济研究中它们并不被广泛使用。

## 习题 ☞

4.1  对于本章所讨论的工作小时例子，请设法得到表 4-3 中包含的变量的关联矩阵。Eviews、Stata 以及其他软件可以很轻松地计算出这些相关关系。请找出哪些变量是高度相关的。

4.2  变量间的简单相关关系是多重共线性存在的充分而非必要条件。你同意该陈述吗？为什么？

4.3  继续习题 4.1 中的计算，使用 Stata 或你所拥有的其他软件，找出表 4-2 中所含变量的偏相关系数。基于这些相关关系，哪些变量看起来是高度相关的？

4.4  在一个三变量（$Y$ 及两个回归元 $X_2$ 和 $X_3$）模型中，我们可以计算出三个偏相关系数。比如，保持 $X_3$ 不变，$Y$ 和 $X_2$ 之间的偏相关系数表示为 $r_{12.3}$，表述如下：

$$r_{12.3} = \frac{r_{12} - r_{13}r_{23}}{\sqrt{(1-r_{13}^2)(1-r_{23}^2)}}$$

其中下标1、2、3分别表示 $Y$，$X_2$，$X_3$，而 $r_{12}$，$r_{13}$ 和 $r_{23}$ 则是变量间的简单相关系数。

(a) 什么情况下 $r_{12.3}$ 等于 $r_{12}$？这意味着什么？

(b) $r_{12.3}$ 是小于、等于还是大于 $r_{12}$？请给出你的解释。

4.5 请给出本章提到的那15个辅助回归，并判定哪些解释变量和剩下的解释变量是高度相关的。

4.6 考虑下面两表中给出的数据集：

| 表1 | | |
|---|---|---|
| $Y$ | $X_2$ | $X_3$ |
| 1 | 2 | 4 |
| 2 | 0 | 2 |
| 3 | 4 | 12 |
| 4 | 6 | 0 |
| 5 | 8 | 16 |

| 表2 | | |
|---|---|---|
| $Y$ | $X_2$ | $X_3$ |
| 1 | 2 | 4 |
| 2 | 0 | 2 |
| 3 | 4 | 0 |
| 4 | 6 | 12 |
| 5 | 8 | 16 |

两表唯一的区别在于第三和第四个 $X_3$ 值彼此互换了一下。

(a) 将 $Y$ 对两表中的 $X_2$，$X_3$ 进行回归，以得到普通的 OLS 结果。

(b) 在这两个回归中你观察到了哪些不同之处？怎样解释这些不同？

4.7 下面的数据描述了运营美国海军大学本科办公岗位所需的人力资源，其中包括25个部门。变量描述如下，数据如表 4-11 所示[①]，该表可以在本书配套网站上找到：

$Y$：运行一个部门所需的员工的月工作总小时数

$X1$：每日平均工作时间

$X2$：月平均入住数量

$X3$：周前台服务小时数

$X4$：公共区域（以平方英尺计）

$X5$：建筑侧翼数量

$X6$：可用容量

$X7$：房间数量

**问题：**

这些解释变量或它们的某个子集存在共线性吗？如何检测得到？给出必要的计算过程。

选做：使用上表中的数据，进行主成分分析。

4.8 重新回到习题 4.6。首先将 $Y$ 对 $X_3$ 进行回归，从而得到来自该回归的残差，$e_{1i}$。然后将 $X_2$ 对 $X_3$ 进行回归，得到该回归中的残差，$e_{2i}$。现在将 $e_{1i}$ 对 $e_{2i}$ 进行回归。该回归将会得到方程（4.2）中所给出的偏回归系数。这个习题说明了什么？你将如何描述 $e_{1i}$ 和 $e_{2i}$？

---

① 资料来源：R. J. Freund and R. C. Littell（1991），*SAS System for Regression*. SAS Institute Inc.。

4.9 表4-12（见本书配套网站）给出了20位患者的血压（*bp*），年龄（岁），体重（千克），*bsa*（即体表面积，以平方米为单位），*dur*（即高血压持续时间，以年为单位），基础脉搏（次/分钟），压力指数（*stress*）。

（a）估计 *bp* 关于年龄、体重、*bsa*、*dur*、脉搏以及压力的线性回归，并记录回归结果。

（b）你是否认为在上述回归中存在多重共线性问题？判断理由是什么？

（c）求出相关矩阵，并判断哪一个回归元与 BP 高度相关。提示，也许你需要用到方差膨胀系数（VIF）。

（d）针对每个回归元都单独进行一次辅助回归，并由此判断（a）中的哪些回归元需要被剔除。

（e）根据克莱因（Klein）拇指法则，只有当辅助回归得到的 $R^2$ 比总回归的 $R^2$ 还要高时，多重共线性问题才需要被单独考虑。[1] 遵循这一法则，哪个回归元最有可能与其他回归元相关？我们得出的答案与（d）中一致吗？

（f）基于（d）中的结果，请你选择应该将哪些变量从最初的回归中剔除，以解决共线性问题。

（g）尽管样本数据很少，但还是请你根据这些数据进行相应的主成分回归，并解释得到的结论。

4.10 在 *k* 变量回归中，可以证明（4.10）中第 *k* 个回归系数的方差也可以写为下式：

$$\text{var}(b_k) = \frac{1}{n-k} \frac{\sigma_y^2}{\sigma_k^2} \left( \frac{1-R^2}{1-R_K^2} \right)$$

其中，$\sigma_y^2$ 是 $Y$ 的方差，$\sigma_k^2$ 是第 *k* 个回归元的方差，$R_K^2$ 是 $X_k$ 关于其他回归元进行回归后的相关系数，$R^2$ 则是 $Y$ 关于所有回归元进行回归的相关系数。

（a）在其他条件均相同的情况下，如果 $\sigma_k^2$ 增加，那么 $\text{Var}(b_k)$ 将如何变化？这一现象对于解决多重共线性问题有什么作用？

（b）如果出现了完全共线性，对上面的式子将会有什么影响？

（c）请你评判如下判断是否正确：随着 $R^2$ 的增加，$b_k$ 的方差逐步下降。所以，$R_K^2$ 的增加给总体带来的作用可以通过 $R^2$ 的增加抵消。

4.11 Longley 数据[2]作为评估电脑程序运算最小二乘法精度的数据，自从问世以来一直保持有较高的热度。这一数据也被用于解释若干经济学问题，比如多重共线性、极端值（见第7章），以及回归对缺失部分的观测值是否敏感等。数据跨越了 1947—1961 年，变量被定义如下：

$Y=$ 被雇佣人数（千人）

$X_1=$ GNP，隐含的物价通货紧缩指数

---

① Klein，L，R.，*An Introduction to Econometrics*，Prentice-Hall，Englewood Cliffs，New Jersey，1962，p. 101. 克莱因教授在 1980 年获得了诺贝尔经济学奖。

② Longley，J.（1967），An appraisal of least-squares programs from the point of view of the user. *Journal of the American Statistical Association*，62，819-41.

$X_2$＝GNP（百万美元）

$X_3$＝失业人数（千人）

$X_4$＝参军人数（千人）

$X_5$＝有自理能力的 16 岁以上人口

$X_6$＝年份编号，1947＝1，…，1961＝15

数据见表 4－13（本书配套网站）。

（a）利用样本中的所有数据绘制散点图。散点图能告诉我们关于多重共线性的信息吗？

（b）请你构建出相关矩阵，不考虑回归子 $Y$。在这些变量中，哪个是与其他变量相关度最高的？

（c）请利用 $X$ 中的一组或若干组数据作为回归元，构建一个多元回归，预测被雇佣人数。

（d）这组数据中有极端值吗？如果有的话，请去掉极端值，并更新（c）中的结果，比较前后两个结果，有什么差异吗？

（e）从这一题中，你可以得出什么结论？

# 第5章

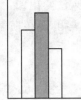

# 回归诊断 Ⅱ：异方差性

异方差性（不同的方差）是横截面数据中经常遇到的问题之一。异方差性出现的原因很多，比如数据出现了异常值，或者回归模型的函数形式设定不正确，或者数据的转换形式不正确，抑或不同的测量刻度混杂在了一起（比如，将高收入家庭和低收入家庭的收入测度单位混杂），等等。

## 5.1 异方差性的结果[①]

经典线性回归模型（CLRM）假设回归模型中的误差项 $u_i$ 对于所有观测值都具有同方差性（即方差相同），该方差用 $\sigma^2$ 表示。比如，在研究消费支出与收入之间的关系时，这个假设意味着低收入和高收入的家庭即便平均消费支出水平有差异也仍然具有相同的干扰方差。

然而，如果同方差性的假定不能得到满足，我们就会遇到异方差性问题，或者方差不等，标示为 $\sigma_i^2$（注意下标 $i$）。相较于低收入家庭，高收入家庭不但拥有更高的平均消费支出水平，在消费支出上也往往具有更大的选择空间。因此，在消费支出对家庭收入的回归中，我们很可能会遭遇异方差性问题。

异方差性会造成如下后果：

1. 异方差性不会改变 OLS 估计量的无偏性和一致性。

2. 但是 OLS 估计量也不再是最小方差或有效的估计量。也就是说，它们不再是最佳线性无偏估计量（BLUE）；它们只是简单的线性无偏估计量（LUE）而已。

---

[①] 至于细节，可以参见 Gujarati/Porter text，*op cit.*，Chapter 11。

3. 因此，基于 CLRM 标准假设下的 $t$ 检验和 $F$ 检验可能不再可靠，回归系数估计值的统计显著性的检验容易产生错误的结论。

4. 出现异方差性时，最佳线性无偏估计量可由加权最小二乘法给出。

由于这些后果，检验异方差性显得极为重要，异方差性通常出现在横截面数据中。在我们深入讨论之前，先看一个具体的例子。

## 5.2 美国的堕胎率

哪些因素决定了美国 50 个州的堕胎率呢？为了研究这个问题，我们先在本书配套网站上找到表 5 - 1。[1]

该分析中的变量如下：

$State$＝州别（美国 50 个州）

$ABR$＝堕胎率，1992 年 15～44 岁的女性中每千人的堕胎数

$Religion$＝州人口中天主教、浸信会、福音派或摩门教的信众比例

$Price$＝1993 年非医疗机构为怀孕 10 周的女性实施局部麻醉的堕胎手术所收取的平均价格（以 1992 年实施堕胎的数量加权）

$Laws$＝如果某个州实施限制未成年人堕胎的法律，则该变量取值为 1，否则取值为 0

$Funds$＝如果某个州在多数情况下能够为堕胎实施补贴，则该变量取值为 1，否则取值为 0

$Educ$＝1990 年年龄在 25 岁及以上、具有高中文化程度（或同等学力）的州人口比例

$Income$＝1992 年人均可支配收入

$Picket$＝报道的被调查者中对身体接触比较戒惧或身有病患不适者的比例

### □ 模　型

作为讨论的出发点，我们来考虑以下线性回归模型：

$$ABR_i = B_1 + B_2 Rel_i + B_3 Price_i + B_4 Laws_i + B_5 Funds_i$$
$$+ B_6 Educ_i + B_7 Income_i + B_8 Picket_i + u_i$$
$$i = 1, 2, \cdots, 50 \tag{5.1}$$

一开始，我们会预期 $ABR$ 与宗教、价格、法律、不适合怀孕者的比例、教育负相关，而与资金补贴和收入正相关。我们假定误差项满足标准的经典假设，这也包括同方差性假设。当然我们会做一个估计之后的分析，以便看一下这一假设是否在当前这种情况下也成立。

使用 Eviews 6，我们可以得到如表 5 - 2 所示的结果，这里我们是以标准的 Eviews

---

①　数据来自利奥·H. 卡亨（Leo H. Kahane），参见 Kahane, L. H. （2000），Anti-abortion activities and the market for abortion services：protest as a disincentive，*American Journal of Economics and Sociology*，59（3），463-85.

格式给出的。

表 5 - 2　堕胎率函数的 OLS 估计

Dependent Variable：ABORTION
Method：Least Squares
Sample：1 50
Included Observations：50

|  | Coefficient | Std. Error | t-Statistic | Prob. |
|---|---|---|---|---|
| C | 14. 283 96 | 15. 077 63 | 0. 947 361 | 0. 348 9 |
| RELIGION | 0. 020 071 | 0. 086 381 | 0. 232 355 | 0. 817 4 |
| PRICE | −0. 042 363 | 0. 022 223 | −1. 906 255 | 0. 063 5 |
| LAWS | −0. 873 102 | 2. 376 566 | −0. 367 380 | 0. 715 2 |
| FUNDS | 2. 820 003 | 2. 783 475 | 1. 013 123 | 0. 316 8 |
| EDUC | −0. 287 255 | 0. 199 555 | −1. 439 483 | 0. 157 4 |
| INCOME | 0. 002 401 | 0. 000 455 | 5. 274 041 | 0. 000 0 |
| PICKET | −0. 116 871 | 0. 042 180 | −2. 770 782 | 0. 008 3 |

| R-squared | 0. 577 426 | Mean dependent var | 20. 578 00 |
|---|---|---|---|
| Adjusted R-squared | 0. 506 997 | S. D. dependent var | 10. 058 63 |
| S. E. of regression | 7. 062 581 | Akaike info criterion | 6. 893 145 |
| Sum squared resid | 2 094. 962 | Schwarz criterion | 7. 199 069 |
| Log likelihood | −164. 328 6 | Durbin-Watson stat | 2. 159 124 |
| F-statistic | 8. 198 706 | Prob(F-statistic) | 0. 000 003 |

正如这些结果所示，在 $t$ 统计量的基础上，价格、收入和不适合怀孕者的比例都在 10% 或更低的显著性水平上统计显著，而其他变量则在统计上不显著，尽管其中一些变量（法律和教育）有正确的符号。但是要记住，如果存在异方差性，估计值就可能不再可靠。

$R^2$ 值表明，堕胎率中 58% 的变动可以由该模型解释。$F$ 统计量检验了所有斜率系数同时为 0 的假设，显然结果是拒绝了这一假设，因为值 8.199 是高度显著的，其 $p$ 值几乎为 0。还需记住，如果存在异方差性，$F$ 统计量可能也不再可靠。

要注意，显著的 $F$ 并不意味着每一个解释变量都是统计显著的，因为 $t$ 统计量表明，只有某些解释变量在个体上是统计显著的。

## □ 对结果的分析

异方差性是横截面数据经常遇到的问题之一。在我们的例子中，各州之间的差异使得我们有理由怀疑异方差性的存在。

作为对异方差性的简单检验，我们可以将表 5 - 2 中的残差平方和 S1S 的柱状图画出来，见图 5 - 1。

从该图中，我们可以很明显地看出，残差平方和这个潜在的误差项平方的替代量并没有表明误差项是同方差的。[①]

---

① 回忆一下，误差方差的 OLS 估计是这样给出的：$\hat{\sigma}^2 = \sum e_i^2 / (n - k)$ ——也就是说，残差平方和要被自由度相除。

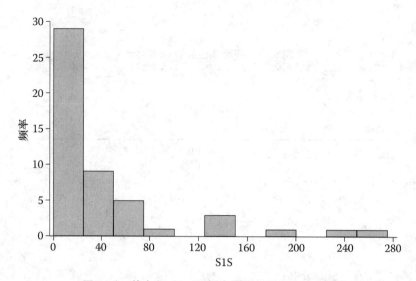

**图5-1 从方程（5.1）得出的残差平方的直方图**

如果我们绘制残差平方和（S1S）与对应的从回归模型中估计出的堕胎率的图（见图5-2），就可以得到一个对异方差性更好的理解。

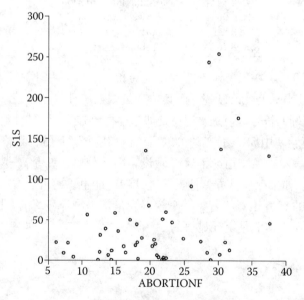

**图5-2 残差平方和与堕胎率的拟合值**

**注**：ABORTIONF是从方程（5.1）中得到的堕胎率的估计值。

看起来残差平方和与堕胎率的估计值之间似乎存在一种系统性的关系，这可以通过异方差性的某些正式的检验检测到［也可以参见下面的方程（5.3）］。

## 5.3 异方差性的检验

除了前面描述的图形方法之外，在检测异方差性时，我们常用的还有两个检验，即布鲁施-帕甘（Breusch-Pagan）检验和怀特（White）检验。①

## □ 布鲁施-帕甘（BP）检验

这个检验包括以下步骤：

1. 进行如表 5-2 所示的 OLS 回归估计，从而得到该回归的 OLS 残差平方 $e_i^2$。

2. 将 $e_i^2$ 对模型中所包含的 $k$ 个回归元进行回归；这里的思想是要看残差平方（真正的误差平方项的替代）是否与一个或更多个 $X$ 变量相关。② 你也可以选择可能与误差方差有着某种关联的其他回归元。现在我们来进行下面的回归：

$$e_i^2 = A_1 + A_2 Rel_i + A_3 Price_i + A_4 Laws_i + A_5 Funds_i + A_6 Educ_i$$
$$+ A_7 Income_i + A_8 Picket_i + v_i \qquad (5.2)$$

其中 $v_i$ 是误差项。

从回归（5.2）中我们可以挽救 $R^2$，用 $R_{aux}^2$ 来表示，这里的 aux 代表"辅助"（auxiliary）之意，因为方程（5.2）对于基本回归（5.1）而言是辅助性的（见表 5-3）。隐含在方程（5.2）背后的思想是：要找出误差项的平方是否与一个或者多个回归元有关联，若有关联，就可能表明数据中存在着异方差性。

3. 这里的零假设是：误差方差是同方差的，即方程（5.2）中所有的斜率系数同时为零。③ 你可以使用该回归得到的 $F$ 统计量来检验这一假设，该 $F$ 统计量分子和分母的自由度分别为 $(k-1)$ 和 $(n-k)$。如果计算出来的方程（5.2）中的 $F$ 统计量是统计显著的，我们就可以拒绝同方差性这一假设。如果不是统计显著的，我们可能就不能拒绝这一假设了。

正如表 5-3 中的结果所示，$F$ 统计量（分子的自由度为 7，分母的自由度为 42）是高度显著的，因为其 $p$ 值仅约为 2%。因此，我们就可以拒绝零假设。

4. 此外，你也可以使用卡方统计量。在同方差性的零假设下，$R_{aux}^2$（在第 2 步中计算出来的）和观测值的数目之积服从卡方分布，其自由度与模型中回归元的数量相等。如果计算出来的卡方值具有较低的 $p$ 值，我们就可以拒绝零假设。④ 正如表 5-3 中的结果所示，可以观察到的卡方值（$=nR_{aux}^2$）都有比较低的 $p$ 值，这说明我们可以拒绝同方差性的零假设。换句话说，表 5-2 中的回归存在异方差性问题。

**一个警示**：该检验是大样本检验，对于小样本可能不太适合。⑤

总之，堕胎率回归很可能遇到了异方差性问题。

回到我们的例子，结果如表 5-3 所示。

---

① 关于这些以及其他检验的详细讨论，可以参见 Gujarati/Porter text，*op cit.*，Chapter 11。

② 尽管在大样本中 $e_i^2$ 与 $u_i^2$ 不是一回事，但是前者仍然是一个不错的替代。

③ 如果是这种情况，常数 $A_1$ 将会表明误差方差是常数或者同方差。

④ 回忆一下，$F$ 和 $\chi^2$ 统计量的关系如下：随着 $n \to \infty$，$m F_{m,n} = \chi_m^2$；也就是说，对于较大的分母自由度，分子自由度乘以 $F$ 值约等于具有分母自由度的卡方值，其中 $m$ 和 $n$ 分别是分子和分母的自由度（参见统计学附录）。

⑤ 有人可能会认为我们使用的数据不是真正的随机抽样，因为我们使用了联邦中所有的州。事实上，我们真的是用到了全部人口。但要记住的是，堕胎率数据只有一年的。这个比率年年不同是非常可能的。因此，我们可以把该年份的堕胎率当作所有年份中可能的堕胎率的一个抽样来看待。

表 5-3　异方差性的布鲁施-帕甘检验

Heteroskedasticity Test：Breusch-Pagan-Godfrey

| | | | |
|---|---|---|---|
| F-statistic | 2.823 820 | Prob. F(7，42) | 0.016 7 |
| Obs*R-squared | 16.001 12 | Prob. Chi-Square(7) | 0.025 1 |
| Scaled explained SS | 10.575 63 | Prob. Chi-Square(7) | 0.158 2 |

Test Equation：
Dependent Variable：RESID^2
Method：Least Squares
Sample：1 50
Included Observations：50

| | Coefficient | Std. Error | t-Statistic | Prob. |
|---|---|---|---|---|
| C | 16.685 58 | 110.153 2 | 0.151 476 | 0.880 3 |
| RELIGION | −0.134 865 | 0.631 073 | −0.213 707 | 0.831 8 |
| PRICE | 0.286 153 | 0.162 357 | 1.762 492 | 0.085 3 |
| LAWS | −8.566 472 | 17.362 57 | −0.493 387 | 0.624 3 |
| FUNDS | 24.309 81 | 20.335 33 | 1.195 447 | 0.238 6 |
| EDUC | −1.590 385 | 1.457 893 | −1.090 879 | 0.281 5 |
| INCOME | 0.004 710 | 0.003 325 | 1.416 266 | 0.164 1 |
| PICKET | −0.576 745 | 0.308 155 | −1.871 606 | 0.068 2 |

| | | | |
|---|---|---|---|
| R-squared | 0.320 022 | Mean dependent var | 41.899 25 |
| Adjusted R-squared | 0.206 693 | S. D. dependent var | 57.930 43 |
| S. E. of regression | 51.597 36 | Akaike info criterion | 10.870 46 |
| Sum squared resid | 111 816.1 | Schwarz criterion | 11.176 39 |
| Log likelihood | −263.761 6 | Durbin-Watson stat | 2.060 808 |
| F-statistic | 2.823 820 | Prob(F-statistic) | 0.016 662 |

## □ 异方差性的怀特检验

我们在 BP 检验精神的指导下继续深入研究，就平方残差对 7 个回归元、这些回归元的平方项以及回归元的两两交叉的乘积项进行回归，总共有 33 个系数。

从这个回归中我们可以得到 $R^2$ 值，和 BP 检验中一样，我们将之与观测值的数目相乘。在同方差性的零假设下，这些乘积服从卡方分布，其自由度等于估计参数的数目。怀特检验比 BP 检验更具一般性，也具有更大的灵活性。

在当前这个例子中，如果我们不给辅助回归增添平方项和交叉乘积项，可以得到 $nR^2 = 15.781\,2$，它服从自由度为 7 的卡方分布。取得这样或更大的卡方值的概率约为 0.03，这是相当低的。这也说明我们可以拒绝同方差性的零假设。

如果我们给辅助回归增添平方项和交叉乘积项，可以得到 $nR^2 = 32.102\,2$，它服从自由度为 33 的卡方分布。[1] 取得这样一个卡方值的概率约为 0.51。在这样的情况下，我们

---

[1]　这是因为我们有 7 个回归元、5 个回归元平方项和回归元两两交叉的乘积项。但是要注意，我们并没有增添虚拟变量的平方项，因为取值为 1 的虚拟变量的平方项还是 1。此外还需看到，宗教和收入的交叉乘积项与收入和宗教的交叉乘积项是相同的，因此避免了重复计算。

就不能拒绝该零假设了。

由此可见，怀特卡方检验对我们是否从辅助回归中加入或移出平方项或交叉乘积项非常敏感。[1] 要记住，怀特检验是一个大样本检验。因此，如果我们把回归元及其平方项和交叉乘积项涵盖进来，其代价是失去 33 个自由度，辅助回归的结果也可能非常敏感，本例中的情况正是如此。

为了避免损失如此多的自由度，怀特检验可以通过将残差平方对回归子及其平方的估计值进行回归来大大地降低这一代价。[2] 也就是说，我们进行如下回归：

$$e_i^2 = \alpha_1 + \alpha_2 Abortion f + \alpha_3 Abortion f^2 + v_i \tag{5.3}$$

其中 $Abortion f =$ 由方程（5.1）得到的堕胎率的预测值。由于堕胎率的估计值是模型（5.1）中所涵盖的回归元的线性函数，故某种程度上我们间接地把初始的回归元及其平方在估计式（5.3）时纳入了进来，这正是原怀特检验的精神所在。但是要注意方程（5.3）并没有给交叉乘积项留出位置，这就消除了原怀特检验中的交叉乘积项。因此，经过删减的怀特检验节省了自由度。

在表 5-4 中，我们给出了该回归的结果。在该表中，值得关注的统计量是 $F$ 统计量，由于其 $p$ 值很低，所以它在统计上是高度显著的。所以，删减后的怀特检验强化了 BP 检验，它的结论是：堕胎率函数的确遇到了异方差性问题。而这一结论是在没有丢失过多自由度的情况下得到的。

表 5-4　删减的怀特检验

Dependent Variable：RES^2
Method：Least Squares
Sample：1 50
Included Observations：50
White Heteroskedasticity-Consistent Standard Errors & Covariance

| | Coefficient | Std. Error | t-Statistic | Prob. |
| --- | --- | --- | --- | --- |
| C | 20. 202 41 | 27. 093 20 | 0. 745 663 | 0. 459 6 |
| ABORTIONF | −1. 455 268 | 3. 121 734 | −0. 466 173 | 0. 643 2 |
| ABORTIONF^2 | 0. 107 432 | 0. 081 634 | 1. 316 014 | 0. 194 6 |
| R-squared | 0. 193 083 | Mean dependent var | | 41. 899 25 |
| Adjusted R-squared | 0. 158 746 | S. D. dependent var | | 57. 930 43 |
| S. E. of regression | 53. 133 74 | Akaike info criterion | | 10. 841 63 |
| Sum squared resid | 132 690. 1 | Schwarz criterion | | 10. 956 35 |
| Log likelihood | −268. 040 6 | Durbin-Watson stat | | 1. 975 605 |
| F-statistic | 5. 623 182 | Prob(F-statistic) | | 0. 006 464 |

需要注意的是，即便 $F$ 统计量是显著的，这两个偏斜率系数在个体上也并不显著。顺便提一句，如果将 $Abortion f$ 的平方项从方程（5.3）中移除，你会发现 $Abortion f$ 项是统计显著的。[3] 其原因是 $Abortion f$ 项及其平方项是函数相关的，这增加了多重共线的

---

[1]　这就是怀特检验只具有弱（统计）威力的原因。一个（统计）检验的威力是当零假设是错误的时候拒绝零假设的概率。

[2]　参见 Wooldridge, J. M. , *Introductory Econometrics：A Modern Approach*，4th edn, South-Western Publishing，2009，p. 275。

[3]　$Abortion f$ 的系数是 3.180 1，其 $t$ 值为 3.20，在 0.002 的水平上是显著的。

可能性。而须谨记的是，多重共线性指的是变量间存在线性关系，而不是非线性关系，方程（5.3）就是这样。

应该注意的是，无论我们使用 BP 检验或怀特检验，抑或其他任何一种对异方差性所作的检验，这些检验都只表明某个设定下误差方差是否为异方差的。但是这些检验并不必然意味着我们遇到异方差问题时应该做什么。

## 5.4 补救措施

了解了异方差性的后果之后，寻找补救措施就显得很有必要了。此时的问题是我们并不知道真正的异方差 $\sigma_i^2$，因为它们很少能够被观察到。如果我们能够观察到它们，那么我们就能通过将每个观测值除以其方差 $\sigma_i$（方差不相同）而得到 BLUE 估计量，从而根据 OLS 估计其转换形式。这种估计方法就是**加权最小二乘**（weighted least squares，WLS）方法。[1] 遗憾的是，真实的 $\sigma_i^2$ 很少为我们所知。那么解决方案又是什么呢？

在实际操作中，我们可以对 $\sigma_i^2$ 可能的取值进行合理的猜测，并且对原来的回归模型进行转换，转换后的模型需具有这样的性质：其误差方差是同方差的。在实践中使用的一些转换形式如下[2]：

1. 如果真实的误差方差与其中一个回归元的平方成比例，那么我们可以在方程（5.1）的两边同时除以该变量，然后就转换后的回归方程进行回归。假设在方程（5.1）中误差方差与收入的平方成比例，那么，我们可以用收入变量除以方程（5.1）的两边，并估计这个回归。然后，我们对这一回归进行异方差性检验，比如进行 BP 检验和怀特检验。如果这些检验表明不存在异方差性，那么我们可以假设转换后的误差项是同方差的。

2. 如果真实的误差方差与其中一个回归元成比例，那么我们可以使用所谓的**平方根转换**（square-root transformation），也就是说，我们用选中的回归元的平方根去除方程（5.1）的两边。我们可以估计这个转换后的回归，然后进行异方差性检验。如果这些检验令人满意，我们就可以信任这个回归了。

在应用这些步骤时，有很多实际操作上的问题。首先，如果有多个回归元，我们如何才能知道哪个回归元可以挑选出来进行转换呢？我们可以通过不断尝试来解决这个问题，而这是一个耗时的办法。其次，如果选中的回归元的一些值是零，那么除以零显然是有问题的。

回归元选择的问题有时候可以通过使用 $Y$ 的估计值（即 $\hat{Y}_i$）来避免，这个估计值是模型中所有回归元的加权平均值，其权重就是回归系数 $b$。

可能还需要注意的是，所有这些转换方法都是有点针对性地做出的，缺乏一般性的规律。但是除此之外我们所能做的已经很有限，因为我们试图猜测的是真实的误差方差到底是什么。我们所期望的只是让我们的猜测显得更加合理而已。

计量经济学：原理与实践（第二版）

---

[1] 由于每一个观测值都除以 $\sigma_i$（即加权），所以具有较大的 $\sigma_i$ 的观测值会比具有较小的 $\sigma_i$ 的观测值大打折扣。

[2] 具体的讨论，可以参见 Gujarati/Porter, *op cit.*, pp. 392-5。

对所有这些转换进行阐述，既耗时间又占篇幅。不过我们可以只讲述其中的一个。如果我们用式（5.1）估计得到的堕胎率去除式（5.1），可以得到表5-5中的结果。

表 5 – 5　转换后的方程（5.1）

Dependent Variable：ABORTION/ABORTIONF
Method：Least Squares
Sample：1 50
Included Observations：50

|  | Coefficient | Std. Error | t-Statistic | Prob. |
|---|---|---|---|---|
| 1/ABORTIONF | 12. 817 86 | 11. 228 52 | 1. 141 545 | 0. 260 1 |
| RELIGION/ABORTIONF | 0. 066 088 | 0. 068 468 | 0. 965 239 | 0. 340 0 |
| PRICE/ABORTIONF | −0. 051 468 | 0. 017 507 | −2. 939 842 | 0. 005 3 |
| LAWS/ABORTIONF | −1. 371 437 | 1. 819 336 | −0. 753 812 | 0. 455 2 |
| FUNDS/ABORTIONF | 2. 726 181 | 3. 185 173 | 0. 855 897 | 0. 396 9 |
| EDUC/ABORTIONF | −0. 228 903 | 0. 147 545 | −1. 551 408 | 0. 128 3 |
| INCOME/ABORTIONF | 0. 002 220 | 0. 000 481 | 4. 616 486 | 0. 000 0 |
| PICKET/ABORTIONF | −0. 082 498 | 0. 031 247 | −2. 640 211 | 0. 011 6 |

| | | | |
|---|---|---|---|
| R-squared | 0. 074 143 | Mean dependent var | 1. 011 673 |
| Adjusted R-squared | −0. 080 166 | S. D. dependent var | 0. 334 257 |
| S. E. of regression | 0. 347 396 | Akaike info criterion | 0. 868 945 |
| Sum squared resid | 5. 068 735 | Schwarz criterion | 1. 174 869 |
| Log likelihood | −13. 723 63 | Durbin-Watson stat | 2. 074 123 |

注：Abortionf 是从方程（5.1）中预测出的堕胎率。

我们对这个回归进行布鲁施-帕甘检验和怀特检验，而两个检验都表明异方差性问题仍然存在。[1]

还应该补充一点，我们之所以做这样的转换，目的就是去除异方差性。我们可以通过乘以表5-5中的ABORTIONF而回到原来的回归。

3. 对数转换：有时我们不去估计方程（5.1），而是就因变量的对数对回归元进行回归，这些回归元可能是线性的，也可能是对数形式的。这样做的原因在于，对数转换可以消除变量测量的不同比例问题，因此可以将两个数值之间10倍的差距降到2倍。举个例子，数字80是10乘以数字8，而ln80(=4.328 0)仅是ln8(=2.079 4)的约两倍大小。

关于使用对数转换，还有一个附加说明，那就是我们只能对正数取对数。

将堕胎率的对数对方程（5.1）中的变量进行回归，我们可以得到表5-6中的结果。

这些结果本质上和表5-1中给出的很相似，变量价格、收入以及不合适怀孕者的比例也都是统计显著的。然而，回归系数的解释却和表5-1中的不同。不同的斜率系数衡量的是**半弹性**（semi-elasticities）——即回归元取值的一单位变动所带来的堕胎率的相对变化。[2] 因此，价格系数−0.003意味着，如果价格提高1美元，那么堕胎率的相对变化是−0.003或约−0.3％。其他所有系数都可以得到类似的解释。[3]

---

①　为了节省篇幅，我们不再给出详细的结果。读者可以使用表5-1给出的数据通过自己运行检验程序验证这一结论。

②　回忆一下我们对半对数模型的讨论。

③　不过还是要回忆一下前一章给出的有关半对数回归中虚拟变量解释方面的警告。

表 5-6 堕胎率的对数回归

Dependent Variable：LABORTION
Method：Least Squares
Sample：1 50
Included Observations：50

|  | Coefficient | Std. Error | t-Statistic | Prob. |
|---|---|---|---|---|
| C | 2.833 265 | 0.755 263 | 3.751 362 | 0.000 5 |
| RELIGION | 0.000 458 | 0.004 327 | 0.105 742 | 0.916 3 |
| PRICE | −0.003 112 | 0.001 113 | −2.795 662 | 0.007 8 |
| LAWS | −0.012 884 | 0.119 046 | −0.108 226 | 0.914 3 |
| FUNDS | 0.087 688 | 0.139 429 | 0.628 907 | 0.532 8 |
| EDUC | −0.014 488 | 0.009 996 | −1.449 417 | 0.154 6 |
| INCOME | 0.000 126 | 2.28E−05 | 5.546 995 | 0.000 0 |
| PICKET | −0.006 515 | 0.002 113 | −3.083 638 | 0.003 6 |

| R-squared | 0.589 180 | Mean dependent var | 2.904 263 |
|---|---|---|---|
| Adjusted R-squared | 0.520 710 | S. D. dependent var | 0.511 010 |
| S. E. of regression | 0.353 776 | Akaike info criterion | 0.905 342 |
| Sum squared resid | 5.256 618 | Schwarz criterion | 1.211 266 |
| Log likelihood | −14.633 55 | Durbin-Watson stat | 1.929 785 |
| F-statistic | 8.604 924 | Prob(F-statistic) | 0.000 002 |

注：Labortion＝堕胎率的对数。

对这个回归进行 BP 检验和怀特检验（无平方项和交叉乘积项）时，我们会发现这个回归没有异方差性问题了。这个结果应该相当谨慎地予以接受，因为 51 个观测值的样本可能还是不够大。

这一结论提出了有关异方差性检验的一个重点。如果一个或更多这类检验表明存在异方差性问题，那么本质上这就不是异方差性问题了，而是模型设定错误了。在第 7 章我们会更为详细地讨论后一种错误。

### □ 怀特的异方差一致性标准误或稳健标准误[1]

如果样本规模足够大，怀特建议了一种获得异方差修正标准误的步骤。在文献中，这就是所谓的**怀特-休伯标准误**（White-Huber standard error），或简称**稳健标准误**（robust standard errors）。怀特的程序已经被装入好几个软件包中。该程序不会改变表 5-2 中的系数值，但是会调整标准误以充分考虑异方差性。使用 Eviews，我们可以得到表 5-7 中的结果。此外，必须要注明的是，虽然怀特的步骤是可靠的，但其本质上仍然是经验性的操作，因此我们不需要在异方差性方面引入任何对结构或形式的限制。

---

① 详细的讨论请参见 Gujarati/Porter，*op cit.*，p. 391。

表 5 - 7　堕胎率回归的稳健标准误

Dependent Variable：ABORTION RATE
Method：Least Squares
Sample：1 50
Included Observations：50
White Heteroskedasticity-Consistent Standard Errors & Covariance

| | Coefficient | Std. Error | t-Statistic | Prob. |
|---|---|---|---|---|
| C | 14. 283 96 | 14. 901 46 | 0. 958 561 | 0. 343 3 |
| RELIGION | 0. 020 071 | 0. 083 861 | 0. 239 335 | 0. 812 0 |
| PRICE | −0. 042 363 | 0. 025 944 | −1. 632 868 | 0. 110 0 |
| LAWS | −0. 873 102 | 1. 795 849 | −0. 486 178 | 0. 629 4 |
| FUNDS | 2. 820 003 | 3. 088 579 | 0. 913 042 | 0. 366 4 |
| EDUC | −0. 287 255 | 0. 176 628 | −1. 626 329 | 0. 111 4 |
| INCOME | 0. 002 401 | 0. 000 510 | 4. 705 512 | 0. 000 0 |
| PICKET | −0. 116 871 | 0. 040 420 | −2. 891 415 | 0. 006 01 |

| | | | |
|---|---|---|---|
| R-squared | 0. 577 426 | Mean dependent var | 20. 578 00 |
| Adjusted R-squared | 0. 506 997 | S. D. dependent var | 10. 058 63 |
| S. E. of regression | 7. 062 581 | Akaike info criterion | 6. 893 145 |
| Sum squared resid | 2 094. 962 | Schwarz criterion | 7. 199 069 |
| Log likelihood | −164. 328 6 | Durbin-Watson stat | 2. 159 124 |
| F-statistic | 8. 198 706 | Prob(F-statistic) | 0. 000 003 |
| Wald F-statistic | 8. 198 706 | Prob(Wald F-statistic) | 0. 000 001 |

## □ 稳健标准误在技术方面的实践

在实践中，我们通常不知道异方差的具体结构。因此，即使不存在异方差性，利用稳健标准误都是可取的。因为在此情况下稳健标准误将会成为传统 OLS 中的标准误。也就是说，即使在同方差性下，稳健标准误都是适当的。但是不管怎样，请记住当使用怀特-休伯方法时，我们需要一个相当大的样本。

**异方差-稳健 $t$ 统计量**（heteroscedasticity-robust $t$ statistic）是通过以下方法得到的：用系数的真实值为 0 的零假设下的稳健标准误除以系数的值，这与普通最小二乘估计的 $t$ 检验过程相同。

然而，传统的用于检验联合假设中一个或多个斜率系数同时等于零的 $F$ 统计量在异方差性下并不适用，大样本情况下也是如此。作为替代，我们使用**异方差-稳健瓦尔德统计量**（heteroscedasticity robust Wald statistic）。因为这已经超出了本书的范畴，我们将不会深入介绍这个统计量背后的数学原理。异方差-稳健瓦尔德统计量渐近分布在有着 $q$ 自由度的卡方统计量周围，其中 $q$ 是零假设下限制约束的数量。例如，如果有 5 个回归元，我们想检验的假设是 3 个系数值是零，则 $q$ 就是 3。

有趣的是，通过将异方差-稳健的瓦尔德统计量除以 $q$（约束数量），我们可以将其转换成近似地分别利用 $q$ 和 $(n-k)$ 作为分子、自由度作为分母的 $F$ 统计量。一些软件包做了这一调整。

将异方差-稳健标准误程序应用到我们的阐释性例子中，可以得到如表5-7所示的结果。如果将表5-2中给出的结果与表5-7中的结果相比较，就像之前提到的，你会发现回归系数是相同的。然而标准误却发生了改变：价格变量现在已经不如之前显著，尽管收入和不适合怀孕者的比例系数仍保持在同样的显著性水平上。该表中列出的$t$值是异方差-稳健$t$值。

表5-7的不同之处在于它报告了两套$F$值：一个是传统的$F$值，一个是瓦尔德值。两个$F$值下的prob或者说$p$值相差不远。

全面的总结如下：在应用了异方差-稳健标准误后，尽管一个或更多单独的回归系数不显著，但总体上堕胎率模型更加显著了。

但是请记住，异方差-稳健标准误方法在大样本下才有效，在当前的例子中它或许还不合适。让我们回顾第1章首先考虑过的工资函数及第4章讨论过的工作小时数；在这两个例子中，样本规模应该比较合适了。

对比表5-2中的结果，我们可以发现一些明显的变化。比如尽管income和picket变量的系数都保持了原来的显著性，但是price变量的显著性却降低了。不过，虽然系数的显著性有可能发生了改变，但两种方式估计出的系数值是不会改变的。

正如上文所说，怀特检验的程序在大样本下才是有效的，也就是说，在我们这个例子中可能并不适用。让我们回顾第1章首先考虑过的工资函数及第4章讨论过的工作小时数；在这两个例子中，样本规模就比较合适了。

## □ 回顾工资函数

在表1-2中，我们给出了1 289个工人的工资函数。由于该表使用的数据是横截面数据，其结果很可能会出现异方差性。为了看看是不是存在这种情况，我们使用BP检验和怀特检验，下面给出结果。

**BP检验**：当由表1-2得到的残差平方对工资函数中的变量进行回归时，我们可得$R^2$值是0.042 9。这个值再乘以观测值的数量1 289，我们会得到一个卡方值，约为55。对于自由度为5，即工资函数中的回归元数目，获得该卡方值或更大的卡方值的概率实际上为零，这表明表1-2中的工资回归确实存在异方差性。

**怀特的异方差性检验**：为了看看BP检验结果是否可靠，我们使用怀特检验，既做排除交叉乘积项的检验，又做包括交叉乘积项的检验。结果如下：排除交叉乘积项的情况，$nR^2 = 62.946\,6$，它服从自由度为5的卡方分布。取得该卡方值或更大的卡方值的概率实际上是零，这就确认了工资回归的确存在异方差问题。当我们加进平方项和回归元的交叉乘积项时，可以得到$nR^2 = 79.431\,1$，它服从自由度为17的卡方分布（5个回归元、2个回归元的平方项以及10个回归元的交叉乘积项）。取得值为79.431 1或更大的卡方值的概率实际上也是零。

总之，有明显的证据显示，表1-2中的工资回归存在异方差性问题。

面对这个问题，我们无法通过同时除以一个或多个回归元来转换表1-2中的工资回归，只能通过计算怀特稳健标准误来纠正异方差性。结果如表5-8所示。注意该表中的两个$F$值。

计量经济学：原理与实践（第二版）

表 5-8　经过异方差修正后的工资函数的稳健标准误

Dependent Variable：W
Method：Least Squares
Sample：1 1 289
Included Observations：1 289
White Heteroskedasticity-Consistent Standard Errors & Covariance

|  | Coefficient | Std. Error | t-Statistic | Prob. |
|---|---|---|---|---|
| C | −7. 183 338 | 1. 090 064 | −6. 589 834 | 0. 000 0 |
| FEMALE | −3. 074 875 | 0. 364 256 | −8. 441 521 | 0. 000 0 |
| NONWHITE | −1. 565 313 | 0. 397 626 | −3. 936 647 | 0. 000 1 |
| UNION | 1. 095 976 | 0. 425 802 | 2. 573 908 | 0. 010 2 |
| EDUC | 1. 370 301 | 0. 083 485 | 16. 413 72 | 0. 000 0 |
| EXPER | 0. 166 607 | 0. 016 049 | 10. 381 34 | 0. 000 0 |

| R-squared | 0. 323 339 | Mean dependent var | 12. 365 85 |
|---|---|---|---|
| Adjusted R-squared | 0. 320 702 | S. D. dependent var | 7. 896 350 |
| S. E. of regression | 6. 508 137 | Akaike info criterion | 6. 588 627 |
| Sum squared resid | 54 342. 54 | Schwarz criterion | 6. 612 653 |
| Log likelihood | −4 240. 370 | Durbin-Watson stat | 1. 897 513 |
| F-statistic | 122. 614 9 | Prob(F-statistic) | 0. 000 000 |
| Wald F-statistic | 100. 874 7 | Prob(Wald F-statistic) | 0. 000 000 |

　　如果将这些结果和表 1-2 中的进行比较，你会发现回归系数仍然相同，但是有些标准误变化了，当然也改变了对应的 $t$ 值。

## □ 回顾工作小时数函数

　　我们回想一下表 4-4 中给出的 753 位已婚女士工作小时数的结果。这些结果并未就异方差性问题进行修正。根据 BP 检验和怀特检验，分别以有平方项和交叉乘积项与没有此二项进行检验，其结果是发现表 4-4 中的工作小时数函数饱受异方差性困扰。[①]

　　由于样本的规模还比较合理，所以我们可以使用怀特步骤以取得经过异方差修正后的标准误，结果如表 5-9 所示。

表 5-9　经过异方差修正后的工作小时数函数的稳健标准误

Dependent Variable：HOURS
Method：Least Squares
Sample (adjusted)：1 428
Included Observations：428 after adjustments
White Heteroskedasticity-Consistent Standard Errors & Covariance

|  | Coefficient | Std. Error | t-Statistic | Prob. |
|---|---|---|---|---|
| C | 8 484. 523 | 1 154. 479 | 7. 349 222 | 0. 000 0 |
| AGE | −17. 727 40 | 5. 263 072 | −3. 368 262 | 0. 000 8 |
| EDUC | −27. 034 03 | 15. 704 05 | −1. 721 468 | 0. 085 9 |

---

　　①　就 BP 检验而言，$nR^2 = 38.76$，它服从自由度为 10 的卡方分布。取得该卡方值或更大的卡方值的概率几乎为零。就怀特检验而言，没有平方项和交叉乘积项时 $nR^2 = 40.19$，加入这些项时为 120.23。在两种情况下，取得对应的卡方值或更大的卡方值的概率实际为零。

| | | | |
|---|---|---|---|
| EXPER | 24.203 45 | 4.953 720 | 4.885 914 | 0.000 0 |
| FAMINC | 0.013 781 | 0.007 898 | 1.744 916 | 0.081 7 |
| HUSHRS | −0.486 474 | 0.073 287 | −6.637 928 | 0.000 0 |
| HUSWAGE | −144.973 4 | 17.582 57 | −8.245 293 | 0.000 0 |
| KIDSLT6 | −180.441 5 | 105.062 8 | −1.717 462 | 0.086 6 |
| WAGE | −47.432 86 | 9.832 834 | −4.823 925 | 0.000 0 |
| MTR | −6 351.293 | 1 206.585 | −5.263 859 | 0.000 0 |
| UNEM | −16.503 67 | 9.632 981 | −1.713 246 | 0.087 4 |

| | | | |
|---|---|---|---|
| R-squared | 0.335 786 | Mean dependent var | 1 302.930 |
| Adjusted R-squared | 0.319 858 | S. D. dependent var | 776.274 4 |
| S. E. of regression | 640.199 2 | Akaike info criterion | 15.786 80 |
| Sum squared resid | 1.71E+08 | Schwarz criterion | 15.891 12 |
| Log likelihood | −3 367.375 | Durbin-Watson stat | 2.078 578 |
| F-statistic | 21.080 98 | Prob(F-statistic) | 0.000 000 |
| Wald F-statistic | 22.202 42 | Prob(Wald F-statistic) | 0.000 000 |

如果你将这些结果和表 4 - 4 中给出的结果进行比较，你会发现标准误的估计和 $t$ 值略有变化。家庭收入和 6 岁以下子女数两个变量现在没有以前显著了，而失业率变量则更为显著。

这里要注意的一点是，如果样本规模还比较合理，我们应该使用在一般的 OLS 标准误的基础上得到的怀特异方差修正标准误，从而获得是否存在异方差性的认识。

## 5.5　要点与结论

本章我们讨论了对经典线性回归模型的违背之一——异方差性，这个问题一般在横截面数据中比较常见。尽管异方差性不会破坏 OLS 估计量的无偏性和一致性，但是会使得这些估计量的有效性降低，如果我们不对一般的 OLS 标准误进行修正，这会使统计推断的可靠性降低。

在设法解决异方差性这个问题之前，我们需要确定在具体应用中是否存在异方差性问题。出于这个目的，我们可以检查来自初始模型的残差平方，或者使用一些正式的异方差性检验，比如布鲁施-帕甘检验和怀特检验等。如果一个或多个这样的检验都表明存在异方差性问题，我们就可以进一步寻求补救措施。

如果我们知道了异方差 $\sigma_i^2$，就可以解决异方差性问题，因为在这种情况下我们可以将初始的模型（5.1）除以 $\sigma_i$ 来进行转换，然后根据 OLS 来估计这个转换后的模型，从而得到符合 BLUE 的估计量。这种估计方法就是加权最小二乘法（WLS）。遗憾的是，我们几乎很难知道真实的误差方差。因此，我们有必要去寻找次优的解决办法。

使用就 $\sigma_i^2$ 的可能性质所做的合理猜测，我们可以将原来的模型进行转换，然后再进行估计，并对之施以异方差性检验。如果这些检验表明在转换后的模型中不存在异方差性问题，我们就不能拒绝转换后的模型。但是，如果转换后的模型仍然存在异方差性问题，我们就只能去寻找其他的转换形式，不断重复这样的过程。

然而，如果我们有充分大的样本容量，所有这些辛苦都可以省去，因为在这种情况下我们可以利用怀特提出来的步骤得到异方差修正标准误。修正后的标准误就是**稳健标准误**（robust standard error）。如今，有不少机构做出的微观数据集具有观测值宏富的特征，这就使我们在使用稳健标准误时无须担心异方差性问题成为可能。

## 习题 ☞

5.1　考虑表 1-2 给出的工资模型。使用工资率的对数作为回归子，复制该表的结果。应用本章讨论的各种诊断式检验确定对数工资函数是否存在异方差性问题。如果存在，你将会采用什么补救措施？请给出必要的计算过程。

5.2　参见表 4-5 给出的工作小时数回归模型。使用工作小时数的对数作为回归子，并确定最终的模型是否存在异方差性。展示一下你使用的诊断检验。如果你的模型中存在异方差性，你会如何解决异方差性问题？给出必要的计算过程。

5.3　你是否同意以下陈述："异方差性从来不是拒绝一个其他方面良好的模型的理由"？[1]

5.4　参考任何一本有关计量经济学的教科书，学习 Park、Glejser 和 Spearman 的秩相关以及戈德菲尔德-匡特的异方差性检验。对本章讨论过的堕胎率、工资率以及工作小时数回归分别使用这些检验。确定在这些检验和 BP 检验以及怀特检验之间是否存在一些冲突。

5.5　参见表 5-5。假设误差平方与收入的平方相关，而不是和 ABORTIONF 的平方相关。通过用收入取代 ABORTIONF，转换原来的堕胎率函数，并将你的结果和表 5-5 中的结果进行比较。你是否事先就期待有关异方差性存在的问题有不同的结论呢？为什么？请给出必要的计算过程。

5.6　本书配套网站上的表 5-10 展示了 106 个国家的如下数据。[2]

GDPGR＝1960—1985 年间该国工人的平均收入增长率

GDP60vsUS＝1960 年一个国家的人均国民收入（自然对数）与美国人均国民收入的比较

NONEQINV＝1960—1985 年间国家的非设备投资

EQUIPINV＝1960—1985 年间国家的设备投资

LFGR6085＝1960—1985 年间劳动力增长率

CONTINENT＝国家所在的大洲

（a）请构建一个合适的模型，利用上述变量中的一个或多个作为回归元，解释收入增长率与这些因素的关系，并解释模型得到的结果。

（b）因为上述模型使用了横截面数据，所以很可能会遇到异方差性问题。请你使用本章中介绍过的方法，探究上述回归是否真的遇到了异方差性问题。

（c）如果真的存在异方差性，你打算如何补救这一模型？请给出必要的计算步骤。

---

[1]　Mankiw，N. G. （1990），A quick refresher course in macroeconomics，*Journal of Economic Literature*，XXVIII（4），1645-60.

[2]　原始数据来源于 DeLong，J. B. and Summers，L. H. （1983），How strongly do developing countries benefit from equipment investment? *Journal of Monetary Economics*，32（3），395-415，Michael P. Murray 于 2006 年在 *Econometrics：A Modern Introduction*. Pearson/Addison-Wesley 中进行了复制。

（d）请利用怀特-休伯方法求得稳健标准误。

（e）对比（d）中的结果与用常规 OLS 方法得到的结果，两者有什么异同？

（f）德龙（De Long）和萨默斯（Summers）计划研究装备投资对经济增长的影响，根据我们进行的回归，你有什么发现？

5.7 表 5-11（本书配套网站）给出了 1994 年美国人口调查局关于制造业的调查中涉及的 455 个行业的相关数据。[①]

*shipments*：企业的产出（千美元）

*materials*：生产中的原料成本（千美元）

*newcap*：在生产中新投入的资本额（千美元）

*inventory*：存货金额（千美元）

*managers*：管理岗位人员的数量

*workers*：劳动岗位人员的数量

（a）构建合适的模型，利用上述全部或部分变量作为回归元，解释 *shipments* 的变动情况。请你尝试不同的方程形式，你预期的回归系数有什么特征？这一结果验证了你先前的预期了吗？

（b）因为我们使用的是横截面数据，请你使用本章中学过的检验方法判断（a）中的回归是否遇到了异方差性问题。

（c）如果（b）中的结论是"遇到了"，那么请利用怀特-休伯方法重新对之前的模型进行估计。对比前后得到的结果，有何异同？

（d）假设误差项的方差大小与 *materials* 变量的平方成正比。你将如何改变之前的回归模型，以避免模型中出现异方差性问题？请给出必要的计算步骤。你是如何知道转换后的模型具有同方差性的？你运用了哪些检验方法来验证这一点？

（e）在某些情况下，OLS 回归可能同时出现异方差性和多重共线性这两个方面的问题。你将如何检验回归模型中是否存在多重共线性？请给出必要的计算步骤。如果真的存在多重共线性，那么请你采取适当的措施以规避多重共线性给回归结果带来的干扰。

① 这些数据来自施密特（Suhmidt）教授的数据库。Schmidt, S. J., *Econometrics*, McGraw-Hill/Irwin, New York, 2005。在此，对施密特教授同意我使用这些数据表示感谢。

# 第 6 章

# 回归诊断Ⅲ：自相关

在时间序列数据的回归分析中，自相关是一个常见的问题。回想一下经典线性回归模型（CLRM）的一个假设：误差项 $u_t$ 是不相关的——也就是说，时间 $t$ 的误差项与时间（$t-1$）或过去其他任何一个时期的误差项不相关。如果误差项相关，就会出现以下结果[1]：

1. OLS 估计量仍然是无偏的和一致的。

2. 在大样本中它们仍然服从正态分布。

3. 但是它们将不再有效。也就是说，它们不再是 BLUE（最佳线性无偏估计量）。在大多数情况下，OLS 标准误是被低估的，这意味着估计出来的 $t$ 值是有些夸大了，给人的感觉是，系数比它实际的情况要更显著。

4. 因此，如同存在异方差性的情况一样，假设检验的步骤变得非常值得怀疑，因为估计出来的标准误即使（在大样本中）仍然是渐近的，它也可能不再可靠。结果，一般的 $t$ 检验和 $F$ 检验可能会不再有效。

与存在异方差性的情形相同，我们需要确定在一个具体的应用中自相关性是否存在，然后采取纠正措施或找到替代的估计程序，从而确定最佳线性无偏估计量。在我们进行这些探讨之前，先来看一个具体的例子。

## ▊ 6.1　1947—2000 年美国的消费函数

表 6-1 给出了美国 1947—2000 年的实际消费支出（$C$）、实际个人可支配收入

---

[1]　详细的讨论请参见 Gujarati/Porter，*op cit.*，Chapter 12。

（DPI）、实际财富（W）以及实际利率（R）的数据，"实际"的含义是剔除了通胀因素也就是经过了通货膨胀调整。[①] 表 6-1 可以在本书配套网站上找到。

现在我们来看下面的回归模型：

$$\ln C_t = B_1 + B_2 \ln DPI_t + B_3 \ln W_t + B_4 R_t + u_t \tag{6.1}$$

注意，我们用下标 $t$ 表示处理的是时间序列数据。还需注意的是，ln 代表的是自然对数。

为了解释上的方便，我们称方程（6.1）为消费函数。尽管在 DPI、财富和利率等的选择上可能稍有出入，但该方程中的解释变量或回归元是消费函数中比较常用的变量。有关消费函数背后的理论内涵，可以参考任何一本宏观经济学教科书。

现在，可见 C、DPI 和 W 呈对数形式，但是因为有些实际利率是负值，所以 R 是线性形式的。$B_2$ 和 $B_3$ 分别是消费支出对可支配收入和财富的弹性，$B_4$ 是消费支出对实际利率的半弹性（回想一下我们在第 2 章中对回归的函数形式的讨论）。[②] 我们事先会预期收入和财富弹性是正的，而利率半弹性是负的。

## □ 回归结果

该回归的估计结果如表 6-2 所示。

表 6-2　消费函数的回归结果

Dependent Variable：LOG(C)
Method：Least Squares
Sample：1947 2000
Included Observations：54

|  | Coefficient | Std. Error | t-Statistic | Prob. |
|---|---|---|---|---|
| C | −0.467 711 | 0.042 778 | −10.933 43 | 0.000 0 |
| L(DPI) | 0.804 873 | 0.017 498 | 45.998 36 | 0.000 0 |
| L(W) | 0.201 270 | 0.017 593 | 11.440 60 | 0.000 0 |
| R | −0.002 689 | 0.000 762 | −3.529 265 | 0.000 9 |

| R-squared | 0.999 560 | Mean dependent var | 7.826 093 |
|---|---|---|---|
| Adjusted R-squared | 0.999 533 | S. D. dependent var | 0.552 368 |
| S. E. of regression | 0.011 934 | Akaike info criterion | −5.947 703 |
| Sum squared resid | 0.007 121 | Schwarz criterion | −5.800 371 |
| Log likelihood | 164.588 0 | Durbin-Watson stat | 1.289 219 |
| F-statistic | 37 832.59 | Prob(F-statistic) | 0.000 000 |

注：L 代表自然对数。

## □ 对结果的评价

正如所预期的那样，斜率系数有着我们预想的符号。如果 CLRM（经典线性回归模

---

① 这些数据可以从不同的政府部门得到，比如商务部、联邦储备银行以及《总统经济报告》（*Economic Report of the President*）等。

② 在对消费函数进行分析时，使用对数或半对数形式是很常见的，因为这些系数可以解释为弹性或半弹性。

型）的标准假设都可以得到满足，那么所有估计出来的系数都是"高度"统计显著的，因为估计出来的 $p$ 值确实很低。收入弹性 0.8 表明，在保持其他条件不变的情况下，如果个人实际可支配收入提高 1%，平均实际消费支出会上升 0.8%。财富系数约为 0.20，这说明如果实际财富提高 1%，平均实际消费支出就会上升 0.2%，当然同样要保持其他条件不变。利率半弹性则表明，如果利率提高一个百分点（不是 1%），保持其他条件不变，平均实际消费支出就会下降约 0.26%。

表 6-2 中给出的较高的 $R^2$ 和其他统计量说明，尽管我们还是应该对近乎为 1 的 $R^2$ 值抱有警惕，但这个拟合模型给出的拟合是非常棒的。这是因为，当回归子和回归元都随时间而增长时存在着出现**伪相关**（spurious correlation）的可能性。在有关时间序列计量经济学的第 13 章，我们会更为详尽地探讨这个主题。

由于我们是在处理时间序列数据，所以不得不对自相关或序列相关提高警惕。如果在误差项中存在自相关，那么标准误的估计值以及因之而来的 $t$ 估计值就值得怀疑。因此，在接受表 6-2 中的结果之前，我们需要检测是否存在自相关问题。

## 6.2 自相关的检验

尽管在检测自相关方面有好几种方法，但是我们这里只讨论以下三种：**图示法**（graphical method）、**德宾－沃森检验**（Durbin-Watson test）和**布鲁施－戈弗雷检验**[Breusch-Godfrey（BG）test]。[1]

### □ 图示法

在评价回归结果时，就一个或更多个 OLS 假设不能满足的情况，把估计模型中的残差绘成图，可以为我们的检测提供一些线索，因此不失为一种良好的实践经验。正如一位计量经济学家所说："那些试图分析时间序列又不画图的人是在自找麻烦。"[2]

比如，在讨论异方差性问题时，我们绘制残差平方与回归子的估计值的对应图，以发现在这些残差中存在的某种模式，这种模式可能表明了转换模型与原始模型之间存在的关联，从而在转换模型中我们就无须面对异方差性问题了。

由于自相关问题指的是误差项 $u_t$ 之间的相关，因此检验自相关的一个大致的现成办法就是简单地将 $u_t$ 值按照时间顺序连接起来。很不幸，我们无法直接观察到 $u_t$。我们所能观察到的只是其代理变量 $e_t$，我们在估计回归模型之后仍然能够观察到它。

尽管 $e_t$ 和 $u_t$ 不是一回事，但它们是后者的一致估计量，从这个意义上说，随着样本规模的扩大，$e_t$ 会收敛于其真实值 $u_t$。我们的样本中有 54 个观测值，可能严格来讲这并不够大，但是它们涵盖了第二次世界大战后美国大部分年份的数据。即便把样本扩至 2009 年，我们也最多只能多得到 9 个观测值。因此，对于样本规模我们所能做的很有限。

---

① 关于检测自相关性的不同方法，可以参见 Gujarati/Porter，*op cit.*，Chapter 12，pp. 429-40。

② Chris Chatfield，*The Analysis of Time Series：An Introduction*，6th edn，Chapman and Hall，2004，p. 6。

通过按时间顺序绘制 $e_t$ 的数据，我们可以得到一个关于自相关的可视的图像（见图 6 - 1）。

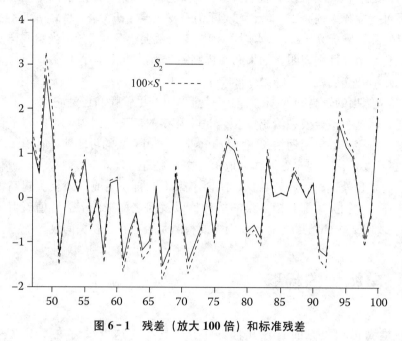

图 6 - 1　残差（放大 100 倍）和标准残差

这幅图给我们展示的是回归（6.1）的残差 $S_1$ 和标准残差 $S_2$（用 $S_1$ 除以该回归的标准误得到）。出于刻度的考虑，我们把 $S_1$ 乘以 100。

$S_1$ 和 $S_2$ 的曲线给我们展示的是一个爪型图案，这说明残差是相关的。如果我们绘制时期 $t$ 的残差与时期（$t-1$）的残差的对应图，就会看得更加清楚（如图 6 - 2 所示）。

图 6 - 2 勾画出的回归线表明残差是正相关的。

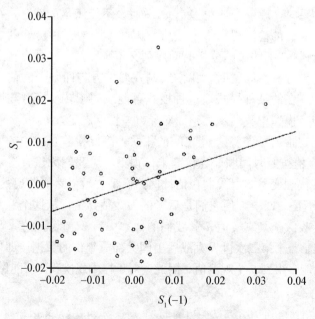

图 6 - 2　当前残差和滞后残差

## □ 德宾-沃森 *d* 检验[1]

最广受赞誉也是使用最广泛的有关序列相关的检验是由统计学家德宾和沃森提出来的，这就是著名的**德宾-沃森 *d* 检验**（Durbin-Watson *d* statistic），定义如下：

$$d = \frac{\sum_{t=2}^{t=n}(e_t - e_{t-1})^2}{\sum_{t=1}^{t=n}e_t^2} \tag{6.2}$$

这是两个相邻时期的残差之差的平方和与残差的平方和的比值。值得注意的是，分子的自由度为 $(n-1)$，因为我们对残差相减之后减少了一个观测值。还需注意的是，$d$ 值总是位于 0 和 4 之间。[2]

在我们的例子中，$d$ 值是 1.282 9 $\approx$ 1.28。对这一数值我们该作何评价呢？

在我们了解 $d$ 统计量的原理之前，认识一下该统计量背后的假设非常重要。这些假设如下：

1. 回归模型包含一个截距项。[3]
2. 解释变量或回归元在重复抽样中是固定的。
3. 误差项 $u_t$ 服从**一阶自回归**（first-order autoregressive，AR1）：

$$u_t = \rho u_{t-1} + v_t \tag{6.3}$$

其中 $\rho$ 是**自相关系数**（the coefficient of autocorrelation），其取值范围为 $-1 \leqslant \rho \leqslant 1$。称它为一阶 AR，是因为它只包含当前的和一期滞后误差项。$v_t$ 是随机误差项。

4. 误差项 $u_t$ 是正态分布的。
5. 回归元不包括因变量 $Y_t$ 的滞后值，也就是说，回归元不包括 $Y_{t-1}$、$Y_{t-2}$ 以及 $Y$ 的其他滞后项。

的确，这些假设在实践中是非常严格的。

$d$ 确切的概率分布很难导出，因为它以一种复杂的途径受限于回归元所取的值。由于回归元所取的值是因样本而不同的，所以并没有一个独一无二的办法可以推导出 $d$ 的样本分布。

不过，基于样本规模和回归元的数量，德宾和沃森可以给出 $d$ 统计量的两个临界值，$d_L$ 和 $d_U$，称为下限和上限，因而如果计算出的 $d$ 值位于下限以下或上限以上，或者二者之间，我们就可以判断是否存在自相关。

判断规则如下：

1. 如果 $d < d_L$，则可能存在正自相关的情况。
2. 如果 $d > d_U$，则可能不存在正自相关的情况。
3. 如果 $d_L < d < d_U$，则是否存在正自相关并没有确切的结论。

---

① 有关细节可参见 Gujarati/Porter，*op cit.*，Chapter 12。
② 详细的讨论可参见 Gujarati/Porter，*op cit.*，Chapter 12，pp. 435–6。
③ 如果常数项不存在，法雷布拉泽（Farebrother）已经修正了 $d$ 检验以对此予以考虑。进一步的细节，参见 Gujarati/Porter，*op cit.*，p. 434。

4. 如果 $d_U < d < 4 - d_U$，则可能既不存在正自相关也不存在负自相关。

5. 如果 $4 - d_U < d < 4 - d_L$，则是否存在负自相关并没有确切的结论。

6. 如果 $4 - d_L < d < 4$，则可能存在负自相关。

正如前面所提到的，$d$ 的取值范围在 0～4 之间。越是接近于 0，存在正自相关的可能性越大；越是接近于 4，存在负自相关的可能性越大。如果 $d$ 在 2 附近，那么没有明显的证据表明存在正或负的（一阶）自相关。

德宾和沃森就观测值的一些数目（多达 200）和回归元的个数（多达 10）给出了显著性水平在 5％和 1％上的 $d$ 统计量的上限和下限。

回到我们对消费函数的讨论，观测值个数 $n = 54$，回归元个数为 3。5％的临界 $d$ 值为（使用 $n = 55$）（1.452，1 681）。由于计算出来的 $d$ 值约为 1.28，该值位于下限以下，因此，可以得出结论：可能在误差项中存在正自相关。

1％的临界 $d$ 值为（1.284，1.506）。计算出来的 $d$ 值略低于下限，这再次表明我们的回归可能受到了正（一阶）自相关的困扰。

## □ 布鲁施-戈弗雷 （BG）广义自相关检验[①]

为了避免 $d$ 检验的一些限制情况，布鲁施和戈弗雷发展出了一个有关自相关的检验，之所以说它是更为广义的，是因为它允许：（1）因变量的滞后值作为回归元被包含在内；（2）如 AR(2)、AR(3) 这样的高阶自相关；（3）去除了如 $u_{t-1}$、$u_{t-2}$ 等误差的移动平均项。[②]

为了阐述 BG 检验，假设在方程（6.1）中误差项遵循如下结构：

$$u_t = \rho_1 u_{t-1} + \rho_2 u_{t-2} + \cdots + \rho_p u_{t-p} + v_t \tag{6.4}$$

其中，$v_t$ 是服从通常的经典假设的误差项。

方程（6.4）是一个 **AR($p$) 自回归结构** ［AR($p$) autoregressive structure］，其当前误差项取决于之前直到 $p$ 期的滞后误差项。$p$ 的确切值通常需要摸索，不断尝试后才可以得到，尽管在很多经济时间序列数据中我们不必取一个较高的 $p$ 值。

零假设 $H_0$ 为：

$$\rho_1 = \rho_2 = \cdots = \rho_p = 0 \tag{6.5}$$

也就是说，这里不存在任意阶的序列自相关。

在实践中，我们只能观察到 $e_t$，它是 $u_t$ 的估计量。因此，BG 检验包括以下几步：

1. 通过 OLS 估计式（6.1），可以得到 $e_t$。

2. 就 $e_t$ 对模型（6.1）中的回归元和（6.4）中的 $p$ 阶自回归项进行回归，也就是进行如下回归：

$$e_t = A_1 + A_2 \ln DPI_t + A_3 \ln W_t + A_4 R_t + C_1 e_{t-1} + C_2 e_{t-2} + \cdots + C_p e_{t-p} + v_t \tag{6.6}$$

---

[①] 详细的讨论可参见 Gujarati/Porter, *op cit.*, pp. 438-40。

[②] 举例来说，AR(2) 包含的是变量的当前值对其滞后 1～2 期的值进行的回归。比如，在 MA(1) 中其当前误差项和其紧邻的前一项值都包含在内了。MA 将在第 16 章进行深入讨论。

计量经济学：原理与实践（第二版）

可以从这一辅助回归中获取 $R^2$。

3. 如果样本规模足够大（从技术上讲要无穷大），BG 可以表明：

$$(n-p)R^2 \sim \chi_p^2 \tag{6.7}$$

也就是说，在大样本情况下，$(n-p)$ 乘以 $R^2$ 服从自由度为 $p$ 的卡方分布。

4. 作为一个备选方法，我们可以使用从回归（6.6）中得到的 $F$ 值来检验式（6.5）中的零假设。这一 $F$ 值的分子和分母的自由度分别为（$p$，$n-k-p$），其中 $k$ 代表式（6.1）中参数的数目（包括截距项）。

因此，如果在应用中如此计算出来的卡方值超过了给定显著性水平上的临界卡方值，我们就可以拒绝无自相关的零假设，在这种情况下，式（6.6）中至少有一个 $p$ 值是统计上显著不为零的。换言之，我们有某种形式的自相关。很多统计包现在都可以给出卡方估计值的 $p$ 值，因此我们没有必要任意选择显著性水平。

同样，如果计算出来的 $F$ 值超过了给定显著性水平的临界 $F$ 值，我们也可以拒绝无自相关的零假设。如果 $p$ 值比较低，不用通过选择显著性水平，我们就可以通过估计出来的 $F$ 统计量的 $p$ 值而拒绝零假设。

这两个检验给出了类似的结果，如果了解 $F$ 和卡方两个统计量的关系，这一结果并不让人感到奇怪。[①]

在阐述这一检验之前，我们需要提及以下有关 BG 检验的特征：

1. 该检验要求 $u_t$ 的误差方差在给定回归元的值以及误差项的滞后值的情况下是同方差的。如果不是这样，我们不得不使用经过异方差调整后的方差，比如怀特稳健误差项。

2. 在应用 BG 检验方面存在的一个实际操作中的问题是方程（6.4）中滞后误差项数目 $p$ 的取值。$p$ 的值可能取决于时间序列的类型。就月份数据而言，有 11 个滞后误差项；对于季度数据而言，有 3 个滞后误差项；对于年份数据而言，1 个滞后误差项就足够了。当然，我们选择滞后期的长度要不断尝试，也可以选择基于赤池和施瓦茨信息准则（参见第 2 章）的 $p$ 值。这些准则值越低，模型就越好。

回到消费函数，回归（6.6）的结果如下：为了表述方便，我们只取该回归中残差的一期滞后值，因为我们使用的是年份数据。其结果如表 6-3 所示。

从这些结果中可以看出，有存在（一阶）自相关的有力证据：由于其 $p$ 值都非常低，所以无论 $F$ 值还是卡方值都是高度显著的。

我们同样构建了 2~3 期滞后误差项的模型并得到了如下 BG（$\chi^2$）的值。

| #lag | $\chi^2$ | $\chi^2$ 的 $p$ 值 |
| --- | --- | --- |
| 2 | 6.447 | 0.038 |
| 3 | 6.657 | 0.083 7 |

AR(1) 和 AR(2) 项都是统计显著的，但是似乎 AR(2) 误差结构更适合我们的模型。我们还获得了如下的赤池统计信息：一期、两期和三期滞后误差项的值分别为 −6.01、

---

① 该关系如下：对于较大的分母自由度，分子自由度乘以 $F$ 值约等于具有分子自由度的卡方值，其中 $m$ 和 $n$ 分别指分母自由度和分子自由度。

−6.00和−5.96。根据赤池统计量的最小值准则，似乎 AR(1) 模型优于 AR(2)，但 −6.01和−6.00 之间的差异可以忽略不计，因此我们可以坚持 AR(2) 模型。

在 Stata 中，对回归模型的估计完成后，你可以使用命令 estat bgodfery, lags($p$), 其中，你需要指定滞后期数 ($p$)，而这可以通过赤池或类似的信息准则来反复试验并进行选择。你可以使用 $F$ 或卡方检验来判断观察到的 $F$ 或卡方值的统计显著性。

### □ 自相关的另一种检验方法——德宾替代检验

由于前面讨论过的德宾-沃森检验的局限性，现在可以在 Stata 或其他软件包中找到其他替代检验，该检验考虑了滞后因变量，被称为自相关的德宾替代检验。

它提供了一个对序列 $p$ 的自相关替代方案进行零假设下连续不相关扰动的正式检验。

在 Stata 中，每次估计一个模型，你都可以使用命令 estat durbinalt, lags ($p$)，其中滞后的期数 ($p$) 需要你自己确定。在 BG 检验中，滞后期数是在基于赤池或类似的信息准则的前提下反复试验决定的。比如，在我们的例子中，durbinalt 的值就是：

| $\sharp$ lag | $\chi^2$ | $\chi^2$ 的 $p$ 值 |
|---|---|---|
| 1 | 5.346 | 0.020 8(df, 1) |
| 2 | 6.508 | 0.038 6(df, 2) |
| 3 | 6.609 | 0.085 5(df, 3) |

另外，因为 BG 和 durbinalt 检验得出的结果相似，所以在一次应用中就没有必要同时使用这两种方法了。

**表 6-3　消费函数自相关性的 BG 检验**

Breusch-Godfrey Serial Correlation LM Test:

| | | | |
|---|---|---|---|
| F-statistic | 5.345 894 | Prob. F(1, 49) | 0.025 0 |
| Obs * R-squared | 5.311 869 | Prob. Chi-Square (1) | 0.021 2 |

Test Equation:
Dependent Variable: RESID ($e_t$)
Method: Least Squares
Sample: 1947 2000
Presample missing value lagged residuals set to zero.

| | Coefficient | Std. Error | t-Statistic | Prob. |
|---|---|---|---|---|
| C | 0.000 739 | 0.041 033 | 0.018 016 | 0.985 7 |
| L(DPI) | −0.000 259 | 0.016 784 | −0.015 433 | 0.987 7 |
| L(w) | 0.000 131 | 0.016 875 | 0.007 775 | 0.993 8 |
| R | 0.000 181 | 0.000 735 | 0.246 196 | 0.806 6 |
| RESID(−1) | 0.330 367 | 0.142 885 | 2.312 119 | 0.025 0 |

| | | | |
|---|---|---|---|
| R-squared | 0.098 368 | Mean dependent var | −7.07E−19 |
| Adjusted R-squared | 0.024 765 | S. D. dependent var | 0.011 591 |
| S. E. of regression | 0.011 447 | Akaike info criterion | −6.014 218 |
| Sum squared resid | 0.006 420 | Schwarz criterion | −5.830 053 |
| Log likelihood | 167.383 9 | Durbin-Watson stat | 1.744 810 |
| F-statistic | 1.336 473 | Prob(F-statistic) | 0.269 759 |

## 6.3 补救措施

如果我们在经济研究中发现了自相关，必须要谨慎对待，由于根据其严重程度，通常的 OLS 标准误可能严重偏离，所以我们会得出一些具有误导性的结论。现在我们面临的问题是不知道误差项 $u_t$ 的相关性结构，因为它们并不是可以直接观察到的。

因此，在出现异方差性的情况下，我们必须借助于一些启发式的猜测或者某种对初始模型的转换，以使得我们无须面对序列相关问题。我们可以尝试下列几种方法。

### □ 一阶差分转换

假设存在的自相关是 AR(1) 类型的，如同方程（6.3）一样，我们可以将之写为：

$$u_t - \rho u_{t-1} = v_t \tag{6.8}$$

如果我们知道了 $\rho$ 值，就可以从误差项的当前值中减去 $\rho$ 与误差项的前一期值的乘积。最终的误差项 $v_t$ 将满足标准 OLS 假设。因此，我们可以将初始回归转换如下：

$$\ln C_t - \rho \ln C_{t-1} = B_1(1-\rho) + B_2(\ln DPI_t - \rho \ln DPI_{t-1}) + B_3(\ln W_t - \rho \ln W_{t-1})$$
$$+ B_4(R_t - \rho R_{t-1}) + (u_t - \rho u_{t-1}) \tag{6.9}$$

方程中的最后一项为 $v_t$，现在已经不存在序列相关了。

因此转换模型可以由 OLS 估计出来。我们所能做的就是将每一个变量通过从误差项的当前值中减去 $\rho$ 与其前一期取值的乘积进行转换，然后进行回归。从这一转换模型中获取的估计量是 BLUE 的。

但是要注意的是，在这一转换中，我们损失了一个观测值，因为对于第一个观测值来说它没有前项。如果该样本足够大，损失一个观测值无足轻重。但是如果样本规模很小，第一个观测值的损失就意味着估计量不再是 BLUE 的。不过，有一个称为**普雷斯-温斯腾转换**（Prais-Winsten transformation）的程序，可以将第一个观测值考虑进来。[①]

现在的问题是：我们如何估计 $\rho$？我们知道 $-1 \leqslant \rho \leqslant 1$。因此，在这一区间的任一取值都可以用来转换如式（6.9）中的初始模型。但是，实际上在这个区间内有无穷多的数值可以取，我们应该选择哪一个值？

很多经济时间序列数据是高度相互关联的，这说明可能 $\rho = 1$ 的取值对于转换初始模型比较合适。如果情况的确如此，方程（6.9）可以写为：

$$\Delta \ln C_t = B_2 \Delta \ln DPI_t + B_3 \Delta \ln W_t + B_4 \Delta R_t + v_t \tag{6.10}$$

其中 $\Delta$ 是**一阶差分算子**（first-difference operator）。$\Delta \ln C_t = (\ln C_t - \ln C_{t-1})$，依此类推。

方程（6.10）可以恰当地称为**一阶差分转换**（first-difference transformation）。与之相对应，方程（6.1）可以称为**水平形式**（level form）的回归。

---

① 这里我们不寻求这种转换，现在它已经被植入软件包。详细的讨论请参见 Gujarati/Porter, *op cit.*, pp. 442-3。

在估计方程（6.10）时，要注意其间不存在截距项。因此，在估计这一模型时你必须取消截距项。大部分软件包可以很容易地做到这一点。

使用 Eviews，方程（6.10）对应的实验结果详见表 6-4。

**表 6-4　消费函数的一阶差分转换**

Dependent Variable：D(LC)
Method：Least Squares
Sample（adjusted）：1948 2000
Included Observations：53 after adjustments

|  | Coefficient | Std. Error | t-Statistic | Prob. |
|---|---|---|---|---|
| D(LDPI) | 0.848 988 | 0.051 538 | 16.473 13 | 0.000 0 |
| D(LW) | 0.106 360 | 0.036 854 | 2.885 941 | 0.005 7 |
| D(R) | 0.000 653 | 0.000 826 | 0.790 488 | 0.433 0 |
| R-squared | 0.614 163 | Mean dependent var | | 0.035 051 |
| Adjusted R-squared | 0.598 730 | S. D. dependent var | | 0.017 576 |
| S. E. of regression | 0.011 134 | Akaike info criterion | | −6.102 765 |
| Sum squared resid | 0.006 198 | Schwarz criterion | | −5.991 239 |
| Log likelihood | 164.723 3 | Hannan-Quinn criter. | | −6.059 878 |
| Durbin-Watson stat | 2.026 549 | | | |

注：D 代表一阶差分算子 Δ，L 代表自然对数。

如果我们使用 BG 检验方法检验了这一回归中是否存在自相关，那么会发现在方程（6.10）中无论我们使用 1 项、2 项或者更多滞后项，都不能发现自相关。

如果我们将表 6-4 中由一阶差分转换后的回归结果和表 6-2 中的初始回归结果进行比较，会发现收入弹性基本上是一致的，但是财富弹性尽管在统计上显著，但只有表 6-2 中的一半，而利率半弹性几乎为零，而且符号也不同。这一结果可能是由于为了转换而选择了错误的 $\rho$ 值所致。但更为基本的是，可能不得不处理一个或多个变量的平稳性问题，这一主题我们将在关于时间序列计量经济学的章节（第 13 章）中深入探讨。

应该强调的是，在水平形式（即表 6-2）中的 $R^2$ 值和在一阶差分形式（即表 6-4）中的 $R^2$ 值并不是可以直接比较的，因为两个模型中的因变量并不相同。正如前面提及的，若想比较两个或更多的 $R^2$ 值，因变量必须相同。

## □ 广义转换

由于尝试多个 $\rho$ 值来对初始模型进行转换浪费时间，所以我们或许可以通过分析予以推进。比如，如果 AR(1) 假设是适当的，那么我们可以就 $e_t$ 对 $e_{t-1}$ 进行回归，我们将 $e_t$ 视为 $u_t$ 的代理变量，在大样本中这一假设是比较合适的，因为在大样本中 $e_t$ 是 $\rho$ 的一致估计量。也就是说，我们估计：

$$e_t = \hat{\rho} e_{t-1} + 误差 \tag{6.11}$$

其中 $\hat{\rho}$ 是式（6.8）中给出的 $\rho$ 的估计量。

一旦我们从方程（6.11）中取得 $\rho$ 的估计量，就可以用它来转换方程（6.9）中的模型，并且估计转换后的模型。

这样取得的参数的估计，称为**可行性广义最小二乘（FGLS）估计量**[feasible gener-alized least squares（FGLS）estimator]。

使用我们的数据，可以得出 $\hat{\rho} = 0.324\,6$。

尤其是在大样本中，取得 $\rho$ 的估计值的另外一种方法是使用 $\rho$ 和德宾-沃森 $d$ 统计量之间的如下关系，即：

$$\rho \approx 1 - \frac{d}{2} \tag{6.12}$$

其中 $d$ 是 DW$d$ 值，它可由初始回归得到。在我们的例子里，$d$ 为 $1.289\,2$。因此，我们有

$$\hat{\rho} = 1 - \frac{1.289\,2}{2} = 0.355\,4$$

我们可以使用这一估计出来的 $\rho$ 值来转换初始模型。

从方程（6.11）和方程（6.12）中取得的估计值是一样的。值得一提的是，从方程（6.11）或方程（6.12）中估计出来的 $\hat{\rho}$ 给出了真实的 $\rho$ 值的一致估计。为了说明的方便，我们使用 $\hat{\rho} = 0.324\,6$，所得结果如表 6-5 所示。

现在我们来分析这一有关序列相关回归的残差，比如我们使用 BG 检验。在方程（6.6）中使用 1~2 项滞后项，我们会发现，估计出来的 BG 统计量在统计上并不显著，这说明在 AR(1) 转换中的残差并不是自相关的：允许一个滞后残差项的 BG 卡方值是 $0.009\,4$，其概率约为 92%。

如果将该表中的结果和表 6-2 的结果进行比较，你会发现这两个表中系数的标准误有着本质的差异，不过要记住表 6-2 并没有进行自相关纠正，而表 6-5 做出了这样的纠正。收入和财富弹性的大小在两个表里都是大致一样的，尽管标准误和 $t$ 值并不相同。

在表 6-5 中，$t$ 值的绝对值较低，说明初始的 OLS 标准误被低估了，这和我们在出

表 6-5 使用 $\hat{\rho} = 0.324\,6$ 的转换消费函数

Method: Least Squares
Sample (adjusted): 1948 2000
Included Observations: 53 after adjustments

| | Coefficient | Std. Error | t-Statistic | Prob. |
|---|---|---|---|---|
| C | −0.279 768 | 0.033 729 | −8.294 681 | 0.000 0 |
| LDPI−0.324 6 * LDPI(−1) | 0.818 700 | 0.021 096 | 38.808 71 | 0.000 0 |
| LW−0.324 6 * LW(−1) | 0.183 635 | 0.020 986 | 8.750 235 | 0.000 0 |
| R−0.324 6 * R(−1) | −1.84E−05 | 0.000 969 | −0.019 017 | 0.984 9 |

| | | | |
|---|---|---|---|
| R-squared | 0.999 235 | Mean dependent var | 5.309 128 |
| Adjusted R-squared | 0.999 188 | S. D. dependent var | 0.365 800 |
| S. E. of regression | 0.010 423 | Akaike info criterion | −6.217 159 |
| Sum squared resid | 0.005 323 | Schwarz criterion | −6.068 458 |
| Log likelihood | 168.754 7 | Hannan-Quinn criter. | −6.159 976 |
| F-statistic | 21 333.54 | Durbin-Watson stat | 1.448 914 |
| Prob(F-statistic) | 0.000 000 | | |

现自相关时对 OLS 估计量结果的讨论是一致的。

在转换模型中利率系数有正确的符号，但是在统计上不显著。这可以再次归结到前面所谈到的原因。

在这两个表中 $R^2$ 值大致相同，但我们无法比较它们，原因前面已经讨论过了。

在进一步讨论之前，我们应该注意的是，AR(1) 转换是方程（6.4）中的广义转换 AR($p$) 的一个特定形式。比如，如果误差项服从 AR(2)

$$u_t = \rho_1 u_{t-1} + \rho_2 u_{t-2} + v_t \tag{6.13}$$

则

$$u_t - \rho_1 u_{t-1} - \rho_2 u_{t-2} = v_t \tag{6.14}$$

其中 $v_t$ 现在遵循标准 OLS 假设。在这种情况下，我们可以通过从每个变量的当前值中减去其前面两期的值分别与其自相关系数 $\rho_1$ 和 $\rho_2$ 的乘积，从而将回归子和回归元进行转换。

当然，在实践中我们用其对应的 $e$ 取代了无法观察到的 $u$，不过没有必要手工去做。比如在 Eviews 中，如果在进行 OLS 回归时增加了 AR(1) 和 AR(2) 两项，你就可以马上得到结果。

在决定有多少 AR 项加入进来时，我们可以使用赤池或类似的信息准则以确定 $p$ 的值。如果样本并不是很大，你可能不希望加入太多的 AR 项，因为每一个增加的 AR 项都会耗费一个自由度。

## □ 纠正 OLS 标准误的纽韦-韦斯特 （Newey-West） 方法

到目前为止讨论过的查找自相关系数的所有方法基本上都是在不断试错的方法。在一个具体的应用中，哪一种方法会取得成功，取决于问题的性质和样本的规模。

但是，如果样本规模足够大（严格来讲要求无穷大），我们就可以以一种普通的方式来估计 OLS 回归，纠正估计系数的标准误，这一方法是由纽韦（Newey）和韦斯特（West）提出来的。通过他们的程序纠正的标准误也称为 HAC（异方差性和自相关一致性）标准误。[1] 一般而言，如果存在自相关，那么 HAC 标准误要比一般的 OLS 标准误更大。

HAC 程序现在已经被纳入了几个软件包。我们用消费函数来阐述这一程序。使用 Eviews，可以得到如表 6-6 所示的结果。

如果将表 6-2 中给出的 OLS 标准误和 HAC 标准误进行比较，你会观察到它们并没有实质性的区别。这说明尽管基于若干自相关检验存在自相关问题，但是自相关问题似乎并不严重。这可能由于以下事实而致：在误差项中观察到的相关性在 0.32 和 0.35 之间，可能并不是很高。当然，这一答案是针对我们的数据集的，并不能保证在每种情况下都会发生。

---

① 这一方法背后的数学知识的确有点复杂。如果你比较熟悉线性代数，可以参见 Greene, W. H., *Econometric Analysis*, 6th edn, Pearson/Prentice Hall, New Jersey, 2008, Chapter 19。

计量经济学：原理与实践（第二版）

**表 6-6　消费函数的 HAC 标准误**

Dependent Variable：LC
Method：Least Squares
Sample：1947 2000
Included Observations：54
Newey-West HAC Standard Errors & Covariance (lag truncation＝3)

|  | Coefficient | Std. Error | t-Statistic | Prob. |
|---|---|---|---|---|
| C | −0.467 714 | 0.043 937 | −10.645 16 | 0.000 0 |
| LDPI | 0.804 871 | 0.017 117 | 47.021 32 | 0.000 0 |
| LW | 0.201 272 | 0.015 447 | 13.029 88 | 0.000 0 |
| R | −0.002 689 | 0.000 880 | −3.056 306 | 0.003 6 |
| R-squared | 0.999 560 | Mean dependent var | 7.826 093 | |
| Adjusted R-squared | 0.999 533 | S. D. dependent var | 0.552 368 | |
| S. E. of regression | 0.011 934 | Akaike info criterion | −5.947 707 | |
| Sum squared resid | 0.007 121 | Schwarz criterion | −5.800 374 | |
| Log likelihood | 164.588 1 | Durbin-Watson stat | 1.289 237 | |
| F-statistic | 37 832.71 | Prob(F-statistic) | 0.000 000 | |

顺便提一下，我们可以看到，在这两个表中估计系数值是相同的，其他的总括统计量也是一样的。换言之，HAC 程序只改变了标准误，从而改变了 $t$ 统计量和它们的 $p$ 值。这和怀特稳健误差项是类似的，后者也不影响初始的回归系数以及其他的总括统计量。

需要谨记的是，HAC 程序只有在大样本中才是有效的。[①]

# 6.4　模型评价

CLRM 的一个重要假设是分析中所用到的模型都是"正确设定的"。这通常是一种很高的标准，因为寻找正确的模型就好像在寻找圣杯。* 在实践中我们使用先验的经验研究结果作为该领域的一个指南，取得现有的最好数据，使用尽可能最好的估计方法。

即便如此，建模仍然是一门艺术。在本章中，出现自相关的原因有以下几种：惯性、设定错误、蛛网现象、数据操纵以及非平稳性。[②]

为了便于阐述，我们来研究这样一种模型设定错误。现在我们来重新设定模型（6.1）：

$$\ln C_t = A_1 + A_2 \ln DPI_t + A_3 \ln W_t + A_4 R_4 + A_5 \ln C_{t-1} + u_t \tag{6.15}$$

该模型和模型（6.1）有一些区别，我们在其中增加了消费支出一期滞后值的对数，作为新增的回归元，从而将系数符号从 $B$ 变为 $A$，目的在于看看二者之间是否有区别。

模型（6.15）称为**自回归模型**（autoregressive model），因为其中一个回归元是回归

---

[①]　对于 HAC 程序的某些局限，可以参见 Wooldridge, J. M., *Introductory Econometrics*, 4th edn, South-Western, Ohio, 2009, pp. 428-31。

\*　圣杯据传是耶稣受难时用来盛放耶稣鲜血的圣餐杯，后来阿丽玛西亚的约瑟夫将它带到了英国南部的格拉斯通堡，从那时候起，圣杯的下落就成了一个谜。——译者注

[②]　对此简短的讨论，参见 Gujarati/Porter, *op cit*., pp. 414-18。

子的滞后值。增加一个滞后消费支出值是为了看看过去的消费支出是否会影响当前的消费支出。如果有影响，那么就表明有前面提到的惯性因素。

表 6-7　自回归消费函数

Dependent Variable：LC
Method：Least Squares
Sample（adjusted）：1948 2000
Included Observations：53 after adjustments

|  | Coefficient | Std. Error | t-Statistic | Prob. |
| --- | --- | --- | --- | --- |
| C | −0.316 023 | 0.055 667 | −5.677 048 | 0.000 0 |
| LINC | 0.574 832 | 0.069 673 | 8.250 418 | 0.000 0 |
| LW | 0.150 289 | 0.020 838 | 7.212 381 | 0.000 0 |
| R | −0.000 675 | 0.000 894 | −0.755 458 | 0.453 7 |
| LC（−1） | 0.276 562 | 0.080 472 | 3.436 754 | 0.001 2 |
| R-squared | 0.999 645 | Mean dependent var | | 7.843 870 |
| Adjusted R-squared | 0.999 616 | S. D. dependent var | | 0.541 833 |
| S. E. of regression | 0.010 619 | Akaike info criterion | | −6.162 741 |
| Sum squared resid | 0.005 413 | Schwarz criterion | | −5.976 865 |
| Log likelihood | 168.312 6 | Durbin-Watson stat | | 1.395 173 |
| F-statistic | 33 833.55 | Prob(F-statistic) | | 0.000 000 |

很显然，从表 6-7 中可以看出，在保持其他条件不变的情况下，滞后的消费会影响当前的消费支出。这可能归因于惯性。表 6-2 中的系数和表 6-7 中的系数在表面上看似乎是不同的，但其实并非如此，因为如果在模型（6.15）两边同除以（1−0.276 5）=0.723 5，你会得到和表 6-2 中一样的系数值。[①]

在修正后的模型里还存在自相关问题吗？这里我们无法使用德宾-沃森 $d$ 检验，因为正如前面所提到的，如果该模型包含因变量的滞后值，则这一检验是不适用的，这里正是这种情况。

假设存在一阶自相关，德宾发展了一种对这些模型的替代性检验，我们称之为德宾 $h$ **统计量**（$h$ statistic）。[②]

在 $\rho=0$ 的零假设下，在大样本中 $h$ 统计量服从标准正态分布，也就是说，$h \sim N(0, 1)$。现在从正态分布的性质出发，我们可以知道 $|h|>1.96$ 的概率约为 5%，其中 $|h|$ 表示 $h$ 的绝对值。对于我们的例子而言，该值约为 5.43，超过了 5% 的临界 $h$ 值，其结果是，模型（6.15）也出现了一阶自相关问题。

我们不使用这一检验，而是使用 BG 检验，因为 BG 检验允许将回归子的滞后值作为回归元。使用 BG 检验和残差的两项滞后值，发现仍然存在自相关；估计出来的 $p$ 值为0.09（$F$ 检验）和 0.07（卡方检验）（见表 6-8）。

无论是使用模型（6.1）还是模型（6.15），在我们的数据中都存在序列相关。

计量经济学：原理与实践（第二版）

---

①　在长期中消费支出比较稳定时，$LC_t=LC_{t-1}$。因此，如果你将 0.276 5$LC_t$ 移到左边，会得到 0.723 5$LC_t$。然后同除以 0.723 5，你会得到与表 6-2 相对应的结果。

②　关于这一检验的讨论，可参见 Gujarati/Porter, *op cit.*, p. 465。

**表 6 - 8　自回归消费函数自相关的 BG 检验**

Breusch-Godfrey Serial Correlation LM Test：

| | | | |
|---|---|---|---|
| F-statistic | 2.544 893 | Prob. F(2, 46) | 0.089 5 |
| Obs * R-squared | 5.280 090 | Prob. Chi-Square(2) | 0.071 4 |

Test Equation：
Dependent Variable：RESID
Method：Least Squares
Sample：1948 2000
Included Observations：53
Presample missing value lagged residuals set to zero.

| | Coefficient | Std. Error | t-Statistic | Prob. |
|---|---|---|---|---|
| C | −0.024 493 | 0.055 055 | −0.444 876 | 0.658 5 |
| LINC | 0.036 462 | 0.070 518 | 0.517 061 | 0.607 6 |
| LW | 0.009 814 | 0.020 666 | 0.474 868 | 0.637 1 |
| R | −8.02E−06 | 0.000 879 | −0.009 121 | 0.992 8 |
| LC(−1) | −0.045 942 | 0.081 647 | −0.562 685 | 0.576 4 |
| RESID(−1) | 0.354 304 | 0.159 237 | 2.225 013 | 0.031 0 |
| RESID(−2) | −0.136 263 | 0.155 198 | −0.877 992 | 0.384 5 |

| | | | |
|---|---|---|---|
| R-squared | 0.099 624 | Mean dependent var | 2.05E−16 |
| Adjusted R-squared | −0.017 816 | S. D. dependent var | 0.010 202 |
| S. E. of regression | 0.010 293 | Akaike info criterion | −6.192 213 |
| Sum squared resid | 0.004 873 | Schwarz criterion | −5.931 986 |
| Log likelihood | 171.093 6 | Durbin-Watson stat | 1.924 355 |
| F-statistic | 0.848 298 | Prob(F-statistic) | 0.539 649 |

**一个技术性注释**：由于我们将一个滞后因变量作为其中一个回归元，而且存在序列相关，所以方程（6.15）中的估计系数可能既有偏，又是不一致的。针对这一问题，我们的解决办法是使用一个**工具变量**（instrumental variable，IV），或称**工具**（instrument），因为根据这种方式，滞后回归子（即选择的 IV）和回归子（可能高度）相关，而和误差项无关。这一主题的确有些复杂，我们将在第 19 章以一章的篇幅来讨论 IV 估计。还有一个值得推荐的办法就是将收入的滞后值作为消费支出滞后值的工具来使用。不过对于这一点，在第 19 章我们还将深入讨论。

为了在误差项中摆脱自相关，我们可以使用上述讨论过的补救措施中的一种或者多种方法，或者使用纽韦-韦斯特方法，以取得稳健或 HAC 标准误。结果如表 6 - 9 所示。

**表 6 - 9　自回归消费函数的 HAC 标准误**

Dependent Variable：LC
Method：Least Squares
Sample (adjusted)：1948 2000
Included Observations：53 after adjustments
Newey-West HAC Standard Errors & Covariance (lag truncation=3)

| | Coefficient | Std. Error | t-Statistic | Prob. |
|---|---|---|---|---|
| C | −0.316 023 | 0.069 837 | −4.525 140 | 0.000 0 |
| LINC | 0.574 832 | 0.090 557 | 6.347 768 | 0.000 0 |
| LW | 0.150 289 | 0.021 847 | 6.879 011 | 0.000 0 |
| R | −0.000 675 | 0.001 157 | −0.583 479 | 0.562 3 |
| LC(−1) | 0.276 562 | 0.100 655 | 2.747 633 | 0.008 4 |

| R-squared | 0.999 645 | Mean dependent var | 7.843 870 |
|---|---|---|---|
| Adjusted R-squared | 0.999 616 | S. D. dependent var | 0.541 833 |
| S. E. of regression | 0.010 619 | Akaike info criterion | −6.162 741 |
| Sum squared resid | 0.005 413 | Schwarz criterion | −5.976 865 |
| Log likelihood | 168.312 6 | Durbin-Watson stat | 1.395 173 |
| F-statistic | 33 833.55 | Prob(F-statistic) | 0.000 000 |

将表 6-6 和表 6-9 进行比较，很显然表 6-6 中的系数的标准误是被低估了。我们须再次谨记，HAC 纠正程序只有在大样本中才有效。

模型 (6.15) 并非将初始模型进行再设定的唯一方式。除了在解释变量中纳入回归子的滞后值这一方法之外，我们还可以引入解释变量的滞后值 LDPI。或者我们将二者都引入进来。[①]

## 6.5 要点与结论

本章我们以一定深度讨论了自相关问题。时间序列数据中常常充斥着自相关性。首先我们讨论了自相关问题的本质和后果，接着我们研究了检测自相关的办法，然后我们研究了自相关问题的若干解决途径。

由于我们一般并不知道回归模型中真实的误差项，因此，在实践中不得不在具体的应用中通过检查残差来对自相关的性质进行推断，如果样本足够大，残差就是真实误差项的良好替代。我们可以通过绘制残差图，使用德宾-沃森检验或者布鲁施-戈弗雷（BG）检验来进行判断。

如果自相关的这些检验方法表明在给定的情况下存在自相关性，我们就可以对这一原始模型进行转换，以便在这一转换模型中能摆脱自相关的困扰。这说起来容易，做起来可是有点困难，因为我们不知道样本所据以抽取的总体中自相关的真实结构。因此，我们要尝试做多个转换，比如一阶差分转换和广义差分转换。这经常是一个不断试错的过程。

如果样本规模足够大，我们就可以使用稳健标准误或 HAC 标准误，它们不需要任何有关自相关的性质的特殊知识。HAC 程序简要地修正了 OLS 标准误，而没有改变回归系数的值。

尽管存在自相关，但 OLS 估计量仍是一致的，所以本章讨论的纠正模型意在尽可能有效地估计回归系数的标准误，以便我们不会对一个或更多回归系数的统计显著性得出错误的结论。

习题 ☞

6.1 我们估计如下线性模型，而不是估计模型 (6.1)：

$$C_t = A_1 + A_2 DPI_t + A_3 W_t + A_4 R_t + u_t \tag{6.16}$$

（a）比较这一线性模型的结果和表 6-2 中给出的结果。

---

[①] 详细的讨论见 Gujarati/Porter, *op cit.*, Chapter 17。

（b）如何解释这一模型中的各个系数？在这个模型中的系数 $A$ 和表 6-2 中的系数 $B$ 是什么关系？

（c）该回归是否也存在自相关问题？讨论你所做的检验。结果如何？

（d）如果你在线性模型中发现了自相关，你将如何解决它？请给出必要的计算过程。

（e）对于这个模型来说，你将如何计算 $C$ 对于 $DPI$、$W$ 和 $R$ 的弹性？这些弹性和回归（6.1）中得到的弹性有差别吗？如果有，请解释这些差别。

6.2　重新估计回归（6.1），增加时间变量 $t$，将之作为一个新的回归元，$t$ 取值为 1，2，…，54。$t$ 称为趋势变量。

（a）将这一回归的结果和表 6-2 中给出的结果进行比较。二者之间有无区别？

（b）如果趋势变量的系数统计显著，这意味着什么？

（c）有趋势变量在内的模型是否存在序列相关？请给出必要的计算过程。

6.3　就方程（6.15）给出的模型重复习题 6.2，并评论其结果。

6.4　使用 lnINC(-1) 作为回归元取代 LC(-1)，重新运行表 6-7 中的回归，并将之与表 6-7 中的结果进行比较。如果有差别，差别是什么？这一替代背后的逻辑是什么？请解释。

6.5　本书配套网站上的表 6-10 给出了美国 1973—2011 年关于下列变量的数据：

$Hstart$：新开工房屋，每年相关季节的月度数据（以千为单位）

$UN$：经季节调整的一般失业率（%）

M2：经季节调整的 M2 货币供给（10 亿美元）

$Mgrate$：新房屋抵押收益率（%）

$Primerate$：银行基准利率（%）

$RGDP$：实际 GDP，以 2005 年的美元计算，每年相关季节的季度数据

注：所有数据均来源于 2013 年《总统经济报告》。

本题要求你给出一个合适的回归模型，来解释新开工房屋这个关键的经济指标。

（a）给出你使用的模型，并用 OLS 估计它。从第 2 章所讨论的各种形式的函数中挑选出合适的。

（b）关于不同回归元对房屋开工的影响，经济理论有什么样的表述？这些回归结果支持了你的先验判断吗？

（c）由于这个数据涉及时间序列，你预期会不会遇到误差项自相关问题？如果会，你将如何处理这个问题？请解释你打算使用什么检验来检查自相关问题。

（d）请给出你的回归模型的自相关校正结果。

（e）除了自相关，你是否怀疑这一统计结果还受到多重共线性的困扰？如果是，你打算如何解决这一问题？请给出必要的计算过程。

# 第 7 章　　回归诊断 Ⅳ：
# 模型设定误差

经典线性回归模型（CLRM）的一个假设为分析中使用的模型是正确设定的。这的确是一个苛求，因为根本不存在完美的模型。在考虑了背后的经济理论、先前的实证研究、直觉以及研究技巧后，计量经济模型试图捕捉经济现象的主要特征。如果我们考虑了影响所研究对象的全部因素，那么模型将会变得如此冗繁以至没多少实用价值。

正确设定模型，我们是指具备以下一点或几点：

1. 模型包含所有核心变量。
2. 模型未包含多余变量。
3. 正确选择了模型的函数形式。
4. 回归子和回归元不存在测量误差。
5. 如果数据中存在异常值，那么异常值已被考虑到。
6. 误差项的概率分布设定较好。
7. 模型包含随机回归子。
8. 联立方程问题：联立性偏差。

接下来我们要讨论，如果存在一个或多个设定误差将会带来什么后果，我们如何进行检测，以及我们能够采取什么补救措施。

## 7.1 遗漏相关变量

遗漏模型中的相关变量，并非我们刻意为之。但有时，由于没有相关数据，或没有仔细研究模型背后的经济理论，或未充分了解相关领域前期的研究成果，抑或仅仅是由于我们的粗心，导致了相关变量被遗漏。这就是所谓的对模型的**拟合不足**（underfit-

计量经济学：原理与实践（第二版）

ting)。不论是何种原因，重要变量或核心变量的遗漏将会导致下列后果。[1]

1. 如果省去的或遗漏的变量与模型中的变量是相关的，那么所估计的模型的系数是有偏的。而且这一偏差也不会随样本容量的增加而消失。换言之，错误设定的模型的估计系数不仅是有偏的，而且是非一致的。

2. 即使被错误地排除在外的变量与模型中的变量是不相关的，所估计的模型的截距项也是有偏的。

3. 扰动项的方差 $\sigma^2$ 的估计值是不正确的。

4. 错误设定的模型其估计系数的方差是有偏的。因此，标准误的估计值也是有偏的。

5. 因此，通常的置信区间和假设检验程序变得不可信，这会导致关于估计参数统计显著性的误导性结论。

6. 此外，基于错误模型的预测以及预测的置信区间将变得不可靠。

因而，遗漏相关变量的后果可能非常严重。

显然，我们希望避免这样的后果。现在的问题是，如果我们了解真实模型的形式，那么论证错误设定的模型的后果当然是轻而易举。因为在这种情况下，我们可以估计出"正确"设定的模型，然后与错误设定的模型的回归结果加以比较。但又将我们带回到了什么才是"正确设定的"模型这一问题上。寻找"正确设定的"模型就如同寻找圣杯一般。

那么，我们从哪里开始？除了在设定模型时一丝不苟外，我们所能做的最好就是将所选的模型与可选的替代模型——例如，同行评议者所推荐的模型——进行比较。

## □ 一个阐释性的例子： 回顾工资决定模型

在第 1 章中，我们研究了小时工资决定模型，使用的是 1995 年 CPS 中 1 289 名工人的数据。模型的结果如表 1-2 所示，为了方便起见，在表 7-1 中我们再次给出相应的结果。

该表只考虑把性别、种族、工会成员与否、教育以及工作经验作为小时工资的决定因素。而共识是：在保持其他变量不变的情况下，随着工作经验的增加，工资也会提高。但随着工作经验的增加，工资是以更低还是更高的比率提高呢？考虑到这种可能性，我们将工作经验的平方作为一个附加变量加入模型中，以拓展表 7-1 中的模型。回归结果如表 7-2 所示。

将这些结果与表 7-1 中的结果加以比较，我们发现变量工作经验的平方在统计上是高度显著的（$p$ 值几乎为 0）。有意思的是，工作经验平方的系数是负的，而工作经验的系数却是正的。这意味着，尽管工作经验越丰富小时工资越高，但小时工资的增长率是随工作经验的增加而下降的。[2]

就当前的目的而言，如果在表 7-1 的模型中遗漏了工作经验的平方这一变量，我们

---

[1] 更多细节，参见 Gujarati/Porter, op cit., pp. 471-3.

[2] 保持其他变量不变，如果求工资对工作经验的导数，你会得到 $dWage/dExper = 0.424\,5 - 0.012\,4 Exper$，这表明工资对工作经验的变化率是递减的，工作经验每增加一年，工资的增量就会下降 0.012 4。

就犯了遗漏模型中相关变量的错误。尽管表7-2中所有系数个体上和总体上都是统计显著的，但在一些情况下，它们的值与表7-1中所给的值明显不同。这也证实了之前的观点，即在这些情况下表7-1所给的OLS估计是有偏的。

表7-1　小时工资率的决定因素

Dependent Variable：WAGERATE
Method：Least Squares
Sample：1 1 289
Included Observations：1 289

|  | Coefficient | Std. Error | t-Statistic | Prob. |
| --- | --- | --- | --- | --- |
| C | −7.183 338 | 1.015 7 88 | −7.071 691 | 0.000 0 |
| FEMALE | −3.074 875 | 0.364 616 | −8.433 184 | 0.000 0 |
| NONWHITE | −1.565 313 | 0.509 188 | −3.074 139 | 0.002 2 |
| UNION | 1.095 976 | 0.506 078 | 2.165 626 | 0.030 5 |
| EDUCATION | 1.370 301 | 0.065 904 | 20.792 31 | 0.000 0 |
| EXPERIENCE | 0.166 607 | 0.016 048 | 10.382 05 | 0.000 0 |

| R-squared | 0.323 339 | Mean dependent var | 12.365 85 |
| --- | --- | --- | --- |
| Adjusted R-squared | 0.320 702 | S. D. dependent var | 7.896 350 |
| S. E. of regression | 6.508 137 | Akaike info criterion | 6.588 627 |
| Sum squared resid | 54 342.54 | Schwarz criterion | 6.612 653 |
| Log likelihood | −4 240.370 | Hannan-Quinn criter. | 6.597 646 |
| F-statistic | 122.614 9 | Durbin-Watson stat | 1.897 513 |
| Prob（F-statistic） | 0.000 000 | | |

表7-2　扩展后的工资函数

Method：Least Squares
Sample：1 1 289
Included Observations：1 289

|  | Coefficient | Std. Error | t-Statistic | Prob. |
| --- | --- | --- | --- | --- |
| C | −8.419 035 | 1.035 710 | −8.128 758 | 0.000 0 |
| FEMALE | −3.009 360 | 0.361 432 | −8.326 210 | 0.000 0 |
| NONWHITE | −1.536 077 | 0.504 448 | −3.045 066 | 0.002 4 |
| UNION | 1.026 979 | 0.501 521 | 2.047 728 | 0.040 8 |
| EDUCATION | 1.323 745 | 0.065 937 | 20.075 97 | 0.000 0 |
| EXPERIENCE | 0.424 463 | 0.053 580 | 7.922 076 | 0.000 0 |
| EXPERSQ | −0.006 183 | 0.001 227 | −5.039 494 | 0.000 0 |

| R-squared | 0.336 483 | Mean dependent var | 12.365 85 |
| --- | --- | --- | --- |
| Adjusted R-squared | 0.333 378 | S. D. dependent var | 7.896 350 |
| S. E. of regression | 6.447 128 | Akaike info criterion | 6.570 562 |
| Sum squared resid | 53 286.93 | Schwarz criterion | 6.598 593 |
| Log likelihood | −4 227.728 | Durbin-Watson stat | 1.901 169 |
| F-statistic | 108.354 8 | Prob（F-statistic） | 0.000 000 |

　　但如果你将工作经验与性别进行交互（也就是相乘），那么这个模型可以被进一步改进。表7-3给出了改进后的模型的结果。

表 7 - 3　工资模型的改进

| | Coefficient | Std. Error | t-Statistic | Prob. |
|---|---|---|---|---|
| C | $-9.200\,668$ | $1.072\,115$ | $-8.581\,792$ | $0.000\,0$ |
| FEMALE | $-1.433\,980$ | $0.680\,797$ | $-2.106\,326$ | $0.035\,4$ |
| NONWHITE | $-1.481\,891$ | $0.503\,577$ | $-2.942\,730$ | $0.003\,3$ |
| UNION | $0.949\,027$ | $0.501\,081$ | $1.893\,958$ | $0.058\,5$ |
| EDUC | $1.318\,365$ | $0.065\,801$ | $20.035\,54$ | $0.000\,0$ |
| EXPER | $0.471\,974$ | $0.056\,212$ | $8.396\,344$ | $0.000\,0$ |
| EXPERSQ | $-0.006\,274$ | $0.001\,224$ | $-5.124\,559$ | $0.000\,0$ |
| EXPER $*$ FEMALE | $-0.084\,151$ | $0.030\,848$ | $-2.727\,939$ | $0.006\,5$ |

| | | | |
|---|---|---|---|
| R-squared | $0.340\,315$ | Mean dependent var | $12.365\,85$ |
| Adjusted R-squared | $0.336\,711$ | S. D. dependent var | $7.896\,350$ |
| S. E. of regression | $6.430\,992$ | Akaike info criterion | $6.566\,322$ |
| Sum squared resid | $52\,979.16$ | Schwarz criterion | $6.598\,357$ |
| Log likelihood | $-4\,223.994$ | Durbin-Watson stat | $1.892\,702$ |
| F-statistic | $94.405\,28$ | Prob(F-statistic) | $0.000\,000$ |

Dependent Variable：W
Method：Least Squares
Sample：1 1 289
Included Observations：1 289

　　该表显示性别与工作经验的交互系数在统计上是高度显著的。该系数的负值意味着在拥有相同工作经验的情况下，女性工人的工资低于男性工人。尽管有可能是性别歧视造成的，但我们很难对之进行分辨。

　　向模型中添加工作经验的平方和性别—经验变量以拓展表 7 - 1 中所给出的初始模型，似乎值得一试。我们可以使用 $F$ 检验对此进行正式的证明。出于此目的，我们称表 7 - 1 中的模型为受限模型，称表 7 - 3 中的模型为非受限模型。设 $R_r^2$ 和 $R_{ur}^2$ 分别代表受约束和无约束的 $R^2$。

　　现在考虑如下表达式：

$$F=\frac{(R_{ur}^2-R_r^2)/m}{(1-R_{ur}^2)/(n-k)} \qquad (7.1)\,\text{①}$$

其中 $m$＝约束的数量（在我们的例子中为 2，因为受限模型排除了两个变量），$n$＝观测值的数量，$k$＝非受限模型中回归元的个数 $[m=(n-k)-(n-k-2)=2]$。

　　方程 (7.1) 中的 $F$ 统计量服从分子自由度为 $m$、分母自由度为 $(n-k)$ 的 $F$ 分布。

　　将表 7 - 1 和表 7 - 3 中相应的值代入，我们可以得到如下结果：

$$F=\frac{(0.340\,3-0.323\,3)/2}{(1-0.340\,3)/(1\,289-8)}\approx16.67 \qquad (7.2)$$

　　因为分子有 2 个自由度，分母有 1 289 个自由度，因此 $F$ 值是高度显著的，这意味

---

　　① 注意，方程 (7.1) 中给出的公式只有在两个模型中因变量相同时才成立。在这种情况下，方程 (7.1) 中的 $F$ 检验和方程 (2.11) 中的 $F$ 检验是等价的。如果不是这样，就使用方程 (2.11) 中的 $F$ 检验。也可以参见方程 (1.18)。

着在初始模型中添加两个变量是值得的。从这个角度来说，初始模型设定有误，因为它遗漏了两个相关变量。

还需注意的是：从表 7-1 转到表 7-2 再到表 7-3，有些变量的系数发生了根本变化。这也强化了之前的观点，即如果我们遗漏了模型中的相关变量，（错误设定的）模型中的系数是有偏的，并且我们无法保证随着样本容量的增加，该偏差会消失。在我们的例子中，我们是有一个相当大的样本的。

观察可知，扩展模型中的 $R^2$ 值为 0.340 3，这似乎比初始模型中的 $R^2$ 值 0.323 3 大不了多少，但正如 $F$ 检验显示的，这两个增加的变量的增量贡献在统计上是高度显著的。

## ▌7.2 遗漏变量的检验

尽管我们已经说明了遗漏相关变量的后果，但如何确定我们是否犯了遗漏变量的错误呢？有几种检验方法可用于检测相关变量的遗漏，但在此我们只研究其中的两种，即**拉姆齐 RESET 检验**（Ramsey's RESET test）和**拉格朗日乘子检验**［Lagrange multiplier (LM) test］。[①]

### □ 拉姆齐 RESET 检验

拉姆齐的回归设定误差检验，简称 RESET，是一个常用的模型设定误差检验。为了解释该检验，我们再次回到工资决定模型中。我们看到，与表 7-2 和表 7-3 相比，表 7-1 中的模型是设定有误的。暂时不考虑其他表中的结果，我们专注于表 7-1 中的结果。

我们首先解释 RESET 中的步骤，然后再来研究其背后的基本原理。

1. 从表 7-1 所估计出的工资模型中，我们首先得到小时工资率的估计或拟合值，标示为 $\hat{Wage_i}$。

2. 把 $\hat{Wage_i^2}$ 和 $\hat{Wage_i^3}$（以及所估计的工资率的可能更高的次幂）作为附加的回归元添加到表 7-1 的模型中，并重新估计该模型。

3. 表 7-1 中的初始模型是受限模型，而步骤 2 中的模型是非受限模型。

4. 在零假设——受限模型（即初始模型）是正确的这一假设——下，我们可以使用方程（7.1）中的 $F$ 检验。该 $F$ 统计量的分子自由度为 2，分母自由度为 $(n-k)=(1\,289-8)=1\,281$，因为在步骤 2 的回归中我们估计了 8 个参数，其中包括截距项。

5. 如果步骤 4 中的 $F$ 检验是统计显著的，我们就可以拒绝该零假设。即在目前状态下，受限模型是不合理的。同理，如果 $F$ 统计量是统计显著的，那么我们将不会拒绝初始模型。

该检验背后的思想很简单。如果初始模型是正确设定的，那么所估计的工资值的平方和更高次幂就不应加入该模型中。但如果有一个或多个所增加的回归元的系数是统计

① 对于其他检验的详情，参见 Gujarati/Porter, *op cit.*, pp. 479-82。

显著的，就说明可能存在设定误差。

使用 Eviews 6，我们得到如表 7 - 4 所示的结果。该表的重要发现在于，所估计出的 $F$ 值 20.12 是高度统计显著的，其 $p$ 值实际上为 0。同时你也可以看到，工资率拟合值的平方项系数在统计上是高度显著的。[1]

**表 7 - 4　工资模型的 RESET 检验**

Ramsey RESET Test：

| | | | |
|---|---|---|---|
| F-statistic | 20.123 62 | Prob. F(2，1 281) | 0.000 0 |
| Log likelihood ratio | 39.875 40 | Prob. Chi-Square(2) | 0.000 0 |

Test Equation：
Dependent Variable：WAGE
Method：Least Squares
Sample：1 1 289
Included Observations：1 289

| | Coefficient | Std. Error | t-Statistic | Prob. |
|---|---|---|---|---|
| C | 4.412 981 | 2.453 617 | 1.798 561 | 0.072 3 |
| FEMALE | −0.059 017 | 0.797 535 | −0.073 999 | 0.941 0 |
| NONWHITE | −0.195 466 | 0.631 646 | −0.309 454 | 0.757 0 |
| UNION | 0.124 108 | 0.564 161 | 0.219 987 | 0.825 9 |
| EDUCATION | 0.080 124 | 0.302 395 | 0.264 966 | 0.791 1 |
| EXPER | 0.000 969 | 0.042 470 | 0.022 809 | 0.981 8 |
| FITTED^2 | 0.044 738 | 0.020 767 | 2.154 294 | 0.031 4 |
| FITTED^3 | −0.000 311 | 0.000 601 | −0.517 110 | 0.605 2 |

| | | | |
|---|---|---|---|
| R-squared | 0.343 951 | Mean dependent var | 12.365 85 |
| Adjusted R-squared | 0.340 366 | S. D. dependent var | 7.896 350 |
| S. E. of regression | 6.413 247 | Akaike info criterion | 6.560 795 |
| Sum squared resid | 52 687.19 | Schwarz criterion | 6.592 830 |
| Log likelihood | −4 220.433 | Durbin-Watson stat | 1.894 263 |
| F-statistic | 95.942 55 | Prob(F-statistic) | 0.000 000 |

尽管操作简单便捷，但 RESET 检验有两个缺陷。首先，如果该检验显示所选模型设定有误，它却并未提供任何具体的备选模型。其次，该检验没有提供关于非受限模型中应包含几个回归子估计值的幂次项的明确指导。尽管我们可以不断试错，并且基于赤池和施瓦茨这样的信息准则选择幂次项，但对此仍不存在明确的答案。

## □ 拉格朗日乘子（LM）检验

我们仍使用工资率的例子来说明这个检验。

1. 从表 7 - 1 所给出的初始模型中，我们得到残差估计值 $e_i$。

2. 如果表 7 - 1 中的模型是正确的，从这个模型中得到的残差 $e_i$ 就不会与模型中的遗漏回归元——即 $Exper^2$ 以及性别与工作经验的交互项 $Exper \cdot Female$——存在相关关系。

---

[1]　在该表的顶部，重要的 $F$ 统计量是由拉姆齐 RESET 检验所给出的 $F$ 值。

3. 现在我们就 $e_i$ 对初始模型中的回归元和初始模型的遗漏变量进行回归。这被称为辅助回归，因为它是对初始回归的辅助。

4. 如果样本容量够大，那么 $n$（样本容量）乘以辅助回归中的 $R^2$ 服从卡方分布，其自由度等于初始模型中遗漏回归元的个数，在本例中自由度为 2。用符号表示为

$$nR^2 \sim \chi_m^2（渐近的） \tag{7.3}$$

其中 $m$ 为来自初始模型的遗漏回归元的数量。

5. 如果所计算的卡方值超过选定的显著性水平下卡方的临界值，或者其 $p$ 值足够小，那么我们就拒绝初始（或受限）回归。也就是说，初始模型设定有误。参见表 7-5。

因此，我们有

$$nR^2 = 1\,289 \times 0.025\,1 \approx 32.35 \sim \chi_2^2 \tag{7.4}$$

表 7-5　工资模型的 LM 检验

Dependent Variable：S1
Method：Least Squares
Sample：1 1 289
Included Observations：1 289

|  | Coefficient | Std. Error | t-Statistic | Prob. |
|---|---|---|---|---|
| C | −2.017 330 | 1.072 115 | −1.881 636 | 0.060 1 |
| FE | 1.640 895 | 0.680 797 | 2.410 258 | 0.016 1 |
| NW | 0.083 422 | 0.503 577 | 0.165 659 | 0.868 5 |
| UN | −0.146 949 | 0.501 081 | −0.293 264 | 0.769 4 |
| ED | −0.051 936 | 0.065 801 | −0.789 287 | 0.430 1 |
| EX | 0.305 367 | 0.056 212 | 5.432 437 | 0.000 0 |
| EX^2 | −0.006 274 | 0.001 224 | −5.124 559 | 0.000 0 |
| EX * FE | −0.084 151 | 0.030 848 | −2.727 939 | 0.006 5 |

| | | | |
|---|---|---|---|
| R-squared | 0.025 089 | Mean dependent var | 5.44E-09 |
| Adjusted R-squared | 0.019 761 | S. D. dependent var | 6.495 492 |
| S. E. of regression | 6.430 992 | Akaike info criterion | 6.566 322 |
| Sum squared resid | 52 979.16 | Schwarz criterion | 6.598 357 |
| Log likelihood | −4 223.994 | Durbin-Watson stat | 1.892 702 |
| F-statistic | 4.709 394 | Prob(F statistic) | 0.000 031 |

注：S1($=e_i$)，是表 7-1 中的模型的残差。

对于自由度为 2 的卡方分布，得到卡方值为 32.35 或更大值的概率非常小，几乎为 0。

根据 LM 检验，我们能得出如下结论：表 7-1 中的初始模型是设定有误的，因此这也强化了基于拉姆齐 RESET 检验的结论。记住，我们的例子中有 1 289 个观测值，这是非常大的，因此在这样的情况下 LM 检验是有效的。

## 7.3　包含不相关或多余的变量

有时候研究者由于错误地认为 $R^2$ 值越高，模型越好，于是他们会增加变量，希望借此提高模型的 $R^2$ 值。这就是所谓的对模型的过度拟合。但如果变量不具有经济上的意义

并且不相关，鉴于下列后果，这种策略不应被推荐①：

1. 错误的或者过度拟合模型的 OLS 估计量都是无偏的和一致的。

2. 误差方差 $\sigma^2$ 可以被正确估计。

3. 普通的置信区间和假设检验程序仍然有效。

4. 然而，这样的模型所估计出来的系数却是无效的，也就是说，其方差会比真实模型的方差大。

注意，这两种设定误差的类型——对模型的拟合不足和过度拟合——之间的非对称性。在前者的情况下，所估计的系数是有偏的并且是非一致的，误差方差未被正确地估计出来，并且假设检验程序是无效的。在后者的情况下，所估计的系数是无偏的并且是一致的，误差方差被正确地估计出来，并且假设检验程序仍是有效的。为包含不相关的或多余的变量，我们付出的唯一代价是所估计的方差和标准误相对较大，因此，参数的概率推断就不那么准确了。

有些人可能倾向于认为包含多余变量［所谓的"厨房水槽方法"（kitchen sink approach）］优于遗漏相关变量。这种理念不值得推崇，因为包含多余变量不仅会导致估计量效率的缺失，而且也可能在不经意间导致多重共线性的问题，更不用说自由度的损失了。

## □ 一个阐释性的例子

为了对此有一个大致的了解，我们向表 7-1 中的模型添加变量"工人年龄"，继续使用工资决定的例子。由于年龄和工作经验间近乎完全的共线性，我们无须计算这个回归。这是由于变量"工作经验"被定义为（年龄－上学年数－6）。② 这也可以通过将工作经验对年龄进行回归得到证实，相应的结果如表 7-6 所示。

正如你所见，这两个变量是高度相关的，二者的相关系数为 0.970 5（＝$\sqrt{0.942\,016}$）。

表 7-6　工作经验对年龄的回归

Dependent Variable：EXPER
Method：Least Squares
Sample：1 1 289
Included Observations：1 289

|  | Coefficient | Std. Error | t-Statistic | Prob. |
|---|---|---|---|---|
| C | −18.568 77 | 0.269 951 | −68.785 64 | 0.000 0 |
| AGE | 0.984 808 | 0.006 811 | 144.598 4 | 0.000 0 |
| R-squared | 0.942 016 | Mean dependent var | 18.789 76 | |
| Adjusted R-squared | 0.941 971 | S. D. dependent var | 11.662 84 | |
| S. E. of regression | 2.809 491 | Akaike info criterion | 4.905 434 | |
| Sum squared resid | 10 158.60 | Schwarz criterion | 4.913 443 | |
| Log likelihood | −3 159.552 | Hannan-Quinn criter. | 4.908 440 | |
| F-statistic | 20 908.71 | Prob(F-statistic) | 0.000 000 | |

---

① 更多的细节，参见 Gujarati/Porter, *op cit*., pp. 477-82。

② 假设教育是从 6 岁开始的。

这个练习说明我们可以把年龄或工作经验作为回归元，但不能同时将它们作为回归元。

## 7.4 回归模型函数形式的错误设定

在第 2 章回归模型的函数形式中，我们讨论了线性和对数线性（柯布-道格拉斯）生产函数之间的选择问题。在这两种情况下，我们拥有 1995 年美国 50 个州以及华盛顿特区的产出（以 GDP 衡量）、劳动投入（以工作的小时数衡量）和资本（资本支出）数据。在第 2 章我们讨论了比较这些模型的一般步骤。在这里，我们要根据工资决定模型对其详加讨论。

在劳动市场中，经济研究者通常选择工资的对数作为回归子。这是因为一方面，总体的工资分布常常是偏斜的，在分布的底端有大量工人，而在分布的顶端工人比较少。而另一方面，工资对数的分布常常是对称的，并且它还具有同方差（参见图 3-1 和图 3-2）。

对于我们的工资实例，线性模型和对数线性模型哪一个更好？在表 7-3 中我们已经给出了线性模型的回归结果。表 7-7 给出了对数模型的回归结果。

由于所有回归元的 $t$ 统计量的 $p$ 值都非常低，因而它们个体上都是高度显著的。同时，所有变量在总体上也是高度显著的，因为 $F$ 值大约为 109，且其 $p$ 值几乎为零。

当然，表 7-7 中系数的解释与表 7-3 是不同的，因为二者的因变量不同。例如，系数 0.094 8，意味着在保持其他条件不变的情况下，每多上一年学，平均小时工资就会上升约 9.48%。（回忆第 2 章中所讨论的对半对数模型的解释。）对表中其他系数的解释留给读者。

表 7-3 中的线性模型与表 7-7 中的对数—线性模型，哪一个更好？

对于线性模型来说，$R^2$ 值大约为 0.34，而对于对数线性模型来说，$R^2$ 值大约为

**表 7-7 对数工资的决定因素**

| Dependent Variable：LOG(WAGE) | | | |
|---|---|---|---|
| Method：Least Squares | | | |
| Sample：1 1 289 | | | |
| Included Observations：1 289 | | | |
| | Coefficient | Std. Error | t-Statistic | Prob. |
|---|---|---|---|---|
| C | 0.732 446 | 0.077 613 | 9.437 130 | 0.000 0 |
| FEMALE | −0.148 060 | 0.049 285 | −3.004 179 | 0.002 7 |
| NONWHITE | −0.127 302 | 0.036 455 | −3.492 000 | 0.000 5 |
| UNION | 0.168 485 | 0.036 275 | 4.644 705 | 0.000 0 |
| EDUCATION | 0.094 792 | 0.004 764 | 19.899 63 | 0.000 0 |
| EXPER | 0.041 946 | 0.004 069 | 10.307 78 | 0.000 0 |
| EXPER^2 | −0.000 637 | 8.86E-05 | −7.187 309 | 0.000 0 |
| EXPER * FEMALE | −0.005 043 | 0.002 233 | −2.258 065 | 0.024 1 |
| R-squared | 0.373 017 | Mean dependent var | 2.342 416 |
| Adjusted R-squared | 0.369 591 | S. D. dependent var | 0.586 356 |
| S. E. of regression | 0.465 556 | Akaike info criterion | 1.315 020 |
| Sum squared resid | 277.647 4 | Schwarz criterion | 1.347 055 |
| Log likelihood | −839.530 2 | Durbin-Watson stat | 1.926 178 |
| F-statistic | 108.874 1 | Prob(F-statistic) | 0.000 000 |

0.37。但我们不能将这两个 $R^2$ 值进行比较，因为这两个模型中的因变量不同。那么我们如何才能将这两个模型加以比较呢？

我们将遵循第 2 章中概述的步骤（为了书写便捷，我们设 $W$ 代表工资率）。

1. 计算工资的几何平均值，大约为 10.406。[1]

2. 构建一个新的变量 $W_i^* = W_i/10.406$，即将工资除以其几何平均数。

3. 将 $W_i$ 替换为 $W_i^*$，作为新的回归子，然后估计表 7-3 中的模型，由该回归得到 $RSS$，称之为 $RSS_1$。

4. 使用 $\ln W_i^*$ 而不是 $\ln W_i$ 作为回归子，重新估计表 7-3 中的模型，由该回归得到 $RSS$（残差平方和），称之为 $RSS_2$。

5. 然后计算：

$$\frac{n}{2}\ln\left(\frac{RSS_1}{RSS_2}\right) \sim \chi_1^2 \tag{7.5}$$

**注意**：把较大的 $RSS$ 作为分子。

也就是说，方程（7.5）的左边服从自由度为 1 的卡方分布。如果由方程（7.5）计算出来的卡方值是统计显著的，那么我们就能得出 $RSS$ 值较小的模型更优这样的结论。

为了节省空间，我们将不计算所有的结果，只需注意：$RSS_1 = 489.2574$，$RSS_2 = 277.6474$。因此：

$$\frac{1289}{2}\ln\left(\frac{489.2574}{277.6474}\right) \approx 365.11 \tag{7.6}$$

这个自由度为 1 的卡方值是如此之大，以至我们能自信地得出结论：表 7-7 给出的对数线性模型优于表 7-3 给出的线性模型。

那么，结论便是：表 7-3 给出的工资模型的函数形式是设定有误的。

## 7.5　测量误差

CLRM 的一个假设是分析中使用的模型是正确设定的。尽管没有明确说明，但这也假设回归子和回归元的值是准确的。也就是说，它们不是猜测而来的估计值，也不是根据已知信息推断、篡改或以一种系统性的方式完美呈现的，又或根本就是记录有误。

然而，由于无回应错误、报告错误、数据丢失或是纯粹人为错误等原因，这种数据上的理想境界在实际中并不是经常可以遇到的。不管是何种原因造成的错误，测量误差总是构成了另外一种设定偏误，其后果相当严重，尤其是在回归元中存在这样的错误的时候。

### □ 回归子中的测量误差

虽然此处我们没有提供证明，但如果存在因变量的测量误差，确实会出现下列结果。[2]

---

① 在当前例子中，$GM = (W_1 \cdot W_2 \cdots W_{1289})^{1/1289} = e^{2.342416} \approx 10.406$。

② 更多的细节，参见 Gujarati/Porter, 5th edn, pp. 482-3。

1. OLS 估计量仍是无偏的。

2. OLS 估计量的方差和标准误仍然是无偏的。

3. 但是，方差估计值和根据实际情况而定的标准误比没有测量误差时要大。

简而言之，回归子的测量误差并未对 OLS 估计造成严重的影响。

### □ 回归元中的测量误差

这里的情况比较严重，因为解释变量的测量误差会使得 OLS 估计量变得有偏同时又是不一致的。[①] 即使单个回归元的测量误差也可能导致模型中其他回归元系数的估计值变得有偏和不一致。而且不容易确定所估计系数偏差的大小和走向。

对于有可能存在测量误差的变量，我们通常会使用工具或代理变量。代理变量必须满足两个条件：它们与被替代的变量是高度相关的，并且它们与通常的方程误差项 $u_i$ 以及测量误差是不相关的。但这些代理变量很不容易找到；我们通常处在抱怨坏天气却又对此束手无策的状况中。因此，这个补救措施并不总是有用。不过，由于在许多应用计量经济学领域工具变量有着广泛的使用，我们会在第 19 章讨论这个主题。[②]

关于回归元和回归子的测量误差，我们只能说应非常仔细地收集数据，以及确保一些明显的错误被排除在外。

## 7.6 异常值、杠杆数据和有影响力的数据

在第 1 章中，我们已经讨论了线性回归模型的基础。你可能会记得，在最小化残差平方和（RSS）以估计回归系数时，OLS 给予样本中每一个观测值相同的权重。但如果部分观测值与样本中剩余的观测值差异较大，这就可能会造成一些问题。这样的观测值或数据点称为**异常值**（outlier）、**杠杆数据**（leverage）或**影响力点**（influence point）。对于我们而言，知道它们是什么、它们如何影响回归结果以及如何检测到它们是非常重要的。

▲ **异常值**：在回归分析的背景下，异常值就是那些残差（$e_i$）与样本中其他观测值的残差相比较大的观测值。在二元回归中，发现大的残差较为容易，因为这些观测值与所估计的回归线的垂直距离较大。要记住，异常值可能不止一个。我们也可以考虑 $e_i$ 的平方值，因为它避免了符号问题——残差可能为正，也可能为负。

▲ **杠杆数据**：如果一个观测值与大部分样本观测值的距离不成比例，那么我们就称该观测值具有杠杆效应。在这种情况下，这样的观测值可能会将回归线往它自身的方向拉，而这可能会扭曲回归线的斜率。

▲ **影响力点**：如果一个杠杆观测值在事实上将回归线往其自身的方向拉，那么其就被称为一个影响力点。从样本中移除这样的数据点，能极大地改变所估计的回归线的斜率。

---

① 更多的细节，参见 Gujarati/Porter, *op cit.*, 483-6。

② 关于该主题有趣但稍有难度的讨论，参见 Angrist, J. D. and Pischke, J.-S., *Mostly Harmless Econometrics: An Empiricist's Companion*, Princeton University Press, Princeton, NJ, 2009, Chapter 4。

为了阐明其中一些知识点，考虑表 7 - 8 中给出的数据，该表给出了 11 个国家 1930年的香烟消费量和 1950 年的肺癌死亡率（每百万人的死亡人数）。[1] 这两个变量的日期是不同的，想必是因为肺癌症状在显露之前有一段潜伏期。

**表 7 - 8　11 个国家的香烟消费量与肺癌死亡率**

| 国家 | 人均香烟消费量（支） | 肺癌死亡率（每百万人的死亡人数） |
|---|---|---|
| 澳大利亚 | 480 | 180 |
| 加拿大 | 500 | 150 |
| 丹麦 | 380 | 170 |
| 芬兰 | 1 100 | 350 |
| 英国 | 1 100 | 460 |
| 冰岛 | 230 | 60 |
| 荷兰 | 490 | 240 |
| 挪威 | 250 | 90 |
| 瑞典 | 300 | 110 |
| 瑞士 | 510 | 250 |
| 美国 | 1 300 | 200 |

美国的数据似乎是一个异常值，因为即使香烟的消费量是样本中最高的，死亡率却相对较低。为了查明事实上美国的数据是不是异常的观测值，我们在考虑和不考虑美国数据的情况下分别估计了两个关于肺癌死亡率与人均香烟消费量的回归。结果如表 7 - 9所示。

**表 7 - 9　肺癌死亡率和香烟消费量（所有国家）**

Dependent Variable：DEATHRATE
Method：Least Squares
Sample：1 11
Included Observations：11

| Variable | Coefficient | Std. Error | t-Statistic | Prob. |
|---|---|---|---|---|
| C | 67. 560 87 | 49. 060 48 | 1. 377 093 | 0. 201 8 |
| CIGCONS | 0. 228 438 | 0. 069 761 | 3. 274 585 | 0. 009 6 |

| | | | |
|---|---|---|---|
| R-squared | 0. 543 678 | Mean dependent var | 205. 454 5 |
| Adjusted R-squared | 0. 492 975 | S. D. dependent var | 117. 248 8 |
| S. E. of regression | 83. 487 77 | Akaike info criterion | 11. 850 24 |
| Sum squared resid | 62 731. 86 | Schwarz criterion | 11. 922 59 |
| Log likelihood | −63. 176 34 | Hannan-Quinn criter | 11. 804 64 |
| F-statistic | 10. 722 90 | Durbin-Watson stat | 2. 256 437 |
| Prob（F-statistic） | 0. 009 612 | | |

在没有暗示因果性的前提下，表 7 - 9 告诉我们在这两个变量间存在着强烈的正相关关系，同时，这一关系也是统计显著的。

由于我们怀疑美国的观测值是一个异常值，因此我们重新估计了一个没有美国数据的模型，结果如表 7 - 10 所示。

---

[1]　Exercise Set D, page 141, in Freedman, D. , Pisani, R. , Purves, R. , and Adhikari, A. *Statistics*, 2nd edn, W. W. Norton Company, New York, 1991.

**表 7 - 10  肺癌死亡率和香烟消费量（不包括美国）**

Dependent Variable：DEATHRATE
Method：Least Squares
Sample：1 10
Included Observations：10

| Variable | Coefficient | Std. Error | t-Statistic | Prob. |
|---|---|---|---|---|
| C | 9. 139 335 | 28. 233 14 | 0. 323 709 | 0. 754 5 |
| CIGCONS | 0. 368 653 | 0. 046 102 | 7. 996 450 | 0. 000 0 |
| R-squared | 0. 888 801 | Mean dependent var | | 206. 000 0 |
| Adjusted R-squared | 0. 874 901 | S. D. dependent var | | 123. 576 3 |
| S. E. of regression | 43. 708 07 | Akaike info criterion | | 10. 569 80 |
| Sum squared resid | 15 283. 16 | Schwarz criterion | | 10. 630 32 |
| Log likelihood | −50. 849 00 | Hannan-Quinn criter. | | 10. 503 41 |
| F-statistic | 63. 943 21 | Durbin-Watson stat | | 3. 009 266 |
| Prob(F-statistic) | 0. 000 044 | | | |

这些结果与表 7 - 9 所示的结果大不相同：系数值、它们的标准误和 $R^2$ 值都因为仅仅一个观测值（美国）的变化而变得大不相同。显然，美国的观测值不仅仅是异常值，还是一个对结果非常有影响的观测值。这一结果也许在图 7 - 1 中能更清楚地展示出来，它展示了原始数据的散点图，以及在考虑和不考虑美国观测值的前提下肺癌死亡率和吸烟的回归线。这一图形非常明显地表明了美国的观测值是一个异常值。

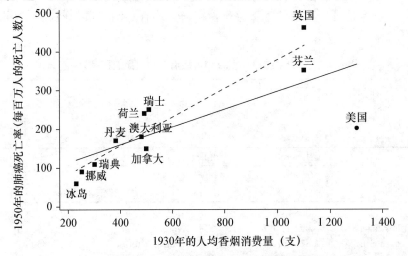

**图 7 - 1  异常值与有影响的数据点的一个示例**

还有一些检测杠杆数据和影响力点的方法，但这些方法或多或少涉及或需要使用矩阵代数。[1] 然而，Stata 有一个惯例，就是为样本中每一个单独的观测值计算一个杠杆测度。

还有一些检测异常值的方法，例如递归最小二乘法、递归残差法，但这些方法的讨论超出了本书的范围，因而，此处我们将不再对它们进行探讨。[2]

我们讨论异常值的目的是提醒研究者对它们要有所警惕，因为这些异常值会对 OLS 估计造成很大的影响，特别当它们有影响力时更是如此。

---

① 一个关于这一点的可得讨论，参见 Chatterjee, S. and Hadi, A. S. , *Regression Analysis by Example*，4th edn，Wiley，New Jersey，2006，Chapter 4。

② 例如，参见 Chatterjee and Hadi, *op cit.*, pp.103−8。

## 7.7 误差项的概率分布

经典正态线性回归模型（CNLRM）是 CLRM 的一个拓展，它假设回归模型中的误差项 $u_i$ 是服从正态分布的。[①] 如果样本相对较小，这个假设就很关键，因为像 $F$ 检验和 $t$ 检验这样常用的显著性检验正是基于正态分布假设的。

因此，确定误差项是否服从正态分布就显得很重要。我们有几个关于正态性检验的方法，但最流行的检验是 JB（Jarque-Bera）正态检验。在给出该检验之前，我们应当记住，JB 检验是一个大样本检验，在小样本情况下可能会不适用。该检验的函数形式如下：

$$JB = n\left[\frac{S^2}{6} + \frac{(K-3)^2}{24}\right] \sim \chi_2^2 \tag{7.7}$$

其中 $n$ 是样本容量，$S$ 为偏态系数，$K$ 为峰度系数。[②] 对于一个正态分布变量来说，有 $S=0$ 和 $K=3$。很显然，由 JB 统计量可知，当 $S=0$ 和 $K=3$ 时，其值为 0。因此，JB 的值越接近于零，正态假设成立的可能性越大。当然，我们可以使用卡方分布找出 JB 统计量确切的统计显著性（即 $p$ 值）。

由于在实际中我们无法观察到真实的误差项，因而我们只能使用其替代项 $e_i$。零假设为 $S=0$ 和 $K=3$ 的联合假设。雅克和贝拉已经证实了方程（7.7）所给出的统计量服从自由度为 2 的卡方分布。因为我们施加了两个限制，即偏态为 0 和峰度为 3，所以其自由度为 2。

因此，如果在应用中所计算的 JB 统计量（即卡方统计量）超过临界卡方值，假设显著性水平为 5%，那么我们就拒绝误差项为正态分布的零假设。

### ☐ 小样本中的雅克–贝拉检验

正如之前指出的，JB 测试是一个大样本测试。如果它被用于小样本，那么就有可能会得出非常具有误导性的结果。从表 7-11 中的结果就可以看出这一点。

表 7-11  在给定的样本规模下计算出来的 $p$ 值等于真实的 $\alpha$ 值

| 真实的 $\alpha$ 水平 | 20 | 30 | 50 | 70 | 100 |
|---|---|---|---|---|---|
| 0.1 | 0.307 | 0.252 | 0.201 | 0.183 | 0.156 0 |
| 0.05 | 0.146 1 | 0.109 | 0.079 | 0.067 | 0.062 |
| 0.025 | 0.051 | 0.030 3 | 0.020 | 0.016 | 0.016 8 |
| 0.01 | 0.006 4 | 0.003 3 | 0.001 5 | 0.001 2 | 0.002 |

---

① 注意，正态性假设适用于总体回归中的误差项 $u_i$，而不是样本回归中的残差项 $e_i$，尽管我们通过后者来了解前者。这是因为在实践中我们无法观测到 $u_i$。

② 正如随机变量的方差是关于变量均值的二阶矩，偏态是关于均值的三阶矩，峰度是关于均值的四阶矩。偏态是对概率分布的不对称性的衡量，峰度是对概率分布的高度或平直度的衡量。

画图可知，方程（7.7）中得到的 JB 统计量随着样本量越来越小而越来越远离真实的 $\alpha$ 水平（第 I 类错误的概率）。举个例子，如果样本量为 20 且其第 I 类错误的真实水平为 0.05，则计算所得的 JB 值在 15% 的水平上是显著的，在这种情况下，我们也许不会拒绝误差项是正态分布形式这一假设。只有当样本大小接近 100 时，真实情况下和计算所得的显著性水平才是相同的。所以此处需要指出的是，在小样本中，要谨慎地信任 JB 统计量的意义。

## □ 工资决定模型的 JB 检验

在表 7-3 所示的线性工资模型中，残差的 JB 统计量大约为 4 130，是一个非常大的数值，其 $p$ 值几乎为 0。而在表 7-7 所示的对数工资模型中，残差的 JB 统计量也很大，大约为 302，其 $p$ 值也几乎为 0。[①] 因为样本观测值的数量为 1 289，这是一个非常大的样本，所以在这两种情况下使用 JB 统计量可能是合理的。

基于 JB 统计量，在工资回归中很难保证误差项服从正态分布。

非常有意思的是，我们注意到一方面，在此处 $S=1.84$ 和 $K=7.83$（JB 统计量大约为 1 900），工资分布不是正态的。另一方面，工资对数分布是正态的，其 $S$ 值约为 0.1，$K$ 值约为 3.2（JB 统计量仅为 2.8）（见习题 7.8）。

## □ 非正态的误差项

如果误差项 $u_i$ 不是服从标准正态分布的，那么我们仍可以说 OLS 估计量是最佳线性无偏估计量（BLUE）；即它们是无偏的，并且在线性估计量中它们有最小的方差。这并不是一个令人惊奇的发现，因为在证明 BLUE（回想高斯-马尔可夫定理）的性质时，我们并没有引入正态性假设。

那么问题出在哪里？问题正在于假设检验的目的，我们需要 OLS 估计量的**抽样**（sampling）或者**概率分布**（probability distribution）。到目前为止我们一直在使用 $t$ 检验和 $F$ 检验，它们假设误差项的概率分布服从正态分布。但如果我们不能做出这样的假设，我们就不得不求助于**大样本理论**（large sample theory）或是**渐近样本理论**（asymptotic sample theory）。

不用探究技术细节，在大样本中 CLRM（而非 CNLRM）的假设下，OLS 估计量不仅是**一致的**（consistent）（即随着样本容量无限增大，估计量趋近于它们的真值），而且也是渐近服从**正态分布的**（normally distributed），分布的均值与方差在第 1 章已讨论过。有意思的是，到目前为止我们广泛使用的 $t$ 检验和 $F$ 检验在大样本时也是近似有效的，随着样本容量的无限增加，该近似值越来越好。

因此，即使在线性工资模型和对数线性工资模型中，误差都不服从正态分布，我们

---

① 表 7-3 中线性工资模型的 $S$ 大约为 2，$K$ 等于 10.79；表 7-7 中对数工资模型的 $S$ 等于 -0.44，$K$ 等于 5.19。在这两种情形下，$S$ 和 $K$ 分别与标准值 0 和 3 差距较大。

计量经济学：原理与实践（第二版）

也仍可以使用 $t$ 检验和 $F$ 检验，因为拥有 1 289 个观测值的样本容量是非常大的。

## 7.8　随机或随机回归元

正如第 1 章中所讨论的，CLRM 假设回归子是随机的，但回归元是非随机或固定的，即我们保持回归元的值不变而得出因变量的随机样本。例如，在消费支出对收入的回归中，我们假设收入水平固定在某一值上，并由此得到在固定收入水平下消费者的随机样本，并记下它们的消费支出。在回归分析中，我们的目标是预测在各个固定收入水平下的平均消费支出。如果我们将这些平均消费支出连起来，那么该线（或曲线）代表（样本）回归线（或曲线）。

尽管固定回归元的假设在一些经济情况下可能是合理的，但总体上来说对于所有的经济数据而言这可能并不成立。换句话说，我们假设 $Y$（因变量）和 $X$（自变量）都是随机抽取的。这就是随机回归元的情形。由此产生的重要问题是：如果回归元和回归子一样，也是随机的，那么基于固定回归元的回归分析结果是否仍然成立？尽管在第 19 章将会给出更加详细的答案，但因该主题涉及较多内容，我们在这里可以先给出如下观点。

一方面，如果随机回归元和误差项 $u$ 是独立分布的，那么只要强调我们的分析是以所给定的回归元的值为条件，第 1 章所讨论的经典结论（高斯-马尔可夫定理）仍将成立。另一方面，如果随机回归元和误差项是不相关的，那么在大样本情况下这些经典结论是渐近成立的。[①]

如果这两个条件都不成立，将会怎样？换句话说，如果回归元与误差项 $u$ 相关，将会发生什么？前文我们已经讨论过回归元测量误差的问题，并说明在这种情况下我们可能需要借助于其他可供选择的估计方法，例如工具变量方法。但在其他一些情况下，回归元和误差项也会相关。鉴于该主题的重要性，我们最后会在第 19 章随机回归元和工具变量估计中进行讨论。此处顺便提一下，在有些情况下我们的确能够找到合适的工具，因此只要用它们代替初始的随机回归元，我们就能够得到相应参数的一致估计。

## 7.9　联立性问题

迄今为止我们关注的点都集中在单个方程回归模型上，在这种情形下我们把单个因变量 $Y$ 作为一个或多个解释变量 $X$ 的函数。如果 $Y$ 和 $X$ 间存在任何因果关系，那么隐含的假设是，因果关系的方向是从 $X$ 到 $Y$ 的。

但在某些情况下，$Y$ 和 $X$ 之间这种非直接的关系并不成立。因为很有可能部分 $X$ 影

---

① 记住，独立意味着不相关，但不相关并不必然意味着独立。

响 $Y$ 的同时，$Y$ 反过来也会影响一个或多个 $X$。换言之，$Y$ 和 $X$ 变量之间存在反馈关系。考虑到这种反馈关系，我们需要的回归方程不止一个。这就引出了对**联立方程回归模型**（simultaneous equation regression model）的讨论，即需要考虑变量间反馈关系的模型。[1] 接下来，我们要讨论 OLS 为什么不能估计被嵌入在含有两个或多个方程的联立方程模型系统中的单个模型。

### □ 简单的凯恩斯收入决定模型

每一个学过初级宏观经济学的学生都知道下述凯恩斯总收入决定模型。此处我们用传统的宏观经济学中的符号代替符号 $Y$ 和 $X$，即 $C$ 代表消费支出，$Y$ 代表收入以及 $I$ 代表投资。

$$消费函数：C_t = B_1 + B_2 Y_t + u_t；0 < B_2 < 1 \tag{7.8}$$
$$收入恒等式：Y_t = C_t + I_t \tag{7.9}$$

简单凯恩斯模型假设经济是封闭的，即没有对外贸易，也没有政府支出项。[2]

在处理联立方程模型时，我们需学会几个新的词汇。首先，我们得区分**内生变量**（endogenous variable）和**外生变量**（exogenous variable）。内生变量是那些值由模型本身决定的变量。外生变量是那些值不是由模型决定的变量。在简单凯恩斯模型中，$C$ 和 $Y$ 是内生变量，或是联合因变量（jointly dependent variable），$I$ 是外生变量。有时，外生变量称为**前定变量**（predetermined variable），因为它们的值是独立决定的，或是确定值，例如由政府确定的税率。[3]

另一个需要做出区分的是**结构方程和恒等式**（structural equations and identity）或**行为方程和恒等式**（behavioral equations and identity）。结构方程描述特定经济部门的结构或者行为，例如，家庭部门。在凯恩斯模型中，消费函数告诉我们家庭部门对收入变化会做出何种反应。结构方程的系数称为**即期系数**（structural coefficient）：在我们的例子中为 $B_1$ 和 $B_2$。$B_2$ 是边际消费倾向（MPC），即收入每增加一美元，消费支出的增加额。该值处于 0 到 1 之间。

根据定义，像等式（7.9）这样的恒等式总是成立的；在我们的例子中，总收入等于消费支出和投资支出。

---

[1] 20 世纪 70—80 年代，联立方程模型是每个计量经济学学生必学的部分。但之后因预测能力差，这部分很快就失宠了。有关多个方程的其他计量模型，例如自回归移动平均模型（ARMA）和向量自回归模型（VAR），很快替代了传统的联立方程模型。然而，美国联邦储备委员会、美国商务部和几个私人预测机构在使用 ARMA 和 VAR 模型的同时仍旧使用它们。

[2] 当然，我们可以拓展该模型以包含政府支出和对外贸易，在这种情形下它将是一个开放经济模型。

[3] 应予以说明的是，哪些变量是内生的和哪些变量是外生的，这由研究者自己决定。像天气、温度、飓风、地震等变量很明显是外生变量。如果我们拓展简单凯恩斯模型使投资成为利率的函数，那么投资就是内生变量，利率就是外生变量。如果我们有另一个方程，其把利率作为货币供应的函数，那么利率就成为内生变量，货币供应量是外生变量。正如你所看到的，简单凯恩斯模型能很快地拓展开来。很明显，有时将变量分成内生的和外生的可能显得有点武断，向量自回归模型（VAR）的支持者对联立方程模型加以批评，我们将在第 16 章进行讨论。

计量经济学：原理与实践（第二版）

## □ 联立性偏差

假如我们意欲估计方程（7.8）给出的消费函数，但没有考虑系统中的第二个方程。结果会如何？为了一探究竟，我们假设误差项 $u$ 包含一个不容易测量的变量，例如，消费者信心。进一步假设，由于股市繁荣或减税在即，消费者对经济表现变得更为乐观。这会导致 $u$ 值的提高。因 $u$ 值提高，消费支出会随之提高。但由于消费支出是收入的一部分，这又会推高收入，收入的提高又会扩大消费支出，等等。因此，我们有如下序列：$u \Rightarrow C \Rightarrow Y \Rightarrow C$。正如你所看到的，收入和消费支出是相互依存的。

因此，如果我们忽略这种相互作用，并使用 OLS 去估计等式（7.9），那么所估计的参数不仅是有偏的（在小样本或有限样本中），而且是非一致的（在大样本中）。原因是在消费支出函数中 $Y_t$ 和 $u_t$ 是相关的，这违反了回归元与误差项不相关的 OLS 假设。对该观点的证明在本章附录中给出。这和随机回归元与误差项相关的情形相似，后者是一个先前讨论过的主题。

那么我们如何估计消费函数的参数呢？我们可以使用**间接最小二乘法**（indirect least square，ILS），这也是我们即将要讨论的。

## □ 间接最小二乘法 （ILS）

我们可以用一个有趣的方法来看一下方程（7.8）和方程（7.9）。如果将方程（7.8）代入方程（7.9），经过简单的计算可得到如下方程：

$$Y_t = \frac{B_1}{1-B_2} + \frac{1}{1-B_2} I_t + \frac{1}{1-B_2} u_t$$
$$= A_1 + A_2 I_t + v_t \tag{7.10}$$

类似地，如果将方程（7.9）代入方程（7.8），可得到：

$$C_t = \frac{B_1}{1-B_2} + \frac{B_2}{1-B_2} I_t + \frac{1}{1-B_2} u_t$$
$$= A_3 + A_4 I_t + v_t \tag{7.11}$$

这些方程都将一个内生变量表示为外生或先定变量和误差项的函数。这样的方程称为**简化型方程**（reduced-form equations）。

在进一步讨论前，我们应注意简化型方程的系数称为**即期乘数**（impact multiplier）。它们给出了投资（或上述方程右边的任意变量）增加 1 美元对消费和收入的最终影响。例如，考虑 $I_t$ 的系数 $[= B_2/(1-B_2)]$。我们增加 1 美元的投资。那么由方程（7.9）可知，收入最初会增加 1 美元。这将会使消费增加 $B_2$ 美元，接着会使收入增加 $B_2$ 美元，进一步地，这又使得消费增加 $B_2^2$ 美元，依此类推。最终的影响是消费提高了 $B_2/(1-B_2)$

美元。[1] 因此，如果边际消费倾向 $B_2 = 0.7$，那么投资增加 1 美元对消费支出的最终影响是 $0.7/0.3 = 2.33$ 美元。当然，MPC 越高，对消费支出的影响越大。

现在我们通过 OLS 可以估计简化型方程，因为经过设计，外生变量 $I$ 和误差项是不相关的。当下的关键问题是：我们能否从简化型系数中得到其结构系数的唯一估计值？这称为**可识别性问题**（problem of identification）。因此，如果我们能够从简化型系数中唯一地估计出消费函数的系数，我们就称消费函数式是可识别的。就方程（7.9）所涉及的情况而言，我们没有可识别性问题，因为该方程式是恒等式，其所有系数都已知（=1）。

估计来自简化型系数的结构方程参数的过程称为间接最小二乘法（ILS），因为我们通过 OLS 首先估计出简化型系数，然后再间接得到结构系数的估计值。当然，若一个方程不可识别，我们通过 OLS 或者其他任何方法都不能够得到对其参数的估计。

回到消费函数，可以得出：

$$B_1 = \frac{A_1}{A_2} \text{ 和 } B_2 = \frac{A_4}{A_2} \tag{7.12}$$

因此，我们可以获得唯一的来自简化型系数的消费函数系数。但需要说明的是，结构系数是简化型系数的非线性函数。

在包括几个方程的联立方程模型中，计算简化型系数是很烦琐的，之后还要重新计算来自它们的结构系数。此外，如果有一个方程是不可识别的，那么间接最小二乘法是无用的。在这种情况下，我们需要求助于其他估计方法。**两阶段最小二乘法**（two-stage least squares，2SLS）就是其中之一，我们将在第 19 章讨论工具变量时引入它。

在使用数值例子说明 ILS 之前，我们需要说明通过 ILS 得到的结构系数估计量是一致估计量——即随着样本的无限增大，这些估计量趋近于它们的真实值。但在小样本或有限样本中，ILS 估计量可能是有偏的。正如之前所说，OLS 估计量是有偏的且是非一致的。

## □ 一个阐释性实例： 1960—2009 年美国的总消费函数

为了说明间接最小二乘法，我们取得 1960—2009 年美国消费支出（PCE）、投资支出（GDPI）以及收入（$Y$）的相应数据，其中 2009 年的数据有些特别。GDPI 是国内私人总投资，PCE 是个人消费支出。相应的数据列在表 7-12 中，该表可在本书配套网站上找到。

应该指出，依据凯恩斯收入恒等式，收入是消费和投资支出的简单加总。我们首先估计方程（7.10）和方程（7.11）中所给出的两个简化型方程，估计结果如表 7-13 和表 7-14 所示。

表 7-13 表明，如果 GDPI 提高 1 美元，平均来看个人消费会增加 4.45 美元，这表明了乘数的作用。

---

[1] 因此，我们有这样一个序列，$B_2 + B_2^2 + B_2^3 + \cdots = B_2(1 + B_2 + B_2^2 + \cdots) = B_2/(1 - B_2)$，这是由一个无限的几何序列加总得到的。记住 $0 < B_2 < 1$。

**表 7 - 13 PCE 对 GDPI 的简化型回归**

Dependent Variable：PCE
Method：Least Squares
Sample：1960 2009
Included Observations：50

| Variable | Coefficient | Std. Error | t-Statistic | Prob. |
|---|---|---|---|---|
| C | −109.901 6 | 102.002 5 | −1.077 440 | 0.286 7 |
| GDPI | 4.450 478 | 0.096 194 | 46.265 62 | 0.000 0 |
| R-squared | 0.978 067 | Mean dependent var | | 3 522.160 |
| Adjusted R-squared | 0.977 610 | S. D. dependent var | | 3 077.678 |
| S. E. of regression | 460.518 6 | Akaike info criterion | | 15.141 76 |
| Sum squared resid | 10 179 716 | Schwarz criterion | | 15.218 24 |
| Log likelihood | −376.544 0 | Durbin-Watson stat | | 0.555 608 |
| F-statistic | 2 140.508 | Prob(F-statistic) | | 0.000 000 |

由表 7 - 14 可以看到，如果 GDPI 提高 1 美元，平均来看收入会增加 5.45 美元。其中，4.45 美元为消费支出，1 美元为投资支出，因此，这满足收入恒等式。

**表 7 - 14 收入对 GDPI 的简化型回归**

Dependent Variable：INCOME
Method：Least Squares
Sample：1960 2009
Included Observations：50

| Variable | Coefficient | Std. Error | t-Statistic | Prob. |
|---|---|---|---|---|
| C | −109.901 6 | 102.002 5 | −1.077 440 | 0.286 7 |
| GDPI | 5.450 478 | 0.096 194 | 56.661 27 | 0.000 0 |
| R-squared | 0.985 269 | Mean dependent var | | 4 338.266 |
| Adjusted R-squared | 0.984 962 | S. D. dependent var | | 3 755.416 |
| S. E. of regression | 460.518 6 | Akaike info criterion | | 15.141 76 |
| Sum squared resid | 10 179 716 | Schwarz criterion | | 15.218 24 |
| Log likelihood | −376.544 0 | Durbin-Watson stat | | 0.555 608 |
| F-statistic | 3 210.500 | Prob(F-statistic) | | 0.000 000 |

我们可以使用表 7 - 12 和表 7 - 13 中的结果以及方程（7.12）来估计消费函数的初始结构系数。希望读者自己得出下列消费支出函数，即方程（7.8）的经验形式。

$$\hat{C}_t = -20.163\ 6 + 0.816\ 5Y_t \tag{7.13}[1]$$

为了便于比较，我们在表 7 - 15 中给出了 OLS 的结果。

---

[1] 由于结构系数是简化型系数的非线性函数，因此我们并没有获得结构系数标准误的简单方法。

表 7-15  PCE 对收入进行回归的 OLS 结果

Dependent Variable：PCE
Method：Least Squares
Sample：1960 2009
Included Observations：50

| Variable | Coefficient | Std. Error | t-Statistic | Prob. |
|---|---|---|---|---|
| C | −31.888 46 | 18.227 20 | −1.749 498 | 0.086 6 |
| INCOME | 0.819 232 | 0.003 190 | 256.787 1 | 0.000 0 |

| | | | |
|---|---|---|---|
| R-squared | 0.999 273 | Mean dependent var | 3 522.160 |
| Adjusted R-squared | 0.999 257 | S. D. dependent var | 3 077.678 |
| S. E. of regression | 83.866 81 | Akaike info criterion | 11.735 51 |
| Sum squared resid | 337 614.8 | Schwarz criterion | 11.812 00 |
| Log likelihood | −291.387 9 | Hannan-Quinn criter. | 11.764 64 |
| F-statistic | 65 939.59 | Durbin-Watson stat | 0.568 044 |
| Prob(F-statistic) | 0.000 000 | | |

ILS 和 OLS 的结果显示，它们在 MPC 的估计上没有多大的区别，但两个回归中截距项差别较大。当然，我们也无法保证在所有的应用中 OLS 和 ILS 的结果都是相似的。ILS 估计的优点在于其直接考虑了联立性问题，而 OLS 只是简单地将其忽略。

我们已经研究了一个联立方程模型的简单实例。在涉及几个方程的模型里，我们很难界定是否模型中所有的方程都是可识别的。ILS 方法因过于烦琐而不能识别每一个方程。但我们还有其他一些识别方法，例如，**顺序条件识别法**（order condition of identification）和**秩条件识别法**（rank condition of identification）。此处我们将不讨论它们，因为这会使我们偏离本章的主题——主要讨论设定误差问题。但在第 19 章我们会简短地讨论一下顺序条件识别法。关于该主题的进一步讨论可以在参考文献中找到。[1]

## 7.10  动态回归模型

我们一般采用静态或者均衡形式来阐述经济理论。例如，初级经济学教过我们，一种商品（或服务）的均衡价格是由相关的供给曲线和需求曲线的交点决定的。然而，均衡价格并非是在一瞬间形成的，而是在一个不断试错的过程中形成的，这个过程需要时间。这引导我们对**动态回归模型**（dynamic regression model）进行讨论。因此，如果我们忽略考虑一个问题的动态（即时间）面，那么我们就会犯设定错误。

为了使该讨论生动有趣，我们来考虑著名的弗里德曼持久收入假说。[2] 简单地讲，该理论说明个人的当前消费（支出）是其持久（比如，一生）收入的一个函数。但人们该如何衡量其持久收入？基于季度数据，弗里德曼将当期及之前的 16 个季度收入的加权平均值作为持久收入的估计值。假设 $Y$ 代表消费支出，$X$ 代表收入，弗里德曼估计了如下模型：

①  例如，参见 Gujarati/Porter，*op cit.*，Chapters 18-20。

②  Friedman，M.，*A Theory of Consumption Function*，Princeton University Press，New Jersey，1957。

$$Y_t = A + B_0 X_t + B_1 X_{t-1} + B_2 X_{t-2} + \cdots + B_{16} X_{t-16} + u_t \tag{7.14}$$

其中 $X_t$ 是当期（季度）收入，$X_{t-1}$ 是滞后 1 个季度的收入，$X_{t-2}$ 是滞后 2 个季度的收入，依此类推。$B$ 是不同季度收入的权数。我们假设方程（7.14）满足 OLS 的假设。为了讨论的方便，我们称方程（7.14）为消费函数。

在文献中，我们称方程（7.14）为**分布滞后模型**（distributed lag model，DLM），因为因变量当前消费量 $Y$ 受解释变量 $X$ 的当前值及滞后值的共同影响。这并不难看出。假设今年你的薪水得到提高。假如该提高量是可维持的，你可能不会急于将收入的增加量花掉。然而，你很有可能会在一段时间内将其花掉。

在我们对分布滞后模型进行估计之前，对方程（7.14）的模型加以解释可能会有用处。系数 $B_0$ 称为**短期乘数**（short-run multiplier）或**即期乘数**（impact multiplier），因为其给出了 $X$ 的单位变化在同期所引起的 $Y$ 的平均变化量。如果此后 $X$ 的变动量保持在相同的水平，那么 $(B_0 + B_1)$ 代表的是下一期 $Y$ 的平均变动量，$(B_0 + B_1 + B_2)$ 表示的是接下来一期 $Y$ 的平均变动量，依此类推。这些部分和称为**过渡乘数**（interim multiplier）或**中间乘数**（intermediate multiplier）。在 $k$ 期之后（如果这是所考虑的最长的时滞期），我们得到：

$$\sum_0^k B_k = B_0 + B_1 + \cdots + B_k \tag{7.15}$$

这称为**长期乘数**（long-run multiplier）或**总乘数**（total multiplier）。这给出了（持久的）单位收入增量所引起的平均消费支出的最终变动。

因此，在如下假设的消费模型中，

$$Y_t = 常数 + 0.4 X_t + 0.2 X_{t-1} + 0.15 X_{t-2} + 0.1 X_{t-3}$$

即期乘数为 0.4，中间乘数为 0.75，以及总的或长期乘数为 0.85。例如，如果在 $t$ 年收入增加 1 000 美元，并假设该增加量是可维持的，那么在第一年消费将增加 400 美元，在第二年又会增加 200 美元，第三年会增加 150 美元，最终总的增加量将会是 750 美元。消费者大概将会储蓄 250 美元。

回到模型（7.14），我们能够使用普通的 OLS 估计它。[1] 但这可能由于几个原因而变得不那么实用。首先，我们如何确定滞后项的个数？其次，如果我们使用了几个滞后项，那么能用于有意义的统计分析的自由度将变少，特别是当样本容量较小时，这一问题更为严重。最后，在时间序列数据中，滞后项的连续数据间很有可能是高度相关的，这可能导致多重共线性的问题。正如我们在多重共线性章节中所指出的，多重共线性将会导致回归系数的估计变得不准确。

为了克服 DLM 中的这类缺陷，文献中已经提出了一些备选方法。我们将只讨论其中一种方法，即考伊克分布滞后模型（Koyck distributed lag model）。[2]

---

[1] 假定回归元（当前的和滞后的）是弱相关的，即它们与误差项不相关。在有些情况下需要更强一点的假设，此时回归元是严格外生的，即它们与过去的、当前的以及将来的误差项的值都不相关。

[2] 更多细节，参见 Gujarati/Porter, Ch. 17。进一步的探讨，参见 Stock, J. H. and Watson, M. W., *Introduction to Econometrics*, 3rd edn, Addison-Wesley, Boston, Ch. 15, 2011。

## □ 考伊克分布滞后模型[①]

为了理解这个模型，我们将方程（7.14）以一种更加一般的形式表述出来：

$$Y_t = A + B_0 X_t + B_1 X_{t-1} + B_2 X_{t-2} + \cdots + u_t \tag{7.16}$$

这称为**无限 DLM**（infinite DLM），因为我们没有确定滞后时长，即在时间上我们没有设定所回顾的期限。相比之下，模型（7.14）是**有限 DLM**（finite DLM），因为我们设定了时滞期限：16 个滞后项。正如我们将要展示的，在方程（7.16）中无限 DLM 是为了数学计算上的便利。

为了估计方程（7.16）的参数，考伊克使用了几何概率分布。假设方程（7.16）中的 $B$ 系数有相同的符号，这在我们的消费函数中是合理的，考伊克假设它们按如下几何级数递减：

$$B_k = B_0 \lambda^k, \quad k = 0, 1, \cdots; \quad 0 < \lambda < 1 \tag{7.17}$$

其中，$\lambda$ 称为递减或衰减率，$(1-\lambda)$ 称为调整速度，即消费支出对新的收入水平的调整速度。

除了 $B_0$，每一个 $B_k$ 的值都取决于 $\lambda$ 的值，一方面，$\lambda$ 值接近于 1，则意味着 $B_k$ 递减得越慢，即很久之前的 $X$ 值对当前的 $Y$ 值仍有些影响。另一方面，$\lambda$ 值接近于 0，则可能意味着，很久之前的 $X$ 值对当前的 $Y$ 值几乎没有影响。

考伊克所假设的是，每一个后续的 $B$ 系数在数值上都比之前的 $B$ 系数小（这由 $\lambda$ 小于 1 推得），这说明随着我们追溯较早的滞后项，该滞后项对 $Y$ 的影响将变得越来越小。在方程（7.14）的消费函数中，这是很有意义的，因为很久之前的收入对一个人当前消费支出的影响小于近期收入的影响。

在估计无限 DLM 时这是如何起作用的？为此，我们将方程（7.16）表述成

$$Y_t = A + B_0 X_t + B_0 \lambda X_{t-1} + B_0 \lambda^2 X_{t-2} + B_0 \lambda^3 X_{t-3} + \cdots + u_t \tag{7.18}$$

此处用到了方程（7.17）。

然而，方程（7.18）并不容易估计，因为我们仍要估计无限多个系数，而且调整系数 $\lambda$ 的加入是高度非线性的。但考伊克使用了一个聪明的技巧避开了这个问题。他把方程（7.18）滞后一期，得到：

$$Y_{t-1} = A + B_0 X_{t-1} + B_0 \lambda X_{t-2} + B_0 \lambda^2 X_{t-3} + \cdots + u_{t-1} \tag{7.19}$$

之后他将方程（7.19）乘以 $\lambda$，得到：

$$\lambda Y_{t-1} = \lambda A + \lambda B_0 X_{t-1} + \lambda^2 B_0 X_{t-2} + \lambda^3 B_0 X_{t-3} + \cdots + \lambda u_{t-1} \tag{7.20}$$

将方程（7.18）减去方程（7.20），得到：

$$Y_t - \lambda Y_{t-1} = A(1-\lambda) + B_0 X_t + (u_t - \lambda u_{t-1}) \tag{7.21}$$

---

① Koyck, L. M., *Distributed Lags and Investment Analysis*, North Holland Publishing Company, Amsterdam, 1954.

重新整理方程（7.21），最后得到：

$$Y_t = A(1-\lambda) + B_0 X_t + \lambda Y_{t-1} + v_t \qquad (7.22)$$

其中 $v_t = u_t - \lambda u_{t-1}$。

很有意思的是，我们注意到因变量的滞后值作为一个回归子出现在模型中。这样的模型称为**自回归模型**（autoregressive model），因为它们涉及了因变量对其自身滞后值以及其他独立解释变量的回归。

考伊克转换的一个优点是，我们现在只需估计模型（7.22）中的三个参数，而不用估计模型（7.16）中的无限多个参数，这是对初始模型的一个极大的简化。估计模型（7.22）是否存在什么问题？在回答这个问题之前，我们应注意到 $X$ 的单位变化对 $Y$ 平均值的短期和长期影响能够由模型（7.22）直接计算出来。短期影响由 $X$ 的系数 $B_0$ 给出，1 单位 $X$ 的持久变化的长期影响由 $B_0/(1-\lambda)$ 给出。[①] 由于 $\lambda$ 位于 0 和 1 之间，长期影响将大于短期影响。这是有道理的，因为适应收入的变化需要时间。

而估计模型（7.22）面临着较大的挑战：首先，如果误差项 $u_t$ 满足经典假设（即零均值、常数方差以及无序列相关），那么模型（7.22）中的复合误差项 $v_t$ 可能并不满足经典假设。实际上，可以证明误差项 $v_t$ 是序列相关的。其次，因变量 $Y$ 的滞后值作为一个解释变量出现在模型（7.22）中。由于 $Y_t$ 是一个随机变量，因此 $Y_{t-1}$ 也是。因为经典 OLS 模型假设要么解释变量必须是非随机的，要么如果它们是随机的，就必须与误差项互为独立分布，而我们必须确定后者是否成立。在模型（7.22）中我们可以证明 $Y_{t-1}$ 和 $v_t$ 是相关的。[②] 在这种情形下，OLS 估计量甚至都不是一致的。再次，正如在自相关章节中所说明的那样，尽管德宾本人已经创造出德宾 $h$ 检验用于检测在这种情形下的序列相关性，但如果滞后因变量像模型（7.22）中的那样作为解释变量出现在模型中，我们就不能够使用德宾-沃森 $d$ 统计量来检测 $v_t$ 的自相关性。由于上述原因，尽管考伊克模型很简洁，但还是引起了较大的估计问题。那么相应的解决措施是什么呢？

首先，由于误差项 $v_t$ 是自相关的，因此即使 OLS 估计量仍然是一致的，OLS 估计量的标准误也是不可靠的。但我们可以使用在自相关章节中所讨论的 HAC 标准误来解决这个问题。

更严重的问题是，滞后的 $Y_t$ 和误差项 $v_t$ 间存在相关关系。正如我们在之前的讨论中所知道的，在这种情形下，OLS 估计量甚至都不是一致的。该问题的一种解决办法是为滞后因变量 $Y_{t-1}$ 寻找一个代理变量，这个代理变量要与 $Y_{t-1}$ 高度相关然而与误差项 $v_t$ 不相关。这样的代理变量称为工具变量，但寻找工具变量并非总是易事。[③] 在下面所讨论的例子中，我们将展示如何能够找到消费模型中滞后消费支出的代理变量。

---

[①] 这是因为从长期看，$Y^* = Y_t = Y_{t-1}$，因此，将 $Y_{t-1}$ 移到模型（7.22）的左边并化简，我们就得到了所看到的长期影响系数。

[②] 对此及之前论点的证明，参见 Gujarati/Porter, *op cit.*, p. 635。

[③] 第 19 章将会讨论工具变量估计的方法。

## □ 一个阐释性例子

为了说明模型（7.22），我们可以使用美国1960—2009年个人消费支出（PCE）和可支配（即税后）收入（DPI）的相关数据（以2005年美元为基准）（参看本章后的数据附录）。

对于我们的例子，使用OLS便可得到表7-16中的结果。

**表7-16 对模型（7.22）进行回归的OLS结果**

Dependent Variable：PCE
Method：Least Squares
Sample(adjusted)：1961 2009
Included Observations：49 after adjustments

| Variable | Coefficient | Std. Error | t-Statistic | Prob. |
|---|---|---|---|---|
| C | −485.884 9 | 197.524 5 | −2.459 872 | 0.017 7 |
| DPI | 0.432 575 | 0.081 641 | 5.298 529 | 0.000 0 |
| PCE（−1） | 0.559 023 | 0.084 317 | 6.630 052 | 0.000 0 |
| R-squared | 0.998 251 | Mean dependent var | 19 602.16 | |
| Adjusted R-squared | 0.998 175 | S. D. dependent var | 6 299.838 | |
| S. E. of regression | 269.155 8 | Akaike info criterion | 14.087 73 | |
| Sum squared resid | 3 332 462. | Schwarz criterion | 14.203 55 | |
| Log likelihood | −342.149 3 | Hannan-Quinn criter. | 14.131 67 | |
| F-statistic | 13 125.09 | Durbin-Watson stat | 0.708 175 | |
| Prob(F-statistic) | 0.000 000 | | | |

在存在自相关时由于OLS标准误的问题，我们获得了消费函数的稳健标准误（即纽韦-韦斯特标准误），这生成了表7-17中的结果。

**表7-17 具有稳健标准误的回归结果**

Dependent Variable：PCE
Method：Least Squares
Sample(adjusted)：1961 2009
Included Observations：49 after adjustments
HAC standard errors & covariance(Bartlett kernel, Newey-West fixed bandwidth=4.000 0)

| Variable | Coefficient | Std. Error | t-Statistic | Prob. |
|---|---|---|---|---|
| C | −485.884 9 | 267.761 4 | −1.814 619 | 0.076 1 |
| DPI | 0.432 575 | 0.098 339 | 4.398 823 | 0.000 1 |
| PCE（−1） | 0.559 023 | 0.102 057 | 5.477 587 | 0.000 0 |
| R-squared | 0.998 251 | Mean dependent var | 19 602.16 | |
| Adjusted R-squared | 0.998 175 | S. D. dependent var | 6 299.838 | |
| S. E. of regression | 269.155 8 | Akaike info criterion | 14.087 73 | |
| Sum squared resid | 3 332 462. | Schwarz criterion | 14.203 55 | |
| Log likelihood | −342.149 3 | Hannan-Quinn criter. | 14.131 67 | |
| F-statistic | 13 125.09 | Durbin-Watson stat | 0.708 175 | |
| Prob(F-statistic) | 0.000 000 | | | |

尽管在两个表中所估计的回归系数是相同的（因为它们都遵守 HAC 的步骤），但在 HAC 情形下所估计的标准误或多或少要高一点。尽管如此，正如 $t$ 估计值的 $p$ 值较低所反映的那样，所有估计的系数在统计上仍然都是高度显著的。这可能意味着在当前例子中，自相关的问题也许不太严重。

暂时接受这些结果，我们仍需解决的是滞后的 PCE 和误差项间相关的可能性，可支配收入的短期边际消费倾向（MPC）大约为 0.43，而长期的 MPC 大约为 0.98。[①] 即，当消费者有足够的时间对可支配收入增加 1 美元做出调整时，从长期看他们的平均消费支出几乎也会增加 1 美元，但从短期看，消费只会增加大约 43 美分。

所估计的 $\lambda$ 大约为 0.56，正如所期望的那样，位于 0 和 1 之间。因此，PCE 对 DPI 变化的调整速度既不是特别慢也不是特别快。

为了理解 PCE 对 DPI 增加的调整速度有多快，我们可以计算所谓的**中位数滞后时间**（median lag time）和**平均滞后时间**（mean lag time）。中位数滞后时间是指 DPI 中一单位的持续变化所引起的 PCE 总变化的前一半或 50% 所需的时间。平均滞后时间是所有涉及的滞后时间的加权平均，以各自的 $B$ 系数作为权数。

对于考伊克模型，可得到这些滞后时间如下：

$$中位数滞后时间 = -\frac{\log 2}{\log \lambda}$$

以及

$$平均滞后时间 = \frac{\lambda}{1-\lambda}$$

读者可以自己证明，对于当前的例子，中位数和平均滞后时间分别大约为 1.19 和 1.27，注意 $\lambda$ 大约为 0.56。在前面的公式中平均 PCE 总变化的 50% 所需的中位数滞后时间大约为 1.2 年，在后面的公式中平均滞后时间大约为 1.3 年。

如前所述，方程（7.22）中滞后的 DPI 和误差项可能是相关的，这使得表 7-16 中的结果变得不可信，因为在这样的情形下 OLS 估计量甚至都不是一致的。我们能为方程（7.22）中滞后的 PCE 寻找一个既与滞后的 PCE 高度相关又与误差项不相关的代理变量吗？由于滞后的 PCE 和滞后的 DPI 可能是高度相关的，而且根据假设，后者是（弱）外生的，因此我们可以使用滞后的 DPI 作为滞后的 PCE 的代理变量。[②]

因此，不估计方程（7.22），我们可以估计

$$PCE_t = A + B_1 DPI_t + B_2 DPI_{t-1} + u_t \tag{7.23}$$

这是一个有限次 DLM。带有 HAC 误差的回归结果如表 7-18 所示。

---

[①] 这是通过 $0.432\,5/(1-\lambda) = 0.432\,5/0.411$ 得到的，其中 $\lambda = 0.559\,0$。
[②] 计算结果会显示，二者的相关系数大约为 0.998。

表 7 - 18　使用 HAC 标准误对方程（7.23）进行回归的结果

Dependent Variable：PCE
Method：Least Squares
Sample(adjusted)：1961 2009
Included Observations：49 after adjustments
HAC standard errors & covariance（Bartlett kernel，Newey-West fixed bandwidth=4.000 0）

| Variable | Coefficient | Std. Error | t-Statistic | Prob. |
|---|---|---|---|---|
| C | −142 5.511 | 372.368 6 | −3.828 224 | 0.000 4 |
| DPI | 0.934 361 | 0.175 986 | 5.309 287 | 0.000 0 |
| DPI（−1） | 0.038 213 | 0.177 358 | 0.215 455 | 0.830 4 |

| | | | |
|---|---|---|---|
| R-squared | 0.996 583 | Mean dependent var | 19 602.16 |
| Adjusted R-squared | 0.996 434 | S. D. dependent var | 6 299.838 |
| S. E. of regression | 376.194 1 | Akaike info criterion | 14.757 36 |
| Sum squared resid | 6 510 013. | Schwarz criterion | 14.873 18 |
| Log likelihood | −358.555 3 | Hannan-Quinn criter. | 14.801 30 |
| F-statistic | 6 707.481 | Durbin-Watson stat | 0.351 356 |
| Prob（F-statistic） | 0.000 000 | | |

在回归中滞后的 DPI 系数在统计上是不显著的，这可能是由于当前的和滞后的 DPI 高度相关造成的。如果你将当前的和滞后的 DPI 系数相加，其和大约为 0.972 5，这也就是长期 MPC。

应当说明的是，我们所选的代理变量也许并不是最佳的那一个。[①] 但正如之前所说明的，以及在第 19 章将会更加仔细讨论的那样，寻找合适的代理变量并非总是易事。

## □ 自回归分布滞后模型

到目前为止，我们已经研究了自回归和分布滞后模型。我们可以将这些模型的特征融合在一个更加一般的动态回归模型中，称为**自回归分布滞后模型**（autoregressive distributed lag model，ARDL）。

为了保持讨论的简洁，我们考虑一个因变量或回归子 $Y$ 和一个解释变量或回归元 $X$ 的情况，该讨论可以拓展到包含多个回归子和多个回归元的模型，这一主题会在第 13 章和第 16 章予以更充分的探讨。现在我们来考虑如下模型：

$$Y_t = A_0 + A_1 Y_{t-1} + A_2 Y_{t-2} + \cdots + A_p Y_{t-p} + B_0 X_t + B_1 X_{t-1}$$
$$+ B_2 X_{t-2} + \cdots + B_q X_{t-q} + u_t \tag{7.24}$$

该方程可以写得更加紧凑：

$$Y_t = A_0 + \sum_{i=1}^{p} A_i Y_{t-i} + \sum_{i=0}^{q} B_i X_{t-i} + u_t \tag{7.25}$$

在这个模型中，滞后的 $Y$ 构成 ARDL($p$，$q$) 模型的自回归部分，滞后的 $X$ 构成其

---

[①]　如果有消费者财富（W）的相关数据，我们可以使用滞后的 W 作为滞后的 DPI 的替代量，因为它们可能是高度相关的。然而，寻找消费者财富的相关数据并不容易。

计量经济学：原理与实践（第二版）

分布部分，因为模型中有 $p$ 个自回归项和 $q$ 个分布滞后项。

这样的 ARDL 模型的优点在于，其不仅反映了滞后的 $Y$ 的动态影响，也反映了滞后的 $X$ 的动态影响。如果模型中两种变量的滞后项数目足够多，我们就可以消除误差项的自回归，模型中滞后项数目的选择是由赤池或类似的信息准则决定的。这样的模型经常用于预测和估计模型中回归元的乘数影响。

在考虑该模型的估计和解释，以及回归子、回归元和误差项的性质之前，我们应当知道为什么这些模型可能在实证研究中非常有用。[①] 著名的**菲利普斯曲线**（Phillips curve）是一个经典的例子。基于历史数据，菲利普斯发现通货膨胀和失业率之间存在反向的关系，尽管原始的菲利普斯曲线通过几种方法被修改过。[②] 由于当前的通货膨胀可能受滞后的通货膨胀（由于惯性）以及当前的和过去的失业率的影响，所以建立一个 ARDL 模型用于预测和政策的制定是合理的。[③] 再举一个例子，考虑一种产品的销售额和该产品广告支出的关系。一种产品在当前时期的销售额可能取决于该产品前一期的销售额以及当期和前一期的广告支出。

在消费函数例子中，我们也可以认为当前的消费支出取决于过去的消费支出以及当前和过去的收入水平，滞后项的数目是根据经验使用合适的信息准则——例如，赤池信息准则——来决定的。

为了最小程度地使用代数，我们把消费函数设为一个 ARDL(1，1) 模型。

$$Y_t = A_0 + A_1 Y_{t-1} + B_0 X_t + B_1 X_{t-1} + u_t, \ A_1 < 1 \qquad (7.26)[④]$$

其中 $Y = \text{PCE}$，$X = \text{DPI}$。

即，当期的个人消费支出不仅与前一期的个人消费支出相关，还与当期和滞后一期的可支配收入相关。

模型（7.26）的一个重要特征在于，它能使我们发现 DPI 的变化对当前和未来 PCE 值的动态影响。DPI 单位变化的直接影响称为**即期乘数**（impact multiplier），即系数 $B_0$。如果 DPI 的单位变化是持续的，可以证明长期乘数如下：

$$长期乘数 = \frac{B_0 + B_1}{1 - A_1} \qquad (7.27)$$

因此，如果 DPI 增加一个单位（比如，1 美元）并得以持续，PCE 预期的累积增量由方程（7.27）给出。[⑤] 换言之，如果 DPI 的单位增量是可持续的，那么方程（7.27）给出了 PCE 的长期持久增量。

为了说明消费例子中的 ARDL(1，1)，我们需要作一定的假设。第一，变量 $Y$ 和 $X$

---

① 更加细致和高深的讨论，参见 Henry, D. F., *Dynamic Econometrics*, Oxford University Press, New York，1995。

② 各种形式的菲利普斯曲线的年表，可参见 Gordon, R. J. (2008), The history of the Phillips curve: an American perspective 在计量经济学会澳大利亚峰会上的主题演讲。

③ 具体例子，参见 Carter Hill, R., Griffiths, W. E. and Lim, G. C., *Principles of Econometrics*, 3rd edn，Wiley，New York，2011，pp. 367-369。

④ 如果违背条件 $A_1 < 1$，那么 $Y$ 就会表现出不稳定性。

⑤ 该结果的推导，参见 Verbeek, M., *A Guide to Modern Econometrics*, 3rd edn，Wiley，Chichester，UK，2008，pp. 324-325。

是固定的。[①] 第二，给定方程（7.26）或更一般的方程（7.24）中回归元的值，误差项 $u_t$ 的预期均值为 0。第三，如果方程（7.24）中的误差项是序列不相关的，那么模型（7.24）或当前模型（7.26）中通过 OLS 估计得到的系数将是一致的（从统计意义上讲）。然而，如果误差项是自相关的，那么方程（7.26）或方程（7.24）中滞后的 $Y$ 项将与误差项相关，在这种情形下 OLS 估计量将是非一致的。因此，我们需要通过在自相关章节中讨论过的任一方法来确定误差项是否自相关。第四，我们假设 $X$ 变量是外生的，至少在一定程度上是。即，它们与误差项不相关。

现在我们回到阐释性的例子。模型（7.26）的结果如表 7-19 所示。

表 7-19　模型（7.26）的 OLS 估计

Dependent Variable：PCE
Method：Least Squares
Sample(adjusted)：1961 2009
Included Observations：49 after adjustments

| Variable | Coefficient | Std. Error | t-Statistic | Prob. |
|---|---|---|---|---|
| C | −281. 201 9 | 161. 071 2 | −1. 745 823 | 0. 087 7 |
| DPI | 0. 824 591 | 0. 097 977 | 8. 416 208 | 0. 000 0 |
| PCE （−1） | 0. 805 356 | 0. 081 229 | 9. 914 632 | 0. 000 0 |
| DPI （−1） | −0. 632 942 | 0. 118 864 | −5. 324 935 | 0. 000 0 |
| R-squared | 0. 998 927 | Mean dependent var | | 19 602. 16 |
| Adjusted R-squared | 0. 998 855 | S. D. dependent var | | 6 299. 838 |
| S. E. of regression | 213. 141 5 | Akaike info criterion | | 13. 639 90 |
| Sum squared resid | 2 044 318. | Schwarz criterion | | 13. 794 33 |
| Log likelihood | −330. 177 5 | Hannan-Quinn criter. | | 13. 698 49 |
| F-statistic | 13 962. 93 | Durbin-Watson stat | | 1. 841 939 |
| Prob(F-statistic) | 0. 000 000 | | | |

我们暂且假设该模型是有效的，回归结果显示 DPI 的单位变化对 PCE 的即期乘数大约是 0.82。如果该单位变化是可持续的，那么由方程（7.27）可得长期乘数大约为 0.984 1。[②] 正如所期望的那样，长期乘数大于短期乘数。因此，1 美元可持续的 DPI 增量最终会使 PCE 平均增加 98 美分。

考虑到误差项序列相关的可能性，我们使用 HAC 程序重新对表 7-19 中的模型加以估计。回归结果如表 7-20 所示。

HAC 程序并未在本质上改变所估计的标准误，也许这意味着在我们的模型中序列相关问题可能并不太严重。

在 ARDL$(p, q)$ 模型中，使用我们的数据尝试 $p$ 和 $q$ 的不同滞后值，并将结果与 ARDL（1，1）模型的结果加以比较，我们将这项任务留给读者完成。

---

① 广义上说，如果时间序列的均值和方差从长期看是常数，以及两个时期间的协方差的值仅仅取决于这两个时期间的时长而不是计算协方差时的实际时间，那么时间序列就是稳定的。第 13 章将对该主题进行更加详细的讨论。

② 长期乘数＝$(B_0+B_1)/(1-A_1)$＝$(0.824 5-0.632 9)/(1-0.805 3)$＝0.984 1（大约）。

**表 7 - 20　具有 HAC 标准误的模型 (7.26) 的 OLS 估计**

Dependent Variable：PCE
Method：Least Squares
Sample(adjusted)：1961 2009
Included Observations：49 after adjustments
HAC standard errors & covariance(Bartlett kernel，Newey-West fixed bandwidth=4.000 0)

| Variable | Coefficient | Std. Error | t-Statistic | Prob. |
|---|---|---|---|---|
| C | −281.201 9 | 117.308 8 | −2.397 107 | 0.020 7 |
| PCE（−1） | 0.805 356 | 0.071 968 | 11.190 44 | 0.000 0 |
| DPI | 0.824 591 | 0.114 989 | 7.171 026 | 0.000 0 |
| DPI（−1） | −0.632 942 | 0.119 717 | −5.286 977 | 0.000 0 |

| | | | |
|---|---|---|---|
| R-squared | 0.998 927 | Mean dependent var | 19 602.16 |
| Adjusted R-squared | 0.998 855 | S. D. dependent var | 6 299.838 |
| S. E. of regression | 213.141 5 | Akaike info criterion | 13.639 90 |
| Sum squared resid | 2 044 318. | Schwarz criterion | 13.794 33 |
| Log likelihood | −330.177 5 | Hannan-Quinn criter. | 13.698 49 |
| F-statistic | 13 962.93 | Durbin-Watson stat | 1.841 939 |
| Prob(F-statistic) | 0.000 000 | | |

## □ 预　测

我们如何使用模型（7.26）进行预测呢？假如我们想预测 2010 年的 PCE，即 2009 年的前一期（我们的样本数据截至 2009 年）。也就是说，我们想估计 $PCE_{2010}$。我们可以把模型往前推一期如下：

$$PCE_{2010} = A_0 + A_1 Y_{2009} + B_0 X_{2010} + B_1 X_{2009} + u_{2010} \tag{7.28}$$

此处我们知道 $Y_{2009}$ 和 $X_{2009}$ 的值。但我们不知道 $X_{2010}$ 和 $u_{2010}$ 的值。我们可以猜测估计 $X_{2010}$ 或通过第 16 章经济预测中所讨论的任一预测方法得到它的值。我们可以将 $u_{2010}$ 的值设为 0，然后使用表 7 - 19 中的参数，就能够估计出 $PCE_{2010}$ 的值。

一个类似的程序也可以用于 PCE 向前多期的预测。但我们将计算 PCE 向前一期或向前多期的预测值的任务留给读者。

## □ 总结性评论

在这一部分我们讨论了三种动态回归模型：自回归模型、分布滞后模型和自回归分布滞后模型。我们首先考虑的是一个无限次 DLM，但因为其涉及要估计无限多个参数，所以我们通过考伊克转换将其变成一个自回归模型。运用关于美国 1960—2009 年个人真实消费支出和真实可支配收入的数值实例，我们展示了这些模型是如何被估计的，并说明了这些模型的隐含假设和一些估计问题。

我们也讨论了一个简单的自回归分布滞后模型 ARDL（1，1），该模型结合了自回归模型和分布滞后模型二者的特点，并展示了如何计算回归元一单位持久增量的短期和长期乘数。我们也讨论了该模型的隐含假设以及一些估计步骤。我们还简要讨论了基于 ARDL 模型如何对未来时期的值进行预测。

动态回归模型的主题较大，并且所涉及的数理知识复杂。在本节，我们已经触及了这些模型的本质特征。对这些模型的进一步学习，建议读者翻阅相关的参考资料。

## 7.11 要点与结论

在本章，我们较多地涉及了计量经济学模型中的各种实践主题。

如果我们遗漏了回归模型中的相关变量，那么在简化模型中所估计的系数和 OLS 估计量的标准误是有偏的，同时也是不一致的。我们介绍了用于检测相关变量遗漏偏差的 RESET 检验和拉格朗日乘子检验。

如果我们往模型中加入了不必要的变量，那么该扩展模型的 OLS 估计量仍是 BLUE 的。我们付出的唯一代价是，所估计系数效率的损失（即标准误的提高）。

回归模型合适的函数形式是一个在实践中经常遇到的问题，特别是我们在线性和对数线性模型之间做选择时更是如此。我们使用美国 50 个州和华盛顿特区的柯布-道格拉斯生产函数作为例子，说明了在做选择时该如何比较这两个模型。

在实证研究中，测量误差是一个常见的问题，特别是当我们依赖二手数据时，这种情况更为普遍。我们说明了如果解释变量存在测量误差，这些误差的后果就比较严重，因为在这种情况下 OLS 估计量是不一致的。如果因变量存在测量误差，那么该误差将不会造成严重的问题。然而，在实践中发现测量误差并非易事。第 19 章将讨论的工具变量经常被作为该问题的一项补救措施。

通常我们使用样本数据去获得对相关总体的推断。但如果在样本数据中存在非正常的观测值或异常值，那么基于这些数据得出的结论可能就会具有误导性。因此，我们需要特别注意异常的观测值。在去除异常观测值前，我们必须很仔细地查明它们为什么会在数据中出现。有时，它们是由记录或抄录数据时的人为错误造成的。我们使用吸烟数量和死于肺癌的人数的相关数据说明了异常值的问题，这些数据来自全球不同地区的 11 个国家。

经典正态线性回归模型的一个假设是，模型中的误差项服从正态分布。这个假设在实践中并不总是成立的。我们已经说明，只要经典线性回归模型（CLRM）的假设成立，并且样本容量较大，即使误差项不是服从正态分布的，我们仍能够使用 $t$ 和 $F$ 显著性检验。

最后，我们讨论了联立性偏差问题，如果使用 OLS 估计嵌入在联立方程组中的方程时就会出现该问题。如果在这种情形中盲目使用 OLS，那么所得的 OLS 估计量既是有偏的又是非一致的。我们还有估计联立方程的其他备选方法，例如，间接最小二乘法（ILS）或者两阶段最小二乘法（2SLS）。在本章中我们说明了如何使用 ILS 估计简单凯恩斯总收入决定模型中的消费支出函数。

计量经济学：原理与实践（第二版）

7.1 对于文中所讨论的工资决定模型，你如何确定工资数据中是否存在异常值？如果找到了异常值，你如何确定它们是否为影响力点？你会如何处理它们？写出必要的细节。

7.2 本章所讨论的各种工资决定模型中，你如何确定误差方差是不是异方差的？如果你的发现是肯定的，如何解决这个问题？

7.3 在异方差性章节中，我们讨论了稳健标准误或者怀特异方差修正标准误。对于工资决定模型，陈述其稳健标准误并将它们与普通的 OLS 标准误进行比较。

7.4 你认为还有什么变量应被纳入工资决定模型中？该变量会如何改变文中所讨论的模型？

7.5 使用表 7-21 中所给的数据确定吸烟对膀胱癌、肾癌和白血病的影响。设定你所使用的模型的函数形式，并陈述你的结果。你如何确定吸烟的影响是否取决于癌症的种类？如果有影响，造成这种差别的原因是什么？

7.6 继续习题 7.5。在癌症数据中是否存在异常值？如果有，请找出它们。并阐述你如何对待异常值。

7.7 在癌症数据中，对于每一种癌症我们有 43 个观测值，所有种类癌症的观测值总数为 172。假设现在你要估计下列回归模型：

$$C_i = B_1 + B_2 Cig_i + B_3 Lung_i + B_4 Kidney_i + B_5 Leukemia_i + u_i$$

其中，$C$＝因癌症而死亡的人数；$Cig$＝吸烟的数量；$Lung$＝虚拟变量，若是肺癌则取值为 1，其他则取值为 0；$Kidney$＝虚拟变量，若是肾癌则取值为 1，其他则取值为 0；$Leukemia$＝1 若为白血病，否则为 0。把因膀胱癌而死亡的人数作为一个参考组。

(a) 估计该模型，得到普通回归结果。

(b) 你如何解释各虚拟变量的系数？

(c) 在该模型中截距项 $B_1$ 该如何解释？

(d) 在单独估计每一种因与吸烟相关的癌症而死亡的人数时，虚拟变量回归模型的优点是什么？

**注**：将因各种癌症而死亡的人数叠加起来，以生成因变量的 172 个观测值。类似地，将吸烟的数量叠加起来以产生回归元的 172 个观测值。

7.8 在表 7-7 的工资对数回归中，误差项是非正态分布的。然而，工资对数却是服从正态分布的。这是否相互矛盾？如果矛盾，造成它们彼此差异的原因是什么？

7.9 考虑下列联立方程模型：

$$Y_{1t} = A_1 + A_2 Y_{2t} + A_3 X_{1t} + u_{1t} \tag{1}$$
$$Y_{2t} = B_1 + B_2 Y_{1t} + B_3 X_{2t} + u_{2t} \tag{2}$$

在该模型中 $Y$ 是内生变量，$X$ 是外生变量，$u$ 是随机误差项。

(a) 求简化型回归。

(b) 上面哪一个方程是可识别的？

(c) 对于可识别的方程，你将会使用哪一种方法来获得结构系数？

(d) 假如先前我们已经知道 $A_3$ 为 0。你会改变上述问题的答案吗？为什么？

7.10 对于 ARDL(1，1) 模型，长期乘数由方程 (7.27) 给出。作为一个阐释性例子，假设我们要估计下面的简单回归模型：

$$PCE_t = C_1 + C_2 DPI_t + u_t$$

估计该回归，并证明 $C_2$ 与方程（7.27）中的长期乘数相等，你能猜测为什么会这样吗？你能对此进行正式的证明吗？

7.11 表 7-22 中的数据取自莫尔丁（Mauldin）和贝雷尔森（Berelson）的一项知名研究。[1]

**表 7-22 计划生育、社会环境以及 20 个拉丁美洲国家在 1965—1975 年间生育率的升降**

| 国家 | 出生率改变量 | 社会环境指数 | 计划生育程度 |
|---|---|---|---|
| 玻利维亚 | 1 | 46 | 0 |
| 巴西 | 10 | 74 | 0 |
| 智利 | 29 | 89 | 16 |
| 哥伦比亚 | 25 | 77 | 16 |
| 哥斯达黎加 | 29 | 84 | 21 |
| 古巴 | 40 | 89 | 15 |
| 多米尼加共和国 | 21 | 68 | 14 |
| 厄瓜多尔 | 0 | 70 | 6 |
| 萨尔瓦多 | 13 | 60 | 13 |
| 危地马拉 | 4 | 55 | 9 |
| 海地 | 0 | 35 | 3 |
| 洪都拉斯 | 7 | 51 | 7 |
| 牙买加 | 21 | 87 | 23 |
| 墨西哥 | 9 | 83 | 4 |
| 尼加拉瓜 | 7 | 68 | 0 |
| 巴拿马 | 22 | 84 | 19 |
| 巴拉圭 | 6 | 74 | 3 |
| 秘鲁 | 2 | 73 | 0 |
| 特立尼达和多巴哥 | 29 | 84 | |
| 委内瑞拉 | 11 | 91 | |

变量是环境（社会环境指数）、计划生育程度（计划生育效率的指数）、出生率改变量（人口出生率的下降幅度），时间范围是 1965—1975 年，数据范围是拉丁美洲的 20 个国家。

(a) 构建一个合适的方程，探究环境和计划生育程度是如何影响出生率改变量的。

(b) 因为我们使用的数据是横截面数据，因此模型中是否存在异方差性是值得怀疑的，请你利用学过的手段进行检验，并给出结论。

(c) 你怀疑这组数据中存在异常值吗？如果是的话，请你提供一种正规的方法以检验数据中是否存在异常值。

(d) 在考虑（b）和（c）中情况的前提下，请你重新对最初的模型进行估计，并给出结果。

---

[1] 参见 Mauldin, P. W. and Berelson, B. (1978), Condition of fertility decline in developing countries，1965—75，*Studies in Family Planning*，9，89－147，版权归约翰·威利父子出版公司所有。

计量经济学：原理与实践（第二版）

## ■ 附录：消费函数 OLS 估计量的非一致性

边际消费倾向的 OLS 估计量是由下列 OLS 公式给出的：

$$b_2 = \frac{\sum c_t y_t}{\sum y_t^2} = \frac{\sum C_t y_t}{\sum y_t^2} \tag{1}$$

其中，$c$ 和 $y$ 是与均值的离差，即 $c_t = C_t - \bar{C}$。

现在将等式（7.8）代入式（1），可以得到：

$$b_2 = \frac{\sum (B_1 + B_2 Y_t + u_t) y_t}{\sum y_t^2}$$

$$= B_2 + \frac{\sum y_t u_t}{\sum y_t^2} \tag{2}$$

此处用到了 $\sum y_t = 0$ 和 $\sum Y_t u_t / \sum y_t^2 = 1$。

取等式（2）的期望值，我们得到：

$$E(b_2) = B_2 + E\left[\frac{\sum y_t u_t}{\sum y_t^2}\right] \tag{3}$$

由于期望算子 $E$ 是一个线性算子，我们不能计算等式中非线性的第二项的期望值。除非最后一项为 0，否则 $b_2$ 是一个有偏估计量。随着样本的无限增大，这种有偏性会消失吗？换言之，OLS 估计量是一致性的吗？回想一下，如果估计量的概率极限（$plim$）等于其真实的总体值，我们就称其是一致性的。对此，我们可以取方程（3）的概率极限（$plim$）：

$$plim(b_2) = plim(B_2) + plim\left[\frac{\sum y_t u_t / n}{\sum y_t^2 / n}\right]$$

$$= B_2 + \frac{plim(\sum y_t u_t / n)}{plim(\sum y_t^2 / n)} \tag{4}$$

其中使用的是概率极限算子的性质，即一个常数的概率极限（例如 $B_2$）是常数本身，两个个体之比的概率极限等于它们各自的概率极限之比。

随着样本的无限增大，我们可以得到：

$$plim(b_2) = B_2 + \frac{1}{1 - B_2}\left(\frac{\sigma_u^2}{\sigma_y^2}\right) \tag{5}$$

其中 $\sigma_u^2$ 和 $\sigma_y^2$ 分别是 $u$ 和 $Y$ 的（总体）方差。

由于 $B_2$（MPC）处于 0 到 1 之间，而且由于这两个方差都是正的，所以 $b_2$ 的概率极

限明显比 $B_2$ 的大，即 $b_2$ 高估了 $B_2$，无论样本多大都是如此。换言之，$b_2$ 不仅是有偏的，还是不一致的。

**数据附录**

| 年份 | PCE | DPI | 年份 | PCE | DPI |
|------|------|------|------|------|------|
| 1960 | 9 871.00 | 10 865.00 | 1985 | 19 037.00 | 21 571.00 |
| 1961 | 9 911.00 | 11 052.00 | 1986 | 19 630.00 | 22 083.00 |
| 1962 | 10 243.00 | 11 413.00 | 1987 | 20 055.00 | 22 246.00 |
| 1963 | 10 512.00 | 11 672.00 | 1988 | 20 675.00 | 22 997.00 |
| 1964 | 10 985.00 | 12 342.00 | 1989 | 21 060.00 | 23 385.00 |
| 1965 | 11 535.00 | 12 939.00 | 1990 | 21 249.00 | 23 568.00 |
| 1966 | 12 050.00 | 13 465.00 | 1991 | 21 000.00 | 23 453.00 |
| 1967 | 12 276.00 | 13 904.00 | 1992 | 21 430.00 | 23 985.00 |
| 1968 | 12 856.00 | 14 392.00 | 1993 | 21 904.00 | 24 044.00 |
| 1969 | 13 206.00 | 14 706.00 | 1994 | 22 466.00 | 24 517.00 |
| 1970 | 13 361.00 | 15 158.00 | 1995 | 22 803.00 | 24 951.00 |
| 1971 | 13 696.00 | 15 644.00 | 1996 | 23 325.00 | 25 475.00 |
| 1972 | 14 384.00 | 16 228.00 | 1997 | 23 899.00 | 26 061.00 |
| 1973 | 14 953.00 | 17 166.00 | 1998 | 24 861.00 | 27 299.00 |
| 1974 | 14 693.00 | 16 878.00 | 1999 | 25 923.00 | 27 805.00 |
| 1975 | 14 881.00 | 17 091.00 | 2000 | 26 939.00 | 28 899.00 |
| 1976 | 15 558.00 | 17 600.00 | 2001 | 27 385.00 | 29 299.00 |
| 1977 | 16 051.00 | 18 025.00 | 2002 | 27 841.00 | 29 976.00 |
| 1978 | 16 583.00 | 18 670.00 | 2003 | 28 357.00 | 30 442.00 |
| 1979 | 16 790.00 | 18 897.00 | 2004 | 29 072.00 | 31 193.00 |
| 1980 | 16 538.00 | 18 863.00 | 2005 | 29 771.00 | 31 318.00 |
| 1981 | 16 623.00 | 19 173.00 | 2006 | 30 341.00 | 32 271.00 |
| 1982 | 16 694.00 | 19 406.00 | 2007 | 30 838.00 | 32 648.00 |
| 1983 | 17 489.00 | 19 868.00 | 2008 | 30 479.00 | 32 514.00 |
| 1984 | 18 256.00 | 21 105.00 | 2009 | 30 042.00 | 32 637.00 |

注：表中数据是 2005 年的连锁美元。
资料来源：美国商务部。数据可以在美国圣路易斯联邦储备银行的网站上找到。

# 第三部分

横截面数据主题

# 第 8 章

# logit 和 probit 模型

本章和接下来的四章都将讨论和学习**广义线性模型**（generalized linear model，GLM），正如序言中提到的，各种广义线性模型都是经典线性模型的推广，它们在因变量或回归子均值的回归参数是非线性函数这一情况下非常有用，此时，因变量不是正态分布，误差方差也可能存在异方差性。

GLM 的两个关键特征是：一个**联结**（link）函数和可能属于各种非正态分布形式的误差项分布，如二项分布、泊松分布、伽马和逆高斯分布。

在 GLM 中，回归元的条件均值不能简单地写为回归参数的线性函数，但是一个选择得当的联结函数可以将一些回归元条件均值的非线性函数转化为参数中的线性函数。相反，在线性回归模型中，因为回归元条件均值的回归参数是线性函数，我们就不必再费此周折。

在本章和接下来的四章中，我们将会介绍一系列的联结函数，它们将会向我们展示如何处理回归参数本质为非线性函数的回归模型。

让我们从这些模型中相对最简单的开始吧，那就是 logit 和 probit 模型。

## 8.1 一个阐释性例子：吸烟或者不吸烟

此处所用数据为 1 196 名美国男子的随机样本。[①] 表 8-1 中给出了样本数据，读者可以在本书配套网站上找到。

在分析中用到的变量如下：

*Smoker*＝1，吸烟者；0，不吸烟者

*Age*＝年龄

---

① 资料来源：Mullahy, J. (1997), Instrumental variable estimation of count data models: applications to models of cigarette smoking behavior, *Review of Economics and Statistics*, 79 (4), 580-93. ⓒ1997 by the President and Fellows of Harvard College and the Massachusetts Institute of Technology.

*Education*＝受教育年限

*Income*＝家庭收入

*Pcigs*＝1979 年美国各州的香烟价格

## 8.2 线性概率模型

由于因变量——即吸烟者——是一个名义变量，我们用数值 1 代表吸烟者，0 代表不吸烟者。假设我们依据惯例运用普通最小二乘法（OLS），从年龄、受教育年限、家庭收入和香烟价格来推断吸烟行为。即运用以下模型：

$$Y_i = B_1 + B_2 Age_i + B_3 Educ_i + B_4 Income_i + B_5 Pcigs + u_i \tag{8.1}$$

为书写方便，我们写作：

$$Y_i = \boldsymbol{BX} + u_i \tag{8.2}$$

其中 $\boldsymbol{BX}$ 是公式（8.1）的右边。

模型（8.2）称为**线性概率模型**（linear probability model，LPM）。这是因为在给定解释变量的情况下，因变量（吸烟状况）的条件期望可解释为该事件（即吸烟）发生的条件概率（conditional probability）。[①]

通过 Eviews 可得到表 8-2 中的结果，我们来检验一下。

注意，除收入以外的所有变量，各自的统计显著性都至少维持在 10% 的显著性水平。

年龄、受教育年限以及香烟价格都对吸烟有负面影响，这一结果在意料之中。总体来说，所有解释变量均具有统计显著性，$F$ 值的估计值约为 12.00，其 $p$ 值几乎为零。回忆一下，$F$ 值检验的假设是：全部斜率系数同时为零。

现在我们已经估计出线性概率模型，对回归系数的解释如下：如果保持其他变量不

表 8-2　吸烟与否的 LPM 模型

| | Coefficient | Std. Error | t-Statistic | Prob. |
|---|---|---|---|---|
| C | 1.123 089 | 0.188 356 | 5.962 575 | 0.000 0 |
| AGE | −0.004 726 | 0.000 829 | −5.700 952 | 0.000 0 |
| EDUC | −0.020 613 | 0.004 616 | −4.465 272 | 0.000 0 |
| INCOME | 1.03E-06 | 1.63E-06 | 0.628 522 | 0.529 8 |
| PCIGS79 | −0.005 132 | 0.002 852 | −1.799 076 | 0.072 3 |

Dependent Variable：SMOKER
Method：Least Squares
Sample：1 1 196
Included Observations：1 196

| | | | |
|---|---|---|---|
| R-squared | 0.038 770 | Mean dependent var | 0.380 435 |
| Adjusted R-squared | 0.035 541 | S. D. dependent var | 0.485 697 |
| S. E. of regression | 0.476 988 | Akaike info criterion | 1.361 519 |
| Sum squared resid | 270.972 9 | Schwarz criterion | 1.382 785 |
| Log likelihood | −809.188 5 | Durbin-Watson stat | 1.943 548 |
| F-statistic | 12.009 27 | Prob(F-statistic) | 0.000 000 |

---

① 如果 $P_i = \Pr(Y_i = 1)$ 且 $(1 - P_i) = \Pr(Y_i = 0)$，那么 $Y_i$ 的期望值为 $E(Y_i) = 1 \times P_i + 0 \times (1 - P_i) = P_i$。

变，随着年龄的增长，吸烟概率以约为 0.005 的速率递减，这很可能是由吸烟对人体造成的不良影响所致。类似的，如果其他条件不变，受教育年限每增长一年，吸烟概率减少 0.02。同样的，保持其他条件不变，如果香烟价格上涨 1 美元，吸烟概率减少约 0.005。约为 0.038 的 $R^2$ 值看起来似乎很低，但我们没必要太重视它，因为因变量是名义上的，只有 1 和 0 两个值。

为了完善这个模型，我们可以引入交互项，例如，年龄乘以受教育年限，或者受教育年限乘以收入，或者引入受教育年限的平方项或年龄的平方项，来确定这些变量对于吸烟是否存在非线性影响。但这种做法毫无意义，因为 LPM 本身存在一些固有的局限性。

首先，LPM 假定吸烟概率随着解释变量数值的变化而线性地移动，无论数值大小。其次，从逻辑上来讲，概率值必须在 0 和 1 之间，但是我们不能保证 LPM 中估计的概率值在这个范围内。这是因为 OLS 没有考虑到估计概率值必须在 0 和 1 之间这个限制条件。再次，当因变量只有 0 和 1 两个值时，我们常用的假设（即误差项服从正态分布）便不再成立。最后，LPM 中的误差项具有异方差性，使我们不得不对传统的显著性检验产生质疑。

综合上述所有原因，LPM 并不是对二分变量建模的最优选择。文献中讨论过的替代性方法是 logit 模型和 probit 模型。

## 8.3 logit 模型

在吸烟的例子中，我们的首要目标是：给定解释变量的值，估计出吸烟的概率。在构造这样一个概率函数时，我们要记住两个必要条件：（1）随着解释变量的值 $X_i$ 的变化，概率估计值永远不超出 0~1 这个区间；（2）$P_i$ 和 $X_i$ 之间的关系是非线性的，即"随着 $X_i$ 变小，概率趋于 0 的速度越来越慢，而随着 $X_i$ 变得很大，概率趋于 1 的速度也越来越慢"[1]。logit 模型和 probit 模型满足上述两个条件。我们首先来讨论 logit 模型，因为相对来说它在数学上更加简明。

假定在本例中，一个人吸烟或者不吸烟取决于某个不可观测的**效用指数**（utility index）$I_i^*$，该指数又取决于一系列解释变量，如年龄、受教育年限、家庭收入和香烟价格。[2] 我们将这个指数表示为：

$$I_i^* = \boldsymbol{BX} + u_i \tag{8.3}$$

其中 $i=$ 第 $i$ 个人，$u=$ 误差项，$\boldsymbol{BX}$ 的定义见公式（8.2）。

但如何判断这个不可观测的指数与是否吸烟的实际决定之间有何关联呢？我们可以做出以下合理假设：

---

① Aldrich，J. H. and Nelson，F.，*Linear Probability*，*Logit and Probit Models*，Sage Publications，1984，p. 26.

② 效用指数也称为潜变量。

$Y_i = 1$（某人吸烟），若 $I_i^* \geqslant 0$

$Y_i = 0$（某人不吸烟），若 $I_i^* < 0$

也就是说，如果一个人的效用指数 $I$ 超过临界值 $I^*$，那么他（她）会选择吸烟；反之，如果 $I$ 小于 $I^*$，那么这个人会选择不吸烟。注意，尽管大量的医学调查表明吸烟很可能是对健康不利的，但我们并没有认为吸烟对健康有益或有害。

为了使这种方法具有可操作性，我们可以从做出某个选择的概率这一角度来考虑，例如，选择吸烟（即 $Y=1$）：

$$\begin{aligned} \Pr(Y_i = 1) &= \Pr(I^* \geqslant 0) \\ &= \Pr(\boldsymbol{BX} + u_i \geqslant 0) \\ &= \Pr(u_i \geqslant -\boldsymbol{BX}) \end{aligned} \qquad (8.4)$$

现在这个概率取决于 $Y_i$ 的概率分布，而 $Y_i$ 又取决于误差项 $u_i$ 的概率分布。[1] 如果这个概率分布与它的（零）均值对称，那么公式（8.4）可以写为：

$$\Pr(u_i \geqslant -\boldsymbol{BX}) = \Pr(u_i \leqslant \boldsymbol{BX}) \qquad (8.5)$$

因此，

$$P_i = \Pr(Y_i = 1) = \Pr(u_i \leqslant \boldsymbol{BX}) \qquad (8.6)$$

显然 $P_i$ 取决于 $u_i$ 的特定概率分布。记住，一个随机变量取值小于某个特定值的概率是由该变量的**累积分布函数**（cumulative distribution function，CDF）给出的。[2]

logit 模型假定 $u_i$ 的概率分布服从 **logistic 概率分布**（logistic probability distribution），在我们这个例子中可以写为：

$$P_i = \frac{1}{1 + e^{-Z_i}} \qquad (8.7)$$

其中 $P_i =$ 吸烟的概率（即 $Y_i = 1$），且

$$Z_i = \boldsymbol{BX} + u_i \qquad (8.8)$$

$Y = 0$ 的概率，即某人不吸烟，由下式给出：

$$1 - P_i = \frac{1}{1 + e^{Z_i}} \qquad (8.9)$$

**注意：**公式（8.7）和公式（8.9）中的 $Z_i$ 符号不同。

容易证实，随着 $Z_i$ 从 $-\infty$ 变化到 $+\infty$，$P_i$ 从 0 变到 1，而且 $P_i$ 对 $Z_i$（从而对 $X_i$）有非线性关系，这样就满足了上述两个条件。[3]

从模型（8.7）可以看出，$P_i$ 不仅对 $\boldsymbol{X}$ 非线性，而且对参数 $\boldsymbol{B}$ 也是非线性的，那么

---

[1]　注意，$\boldsymbol{B}$ 是固定的，或者说是不随机的，且 $\boldsymbol{X}$ 的值已给定。因此，$Y_i$ 的变化源于 $u_i$ 的变化。

[2]　回顾统计基础，随机变量 $X$ 的累积分布函数 $F(X)$ 的定义是：$F(X) = \Pr(X \leqslant x)$，其中 $x$ 是 $X$ 的某个特定的数值。同时读者可以回忆一下，CDF 曲线很像一条拉长的 S 形曲线。

[3]　$P_i$ 对收入有非线性关系的原因是，比如，依据收益递减规律，随着收入的增长，吸烟者对香烟的消费量会以递减的速率增加。这个规律适用于几乎全部正常商品。

该如何估计呢？我们可以做一个简单的转换，使得模型对自变量和参数都是线性的。参见公式（8.7）和公式（8.9）的比率，即一个人吸烟的概率与不吸烟的概率之比，我们得到：

$$\frac{P_i}{1-P_i}=\frac{1+e^{Z_i}}{1+e^{-Z_i}}=e^{Z_i} \tag{8.10}$$

现在 $P_i/(1-P_i)$ 就是吸烟的**机会比率**（odds ratio，OR）——一个人吸烟的概率与他（她）不吸烟的概率之比。

对公式（8.10）取自然对数，我们会得到一个非常有意思的结果，即：

$$L_i=\ln\left(\frac{P_i}{1-P_i}\right)=Z_i=\boldsymbol{BX}+u_i \tag{8.11}$$

总而言之，公式（8.11）表明，机会比率的对数不仅对自变量是线性的，而且对参数也是线性的。$L_i$ 称为 **logit**（机会比率的对数），从而像式（8.11）这样的模型称为 logit 模型。我们观察到一个有意思的现象：之前讨论的线性概率模型假设 $P_i$ 与 $X_i$ 线性相关，而 logit 模型假设机会比率的对数与 $X_i$ 线性相关。需要注意的一点是，等式（8.10）中给出的机会比率对回归参数是非线性的，但是 logit 联结函数（$L_i$）使机会比率对参数线性，同时也使估计回归参数变得更加简单了。正如在本章介绍中所说的，正确地选择联结函数会使估计本质上的非线性（在参数方面）回归模型这一任务变得更加容易。我们将会在本章接下来的部分见到更多的联结函数。

下面是 logit 模型的一些特点：

1. 随着概率 $P_i$ 从 0 变到 1，logit $L_i$ 从 $-\infty$ 变到 $+\infty$。也就是说，虽然概率必须落在 0 与 1 之间，但 logit 并不受此约束。

2. 虽然 $L_i$ 对 $X_i$ 为线性的，但概率本身却不然。这一性质和概率随 $X_i$ 而线性增大的 LPM 形成了鲜明对比。

3. 若 $L_i$，即 logit，是正的，这就意味着当解释变量的值增加时，吸烟的机会将增大。若 $L_i$ 为负，随着解释变量的值减小，吸烟的机会也减小。

4. 对式（8.11）中给出的 logit 模型解释如下：每个斜率系数表示，$X$ 每变化一单位，有利于吸烟的机会对数如何变化。

5. 一旦估计出 logit 模型的系数，我们就能从公式（8.7）轻易地计算出吸烟的概率，而不仅仅是吸烟的机会。

6. 在 LPM 中，斜率系数衡量的是在其他变量固定的情况下，解释变量每变化一单位对吸烟概率产生的边际效应。这并不适用于 logit 模型，因为解释变量每变化一单位所产生的边际效应不仅取决于该变量的系数，还取决于衡量该变化的概率水平。而后者取决于模型中全部解释变量的值。[①] 但是，像 Eviews 和 Stata 之类的统计软件包，仅凭简单的指令就能计算出边际效应。

现在的问题是：我们如何估算出 logit 模型的参数？

---

① 掌握了微积分的读者可以根据公式（8.7）中的相关变量（的偏导数）作出证明，记住 $Z_i=\boldsymbol{BX}$。注意，用链式法则：$\partial P_i/\partial X_i=\partial P_i/\partial Z_i \cdot \partial Z_i/\partial X_i$。

## □ logit 模型的估计

logit 模型的估计取决于我们用于分析的数据类型。一共有两种数据类型：（1）个体或微观水平上的数据，如同我们吸烟者例子中的数据；（2）群组水平上的数据。我们首先来讨论个体水平上的数据。

### 个体水平上的数据

在吸烟者例子中，我们取得了 1 196 个人的数据。因此，尽管 logit 模型是线性的，但是用通常的 OLS 方法来估计是行不通的。我们来看看原因，注意，若某人吸烟，$P_i = 1$；若某人不吸烟，$P_i = 0$。但如果我们将这些值直接代入 $\text{logit} L_i$，就会得到下面的表达式：

$$L_i = \ln(1/0)，若个体吸烟$$
$$L_i = \ln(0/1)，若个体不吸烟$$

显然这些表达式是没有意义的。因此，要估计 logit 模型，我们不得不求助于其他估计方法。目前运用最广泛且具有统计特性的方法就是**最大似然**（maximum likelihood，ML）法。第 1 章曾简要地讨论过该方法，更多关于 ML 的细节可查阅相关参考书目。[1] 大部分现代的统计软件包都有固定的程序以用 ML 方法对参数进行估计。

我们首先呈现吸烟者例子中用 Eviews 得到的 ML 估计结果（见表 8-3）。

表 8-3　吸烟与否的 logit 模型

Dependent Variable：SMOKER
Method：ML-Binary Logit(Quadratic hill climbing)
Sample：1 1 196
Included Observations：1 196
Convergence achieved after 3 iterations
QML(Huber/White) standard errors & covariance

|  | Coefficient | Std. Error | z-Statistic | Prob. |
| --- | --- | --- | --- | --- |
| C | 2. 745 077 | 0. 821 765 | 3. 340 462 | 0. 000 8 |
| AGE | −0. 020 853 | 0. 003 613 | −5. 772 382 | 0. 000 0 |
| EDUC | −0. 090 973 | 0. 020 548 | −4. 427 431 | 0. 000 0 |
| INCOME | 4. 72E-06 | 7. 27E-06 | 0. 649 033 | 0. 516 3 |
| PCIGS79 | −0. 022 319 | 0. 012 388 | −1. 801 626 | 0. 071 6 |

| McFadden R-squared | 0. 029 748 | Mean dependent var | 0. 380 435 |
| --- | --- | --- | --- |
| S. D. dependent var | 0. 485 697 | S. E. of regression | 0. 477 407 |
| Akaike info criterion | 1. 297 393 | Sum squared resid | 271. 449 5 |
| Schwarz criterion | 1. 318 658 | Log likelihood | −770. 840 9 |
| LR statistic | 47. 267 85 | Restr. log likelihood | −794. 474 8 |
| Prob(LR statistic) | 0. 000 000 | Avg. log likelihood | −0. 644 516 |
| Obs with Dep=0 | 741 | Total obs | 1 196 |
| Obs with Dep=1 | 455 |  |  |

---

[1]　关于 ML 的讨论，请参见 Gujarati/Porter, *op cit*。

我们来检验一下这些结果。年龄和受教育年限这两个变量都具有很高的统计显著性，并有预期的符号。随着年龄的增加，logit 的值逐渐递减，也许是人们出于对健康的考虑——也就是说，随着人们年纪变大，他们吸烟的可能性减小。类似的，受教育程度越高的人越倾向于不吸烟，也许是因为吸烟会带来不利影响。预期香烟价格的系数为负，在大约 7% 的显著性水平上显著。其他条件不变时，香烟价格越高，吸烟的概率越小。收入对吸烟没有统计上可见的影响，大概是因为香烟的开销只占家庭收入的一小部分。

对各种系数的解释如下：保持其他变量不变，举个例子，如果受教育年限增加一年，logit 值平均减少约 0.09，也就是说，有利于吸烟的机会的对数减少约 0.09。对其他系数也可作出类似的解释。

在线性回归模型中，$R^2$ 测算估计模型的拟合优度。更直观的说法是：$R^2$ 测算的是模型中因变量的变化被回归元解释的比例，它永远介于 0 和 1 之间。但是当因变量的取值是 0 或 1 时，这种常规的拟合优度测量方法意义不是很明显。本节将会探讨类似于 $R^2$ 的伪 $R^2$，比如麦克法登（McFadden）$R^2$，记作 $R^2_{MCF}$。和 $R^2$ 一样，$R^2_{MCF}$ 的取值也在 0 和 1 之间。在本例中，它的值是 0.029 7。

另一个衡量拟合优度的方法是计数 $R^2$，定义如下：

$$计数\ R^2 = \frac{正确预测的次数}{总观测次数} \tag{8.12}$$

由于因变量取值为 1 或 0，因此若所预测的概率大于 0.5，那么我们把它归类到 1；若小于 0.5，则将其归类到 0。然后，我们数出正确预测的次数并用上述定义算出计数 $R^2$（见习题 8.3）。

需要强调的是，在二值回归模型中拟合优度是次要的。回归系数的期望符号以及它们统计上和（或）实际上的显著性才是首要的。从表 8-3 中我们能看到，除收入系数外，所有其他系数都各自至少在 10% 的水平上统计显著。我们还可以用**似然比统计量**［likelihood ratio（LR）statistic］（其与线性回归模型中的 F 检验是等价的）来检验全部系数同时为零的零假设。[1] 给定零假设，所有回归元都不具有显著性，LR 统计量服从自由度为解释变量个数的 $\chi^2$ 分布：本例中自由度为 4。

如表 8-3 所示，LR 统计量的值约为 47.26，$p$ 值（即精确的显著性水平）实际上为零，从而拒绝了零假设。因此，我们可以说 logit 模型中的四个变量是决定吸烟习惯的重要因素。

**一个技术性注释：** 表 8-3 给出了两个对数似然统计量——无约束似然统计量（=−770.84）和受约束似然统计量（=−794.47）。后者的取值是假设模型中只有截距项，没有回归元，而无约束似然统计量则是取自包含所有回归元（包括截距）的模型。表 8-3 显示似然比统计量（=λ）约为 47.27，这个值是通过第 1 章附录中给出的公式计算得到的。在本例中，计算得到的似然比 47.27 具有很高的显著性，因为它的 $p$ 值实际为零。[2] 也就是说，

---

① 在第 1 章附录的最大似然估计方法中，我们讨论过为什么要选用 LR 统计量。

② 正如在第 1 章附录中提到的，给定模型中所有回归元的系数均为零的零假设，LR 统计量服从自由度为解释变量个数（不包括截距）的 $\chi^2$ 分布，本例中自由度为 4。

这个例子中，恰当的做法是选用包含所有回归元的非受限模型。换句话说，受限模型在当前例子中无效。

### □ 概率的计算

不过 logit 语言并非通俗易懂的日常用语。我们想要知道的是，给定解释变量的值，吸烟的概率究竟是多少。这可以从公式（8.7）中计算得出。举例说明，考虑表 8-1 中的 2 号吸烟者。他的数据资料为：年龄（$Age$）＝28，受教育年限（$Educ$）＝25，家庭收入（$Income$）＝12 500，1979 年的香烟价格（$Pcigs\ 79$）＝60.0。将这些值代入公式（8.7），得到：

$$P=\frac{1}{1+e^{-(-0.483\,8)}}=0.616\,4$$

即拥有上述特征的人，其吸烟的概率约为 62%。从我们得到的数据可以知道，这个人吸烟。

现在考虑另一个个体，其年龄、受教育年限、家庭收入和 1979 年的香烟价格分别为63、10、20 000 和 60.8。对于这个人，其吸烟的概率为：

$$P=\frac{1}{1+e^{-(-0.741\,2)}}=0.476\,5$$

即其为吸烟者的概率是 47%。在我们的样本中，这个人不吸烟。

表 8-1 给出了每个人吸烟的概率和原始资料。

在其他变量维持不变的情况下，我们能否计算出解释变量对吸烟概率的边际效应？假设其他变量不变，我们要计算出 $\partial P_i/\partial Age_i$，即每单位年龄的变化对吸烟概率产生的影响。这在 LPM 中非常直观，但在 logit 模型或 probit 模型中则没那么简单。这是因为若年龄每变化一单位（即 1 年），吸烟概率的变化不仅取决于年龄变量的系数，还取决于衡量该变化的概率水平。而后者取决于所有解释变量的值。读者可以在参考文献中查看这些计算的详细过程，而 Eviews 和 Stata 可以轻易地完成这项工作。[1]

### □ 边际效用的计算

作为对估计每一个影响吸烟可能性的解释变量的边际效用的替代，我们将会在变量的平均水平上计算它。利用 Stata 的边际命令，我们得到表 8-4 的结果。[2]

对这些边际效用的解释如下：在其他条件相同的情况下，如果平均年龄增长一年，吸烟的概率大约会下降 0.005。类似的，如果平均受教育年限增长一年，吸烟的概率大约会下降 0.021。平均收入的单位变动对吸烟概率的改变没有统计显著的影响。而一包香烟平均价格上涨一单位则会使吸烟概率降低约 0.005，这在 7% 的水平上显著。

---

① 关于 ML 的讨论，请参见 Gujarati/Porter, *op cit.*。
② 细节部分的内容，请参见 Stata 12 的操作手册。

计量经济学：原理与实践（第二版）

表 8-4　解释变量均值变动一单位对吸烟可能性的影响

```
. margins, dydx (*) atmeans
Conditional marginal effects          Number of obs＝1 196
Model VCE        : OIM
Expression       : Pr (smoker), predict ()
dy/dx w. r. t    : age educ income pcigs 79
at               : age      =   41. 806 86 (mean)
                   educ     =   12. 221 15 (mean)
                   income   =   19 304. 77 (mean)
                   pcigs79  =   60. 984 92 (mean)
```

|  | | Delta-method | | | | |
|---|---|---|---|---|---|---|
|  | dy/d$x$ | Std. Err. | $z$ | P＞\|z\| | [95％Conf. Interval] | |
| age | −0. 004 890 3 | 0. 000 873 6 | −5. 60 | 0. 000 | −0. 006 602 5 | −0. 003 178 1 |
| educ | −0. 021 334 1 | 0. 004 836 5 | −4. 41 | 0. 000 | −0. 030 813 4 | −0. 011 854 8 |
| income | 1. 11e-06 | 1. 68e-06 | 0. 66 | 0. 510 | −2. 19e-06 | 4. 40e-06 |
| pcigs79 | −0. 005 234 | 0. 002 924 2 | −1. 79 | 0. 073 | −0. 010 965 3 | 0. 000 497 2 |

注：dy/d$x$ 是关于 $x$ 的 $y$ 的导数，也就是指 $x$ 的变化率与 $y$ 的变化率的比值。

**一个技术性注释：**在目前的例子中，我们并没有引入虚拟或定性的回归元。假设我们得到样本中每个人的性别信息，并将女性标记为 1，男性标记为 0（反之亦然），在这种情况下，因为性别采用了离散的数字 1 或 0，计算关于不同性别间吸烟概率的变化率是没有多大意义的。一种明智的计算从 0（男性）到 1（女性）之间变化的方式，就是在给定解释变量值的前提下，探究女性吸烟者的概率与男性吸烟者的概率比较的不同。作为替代，我们可以计算这两种性别的吸烟概率在回归元均值上的差异（见习题 8.7）。这些概率可以由之前已经引入的等式（8.7）计算出来。

### 模型改进

可以对表 8-3 中给出的 logit 模型做改进。例如，允许解释变量之间存在交互效应。个人受教育年限和家庭收入对吸烟概率分别有负向和正向影响，尽管后者的影响在统计上不显著。但是，教育和收入对吸烟概率的综合影响会是怎样的呢？受教育程度和收入都更高的人，吸烟概率比其他人更大还是更小？

为了回答上述问题，我们引入这两个变量的乘数效应或者交互效应作为附加解释变量。结果如表 8-5 所示。

结果非常有趣。在表 8-3 中，个人受教育年限对 logit（从而对吸烟概率）有显著的负向效应，家庭收入则不具有统计上显著的影响。现在受教育年限本身对 logit 没有显著影响，而家庭收入却对其有显著的正向效应。但是若考虑交互项——受教育年限乘以家庭收入，它对 logit 有显著的负向效应。这意味着受教育程度更高且家庭收入也更丰厚的人，成为吸烟者的概率会比那些仅仅有更高的受教育程度或仅有更高家庭收入的人要小。这表明，一个变量对吸烟概率的影响可能会被另一个同时存在的变量增强或减弱。

有兴趣的读者可以尝试找找解释变量间是否存在其他的交互项。

**表 8-5　有交互项的吸烟的 logit 模型**

Dependent Variable：SMOKER
Method：ML-Binary Logit(Quadratic hill climbing)
Sample：1 1 196
Included Observations：1 196
Convergence achieved after 10 iterations
Covariance matrix computed using second derivatives

|  | Coefficient | Std. Error | z-Statistic | Prob. |
|---|---|---|---|---|
| C | 1.093 186 | 0.955 676 | 1.143 887 | 0.252 7 |
| AGE | −0.018 254 | 0.003 794 | −4.811 285 | 0.000 0 |
| EDUC | 0.039 456 | 0.042 511 | 0.928 140 | 0.353 3 |
| INCOME | 9.50E-05 | 2.69E-05 | 3.535 155 | 0.000 4 |
| PCIGS79 | −0.021 707 | 0.012 530 | −1.732 484 | 0.083 2 |
| EDUC * INCOME | −7.45E-06 | 2.13E-06 | −3.489 706 | 0.000 5 |

| McFadden R-squared | 0.037 738 | Mean dependent var | 0.380 435 |
|---|---|---|---|
| S. D. dependent var | 0.485 697 | S. E. of regression | 0.475 290 |
| Akaike info criterion | 1.288 449 | Sum squared resid | 268.821 9 |
| Schwarz criterion | 1.313 968 | Log likelihood | −764.492 6 |
| LR statistic | 59.964 43 | Restr. log likelihood | −794.474 8 |
| Prob(LR statistic) | 0.000 000 | Avg. log likelihood | −0.639 208 |
| Obs with Dep=0 | 741 | Total obs | 1 196 |
| Obs with Dep=1 | 455 | | |

### □ 群组数据的 logit 估计

假设我们将所有吸烟者的数据分为 20 组，每组约有 60 个人的观测数据。每组吸烟者的数量设为 $n_i$。将 $n_i$ 除以 60 得到该组吸烟者的（经验）概率估计值，即 $p_i$。由此得到 20 组 $p_i$ 的估计值。然后我们可以凭借这些概率用 OLS 估计 logit 回归公式（8.11）。

除非数据已经以分组形式给出，否则上一段中给出的分组方法是有问题的。首先，我们必须决定分多少组别。如果组别太少，就无法获得足够的 $p_i$ 来估计公式（8.11）。反之，如果组别太多，那么每个组中可获得的观测数据必然很少，使得有效地估计 $p_i$ 变得非常困难。

其次，即使我们有了"正确的"分组数量，群组 logit 估计的一个问题是公式（8.11）中的误差项具有异方差性。所以，我们不得不通过适当的转换或用怀特的稳健标准误（该主题曾在第 5 章中讨论过）来处理异方差性。

鉴于上述原因，我们不会选择用群组 logit 估计来说明吸烟者的数据。此外，如果我们有微观层面的数据，可以用之前展示过的 ML 方法估计 logit 模型（见习题 8.4）。

## 8.4　机会比率语言

作为用概率描述 Logit 的替代，我们可以利用机会比率（OR）描述它。在我们的例子中，利用 Stata 12，我们得到了表 8-6 中的机会比率。

计量经济学：原理与实践（第二版）

表 8 - 6　吸烟与不吸烟的机会比率

```
. logit smoker age educ income pcigs, or
Iteration 0：       log likelihood ＝－794. 474 78
Iteration 1：       log likelihood ＝－770. 923 29
Iteration 2：       log likelihood ＝－770. 840 86
Iteration 3：       log likelihood ＝－770. 840 86
```

Logistic regression

| | | | | Number of obs | ＝ | 1 196 |
| | | | | LR chi2（4） | ＝ | 47. 27 |
| | | | | Prob＞chi2 | ＝ | 0. 000 0 |
| Log likelihood＝－770. 840 86 | | | | Pseudo R2 | ＝ | 0. 029 7 |

| smoker | Odds Ratio（OR） | Std. Err | z | P＞|z| | ［95％Conf. Interval］ | |
|--------|-----------------|----------|-----|--------|------------|------------|
| age | 0. 979 362 7 | 0. 003 661 8 | －5.58 | 0. 000 | 0. 972 212 | 0. 986 566 1 |
| educ | 0. 913 042 6 | 0. 0188 687 | －4.40 | 0. 000 | 0. 876 799 5 | 0. 950 783 8 |
| income | 1. 000 005 | 7. 17e-06 | 0.66 | 0. 510 | 0. 999 990 7 | 1. 000 019 |
| pcigs79 | 0. 977 928 4 | 0. 012 197 | －1.79 | 0. 074 | 0. 954 312 5 | 1. 002 129 |
| _ cons | 15. 565 9 | 12. 907 18 | 3.31 | 0. 001 | 3. 064 51 | 79. 065 54 |

注：OR 表示机会。

该表给出了机会比率、它们的标准误和它们的 $z$ 值（$t$ 统计量的替代），以及 95％ 的置信区间。这些机会比率是通过指数化表 8 - 3 中的系数得到的。举个例子，表 8 - 3 中年龄的系数是－0. 020 853，因此我们计算表 8 - 6 中机会比率的值为 $e^{-0.020853} = 0.9793627$。

为了解释机会比率，请牢记，一个超过 1 的 OR 表示事件（吸烟）发生的机会较不发生有所增加，一个低于 1 的 OR 意味着事件发生的机会较不发生会下降，一个等于 1 的 OR 意味着时间发生或不发生的机会是不变的。机会比率的另外一个特性是：相对于变量的排序，它的值是不变的。也就是说，$\text{OR}_a / \text{OR}_b = 1 / (\text{OR}_b / \text{OR}_a)$，其中 $a$ 和 $b$ 是两个事件。

让我们回到表 8 - 6，你会发现年龄和教育的机会比率是低于 1 的，这也意味着吸烟的可能性随着这两个变量的上升而降低；这也在我们的意料之中。更具体地说，在其他条件不变的情况下，随着年龄增长 1 岁，吸烟的可能性将会下降 2％。类似的，在其他条件不变的情况下，额外增加一年的受教育年限，吸烟的可能性将会下降 8. 7％。收入的 OR 值在 1 附近，$picgs79$ 的 OR 值同样也位于 1 附近。

从卡方统计量来看，表 8 - 6 中 47.27 的 LR 率是统计显著的。这意味着我们刚刚估计的 logit 模型和原模型（只有截距的模型）是显著不同的。

# 8.5　probit 模型

在 LPM 中误差项呈非正态分布，在 logit 模型中误差项呈 logistic 分布。另一个竞争模型是 probit 模型，其中误差项呈正态分布。在正态性假设下，$I_i^*$ 小于或等于 $I_i$ 的概率可以通过标准正态累积分布函数（standard normal cumulative distribution function，CDF）[1] 来计算：

$$P_i = \Pr(Y=1|X) = \Pr(I_i^* \leqslant I_i) = \Pr(Z_i \leqslant \boldsymbol{BX}) = F(\boldsymbol{BX}) \tag{8.13}$$

其中 $\Pr(Y|X)$ 表示给定变量 $X$ 的值，一个事件 $Y$ 发生（即吸烟）的概率；$Z$ 是标准正态变量（即均值为 0、方差为 1 的正态变量）。$F$ 是标准正态 CDF，在此处可写为：

$$F(\boldsymbol{BX}) = \frac{1}{\sqrt{2\pi}} \int_{-\infty}^{\boldsymbol{BX}} e^{-z^2/2} dz$$

因为 $P$ 代表一个人吸烟的概率，故其可由 $-\infty$ 到 $I_i$ 区间内标准 CDF 曲线下的面积测出。此处 $F(I_i)$ 称为 probit 函数。

虽然在 probit 模型里对效用指数 $\boldsymbol{BX}$ 和 $\boldsymbol{B}$ 的估计相当复杂，但可以用最大似然法来估计它们。在本例中，表 8-7 给出了 probit 模型的 ML 估计。

尽管 probit 和 logit 的系数值不同，但定性地说，它们的结果是相似的：年龄、受教育年限和香烟价格各自都在至少 10% 的显著性水平上显著。但是家庭收入系数不具有显著性。

有一种方法可以用来比较 probit 和 logit 系数。虽然标准 logistic 分布（logit 的基础）和标准正态分布（probit 的基础）的均值都是零，但它们的方差是不同的：标准正态分布的方差是 1，logistic 分布的方差是 $\pi^2/3$，其中 $\pi \approx 22/7$，约为 3.14。因此，将 probit 系数乘以 1.81 $(\approx \pi/\sqrt{3})$，就能近似得到 logit 系数。例如，年龄的 probit 系数是 $-0.012\,965$，将这个系数乘以 1.81，结果约为 $-0.023\,3$，这与表 8-3 中 logit 模型给出的年龄系数可以直接进行对比。

**表 8-7 吸烟的 probit 模型**

Dependent Variable：SMOKER
Method：ML-Binary Probit(Quadratic hill climbing)
Sample：1 1 196
Included Observations：1 196
Convergence achieved after 6 iterations
Covariance matrix computed using second derivatives

|  | Coefficient | Std. Error | z-Statistic | Prob. |
|---|---|---|---|---|
| C | 1.701 906 | 0.510 575 | 3.333 315 | 0.000 9 |
| AGE | $-0.012\,965$ | 0.002 293 | $-5.655\,439$ | 0.000 0 |
| EDUC | $-0.056\,230$ | 0.012 635 | $-4.450\,266$ | 0.000 0 |
| INCOME | 2.72E-06 | 4.40E-06 | 0.618 642 | 0.536 2 |
| PCIGS79 | $-0.013\,794$ | 0.007 696 | $-1.792\,325$ | 0.073 1 |
| McFadden R-squared | 0.030 066 | Mean dependent var | | 0.380 435 |
| S. D. dependent var | 0.485 697 | S. E. of regression | | 0.477 328 |
| Akaike info criterion | 1.296 970 | Sum squared resid | | 271.359 8 |
| Schwarz criterion | 1.318 236 | Log likelihood | | $-770.588\,1$ |
| LR statistic | 47.773 35 | Restr. log likelihood | | $-794.474\,8$ |
| Prob(LR statistic) | 0.000 000 | Avg. log likelihood | | $-0.644\,304$ |
| Obs with Dep=0 | 741 | Total obs | | 1 196 |
| Obs with Dep=1 | 455 | | | |

---

[1] 若变量 $X$ 服从均值为 $\mu$、方差为 $\sigma^2$ 的正态分布，其概率密度函数（PDF）为 $f(X) = (1/\sigma\sqrt{2\pi})e^{-(X-\mu)^2/2\sigma^2}$，累积分布函数（CDF）为 $F(X_0) = \int_{-\infty}^{X_0}(1/\sigma\sqrt{2\pi})e^{-(X-\mu)^2/2\sigma^2}dX$，其中 $X_0$ 代表 $X$ 的特定值。当 $\mu=0$ 且 $\sigma^2=1$ 时，得到的 PDF 和 CDF 分别代表标准正态 PDF 和 CDF。

我们如何解释表 8-7 中 probit 模型的系数呢？举个例子，在其他变量保持不变的情况下，年龄增加 1 岁对吸烟概率产生的边际效应是多少？这个边际效应是由年龄变量系数 -0.013 0 与该个体所有 $X$ 变量评估得到的正态密度函数的值相乘得到的。

比如说，考虑样本中 1 号吸烟者的数据：年龄＝21，受教育年限＝12，家庭收入＝8 500，香烟价格＝60.6。将这些值代入上页注释中的标准正态密度函数，我们得到：$f(\boldsymbol{BX})$＝0.313 5，再乘以 -0.011 4，得到 -0.003 6。这说明，给定 $X$ 变量的值，年龄每增长 1 岁，该个体吸烟的概率降低约 0.004。回忆一下，在 logit 模型计算一个解释变量对吸烟概率的边际效应方面，我们也遇到了同样的情况。

正如大家所看到的，用这种方式计算一个解释变量对个体吸烟概率的边际效应是一项冗长乏味的工作，而 Eviews 和 Stata 统计软件包可以相对快速地完成这项任务。

附带说明，如同 logit 模型，有交互项的 probit 模型估计如表 8-8 所示。

表 8-8 有交互项的吸烟的 probit 模型

Dependent Variable：SMOKER
Method：ML-Binary Probit(Quadratic hill climbing)
Sample：1 1 196
Included Observations：1 196
Convergence achieved after 10 iterations
Covariance matrix computed using second derivatives

| | Coefficient | Std. Error | z-Statistic | Prob. |
|---|---|---|---|---|
| C | 0.682 050 | 0.587 298 | 1.161 336 | 0.245 5 |
| AGE | −0.011 382 | 0.002 332 | −4.880 864 | 0.000 0 |
| EDUC | 0.024 201 | 0.025 962 | 0.932 180 | 0.351 2 |
| INCOME | 5.80E-05 | 1.62E-05 | 3.588 406 | 0.000 3 |
| PCIGS79 | −0.013 438 | 0.007 723 | −1.739 941 | 0.081 9 |
| EDUC * INCOME | −4.55E-06 | 1.28E-06 | −3.551 323 | 0.000 4 |
| McFadden R-squared | 0.038 139 | Mean dependent var | 0.380 435 | |
| S. D. dependent var | 0.485 697 | S. E. of regression | 0.475 190 | |
| Akaike info criterion | 1.287 917 | Sum squared resid | 268.708 2 | |
| Schwarz criterion | 1.313 436 | Log likelihood | −764.174 5 | |
| Hannan-Quinn criter. | 1.297 531 | Restr. log likelihood | −794.474 8 | |
| LR statistic | 60.600 65 | Avg. log likelihood | −0.638 942 | |
| Prob(LRstatistic) | 0.000 000 | | | |
| Obs with Dep=0 | 741 | Total obs | 1 196 | |
| Obs with Dep=1 | 455 | | | |

可以看到，表 8-5 与表 8-8 的结果非常相似。但为了使 probit 系数和 logit 系数具有直接可比性，要用到约为 1.81 的转换因子。[①]

顺便提一下，我们也可以用 probit 模型估计群组数据，即**群组 probit**（grouped logit），与群组 logit 模型类似。但这里我们不做讨论。

## □ logit 模型 vs. probit 模型

logit 模型和 probit 模型大体上给出了相似的结果；两种模型主要的区别在于 logistic

---

① 习题 8.1 中给出了类似的转换因子，用于比较 LPM 模型和 logit 模型。

分布的尾部稍厚一些；回顾一下，呈 logistic 分布的随机变量，其方差约为 $\pi^2/3$，而呈标准正态分布的变量，其方差则为 1。也就是说，在 logit 中，条件概率 $P_i$ 接近 0 或 1 的速度比在 probit 中慢。但实践中没人能给出有说服力的理由来证明一种方法比另一种更优越。出于数学上相对简便性的考虑，很多研究者会选择 logit 模型。

## 8.6 要点与结论

本章中我们讨论了最简单的定性响应回归模型，其中因变量为二值的，即某个属性存在时取值为 1，不存在时取值为 0。

尽管二值因变量模型可以用 OLS 估计，在这种情况下它们称为线性概率模型（LPM），但 OLS 并不是估计这种模型的最优方法，因为它存在两个限制：LPM 得到的估计概率不一定在 0～1 区间内；而且，LPM 假设正向响应的概率随着解释变量的变化水平呈线性增长，而这是违背直觉的。我们认为概率增加的速度会在某一点之后逐渐减小。

二值响应回归模型可以用 logit 模型或 probit 模型进行估计。

logit 模型运用 logistic 概率分布估计模型中的参数。机会比率的对数，即 logit，虽然看起来似乎是非线性的，但使得 logit 模型对于参数是线性的。

如果获得的是分组形式的数据，则可以用 OLS 来估计 logit 模型。但如果取得的是微观水平上的数据，则必须使用最大似然法。第一种情况下，我们还需矫正误差项的异方差性。

和 LPM 不同，logit 模型中某个回归元的边际效应不仅取决于该回归元的系数，还取决于模型中的所有回归元的值。

除了 logit 模型，还有一个选择就是 probit 模型。probit 潜在的概率分布就是正态分布。probit 模型的参数估计通常用最大似然法。

和 logit 模型一样，probit 模型中某个回归元的边际效应涉及模型中的所有回归元。

logit 和 probit 的系数没有直接可比性。但将 probit 的系数乘以 1.81，那么两者的系数就可以做比较了。做这样的转换是有必要的，因为 logistic 分布和正态分布的潜在方差不同。

实际操作中，logit 模型和 probit 模型得出的结果类似。因而，究竟选择哪一个取决于软件包的可获得性和解释的简便性。

### 习题 ☞

8.1 为了研究 6 盒软饮料价格折扣的效果，一个含有 5 500 名消费者的样本被随机地划分到 11 种不同的折扣类别中，如表 8-9 所示。[1]

(a) 把兑换率当作因变量，价格折扣当作回归元，看 logit 模型是否适合数据。[2]

---

[1] 资料来源：Douglas Montgomery and Elizabeth Peck from their book，*Introduction to Linear Regression Analysis*，1982，p. 243（符号已换）。版权归约翰·威利父子出版公司所有。

[2] 兑换率是指兑换的折扣券数量除以在每个价格折扣类别上的观测数量。

（b）看 probit 模型和 logit 模型是否拟合得一样好。

（c）拟合出数据的 LPM 模型。

（d）比较三种模型的结果。注意，LPM 和 logit 模型的系数关系如下：

LPM 的斜率系数＝0.25×logit 的斜率系数

LPM 的截距＝0.25×logit 的斜率系数＋0.5

**表 8 - 9　优惠券兑换和价格折扣的数值**

| 价格折扣（美分） | 发布的优惠券数量 | 优惠券兑换数 |
| --- | --- | --- |
| 5 | 500 | 100 |
| 7 | 500 | 122 |
| 9 | 500 | 147 |
| 11 | 500 | 176 |
| 13 | 500 | 211 |
| 15 | 500 | 244 |
| 17 | 500 | 277 |
| 19 | 500 | 310 |
| 21 | 500 | 343 |
| 23 | 500 | 372 |
| 25 | 500 | 391 |

8.2　表 8 - 10（可在本书配套网站上查找）给出了 78 名买房者在浮动利率按揭和固定利率按揭之间的选择，以及该选择的相关数据。[①]

变量定义如下：

$Adjust$＝1，选择浮动利率按揭；0，其他

$Fixed\ rate$＝固定利率

$Margin$＝浮动利率－固定利率

$Yield$＝10 年期国库券利率减去 1 年期利率

$Points$＝浮动利率按揭与固定利率按揭的点数比（ratio of points）

$Networth$＝借款人的净资产

（a）估计选择浮动利率按揭的 LPM。

（b）用 logit 模型估计浮动利率按揭的选择。

（c）用 probit 模型重复（b）。

（d）比较三种模型的表现，说说哪一种更好。

（e）分别计算三种模型中 $Margin$ 对选择浮动利率按揭的概率的边际效应。

8.3　对本章中讨论的吸烟者数据，估计计数 $R^2$。

8.4　将吸烟者数据分成 20 组。计算出每组的 $p_i$，即吸烟的概率。计算每组回归元的平均值，并用这些平均值估算群组 logit 模型。将你的结果与本章讨论的对吸烟者 logit

---

[①]　资料来源：Dhillon, U. S., Shilling, J. D., and Sirmans, C. F.（1987），Choosing between fixed and adjustable rate mortgages, *Journal of Money, Credit and Banking*, 19（1），267.78 个观测值是这些作者从位于路易斯安那州巴吞鲁日的一家银行取得的，涵盖的时间段为 1983 年 1 月到 1984 年 1 月。版权归约翰·威利父子出版公司所有。

的 ML 估计作比较。你如何取得群组 logit 的异方差修正的标准误？

8.5 表 8-11（见本书配套网站）提供了假设的研究生入学成绩。变量被定义如下[①]：

$Admit=$准许入学为 1，其他情况为 0

$GRE=$毕业考试成绩

$GPA=$平均学分绩点

学校的等级（rank）：1 为最好，4 为最差

（a）构建一个合适的 logit 模型，用来解释入学情况与哪些因素相关，并记录下估计得到的系数。

（b）你将如何解释得到的一系列系数，尤其是学校的等级（rank）？

（c）求出相应回归元的机会比率。

（d）用 probit 模型，再重复一遍上述流程。

8.6 表 8-12（见本书配套网站）提供了 4 483 个关于心肌梗死的数据[②]，分析过程中可能使用到的变量分别是：

$death=$当去世前 48 小时内有过心肌梗死时为 1，其他情况为 0

$anterior=1$，前梗死

$anterior=0$，下梗死

$hcabg=1$，曾经做过心脏搭桥手术

$hcabg=0$，没有做过心脏搭桥手术

$kk=1$，killipclass1（风险等级，数字越大，表示风险等级越高）

$kk=2$，killipclass2

$kk=3$，killipclass3

$kk=4$，killipclass4

$age=1$，年龄小于 60 岁

$age=2$，年龄处于 60～69 岁

$age=3$，年龄处于 70～79 岁

$age=4$，年龄处于 80 岁以上

（a）构建一个 probit 模型，分析 $death$ 与上述变量间的关系，并记录下得到的估计量。

（b）求出相应的机会比率，并解释其含义。

（c）求出每个观测对象死亡的概率。（可以在 Stata 中使用指令：predict mu。）

8.7 金融产品直销（DMF）。

表 8-13[③]（见本书配套网站）记录了商业银行的顾客们对于金融产品直销行为的回

---

① 资料来源：UCLA IDRE Statistical Consulting Group.

② 资料来源：Hardin, J. W. and Hilbe, J. M., *Generalized Linear Models and Extensions*, 2nd edn, Stata Press, 2007.

③ 本题使用的数据来自 Framses, P. H., *On the Econometrics of Modeling Direct Marketing Response*, RIBS report 97-5, Rotterdam, 1997. 本书配套网站中的数据来自 Heij, C., de Boer, P., Franses, P. H., Kloek, T., and van Dijk, H. K., *Econometrics Methods with Applications in Business and Economics*, Oxford University Press, Oxford, 2004。感谢这些作者。

应。变量如下：

*Response*＝当顾客投资了该金融产品时为 1，其他情况下为 0

*Invest*＝顾客投资该金融产品的金额（百荷兰盾）

*Gender*＝男性为 1，女性为 0

*Activity*＝投资活跃度，当顾客还投资了其他产品时为 1，其他情况为 0

*Age*＝顾客的年龄（岁）

（a）构建一个适当的 logit 或 probit 模型以探究影响 *Response* 变化的原因。解释你得到的结果。

（b）因为数据是横截面数据，你准备如何处理可能出现的异方差性问题？

（c）如果我们将女性标注为 1，男性标注为 0（和题干的描述刚好相反），那么回归的结果将会如何变化？你需要重新进行一遍上述流程吗？为什么？

（d）假设你在模型中加入了一个新变量：*Gender * Age*，也就是性别和年龄的交互项。请你重新估计新的模型，并解释得到的结果。

8.8　为了探究青春期（15～16 岁）的青少年是否存在性行为，摩根（Morgan）和蒂彻曼（Teachman）研究了一个拥有 342 个青春期青少年的样本，该样本中有 134 个白人男性、149 个白人女性、23 个黑人男性和 36 个黑人女性。通过如下所示的 logistic 回归[1]，两位研究者得到了一系列估计数据。基础模型如下：

$$\ln \frac{P_i}{1-P_i} = B_1 + B_2 \, White_i + B_3 Female_i + u_i$$

其中，$P_i$＝有性行为的概率。

提示：本回归中所有的回归元都是虚拟变量，其中，男性和黑人的赋值为 0。

结果如下：

| 变量 | 斜率系数 | 斜率系数的标准误 | $p$ 值 |
|---|---|---|---|
| 白人 | −1.314 | 0.226 | 0.000 |
| 女性 | −0.648 | 0.225 | 0.004 |
| 常数 | 0.192 | 0.226 | 0.365 |

　　LR 统计量＝37.459，df＝2。

（a）你准备如何解释表中回归元的系数？

（b）这些系数的估计值都是统计显著的吗？请简要介绍你的判断方法。

（c）你能通过这些估计值求出机会概率吗？请简要描述运算过程。

（d）你准备如何解释（c）中的结果？

（e）如果我们将男性和黑人标注为 1（和题干的描述刚好相反），那么回归的结果将会如何变化？你需要重新进行一遍上述流程吗？为什么？

---

① Morgan, S. P. and Teachman, J. D. (1988), Logistic regression: description, example and comparisons, *Journal of Marriage and Family*, 50, 929-36. 版权归约翰·威利父子出版公司所有。这个结果来自 Liao, T. F., *Interpreting Probability Models: Logit Probit and Other Genderalized Linear Models*, pp.13-15, Sage Publications, 1994. 使用已获得出版社的许可。

8.9　**克林顿总统的弹劾案**。1999 年 1 月 7 日，美国国会众议院对时任总统克林顿提出了两项弹劾，分别被称为 Article 1 和 Article 2。Article 1 是针对大陪审团作伪证，Article 2 是妨碍司法。按照美国法律，国会参议院必须针对这两项弹劾组织投票审判。投票开始于 1999 年 2 月 12 日。在 Article 1 中，投票比例是 45 票同意，55 票否决；在 Article 2 中，投票比例则是 50 票同意，50 票否决。而罢免总统的条件是 2/3 多数通过，也就是说，在 100 人的参议院中，需要 67 票同意。表 8－14①（见本书配套网站）给出了关于弹劾投票的一些其他数据，比如参议员的党派，以及个人参议员的政治理念；参议员投票的数量，以及 1996 年大选时克林顿获胜的州的参议员的投票情况；以及参议院下次选举的情况：在美国，每个参议员的任期为 6 年，到期后可以谋求连任。

（a）构建一个 probit 回归，以分析在 Article 1 中，上述回归元如何影响投票的结果。因变量为是或否。

（b）构建一个 probit 回归，使用和（a）中同样的回归元，分析在 Article 2 中，上述回归元如何影响投票的结果。因变量为是或否。

（c）因为党派和政治理念等原因，同一个参议员在两次投票时很有可能会给出相同的结果，请你使用 bivariate probit 模型估计两次投票的相互依存度。请使用 Stata 或者 Eviews 软件进行操作，并解释得到的结果。

①　得克萨斯理工大学的艾伦·赖夫曼（Alan Reifman）教授提供了上述数据，他将这些数据提交到了 *Journal of the American Statistical Association*（JASA），并授权给本书作者使用这些数据。

# 第9章

# 多项回归模型

第8章我们讨论了 logit 模型和 probit 模型，目的是在两个离散的选择之间作决定：吸烟或者不吸烟。这类模型称为二分或二值回归模型。然而在很多情况下，我们必须在多种离散选择之间作抉择。这类模型我们则称为**多项回归模型**（multinomial regression models，MRM）。例如：

1. 选择交通工具：汽车，公交车，火车，自行车。
2. 选择麦片品牌。
3. 选择总统候选人：民主党，共和党还是独立党派。
4. 选择教育水平：高中，大学，研究生。
5. 选择 MBA 学校：哈佛，麻省理工，芝加哥，斯坦福。
6. 选择工作状态：不工作，兼职还是全职。
7. 买车选择：美国产，日本产还是欧洲产。

当然，消费者面临多种选择的情况不胜枚举。

如何对包含众多选择的模型进行估计呢？下面我们将讨论实际中常用的一些方法。但在开始之前，要注意这类模型有很多名称：**多分类**（polytomous）或**多级**（polychotomous）［即**多种类型**（multiple category）］回归模型（regression model）。为了方便讨论，这些模型我们统一称为**多项模型**（multinomial models）。

## 9.1 多项回归模型的性质

首先，我们来区分**名义或无序 MRM**（nominal or unordered MRM）和**有序 MRM**（ordered MRM）。举个例子，交通工具的选择是名义 MRM，因为不同的选择之间没有特定的

（自然）顺序。在另一种情况下，如果某人正在填一份调查问卷，卷面上有一个陈述句，请你在三种回应中作出选择，即不同意、有点同意、完全同意，这就是有序 MRM 的例子。

本章我们将讨论名义 MRM，对有序 MRM 的讨论放在下一章。

即便在名义 MRM 范围内，我们还要区分三种情况：

1. 适用于数据中选择者特定（chooser-specific data）的名义 MRM。
2. 适用于数据中选择特定（choice-specific data）的名义 MRM。
3. 适用于数据中选择者和选择都特定的名义 MRM，或称为混合 MRM。

注意，这里我们用术语"选择者"代表必须在众多选择中作决定的个体或决策者，用术语"选择"代表个体面临的选择或选项。这个问题的上下文会帮助我们明确脑海中应当浮现的是哪个术语。

## □ 适用于数据中选择者或个体特定的名义 MRM

在这个模型里，选择取决于选择者的特征，如年龄、收入、受教育程度、宗教等因素。例如，在教育（如中学教育）选择中，两年制大学教育、四年制大学教育以及毕业院校、年龄、家庭收入、宗教、父母受教育程度，就是会影响这个选择的部分变量。这些变量对于选择者是特定的。

这些类型的模型通常用**多项 logit 模型**（multinomial logit models，MLM）或**多项 probit 模型**（multinomial probit models，MPM）估计。[1] 这些模型回答的主要问题是：选择者的特征如何影响他们在一系列选择中做出一个特定的抉择？因而，在选择者的回归元各不相同的情况下，用 MLM 更合适。

## □ 适用于数据中选择特定的名义 MRM

假设我们要在四种饼干之间作选择：自有品牌，阳光牌，奇宝和纳贝斯克。我们有这四种饼干的价格、品牌展示及使用的特殊原料的数据。换句话说，我们掌握了选择特定的特征。但是，在这个模型中我们没有个体特定的特征。这类模型我们通常用**条件 logit 模型**（conditional logit models，CLM）或**条件 probit 模型**（conditional probit models，CPM）进行估计。这类模型回答的主要问题是：各种选择本身的特征或特性如何影响个人的选择？例如，人们购买汽车是不是依据汽车的特征，如颜色、外形、商业广告以及促销特色？因此，在各个选择的回归元不相同的情况下，CLM 或 CPM 适用。

鲍尔斯（Powers）和谢宇（Yu Xie）很好地概括了 MLM 和 CLM 的区别，引述如下[2]：

> 在标准多项 logit 模型中，解释变量随结果类别而变化，但它们的参数不随结果而变化。在条件 logit 模型中，解释变量既随结果而变化，又随个体变化而变化，然

---

[1] 由于数学上的相对复杂性，实际中 MLM 比 MPM 更常用。因此，我们的讨论大部分局限于 MLM。

[2] 参见 Powers, D. A. and Yu Xie, *Statistical Methods for Categorical Data Analysis*, 2nd edn, Emerald Publishers, UK, 2008, p. 256。

计量经济学：原理与实践（第二版）

而它们的参数被假定在所有的结果类别之间保持不变。

### □ 混合 MRM

现在我们掌握了选择者特定和选择特定的特征资料。这类模型也可以通过适当地增加虚拟变量，然后用条件 logit 模型进行估计。举个例子，在购买汽车时，汽车的性能以及买主的收入和年龄都会影响对汽车的选择。

鉴于多项选择模型的话题比较大，我们只考虑 MLM、CLM 和 MXL（混合 logit 模型），若读者想要了解更多关于这些模型的信息，可以参考其他书目。[1]

## 9.2 多项 logit 模型 （MLM）：择校问题

为了说明 MLM，我们考虑一个关于择校问题的例子。数据资料为 1 000 名中学毕业生，他们面临三个选择：不读大学、两年制大学和四年制大学，分别将其编号为 1、2、3。[2] 注意，我们将这些变量看作名义变量，尽管也可以看作有序变量。见本书配套网站上的表 9-1。

一个高中毕业生如何在这些选项中作出抉择？凭直觉看，我们认为这个选择会取决于学生从高等教育中获得的满意度（或经济学家们所说的效用）。他（她）会作出能够给予自己最高满意度的选择。因此，那个选择有最高的被选概率。

下面来看看这是怎么得出的，令

$$Y_{ij} = \begin{cases} 1，若第 i 个人作出选择 j（本例中 j=1,2,3) \\ 0，其他 \end{cases}$$

此外，令

$$\pi_{ij} = \Pr(Y_{ij} = 1)$$

其中 Pr 为概率。

因此，$\pi_{i1}$，$\pi_{i2}$，$\pi_{i3}$ 分别代表第 i 个人选择 1、2、3 的概率——即选择不读大学、两年制大学和四年制大学的概率。如果这三者是一个人面临的唯一选择，那么，显然，

$$\pi_{i1} + \pi_{i2} + \pi_{i3} = 1 \tag{9.1}$$

这是因为完整的互斥事件的概率之和必须是 1。我们把这些 $\pi$ 称为**响应概率**（response probabilities）。

---

① 想了解更加详尽的讨论和相关的例子，参见 Long，J. S. and Freese，J.，*Regression Models for Categorical Dependent Variables Using Stata*，Stata Press，2nd edn，Stata Corporation LP，College Station，Texas；Greene，W. H.，*Econometric Analysis*，6th ed.，Pearson/Prentice-Hall，New Jersey，2008，Ch. 23。

② 这些数据最初源于 the National Education Longitudinal Study of 1988，也可见 R. Carter Hill，William E. Griffiths，and Guay C. Lim，*Principles of Econometrics*，3rd edn，Wiley & Sons，New York，2008。

这意味着在本例中如果我们确定了任意两个概率，就能自动得出第三个概率。换句话说，我们无法独立地估计出这三个概率。

那么，是什么因素或变量导致个体作出某个特定的选择？在这个学校选择的案例中，我们有下列变量的信息：

$X_2 = hscath = 1$，若为天主教学校毕业生；0，其他

$X_3 = grades = $ 数学、英语和社会学的平均绩点，范围是 1~13，1 为最高，13 为最低。因此，数字越大，则学术表现越差

$X_4 = faminc = 1991$ 年家庭总收入，单位：千美元

$X_5 = famsiz = $ 家庭成员数量

$X_6 = parcoll = 1$，若父母中受教育程度最高的拥有大学或更高的学历

$X_7 = 1$，若为女性

$X_8 = 1$，若为黑人

我们用 $X_1$ 表示截距。

注意，有些变量是定性的或者说是虚拟的（$X_2$，$X_6$，$X_7$，$X_8$），有些变量则是定量的（$X_3$，$X_4$，$X_5$）。还需要注意的是，存在一些会影响该选择的随机因素，这些因素将会体现在模型估计的误差项里。

归纳第 8 章中讨论的二元 logit 模型，我们能写出多项 logit 模型（MLM），如下所示：

$$\pi_{ij} = \frac{e^{\alpha_j + \beta_j x_i}}{\sum_{j=1}^{3} e^{\alpha_j + \beta_j X_i}} \tag{9.2}$$

注意，我们给截距和斜率系数注明下标 $j$，以提醒我们这些系数的值随着选择的不同而变化。换句话说，一个不想上大学的高中毕业生对每个解释变量的重视程度与一个想上两年制大学或四年制大学的高中毕业生有所区别。同样的，一个想上两年制大学而不是四年制大学的高中毕业生也会对各个解释变量有不同的重视程度。

此外，要记住，如果模型中的解释变量超过一个，用 $\boldsymbol{X}$ 代表包含全部变量的向量，$\boldsymbol{\beta}$ 则代表包含所有系数的向量。所以，如果我们打算考虑上述 7 个解释变量，我们将得到 7 个斜率系数，每个选择的斜率系数各不相同。换句话说，根据公式（9.2）估计出的三种概率对回归元有不同的系数。实际上，我们所估计的回归有三个。

正如前面提到的，我们无法独立地估计出这三个概率。在 MLM 中的一般做法是：选出一个类别或选择作为**基准**（base）、**参照**（reference）或**对照**（comparison）**类别**（category），并将其系数设定为零。现在假设我们选择第一种类型（不读大学），设定 $\alpha_1 = 0$，$\beta_1 = 0$，得到对三种选择的概率估计如下：

$$\pi_{i1} = \frac{1}{1 + e^{\alpha_2 + \beta_2 X_i} + e^{\alpha_3 + \beta_3 X_i}} \tag{9.3}$$

$$\pi_{i2} = \frac{e^{\alpha_2 + \beta_2 X_i}}{1 + e^{\alpha_2 + \beta_2 X_i} + e^{\alpha_3 + \beta_3 X_i}} \tag{9.4}$$

$$\pi_{i3} = \frac{e^{\alpha_3 + \beta_3 X_i}}{1 + e^{\alpha_2 + \beta_2 X_i} + e^{\alpha_3 + \beta_3 X_i}} \tag{9.5}$$

需要指出的是，尽管在每一个（响应）概率表达式中出现了相同的回归元，但它们

的系数不一定相同。还要记住，如果回归元超过一个，则 $X$ 变量代表包含所有变量的向量，$\beta$ 代表包含所有系数的向量。

如果将式（9.3）、式（9.4）、式（9.5）中的三个概率相加，那么得到的和为 1，这是必然的，因为这是三个互斥的选择。

式（9.3）、式（9.4）、式（9.5）中给出的概率表达式是高度非线性的。现在考虑以下表达式：

$$\ln\left(\frac{\pi_{i2}}{\pi_{i1}}\right) = \alpha_2 + \beta_2 X_i \tag{9.6}$$

$$\ln\left(\frac{\pi_{i3}}{\pi_{i1}}\right) = \alpha_3 + \beta_3 X_i \tag{9.7}$$

$$\pi_{i1} = 1 - \pi_{i2} - \pi_{i3} \tag{9.8①}$$

式（9.6）和式（9.7）在第 8 章讨论的二元 logit 模型中很常见。也就是说，logit 是解释变量的线性函数。记住，logit 仅仅是机会比率的对数。这个机会表示我们选择 $j$ 优于选择 $l$ 的程度有多大。MLM 中的联结函数很明显是 logit。

现在的问题是：为什么不用第 8 章所学的方法来估计二元 logit？我们不建议使用那些方法是考虑到多种原因。第一，每个二元 logit 基于不同的样本规模。所以，如果要估计式（9.6），对于学校选择 3 的观测值会被落下。类似的，如果估计式（9.7），学校选择 2 的观测值会被落下。第二，二元 logit 的个体估计不一定保证三个估计概率的和为 1，而它们的和本应该为 1。第三，如果所有 logit 一起估计，那么估计系数的标准误一般会比每个 logit 单独估计的标准误要小。

正是基于上述原因，模型（9.6）和模型（9.7）都同时用**最大似然**（maximum likelihood，ML）法来估计。在本例中，我们首先给出 Stata 得到的 ML 估计值（见表 9-2），然后讨论这些结果。

一开始要注意，我们将选择 prechoice＝1（不上大学）作为基准类别，当然也可以将其他任何一种选择定为基准类别。如果选择其他基准，上述系数要做相应的变化。但无论选择哪一种作为基准类别，这三种选择的估计概率都保持不变。

表 9-2 中给出的系数会在参考类别（本例中为 1）的基础上做解释。

Stata 的输出数据分为两组面板：第一组给出学校选择 2（两年制大学）相对于学校选择 1（不上大学）的各种系数值。也就是说，它列出了 logit 模型（9.6）的估计值。表中的第二组面板给出了学校选择 3（四年制大学）相对于学校选择 1（不上大学）的类似信息。也就是说，它给出了 logit 模型（9.7）的估计值。

在解释这些结果之前，我们先来看一下估计系数的统计显著性。由于样本规模非常大，我们用 $z$（标准正态）代替 $t$ 统计量来检验统计显著性。② 表 9-2 给出了 $z$ 值以及这些 $z$ 值的 $p$ 值（精确的显著性水平）。第一组面板中的成绩、家庭收入和父母受教育程度，以及第二组面板中的成绩、家庭收入、父母受教育程度和黑人变量都具有统计显著性。

---

① 通过公式（9.6）$\ln\pi_{i2} - \ln\pi_{i1} = \alpha_2 + \beta_2 X_i$ 和公式（9.7）$\ln\pi_{i3} - \ln\pi_{i1} = \alpha_3 + \beta_3 X_i$ 推算而得。因此，$\ln(\pi_{i2}/\pi_{i3}) = (\alpha_2 - \alpha_3) + (\beta_2 - \beta_3)X_i$，这给出了在选择 2 和选择 3 中，偏好选择 2 的机会对数。

② 回顾一下，随着样本规模无限增大，$t$ 分布逐渐趋近于正态分布。

表 9 - 2　择校问题的多项 logistic 模型

| Multinomial logistic regression | | Number of obs = 1 000 | | | | |
|---|---|---|---|---|---|---|
| | | LR chi2(14) = 377.82 | | | | |
| | | Prob > chi2 = 0.000 0 | | | | |
| Log likelihood = −829.746 57 | | Pseudo R2 = 0.185 5 | | | | |
| psechoice | Coef. | Std. Err. | z | P> \| z \| | [95%Conf. Interval] | |
| **2** | | | | | | |
| hscath | −0.925 011 1 | 7 103 556 | −0.00 | 1.000 | −1.39e+07 | 1.39e+07 |
| grades | −0.299 517 8 | 0.055 830 7 | −5.36 | 0.000 | −0.408 943 9 | −0.190 091 7 |
| faminc | 0.009 811 5 | 0.004 195 3 | 2.34 | 0.019 | 0.001 588 8 | 0.018 034 2 |
| famsiz | −0.097 109 2 | 0.072 626 4 | −1.34 | 0.181 | −0.239 454 3 | 0.045 236 |
| parcoll | 0.526 448 5 | 0.289 909 6 | 1.82 | 0.069 | −0.041 763 8 | 1.094 661 |
| female | 0.141 507 4 | 0.196 164 3 | 0.72 | 0.471 | −0.242 967 6 | 0.525 982 4 |
| black | 0.555 930 3 | 0.429 677 4 | 1.29 | 0.196 | −0.286 222 | 1.398 083 |
| _ cons | 2.268 805 | 0.578 235 7 | 3.92 | 0.000 | 1.135 484 | 3.402 126 |
| **3** | | | | | | |
| hscath | 31.868 93 | 5 023 750 | 0.00 | 1.000 | −9 846 337 | 9 846 400 |
| grades | −0.698 313 4 | 0.057 449 2 | −12.16 | 0.000 | −0.810 911 8 | −0.585 715 1 |
| faminc | 0.014 859 2 | 0.004 122 3 | 3.60 | 0.000 | 0.006 779 7 | 0.022 938 7 |
| famsiz | −0.066 588 1 | 0.072 073 4 | −0.92 | 0.356 | −0.207 849 4 | 0.074 673 2 |
| parcoll | 1.024 194 | 0.277 390 5 | 3.69 | 0.000 | 0.480 518 9 | 1.567 87 |
| female | −0.057 568 6 | 0.196 429 5 | −0.29 | 0.769 | −0.442 563 3 | 0.327 426 2 |
| black | 1.495 133 | 0.417 037 1 | 3.59 | 0.000 | 0.677 755 5 | 2.312 511 |
| _ cons | 5.008 016 | 0.567 122 5 | 8.83 | 0.000 | 3.896 476 | 6.119 556 |

（psechoice = 1 为基准结果）

在多项回归中我们用 $R^2$ 衡量所选模型的拟合优度。$R^2$ 的值位于 0～1。$R^2$ 越接近 1，拟合度越好。但通常的 $R^2$ 不适用于 MLM。[①] 但是，麦克法登提出了伪 $R^2$，定义如下：

$$伪\ R^2 = 1 - \frac{\ln L_{fit}}{\ln L_0} \tag{9.9}$$

其中，$L_{fit}$ = 拟合模型的似然比率，$L_0$ = 没有任何解释变量的模型的似然比率。本例中伪 $R^2$ 约为 0.185 5。

除了伪 $R^2$，我们也可以用似然比率来检验，我们通常用 ML 方法来计算。在零假设下，所有斜率系数都没有统计显著性，计算得出的似然比率服从自由度为斜率系数个数的 $\chi^2$ 分布，本例中为 14。估计的似然比率约为 377，具有高度显著性，$p$ 值实际为零。这表明我们所选择的模型拟合度良好，尽管不是每一个斜率系数都具有统计显著性。

我们如何解释表 9 - 2 中给出的结果？解释方法有很多，下面将详细描述。

### □ 对术语机会的解释

就公式（9.6）来说，它给出了选择 2 优先于选择 1，即选择上两年制大学优先于不上大学的机会对数（即 logit）。保持其他变量不变，若回归元系数为正，表明选择 2 优先

---

计量经济学：原理与实践（第二版）

① 这适用于几乎所有（参数）非线性的回归模型。

于选择 1 的机会增加。类似的，若回归元系数为负，表明倾向于选择不上大学的机会比选择上两年制大学的机会要大。因此，从表 9-2 的第一组面板中我们可以观测到，保持其他变量不变，若家庭收入增加，相对于不上大学，上两年制大学的机会增加。同样的，平均绩点变量的系数为负表明，在保持其他变量不变的条件下（记住本例中平均绩点的编号规则），选择不上大学的机会比上两年制大学的机会要大。类似的解释适用于表 9-2 中的第二组面板。

具体一点，我们来解释平均绩点的系数。保持其他变量不变，如果平均绩点增加一个单位，选择两年制大学优先于不上大学的对数机会减小了约 0.299 5。换句话说，$-0.299\,5$ 使 $\ln(\pi_{2i}/\pi_{1i})$ 发生了变化，从而平均绩点变化了一单位。因此，如果取 $\ln(\pi_{2i}/\pi_{1i})$ 的反对数，我们就得到 $\pi_{2i}/\pi_{1i}=e^{-0.299\,5}=0.741\,2$。也就是说，选择两年制大学优先于不上大学的机会仅为 74%。这个结果听起来违背我们的直觉，但要记住，13 级的绩点表示中，数值越大意味着学术表现越差。顺带提一下，这个机会也称为**相对风险比**（relative risk ratios，LRR）。

### □ 对术语概率的解释

一旦得出参数的估计值，我们就能计算出式（9.3）、式（9.4）、式（9.5）中的三个概率，这就是 MLM 的主要目标。鉴于我们有 1 000 组观测数据和 7 个回归元，估计出所有个体的这些概率必然是个冗长乏味的工作。不过，只要有恰当的指令，Stata 就能够计算出这些概率。但如果我们用 8 个变量的平均值计算三种概率，则能将这个任务减小到最低程度。数据表中给出了对 1 000 个人的估计概率。

举例说明，对 10 号个体，一位父母均没有受过高等教育的白人，没有上过天主教学校，平均绩点为 6.44，家庭收入为 42.5，家庭成员数量为 6，选择 1（不上大学）、2（两年制大学）或 3（四年制大学）的概率分别为 0.232 9、0.277 3 和 0.489 7；以上概率之和为 0.999 9，接近于 1，这是由于舍入误差造成的。因此，对这个个体而言，最高的概率约为 0.49（即选择四年制大学）。事实上该个体确实选择了去读四年制大学。

当然，并不是说所有的估计概率实际上都与个体所作的选择相吻合。在某些情况下，实际的选择与该选择的估计概率会不一致。这就是为什么说用变量的平均值计算选择概率会更好。我们把这些概率留给读者计算。[①]

### □ 对概率的边际效应

我们能够找出，保持其他变量不变，某个回归元的值变化一单位对选择概率的影响。也就是说，我们能计算出 $\partial\pi_{ij}/\partial X_{ik}$，即 $\pi_{ij}$ 对第 $k$ 个解释变量的偏导数。但是，边际效应的计算非常复杂。不仅如此，$X_k$ 对选择概率的边际效应可能与 $X_k$ 的系数有不同的符号。

---

① 解释变量 1 000 组观测数据的平均值如下：学校选择，2.305；天主教学校，0.019；平均绩点，6.530 39；家庭收入，51.393 5；家庭成员数量，4.206；父母的高等教育程度，0.308；女性，0.496；黑人，0.056；学校选择 1，0.222；学校选择 2，0.251；学校选择 3，0.527。

出现这种情况是由于 MLM 中所有的参数（不仅是 $X_k$ 的系数）都涉及计算 $X_k$ 对选择概率的边际效应。[1]

正是因为这个缘由，实际中会更趋向于把精力集中在机会或相对风险比上。

### □ 对使用 MLM 的警告：无关选择的独立性

MLM 的一个关键假设是在估计 $\pi_{ij}$（第 $i$ 个个体作出选择 $j$ 的选择概率）时的误差项与估计 $\pi_{ik}$（第 $i$ 个个体作出选择 $k$ 的选择概率，$k \neq j$）时的误差项互相独立。这意味着个体面临的多种选择之间的差别必须足够大。这就是 IIA 传达的信息。换句话说，IIA 要求在比较选择 $j$ 和 $k$ 时，其他选择是无关的。

为了了解违反**无关选择的独立性**（the independence of irrelevant alternatives，IIA）假设的情况，我们来看这个经典的"红色公交车，蓝色公交车"悖论。假设一名乘客有两种选择：乘出租车上班或乘公交车上班。选择概率各为 $\frac{1}{2}$。因而，两个概率之比为 1。

现在假设引进另一个公交车服务，所有属性都类似，但是这辆公交车漆着红色，而之前的公交车漆着蓝色。在这种情况下，我们会认为每种交通方式的概率变为 $\frac{1}{3}$。但是，实际上，乘客很可能根本不在乎公交车是蓝色的还是红色的。选择乘出租车的概率仍然是 $\frac{1}{2}$，但每辆公交车的被选概率变为 $\frac{1}{4}$。因此，乘出租车的选择概率与乘公交车的选择概率之比为 2 而不是 1。显然，这违反了 IIA 假设，因为某些选择并不符合 IIA 要求的互相独立。

该例的结论是：如果各选择是近似替代品，就不应该考虑 MLM 模型。[2]

## 9.3 条件 logit 模型（CLM）

如前所述，当回归元随个体而变化时适合用 MLM，当回归元随选择而变化时适合用 CLM。在 CLM 中，不能有随个体而变化的回归元。[3] 我们可以直观地看出原因。假设要在四种交通方式中选择一种去上班，即汽车、火车、水上计程车和自行车，每种都有自身的特性。如果同时考虑个体的特性，例如收入，我们将无法估计出收入系数，因为对于四种交通方式而言，个体的收入数值是相同的。

为了估计 CLM，我们把式（9.2）改写如下：

---

① 这一点可以从表达式 $\partial \pi_{ij} / \partial X_{ik} = \pi_{ij} (\beta_j - \sum_{h=2}^{m} \pi_{ih} \beta_h)$ 看出。

② 豪斯曼（Hausman）和麦克法登提出了一种对 IIA 假设的检验方法，但是朗和弗里兹（Long and Freese，*op cit.*，p. 244）并不支持这种检验方法。在讨论多项 probit 模型时，可以允许选择概率的误差项之间有联系。但由于它非常复杂，实际中研究者更偏好 MLM。

③ 但如果我们考虑混合 MLM（＝MXL），那么可以如 9.4 节中讨论的那样，通过运用合适的虚拟变量以允许有个体特征差异。

$$\pi_{ij} = \frac{e^{\alpha+\beta X_{ij}}}{\sum_{m=1}^{m=J} e^{\alpha+\beta X_{im}}} \tag{9.10}$$

其中 $\pi_{ij}$ 为第 $j$ 种选择或选项的概率。

注意式（9.2）和式（9.10）的关键区别：式（9.2）中 $\alpha$ 和 $\beta$ 随选择而变化，因此它们都有下标 $j$，而式（9.10）中只有一个截距和一个斜率系数（或者一个斜率系数向量，如果回归元超过一个）。MLM 和 CLM 的另一个关键区别是：CLM 中回归元有两个下标（$i$ 和 $j$），而 MLM 中只有一个下标（$i$）。MLM 中下标 $i$ 随个体而变化（例如，学校选择模型中的收入变量），但不随选择而变化。相反，CLM 中，个体下标 $j$ 随选择而变化。

类似于 MLM，CLM 也是用最大似然法估计的。如同在 MLM 中，为了解释的简便性，CLM 可以用如下 logit 形式来表达：

$$\log\left(\frac{\pi_{ij}}{\pi_{ik}}\right) = (X_{ij} - X_{ik})'\beta \tag{9.11}$$

该等式表明，选择 $j$ 和 $m$ 的对数机会与主体回归元的差值成比例，这个差值用一个（或多个，若回归元超过一个，这种情况下 $\beta$ 代表系数向量）估计的回归系数来衡量。

在继续深入讨论之前，我们先来看一个具体的例子。

## □ 旅行方式选择

旅行者面临的一个普遍问题是选择出行的交通方式。对这个问题的众多研究者包括格林（Greene）和汉修（Hensher）。[1] 他们共有关于 210 名个体的 4 种交通方式选择的 840 组观测数据。分析中用到的变量如下：

*Mode*＝选择：飞机，火车，巴士，汽车
*Time*＝站点等候时间，汽车为 0
*Invc*＝交通工具成本占比
*Invt*＝交通工具占时
*GC*＝一般花费测度[2]
*Hinc*＝家庭收入
*Psize*＝所选方式的团队规模

见本书配套网站上的表 9-3。

*Time*，*Invc*，*Invt* 和 *GC* 都是选择特定变量，因为它们都随选择而变化。*Hinc* 和 *Psize* 是个体特定变量，不能出现在 CLM 中，因为它们的值在各交通方式下保持不变。当然，如果我们讨论的是混合模型，选择特定和个体特定变量都可以包含在内。

首先考虑只包含选择特定变量的 CLM。与 MLM 的情况一样，我们用最大似然法估

---

[1] 关于这个研究的讨论和数据，参见 http://pages.stern.nyu.edu/~wgreene/Text/econometric analysis.htm。

[2] 等于 *Invc*，*Invt* 与个人时间机会成本之和。

计 CLM，同时，也选出一种交通方式作为参照选择。[1] 我们用汽车作为参照选择，并在这个基础上对其他选择加以讨论。

使用 Stata 10 的 clogit 程序，我们得到如表 9-4 所示的结果。在解释这些结果之前，注意，所有估计的系数都具有高度的统计显著性，从它们的 $p$ 值实际上为零可以看出。约为 213 的似然比率统计量也具有高度的显著性；如果我们要保持所有斜率系数同时为零，则可以彻底地拒绝这个假设。

termtime，invect 和 traveltime 的负系数具有经济意义。举个例子，如果某种交通方式的出发前等候时间比汽车长，人们选择该交通方式的可能性会变小。类似的，如果在某种交通工具上的时间比汽车长，人们选择该交通方式的可能性也会变小。旅行费用（包括机会成本）的系数为正，其意义是人们会选择机会成本比汽车低的交通方式。

表 9-4 中的飞机、火车和巴士是选择特定常量。

分析表 9-4 的另一种方法是从机会比率的角度看，具体参见表 9-5。

### 表 9-4 旅行方式的条件 logit 模型

| Conditional(fixed-effects) logistic regression | | | | Number of obs＝840 LR chi2(7)＝213.23 Prob＞chi2＝0.000 0 | | |
|---|---|---|---|---|---|---|
| Log likelihood＝−184.506 69 | | | | Pseudo R2＝0.366 2 | | |
| choice | Coef. | Std. Err. | z | P＞\|z\| | [95%Conf. Interval] | |
| termtime | −0.103 649 5 | 0.010 938 1 | −9.48 | 0.000 | −0.125 087 9 | −0.082 211 2 |
| invehiclec～t | −0.084 931 8 | 0.019 382 5 | −4.38 | 0.000 | −0.122 920 8 | −0.046 942 8 |
| traveltime | −0.013 332 2 | 0.002 517 | −5.30 | 0.000 | −0.018 265 4 | −0.008 399 |
| travelcost | 0.069 295 4 | 0.017 433 1 | 3.97 | 0.000 | 0.035 127 2 | 0.103 463 5 |
| air | 5.204 743 | 0.905 213 1 | 5.75 | 0.000 | 3.430 558 | 6.978 928 |
| train | 4.360 605 | 0.510 665 4 | 8.54 | 0.000 | 3.359 719 | 5.361 49 |
| bus | 3.763 234 | 0.506 259 5 | 7.43 | 0.000 | 2.770 984 | 4.755 485 |

### 表 9-5 旅行方式的条件 logit 模型：机会比率

| Conditional (fixed-effects) logistic regression | | | | Number of obs＝840 LR chi2(7)＝213.23 Prob＞chi2＝0.000 0 | | |
|---|---|---|---|---|---|---|
| Log likelihood＝−184.506 69 | | | | Pseudo R2＝0.366 2 | | |
| choice | Odds Ratio | Std. Err. | z | P＞\|z\| | [95%Conf. Interval] | |
| termtime | 0.901 541 2 | 0.009 861 2 | −9.48 | 0.000 | 0.882 419 3 | 0.921 077 4 |
| invehiclec～t | 0.918 574 9 | 0.017 804 3 | −4.38 | 0.000 | 0.884 333 7 | 0.954 142 |
| traveltime | 0.986 756 3 | 0.002 483 7 | −5.30 | 0.000 | 0.981 900 4 | 0.991 636 2 |
| travelcost | 1.071 753 | 0.018 683 9 | 3.97 | 0.000 | 1.035 751 | 1.109 005 |
| air | 182.134 | 164.870 1 | 5.75 | 0.000 | 30.893 87 | 1 073.767 |
| train | 78.304 46 | 39.987 38 | 8.54 | 0.000 | 28.781 09 | 213.042 2 |
| bus | 43.087 57 | 21.813 49 | 7.43 | 0.000 | 15.974 35 | 116.22 |

---

[1] 记住四种交通方式的概率之和必须为 1。因此，我们不能独立地估计出所有概率。一旦估计出三种交通方式（任意三种都可以）的概率，第四种方式的概率就自动得到了。

计量经济学：原理与实践（第二版）

对机会比率的解释如下。看 traveltime 的值约为 0.99 的例子。对任意一种交通方式，保持其他方式不变，旅行时间增加 1 分钟将导致使用该方式的机会减少至 0.98 或者说减少 2%。同样的，对任意一种交通方式，保持其他方式不变，出发前等候时间增加 1 分钟将导致选择该方式的机会减少为约 0.90 或者说减少 10%。

选择特定的常量，或称截距，通常无关紧要，除了在估计概率的时候。这些常量值的正向符号和高度显著性表明了乘坐飞机、火车和巴士的临界值均与乘坐汽车的临界值不同。

Stata 的**预测**（predict）指令可以用来预测个体作出每种选择的概率，其中对每个个体的预测概率之和为 1。记住，每位旅行者都有四种方式可供选择。例如，样本中第一位旅行者选择乘坐飞机、火车、巴士和汽车的概率分别为 0.06，0.28，0.12 和 0.54，概率之和为 1。这些概率表明，该旅行者很有可能选择乘坐汽车出行。事实上，他确实选择了乘坐汽车。当然，对于其他旅行者不一定如此。

除了机会比率，保持其他回归元不变，我们也可以计算某个回归元的值变化一单位对选择概率的边际效应或增量效应。回顾在多项 logit 模型（MLM）中，计算回归元对第 $m$ 个选择的概率的边际效应时，包含了所有的斜率参数。但是在条件 logit 模型（CLM）中，$B_m$（第 $m$ 个回归元的系数）的符号就是该回归元对选择概率的边际效应的符号。可以用 Stata 的 asclogit 程序对于这些边际效应进行实际计算，这里我们不加讨论。

## ▌9.4 混合 logit（MXL）

如前所述，在 MLM 中我们仅考虑主体特定的因素，而在 CLM 中则仅考虑选择特定的因素或特征。但在 MXL 中我们能同时包含这两类特征。在旅行数据中，我们也取得了家庭收入（hinc）和团队规模（psize，即一起旅行的人员数量）的信息。这些是主体特定的特征。为了在分析中体现出它们，MXL 进行了如下操作：

使主体特定变量与三种交通方式（飞机、火车和巴士）相互作用，记住汽车是参照方式。换句话说，将主体特定变量与三种交通方式分别相乘，如下所示：

air×hinc, train×hinc, bus×hinc,

air×psize, train×psize, bus×psize

然后用 Stata 的 clogit 指令得到表 9-6。

为了帮助解释这些数字，我们将再次计算机会比率（见表 9-7）。

等候时间、在交通工具上的时间和旅行时间的机会比率表明，与乘坐汽车相比，这些值每个单独增加一单位，将会降低该交通方式的吸引力。下面来看一下交互变量的机会比率，保持其他变量不变，如果家庭收入增加一单位，将会使乘坐火车的机会减小约 5.75%[＝(1−0.942 50)×100]。同样的，保持其他变量不变，如果团队成员增加一名，将会使乘坐飞机的机会减小约 60.25%[＝(1−0.397 5)×100]。

其他机会系数我们留给读者来解释。

表 9 - 6  旅行方式的混合条件 logit 模型

Iteration 0：log likelihood＝－186.101 9
Iteration 1：log likelihood＝－172.825 27
Iteration 2：log likelihood＝－172.468 93
Iteration 3：log likelihood＝－172.467 95
Iteration 4：log likelihood＝－172.467 95

| Conditional(fixed-effects) logistic regression | | Number of obs＝840 | | | | |
| --- | --- | --- | --- | --- | --- | --- |
| | | LR chi2(12)＝237.31 | | | | |
| | | Prob＞chi2＝0.000 0 | | | | |
| Log likelihood＝－172.467 95 | | Pseudo R2＝0.407 6 | | | | |
| choice | Coef. | Std. Err. | z | P＞\|z\| | [95%Conf. Interval] | |
| termtime | －0.101 179 7 | 0.011 142 3 | －9.08 | 0.000 | －0.123 018 2 | －0.079 341 2 |
| invehiclec～t | －0.008 67 | 0.007 876 3 | －1.10 | 0.271 | －0.024 107 3 | 0.006 767 3 |
| traveltime | －0.004 130 7 | 0.000 892 8 | －4.63 | 0.000 | －0.005 880 6 | －0.002 380 8 |
| air | 6.035 16 | 1.138 187 | 5.30 | 0.000 | 3.804 355 | 8.265 965 |
| train | 5.573 527 | 0.711 291 5 | 7.84 | 0.000 | 4.179 422 | 6.967 633 |
| bus | 4.504 675 | 0.795 791 9 | 5.66 | 0.000 | 2.944 952 | 6.064 399 |
| air×inc | 0.007 480 9 | 0.013 202 7 | 0.57 | 0.571 | －0.018 395 9 | 0.033 357 7 |
| train×inc | －0.059 227 3 | 0.014 892 3 | －3.98 | 0.000 | －0.088 415 7 | －0.030 038 8 |
| bus×inc | －0.020 898 4 | 0.016 350 5 | －1.28 | 0.201 | －0.052 944 8 | 0.011 148 1 |
| air×partys | －0.922 420 3 | 0.258 506 4 | －3.57 | 0.000 | －1.429 084 | －0.415 757 |
| train×party | 0.216 272 6 | 0.233 638 | 0.93 | 0.355 | －0.241 649 4 | 0.674 194 5 |
| bus×party | －0.147 924 7 | 0.342 769 7 | －0.43 | 0.666 | －0.819 741 | 0.523 891 5 |

表 9 - 7  旅行方式的混合条件 logit 模型：机会比率

| Conditional (fixed-effects) logistic regression | | Number of obs＝840 | | | | |
| --- | --- | --- | --- | --- | --- | --- |
| | | LR chi2(12)＝237.31 | | | | |
| | | Prob＞chi2＝0.000 0 | | | | |
| Log likelihood＝－172.467 95 | | Pseudo R2＝0.407 6 | | | | |
| choice | Odds Ratio | Std. Err. | z | P＞\|z\| | [95%Conf. Interval] | |
| termtime | 0.903 770 6 | 0.010 070 1 | －9.08 | 0.000 | 0.884 247 6 | 0.923 724 7 |
| invehiclec～t | 0.991 367 5 | 0.007 808 3 | －1.10 | 0.271 | 0.976 181 | 1.006 79 |
| traveltime | 0.995 877 8 | 0.000 889 1 | －4.63 | 0.000 | 0.994 136 6 | 0.997 622 |
| air | 417.865 5 | 475.609 | 5.30 | 0.000 | 44.896 28 | 3 889.223 |
| train | 263.361 4 | 187.326 8 | 7.84 | 0.000 | 65.328 06 | 1 061.707 |
| bus | 90.438 96 | 71.970 59 | 5.66 | 0.000 | 19.009 74 | 430.263 9 |
| air×inc | 1.007 509 | 0.013 301 8 | 0.57 | 0.571 | 0.981 772 3 | 1.033 92 |
| train×inc | 0.942 492 6 | 0.014 035 9 | －3.98 | 0.000 | 0.915 380 3 | 0.970 407 8 |
| bus×inc | 0.979 318 5 | 0.016 012 4 | －1.28 | 0.201 | 0.948 432 4 | 1.011 21 |
| air×partys | 0.397 555 7 | 0.102 770 7 | －3.57 | 0.000 | 0.239 528 2 | 0.659 840 6 |
| train×party | 1.241 441 | 0.290 047 7 | 0.93 | 0.355 | 0.785 331 4 | 1.962 452 |
| bus×party | 0.862 496 | 0.295 637 5 | －0.43 | 0.666 | 0.440 545 7 | 1.688 586 |

## 9.5 要点与结论

本章我们讨论了三种模型：多项 logit 模型（MLM）、条件 logit 模型（CLM）和混合 logit 模型（MXL）。在不同情形中面临多种选择时，可以尝试用这些模型估计选择概率，即作出最优选择的概率，最优是指对决策者而言能获得效用或满意度的最大化。

MLM 中的选择概率是基于个体的特征，而 CLM 中的概率则是基于选择特定的特征。在 MXL 中，我们同时包含了个体和选择特定的特征。

所有这些模型都通过最大似然法来估计，因为它们都具有高度非线性。

估计出这些模型之后，我们就能解释这些原始系数或将它们转换为机会比率，后者解释起来更容易。我们还可以评估回归元对选择概率的边际贡献，尽管这些计算有时候已经涉及。不过，类似 Stata 的统计软件包可以相对简便地计算出这些边际效应。

本章讨论这些话题最主要的目的是将初学者引入多项选择模型的广阔领域。本章的阐释性例子给出了处理这些模型的方法。一旦理解了基础知识，读者就可以通过阅读相关的参考书目，进一步接触该领域更具挑战性的话题。[1]更高深的话题超出了本书的范围，不过在这个领域我们还有一个话题要讨论，就是下一章中的**序数**（ordinal）或**有序**（ordered）**logit**。

在结束之前，有必要提出一个警告：本章讨论的模型都是基于 IIA 假设，即选择行为的独立无关性，这个假设实际上不一定在所有情况下都可行。回忆我们先前讨论的"红色公交车，蓝色公交车"例子。虽然我们可以用豪斯曼型检验方法来评估 IIA，但这类方法在实际中不一定奏效。不过，处理 IIA 问题还有其他方法可供选择，建议读者参考前面引述的朗·弗里斯和格林的部分。

在本章注释所列的书籍网站上有一些数据集，读者可以找到你感兴趣的数据，并估计本章讨论的各种模型，以熟悉前几页中讨论的方法。

### 习题 ☞

9.1 1991 年综合社会调查（General Social Survey）在芝加哥大学的 MORC 的带领下进行。其中有一个 633 人的样本，这些人被按照工作分为了三类：一类是工人，被标记为 Occup＝1；一类是办公室职员，被标记为 Occup＝2；一类是管理层、工程师或教授，被标记为 Occup＝3。

为了探究工作种类与受教育年限之间的关系，我们可以针对样本数据构建一个多项 logit 模型。为了方便描述，假设 Occup＝1 为基础类别。表 9-8 给出了上述回归基于 Stata 的结果。请回答如下问题：

---

① 参见 Heij, C., de Boer, P., Franses, P. H., Kloek, T., and van Dijk, H. K., *Econometrics Methods with Applications in Business and Economics*, Oxford University Press, Oxford, UK, 2004, Ch. 6; Cameron, A. C. and Trivedi, P. K., *Microeconometrics: Methods and Applications*, Cambridge University Press, New York, 2005, Ch. 15; Franses, P. H. and Papp, R., *Quantitative Models in Marketing Research*, Cambridge University Press, Cambridge, 2001, Chapter 5。

表 9 - 8  职业选择的多项模型

```
mlogit occ educ, base (1)
Iteration 0: log likelihood=-688.493 17
Iteration 1: log likelihood=-578.976 99
Iteration 2: log likelihood=-568.793 91
Iteration 3: log likelihood=-568.461 66
Iteration 4: log likelihood=-568.461 1
Multinominal regression          Number of obs=633
LR chi2 (2) =240.06
Prob>chi2=0.000 0
Log likelihood=-568.461 1 Pseudo R2=0.174 3
```

| occ | Coef. | Std. Err | z | P>\|z\| | [95%Conf. Interval] | |
|---|---|---|---|---|---|---|
| 2 | | | | | | |
| educ | 0.217 512 9 | 0.049 575 3 | 4.388 | 0.000 | 0.120 347 | 0.314 678 8 |
| _ cons | -2.341 483 | 0.622 184 7 | -3.763 | 0.000 | -3.560 943 | -1.122 024 |
| 3 | | | | | | |
| educ | 0.740 490 3 | 0.063 003 4 | 11.753 | 0.000 | 0.617 005 9 | 0.863 974 7 |
| _ cons | -9.937 645 | 0.860 830 7 | -11.544 | 0.000 | -11.624 84 | -8.250 448 |

（结果 occ==1 是比较组或基准组。）

（a）请你解释这一结果的含义。

（b）将 Occup=1 作为参考类别，请计算相应的机会比率。

（c）请你解释（b）中得到的机会比率的含义。

（d）多增加一年教育，对于从事 category 3 而不是 category 2 的概率有多大提升？目前参考类别是 category 2 而不是 category 1，请问有必要重新构建一个全新的 MLM 吗？只使用表 9 - 8 中的结论，你可以回答这一问题吗？

9.2  参考表 9 - 9（见本书配套网站）中 200 名学生的数据[1]，进入高中的学生需要在职业规划或学术规划中作出选择。这样的选择可能与他们的成绩以及家庭经济条件相关。这里的结果变量是 *prog*，也就是选择的规划类型。预期可能的因变量有 *ses* 指数（将家庭的社会经济地位按照顺序分为三个类型），*write*（写作成绩，一个连续变量）。将职业规划作为基础选择，请你构建一个合适的 MLM，并解释通过该模型得到的结果。

9.3  在一项关于使用避孕药的研究中，普林斯顿大学的 German Rodríguez 教授基于 MLM 得到了表 9 - 10 中的结果。[2]

表 9 - 10  避孕药使用的多项回归

```
mlogit cuse age agesq [fw=cases], baseoutcome (3)
Iteration 0: log likelihood=-3 133.450 4
Iteration 1: log likelihood=-2 892.982 2
```

---

① UCLA IDRE Statistical Consulting Group.

② Rodríguez, G. (2007), *Lecture Notes on Generalized Linear Models*. 数据来自网站：http://data.princeton.edu/wws509/notes/.

Iteration 2：log likelihood＝－2 883. 158
Iteration 3：log likelihood＝－2 883. 136 4
Iteration 4：log likelihood＝－2 883. 136 4
Multinomial logistic regression

| | | | | Number of obs | = | 3 165 |
| | | | | LR chi2 （2） | = | 500. 63 |
| | | | | Prob＞chi2 | = | 0. 000 0 |
| Log likelihood＝－2 883. 136 4 | | | | Pseudo R2 | = | 0. 079 9 |

| cuse | Coef. | Std. Err | z | P＞\|z\| | [95％Conf. Interval] | |
| --- | --- | --- | --- | --- | --- | --- |
| sterilizat～n | | | | | | |
| age | 0. 709 718 6 | 0. 045 507 4 | 15. 6 | 0. 000 | 0. 620 525 8 | 0. 798 911 4 |
| agesq | －0. 009 732 7 | 0. 000 658 8 | －14. 77 | 0. 000 | －0. 011 024 | －0. 008 441 5 |
| _ cons | －12. 618 | 0. 757 406 5 | －16. 66 | 0. 000 | －14. 102 65 | －11. 133 67 |
| other _ method | | | | | | |
| age | 0. 264 071 9 | 0. 047 071 9 | 5. 61 | 0. 000 | 0. 171 812 7 | 0. 356 331 11 |
| agesq | －0. 004 758 | 0. 000 759 6 | －6. 26 | 0. 000 | －0. 006 246 9 | －0. 003 269 2 |
| _ cons | －4. 549 798 | 0. 693 849 8 | －6. 56 | 0. 000 | －5. 909 718 | －3. 189 877 |
| no _ method （base outcome） | | | | | | |

注：cuse 支持以下避孕药使用方法：sterilization，other method 和 no method。no method 是参考类别。这一模型中用到的解释变量是 age 和 age-squared。结果基于一个有 3 165 个观测值的样本。

（a）请你解释通过该模型得到的结果。

（b）不看回归结果，你猜测 $age^2$ 项的系数会是多少？模型预测的结果与你的猜测一致吗？

（c）计算机会比率，并解释其含义。

（d）如果让你计算不同情况下机会比率的百分比变化，你有什么好方法吗？

# 第 10 章

# 序数回归模型

第 1 章我们讨论了经验分析中常见的四种变量类型：比率尺度、区间尺度、序数尺度和名义尺度。前面的章节中我们大部分在讨论比率尺度或区间尺度变量的回归模型。第 8 章我们讨论了二值名义尺度变量，第 9 章则探讨了多类别名义尺度变量。在本章中，我们将讨论包含序数尺度变量的回归模型。

在前述章节讨论的旅行者例子中，我们考虑了四种交通方式：飞机、火车、巴士和汽车。尽管给这些交通方式标上了序号 1、2、3 和 4，但我们并没有赋予这些数字任何序数属性，它们仅仅是名义或分类标签。

但是，在很多社会科学和医药科学的应用中，回归分类是有序的或分等级的。举个例子，在李克特式（Likert-type）问卷调查中，回答可能是"强烈同意"、"同意"、"反对"或"强烈反对"。类似的，在劳动市场研究中，我们会发现有工人全职工作（每星期工作 40 小时以上）或兼职工作（每星期工作 20 小时以下）或处于失业状态。另一个例子就是公司提供的债券评级，如穆迪或标准普尔。企业债券等级可划分为 B，B＋，A，A＋，A＋＋等，等级越高，表明发行债券的实体信誉度越好。

虽然各种类型之间有清晰的等级划分，但我们不能把它们看作区间尺度或比率尺度变量。因此，不能说全职工作和兼职工作的区别，与兼职工作和没有工作的区别是一样的。而且，这里两种类型的比率不一定有实际意义。

尽管 MLM 模型可以用来估计序数尺度类型，但它并没有将因变量的序数特征考虑在内。[1] 序数 logit 和序数 probit 是专门提出来用于处理序数尺度变量的。由于序数 probit 模型数学上的复杂性，本章我们仅考虑序数 logit 模型。[2]

---

[1] 此外，还存在技术原因。与 MLM 相比，序数 logit 或序数 probit 更加简便易行，因为我们需要估计的参数更少。

[2] 一些统计软件包有固定的程序来估计这两类模型。两类模型的区别在于对误差项建模的概率分布。序数 probit 模型中误差项被假设为正态分布，而序数 logit 模型中误差项被假设为服从 logistic 分布。

## 10.1 有序多项模型（OMM）

假设我们得到如下模型：

$$Y_i^* = B_1 X_{i1} + B_2 X_{i2} + \cdots + B_k X_{ik} + u_i$$

$$= \sum_{n=1}^{k} B_n X_{in} + u_i \tag{10.1}$$

其中 $Y_i^*$ 是不可观测的，$X$ 是回归元，$u_i$ 是误差项。

$Y^*$ 通常是指**潜在**（latent）或**指数变量**（index variable）。例如，它有可能表示一个公司的信誉度，或一个人的幸福指数。尽管我们不能直接观测到潜在变量，但它取决于一个或多个回归元，例如医学研究中某个个体的饮食、体重或身高。[①]

进一步假设我们有 $n$ 个独立的个体（或观测值），他们面临 $J$ 个有序的选择，如下所示：

$$Y_i = 1，如果 \ Y_i^* \leqslant a_1$$
$$Y_i = 2，如果 \ a_1 \leqslant Y_i^* \leqslant a_2$$
$$Y_i = 3，如果 \ a_2 \leqslant Y_i^* \leqslant a_3 \tag{10.2}$$
$$\vdots$$
$$Y_i = J，如果 \ a_{j-1} \leqslant Y_i^*$$

其中 $a_1 < a_2 < a_3 < \cdots < a_{J-1}$。

也就是说，我们在 $J$ 个有序类别中有某一类观测个体 $Y_i$，这些类别被**临界参数或截点**（threshold parameters or cutoffs），即 $a$，分隔开来。换句话说，临界参数划分出了各个类型的界限。回到债券评级的例子，如果一个债券被评为等级 B，那么它所属的类型比评级为 B+ 的债券要低，而 B+ 债券又比等级为 A— 的债券要低，依此类推。

有序 logit 模型不仅估计 $X$ 回归元的系数，还估计临界参数。但是注意，$X$ 回归元的斜率系数在每一个类别中是一样的；它们只有截距（截点）不同。换句话说，我们得到的是平行回归线[②]，它们终止在不同的截距上。

这就是为什么 OLM 也被称为**比例机会模型**（proportional odds models）。[③]

## 10.2 有序 logit 模型 （OLM） 估计

如同在所有多项回归模型中一样，这里也用最大似然法进行估计。潜在的估计规则

---

① 潜在变量被作为连续变量对待，观测到的响应代表对该变量粗略的衡量。即使我们将人分为自由派和保守派，也有理由相信存在保守或自由意识形态的连续统。

② 更确切地说，即平行回归面。

③ 更多的细节，参见 Powers，D. A. and Yu Xie，*Statistical Methods for Categorical Data Analysis*，2nd edn，Emerald Publishers，UK，2008，p. 229。

很简单：我们想要估计

$$\Pr(Y_i \leqslant j) = \Pr(B_1 X_{1i} + B_2 X_{2i} + \cdots + B_k X_{ki} + u_i \leqslant a_j)$$
$$= \Pr(u_i \leqslant a_j - B_1 X_{1i} - B_2 X_{2i} - \cdots - B_k X_{ki}) \tag{10.3}$$

也就是说，公式（10.3）给出了 $Y_i$ 属于类别 $j$ 及以下类别（即类别 1，2，…，或 $j$）的（累积）概率。

回顾一下，计算一个随机变量取值小于或等于某个给定数字的概率时，我们用的是概率分布的累积分布函数（CDF），主要问题是：用哪一个概率分布？正如在别处提到过的，如果假设误差项 $u_i$ 服从 logistic 分布，我们得到有序 logit 模型（OLM），但如果它服从正态分布，我们得到有序 probit 模型（OPM）。由于之前提过的原因，我们将估计 OLM。[①]

对有序响应建模用的是公式（10.3）中的累积概率。现在要计算这种概率，我们用：

$$\frac{\exp(a_j - \boldsymbol{BX})}{1 + \exp(a_j - \boldsymbol{BX})} \tag{10.4 ②}$$

即逻辑概率分布的 CDF。注意，$\boldsymbol{BX}$ 代表 $\sum_1^k B_k X_k$。

那么，回归元对有序因变量的影响是非线性的，因为它是由一个非线性 CDF（本例中为 logit）导出的。[③] 这在某种程度上使得对 OLM 的解释变得复杂。为了让解释更方便一点，我们可以用机会比率。

由于公式（10.2）左边的结果反映了回应尺度的次序，习惯性地会考虑机会比率，定义如下：

$$\frac{\Pr[Y_i \leqslant j \mid X]}{\Pr[Y_i > j \mid X]} = \frac{\Pr[Y_i \leqslant j \mid X]}{\Pr[1 - \Pr(Y_i \leqslant j \mid X)]} \tag{10.5}$$

其中

$$\Pr[Y_i \leqslant j \mid X] = \sum_{m=1}^{j} \Pr[Y_i = m \mid X] \tag{10.6}$$

表示的是结果小于或等于 $j$ 的累积概率。

现在如果我们用公式（10.4）给出的 logistic CDF 来计算公式（10.5）中的机会比率，并取这个机会比率的对数（即 logit），化简后得到

$$\text{logit}[\Pr(Y_i \leqslant j)] = \ln\frac{\Pr(Y_i \leqslant j)}{\Pr(Y_i > j)} = \ln\frac{\Pr(Y_i \leqslant j)}{1 - \Pr(Y_i \leqslant j)}$$
$$= a_j - \sum_{n=1}^{K} B_n X_{in}, \ j = 1, 2, \cdots, J - 1 \tag{10.7}$$

（该公式的推导参见本章附录。）

——————————

① 下面的讨论是基于 Fox, J., *Applied Regression Analysis*, *Linear Models*, *and Related Methods*, Sage Publications, California, 1997, pp. 475-7; Agresti, A., *An Introduction to Categorical Data Analysis*, 2nd edn, Wiley, New York, 2007。

② 变量 $Y$ 的标准 logistic 分布的 PDF 均值为零，方差为 $\pi^2/3$，由公式 $f(Y) = \exp(Y)/[1 + \exp(Y)]^2$ 给出，它的 CDF 由公式 $F(Y) = \exp(Y)/[1 + \exp(Y)]$ 给出。

③ CDF 是拉伸的 S 形曲线，显然是非线性的。

这样公式（10.7）给出了 logit（或对数机会；在 10.3 节讨论的例子中有三个这样的 logit）的序列，它们都有相同的回归元和相同的（斜率）系数，但有不同的截距。有意思的是，我们会观察到，公式（10.7）中的 logit 对 $a$ 和 $B$ 都是线性的。

从公式（10.7）能清晰地看出，众多 $B$ 系数表明所有回归元对（有序）因变量有同样的影响，而且公式（10.2）给出的有序分类依据的是截点/截距系数 $a_j$。注意，$B$ 系数没有下标 $j$。

还有一点能从公式（10.7）中清晰地看出，OLM 称为比例机会模型的原因是，对于给定的 $X$ 值，任意两个累积对数机会（即 logit）（如在类型 $l$ 和 $m$ 中）的区别仅在于常量（$a_l - a_m$）。因此，这个机会是成比例的，故取名为比例机会模型。

进一步讨论之前，我们先用一个实例来说明有序 logit 模型。

## 10.3　一个阐释性的例子：对在职母亲的态度[①]

1977 年和 1989 年的综合社会调查请调查对象评述以下看法：在职母亲与自己的孩子建立一种温暖而安全的关系的能力与全职太太是一样的。响应分别记录为：1＝强烈反对，2＝反对，3＝同意，4＝强烈同意，得到全部 2 293 个响应。我们有每一个调查者的下列信息：yr89＝调查年份 1989 年；性别，male（男性）＝1；种族，white（白人）＝1；age＝年龄；ed＝受教育年限；prst＝职业声望。

使用 Stata 10 的 ologit 指令，我们得到如表 10-1 所示的结果。

表 10-1　温暖模型的 OLM 估计

| ologit warm yr89 male white age ed prst | | | | | | |
|---|---|---|---|---|---|---|
| Iteration 0：log likelihood＝－2 995.770 4 | | | | | | |
| Iteration 1：log likelihood＝－2 846.453 2 | | | | | | |
| Iteration 2：log likelihood＝－2 844.914 2 | | | | | | |
| Iteration 3：log likelihood＝－2 844.912 3 | | | | | | |
| Ordered logistic regression | | Number of obs＝2 293 | | | | |
| LR chi2(6)＝ | | 301.72 | | | | |
| Prob＞chi2＝ | | 0.000 0 | | | | |
| Log likelihood＝－2 844.912 3 | | Pseudo R2＝0.050 4 | | | | |
| warm | Coef. | Std. Err. | z | P＞\|z\| | [95％Conf. Interval] | |
| yr89 | 0.523 902 5 | 0.079 898 8 | 6.56 | 0.000 | 0.367 303 7 | 0.680 501 3 |
| male | －0.733 299 7 | 0.078 482 7 | －9.34 | 0.000 | －0.887 122 9 | －0.579 476 6 |
| white | －0.391 159 5 | 0.118 380 8 | －3.30 | 0.001 | －0.623 181 5 | －0.159 137 4 |
| age | －0.021 665 5 | 0.002 468 3 | －8.78 | 0.000 | －0.026 503 2 | －0.016 827 8 |
| ed | 0.067 172 8 | 0.015 975 | 4.20 | 0.000 | 0.035 862 4 | 0.098 483 1 |
| prst | 0.006 072 7 | 0.003 292 9 | 1.84 | 0.065 | －0.000 381 3 | 0.012 526 7 |
| /cut1 | －2.465 362 | 0.238 912 6 | | | －2.933 622 | －1.997 102 |
| /cut2 | －0.630 904 | 0.233 315 5 | | | －1.088 194 | －0.173 614 |
| /cut3 | 1.261 854 | 0.234 017 9 | | | 0.803 187 3 | 1.720 521 |

注：cut1，cut2 和 cut3 分别是第二、第三和第四类别的截距，最低那一类别的截距被正则化为零。

---

[①]　接下来的数据来源于 Long，J. S. and Freese，J.，*Regression Models for Categorical Dependent Variables Using Stata*，2nd edn，Stata Press，2006。

在解释这些结果之前，我们先来看看总体的结果。回顾一下，在零假设下所有回归元的系数均为零，LR 检验服从自由度为回归元个数的 $\chi^2$ 分布，本例中为 6。在这个例子中 $\chi^2$ 值约为 302。如果零假设成立，则得到 $\chi^2$ 值为 302 或以上的概率实际上为零。所以，总体来说，所有回归元对选择概率都有很大的影响。

该模型同时给出了伪 $R^2$ 的值 0.05。这与 OLS 回归中通常的 $R^2$ 不同——也就是说，它并不是衡量模型中回归元解释的回归子的变化的比例。因此，我们对伪 $R^2$ 的值持怀疑态度。

我们用 $Z$ 值（标准正态分布 $Z$）衡量单个回归系数的统计显著性。所有的回归系数，除 prst 外，都具有高度的统计显著性，它们的 $p$ 值实际上为零。但是，prst 的显著性水平仅为 7% 左右。

## □ 对回归系数的解释

表 10-1 中给出的回归系数是有序对数机会（即 logit）系数。它们有什么含义呢？举例说明，变量受教育年限的系数约为 0.07。保持其他回归元不变，如果将受教育年限提高一个单位（即一年），有序对数机会处于更高温暖类别的概率将增长约 0.07。温暖类别 4 相较于类别 3、类别 3 相较于类别 2、类别 2 相较于类别 1 都是如此。表 10-1 中给出的其他回归系数也可以作类似的解释。

基于这些回归结果，我们可以拟合出四种类别的回归线[1]：如果关于比例机会模型的假设成立，那么所有的回归线都将是平行的。按照惯例，选择其中一种类别作为参照类别，其截距值固定为零。

实际中，通过计算机会比率来解释各种系数是很有用的。用指数化（即赋予 e 一个给定的幂值）的方法可以简便地估计出回归系数。举个例子，变量教育的系数约为 0.07，指数化后得到 $e^{0.07} = 1.0725$。这意味着如果将受教育年限提高一个单位，倾向于更高温暖类别的机会比更低温暖类别的机会大于 1。换句话说，如果教育增长了额外的一年，那么选择更高温暖类别超过更低温暖类别的概率将会提升 7.25%。我们不需要人工做这些运算，因为像 Stata 这样的统计软件包，只要输入表 10-2 中的指令，就有固定的程序完成计算（注意，"or"代表机会比率）。

正如大家从这些机会比率中所看到的，如果你是男性或白人，那么得到更高温暖等级的机会更小。对于教育和父母亲教育的机会几乎是均等的。与 1977 年相比，1989 年的机会更高。

表 10-2　温暖模型中的机会比率

| ologit warm yr89 male white age ed prst, or | |
|---|---|
| Iteration 0：log likelihood $=-2995.7704$ | |
| Iteration 1：log likelihood $=-2846.4532$ | |
| Iteration 2：log likelihood $=-2844.9142$ | |
| Iteration 3：log likelihood $=-2844.9123$ | |
| Ordered logistic regression | Number of obs$=2293$ |
| LR chi2(6)$=$ | 301.72 |
| Prob>chi2$=$ | 0.0000 |
| Log likelihood$=-2844.9123$ | Pseudo R2$=0.0504$ |

---

[1]　事实上一次只能画出一个回归元的回归线；要在一个二维平面中显示出包含 6 个回归元的回归面是不可能的。

| warm | Odds Ratio | Std. Err. | z | P>\|z\| | [95%Conf. Interval] | |
|---|---|---|---|---|---|---|
| yr89 | 1.688 605 | 0.134 917 5 | 6.56 | 0.000 | 1.443 836 | 1.974 867 |
| male | 0.480 321 4 | 0.037 696 9 | −9.34 | 0.000 | 0.411 838 9 | 0.560 191 5 |
| white | 0.676 272 3 | 0.080 057 6 | −3.30 | 0.001 | 0.536 235 7 | 0.852 879 1 |
| age | 0.978 567 5 | 0.002 415 4 | −8.78 | 0.000 | 0.973 844 9 | 0.983 313 |
| ed | 1.069 48 | 0.017 084 9 | 4.20 | 0.000 | 1.036 513 1 | 0.103 496 |
| prst | 1.006 091 | 0.003 313 | 1.84 | 0.065 | 0.999 618 8 | 1.012 605 |
| /cut1 | −2.465 362 | 0.238 912 6 | | −2.933 622 | −1.997 102 | |
| /cut2 | −0.630 904 | 0.233 315 5 | | −1.088 194 | −0.173 614 | |
| /cut3 | 1.261 854 | 0.234 017 9 | | 0.803 187 3 | 1.720 521 | |

### □ 预测概率

用 Stata 估计出有序 logit 模型之后，如果你输入指令 Predict（后面加上四种变量的名称），将会得到调查中全部 2 293 位参与者的估计概率。每位参与者都有四个概率，每一个对应一种温暖类别。当然，由于四种温暖类别是互斥的，故每位参与者的四种概率之和为 1。这里我们不给出所有的估计概率，以防浪费太多空间。

### □ 回归元的边际效应

从公式（10.1）可以看出，第 $j$ 个回归元对 $Y_i^*$ 的边际效应如下：

$$\frac{\partial Y_i^*}{\partial X_{ij}} = B_j \tag{10.8}$$

也就是说，保持其他变量不变，$X_{ij}$ 每增加一个单位，$Y_i^*$ 将变化 $B_j$ 个单位。但是，正如斯科特·朗所写："由于从已观测数据中无法估计 $y^*$ 的方差，$\beta_k y^*$ 变化一个单位的意义还不可知。"[1] 此外，正如伍德里奇提到的，

> ……我们必须记住，$\beta$ 本身是不受关注的。在大部分情况下，我们对 $E(y^*|x) = x\beta$ 并不感兴趣，因为 $y^*$ 是一个抽象结构。我们感兴趣的是回归概率 $P(y=j|x)$……[2]

不过，我们可以用 Stata 程序来计算标准化系数 $B^*$ 并评估回归元对 logit 的影响。[3]

## 10.4 比例机会模型的局限[4]

概括来说，比例机会模型用一个公式估计各个水平上的回归子，或称因变量，它们唯一的区别就在于截距（截点）。这就是我们获得各水平的平行回归线（面）的原因。这

---

① 参见 Long, J. S., *Regression Models for Categorical and Limited Dependent Variables*, Sage Publications, California, 1997, p.128。

② Wooldridge, J. M., *Econometric Analysis of Cross Section and Panel Data*, MIT Press, Cambridge, Massachusetts, 2002, pp.505−6。

③ 关于这一点，参见 Long, *op cit.*。

④ 接下来的讨论基于 Long, *op cit.*, pp.141−5。

也许是比例机会对数模型的一个缺陷。因此，我们明确地检验该假设具有重要意义。

### □ 恒定 *B* 系数的非正式检验

既然有了 $J$ 种有序回应类别，我们就能计算出 $J-1$ 个关于成为比 $Y$ 更高类别与更低类别之比的二值 logit 回归。因此，如果将 $Y$ 进行公式（10.2）中的排序，得到的响应比 $j$ 大与比 $j$ 小的对数机会（即 logit）可以表示为：

$$\ln\left[\frac{\Pr(Y_i > j)}{\Pr(Y_i \leqslant j)}\right] = a_j - B_j X, \ j=1, 2, \cdots, J-1 \tag{10.9}$$

相当于估计出 $J-1$ 个响应变量的离散二值 logit 模型。所以，我们总共将得到 $J-1$ 个 $B_j$ 的估计值。因此，平行回归的假设意味着：

$$B_1 = B_2 = \cdots = B_{J-1} = B$$

对这些系数的检验会告诉我们所有 $B$ 系数的估计值是否相同。如果它们有所不同，则可以拒绝平行回归的假设。当然，我们可以更加正式地检验公式（10.10）的假设，这就是 omodel 和 Brant 检验的功能所在。

### □ 平行回归线的正式检验

Omodel 和 Brant 检验，由斯科特·朗和弗里斯研究得出，可以用来检验平行回归线的假设。我们不讨论这些检验的具体细节，读者可以自行从 Stata 中下载。

Omodel 检验给出了如表 10 - 3 所示的结果。

表 10 - 3　温暖平行回归线的检验

```
omodel logit warm yr89 male white age ed prst
Iteration 0：log likelihood＝－2 995.770 4
Iteration 1：log likelihood＝－2 846.453 2
Iteration 2：log likelihood＝－2 844.914 2
Iteration 3：log likelihood＝－2 844.912 3
Ordered logit estimates              Number of obs＝2 293
                                     LR chi2(6)＝301.72
                                     Prob＞chi2＝0.000 0
Log likelihood＝－2 844.912 3         Pseudo R2＝0.050 4
```

| warm | Coef. | Std. Err. | z | P＞\|z\| | [95％Conf. Interval] | |
|------|-------|-----------|-----|--------|---------|---------|
| yr89 | 0.523 902 5 | 0.079 898 8 | 6.56 | 0.000 | 0.367 303 7 | 0.680 501 3 |
| male | −0.733 299 7 | 0.078 482 7 | −9.34 | 0.000 | −0.887 122 9 | −0.579 476 6 |
| white | −0.391 159 5 | 0.118 380 8 | −3.30 | 0.001 | −0.623 181 5 | −0.159 137 4 |
| age | −0.021 665 5 | 0.002 468 3 | −8.78 | 0.000 | −0.026 503 2 | −0.016 827 8 |
| ed | 0.067 172 8 | 0.015 975 | 4.20 | 0.000 | 0.035 862 4 | 0.098 483 1 |
| prst | 0.006 072 7 | 0.003 292 9 | 1.84 | 0.065 | −0.000 381 3 | 0.012 526 7 |

| | | | | | |
|---|---|---|---|---|---|
| _cut1 | −2.465 362 | 0.238 912 6 | (Ancillary parameters) | | |
| _cut2 | −0.630 904 | 0.233 315 5 | | | |
| _cut3 | 1.261 854 | 0.234 017 9 | | | |

Approximate likelihood-ratio test of proportionality of odds
across response categories：
chi2(12)=48.91
Prob>chi2=0.000 0

公式（10.10）中的零假设可以用 $\chi^2$ 检验方法来检验。在本例中，如表 10-3 所示，48.91 的 $\chi^2$ 值（自由度为 12）具有高度显著性，从而拒绝了该零假设。换句话说，本例中的比例性猜想不能成立，所以比例机会模型并不适用。接下来该怎么办？

## □ 比例机会模型的替代选择

若平行回归线的假设被拒绝，另一个选择就是用前面章节中讨论过的 MLM，或者其他方法，这里不一一详述。不过在斯科特·朗和弗里斯书中的 5.9 节可以找到关于其他选择的一些讨论。

本章我们以 OLM 的另一个阐释性例子结尾。

## □ 申请研究生院的决定

大学四年级的学生被问及他们是否（1）不可能，（2）有点可能，（3）很可能申请研究生院，分别编号为 1，2，3。基于 400 名大四学生以及三个变量相关信息的假想数据，三个变量是 pared（＝1，若父母中至少一位接受过研究生教育），public（＝1，若在读机构是公立大学）和 gpa（学生平均绩点），我们得到如表 10-4 所示的 OLM。[1]

表 10-4　申请研究生院的 OLM 估计

```
ologit apply pared public gpa
Iteration 0：log likelihood=−370.602 64
Iteration 1：log likelihood=−358.605
Iteration 2：log likelihood=−358.512 48
Iteration 3：log likelihood=−358.512 44
```

| Ordered logistic regression | | Number of obs=400 | | | | |
|---|---|---|---|---|---|---|
| | | LR chi2(3)=24.18 | | | | |
| | | Prob>chi2=0.000 0 | | | | |
| Log likelihood=−358.512 44 | | Pseudo R2=0.032 6 | | | | |

| apply | Coef. | Std. Err. | z | P>\|z\| | [95%Conf. Interval] | |
|---|---|---|---|---|---|---|
| pared | 1.047 664 | 0.265 789 1 | 3.94 | 0.000 | 0.526 726 6 | 1.568 601 |
| public | −0.058 682 8 | 0.297 858 8 | −0.20 | 0.844 | −0.642 475 4 | 0.525 109 8 |
| gpa | 0.615 745 8 | 0.260 631 1 | 2.36 | 0.018 | 0.104 918 3 | 1.126 573 |
| /cut1 | 2.203 323 | 0.779 535 3 | 0.675 462 2 | 3.731 184 | | |

[1]　资料来源：UCLA IDER Statistical Consulting Group，http://www.ats.ucla.edu/stat/stata/dae/ologit.dta。

在解释上述结果之前，注意，回归元 pared 和 gpa 都具有高度显著性，但 public 则不具有。鉴于我们有三种选择，却只会得到两个截点，且两个都具有显著性，表明三种类别的打算是有显著区别的。

## □ 对结果的解释

如果我们得到了表 10 – 5 中给出的机会比率，解释这些结果就变得很容易。如表 10 – 5 所示，pared 的 OR 值 2.85 表明，保持其他条件不变，如果提高一单位 pared（即从 0 到 1），申请高级类别与复合申请中低级类别的比率是父母都没有上过大学的 3.85 倍。保持其他条件不变，gpa 每增加一单位，申请中低级类别与申请高级类别的比率是 gpa 没增加时的 2.85 倍。由于比例机会假设，申请低级类别与复合申请中高级类别的比率也是 1.85。

如同在温暖例子中我们评论的比例机会模型的局限，找出当前例子中比例机会假设是否成立是非常重要的。为此，我们可以用 Stata 的 omodel 指令。运行该指令，我们得到如表 10 – 6 所示的结果。

表 10 – 5　表 10 – 4 中的机会比率

```
ologit apply pared public gpa, or
Iteration 0：log likelihood＝－370.602 64
Iteration 1：log likelihood＝－358.605
Iteration 2：log likelihood＝－358.512 48
Iteration 3：log likelihood＝－358.512 44
Ordered logistic regression          Number of obs＝400
                                     LR chi2(3)＝24.18
                                     Prob＞chi2＝0.000 0
Log likelihood＝－358.512 44     Pseudo R2＝0.032 6
```

| apply | Odds Ratio | Std. Err. | z | P＞\|z\| | [95％Conf. Interval] | |
|---|---|---|---|---|---|---|
| pared | 2.850 982 | 0.757 76 | 3.94 | 0.000 | 1.693 38 | 4.799 927 |
| public | 0.943 005 9 | 0.280 882 6 | －0.20 | 0.844 | 0.525 988 8 | 1.690 644 |
| gpa | 1.851 037 | 0.482 437 7 | 2.36 | 0.018 | 1.110 62 | 3.085 067 |
| /cut1 | 2.203 323 | 0.779 535 3 | 0.675 462 2 | 3.731 184 | | |
| /cut2 | 4.298 767 | 0.804 314 6 | 2.722 34 | 5.875 195 | | |

表 10 – 6　申请研究生院意愿的比例机会假设的检验

```
omodel logit apply pared public gpa
Iteration 0：log likelihood＝－370.602 64
Iteration 1：log likelihood＝－358.605
Iteration 2：log likelihood＝－358.512 48
Iteration 3：log likelihood＝－358.512 44
Ordered logit estimates          Number of obs＝400
                                 LR chi2(3)＝24.18
                                 Prob＞chi2＝0.000 0
Log likelihood＝－358.512 44 Pseudo R2＝0.032 6
```

| apply | Coef. | Std. Err. | z | P＞\|z\| | [95％Conf. Interval] | |
|---|---|---|---|---|---|---|
| pared | 1.047 664 | 0.265 789 1 | 3.94 | 0.000 | 0.526 726 6 | 1.568 601 |

| | | | | | | |
|---|---|---|---|---|---|---|
| public | −0.058 682 8 | 0.297 858 8 | −0.20 | 0.844 | −0.642 475 4 | 0.525 109 8 |
| gpa | 0.615 745 8 | 0.260 631 1 | 2.36 | 0.018 | 0.104 918 3 | 1.126 573 |
| _cut1 | 2.203 323 | 0.779 535 3 | (Ancillary parameters) | | | |
| _cut2 | 4.298 767 | 0.804 314 6 | | | | |

Approximate likelihood-ratio test of proportionality of odds across response categories:
chi2(3) = 4.06
Prob>chi2 = 0.255 3

$\chi^2$ 统计量给出了比例性检验，本例中的值为 4.06，对自由度为 3 来说具有相当高的概率，接近 0.26。因此，不像之前讨论的温暖例子，本例中比例机会假设看起来是成立的。

考虑到 Brant 检验与 Omodel 检验类似，我们这里不讨论基于前者得到的结果。

## 10.5 要点与结论

第 9 章我们讨论了多项 logit 模型和条件 logit 模型，本章则讨论了序数 logit 模型。这些模型都基于离散因变量，但有各自的特性。在 MLM 中因变量是名义的，但名义结果是由个体特定的特征决定的。在 CLM 中名义结果取决于选择的特征而不是个体的特征。在 OLM 中，我们处理的是能被排序或分等级的离散变量。

在前几章中我们讨论了 MLM 和 CLM 的局限。在很多应用中，OLM 的比例机会假设经常不能成立。但如果该假设成立，且数据是有序的，则我们偏向于使用 OLM 而不是 MLM，因为对每个有序类别，我们只需估计一个回归；唯一的区别在于，不同类别的截距不同。因此，从估计的参数数量的角度看，OLM 比 MLM 更加经济。

即使那样，在任何一个具体的例子中我们都要用检验方法（如 Omodel 或 Brant）来清楚地检验比例性假设。

### 习题 ☞

10.1 在阐释性例子（温暖类别）中，比例机会模型的假设站不住脚。作为替代，用同样的数据估计多项 logit 模型（MLM）。解释该模型，并与比例机会模型作比较。

10.2 表 10−7（可在本书配套网站上查询到）给出了关于 40 个成年人心理健康的样本数据，并作了分类：轻微症状表现、中度症状表现和心理障碍患者，该分类与两个因素相关：社会经济地位（SES）和重大生活事件指数（对生活中的重大事件数量及其严重性的综合衡量，如过去三年内新出生的婴儿、找到新工作、离婚或家庭成员去世等）。[①]

（a）将心理健康量化为健康＝1，轻度＝2，中度＝3，障碍＝4，基于这些数据估计序数 logit 模型。

（b）现在颠倒心理健康的排序：1 代表障碍，2 代表中度，3 代表轻度，4 代表健康，重新估计 OLM。

---

① 这些数据来源于 Agresti, A., *op cit.*, Table 6.9, p.186。

比较这两种模型，找出响应变量的排序方式对其有何影响。

10.3　表 10-8（见本书配套网站）[①] 的数据来自 Compustat，介绍了 92 家美国公司在 2005 年的信用评级。信用评级从 1（最低）到 7（最高）。该数据同样提供了公司的其他特征，诸如账面杠杆率、息税前收益、销售额的对数、公司的运营资本以及留存收益等。请回答以下问题：

（a）为了解释公司的信用评级与上述相关变量的关系，请你构建一个合适的序数 logit 模型。

（b）在使用上述模型时，基本假设是比例机会模型。请你证明在本题中，这一基本假设是成立的。为了完成这一操作，你也许需要 Stata 中的 Omodel 检验。提示：在实际操作中，也许你需要先下载这一指令的安装包。

10.4　**小组作业**。世界价值调查组织（World Value Survey，WVS）在若干个国家会定期举行涵盖经济、政治、社会等多方面的综合性调查。[②] 比如在 1995—1997 年的调查中就曾问道："你觉得政府扶贫工作的力度怎么样？"答案可以选择"力度过强""刚好""力度太小"等。[③]

请大家自行登录 WVS 的网站以获取最新的调查数据，并选定一个合适的主题，练习序数 probit 模型或序数 logit 模型的应用。

## 附录：公式（10.4）的推导

logit 模型的累积概率可以写为：

$$\Pr(Y_i \leqslant j \mid X) = \frac{\exp(a_j - \boldsymbol{BX})}{1 + \exp(a_j - \boldsymbol{BX})} \tag{1}$$

类似的表达式也适用于累积概率 $\Pr(Y_i \geqslant j \mid X)$，但是 $\Pr(Y_i \geqslant j \mid X) = 1 - \Pr(Y_i < j \mid X)$，因此，

$$
\begin{aligned}
\frac{\Pr(Y_i \leqslant j \mid X)}{\Pr(Y_i > j \mid X)} &= \frac{\Pr(Y_i \leqslant j \mid X)}{1 - \Pr(Y_i \leqslant j \mid X)} \\
&= \frac{\exp(a_j - \boldsymbol{BX})}{1 + \exp(a_j - \boldsymbol{BX})} \Big/ \frac{1}{1 + \exp(a_j - \boldsymbol{BX})} \\
&= \exp(a_j - \boldsymbol{BX})
\end{aligned}
\tag{2}
$$

对公式（2）两边取对数，我们得到公式（10.7）。

**注**：$\boldsymbol{BX} = \sum_{n=1}^{k} b_n X_{in}$。

①　资料来源：标准普尔公司。也可参见 Verbeek, M., *A Guide to Modern Econometrics*, 4th edn, Wiley, New York, 2012 的配套网站。

②　http://www.worldvaluessurvey.org/.

③　对这一主题的讨论，可以参见 Fox, J. and Anderson, R., Effect displays for multinomial and proportional-odds logit models, in R. M. Stolzenberg (ed.), *Sociological Methodology*, American Sociology Association, Washington DC, 2006.

# 第 11 章

# 限值因变量回归模型

在前面的 logit 模型和 probit 模型中，我们讨论了取值为 0 和 1 的因变量，0 代表存在某种属性，1 代表不存在某种属性，如吸烟或不吸烟，拥有或不拥有一套房子，属于或不属于某个协会。如前面所说，logit 模型用的是 logistic 概率分布，probit 模型用的是正态分布。在第 8 章中，我们用吸烟的例子说明了如何估计和解释这类模型。

现在来考虑这个问题：给定一个人的社会经济变量，他（她）会吸多少包烟？这个问题只有在个体吸烟的时候才有意义；不吸烟的人与这个问题无关。在第 8 章的吸烟者例子中，我们的样本是 1 196 个成年人，其中 38％吸烟，62％不吸烟。因此，我们能得到关于样本中这 38％的人吸烟数量的信息。

假设我们仅考虑吸烟者的样本，基于这些人的社会经济信息，尝试估计他们每天吸烟数量的需求函数。如果数量为 1 196 的样本中我们剔除了 62％的人，这个需求函数有多大的可信度？也许你会怀疑，这样的需求函数大概不可靠。

现在的问题是，尽管我们能得到样本中所有单位的回归元的信息，但我们用的是**截取样本**（censored sample），一个仅对某些而非全部观测值有回归子信息的样本。注意，回归子可以是**左截取**（left-censored，即取值不能小于某特定临界值，典型的就是零，但不一定都是零），可以是**右截取**（right-censored，即取值不能大于某特定临界值，例如，收入超过 100 万美元的人），或者可以既是左截取又是右截取。

有一种和截取样本模型非常接近但又有点区别的模型，叫作**断尾样本模型**（truncated sample model），这类模型中对某些观测值既无回归子的信息，也无回归元的信息。这可以通过有意安排，如同在新泽西负所得税实验中一样，样本不包括那些收入高于 1967 年贫困线 1.5 倍的数据。[1]

类似截取数据，断尾数据也可以分为左截取、右截取和左右都截取。

---

[1] 参见 Hausman, J. A. and Wise, D. A., *Social Experimentation*, NBER Economic Research Conference Report, University of Chicago Press, Chicago, 1985。

由于回归子取值上的限制，这类模型也称为**限值因变量回归模型**（limited dependent variable regression models），我们如何估计这类模型？首先我们会讨论截取回归模型，然后简单地讨论一下断尾回归模型。如同本书中的其他各种模型，我们将重点放在实际应用上。

## ■ 11.1 截取回归模型

在这些情形下最常用的模型就是 **Tobit** 模型（Tobit model），该模型最初由诺贝尔经济学奖获得者詹姆斯·托宾（James Tobin）提出。[1] 讨论 Tobit 模型之前，我们首先来讨论 OLS（普通最小二乘法）如何运用于截取样本。见表 11-1，该表可以在本书配套网站上找到。

### □ 截取数据的 OLS 估计

为此，我们采用姆罗茨收集的数据。[2] 他的样本给出了 753 位已婚女性的数据资料，其中 428 位有在外工作，325 位没有在外工作，因此，工作小时数为零。

姆罗茨考虑的影响工作决定的一些社会经济变量包括年龄、受教育程度、工作经验、工作经验的平方、家庭收入、年龄小于 6 岁的子女数以及丈夫的工资。本书配套网站上的表 11-1 给出了莫罗兹考虑的其他变量的数据。

对所有观测值，就工作小时数对社会经济变量应用 OLS 进行回归，得到如表 11-2 所示的结果。

表 11-2 中的结果将依据标准线性回归模型的框架来解释。众所周知，线性回归模型中每个斜率系数给出了在模型中其他变量保持不变的情况下，该变量对因变量平均值的边际效应。例如，如果丈夫的工资上涨 1 美元，保持其他条件不变，已婚女性的平均工作小时数将减少 71 小时。除了受教育程度以外，所有系数都具有高度显著性。但是要谨慎对待这些结果，因为在我们的样本中有 325 位已婚女性的工作小时数为零。

假设我们仅用工作的 428 名女性的数据替代样本中的全部观测值。表 11-3 给出了基于该（截取）样本的 OLS 结果。

比较表 11-2 和表 11-3 的结果，你会发现两者有明显的区别。[3] 现在变量——受教育程度——具有高度显著性，尽管其符号为负。但我们也应小心对待这些结果。

这是因为截取回归模型的 OLS 估计，无论是包含整个样本（见图 11-1）还是样本子集（见图 11-2），结果都是有偏的且不一致的，即不管样本数量有多大，估计参数都不会收敛于它们的实际值。[4] 原因是事实上在截取回归模型和断尾回归模型中，误差项 $u_t$ 的

[1]　Tobin, J. (1958), Estimation of Relationship for Limited Dependent Variables. *Econometrica*，26，24-36. 托宾于 1981 年获得诺贝尔经济学奖。

[2]　参见 Mroz, T. A. (1987), The sensitivity of an empirical model of married women's hours of work to economic and statistical assumptions. *Econometrica*，55，765-99。回顾一下，我们在第 4 章讨论多重共线性时用过这些数据。

[3]　在传统回归模型中假设误差项 $u_t$ 的均值为零，但是不能保证如果我们只用样本数据的一个子集，情况也是这样，如同本例中一样。

[4]　严格的证明请参见 Wooldridge, J. M. *Introductory Econometrics*: *A Modern Approach*，South-Western，USA，4th edn, 2006，Ch. 17. 也可参见 Heij, C., de Boer, P., Franses, P. H., Kloek, T. and van Dijk, H. K., *Econometric Methods with Applications in Business and Economics*，Oxford University Press, Oxford, UK, 2004，Chapter 6.

条件均值不为零，且误差与回归元相关。如我们所知，若误差项与回归元相关，OLS 估计值是有偏的且不一致的。

表 11-2　工作小时数函数的 OLS 估计

| Dependent Variable：HOURS | | | | |
| Method：Least Squares | | | | |
| Sample：1 753 | | | | |
| Included Observations：753 | | | | |
| | Coefficient | Std. Error | t-Statistic | Prob. |
| --- | --- | --- | --- | --- |
| C | 1 298.293 | 231.945 1 | 5.597 413 | 0.000 0 |
| AGE | −29.554 52 | 3.864 413 | −7.647 869 | 0.000 0 |
| EDUC | 5.064 135 | 12.557 00 | 0.403 292 | 0.686 8 |
| EXPER | 68.521 86 | 9.398 942 | 7.290 380 | 0.000 0 |
| EXPERSQ | −0.779 211 | 0.308 540 | −2.525 480 | 0.011 8 |
| FAMINC | 0.028 993 | 0.003 201 | 9.056 627 | 0.000 0 |
| KIDSLT6 | −395.554 7 | 55.635 91 | −7.109 701 | 0.000 0 |
| HUSWAGE | −70.514 93 | 9.024 624 | −7.813 615 | 0.000 0 |
| R-squared | 0.338 537 | Mean dependent var | 740.576 4 | |
| Adjusted R-squared | 0.332 322 | S. D. dependent var | 871.314 2 | |
| S. E. of regression | 711.964 7 | Akaike info criterion | 15.984 50 | |
| Sum squared resid | 3.78E+08 | Schwarz criterion | 16.033 63 | |
| Log likelihood | −6 010.165 | Hannan-Quinn criter. | 16.003 43 | |
| F-statistic | 54.470 11 | Durbin-Watson stat | 1.482 101 | |
| Prob(F-statistic) | 0.000 000 | | | |

表 11-3　女性工作小时数函数的 OLS 估计

| Dependent Variable：HOURS | | | | |
| Method：Least Squares | | | | |
| Sample：1 428 | | | | |
| Included Observations：428 | | | | |
| | Coefficient | Std. Error | t-Statistic | Prob. |
| --- | --- | --- | --- | --- |
| C | 1817.334 | 296.448 9 | 6.130 345 | 0.000 0 |
| AGE | −16.455 94 | 5.365 311 | −3.067 100 | 0.002 3 |
| EDUC | −38.362 87 | 16.067 25 | −2.387 644 | 0.017 4 |
| EXPER | 49.486 93 | 13.734 26 | 3.603 174 | 0.000 4 |
| EXPERSQ | −0.551 013 | 0.416 918 | −1.321 634 | 0.187 0 |
| FAMINC | 0.027 386 | 0.003 995 | 6.855 281 | 0.000 0 |
| KIDSLT6 | −243.831 3 | 92.157 17 | −2.645 821 | 0.008 5 |
| HUSWAGE | −66.505 15 | 12.841 96 | −5.178 739 | 0.000 0 |
| R-squared | 0.218 815 | Mean dependent var | 1 302.930 | |
| Adjusted R-squared | 0.205 795 | S. D. dependent var | 776.274 4 | |
| S. E. of regression | 691.801 5 | Akaike info criterion | 15.934 99 | |
| Sum squared resid | 2.01E+08 | Schwarz criterion | 16.010 86 | |
| Log likelihood | −3 402.088 | Hannan-Quinn criter. | 15.964 95 | |
| F-statistic | 16.806 40 | Durbin-Watson stat | 2.107 803 | |
| Prob(F-statistic) | 0.000 000 | | | |

为了了解为什么 OLS 估计值是有偏的且不一致的，我们在图 11-1 中绘制出了工作小时数对家庭收入的关系，图 11-2 仅针对工作女性的工作小时数与家庭收入。

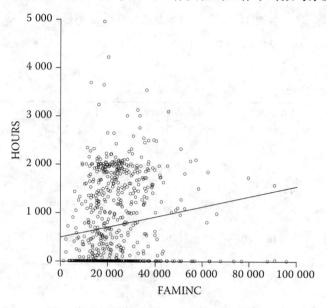

图 11-1  全部样本的工作小时数和家庭收入

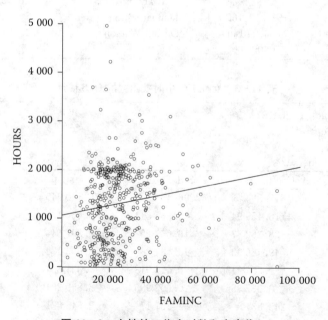

图 11-2  女性的工作小时数和家庭收入

图 11-1 中有一些观测值（实际为 325 个）位于 X 轴上，因为这些观测值的工作小时数为零。

图 11-2 中没有观测值是位于 X 轴上的，因为这些值仅针对 428 位工作女性。两个图中的回归线斜率系数显然不同。

处理截取样本广泛采用的一个模型是 Tobit 模型，就是我们正在讨论的模型。

## 11.2 截取回归模型的最大似然估计：Tobit 模型

截取样本回归模型使用最广泛的模型之一就是 Tobit 模型。Tobit 模型有很多变异形式，这里我们考虑最简单的一种，即所谓的标准 Tobit 模型。[1] 继续使用莫罗兹的数据。

为了了解如何处理截取数据，我们做如下处理：令

$$Y_i^* = B_1 + B_2 Age_i + B_3 Edu_i + B_4 Exper_i + B_5 Kids6_i + B_6 Faminc_i + B_7 Huswage_i + u_i \qquad (11.1)$$

其中，$Y_i^*$ 为期望工作小时数。现在

$$Y_i = \begin{cases} 0, & \text{如果 } Y_i^* \leqslant 0 \\ Y_i^*, & \text{如果 } Y_i^* > 0 \end{cases} \qquad (11.2)$$

其中，$u_i \sim N(0, \sigma^2)$，$Y_i$ 为实际工作小时数。[2] 回归元分别为年龄、受教育年数、工作经验（年）、年龄小于 6 岁的子女数、家庭收入（千美元）及丈夫的小时工资。

变量 $Y_i^*$ 称为**潜在变量**（latent variable），是最重要的变量。当然，我们不会对所有个体观测该变量。由于数据截取，我们只观测有正向工作小时数的个体的 $Y_i$。回顾一下我们在前一章中讨论过的潜在变量的概念。[3]

注意，我们假设误差项是服从均值为零、方差为常数（或同方差）的正态分布。稍后我们会讨论更多关于该假设的内容。

在进一步深入之前，需要注意 probit 模型和 Tobit 模型的区别。在 probit 模型中，若 $Y_i^* > 0$，$Y_i = 1$；若 $Y_i^* = 0$；$Y_i = 0$。在 Tobit 模型中，只要潜在变量大于零，$Y_i$ 就可以取任何值。这就是为什么 Tobit 模型也称为托宾 probit。

为了对有些回归子的观测值为截取（因为它们没有被观测到）的模型进行估计，Tobit 模型采用最大似然（maximum likelihood，ML）法，这个方法我们在很多情况下都有提及。[4] Tobit ML 模型的实际结构相当复杂，不过 Stata、Eviews 等统计软件包可以很容易地估计该模型。[5]

简单来说，Tobit 模型就是 OLS 和 probit 模型的结合。在 probit 模型中，我们可以估计女性外出工作的可能性，而这种可能性取决于许多社会经济因素。一旦我们建立了 probit 模型，接下来我们将会建立确定工作时长的传统回归模型。Tobit 模型的优势在于，它通过建立适当的似然函数将上述两个模型结合在了一起，同时通过最大似然法进

---

① 详细的且较为高级的讨论可以参见 Cameron，A. C. and Trivedi，P. K.，*Microeconometrics：Methods and Applications*，Cambridge University Press，New York，2005，Chapter 16。

② 也可以用 logistic 或极值概率分布来替代正态分布。

③ 在本例中，我们可以把潜在变量理解为一个已婚女性对工作的偏好或期望。

④ 除 ML 估计外还有其他方法，可以参见 Greene，*op cit.*。

⑤ 托宾的 ML 方法的细节可以参见 Heij et al.，*op cit.*。

行估计。最大似然法是一致和渐近于正态分布的，这说明如果模型设定正确的话，误差项将服从正态分布。

用 Eviews 6 我们得到了本例的结果，如表 11-4 所示。

## □ 对 Tobit 估计的解释

我们如何解释这些结果？如果只考虑各个回归元的符号，你会发现表11-2和表11-3的结果是一样的。定性地说，它们是有意义的。例如，保持其他条件不变，如果丈夫的工资上涨，劳动市场上女性的平均工作时间会减少。教育变量在表 11-2 中不具有显著性，但是在表 11-3 中是显著的，尽管符号为负。在表 11-4 中教育变量则是显著的且符号为正，具有一定的意义。

**表 11-4 截取回归模型的 ML 估计**

Dependent Variable：HOURS
Method：ML-Censored Normal（TOBIT）（Quadratic hill climbing）
Sample：1 753
Included Observations：753
Left censoring（value）at zero
Convergence achieved after 6 iterations
Covariance matrix computed using second derivatives

|  | Coefficient | Std. Error | z-Statistic | Prob. |
|---|---|---|---|---|
| C | 1 126.335 | 379.585 2 | 2.967 279 | 0.003 0 |
| AGE | −54.109 76 | 6.621 301 | −8.172 074 | 0.000 0 |
| EDUC | 38.646 34 | 20.684 58 | 1.868 365 | 0.061 7 |
| EXPER | 129.827 3 | 16.229 72 | 7.999 356 | 0.000 0 |
| EXPERSQ | −1.844 762 | 0.509 684 | −3.619 422 | 0.000 3 |
| FAMINC | 0.040 769 | 0.005 258 | 7.754 009 | 0.000 0 |
| KIDSLT6 | −782.373 4 | 103.750 9 | −7.540 886 | 0.000 0 |
| HUSWAGE | −105.509 7 | 15.629 26 | −6.750 783 | 0.000 0 |

| Error Distribution | | | | |
|---|---|---|---|---|
| SCALE：C(9) | 1 057.598 | 39.060 65 | 27.075 79 | 0.000 0 |
| Mean dependent var | 740.576 4 | S. D. dependent var | | 871.314 2 |
| S. E. of regression | 707.285 0 | Akaike info criterion | | 10.089 93 |
| Sum squared resid | 3.72E+08 | Schwarz criterion | | 10.145 20 |
| Log likelihood | −3 789.858 | | | |
| Avg. log likelihood | −5.033 012 | | | |
| Left censored obs | 325 | Right censored obs | | 0 |
| Uncensored obs | 428 | Total obs | | 753 |

注：该比例因子即估计出来的比例因子 $\sigma$，使用已知的假设分布的方差，它可以用于估计这个残差的标准离差，正态分布为 1，logistic 分布为 $\pi^2/3$，极值（类型 I）分布为 $\pi^2/6$。

表 11-4 中各个变量的斜率系数给出了相应变量对潜在变量 $Y_i^*$ 的平均值的边际效应，但在实践中我们感兴趣的是回归元对样本实际观测值 $Y_i$ 的平均值的边际效应。

遗憾的是，与表 11-2 中的 OLS 估计不同，我们不能把回归元的 Tobit 系数解释为给出了该回归元对已观测到的回归子的平均值的边际效应。因为在 Tobit 型截取回归模型中，回归元的值变化一单位会有两个影响：（1）对已观测到的回归子的平均值的影响，（2）对实际观测到的 $Y_i^*$ 的概率的影响。[①]

举个例子，如年龄的影响。表 11-4 中年龄的系数约为 $-54$，意味着保持其他变量不变，如果年龄增长 1 岁，它对年工作小时数的直接影响是每年减少约 54 小时的工作时间，且已婚女性进入劳动力队伍的概率也会减小。所以，我们必须将 $-54$ 乘以这个变化发生的概率。除非后者是已知的，否则我们无法计算年龄增长对工作小时数的总体影响。这个概率计算取决于模型中的所有回归元及其系数。

有意思的是，正如前面提到的，斜率系数直接给出了回归元对潜在变量 $Y_i^*$ 的边际效应。因此，年龄变量 $-54$ 的系数意味着如果年龄增长 1 岁，保持其他条件不变，期望工作小时数将会减少 54 小时。当然，我们并没有实际观测期望工作小时数，因为这是一个抽象结构。

本例中我们有 753 组观测值。要计算全部 753 组观测值每一个回归元的边际效应是一项费劲的工作。实践中，人们可以用每个回归元的平均值来计算边际效应。

由于 $Y^*$ 的概率必须在 0 和 1 之间，每个斜率系数与对应概率的乘积会比斜率系数本身要小（在绝对值上）。因此，回归元对已观测到的回归子的平均值的边际效应将比表 11-4 中给出的斜率系数的值要小（在绝对值上）。边际效应的符号取决于斜率系数的符号，因为观测 $Y_i^*$ 的概率通常为正。不过，类似 Stata 和 Eviews 等统计软件包可以计算出每个回归元的边际效应。

## □ 估计系数的统计显著性

表 11-4 给出了每个估计系数的标准误差、$Z$-统计量（标准正态分布值）和 $p$ 值。[②] 如表 11-4 所示，所有系数都具有统计显著性，显著性水平为 10% 或以下。

Tobit 模型中没有对 $R^2$ 的常规衡量。这是因为标准线性回归模型通过取最小残差平方和（RSS）的方法估计参数，而 Tobit 模型则是用取似然函数最大值的方法。但是如果你想计算与常规 $R^2$ 等价的一个 $R^2$，就可以对实际 $Y$ 值和 Tobit 模型估计的 $Y$ 值两者间的相关系数取平方得到。

对剔除变量或多余变量的检验可以通过常用的大样本检验框架来完成，例如似然比率检验、沃尔德检验或拉格朗日乘子检验（L）。给模型中添加变量经验的平方，或父母亲的受教育水平，尝试运用上述方法检验。

## □ 注意事项

在 Tobit 模型中，我们假设误差项服从均值为零、方差为常数（即同方差）的正态分布。

---

① 即 $\partial[Y_i^* \mid X_i]/\partial X_i = B_i x \Pr (0 < Y_i^* < \infty)$，后者的概率取决于模型中的所有回归元及其系数。
② 由于样本容量较大，我们用标准正态分布代替 $t$ 分布。

### 误差项的非正态性

截取回归模型中，在误差项的非正态性下，估计值是不一致的。不过，众多文献中提出了一些矫正的方法。其中一种是改变误差分布假设。例如，Eviews 可以在不同的概率分布假设下估计这类回归模型的误差项（如逻辑值和极值）。更多详细讨论参见玛达拉（Maddala）和伍德里奇的书籍。[1]

### 异方差性

在通常的线性回归模型中，如果误差项是异方差的，则 OLS 估计值是一致的，尽管是无效的。然而在 Tobit 型的模型中，估计值既不是一致的，也不是有效的。有一些方法能处理这个问题，但是详细的讨论会把我们带得很远。[2] 不过，Stata 和 Eviews 等统计软件包可以计算出稳健标准误，如表 11-5 所示。

正如大家所看到的，两个表格中的估计标准误并没有太大差别，但情况不一定都是这样。

在继续学习之前，我们不妨了解一个 Tobit 模型的替代者——由詹姆斯·赫克曼（James Heckman）创立的著名的赫克曼**样本选择模型**（sample selection model），通常也被称作 **Heckit 模型**（Heckit model）[3]。Heckit 模型是一个两阶段回归方法，在第一阶段中，我们基于之前已经讨论过的 probit 模型估计一个结了婚的女性外出工作的可能性。在 probit 函数中，我们囊括了与决定是否外出工作有关的变量。在第二阶段中，我们利用相关的社会经济变量和一个附加变量作为回归元构建工作时数方程，这个附加变量被称为**逆米尔斯比率**（inverse Mills ratio，IMR）（有时也被称为风险率），是从第一阶段的 probit 函数中推导出来的。在两阶段中，部分或者全部回归元有可能都是同样的。

尽管它提供了对参数的一致估计，但是 Heckit 方法不如 ML 方法那么有效，虽然它比 ML 方法简单，不过，随着现代计算设备的发展，这也许不再是一个优势了。我们在本章附录部分讨论了 Heckit 方法，以满足有兴趣的学生，也是为了介绍赫克曼开创这一方法的创新方式。关于 Heckit 方法的一个例子被收录在 11.4 节中。

**表 11-5　Tobit 模型的稳健估计**

| |
| --- |
| Dependent Variable：HOURS<br>Method：ML-Censored Normal（TOBIT）（Quadratic hill climbing）<br>Sample：1 753<br>Included Observations：753<br>Left censoring（value）at zero<br>Convergence achieved after 6 iterations<br>QML（Huber/White）standard errors & covariance |

---

① 详细的且较为高深的讨论可以参见 Maddala，G. S.，*Limited Dependent and Qualitative Variables in Econometrics*，Cambridge University Press，Cambridge，UK，1983；Wooldridge，J. M.，*Econometric Analysis of Cross Section and Panel Data*，MIT Press，Cambridge，MA，2002。

② 同上。

③ Heckman，J.（1979），Sample selection bias as a specification error，*Econometrica*，47，153-61. 赫克曼在 2000 年获得了诺贝尔经济学奖。

|  | Coefficient | Std. Error | z-Statistic | Prob. |
|---|---|---|---|---|
| C | 1 126.335 | 386.310 9 | 2.915 618 | 0.003 5 |
| AGE | −54.109 76 | 6.535 741 | −8.279 056 | 0.000 0 |
| EDUC | 38.646 34 | 20.307 12 | 1.903 094 | 0.057 0 |
| EXPER | 129.827 3 | 17.278 68 | 7.513 728 | 0.000 0 |
| EXPERSQ | −1.844 762 | 0.536 345 | −3.439 505 | 0.000 6 |
| FAMINC | 0.040 769 | 0.005 608 | 7.269 982 | 0.000 0 |
| KIDSLT6 | −782.373 4 | 104.623 3 | −7.478 004 | 0.000 0 |
| HUSWAGE | −105.509 7 | 16.332 76 | −6.460 007 | 0.000 0 |

| Error Distribution | | | | |
|---|---|---|---|---|
| SCALE: C(9) | 1 057.598 | 42.809 38 | 24.704 82 | 0.000 0 |
| Mean dependent var | 740.576 4 | S. D. dependent var | | 871.314 2 |
| S. E. of regression | 707.285 0 | Akaike info criterion | | 10.089 93 |
| Sum squared resid | 3.72E+08 | Schwarz criterion | | 10.145 20 |
| Log likelihood | −3 789.858 | Avg. log likelihood | | −5.033 012 |
| Left censored obs | 325 | Right censored obs | | 0 |
| Uncensored obs | 428 | Total obs | | 753 |

# 11.3　断尾样本回归模型

先前我们讨论了截取样本回归模型和断尾样本回归模型的区别，并且已讨论过截取样本回归模型，下面我们将注意力转向断尾样本回归模型。

在断尾样本中，如果没有某回归子的信息，我们不会收集与之相关的回归元的信息。在阐释性例子中，我们没有 325 位女性的工作小时数信息。因此，我们不会考虑关于这些观测值的社会经济变量的信息，即使在本例中我们已经获得了这些信息。

那么，为什么不用 OLS 方法来估计仅包含 428 位工作女性的子样本的时间函数呢？事实上，在表 11-2 中我们已经这么做了。但是，OLS 估计值在这种情况下是不一致的。由于样本是断尾的，关于模型中误差项服从均值为 $\mu$、方差为 $\sigma^2$ 的正态分布的假设不能成立。所以，我们不得不用所谓的**断尾正态分布**（truncated normal distribution）。这样我们需要用到一种非线性估计方法，例如 ML 方法。

用 ML，我们得到如表 11-6 所示的结果。将其与表 11-2 给出的 OLS 结果作对比，你会发现明显的区别，尽管系数的符号都一样。

表 11-6　断尾回归模型的 ML 估计

Dependent Variable: HOURS
Method: ML-Censored Normal (TOBIT) (Quadratic hill climbing)
Sample (adjusted): 1 428
Included Observations: 428 after adjustments
Truncated sample
Left censoring (value) at zero
Convergence achieved after 6 iterations
QML (Huber/White) standard errors & covariance

第 11 章

限值因变量回归模型

217

|  | Coefficient | Std. Error | z-Statistic | Prob. |
|---|---|---|---|---|
| C | 1 864.232 | 397.248 0 | 4.692 867 | 0.000 0 |
| AGE | −22.887 76 | 7.616 243 | −3.005 125 | 0.002 7 |
| EDUC | −50.793 02 | 20.772 50 | −2.445 205 | 0.014 5 |
| EXPER | 73.697 59 | 22.422 40 | 3.286 784 | 0.001 0 |
| EXPERSQ | −0.954 847 | 0.575 639 | −1.658 761 | 0.097 2 |
| FAMINC | 0.036 200 | 0.006 947 | 5.210 857 | 0.000 0 |
| KIDSLT6 | −391.764 1 | 193.427 0 | −2.025 385 | 0.042 8 |
| HUSWAGE | −93.527 77 | 19.113 20 | −4.893 360 | 0.000 0 |

| Error Distribution | | | | |
|---|---|---|---|---|
| SCALE：C(9) | 794.631 0 | 56.367 03 | 14.097 44 | 0.000 0 |
| Mean dependent var | 1 302.930 | S. D. dependent var | 776.274 4 | |
| S. E. of regression | 696.453 4 | Akaike info criterion | 15.789 88 | |
| Sum squared resid | 2.03E+08 | Schwarz criterion | 15.875 24 | |
| Log likelihood | −3 370.035 | Avg. log likelihood | −7.873 913 | |
| Left censored obs | 0 | Right censored obs | 0 | |
| Uncensored obs | 428 | Total obs | 428 | |

注：该表中给出的标准误是稳健标准误。

比较表 11-5 中的截取回归和表 11-6 中的断尾回归的结果，你会再次看到两者在系数的大小和统计显著性上的不同。尤其要注意，教育的系数在截取回归模型中是正的，而在断尾回归模型中是负的。

### □ 对断尾回归系数的解释

与在 Tobit 模型中一样，单个回归系数衡量的是该变量对回归子全部观测值的平均值的边际效应，即包括未被纳入的观测值。但如果我们仅考虑（断尾）样本中的观测值，那么相关的（偏）回归系数需乘以一个小于 1 的因子。因此，回归元的样本内边际效应比该变量的系数值要小（在绝对值上），与 Tobit 模型的情况一样。

### □ Tobit 模型与断尾回归模型

那么，Tobit 模型与断尾回归模型，哪一个更好呢？由于 Tobit 模型（753 组观测值）比断尾回归模型（428 组观测值）包含更多的信息，一般认为 Tobit 模型得到的估计值更有效。[①]

## 11.4 一个总结性的例子

我们通过进一步阐释受限因变量回归模型来总结本章。在一篇有趣的理论创新文章

---

① 从技术上讲，这个结果是由于 Tobit 似然函数为断尾回归模型似然函数与 probit 似然函数之和。

中，耶鲁大学的雷·费尔（Ray Fair）教授收集整理了一个均为第一次结婚的包含 601 个男性和女性的样本，并分析了他们对于婚外情问题的反应。[①] 此样本的数据在本书配套网站的表 11-7 中给出。

分析中用到的变量如下：

*naffairs*＝过去一年发生婚外情的次数，0，1，2，3，4～10

*gender*＝男性为 1，女性为 0

*age*＝以年为单位

*educ*＝在校年数：小学＝9，中学＝12，博士或其他＝20

*kids*＝无子女为 0，有子女为 1

*ratemarr*＝婚姻状况自评，1＝极不开心，5＝非常开心

*relig*＝宗教信仰的虔诚级别，反对宗教信仰为 1

*yrsmarr*＝结婚年数

*affair*＝从未发生过婚外情为 0，发生过一次或多次婚外情为 1

**注意**：数据中的变量比这里显示的更多。表 11-7 给出了所有变量的数据。

作为基准，我们构建了一个以 *naffairs* 为因变量、其他变量为解释变量的 OLS 回归。结果如表 11-8 所示。

**表 11-8 NAFFAIRS 的 OLS 回归**

Dependent Variable：NAFFAIRS
Method：Least Squares
Sample：1 601
Included Observations：601

| Variable | Coefficient | Std. Error | t-Statistic | Prob. |
|---|---|---|---|---|
| C | 5.757 585 | 1.133 735 | 5.078 424 | 0.000 0 |
| AGE | −0.049 105 | 0.022 571 | −2.175 564 | 0.030 0 |
| MALE | 0.169 699 | 0.284 173 | 0.597 168 | 0.550 6 |
| EDUC | 0.017 989 | 0.058 249 | 0.308 823 | 0.757 6 |
| KIDS | −0.218 983 | 0.344 283 | −0.636 057 | 0.525 0 |
| RATEMARR | −0.716 715 | 0.119 977 | −5.973 775 | 0.000 0 |
| RELIG | −0.482 513 | 0.111 689 | −4.320 151 | 0.000 0 |
| YASMARR | 0.171 249 | 0.041 211 | 4.155 421 | 0.000 0 |

| | | | |
|---|---|---|---|
| R-squared | 0.129 695 | Mean dependent var | 1.455 907 |
| Adjusted R-squared | 0.119 421 | S. D.　dependent var | 3.298 758 |
| S. E. of regression | 3.095 527 | Alkaike info criterion | 5.111 015 |
| Sum squared resid | 5 682.295 | Schwarz criterion | 5.169 565 |
| Log likelihood | −1 527.860 | Hannan-Quinn criter. | 5.133 806 |
| F-statistic | 12.624 28 | Durbin-Watson stat | 1.852 146 |
| Prob（F-statistic） | 0.000 000 | | |

---

① Fair, R.（1978），A theory of extramarital affairs，*Journal of Political Economy*，86，45−61. 601 个样本取自 1969 年《今日心理学》（*Psychology Today*）杂志组织的调查。

定性地说，变量 *age*，*relig*，*ratemarr* 和 *yrsmarr* 都有如预期的符号，其系数也是统计显著的。但是因为回归使用的数据是被截取的，所以回归系数极有可能是有偏和不一致的。

为了考虑截取样本这一情况，现在我们构建 Tobit 模型（见表 11 – 9）。

**表 11 – 9　NAFFAIRS 的 Tobit 回归**

Dependent Variable：NAFFAIRS
Method：ML-Censored Normal（TOBIT）（Quadratic hill chimbing）
Sample：1 601
Included Observations：601
Left censoring（value）at zero
Convergence achieved after 6 iterations
Covariance matrix computed using second derivatives

| Variable | Coefficient | Std. Error | t-Statistic | Prob. |
|---|---|---|---|---|
| C | 7. 365 336 | 3. 894 403 | 1. 891 262 | 0. 058 6 |
| AGE | −0. 190 416 | 0. 081 015 | −2. 350 390 | 0. 018 8 |
| MALE | 1. 183 100 | 1. 005 449 | 1. 176 687 | 0. 239 3 |
| EDUC | 0. 092 386 | 0. 204 529 | 0. 451 701 | 0. 651 5 |
| KIDS | 0. 898 429 | 1. 268 124 | 0. 708 471 | 0. 478 7 |
| RATEMARR | −2. 289 961 | 0. 415 508 | −5. 511 235 | 0. 000 0 |
| RELIG | −1. 709 846 | 0. 405 979 | −4. 211 663 | 0. 000 0 |
| YASMARR | 0. 537 995 | 0. 146 668 | 3. 668 116 | 0. 000 2 |

| Error Distribution | | | | |
|---|---|---|---|---|
| SCALE：C（9） | 8. 270 711 | 0. 55 538 1 | 14. 891 95 | 0. 000 0 |
| Mean dependent var | 1. 455 907 | S. D. dependent var | | 3. 298 758 |
| S. E. of regression | 3. 061 577 | Akaike info criterion | | 2. 375 877 |
| Sum squared resid | 5 548. 966 | Schwarz criterion | | 2. 441 746 |
| Log likelihood | −704. 951 1 | Hannan-Quinn criter. | | 2. 401 517 |
| Avg. log likelihood | −1. 172 964 | | | |
| Left censored obs | 451 | Right censored obs | | 0 |
| Uncensored obs | 150 | Total obs | | 601 |

如你所见，OLS 和 Tobit 模型的结果在估计系数的大小和统计显著性时差异很大。正如之前所说，Tobit 估计结果具有一致性，在截取样本的情况下，与之对比的 OLS 估计结果就是有偏和不一致的。

现在，让我们将这个结果与 Heckit 模型的结果进行比较。回忆一下 Heckit 是一个两阶段过程。我们首先构建一个 probit 模型：这个模型中的因变量是二元的，如果一个人从未发生过婚外情记为 0，如果一个人发生过至少一次婚外情则记为 1。我们必须决定究竟哪些因素影响了这个决定。Probit 模型中的部分变量也许和 OLS 或 Tobit 回归中的一致，也许并不一致。出于说明的目的，除了第二阶段回归中的男性样本，我们将囊括所有的回归元。

利用 Eviews 8，我们得到 Heckit 方法的结果，如表 11 – 10 所示。

**表 11 - 10　NAFFAIRS 的 Heckit 回归**

Dependent Variable：NAFFAIRS
Method：Heckman Selection
Sample：1 601
Included Observations：601
Selection Variable：AFFAIR
Estimation method：Maximum likelihood（Quadratic Hill Climbing）
Covariance matrix：Default（Hessian-observed）
Convergence not achieved after 501 iterations

| Variable | Coefficient | Std. Error | t-Statistic | Prob. |
|---|---|---|---|---|
| Response Equation-NAFFAIRS | | | | |
| C | 6. 869 123 | 3. 366 388 | 2. 040 502 | 0. 041 7 |
| AGE | −0. 141 651 | 0. 071 936 | −1. 969 110 | 0. 049 4 |
| MALE | −0. 470 429 | 0. 537 234 | −0. 875 650 | 0. 381 6 |
| EDUC | 0. 165 801 | 0. 175 802 | 0. 943 112 | 0. 346 0 |
| KIDS | 0. 016 627 | 1. 126 537 | 0. 014 760 | 0. 988 2 |
| RATEMARR | −1. 974 315 | 0. 361 057 | −5. 468 150 | 0. 000 0 |
| RELIG | −1. 570 915 | 0. 359 623 | −4. 368 226 | 0. 000 0 |
| YASMARR | 0. 506 224 | 0. 129 138 | 3. 920 010 | 0. 000 1 |
| Selection Equation-AFFAIR | | | | |
| C | 0. 722 244 | 0. 479 018 | 1. 507 759 | 0. 132 2 |
| AGE | −0. 020 085 | 0. 009 850 | −2. 039 085 | 0. 041 9 |
| EDUC | 0. 020 791 | 0. 023 990 | 0. 866 661 | 0. 386 5 |
| KIDS | 0. 190 427 | 0. 158 468 | 1. 201 675 | 0. 230 0 |
| RATEMARR | −0. 278 572 | 0. 051 051 | −5. 456 731 | 0. 000 0 |
| RELIG | −0. 194 448 | 0. 050 047 | −3. 885 307 | 0. 000 0 |
| YASMARR | 0. 053 437 | 0. 017 971 | 2. 973 527 | 0. 003 1 |
| Interaction terms | | | | |
| @LOG（SIGMA） | 1. 909 041 | 0. 065 438 | 29. 173 49 | 0. 000 0 |
| @ATAN（RHO）* 2/PI | 22. 068 59 | 0. 279 220 | 79. 036 51 | 0. 000 0 |
| SIGMA | 6. 746 614 | 0. 441 482 | 15. 281 75 | 0. 000 0 |
| RHO | 0. 971 172 | 0. 000 364 | 2 666. 302 | 0. 000 0 |

| | | | |
|---|---|---|---|
| Mean dependent var | 5. 833 333 | S. D. dependent var | 4. 255 934 |
| S. E. of regression | 4. 507 094 | Akaike info criterion | 2. 433 527 |
| Sum squared resid | 11 863. 31 | Schwarz criterion | 2. 557 947 |
| Log likelihood | −714. 275 0 | Hannan-Quinn criter. | 2. 481 958 |

　　尽管赫克曼估计法效率较低，但是赫克曼模型的结果和 Tobit 模型很相似，在这一模型中，一阶段和二阶段回归误差项高度相关，相关系数（$\rho$）大约为 0.97。这表明如果我们忽略第一阶段或者 probit 模型，只针对工作的母亲建立回归模型，我们将会面对一个严重的规范性问题。在实践中，有些情况下我们将只依靠如表 11-8 中给出的 OLS 回归。而我们也知道在这种情况下依靠 OLS 回归的后果。

赫克曼两阶段过程依赖 probit 回归中包含的回归元，正如我们之前所说，这些回归元既可以与一阶段回归相同，也可以不同。因此，如果你在 Heckit 的一阶段使用了不同的回归元，很有可能你会得到不同的结果。

鉴于这些，以及 Heckit 估计效率较低的事实，在实践中，我们最好使用 Tobit 模型并用正态分布的最大似然法来估计。如果正态分布在特定情况下不合适，我们可以针对误差项使用其他概率模型，如 logistic 模型和极端值模型（参见 Stata 和 Eviews 使用手册中对这些概率分布的讨论）。

## 11.5　要点与结论

本章我们讨论了截取回归模型的性质。潜在变量的概念是本章的关键，这个变量尽管本质上非常重要，但一般无法观测到。虽然解释变量的数据适用于所有观测值，但潜在变量导致截取样本中回归子的数据对一部分观测值不适用。

在这种情况下，OLS 估计值是有偏且不一致的。假设误差项服从均值为零、方差为常数的正态分布，我们可以用最大似然法（ML）估计截取回归模型。这样得到的估计值就是一致的。关于这一点，一个重要的例子就是 Tobit 模型。Tobit 模型有一个替代者是 Heckit 模型，此模型还可以提供参数的一致估计。但是 Heckit 估计不如 ML 估计有效。

对 ML 估计得到的斜率系数要谨慎地估计。尽管我们可以把斜率系数解释为：保持其他变量不变，斜率给出了该变量对潜在变量的平均值的边际效应，但我们不能对潜在变量的观测值作同样的解释。这里我们需要将斜率系数乘以观测潜在变量的概率。而这个概率取决于所有解释变量及其系数。但是，现代统计软件包可以相对简便地完成这个工作。

有一个重要的警告：只有在关于误差项的假设成立时，ML 估计值才是一致的。若误差项具有异方差性和非正态性，ML 估计值就是不一致的。这种情况下我们需要找出一种替代方法。众多文献中提出了一些方式。不过，如同实例中说明的一样，我们可以计算稳健标准误。

断尾回归模型与截取回归模型的不同之处在于，前者我们仅对有数据信息的回归子观测回归元的值。在截取回归模型中，我们对所有回归子的值都有对应的回归元数据，包括那些未被观测到或设定为零或有类似限制的回归子的值。

在实践中，截取回归模型比断尾回归模型更加可取，因为前者包括了样本中的所有观测值，而后者仅包括断尾样本中的观测值。

最后，我们可以用软件包来估计截取回归模型这个事实并不意味着 Tobit 模型适用于所有情形。这类模型不适用的一些情形在本章列出的参考文献中有讨论。

**习题**

11.1　将变量家庭收入的平方纳入本章讨论的截取回归模型和断尾回归模型中，对结果进行比较和评论。

11.2　通过考虑交互效应，例如教育和家庭收入，扩展本章讨论的模型。

11.3　表 11-2 给出的数据包含的变量，比本章阐释性例子中用到的变量要多得多。

给表 11-4 和表 11-6 的模型增加一个或多个变量，看看是否会从本质上改变这些表格中的结果。

11.4　在习题 8.7 关于金融产品直销的问题中，我们构建了一个顾客对于新投资产品态度的 logit 模型。请你使用该练习中的数据，构建一个顾客对于新产品投资额的 Tobit 模型，已知这些数据是截尾的，并解释你得到的结果。

# 附录：赫克曼样本选择模型

Heckit 模型包含两阶段，第一阶段是选择方程，这一阶段决定了一个变量是否应该出现在回归中，比如在本章例子中的"是否在户外工作"变量。我们共有 $N$（本例中为753）个观测值，但其中只有 $n$（本例中为428）个观测值报告了"是否在户外工作"变量。

我们用潜在变量 $Z_i^*$ 表示选择方程。其中，$Z_i^*$ 取决于多种变量的共同作用。为了简化描述，我们设这一回归模型为：

$$Z_i^* = A_1 + A_2 W_i + u_i; \quad i = 1, 2, \cdots, N \tag{1}$$

其中，$W$ 是市场工资率。

我们无法观测到 $Z_i^*$ 的真实值，但是可以观察到二元变量 $Z_i$：

$$Z_i = \begin{cases} 1, & \text{如果 } Z_i^* > 0 \\ 0, & \text{其他情况} \end{cases} \tag{2}$$

也就是说，一个已婚女性是否工作，取决于她的预期工资能否超过市场工资率。

Heckit 模型的第二阶段是一个线性回归。为了简化计算，我们考虑一个二元回归模型：

$$Y_i = B_1 + B_2 X_i + e_i \tag{3}$$

其中，$Y_i$ 就是实际工作时间，它受 $X_i$，也就是受教育程度的影响。同时，这一方程也意味着我们假设误差项 $u_i$ 和 $e_i$ 服从如下的二元正态分布：

$$\begin{bmatrix} e_i \\ u_i \end{bmatrix} \sim N \begin{pmatrix} \sigma^2 & \rho\sigma \\ \rho\sigma & 1 \end{pmatrix} \tag{4}$$

其中，$\rho$ 是 $u_i$ 和 $e_i$ 的相关系数，同时，因为一些更技术性的原因，$u_i$ 的方差被设定为 1。

现在，如果我们在估计回归（3）时只考虑了 $Z_i = 1$ 的情况，那么**选择性偏误**（selectivity bias）就出现了。换句话说，我们只考虑了在劳动市场中进行工作的女性的样本，并假设 $u_i$ 和 $e_i$ 是相关的。这样一来，在 OLS 中得到的系数确实在统计上无偏，但是，这一回归对总体样本来说却是有偏的。也就是说，这种情况下即使我们再扩大样本的规模，回归始终是有偏的。

现在，为了得到 $B_1$ 和 $B_2$ 一致的估计结果，我们估计如下方程：

$$E[Y_i | Z_i^* > 0] = B_1 + B_2 X_i + B_3 \lambda_i; \quad i = 1, 2, \cdots, n \tag{5}$$

其中的新变量 $\lambda_i$ 就是所谓的逆米尔斯比率（IMR），通过如下方程求得：

$$\lambda_i = \frac{f(A_1 + A_2 W_1)}{F(A_1 + A_2 W_1)} \tag{6}$$

其中，$f$ 和 $F$ 分别代表标准正态密度函数以及标准正态累积分布函数。

为了估计 $\lambda_i$，我们首先需要利用基于二元变量 $Z_i$ 的 probit 模型估计 $A_1$ 和 $A_2$ 的值。也就是说，我们需要使用 428 个有工作的已婚女性的数据。

然后，IMR 的估计值就可以写为：

$$\hat{\lambda}_i = \frac{f(a_1 + a_2 W_I)}{F(a_1 + a_2 W_I)} \tag{7}$$

其中，$a$ 就是方程（1）中对应系数的估计值。

$$Y_i = B_1 + B_2 X_i + B_3 \hat{\lambda}_i + \nu_i \tag{8}$$

如果 $B_3$ 是统计不显著的，那么我们之前的回归就不存在样本选择偏误，当 $u_i$ 和 $e_i$ 之间的相关系数为 0 时就会出现这种情况。如果 $u_i$ 和 $e_i$ 之间的相关系数不为 0，我们又恰巧忽略了 $B_3 \hat{\lambda}_i$ 这一项，那么我们将犯下一个典型的错误——在模型中漏掉了一个相关变量（IMR）。正如第 7 章中我们谈过的，这类典型的错误将使我们的回归结果有偏。

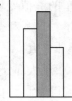

# 第 12 章

# 对计数数据建模：
# 泊松和负二项回归模型

在许多现象中回归子是**计数型**（count type）的，例如，在给定年份里去动物园游览的次数、每年公司取得的专利数量、一年中去看牙医的次数、每年收到的超速罚单数量、在一段时间（比如，5 分钟）内通过收费站的汽车数量，等等。每个例子中潜在的变量都是离散的，只能取有限的非负数值。

有时计数数据也包括罕见的或稀少的事件，例如，在一段时间或一个星期内被闪电击中、连续两周中乐透、在一段时间或一天内发生一起或多起交通事故以及一年内总统任命最高法院法官的次数。当然，类似的例子还有很多。

这些例子都有一个共同的特性，那就是它们只能取有限的非负整数或计数值。不仅如此，在很多情况下有些观测值为零。还要注意，每个计数的例子都是在一段有限的时间内衡量的。为了对这类现象建模，我们需要一个将计数数据的特性考虑在内的概率分布，其中一种就是泊松概率分布（Poisson probability distribution）。基于这种概率分布的回归模型称为**泊松回归模型**（Poisson regression models，PRM）。PRM 的一种替代选择是**负二项回归模型**（negative binomial regression model，NBRM），它是基于负二项概率分布（negative binomial probability distribution），被用来弥补 PRM 的缺陷。下文我们首先讨论 PRM，随后讨论 NBRM。

## ■ 12.1　一个阐释性的例子

在讨论 PRM 的技术性细节之前，我们先来看一个具体的例子。

### □ 专利和研发费用

学习产业组织理论的学生最感兴趣的一个话题就是制造企业取得的专利数量与研发

费用支出之间的关系。为了探索这层关系，表 12 - 1（见本书配套网站）给出了 181 个跨国制造企业样本 1990 年取得的专利数量和研发费用支出的数据。[1] 表中同时给出了代表五个主要产业——航空航天、化工、计算机、机械仪器和机动车的虚拟变量；食品、燃料、金属等作为参照类别。表中还给出了两个主要国家虚拟变量：日本和美国，对照组为欧洲国家。变量研发以对数形式表示，因为各企业的数字相差非常大。

看看专利的数据，你会发现差距相当明显，从低位 0 到高位 900。但大部分处于低水平。

我们的目标是确定研发、产业类型和国家对这 181 家企业取得专利数量的平均值的影响。[2] 作为切入点，也为了便于比较，假设我们拟合一个线性回归模型（LRM），用专利对研发的对数（LR90）、五个产业虚拟变量和两个国家虚拟变量进行回归。表 12 - 2 给出了 OLS 回归结果。

表 12 - 2　专利数据的 OLS 估计

Dependent Variable：P90
Method：Least Squares
Sample：1 181
Included Observations：181

|  | Coefficient | Std. Error | t-Statistic | Prob. |
| --- | --- | --- | --- | --- |
| C | −250. 838 6 | 55. 434 86 | −4. 524 925 | 0. 000 0 |
| LR90 | 73. 172 02 | 7. 970 758 | 9. 180 058 | 0. 000 0 |
| AEROSP | −44. 161 99 | 35. 645 44 | −1. 238 924 | 0. 217 1 |
| CHEMIST | 47. 081 23 | 26. 541 82 | 1. 773 851 | 0. 077 9 |
| COMPUTER | 33. 856 45 | 27. 769 33 | 1. 219 203 | 0. 224 4 |
| MACHINES | 34. 379 42 | 27. 813 28 | 1. 236 079 | 0. 218 1 |
| VEHICLES | −191. 790 3 | 36. 703 62 | −5. 225 378 | 0. 000 0 |
| JAPAN | 26. 238 53 | 40. 919 87 | 0. 641 217 | 0. 522 2 |
| US | −76. 853 87 | 28. 648 97 | −2. 682 605 | 0. 008 0 |

| | | | | |
| --- | --- | --- | --- | --- |
| R-squared | 0. 472 911 | Mean dependent var | 79. 745 86 | |
| Adjusted R-squared | 0. 448 396 | S. D. dependent var | 154. 201 1 | |
| S. E. of regression | 114. 525 3 | Akaike info criterion | 12. 367 91 | |
| Sum squared resid | 2 255 959. | Schwarz criterion | 12. 526 95 | |
| Log likelihood | −1 110. 296 | Durbin-Watson stat | 1. 946 344 | |
| F-statistic | 19. 290 11 | Prob(F-statistic) | 0. 000 000 | |

注：P(90) 是 1990 年取得的专利数目，LR(90) 是 1990 年研发费用支出的对数。其他变量都可以自解释。

不出所料，取得的专利数量和研发费用支出存在正相关关系，并具有高度统计显著性。由于变量研发以对数形式表示，变量专利则为线性形式，73.17 的研发系数表明，保持其他变量不变，如果增加 1% 的研发费用支出，平均取得的专利数量将增加 0.73。[3]

---

① 版权归约翰·威利父子出版公司所有。*Journal of Applied Econometrics*，12，265−80，1997. 数据可自行在 *Journal of Applied Econometrics* 的档案卷下载。
② 回顾一下，在大部分回归分析中，我们尝试依据回归子与解释变量或回归元的关系来解释回归子的平均值。
③ 回顾第 2 章中我们讨论过的半对数模型。

在产业虚拟变量中，只有化工和机动车产业具有统计显著性：与参照类别相比，化工产业获得专利的平均水平高出 47 个专利，机动车产业获得专利的平均水平则比参照类别少 192 个。国家虚拟变量中，美国具有统计显著性，不过，−77 的值表明，美国企业平均比基准组获得的专利数量少 77 个。

但是，OLS 回归在这种情况下并不适用，因为除了少数获得大量专利的公司，每年每家企业获得的专利数量通常很少。如果将原始数据列表显示，结果会更加直观（见表 12 - 3）。

表 12 - 3　专利原始数据表格

Tabulation of P90
Sample：1 181
Included Observations：181
Number of Categories：5

| # Patents | Count | Percent | Cumulative Count | Cumulative Percent |
|---|---|---|---|---|
| [0，200) | 160 | 88.40 | 160 | 88.40 |
| [200，400) | 10 | 5.52 | 170 | 93.92 |
| [400，600) | 6 | 3.31 | 176 | 97.24 |
| [600，800) | 3 | 1.66 | 179 | 98.90 |
| [800，1 000) | 2 | 1.10 | 181 | 100.00 |
| Total | 181 | 100.00 | 181 | 100.00 |

从表 12 - 3 中可以清晰地看到，大多数企业取得的专利数量均少于 200 个；事实上比这个数字还要小得多。这也可以从图 12 - 1 所示的直方图中看出来。

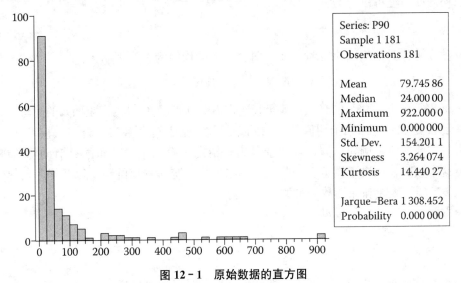

图 12 - 1　原始数据的直方图

该直方图呈现了面板数据的高度偏态分布，这一点可以从约为 3.3 的偏态系数得到证实，而峰度系数约为 14。回顾一下，对于一个正态分布变量，偏态系数为零，峰度系数为 3。JB 统计量明显拒绝了专利服从正态分布的假设。回顾一下，在大样本中，JB 统计量服从自由度为 2 的 $\chi^2$ 分布。本例中，估计的 JB 值为 1 308，这个数值太大，以至取值大于等于它的概率实际上为零。

显然，我们不能用正态概率分布对计数数据建模。**泊松概率分布**（Poisson probability distribution，PPD）通常用来对计数数据建模，尤其是对罕见或稀少的数据建模。过程解释如下。

## 12.2 泊松回归模型（PRM）

如果一个离散型随机变量 $Y$ 服从泊松分布，则其概率密度函数（PDF）为：

$$f(Y|y_i) = \Pr(Y=y_i) = \frac{e^{-\lambda_i}\lambda_i^{y_i}}{y_i!}, \quad y_i = 0, 1, 2, \cdots \tag{12.1}$$

其中 $f(Y|y_i)$ 表示该随机变量 $Y$ 取非负整数值 $y_i$ 的概率，$y_i!$（读作 $y_i$ 的阶乘）表示 $y_i! = y \times (y-1) \times (y-2) \times (y-3) \times \cdots \times 2 \times 1$ 且 $0! = 1$，$\lambda$ 为泊松分布的参数。注意，泊松分布只有一个参数 $\lambda$，不像正态分布有两个参数——均值和方差。

可以证明

$$E(y_i) = \lambda_i \tag{12.2}$$
$$\text{var}(y_i) = \lambda_i \tag{12.3}$$

泊松分布的一个特性在于，服从泊松分布的变量的均值和方差是相等的。这一特性也称为**等离散**（equidispersion），是泊松分布的约束特征，因为在实际中计数变量的方差通常比它的均值要大。后者称为**过度离散**（overdispersion）。

泊松回归模型可以写为：

$$y_i = E(y_i) + u_i = \lambda_i + u_i \tag{12.4}$$

其中 $y$ 独立地作为泊松随机变量分布，每个个体的均值为 $\lambda_i$，表示为

$$\lambda_i = E(y_i|X_i) = \exp[B_1 + B_2 X_{2i} + \cdots + B_k X_{ki}] = \exp(\boldsymbol{BX}) \tag{12.5}$$

其中 $\exp(\boldsymbol{BX})$ 意味着将 e 的幂次扩大至表达式 $\boldsymbol{BX}$，后者为括号内多重回归的简写。

变量 $\boldsymbol{X}$ 是能决定回归子均值的回归元。因此，基于这个事实，若泊松模型适用，它也能决定方差的值。例如，假定计数变量为在给定年份到纽约的布朗克斯动物园浏览的次数，这个数字将取决于浏览者的收入、门票价格、与博物馆的距离以及停车费等变量。

取 $\boldsymbol{BX}$ 的指数能确保计数变量的均值 $\lambda$ 为正。

为方便估计，我们的模型可以写为

$$\Pr[Y=y_i|X] = \frac{e^{-\lambda}\lambda_i^{y_i}}{y_i!}, \quad y_i = 0, 1, 2, \cdots \tag{12.6}$$

该模型的参数为非线性的，从而需要非线性回归估计。这可以通过最大似然法（ML）完成。我们不会在泊松回归模型的背景下对 ML 估计做过多的讨论，这些技术性细节可以在参考书目中找到。[1] 不过，第 1 章的附录给出了对 ML 的启发式探讨。

---

[1] 资料来源：Long，J. S.，*Regression Models for Categorical and Limited Dependent Variables*，Sage Publications，Thousand Oaks，California，1997。

我们首先给出专利数量的 ML 估计，然后讨论结果和模型的一些局限（见表 12 - 4）。

**表 12 - 4  专利数据的泊松模型（ML 估计）**

Dependent Variable：P90
Method：ML/QML-Poisson Count（Quadratic hill climbing）
Sample：1 181
Included Observations：181
Convergence achieved after 6 iterations
Covariance matrix computed using second derivatives

|  | Coefficient | Std. Error | z-Statistic | Prob. |
|---|---|---|---|---|
| C | −0.745 849 | 0.062 138 | −12.003 19 | 0.000 0 |
| LR90 | 0.865 149 | 0.008 068 | 107.232 2 | 0.000 0 |
| AEROSP | −0.796 538 | 0.067 954 | −11.721 64 | 0.000 0 |
| CHEMIST | 0.774 752 | 0.023 126 | 33.500 79 | 0.000 0 |
| COMPUTER | 0.468 894 | 0.023 939 | 19.586 96 | 0.000 0 |
| MACHINES | 0.646 383 | 0.038 034 | 16.994 79 | 0.000 0 |
| VEHICLES | −1.505 641 | 0.039 176 | −38.432 49 | 0.000 0 |
| JAPAN | −0.003 893 | 0.026 866 | −0.144 922 | 0.884 8 |
| US | −0.418 938 | 0.023 094 | −18.140 45 | 0.000 0 |

| | | | |
|---|---|---|---|
| R-squared | 0.675 516 | Mean dependent var | 79.745 86 |
| Adjusted R-squared | 0.660 424 | S. D. dependent var | 154.201 1 |
| S. E. of regression | 89.857 89 | Akaike info criterion | 56.246 75 |
| Sum squared resid | 1 388 804. | Schwarz criterion | 56.405 79 |
| Log likelihood | −5 081.331 | LR statistic | 21 482.10 |
| Restr. log likelihood | −15 822.38 | Prob(LR statistic) | 0.000 000 |
| Avg. log likelihood | −28.073 65 | | |

注：LR90 是 1990 年研发费用支出的对数。

从而，第 $i$ 家企业的估计的平均值为：

$$\hat{\lambda}_i = e^{\hat{B}X} = \exp[-0.74+0.86LR90_i-0.79Aerosp_i+0.77Chemist_i$$
$$+0.46Computer_i+0.64Machines_i-1.50Vehicles_i$$
$$-0.003\,8Japan_i-0.41US_i] \qquad (12.7)$$

公式（12.7）的对数转换为：

$$\ln\hat{\lambda}_i = \hat{B}X = -0.74+0.86LR90_i-0.79Aerosp_i+0.77Chemist_i$$
$$+0.46Computer_i+0.64Machines_i-1.50Vehicles_i$$
$$-0.003\,8Japan_i-0.41US_i \qquad (12.8)$$

## □ 对结果的解释

首先，在类似 PRM 的非线性模型中，$R^2$ 不一定是有意义的。有重要意义的是 LR（即似然比率）统计量。本例中它的值为 21 482，具有高度显著性，因为其 $p$ 值或精确的显著性水平实际上为零。这表明在解释专利的条件均值 $\lambda_i$ 时，解释变量总体上非常重要。

另一种说明方式就是对比受约束对数似然函数与无约束对数似然函数。对前者的估计是基于模型中除常数项外没有其他解释变量的假设，而后者则包括解释变量。由于受约束 LR 为 $-15\,822$，无约束 LR 为 $-5\,081$，从数值上来讲后者比前者大。[①] 既然 ML 的目的是取似然函数的最大值，我们应该选择非受限模型，即包括上述表 12-4 中所有解释变量的模型。

现在我们来解释公式（12.8）中给出的估计系数。LR90 系数为 0.86，表明若研发费用支出增加 1%，企业获得的平均专利数量将增加 0.86%。（注意，研发费用支出是以对数形式表示的。）换句话说，获得的专利数量对研发费用支出的弹性为 0.86%〔见公式（12.8）〕。

对于虚拟变量机械的系数 0.646 4 如何解释呢？在第 2 章我们学过如何解释半对数模型中的虚拟系数。机械产业获得的专利平均数量比对照类别高出 $100 \times (e^{-0.6464} - 1) = 100 \times (1.908\,6 - 1) = 90.86\%$。类似的，虚拟变量美国的系数为 $-0.418\,9$，意味着美国获得的专利平均数量比基准组低 $100 \times (e^{-0.4189} - 1) = 100 \times (0.657\,7 - 1) = -34.23\%$。

观察表 12-4 给出的结果，你会发现，除了虚拟变量日本，其他变量都具有高度的统计显著性。

### □ 回归元的边际效应

另一个解释这些结果的方法是找出回归元对计数变量（即本例中的专利数量）平均值的边际效应。

连续型回归元 $X_k$ 对平均值的边际效应的表达式为：

$$\frac{\partial E(y_i | X_k)}{\partial X_k} = e^{XB} B_k = E(y_i | X_k) B_k = \lambda_i B_k \tag{12.9}②$$

如公式（12.9）所示，回归元 $X_k$ 的边际效应不仅取决于它的系数 $B_k$，而且取决于 $Y$ 的期望值（$=$P90），而这个值由模型中所有回归元的值决定。由于我们有 181 组观测值，不得不对每一组作计算，显然这是一个烦琐的工作。实践中，边际效应通常用所有回归元的均值来计算。Stata 和其他统计软件包有固定的程序来计算连续型回归元的边际效应。

那么如何计算虚拟回归元的边际效应呢？

由于虚拟变量的取值在 0 和 1 之间，我们无法区分 $\lambda_i$ 与虚拟变量。但是，我们可以分别考虑虚拟变量取值为 1 和 0 时的模型，计算出取得专利的平均数量的百分比变化。[③]

### □ 计算估计概率

给定回归元的值，我们该如何计算获得 $m$ 个专利的概率？这个概率可以由公式

---

① 如第 1 章附录所示，LR 统计量 $\lambda = 2$(ULLF$-$RLLF)，其中 ULLF 和 RLLF 分别表示无约束对数似然函数和受约束对数似然函数。LR 统计量服从自由度为零假设下约束数量（本例中为 7）的 $\chi^2$ 分布。在本例中，$\lambda = 2 \times [-5\,081 - (-15\,822)] = 21\,482.10$，即表 12-4 中的值。

② 运用求导的链式法则，我们得到：$\partial E(Y|X)/\partial X_k = (\partial e^{XB}/\partial XB) \cdot (\partial XB/\partial X_k) = e^{XB} B_k$。记住，指数函数的导数就是指数函数本身。

③ 细节详见 Long, *op cit.*。

(12.6) 得到：

$$\Pr(Y_i = m \mid X) = \frac{\exp(-\hat{\lambda}_i) \hat{\lambda}_i^m}{m!}, \quad m = 0, 1, 2, \cdots \tag{12.10}$$

其中 $\hat{\lambda} = e^{\hat{B}X}$。

原则上我们可以对每一个 $m$ 值或有特殊意义的 $m$ 值，计算每组观测值的概率。当然，这是一个冗长乏味的计算过程。类似 Stata 的软件包可以相对简便地计算出这些概率。

## 12.3　泊松回归分布的局限

表 12-4 中给出了关于专利与研发的泊松回归结果，我们不应当重视表面数值。表中给出的估计系数的标准误，只有在估计模型的基础为泊松分布这个假设成立时才生效。由于 PPD 假设，给定 $X$ 回归元的值，该分布的条件均值和条件方差相等，因此我们检验这个假设即等离散（equidispersion）假设具有很重要的意义。

如果存在过度散布，那么虽然 PRM 估计值是一致的，但由于具有向下偏误的标准误，所以它是无效的。如果是这种情况，所估计出的 $Z$ 值会过大，因此会高估所估计系数的统计显著性。

用 Eviews 中包含的由卡梅隆（Cameron）和特雷维迪（Trivedi）提出的一个程序，可以对等离散假设进行如下检验：

1. 估计泊松回归模型，如表 12-4 所示，得到回归子的预测值 $\widehat{P90}_i$。
2. 用实际值 $P90_i$ 减去估计值 $\widehat{P90}_i$，得到残差数值 $e_i = P90_i - \widehat{P90}_i$。
3. 取残差数值的平方，并从中减去 $P90_i$，即 $e_i^2 - P90_i$。
4. 将第 3 步的结果对 $\widehat{P90}_i^2$ 进行回归。
5. 若该回归的斜率系数具有统计显著性，拒绝等离散假设。这种情况下将拒绝泊松模型。
6. 若第 5 步的回归系数为正且具有统计显著性，就会有过度离散（overdispersion）；若为负数，则有离散不足（under-dispersion）。上述任何一种情况都要拒绝泊松模型。但是，若系数不具有统计显著性，则不必拒绝 PRM。

根据这个程序，我们得到表 12-5 中的结果。由于这个模型中斜率系数为正且具有统计显著性，因此，我们可以拒绝等离散泊松假设。事实上，结果呈现出过度离散。[①]因此，表 12-4 中给出的标准误并不可靠；实际上它们低估了真实的标准误。

有两种方式可以矫正表 12-4 中的标准误：一种是用**准最大似然估计**（quasi-maximum likelihood estimation，QMLE），另一种是**广义线性模型**（generalized linear model，GLM）。这些模型背后的计算十分复杂，我们不加讨论。值得注意的是，如表 12-5 所示，如果有人想应用泊松回归模型，该模型必须接受过度离散检验。如果 PRM 模型的基础等离散假设无法被满足，也许寻找一个 PRM 模型的替代品会是更好的选择。一个如上的替代品就是基于负二项概率分布（NBPD）的**负二项回归模型**（negative binomial

---

① 这个检验对离散不足也有效，其斜率系数为负。即条件方差小于条件均值，同样违反了泊松假设。

regression model，NBRM）。[1]

表 12 - 5　泊松模型的等离散检验

Dependent Variable：(P90-P90F)$^\wedge$2-P90
Method：Least Squares
Sample：1 181
Included Observations：181

|  | Coefficient | Std. Error | t-Statistic | Prob. |
|---|---|---|---|---|
| P90F$^\wedge$2 | 0.185 270 | 0.023 545 | 7.868 747 | 0.000 0 |

| | | | |
|---|---|---|---|
| R-squared | 0.185 812 | Mean dependent var | 7 593.204 |
| Adjusted R-squared | 0.185 812 | S. D. dependent var | 24 801.26 |
| S. E. of regression | 22 378.77 | Akaike info criterion | 22.875 12 |
| Sum squared resid | 9.01E+10 | Schwarz criterion | 22.892 79 |
| Log likelihood | -2 069.199 | Durbin-Watson stat | 1.865 256 |

注：P90F 是从表 12 - 4 中得到的 P90 的预测值，而 P90F$^\wedge$2＝P90F 的平方。

## 12.4　负二项回归模型 （NBRM）

PRM 的一个主要缺陷就在于假定泊松分布的随机变量的均值和方差相等。对于 NBPD 来说，这可以表示为

$$\sigma^2 = \mu + \frac{\mu^2}{r}; \quad \mu > 0, r > 0 \tag{12.11}$$

其中 $\sigma^2$ 是方差，$\mu$ 是均值，$r$ 是模型的参数。[2]

式 （12.11） 表明，对于 NBPD，方差永远大于均值，与泊松 PDF 中方差等于均值形成了对比。还有一点值得说明：假定均值 $\mu$ 保持不变，随着 $r \to \infty$ 且 $p \to 1$，NBPD 越来越接近泊松 PDF。

**注**：$p$ 是成功的概率。

由于式 （12.11） 的性质，NBPD 比 PPD 更适合计数数据。

运用 Eviews 6，我们可得到表 12 - 6。如果将表 12 - 6 的负二项回归结果与表 12 - 4 的泊松回归结果作比较，你会再次发现两者在估计标准误上的差别。

表 12 - 6　专利数据的 NBRM 估计

Dependent Variable：P90
Method：ML-Negative Binomial Count （Quadratic hill climbing）
Sample：1 181
Included Observations：181
Convergence achieved after 6 iterations
Covariance matrix computed using second derivatives

---

[1]　更多关于负二项概率分布的知识，可查询任何关于概率的标准教材。总而言之，在二项概率分布中，我们要找出 $n$ 次试验中成功的次数 $r$，其中成功的概率为 $p$。在负二项概率分布中，我们要找出 $n$ 次试验中第 $r$ 次成功之前失败的次数，其中成功的概率为 $p$。

[2]　对于 NBPD，参数为 $p$ （成功的概率） 和 $r$ （成功的次数），但是二项式分布的参数分别为 $n$ 和 $p$。

计量经济学：原理与实践（第二版）

|  | Coefficient | Std. Error | z-Statistic | Prob. |
|---|---|---|---|---|
| C | −0.407 242 | 0.502 841 | −0.809 882 | 0.418 0 |
| LR90 | 0.867 174 | 0.077 165 | 11.237 98 | 0.000 0 |
| AEROSP | −0.874 436 | 0.364 497 | −2.399 022 | 0.016 4 |
| CHEMIST | 0.666 191 | 0.256 457 | 2.597 676 | 0.009 4 |
| COMPUTER | −0.132 057 | 0.288 837 | −0.457 203 | 0.647 5 |
| MACHINES | 0.008 171 | 0.276 199 | 0.029 584 | 0.976 4 |
| VEHICLES | −1.515 083 | 0.371 695 | −4.076 142 | 0.000 0 |
| JAPAN | 0.121 004 | 0.414 425 | 0.291 981 | 0.770 3 |
| US | −0.691 413 | 0.275 377 | −2.510 791 | 0.012 0 |

| Mixture Parameter | | | | |
|---|---|---|---|---|
| SHAPE：C(10) | 0.251 920 | 0.105 485 | 2.388 217 | 0.016 9 |
| R-squared | 0.440 411 | Mean dependent var | | 79.745 86 |
| Adjusted R-squared | 0.410 959 | S. D. dependent var | | 154.201 1 |
| S. E. of regression | 118.347 9 | Akaike info criterion | | 9.341 994 |
| Sum squared resid | 2 395 063. | Schwarz criterion | | 9.518 706 |
| Log likelihood | −835.450 4 | Hannan-Quinn criter. | | 9.413 637 |
| Restr. log likelihood | −15 822.38 | LR statistic | | 29 973.86 |
| Avg. log likelihood | −4.615 748 | Prob(LR statistic) | | 0.000 000 |

顺便提一下，表中显示的形状参数给出了条件方差超过条件均值的程度。形状参数等于方差的对数 $\ln\lambda_i$，即 $\ln 0.251\,9$。取它的反对数，我们得到 1.286 4，表明条件方差比条件均值约大 0.28。

# 12.5 要点与结论

本章我们讨论了通常用来对计数数据建模的泊松回归模型。PRM 的基础是泊松概率分布。PPD 的一个特性是：泊松变量的均值等于方差。这也是 PPD 的一个约束特征。

我们运用的数据包括 1990 年 181 家制造企业各自获得专利的数量和研发费用支出、这些企业经营的产业（用虚拟变量表示）以及两个国家虚拟变量——日本和美国。

作为非线性模型，我们用最大似然法估计 PRM。除了虚拟变量日本，其他所有变量都具有统计显著性。

由于 PPD 约束假设的存在，即均值与方差相等，这些结果不一定可靠。在大部分 PRM 的实践应用中，方差倾向于比均值大。这种情况就是过度离散。

我们用卡梅隆和特雷维迪提出的一个方法检验是否存在过度离散，发现我们的数据确实是过度离散。

由于结果显示过度离散，我们使用另一个替代选择——负二项回归模型（NBRM）。NBRM 模型的一个优势在于它允许过度离散，并且提供了对方差高估程度的直接估计。NBRM 结果表明，初始 PRM 标准误在某些情况下会被低估。

12.1 表 12-1 同时给出了 1991 年专利和其他变量的数据信息。用本章讨论的方法分析 1991 年的数据。

12.2 参见表 11-7（见本书配套网站）中的数据，雷·费尔教授根据该数据对婚外情进行分析。因为数据中还存在着大量的零外遇样本，所以在分析这组数据时，考虑一下泊松模型和（或）负二项回归模型是否适合是有必要的。请对你的结果做评论。你如何将你得到的结果与从第 11 章介绍的截尾回归模型中得到的结果进行对比？

这一题目也告诉我们，同一组数据可能适合多种处理方法，在分析时应按需灵活选用。

12.3 运用表 12-1 的数据。LR 值为 4.21，美国计算机产业的一家企业平均获得的专利数量是多少？（提示：用表 12-4 的数据）供参考，本例中有同样特征的企业在 1990 年获得了 40 个专利。

12.4 学者的工作效率通常由他发表的论文数量来判定。而学者的工作效率可能会受性别、婚姻状况、年幼子女的数量、之前累积的学术声望，以及该学者的导师发表的论文数量等因素的影响。

因为所有学者发表文章的数量都会是一个有限的数字，并且大多数学者的发表数量都不多，而只有少数学者可以发表相对较多的文章，我们猜测，也许学者们发表文章的数量也遵循泊松分布。为了验证这一猜想，我们构建泊松回归方程如下：

$$\mu_i = E(Y|XB)$$
$$= \exp\{B_1 + B_2\, fem_i + B_3\, mar_i + B_4\, kid5_i + B_5\, phd_i + B_6\, ment\}$$

其中 $\mu_i = E(Y \mid XB) =$ 过去三年内一个学者发表论文的平均数量

　　$fem =$ 性别，女性为 1，男性为 0

　　$mar =$ 婚姻状况，1 为已婚，0 为其他

　　$kid5 = 5$ 岁以下子女的数量

　　$phd =$ 过去研究的学术声望（从 1 到 5 进行赋分）

　　$ment =$ 过去三年间该学者导师发表的论文数量

在实际操作中，你可以从表 12-7（见本书配套网站）中得到上述数据。[①] 数据一共包含了 915 个学者，他们的论文发表数量从 0 到 19 篇不等，他们导师的论文发表数量则分布在 0～77 篇的范围内。

（a）解释你得到的系数值的含义。

（b）当 $fem$，$mar$，$kid5$，$phd$，$ment$ 分别变化一单位时，预期 $\mu_i$ 分别会发生什么样的变化？

（c）在没有看到回归结果前，你猜想各个回归元对学者的平均工作效率有什么影响？

（d）单独地来看，哪些回归元是统计显著的？你用了什么检验方法？

（e）你准备怎么判断整个回归模型的显著性？

（f）请检验在本题中比例机会模型（即有序 logit 模型）是否有效？

---

① 资料来源：Long, J. S. and Freese, J., *Regression Models for Categorical Dependent Variables Using Stata*, 2nd edn, Stata Press, 2006.

计量经济学：原理与实践（第二版）

（g）如果经过检验发现比例机会模型并不适用，那么你会考虑用什么模型呢？请做出回归并解释得到的结果。

12.5　在一项关于老年人跌倒频率的研究中，Neter 等人收集了 100 个 65 岁以上老年人的数据，并定义了如下变量[①]：

$Y=$个体跌倒的次数

$X_2=$性别（女性为 0，男性为 1）

$X_3=$平衡指数

$X_4=$力量指数

$Z=$干预变量，当只对老人进行教育时为 0，当教育配合着有氧运动时为 1

教育与教育配合有氧运动作为对照项目，在样本中随机分配。这一操作的目的是为了寻找上述变量对老人跌倒频率的影响。

运用这些数据，我们构建泊松回归模型如下：

$$Y_i = \exp\{B_1 + B_2 X_{2i} + B_3 X_{3i} + B_4 X_{4i} + B_5 Z_i\} + u_i$$

估计结果如下表所示：

| | 系数 | 标准误 | $t$ 统计量 | $p$ 值 |
|---|---|---|---|---|
| $b_1$ | 0.370 2 | 0.345 9 | 1.070 1 | 0.287 3 |
| $b_2$ | −0.021 9 | 0.110 5 | −0.198 5 | 0.843 0 |
| $b_3$ | 0.010 7 | 0.002 7 | 3.948 3 | 0.000 1 |
| $b_4$ | 0.009 3 | 0.004 1 | 2.238 0 | 0.027 5 |
| $b_5$ | −1.100 4 | 0.170 5 | −6.452 5 | 0.000 0 |

（a）你预期回归元的系数是怎样？回归结果与你的预期吻合吗？

（b）你能否得出以下结论：教育与有氧运动结合比纯教育对减少老人跌倒次数更重要？

（c）假设样本中有一个老人的各项数据为：$X_2=1$，$X_3=50$，$X_4=56$，$Z=1$，请你计算出他的预期跌倒次数的均值。该个体的真实值 $Y=4$。

（d）两个情况相似的老年人，其中一个比另一个每年少跌倒 5 次以上的概率是多少？

（e）力量指数变量每变动一单位，$Y$ 的均值将变动多少？

12.6　表 12-8（见本书配套网站）给出了 316 个学生的相关信息。[②] 响应变量是一学年内缺课的天数（*daysabs*）、数学标准化测验的成绩（*mathnec*）、语言标准化测验的成绩（*langnec*），以及性别（*female*=1）。

假设缺课天数服从泊松分布，请构建一个以 *mathnec*，*langnec* 以及 *gender* 作为协变量的泊松回归方程。就结果而言，请你说明如何判断负二项回归是否比泊松回归更合适？给出必要的计算过程。

---

① Neter, J., Kutner, M. H., Nachtsheim, C. J. and Wasserman, W. *Applied Liner Regression Models*, 3rd edn, McGraw-Hill/Irwin, New York, 1996. 本题中所用的数据来自这本书配套的数据库，泊松回归的结果也是基于此数据运算所得。

② 资料来源：UCLA IDRE Statistical Consulting Group.

# 第四部分

# 时间序列计量经济学

# 第13章

# 平稳和非平稳时间序列

在时间序列数据的回归分析中，一个重要的假设是所考虑的时间序列是平稳的。从广义上讲，若一个时间序列的均值和方差在一段时期内保持恒定不变，并且在任意两时期之间的协方差值仅依赖于该两时期间的距离或滞后，而不依赖于计算这个协方差的实际时间，则称之为平稳时间序列。[①]

时间序列就是一种所谓的**随机过程**（stochastic process），即随机变量按时间排序的集合。[②]

## ■ 13.1 汇率平稳吗？

为了解释这些概念的意义，我们考虑一个具体的经济时间序列，美元与欧元（EX）之间的汇率，定义为每一欧元能兑换的美元数量。汇率数据从 2000 年 1 月 4 日到 2008 年 5 月 8 日，每天观测，共 2 355 组观测值。这些数据不是连续的，因为汇率市场并不是每天都开放，此外还有各种假期。在本书配套网站的表 13 - 1 中可以看到这些数据。

在图 13 - 1 中我们给出了美元/欧元每日汇率的对数（LEX）。绘制汇率的对数走势而不是汇率本身的原因是，在对数中一个变量代表的是相对变化（或回报率），而变量本身的变化代表的是绝对变化。进行比较时，前者通常更加有意思。

---

① 有这些特征的时间序列称为**弱平稳**（weakly stationary）或**协方差平稳**（covariance stationary）。若在任何时间一个时间序列的概率分布的所有矩，不仅前述两者（即均值和方差），都保持不变，则这个时间序列是严格平稳的。但如果平稳过程正常，弱平稳随机过程也是严格平稳的，因为正常过程完全是由这两个矩（均值和方差）决定的。

② 名称"随机"，即"stochastic"，来源于希腊语 stokhos，意思是目标或靶心。对着圆靶掷过飞镖的人都知道，掷中靶心的过程是一个随机过程；多掷几次之后，有一小部分会掷在靶心上，但大部分会随机分布在靶心四周。

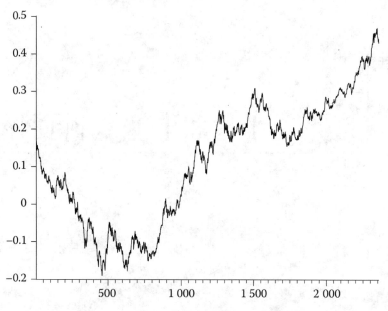

图 13-1 *LEX*：美元/欧元每日汇率的对数

观察这幅图，你会发现，*LEX* 序列是非平稳的，总体来说是向上漂移的，而且变化幅度很大。这表明这个时间序列的均值和方差都不稳定。更规范地讲，若一个时间序列的均值和方差在一段时期内保持恒定不变，并且在任意两时期之间的协方差值仅依赖于该两时期间的距离或滞后，而不依赖于计算这个协方差的实际时间，则该时间序列为平稳的。这类时间序列称为**弱平稳**（weakly stationary）或**协方差平稳**（covariance stationary）。[1]

## 13.2 平稳时间序列的重要性

我们为什么要担心一个时间序列是否平稳？原因有很多。第一，若一个时间序列是非平稳的，我们只能讨论其在研究期间的行为，如美元/欧元汇率的例子。因此，每个时间序列都是特定的一幕，无法将它推广到其他时期。所以，从预测角度看，非平稳时间序列没什么太大的实际价值。

第二，如果我们有两个或两个以上非平稳时间序列，这种情况下的回归分析会导致**伪回归**（spurious regression）或**无谓回归**（nonsense regression）的现象。也就是说，如果用一个非平稳时间序列对另一个或多个非平稳时间序列做回归，你会得到一个很高的 $R^2$ 值，基于常规的 $t$ 检验和 $F$ 检验，部分或全部回归系数都具有统计显著性。不过，在非平稳时间序列下，这些检验并不可靠，因为它们都假定潜在的时间序列是平稳的。我们会在下一章对伪回归的话题稍作讨论。

---

[1] 如前面所提到的，若在任意时间一个时间序列的概率分布所有的矩，不仅仅是均值和方差，都保持不变，则这个时间序列是严格平稳的。

## 13.3   平稳性检验

由于前面讲过的原因，确定一个时间序列是否平稳非常重要。一般用三种方法来检验时间序列的平稳性：（1）图示分析，（2）相关图检验，（3）单位根检验。本节中我们将讨论前两种，第三种放在下一节。

### □ 图示分析

检验平稳性的一个粗略快速的方法就是像图 13-1 那样绘制时间序列图。通常这种非正式分析会对给定的时间序列是否平稳给出初步线索。这种直观感受是更规范的平稳性检验的切入点。有一点值得注意："任何想要分析时间序列而不首先对其绘图的人都是在自找麻烦。"[①]

### □ 自相关函数和相关图

图 13-2 绘制了 $LEX$ 在 $t$ 时刻与滞后一期的值的对应图。这个图表明，当前的 $LEX$ 与滞后一天的 $LEX$ 有高度相关性。很有可能这种相关性会持续很多天。即，当前的 $LEX$ 可能会与滞后几天的 $LEX$ 相关。为了弄清楚这种相关性能扩展多远，我们可以得到所谓的**自相关函数**（autocorrelation function，ACF）。滞后 $k$ 阶的 ACF 的定义是：

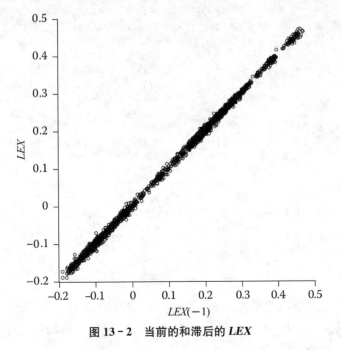

**图 13-2   当前的和滞后的 *LEX***

---

① Chatfield, C., *The Analysis of Time Series：An Introduction*，6th edn，Chapman & Hall/CRC Press，2004，p. 6.

$$\rho_k = \frac{\gamma_k}{\gamma_0} = \frac{k \text{ 阶滞后的协方差}}{\text{方差}} \tag{13.1}$$

在实践中，我们基于给定样本的 $k$ 阶滞后的协方差和样本方差计算出 ACF，用 $\hat{\rho}_k$ 表示。我们不必担心实际的公式计算，因为现代统计软件包有固定的计算程序。

最大的现实问题是滞后的长度 $k$。我们可以用赤池和施瓦茨信息准则来确定滞后长度。[①] 不过有个经验法则：计算 ACF 到时间序列长度的四分之一至三分之一。我们有 2 355 组观测值，它的四分之一约为滞后 589 阶。我们不会给出在这些滞后水平的所有 ACF，但只要考虑前 30 组滞后，你就会对 ACF 的性质有所了解。将 $\hat{\rho}_k$ 对滞后长度 $k$ 绘图，则称之为（样本）**相关图**（correlogram）。现在暂时不考虑偏相关的列（column of partial correlation，PAC），这些列我们在第 16 章的时间序列预测中会用到。

表 13-2 给出了美元/欧元汇率的相关图。

**表 13-2 美元/欧元汇率的样本相关图**

| 自相关 | 部分相关 | | ACF | PAC | Q统计量 | 概率 |
|---|---|---|---|---|---|---|
| \|\*\*\*\*\*\*\* | \|\*\*\*\*\*\*\* | 1 | 0.998 | 0.998 | 2 350.9 | 0.000 |
| \|\*\*\*\*\*\*\* | \| \| | 2 | 0.997 | 0.004 | 4 695.7 | 0.000 |
| \|\*\*\*\*\*\*\* | \| \| | 3 | 0.995 | −0.017 | 7 034.2 | 0.000 |
| \|\*\*\*\*\*\*\* | \| \| | 4 | 0.994 | 0.012 | 9 366.6 | 0.000 |
| \|\*\*\*\*\*\*\* | \| \| | 5 | 0.992 | −0.014 | 11 693. | 0.000 |
| \|\*\*\*\*\*\*\* | \| \| | 6 | 0.991 | 0.012 | 14 013. | 0.000 |
| \|\*\*\*\*\*\*\* | \| \| | 7 | 0.989 | −0.020 | 16 326. | 0.000 |
| \|\*\*\*\*\*\*\* | \| \| | 8 | 0.988 | −0.018 | 18 633. | 0.000 |
| \|\*\*\*\*\*\*\* | \| \| | 9 | 0.986 | 0.006 | 20 934. | 0.000 |
| \|\*\*\*\*\*\*\* | \| \| | 10 | 0.984 | 0.001 | 23 228. | 0.000 |
| \|\*\*\*\*\*\*\* | \| \| | 11 | 0.983 | 0.001 | 25 516. | 0.000 |
| \|\*\*\*\*\*\*\* | \| \| | 12 | 0.981 | −0.024 | 27 796. | 0.000 |
| \|\*\*\*\*\*\*\* | \| \| | 13 | 0.979 | −0.019 | 30 070. | 0.000 |
| \|\*\*\*\*\*\*\* | \| \| | 14 | 0.978 | −0.001 | 32 337. | 0.000 |
| \|\*\*\*\*\*\*\* | \| \| | 15 | 0.976 | 0.016 | 34 597. | 0.000 |
| \|\*\*\*\*\*\*\* | \| \| | 16 | 0.974 | −0.007 | 36 850. | 0.000 |
| \|\*\*\*\*\*\*\* | \| \| | 17 | 0.973 | −0.010 | 39 097. | 0.000 |
| \|\*\*\*\*\*\*\* | \| \| | 18 | 0.971 | 0.020 | 41 336. | 0.000 |
| \|\*\*\*\*\*\*\* | \| \| | 19 | 0.969 | −0.011 | 43 569. | 0.000 |
| \|\*\*\*\*\*\*\* | \| \| | 20 | 0.968 | −0.005 | 45 795. | 0.000 |
| \|\*\*\*\*\*\*\* | \| \| | 21 | 0.966 | −0.006 | 48 014. | 0.000 |
| \|\*\*\*\*\*\*\* | \| \| | 22 | 0.964 | 0.006 | 50 226. | 0.000 |
| \|\*\*\*\*\*\*\* | \| \| | 23 | 0.963 | −0.005 | 52 431. | 0.000 |
| \|\*\*\*\*\*\*\* | \| \| | 24 | 0.961 | −0.016 | 54 629. | 0.000 |
| \|\*\*\*\*\*\*\* | \| \| | 25 | 0.959 | −0.020 | 56 820. | 0.000 |
| \|\*\*\*\*\*\*\* | \| \| | 26 | 0.957 | 0.009 | 59 003. | 0.000 |
| \|\*\*\*\*\*\*\* | \| \| | 27 | 0.955 | 0.001 | 61 179. | 0.000 |
| \|\*\*\*\*\*\*\* | \| \| | 28 | 0.954 | 0.007 | 63 349. | 0.000 |
| \|\*\*\*\*\*\*\* | \| \| | 29 | 0.952 | −0.009 | 65 511. | 0.000 |
| \|\*\*\*\*\*\*\* | \| \| | 30 | 0.950 | 0.012 | 67 666. | 0.000 |

在进一步深入之前，我们要强调一种特殊类型的时间序列，称为**纯随机**（purely random）或**白噪声**（white noise）时间序列。这类时间序列的均值为常数，方差为常数

---

① 我们在第 2 章中讨论过这些准则。

（即同方差），并且不存在序列相关；均值通常假定为零。回顾一下，我们在讨论经典线性回归模型时，假定引入的误差项 $u_t$ 为白噪声（随机）过程，并记为 $u_t \sim IID(0, \sigma^2)$，即 $u_t$ 是独立同分布的，并且服从均值为零、方差为常数的正态分布。如果除此之外，$u_t$ 也服从正态分布，则称为**高斯白噪声过程**（Gaussian white noise process）。对这类时间序列，各阶 ACF 都在零附近徘徊，相关图没有表现出明显的模式。

回到我们的例子中，观察 ACF 序列及第一列给出的图解（即相关图）。正如大家所看到的，直至滞后 30 阶，相关系数仍然非常高，约为 0.95。不仅如此，估计的自相关系数 $\rho_k$ 下降得非常缓慢。这与白噪声时间序列的相关图（见表 13-5）形成了强烈对比。

我们可以通过计算标准误来检验每个自相关系数的统计显著性。统计学家巴特利（Bartlett）已经证明，若一个随机序列是纯随机的，则样本自相关系数 $\hat{\rho}_k$ 近似（在大样本中）服从如下分布：

$$\hat{\rho} \sim N(0, 1/n) \tag{13.2}$$

即在大样本中，样本自相关系数 $\hat{\rho}$ 近似服从均值为零、方差等于样本容量的倒数的正态分布。本例中样本容量为 2 355，因此，方差为 1/2 355，约等于 0.000 42，标准误是 $\sqrt{0.000\ 42} = 0.020\ 6$。然后根据正态分布的性质，$\rho_k$ 的 95% 的置信区间就是：（0±1.96×0.020 6）或（−0.040 4，0.040 4）。

估计的相关系数均不在这个区间内，因此，我们可以得出结论：表中给出的所有估计的自相关系数都具有统计显著性。即使我们计算滞后 150 阶的 ACF，该结论也不会改变。这充分表明 *LEX* 是非平稳的。

除了评估单个自相关系数的统计显著性，我们可以发现所有自相关系数的平方和也具有统计显著性。这可利用由博克斯（Box）和皮尔斯（Pierce）提出的 **Q 统计量**（Q statistic）来进行，其定义为：

$$Q = n \sum_{k=1}^{m} \hat{\rho}_k^2 \tag{13.3}$$

其中，$n$ 是样本容量（本例中为 2 355），$m$ 是计算 ACF 时的滞后长度（本例中为 30）。Q 统计量通常用于检验一个时间序列是否为纯随机或白噪声。

在大样本中，$Q$ 近似服从自由度为 $m$ 的 $\chi^2$ 分布。在实际应用中，若计算出来的 $Q$ 值大于在选定的显著性水平下从 $\chi^2$ 分布表中查出的临界 $Q$ 值，则拒绝所有真实 $\rho_k$ 都为零的零假设；至少它们中的某些必须非零。

表 13-1 的最后一列给出了 $Q$ 的 $p$（概率）值。正如表中所示，滞后 30 阶的 $Q$ 值为 67 666，而得到这样一个 $Q$ 值的概率实际上为零。也就是说，该时间序列是非平稳的。

简而言之，缺乏有力的证据证明美元/欧元时间序列是非平稳的。

## 13.4 平稳性的单位根检验

不用深入技术细节，我们可以将对美元/欧元汇率的单位根检验表示如下[1]：

---

[1] 具体讨论请参见 Gujarati/Porter，*op cit.*，Chapter 21。

$$\Delta LEX_t = B_1 + B_2 t + B_3 LEX_{t-1} + u_t \tag{13.4}$$

其中 $\Delta LEX_t = LEX_t - LEX_{t-1}$，即汇率对数的一阶差分；$t$ 是时间或趋势变量，取值为 1、2，直到最后样本；$u_t$ 为误差项。

总之，我们将汇率对数的一阶差分对趋势变量和汇率的一期滞后值进行回归。

一个零假设是：$LEX_{t-1}$ 的系数 $B_3$ 等于零，这称为**单位根假设**（unit root hypothesis）。[①] 备择假设是 $B_3 < 0$。[②] 不拒绝零假设意味着所讨论的时间序列是非平稳的。

看起来我们似乎可以用通常的 $t$ 检验来检验 $B_3 = 0$ 这个零假设。不过，我们不能这么做，因为 $t$ 检验仅在潜在时间序列是平稳的情况下才适用。但是，我们可以用迪基和富勒提出的检验，即 $\tau$ **检验**（tau test），它的临界值可以通过模拟和类似 Eviews、Stata 等现代统计软件包根据固定程序计算得到。在众多文献中 $\tau$ 检验也称为**迪基-富勒**（Dickey-Fuller，DF）检验。

在实践中我们用 OLS 估计公式（13.4），观察按程序计算得到的 $LEX_{t-1}$ 系数（$= B_3$）的 $t$ 值，运用 DF 临界值判断它是否超过这个临界值。如果在实际应用中，计算得到估计的 $B_3$ 的 $t$（$= \tau$）值（在绝对值上）比 DF 临界值大，则拒绝单位根假设，即我们认为所研究的时间序列是平稳的。这种情况下可以运用常规的 $t$ 检验。相反，如果它没有超过临界 $\tau$ 值，则我们不能拒绝单位根假设，该时间序列是非平稳的。考虑 $\tau$ 的绝对值的原因在于，一般情况下系数 $B_3$ 是负的。[③]

回到我们的阐释性例子中。对式（13.4）的估计结果如表 13-3 所示。

**表 13-3　美元/欧元汇率的单位根检验**

Dependent Variable：Δ(LEX)
Method：Least Squares
Sample (adjusted)：2 2 355
Included Observations：2 354 after adjustments

|  | Coefficient | Std. Error | t-Statistic | Prob. |
|---|---|---|---|---|
| C | −0.000 846 | 0.000 292 | −2.897 773 | 0.003 8 |
| t | 1.21E−06 | 3.22E−07 | 3.761 595 | 0.000 2 |
| LEX(−1) | −0.004 088 | 0.001 351 | −3.026 489 | 0.002 5 |

| | | | |
|---|---|---|---|
| R-squared | 0.005 995 | Mean dependent var | 0.000 113 |
| Adjusted R-squared | 0.005 149 | S. D. dependent var | 0.005 926 |
| S. E. of regression | 0.005 911 | Akaike info criterion | −7.422 695 |
| Sum squared resid | 0.082 147 | Schwarz criterion | −7.415 349 |
| Log likelihood | 8 739.512 | Durbin-Watson stat | 1.999 138 |
| F-statistic | 7.089 626 | Prob(F-statistic) | 0.000 852 |

---

　①　直观地看用单位根这个术语的原因，我们可以进行如下操作：令 $LEX_t = B_1 + B_2 t + CLEX_{t-1} + u_t$，现在从这个方程两边减去 $LEX_{t-1}$，可以得到 $LEX_t - LEX_{t-1} = B_1 + B_2 t + CLEX_{t-1} - LEX_{t-1} + u_t$。整理可得：$\Delta LEX_t = B_1 + B_2 t + B_3 LEX_{t-1} + u_t$，其中 $B_3 = C - 1$。如果 $C = 1$，那么回归（13.4）中的 $B_3$ 将会是零。因此，有单位根这个名字。

　②　我们排除 $B_3 > 0$ 的可能性，因为在这种情况下 $C > 1$，即潜在时间序列是突增的。

　③　注意，$B_3 = C - 1$。所以，若 $C < 1$，则 $B_3 < 0$。

观察滞后一期的 $LEX$ 系数，它的 $t$（$=\tau$）值为 $-3.0265$。再看用常规方法计算得出的系数 $p$（即概率）值 $0.0025$，非常低。因此，你很可能得出以下结论：$-0.004$ 的估计系数统计上显然不等于零，所以美元/欧元时间序列是平稳的。[①]

但是 DF 临界值为：$-3.9619$（1% 的水平）、$-3.4117$（5% 的水平）和 $-3.1277$（10% 的水平）。计算得出的 $t$ 值为 $-3.0265$。从绝对值来看，$3.0265$ 小于任何一个 DF 临界 $t$ 值的绝对值。因此，我们认为美元/欧元时间序列是非平稳的。

换句话说，要拒绝单位根零假设，计算得出的 $LEX_{t-1}$ 的 $t$ 值负的程度必须比任何一个临界 DF 值大。基于 DF 临界值，得到 $\tau$（$=t$）值为 $-3.0265$ 的概率约为 12%。从表 13-3 中可以看到，常规 $t$ 统计量表明 $-3.0265$ 在 $0.0025$ 的水平上是显著的。显然，当把常规计算得到的 $t$ 估计值的显著性水平用于非平稳时间序列时可能具有误导性。

### □ DF 检验的实际运作

DF 检验可以用以下三种形式：

随机游走：$\Delta LEX_t = B_3 LEX_{t-1} + u_t$       (13.5)

带漂移的随机游走：$\Delta LEX_t = B_1 + B_3 LEX_{t-1} + u_t$     (13.6)

带漂移和确定性趋势的随机游走：$\Delta LEX_t = B_1 + B_2 t + B_3 LEX_{t-1} + u_t$   (13.7)

在每种情形中，零假设都是 $B_3 = 0$（即单位根），备择假设是 $B_3 < 0$（即非单位根）。但是，上述三种模型的临界 DF 值各不相同。实际运用哪一种模型就成为一个经验范畴的问题。注意，要防范模型设定误差。如果模型（13.7）是"正确"的模型，那么拟合模型（13.5）或模型（13.6）都会导致模型设定误差：在本例中是一个重要变量的缺失。

在实践中我们应该用式（13.5）、式（13.6）、式（13.7）中的哪一个呢？以下是一些指导原则[②]：

1. 若时间序列在样本零均值附近波动，用式（13.5）。

2. 若时间序列在样本非零均值附近波动，用式（13.6）。

3. 若时间序列在线性趋势附近波动，用式（13.7）；这个趋势也可能是二次项。

在众多文献中，模型（13.5）称为**无漂移**（即无截距）**的随机游走模型**（random walk model without drift）；模型（13.6）称为**带漂移**（即有截距）**的随机游走模型**（random walk model with drift），$B_1$ 为漂移参数；模型（13.7）称为**带漂移和确定性趋势的随机游走模型**（random walk model with drift and deterministic trend），这样命名是因为每个时期都加上了确定性趋势值 $B_2$。关于确定性趋势，我们马上就会做更详细的讨论。

我们来看看式（13.7）的回归是如何描述 $LEX$ 的。结果如表 13-4 所示。

---

① 当 $C-1 = -0.004$ 时，$C = 0.996$，不精确等于1。这表明该 $LEX$ 序列是平稳的。

② 参见 Carter Hill, R., Griffiths, W. E., and Lim, G. C., *Principles of Econometrics*, 3rd edn, Wiley, New York, 2008, p.336.

**表 13 - 4　有截距和趋势项的美元/欧元汇率的单位根检验**

Null Hypothesis：LEX has a unit root
Exogenous：Constant，Linear Trend
Lag Length：0（Automatic based on SIC，MAXLAG＝0）

|  |  | t-Statistic | Prob.* |
|---|---|---|---|
| Augmented Dickey-Fuller test statistic |  | −3.026 489 | 0.125 1 |
| Test critical values： | 1% level | −3.961 944 |  |
|  | 5% level | −3.411 717 |  |
|  | 10% level | −3.127 739 |  |

*MacKinnon（1996）one-sided p-values.

Augmented Dickey-Fuller Test Equation
Dependent Variable：D(LEX)
Method：Least Squares
Date：01/26/10　Time：12:04
Sample（adjusted）：2 2 355
Included Observations：2 354 after adjustments

|  | Coefficient | Std. Error | t-Statistic | Prob. |
|---|---|---|---|---|
| LEX(−1) | −0.004 088 | 0.001 351 | −3.026 489 | 0.002 5 |
| C | −0.000 846 | 0.000 292 | −2.897 773 | 0.003 8 |
| @TREND(1) | 1.21E−06 | 3.22E−07 | 3.761 595 | 0.000 2 |

| R-squared | 0.005 995 | Mean dependent var | 0.000 113 |
|---|---|---|---|
| Adjusted R-squared | 0.005 149 | S. D. dependent var | 0.005 926 |
| S. E. of regression | 0.005 911 | Akaike info criterion | −7.422 695 |
| Sum squared resid | 0.082 147 | Schwarz criterion | −7.415 349 |
| Log likelihood | 8 739.512 | Durbin-Watson stat | 1.999 138 |
| F-statistic | 7.089 626 | Prob(F-statistic) | 0.000 852 |

注：@Trend 是 Eviews 生成趋势变量的命令。D 在 Eviews 中表示取一阶差分。

表 13 - 4 中 Eviews 的输出结果分成两部分。下半部分给出了公式（13.7）的常规 OLS 输出结果，可以看出，基于 $t$ 检验的所有估计系数都各自具有高度统计显著性，$F$ 值也具有高度显著性，总体表明，全部回归元都是 $LEX$ 的显著决定因素。[①]

当前最重要的系数是滞后 $LEX$ 值的系数。该系数的 $t$ 值在 0.002 5 的水平上是显著的，但如果看表 13 - 4 上半部分给出的该系数的 $\tau$ 值，它的显著性水平约为 0.125，比临界水平 1%、5% 和 10% 的临界 $\tau$ 值都高。换句话说，基于 $\tau$ 检验，滞后 $LEX$ 的系数等于零，从而得出 $LEX$ 时间序列是非平稳的。这也进一步加强了基于简单的图示和自相关得出的结论。

这一练习表明，在非平稳时间序列中，传统的 $t$ 和 $F$ 检验多么具有误导性。

## □ 增广迪基-富勒 （ADF） 检验

在模型（13.5）、模型（13.6）和模型（13.7）中，我们假设误差项 $u_t$ 是不相关的。但如果 $u_t$ 相关，模型（13.7）会如何呢？迪基和富勒提出了另一个称为**增广迪基-富勒**

---

① 我们也用线性和二次趋势项估计模型，但二次趋势项不具有统计显著性，它的 $p$ 值为 26%。

检验〔augmented Dickey-Fuller（ADF）test〕的方法。这一检验通过在上述三个方程中增加因变量 $\Delta LEX_t$ 的滞后值来进行，如下所示：

$$\Delta LEX_t = B_1 + B_2 t + B_3 LEX_{t-1} + \sum_{i=1}^{m} \alpha_i \Delta LEX_{t-i} + \varepsilon_t \tag{13.8}$$

其中 $\varepsilon_t$ 为纯白噪声误差项；$m$ 为滞后因变量的最大长度，由经验值决定。[1] 目的是使公式（13.7）的残差纯随机。

和 DF 检验一样，零假设是公式（13.8）中的 $B_3$ 等于零。

在阐释性例子中，我们用到了 $m=26$。即使这样，美元/欧元汇率时间序列是非平稳的结论不会发生变化。

总而言之，有压倒性的证据表明美元/欧元汇率是非平稳的。

我们有没有可能使美元/欧元汇率变平稳呢？以下是答案。

## 13.5 趋势平稳和差分平稳时间序列

如图 13-1 所示，美元/欧元汇率时间序列总体呈上升趋势。要使这类时间序列平稳的通常做法是去除它的趋势。这可以通过估计以下回归来完成：

$$LEX_t = A_1 + A_2 t + v_t \tag{13.9}$$

其中 $t$ 为**趋势变量**（trend variable），按时间顺序取值 1，2，…，2 355；$v_t$ 为一般误差项。[2] 运行这个回归，我们得到：

$$\hat{v} = LEX_t - a_1 - a_2 t \tag{13.10}$$

公式（13.10）中的估计的误差项 $\hat{v}_t$，代表**剔除趋势**（detrended）的 LEX 时间序列，即已经除去趋势的 LEX。

若初始 LEX 序列有**确定性趋势**（deterministic trend），则上述程序是有效的。图 13-3 给出了回归（13.10）得到的残差。

图 13-3 与图 13-1 非常相似。若用单位根分析处理图 13-3 的序列，你会发现剔除趋势的 LEX 序列仍然是非平稳的。[3] 因此，刚刚描述的剔除趋势程序不会使非平稳时间序列变平稳，因为该程序仅在序列包含确定性趋势时才有效。那么下一步怎么办？

如果我们通过上述方式将时间序列转变成平稳的，那么这就是**趋势平稳（随机）过程**〔trend stationary（stochastic）process，TSP〕。值得注意的是，有确定性趋势的过程是非平稳的，但不是单位根过程。

除了用上述方法去除时间序列的趋势，我们还可以考虑 LEX 的一阶差分（从当前的 LEX 值中减去前一期的值），得到图 13-4。

---

① 但是请注意，如果引入过多滞后，会损耗大量自由度，这是小样本存在的一个难题。对于年度数据，我们引入一个或两个滞后；对于月度数据，我们引入 12 个滞后。当然，引入滞后 $\Delta LEX$ 项的目的是使误差项摆脱序列相关。

② 也可以增加二次趋势。

③ 即使在公式（13.9）中增加了二次趋势项 $t^2$，该回归的残差依旧表明它们是非平稳的。

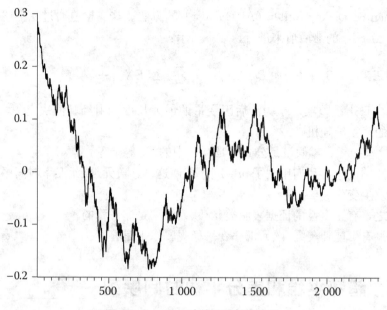

图 13 - 3　*LEX* 对时间回归的残差

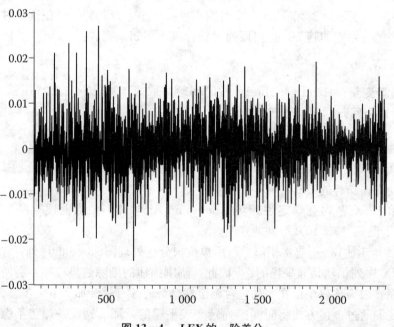

图 13 - 4　*LEX* 的一阶差分

和图 13 - 1不同，我们无法从 *LEX* 的一阶差分中看出明显的趋势。对 *LEX* 的一阶差分作相关图，得到表 13 - 5。

正如大家所见，直到滞后 30 阶，也没有一个自相关系数在 5% 的水平上统计显著；*Q* 统计量也是这样。

运用单位根检验，结果也表明 *LEX* 的一阶差分中不存在单位根。换句话说，*LEX* 序列的一阶差分才是平稳的。

如果取一阶差分后的时间序列是平稳的，我们就称这类时间序列为**差分平稳（随机）**

表 13 - 5 *LEX* 一阶差分的相关图

|    | AC      | PAC     | Q统计值   | 概率    |
|----|---------|---------|----------|--------|
| 1  | 0.002   | 0.002   | 0.011 3  | 0.915  |
| 2  | −0.001  | −0.001  | 0.012 5  | 0.994  |
| 3  | −0.017  | −0.017  | 0.667 3  | 0.881  |
| 4  | 0.051   | 0.052   | 6.921 3  | 0.140  |
| 5  | −0.036  | −0.037  | 10.017   | 0.075  |
| 6  | 0.016   | 0.016   | 10.643   | 0.100  |
| 7  | 0.020   | 0.022   | 11.582   | 0.115  |
| 8  | −0.024  | −0.028  | 12.970   | 0.113  |
| 9  | 0.003   | 0.008   | 12.997   | 0.163  |
| 10 | −0.013  | −0.015  | 13.379   | 0.203  |
| 11 | −0.003  | −0.004  | 13.396   | 0.268  |
| 12 | 0.012   | 0.016   | 13.735   | 0.318  |
| 13 | 0.034   | 0.030   | 16.482   | 0.224  |
| 14 | −0.003  | −0.001  | 16.501   | 0.284  |
| 15 | −0.032  | −0.031  | 18.857   | 0.220  |
| 16 | 0.011   | 0.010   | 19.140   | 0.261  |
| 17 | 0.002   | 0.000   | 19.148   | 0.320  |
| 18 | 0.021   | 0.022   | 20.222   | 0.320  |
| 19 | 0.019   | 0.021   | 21.085   | 0.332  |
| 20 | 0.022   | 0.017   | 22.193   | 0.330  |
| 21 | −0.035  | −0.032  | 25.141   | 0.241  |
| 22 | 0.041   | 0.041   | 29.088   | 0.142  |
| 23 | 0.033   | 0.032   | 31.619   | 0.108  |
| 24 | 0.038   | 0.037   | 35.079   | 0.067  |
| 25 | −0.007  | −0.004  | 35.189   | 0.085  |
| 26 | 0.008   | 0.001   | 35.341   | 0.104  |
| 27 | −0.015  | −0.013  | 35.903   | 0.117  |
| 28 | −0.028  | −0.027  | 37.786   | 0.103  |
| 29 | −0.014  | −0.015  | 38.230   | 0.117  |
| 30 | 0.012   | 0.010   | 38.570   | 0.136  |

过程［difference stationary（stochastic）process，DSP］。[1]

有一点非常重要：一方面，若一个时间序列是 DSP，而我们把它当作 TSP 处理，这种情况称为**差分不足**（under-differencing）。另一方面，若一个时间序列是 TSP，而我们把它当作 DSP 处理，这种情况称为**过度差分**（over-differencing）。图 13 - 3 中的 *LEX* 序列实际上是差分不足的。

我们得到的主要结论是：*LEX* 时间序列是差分平稳过程。

---

① 有时为了使时间序列变平稳，我们需要对其取多阶差分。

## □ 单整时间序列

在众多时间序列的文献中，经常会碰到术语"**单整时间序列**"（integrated time series）。若经过一阶差分后这类时间序列变得平稳，则称为**一阶单整**（integrated of order one），记作 I(1)。若需对其进行二次差分（即对一阶差分再取一阶差分），则称为**二阶单整**（integrated of order two），记作 I(2)。若一个时间序列要经过 $d$ 次差分才能变成平稳序列，则称为 **$d$ 阶单整**（integrated of order $d$），记作 I($d$)。一个平稳时间序列记为 I(0)，即零阶单整。因此，"平稳时间序列"和"零阶单整时间序列"表示的是同一个意思。同样的，若某个时间序列单整，则它是非平稳的。

**附加说明**：I(0) 序列方差恒定，序列在均值附近波动，而 I(1) 序列变化得较缓和。换句话说，I(0) 序列为**均值回归**（mean reverting），而 I(1) 序列未表现出这种趋势，它可以永远地偏离均值。这也是 I(1) 序列有**随机趋势**（stochastic trend）的原因。因此，随着滞后的增加，I(0) 序列相关图的自相关系数迅速减小至零，而 I(1) 序列中则是缓慢地减小至零，从表 13 - 2 中 *LEX* 序列的相关图可以清晰地看出来。

大多数经济时间序列通常不必差分多于一次或两次。

总而言之，一个非平稳时间序列视不同情况可能是单整时间序列，也可能是有随机趋势的序列。

结束本章之前，我们将简单地讨论非平稳时间序列的一个特殊类型，众多金融文献中都提及了其重要性，即**随机游走时间序列**（random walk time series）。

# 13.6 随机游走模型（RWM）

人们通常认为资产价格，如股票价格和汇率，服从随机游走，即它们是非平稳的。[①]
我们来区分两种随机游走的类型：（1）无漂移的随机游走（即没有常数项或截距）；（2）带漂移的随机游走（即存在常数项）。

## □ 无漂移的随机游走

考虑如下模型：

$$Y_t = Y_{t-1} + u_t \qquad (13.11)$$

其中 $Y_t$ 是今天的股票价格，$Y_{t-1}$ 是昨天的股票价格，$u_t$ 是均值为零、方差为 $\sigma^2$ 的白噪声误差项。

我们可以把公式（13.11）看作 $Y$ 在时间 $t$ 上对其滞后一期的值的回归。主张**有效市**

---

① 术语"随机游走"通常与醉汉的步伐相比较。刚离开酒吧时，醉汉在时间 $t$ 内移动的随机距离为 $u_t$，然后继续不确定地游走，最终离酒吧越来越远。同样的道理适用于股票价格。今天的股票价格等于昨天的股票价格加上一个随机冲量。

计量经济学：原理与实践（第二版）

场假说（efficient market hypothesis）的人认为股票价格是随机的，因此，股票市场中不可能存在有利可图的投机。[①]

对公式（13.11）进行逐次代换，得到：

$$Y_t = Y_0 + \sum u_t \qquad (13.12)$$

其中 $Y_0$ 是初始股票价格。

所以，

$$E(Y_t) = E(Y_0) + E(\sum u_t) = Y_0 \qquad (13.13)$$

其中每个 $u_t$ 的期望值都为零。

通过逐次代换，转换为（见习题 13.1）：

$$var(Y_t) = t\sigma^2 \qquad (13.14)$$

从先前的讨论我们可以看出，$Y$ 的均值等于其初始值，为常数，但是随着时间轴 $t$ 无限增大，$Y$ 的方差也无限增大，从而违反了平稳性的条件之一，即方差为一个有限常数。

简而言之，无漂移的随机游走模型是非平稳随机过程的一个特殊且极其重要的情况。

有意思的是，我们可以将公式（13.11）写成

$$Y_t - Y_{t-1} = \Delta Y_t = u_t \qquad (13.15)$$

其中 $\Delta$ 表示一阶差分算子。

因此，虽然 $Y_t$ 是非平稳的，它的一阶差分却是平稳的。换句话说，无漂移的随机游走模型是一个差分平稳过程。

## □ 带漂移的随机游走

现在我们对公式（13.11）稍作修正，写为：

$$Y_t = \delta + Y_{t-1} + u_t \qquad (13.16)$$

其中 $\delta$（delta）称为**漂移参数**（drift parameter），原本在随机游走模型中代表截距。

带漂移的随机游走模型可以表示为：

$$E(Y_t) = Y_0 + \delta t \qquad (13.17)$$
$$var(Y_t) = t\sigma^2 \qquad (13.18)$$

正如大家所见，带漂移的随机游走模型的均值和方差都会随着时间增长，再一次违反了平稳时间序列的条件。

我们将公式（13.16）改写为：

---

① 技术分析师，或所谓的图表专家，并不相信这种假设，他们认为可以根据历史观察到的股票价格预测股票价格模式。

$$Y_t - Y_{t-1} = \Delta Y_t = \delta + u_t \tag{13.19}$$

即带漂移的随机游走模型的一阶差分。容易证明：

$$E(\Delta Y_t) = \delta \tag{13.20}$$

$$\text{var}(\Delta Y_t) = \sigma^2 \tag{13.21}$$

$$\text{cov}(\Delta Y_t, \Delta Y_{t-s}) = E(u_t u_{t-s}) = 0 \tag{13.22}$$

因为 $u_t$ 是白噪声误差项。

　　所有上述内容表明，尽管带漂移的随机游走模型是非平稳时间序列，但它的一阶差分是一个平稳（随机）过程。换句话说，带漂移的随机游走模型是一个 I(1) 过程，而它的一阶差分是一个 I(0) 过程。这里常量 $\delta$ 就像一个线性趋势，因为每一个阶段 $Y_t$ 的平均变化量就是 $\delta$。

### □ 一个例子： 2000 年 1 月 4 日—2002 年 8 月 20 日 IBM 股票每日收盘价格

　　为了弄清楚样本期间 IBM 股票的价格是否服从随机游走，我们首先绘制该股票每日收盘价的对数，得到图 13-5（见本书配套网站上的表 13-6）。

**图 13-5 IBM 股票每日收盘价的对数**

　　直观地看，IBM 价格的对数似乎是非平稳的。

　　我们能从统计上证明这一点吗？你很可能会运用以下回归（令 $Y$ 代表 IBM 每日收盘价的对数）：

$$Y_t = B_1 + B_2 Y_{t-1} + u_t \tag{13.23}$$

然后用常规的 $t$ 检验来验证 $B_2 = 1$ 的假设。但是，在非平稳时间序列的情况下，$t$ 检验严重偏向于零。为了绕开这一点，我们对公式（13.23）做以下处理：公式两边同时减去 $Y_{t-1}$，得到：

$$Y_t - Y_{t-1} = B_1 + B_2 Y_{t-1} - Y_{t-1} + u_t$$

即 $$\Delta Y_t = B_1 + \lambda Y_{t-1} + u_t \qquad (13.24)$$

其中 $\lambda = B_2 - 1$。

所以，我们估计公式（13.24）而不是公式（13.23），对比 $\lambda = 0$ 和 $\lambda < 0$ 的假设检验。[①] 若 $\lambda = 0$，那么 $B_2 = 1$，$Y$ 是（带漂移的）随机游走，即非平稳的。从技术上来讲，$Y$ 时间序列中有单位根。相反，若 $\lambda < 0$，我们得到的结论为 $Y$ 是平稳的。[②]

对式（13.24）进行回归估计之后，我们无法用常规的 $t$ 检验来验证 $\lambda = 0$ 的零假设，因为即便在大样本中，估计的 $Y_{t-1}$ 的系数的 $t$ 值也不服从 $t$ 分布。

如前所述，在这种情形下，我们用迪基-富勒 $\tau$ 统计量，其临界值由自身决定，并由麦金农（MacKinnon）对其作了扩展，现在已纳入很多计量经济学统计软件中。

运用 Eviews 6，我们得到如表 13 - 7 所示的内容。表的第二部分给出了常规的 OLS 输出结果。IBM 股票滞后收盘价系数的 $t$ 值为 $-1.0026$，$p$ 值约为 $0.30$，表明该系数与零没有不同，从而支持了 IBM 股票收盘价是一个随机游走或者说 IBM 价格序列是非平稳的假设。

表 13 - 7　IBM 股票每日收盘价的单位根检验

Null Hypothesis：LCLOSE has a unit root
Exogenous：Constant
Lag Length：0 （Automatic based on AIC，MAXLAG=0）

|  | | t-Statistic | Prob. * |
|---|---|---|---|
| Augmented Dickey-Fuller test statistic | | $-1.026\ 066$ | $0.745\ 5$ |
| Test critical values： | 1% level | $-3.439\ 654$ | |
| | 5% level | $-2.865\ 536$ | |
| | 10% level | $-2.568\ 955$ | |

\* MacKinnon (1996) one-sided p-values.

Augmented Dickey-Fuller Test Equation
Dependent Variable：D(LCLOSE)
Method：Least Squares
Sample (adjusted)：1/04/2000 8/20/2002
Included Observations：686 after adjustments

| | Coefficient | Std. Error | t-Statistic | Prob. |
|---|---|---|---|---|
| LCLOSE(−1) | $-0.006\ 209$ | $0.006\ 051$ | $-1.026\ 066$ | $0.305\ 2$ |
| C | $0.027\ 766$ | $0.027\ 984$ | $0.992\ 236$ | $0.321\ 4$ |

| | | | |
|---|---|---|---|
| R-squared | $0.001\ 537$ | Mean dependent var | $-0.000\ 928$ |
| Adjusted R-squared | $0.000\ 077$ | S. D. dependent var | $0.026\ 385$ |
| S. E. of regression | $0.026\ 384$ | Akaike info criterion | $-4.429\ 201$ |
| Sum squared resid | $0.476\ 146$ | Schwarz criterion | $-4.415\ 991$ |
| Log likelihood | $1\ 521.216$ | Hannan-Quinn criter. | $-4.424\ 090$ |
| F-statistic | $1.052\ 811$ | Durbin-Watson stat | $2.099\ 601$ |
| Prob(F-statistic) | $0.305\ 223$ | | |

注：在该表中 $D$ 代表一阶差分，而 Lclose 则是美国证券市场收盘时每日 IBM 股价的对数。

---

① 本质上我们用的是单位根分析。

② 若 $\lambda = B_2 - 1$ 代表平稳性，$B_2$ 必须小于 1，那么 $\lambda$ 必须为负。

看输出结果的第一部分，你会发现 IBM 滞后收盘价系数的迪基-富勒 $\tau$ 值的 $p$ 值约为 0.75，再一次支持了随机游走的假设。但是要注意，常规的 $t$ 统计量和 $\tau$ 统计量在显著性水平上的巨大差异。

## □ IBM 收盘价的一阶差分是平稳的吗？

我们已经知道，IBM 股票价格的对数的一阶差分是平稳的，因为随机游走模型的一阶差分是平稳的，因而即使我们发现情况确实如此，也不足为奇。估计一阶差分的相关图，你会发现相关系数始终在零附近徘徊，这是白噪声时间序列的典型例子。

现在我们做一个正式的单位根分析，得到如表 13-8 所示的结果。这些结果表明，我们有理由拒绝滞后 IBM 股票价格序列的一阶差分的单位根假设。估计的 $\tau$（$=t$）值比 1％临界 $\tau$ 值负的程度大得多。在这种情况下，$\tau$ 和 $t$ 统计量是相同的。

**表 13-8　IBM 股票每日收盘价一阶差分的单位根检验**

Null Hypothesis：D(LCLOSE) has a unit root
Exogenous：None
Lag Length：0 (Automatic based on SIC，MAXLAG=0)

|  | t-Statistic | Prob. * |
|---|---|---|
| Augmented Dickey-Fuller test statistic | −27.653 71 | 0.000 0 |
| Test critical values：　　　1％ level | −2.568 342 | |
| 5％ level | −1.941 286 | |
| 10％ level | −1.616 388 | |

* MacKinnon (1996) one-sided p-values.

Augmented Dickey-Fuller Test Equation
Dependent Variable：D(LCLOSE，2)
Method：Least Squares
Sample (adjusted)：1/05/2000 8/20/2002
Included Observations：685 after adjustments

|  | Coefficient | Std. Error | t-Statistic | Prob. |
|---|---|---|---|---|
| D(LCLOSE(−1)) | −1.057 102 | 0.038 226 | −27.653 71 | 0.000 0 |
| R-squared | 0.527 857 | Mean dependent var | 0.000 116 | |
| Adjusted R-squared | 0.527 857 | S. D. dependent var | 0.038 349 | |
| S. E. of regression | 0.026 351 | Akaike info criterion | −4.433 187 | |
| Sum squared resid | 0.474 941 | Schwarz criterion | −4.426 575 | |
| Log likelihood | 1 519.367 | Hannan-Quinn criter. | −4.430 629 | |
| Durbin-Watson stat | 1.989 376 | | | |

之前我们讨论过，不能用非平稳时间序列进行预测。那么我们可以用一阶差分 *LEX* 或 IBM 股票价格进行预测吗？我们如何将预测的一阶差分序列与初始的（未差分的）时间序列相关联？我们会在后面的章节中讨论这个话题（见第 16 章的 ARIMA 模型）。

## 13.7 要点与结论

尽管我们只研究过两种金融经济时间序列，但本章所讨论的思想和技术可以运用于其他的经济和金融时间序列，因为大部分经济时间序列在水平形式上都是非平稳的。这类序列通常会表现出在一段持续的时间内上升或下降的趋势。不过，这种趋势常常是随机的、不确定的。这一点对回归分析有重要的启示，因为将一个非平稳时间序列对另一个或多个非平稳时间序列回归，经常会导致伪回归或无意义回归的现象。我们在下一章中会提到，即使潜在序列是非平稳的，也只有在协整时间序列中我们才可以避开伪相关。

我们讨论了三种用于确定某时间序列是否平稳的诊断工具。最简单的一种就是对序列作**时间序列图**（time series plot）。这种时间序列图是一个非常有价值的工具，能使我们从直觉上看出时间序列的性质。更正式一点，我们可以检验时间序列滞后几期的相关图。这个相关图会告诉我们，时间序列滞后几期的相关性是快速还是缓慢地衰退。如果衰退得非常缓慢，则该时间序列很可能是非平稳的。

单位根检验变得越来越流行。如果在迪基-富勒检验或增广迪基-富勒检验的基础上我们发现时间序列中存在一个或更多单位根，那么它可能仍能给出非平稳性的进一步证据。

由于传统的回归建模是基于所分析的序列为平稳时间序列的假设，因而我们对时间序列作上述平稳性检验就具有很关键的意义。

如果一个时间序列有确定性趋势，则可以通过将其对时间或趋势变量回归，使该序列变平稳。这个回归的残差就代表一个无趋势的时间序列。

但是，若一个时间序列有随机趋势，则可以通过对其取一阶或多阶差分，使该序列变平稳。

### 习题 ☞

13.1 证明式（13.13）和式（13.14）。

13.2 证明式（13.17）和式（13.18）

13.3 对于 IBM 股票价格序列，估计模型（13.7），并对结果进行评论。

13.4 假设式（13.17）中 $B_3 = 0$。对得出的模型如何解释？

13.5 你认为美国季度实际 GDP 时间序列是平稳的吗？为什么？从圣路易斯联邦储备银行的网站上获取美国季度 GDP 数据来支持你的看法。

13.6 对于美国的消费者价格指数（CPI），重复习题 13.5。

13.7 若一个时间序列是平稳的，是否意味着这是一个白噪声序列？在关于自相关的章节中，我们讨论了马尔可夫一阶自回归结构，例如：

$$u_t = \rho u_{t-1} + \varepsilon_t$$

其中 $u_t$ 是回归模型的误差项，$\rho$ 是自相关系数，$\varepsilon_t$ 是白噪声序列。$u_t$ 是白噪声序列吗？它是平稳的吗？如果是，在什么条件下平稳？试解释。

13.8 表 13-9（见本书配套网站）提供了 2012 年 2 月 3 日—2013 年 6 月 16 日美元

与欧元的汇率情况，具体定义为每单位美元可以兑换的欧元数量。数据来源为美国商务部和《总统经济报告》（*Economic Report of the President*）。本章正文中也对美元/欧元汇率进行了分析，请你复制之前的分析流程，并回答如下问题：之前我们分析得出的结论在这个时期内还成立吗？如果不成立的话，可能是什么原因引起的呢？你对近期汇率数据的分析告诉了你关于美元与欧元汇率的哪些信息？

13.9　表 13-10（见本书配套网站）以季度为单位提供了 1947 年第一季度到 2007 年第四季度美国宏观经济的若干个关键指标。数据来源为美国商务部和《总统经济报告》。相关变量定义如下：

$DPI$＝实际可支配收入（十亿美元）

$GDP$＝真实国内生产总值（十亿美元）

$PCE$＝真实个人消费支出（十亿美元）

$CP$＝企业利润（十亿美元）

$Dividend$＝股息（十亿美元）

（a）请你逐个检验这些变量的平稳性，并说明你的检验方法。

（b）如果这些变量中有部分是非平稳的，你可以使用什么方法使它们变得平稳？请注意区分趋势平稳与若干个不同的平稳随机过程。

13.10　表 13-11（见本书配套网站）提供了 1948 年 1 月 1 日—2013 年 6 月 1 日美国的季度失业率数据。数据来源是美国劳工统计局。请回答下列问题：

（a）请以时间先后为顺序画出失业率的图。

（b）你画出的图是什么样子的？

（c）失业率数据是否需要服从平稳性检验？为什么？

# 第 14 章

# 协整与误差纠正模型

在上一章中我们说过，如果将一个非平稳时间序列对另一个或多个非平稳时间序列回归，基于常规的 $t$ 和 $F$ 检验，我们也许会得到一个很高的 $R^2$ 值以及一个或多个具有统计显著性的回归系数。但这些结果很可能是具有欺骗性或误导性的，因为按照前一章的定义来看，标准线性回归程序假设所分析的时间序列是平稳的。如果不符合这个条件，得到的将会是一个**伪回归**（spurious regression）。

在本章中我们将讨论什么情况下会出现伪回归，以及出现伪回归的原因。我们还会提到遇到伪回归时该如何应对。

在本章中我们还会解释**协整**（cointegration）现象，在这种情形下将一个非平稳时间序列对另一个或多个非平稳时间序列回归不会导致伪回归的出现。如果发生这种情况，我们称所研究的时间序列是**协整的**（cointegrated）。我们通过一个具体的例子来说明，并解释协整发生的条件。

## 14.1  伪回归现象

如果将一个趋势变量对另一个或多个趋势变量回归，我们会得到有显著性的 $t$ 和 $F$ 统计量，以及很高的 $R^2$，不过它们之间并没有真正的关系，因为每个变量都会随着时间的推移而增长。这就是所谓的伪/错回归问题。通常我们可以从低德宾-沃森 $d$ 统计量中找到伪关系的线索。

以下是伪回归的一些例子[1]：

---

① 参见 http://www.eco.uc3m.es/jgonzalo/teaching/timeseriesMA/examplesspuriousregression.pdf。

1. 1971—1990 年埃及每年的婴儿死亡率（$Y$）对美国农民的总收入（$I$）和洪都拉斯总货币供应（$M$）回归。

$$\hat{Y} = 179.9 - 0.295\,2\,I - 0.043\,9\,M, \quad R^2 = 0.918, \quad D/W = 0.475\,2, \quad F = 95.17$$
$$(16.63)\ (-2.32)\ (-4.26) \qquad Corr = 0.885\,8, \ -0.911\,3, \ -0.944\,5$$

2. 1960—1990 年美国每年的出口指数（$Y$）对澳大利亚男性的平均寿命（$X$）回归。

$$\hat{Y} = -2\,943. + 45.797\,4\,X, \quad R^2 = 0.916, \quad D/W = 0.359\,9, \quad F = 315.2$$
$$(-16.70)\ (17.76) \qquad Corr = 0.957\,0$$

3. 1971—1990 年美国每年的国防支出（$Y$）对南非的人口数量（$X$）回归。

$$\hat{Y} = -368.99 + 0.017\,9\,X, \quad R^2 = 0.940, \quad D/W = 0.406\,9, \quad F = 280.69$$
$$(-11.34)\ (16.75) \qquad Corr = 0.969\,4$$

4. 1971—1991 年美国每年的总犯罪率（$Y$）对南非的人口平均寿命（$X$）回归。

$$\hat{Y} = -24\,569 + 628.9\,X, \quad R^2 = 0.811, \quad D/W = 0.506\,1, \quad F = 81.72$$
$$(-6.03)\ (9.04) \qquad Corr = 0.900\,8$$

5. 1971—1990 年南非每年的人口数量（$Y$）对美国总的研发费用支出（$X$）回归。

$$\hat{Y} = 21\,698.7 + 111.58\,X, \quad R^2 = 0.974, \quad D/W = 0.303\,7, \quad F = 696.96$$
$$(59.44)\ (26.40) \qquad Corr = 0.987\,3$$

**注意**：Corr 代表相关系数。

在以上各例中，观察到的变量之间的关系没有逻辑原因可以解释。事情就是这么巧，这些例子中所有的变量似乎都随时间变化呈现一定的趋势。

## 14.2 模拟伪回归

考虑下面两个无漂移的随机游走序列：

$$Y_t = Y_{t-1} + u_t \tag{14.1}$$
$$X_t = X_{t-1} + v_t \tag{14.2}$$

其中 $u_t$ 和 $v_t$ 都为 NIID(0，1)，即两个误差项各自独立地服从均值为 0、方差为 1 的正态分布（即标准正态分布）。我们从标准正态分布中为每个序列取得 500 组观测值。

从上一章的讨论中我们知道，这两个序列都是非平稳的，即它们都是 I(1) 或者说表现出随机趋势。

由于 $Y_t$ 和 $X_t$ 是不相关的 I(1) 过程，因此，两个变量之间不应有任何关联。但是当我们将 $Y_t$ 对 $X_t$ 回归时，得到如下结果：

$$\hat{Y}_t = -13.255\,6 + 0.337\,6X_t$$
$$t = (-21.368\,5)(7.612\,2) \qquad R^2 = 0.104\,4; d = 0.012\,3 \tag{14.3}$$

该回归表明截距和斜率系数都具有高度显著性，因为它们的 $t$ 值非常高。因而该回归表明两个变量之间有显著的相关性，尽管事实不应如此。概括地说，这就是由统计学家尤尔（Yule）最先提出的伪回归现象。[1]

极低的德宾-沃森 $d$ 统计量表明，公式（14.3）给出的结果有些"可疑"。根据格兰杰（Granger）和纽伯德（Newbold）的理论，$R^2 > d$ 就是怀疑所估计的回归为伪回归的一条很好的经验法则。[2] 上述所有例子都与该法则相符。注意，德宾-沃森 $d$ 统计量通常用来衡量误差项的一阶序列相关，也可以当作非平稳时间序列的指示符。

## 14.3　消费支出对可支配收入的回归是伪回归吗？

表 14-1（可以在本书配套网站上查询）给出了 1970—2008 年美国个人消费支出（PCE）和个人可支配收入（PDI）的季度资料，一共 156 组观测值。所有数据均以 2000 年十亿美元为单位。

首先对数据进行描点，得到图 14-1。如往常一样，我们将数据在对数尺度上进行描点，所以变量的变化代表的是相对变化，或乘以 100 之后的百分比变化。

该图表明，LPDI 和 LPCE 都是趋势序列，这表明它们都是非平稳的。它们看起来像

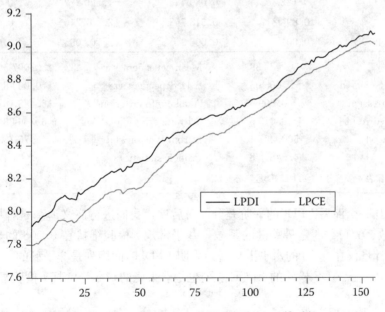

**图 14-1　1970—2008 年美国 PDI 和 PCE 的对数**

①　Yule, G. U. (1926), Why do we sometimes get nonsense correlation between time series? A study in sampling and the nature of series. *Journal of the Royal Statistical Society*, 89, 1-64.

②　Granger, C. W. J. and Newbold, P. (1974), Spurious regression in econometrics. *Journal of Econometrics*, 2, 111-20.

是 I(1)，即有随机趋势。这一点可以通过单位根分析来验证，见表14-2和表14-3。

表14-2　LPDI序列的单位根分析

Null Hypothesis：LPDI has a unit root
Exogenous：Constant，Linear Trend
Lag Length：1 (Automatic based on AIC, MAXLAG=1)

|  | t-Statistic | Prob. * |
|---|---|---|
| Augmented Dickey-Fuller test statistic | −2.774 807 | 0.208 9 |
| Test critical values：　　　1% level | −4.018 748 | |
| 5% level | −3.439 267 | |
| 10% level | −3.143 999 | |

＊ MacKinnon (1996) one-sided p-values.

Augmented Dickey-Fuller Test Equation
Dependent Variable：D(LPDI)
Method：Least Squares
Sample (adjusted)：1970Q3 2008Q4
Included Observations：154 after adjustments

| | Coefficient | Std. Error | t-Statistic | Prob. |
|---|---|---|---|---|
| LPDI(−1) | −0.111 33 | 0.040 123 | −2.774 807 | 0.006 2 |
| D(LPDI(−1)) | −0.122 36 | 0.080 488 | −1.520 277 | 0.130 5 |
| C | 0.894 817 | 0.318 753 | 2.807 246 | 0.005 7 |
| @TREND(1970Q1) | 0.001 | 0.000 3 | 2.703 094 | 0.007 7 |

| | | | | |
|---|---|---|---|---|
| R-squared | 0.083 39 | Mean dependent var | 0.007 5 | |
| Adjusted R-squared | 0.065 06 | S. D. dependent var | 0.009 8 | |
| S. E. of regression | 0.009 5 | Akaike info criterion | −6.445 16 | |
| Sum squared resid | 0.013 6 | Schwarz criterion | −6.366 28 | |
| Log likelihood | 500.277 4 | Durbin-Watson stat | 1.975 78 | |
| F-statistic | 4.548 978 | Prob(F-statistic) | 0.004 4 | |

注：D代表一阶差分，@TREND是趋势变量。

通过增加一个滞后 LPDI 的一阶差分的滞后项，我们进行广义迪基-富勒检验。滞后 LPDI 的系数−0.111 33 是最关键的系数，基于常规 $t$ 检验维持在 0.006 的显著性水平，但基于 $\tau$ 统计量仅在 0.20 的水平上显著，表明 LPDI 时间序列是非平稳的。

同样的，基于 ADF 检验的 LPCE 序列也是非平稳的，尽管常规 $t$ 检验显示的是另一种结果。

由此看来，LPCE 和 LPDI 都有单位根，或者说随机趋势。因此，若将 LPCE 对 LPDI回归，我们可能会得到一个伪回归。在考虑这种可能性之前，我们先给出这个回归的结果（见表14-4）。

开始解释结果之前，注意 $R^2 > d = 0.367\ 2$。这提高了该回归为伪回归的可能性，其原因可能是将一个随机趋势序列对另一个随机趋势序列回归所致。当然，如果对德宾-沃森本身作解释，它表明该回归中的误差项服从一阶自相关。

计量经济学：原理与实践（第二版）

**表 14-3 LPCE 序列的单位根分析**

Null Hypothesis：LPCE has a unit root
Exogenous：Constant，Linear Trend
Lag Length：1（Automatic based on AIC，MAXLAG＝1）

|  |  | t-Statistic | Prob. * |
|---|---|---|---|
| Augmented Dickey-Fuller test statistic |  | −2.038 416 | 0.575 4 |
| Test critical values： | 1% level | −4.018 748 |  |
|  | 5% level | −3.439 267 |  |
|  | 10% level | −3.143 999 |  |

* MacKinnon (1996) one-sided p-values.

Augmented Dickey-Fuller Test Equation
Dependent Variable：D(LPCE)
Method：Least Squares
Sample (adjusted)：1970Q3 2008Q4
Included Observations：154 after adjustments

|  | Coefficient | Std. Error | t-Statistic | Prob. |
|---|---|---|---|---|
| LPCE （−1） | −0.050 3 | 0.024 686 | −2.038 416 | 0.043 3 |
| D(LPCE(−1)) | 0.313 333 | 0.079 964 | 3.918 4 | 0 |
| C | 0.398 477 | 0.192 288 | 2.072 292 | 0.039 9 |
| @TREND(1970Q1) | 0 | 0.000 2 | 1.975 799 | 0.05 |
| R-squared | 0.111 128 | Mean dependent var | | 0.007 8 |
| Adjusted R-squared | 0.093 35 | S. D. dependent var | | 0.006 8 |
| S. E. of regression | 0.006 5 | Akaike info criterion | | −7.221 65 |
| Sum squared resid | 0.006 3 | Schwarz criterion | | −7.142 77 |
| Log likelihood | 560.067 1 | Durbin-Watson stat | | 2.104 952 |
| F-statistic | 6.251 045 | Prob(F-statistic) | | 0.001 |

**表 14-4 LPCE 对 LPDI 的回归**

Dependent Variable：LPCE
Method：Least Squares
Sample：1970Q1 2008Q4
Included Observations：156

|  | Coefficient | Std. Error | t-Statistic | 1Prob. |
|---|---|---|---|---|
| C | −0.842 51 | 0.033 717 | −24.987 47 | 0 |
| LPDI | 1.086 822 | 0.003 95 | 275.241 3 | 0 |
| R-squared | 0.997 971 | Mean dependent var | | 8.430 699 |
| Adjusted R-squared | 0.997 958 | S. D. dependent var | | 0.366 642 |
| S. E. of regression | 0.016 57 | Akaike info criterion | | −5.350 03 |
| Sum squared resid | 0.042 27 | Schwarz criterion | | −5.310 93 |
| Log likelihood | 419.302 1 | Durbin-Watson stat | | 0.367 187 |
| F-statistic | 75 757.76 | Prob(F-statistic) | | 0 |

　　这些结果的表面数值表明个人消费支出对 PDI 的弹性为 1.08，大于 1——PDI 增长 1% 会导致个人消费支出增长超过 1%。这个弹性似乎有点大。

　　由于伪回归存在的可能性，我们需要谨慎对待这些结果。

由于两个时间序列都是有趋势的，我们来看看给模型增加一个趋势变量会出现什么情况。在这么做之前，有一点值得注意：这个趋势变量兼顾到了其他所有变量，因此很可能对回归元和回归子都产生影响。人口数量就是这种变量的一个例子，因为随着人口增加，总消费支出和总可支配收入也会增加。如果得到人口数量的季度资料，我们可以增加该变量作为附加回归元来替代趋势变量。更好的做法是：我们可以从人均的角度解释消费支出和个人可支配收入。所以，要谨记趋势变量可以替代其他变量。了解了这个警告，我们来看看在模型中增加一个趋势变量会出现什么情况。

与表 14 - 4 中的结果相比情况发生了一些变化。LPCE 对 LPDI 的弹性比 1 小得多，但基于常规 $t$ 检验，它仍然具有统计显著性，趋势变量同样具有统计显著性。因此，考虑到线性趋势，两个变量之间有高度正相关关系。但是，再一次注意低德宾-沃森值，该值表明，结果受到自相关的困扰，或者有可能该回归也是伪回归。

## 14.4 伪回归不伪的情况

表 14 - 5 中的潜在回归是人口数量回归模型：

$$LPCE_t = B_1 + B_2 LPDI_t + B_3 t + u_t \tag{14.4}$$

其中 $t$ 为时间或趋势。

表 14 - 5　LPCE 对 LPDI 和趋势的回归

| | Coefficient | Std. Error | t-Statistic | Prob. |
|---|---|---|---|---|
| Dependent Variable：LPCE | | | | |
| Method：Least Squares | | | | |
| Sample：1970Q1 2008Q4 | | | | |
| Included Observations：156 | | | | |
| C | 1. 675 338 | 0. 487 797 | 3. 434 5 | 0. 001 |
| LPDI | 0. 770 241 | 0. 061 316 | 12. 561 76 | 0 |
| @TREND | 0. 002 4 | 0. 000 5 | 5. 172 271 | 0 |
| R-squared | 0. 998 273 | Mean dependent var | | 8. 430 699 |
| Adjusted R-squared | 0. 998 251 | S. D. dependent var | | 0. 366 642 |
| S. E. of regression | 0. 015 34 | Akaike info criterion | | −5. 498 35 |
| Sum squared resid | 0. 035 98 | Schwarz criterion | | −5. 439 7 |
| Log likelihood | 431. 871 2 | Durbin-Watson stat | | 0. 261 692 |
| F-statistic | 44 226. 49 | Prob(F-statistic) | | 0 |

将模型改写为：

$$u_t = LPCE_t - B_1 - B_2 LPDI_t - B_3 t \tag{14.5}$$

对式 (14.4) 进行估计后，假设我们对估计的 $u_t$（$= e_t$）进行单位根分析，发现它是平稳的，即为 I(0)。这是个有趣的情形，因为尽管 PCE 的对数和 PDI 的对数各自都是 I(1)，即它们都有随机趋势，但它们的（线性）组合，如公式 (14.5) 所示，却是 I(0)。该线性组合可以说是剔除了两个序列中的随机趋势。在这种情况下，LPCE 对 LPDI 的回归不是伪回归。出现这种情况时，我们称变量 LPCE 和 LPDI 是**协整的**（cointegrated）。从图 14-1 中可以清晰地看出这一点，即尽管两个序列都具有随机趋势，但它们并没有大幅地漂离对方。这就像两个醉汉正毫无目的地漫游，但两个人总是同步移动。

从经济角度来讲，如果两个变量之间有长期的或均衡的关系，则它们是协整的。在当前例子中，经济理论告诉我们，消费支出和个人可支配收入之间存在密切关联。记住 PCE 约为 PDI 的 70%。

上述所有讨论的要点是：并非所有时间序列回归都是伪回归。当然，我们需要对其做规范的检验。如格兰杰所述："协整检验可以看作是为避免'伪回归'情形而进行的预检验。"[1]

用协整理论的话来说，类似式（14.4）的回归称为**协整回归**（cointegrating regression），斜率参数 $B_2$ 和 $B_3$ 称为**协整参数**（cointegrating parameter）。

# 14.5 协整检验

协整的检验方法有很多种，这里我们仅考虑上一章讨论过的检验方法，对协整回归估计的残差进行 DF 检验和 ADF 检验，这些检验方法是由恩格尔-格兰杰（EG）和增广恩格尔-格兰杰（AEG）检验改进得来的。[2]

## □ EG 和 AEG 检验

估计一个像式（14.4）这样的回归，得到残差，并用 DF 或 ADF 检验。但由于我们只观察到 $e_t$ 而非 $u_t$，如恩格尔和格兰杰所说，需要对 DF 和 ADF 的临界显著值做适当的修正。[3] 在检验协整的情况下，DF 和 ADF 检验也称为**恩格尔-格兰杰**（EG）和**增广恩格尔-格兰杰**（AEG）检验，现在的很多统计软件包已包含这两个检验。

我们将上述检验运用于 PCE-PDI 回归（14.4）。表 14-5 给出了回归结果。首先我们运行无截距且无趋势项的 EG 检验，表 14-6 给出了结果。

该输出结果清晰地表明，回归（14.4）的残差是平稳的，因为计算得到的滞后残差项的 $\tau$ 值远远大于表中的临界值。如果增加一些滞后 $D(S_3)$ 项，结果不会发生实质性变化。也请注意，德宾-沃森值是如何变化的。

## □ 单位根检验和协整检验

注意单位根检验和协整检验的区别。单位根检验是对单个时间序列进行的，而协整检验处理的是一组变量之间的关系，每个变量都有一个单位根。在实践中，最好是检验

① Granger，C. W.（1986），Developments in the study of co-integrated economic variables, *Oxford Bulletin of Economics and Statistics*，48，226.

② 一个具备更好统计特性的检验方法是约翰森协整检验。但这个检验在数学运算上较复杂。有兴趣的读者可以查阅本章提到的一些书籍。

③ Engle，R. F. and Granger，C. W.（1987），Co-integration and error correction: representation, estimation, and testing, *Econometrica*，55，251-76.

表 14 - 6　回归（14.4）中残差的单位根检验

Null Hypothesis：S3 has a unit root
Exogenous：None
Lag Length：0（Automatic based on SIC，MAXLAG=0）

| | t-Statistic | Prob. * |
|---|---|---|
| Augmented Dickey-Fuller test statistic | −3.392 603 | 0.001 |
| Test critical values：　　　1% level | −2.579 967 | |
| 5% level | −1.942 896 | |
| 10% level | −1.615 342 | |

* 为 MacKinnon（1996）中的单侧 $p$ 值。

Augmented Dickey-Fuller Test Equation
Dependent Variable：D(S3)
Method：Least Squares
Sample（adjusted）：1970Q2 2008Q4
Included observations：155 after adjustments

| | Coefficient | Std. Error | t-Statistic | Prob. |
|---|---|---|---|---|
| S3(−1) | −0.135 99 | 0.040 085 | −3.392 603 | 0.001 |

| | | | |
|---|---|---|---|
| R-squared | 0.067 81 | Mean dependent var | 0 |
| Adjusted R-squared | 0.067 81 | S. D. dependent var | 0.007 8 |
| S. E. of regression | 0.007 5 | Akaike info criterion | −6.930 14 |
| Sum squared resid | 0.008 8 | Schwarz criterion | −6.910 51 |
| Log likelihood | 538.085 9 | Durbin-Watson stat | 2.388 956 |

注：$S_3$ 代表回归（14.4）中的残差项。还需注意，在该回归中没有截距项，这是因为在 OLS 回归中残差的均值为零。

每个序列的单位根，因为很可能一组中某些序列的单位根多于一个，在这种情况下需要对它们取多阶差分使其变平稳。

一方面，如果两个时间序列 $Y$ 和 $X$ 是不同阶协整的，则回归 $Y$ 和 $X$ 的误差项不是平稳的，这个回归等式被认为是失衡的（unbalanced）。另一方面，如果两个时间序列是同阶协整的，则该回归等式被认为是平衡的（balanced）。

## 14.6　协整和误差纠正机制 （ECM）

在允许存在确定性趋势后，我们得出 PCE 的对数和 PDI 的对数序列是协整的，即它们之间存在长期或均衡的关系。但既然在短期有可能是非均衡的，如何实现长期的均衡？

我们将公式（14.5）中的误差项称为"均衡"误差项，用来纠正 LPCE 对均衡值的偏离，均衡值由协整回归（14.4）给出。丹尼斯·萨甘（Dennis Sargan）将其称为**误差纠正机制**（error correction mechanism，ECM），这个机制后来由恩格尔和格兰杰加以推广。[1]

---

[1]　参见 Sargan, J. D., Wages and prices in the United Kingdom：a study in econometric methodology, in K. F. Wallis and D. F. Hendry（eds.），*Quantitative Economics and Economic Analysis*，Basil Blackwell，Oxford，1984.

一个被称为**格兰杰表述定理**（Granger Representation Theorem）的重要定理表明，若两个变量 $Y$ 和 $X$ 是协整的，则二者之间的关系可由 ECM 表述。为了了解其含义，我们回到 PCE-PDI 的例子中。现在考虑以下模型：

$$\Delta LPCE_t = A_1 + A_2 \Delta LPDI_t + A_3 u_{t-1} + v_t \tag{14.6}$$

其中 $\Delta$ 仍然表示一阶差分算子，$u_{t-1}$ 是从式（14.5）中得到的误差纠正项的滞后值，$v_t$ 是白噪声误差项。

我们知道，一方面，式（14.4）给出了 LPCE 和 LPDI 之间的长期关系。另一方面，式（14.6）给出了两者间的短期关系。如同式（14.4）中的 $B_2$ 给出了 LPDI 对 LPCE 的长期影响，式（14.6）中的 $A_2$ 给出了 $\Delta LPDI$ 对 $\Delta LPCE$ 的短暂或者说短期影响。

模型（14.6）被称为**误差纠正模型**（error correction model，ECM），表示 LPCE 的变化取决于 LPDI 和滞后均衡误差项 $u_{t-1}$ 的变化。[①] 如果该误差项为零，则两个变量之间不会产生任何不均衡，在这种情况下，长期关系将由协整关系式（14.4）（此时没有误差项）给出。但如果均衡误差项不是零，则 LPCE 和 LPDI 之间的关系将无法达到平衡。

为了进一步了解，我们令 $\Delta LPDI=0$（LPDI 不发生变化），并假设 $u_{t-1}$ 为正。这意味着 $LPCE_{t-1}$ 太高，以至不能达到平衡，即 $LPCE_t$ 高于均衡值（$B_1+B_2 LPDI_{t-1}$）。由于式（14.6）中的 $A_3$ 认定为负，则 $A_3 u_{t-1}$ 为负，因此，$\Delta LPCE_t$ 也为负，以便还原平衡。换句话说，若 $LPCE_t$ 高于均衡值，则它的值在下一时期将会减小来纠正均衡误差；这就是 ECM 名称的由来。

出于同样的原因，若 $LPCE_t$ 低于均衡值（即 $u_{t-1}$ 是负值），则 $A_3 u_{t-1}$ 为正，于是 $\Delta LPCE_t$ 为正，使得 LPCE 在 $t$ 期的值增大。

因此，$A_3$ 的绝对值将决定多快能达到均衡。注意，在实践中我们用对应的样本 $e_{t-1}$ 来估计 $u_{t-1}$。

一个有趣的发现是：式（14.6）既包含短期动态，又包含长期动态。还要注意，在式（14.6）中所有变量都是 I(0)，即平稳的。因此，可以用 OLS 估计式（14.6）。

为了了解这些理论在实践中的运用，我们回到阐释性例子中。表 14-7 给出了与式（14.6）对应的实证分析。

## □ 对结果的解释

首先，注意到表 14-7 中的所有系数都各自在 6% 或更低的水平上统计显著。系数约为 0.31，表明 $\ln(\text{LPDI}_t/\text{LPDI}_{t-1})$ 每增加 1%，会导致 $\ln(\text{LPCE}_t/\text{LPCE}_{t-1})$ 平均增加 0.31%。这是短期消费—收入弹性。长期的值由协整回归（14.5）给出，约为 0.77。

误差纠正项系数约为 $-0.06$，表明一个季度中长期和短期 PCE 的误差中只有 6% 能被矫正，意味着调整至均衡的速度非常缓慢。调整速度缓慢的一个原因是，我们的模型太简单。如果能取得利率、消费者财富等数据，也许会得到不同的结果。

为了让读者更加熟悉协整和 ECM 的概念，我们考虑另一个例子。

---

① 我们用的是滞后误差项，因为只有前一期产生的误差才可以用来纠正当前时期的非均衡。

表 14-7　LPCE 和 LPDI 的误差纠正模型

Dependent Variable：D(LPCE)
Method：Least Squares
Sample (adjusted)：1970Q2 2008Q4
Included Observations：155 after adjustments

|  | Coefficient | Std. Error | t-Statistic | Prob. |
|---|---|---|---|---|
| C | 0.005 5 | 0.000 6 | 8.646 287 | 0 |
| D(LPDI) | 0.313 476 | 0.052 866 | 5.929 625 | 0 |
| S1(−1) | −0.058 3 | 0.031 487 | −1.850 423 | 0.066 2 |

| | | | |
|---|---|---|---|
| R-squared | 0.187 863 | Mean dependent var | 0.007 8 |
| Adjusted R-squared | 0.177 177 | S. D. dependent var | 0.006 8 |
| S. E. of regression | 0.006 1 | Akaike info criterion | −7.330 19 |
| Sum squared resid | 0.005 7 | Schwarz criterion | −7.271 28 |
| Log likelihood | 571.089 5 | Durbin-Watson stat | 1.716 035 |
| F-statistic | 17.580 23 | Prob(F-statistic) | 0 |

　注：S1(−1) 是方程（14.5）中的误差项 $u_{t-1}$。D代表一阶差分。

## 14.7　3 个月和 6 个月期国债利率是协整的吗？

　　图 14-2 绘制了 1981 年 1 月—2010 年 1 月美国 3 个月和 6 个月固定期限国债（T-bill）利率，一共 349 组观测值。查看本书配套网站上的表 14-8。

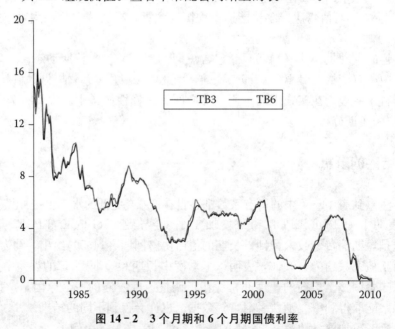

图 14-2　3 个月期和 6 个月期国债利率

　　由于两种国债看起来是紧密联系的，因而我们预期两种利率是协整的，即尽管它们都表现出了一定趋势，但两者之间有稳定的均衡关系。这也是我们预期从金融经济理论中得到的，因为若两种利率不是协整的，套利者会利用短期和长期利率之间的任何差异进行套利。

不过，我们来看看这种情况。首先检验每个序列的平稳性，包括截距、趋势和五个滞后项，我们发现 TB3 序列维持在约 5% 的平稳性水平。用相同的结构，我们发现 TB6 序列也维持在约 5% 的平稳性水平。因此，两个时间序列都是平稳的。

现在来确定这两个序列是否协整。经过一些实验，我们发现两个序列的关系如表 14-9 所示。

表 14-9　TB3 和 TB6 之间的关系

Dependent Variable：TB6
Method：Least Squares
Sample：1981M01 2010M01
Included Observations：349

|  | Coefficient | Std. Error | t-Statistic | Prob. |
|---|---|---|---|---|
| C | 0.606 465 | 0.076 82 | 7.894 596 | 0 |
| TB3 | 0.958 401 | 0.006 31 | 151.940 9 | 0 |
| @TREND | −0.003 | 0.000 5 | −4.893 455 | 0 |
| @TREND^2 | 0 | 0 | 3.533 231 | 0.001 |

| | | | |
|---|---|---|---|
| R-squared | 0.995 95 | Mean dependent var | 5.352 693 |
| Adjusted R-squared | 0.995 915 | S. D. dependent var | 3.075 953 |
| S. E. of regression | 0.196 59 | Akaike info criterion | −0.404 |
| Sum squared resid | 13.333 46 | Schwarz criterion | −0.359 81 |
| Log likelihood | 74.497 16 | Durbin-Watson stat | 0.363 237 |
| F-statistic | 28 283.37 | Prob(F-statistic) | 0 |

用单位根检验该回归的残差，我们发现它们是平稳的，表明 TB6 和 TB3 是协整的，尽管在二次趋势附近波动。因此，我们得到如表 14-10 所示的 ECM 模型。

表 14-10　TB3 和 TB6 的误差纠正模型

Dependent Variable：D(TB6)
Method：Least Squares
Sample (adjusted)：1981M02 2010M01
Included Observations：348 after adjustments

|  | Coefficient | Std. Error | t-Statistic | Prob. |
|---|---|---|---|---|
| C | −0.002 | 0.005 73 | −0.384 308 | 0.701 |
| D(TB3) | 0.877 882 | 0.014 735 | 59.577 84 | 0 |
| S1(−1) | −0.199 68 | 0.029 234 | −6.830 361 | 0 |

| | | | |
|---|---|---|---|
| R-squared | 0.911 494 | Mean dependent var | −0.04 |
| Adjusted R-squared | 0.910 981 | S. D. dependent var | 0.356 23 |
| S. E. of regression | 0.106 285 | Akaike info criterion | −1.636 8 |
| Sum squared resid | 3.897 314 | Schwarz criterion | −1.603 59 |
| Log likelihood | 287.802 6 | Durbin-Watson stat | 1.663 899 |
| F-statistic | 1 776.513 | Prob(F-statistic) | 0 |

在这个回归中 S1(−1) 是表 14-9 中的回归式的滞后误差（矫正）项。由于 TB 利率是以百分比形式表示的，这里的结果表明，若 6 个月期 TB 利率比 3 个月期 TB 利率高出的

部分大于上个月的预期，这个月将会减小约 0.2 个百分点，以恢复两个利率的均衡关系。[1]

从表 14-9 给出的协整回归中我们可以看出，允许存在确定性趋势后，若 3 个月期国债利率上升 1 个百分点，则 6 个月期国债利率将上升约 0.95 个百分点——两者之间的联系非常紧密。从表 14-10 中我们观察到，在短期内，3 个月期国债利率变化 1 个百分点会导致 6 个月期国债利率变化约 0.88 个百分点，两种利率很快地移动到了一起。

一个问题是：为何不将 3 个月期国债利率对 6 个月期国债利率回归？若两个序列是协整的，且所研究的为大样本，任何一个做回归子都可以。尝试将 3 个月期国债利率对 6 个月期国债利率回归，看看结果如何。如果研究的时间序列超过两个，情况则完全不同。

### □ 有关恩格尔-格兰杰方法的一些注意事项

我们有必要指出 EG 方法的一些缺陷。第一个问题是，若变量超过三个，可能会有不止一个协整关系。EG 两步法不能用于对超过一个协整关系的回归进行估计。这里需要注意，若我们面对的是 $n$ 个变量，最多可能会存在 $(n-1)$ 个协整关系。我们需要用由约翰森（Johansen）最先提出的检验方法来找出这些协整关系。但是，约翰森方法超出了本书的范围，这里不做讨论。[2]

EG 检验存在的第二个问题是，将变量纳入协整回归的顺序。当存在两个以上变量时，我们如何决定哪个是回归子，哪些是回归元呢？举个例子，如果有三个变量 $Y$，$X$ 和 $Z$，假设我们将 $Y$ 对 $X$ 和 $Z$ 回归并找到协整关系。不能保证若我们将 $X$ 对 $Y$ 和 $Z$ 回归也一定能找到协整关系。

EG 方法论在处理多个时间序列时存在的第三个问题是，我们不仅要考虑找出不止一个协整关系，还必须要处理每个协整关系的误差纠正项。所以，简单的或二元误差纠正模型不能起作用。于是我们不得不考虑所谓的**向量误差纠正模型**（vector error correction model，VECM），该模型将在第 16 章中作简要介绍。

用约翰森方法可以解决上述所有问题。不过，关于该方法更详尽的讨论超出了本书的范围。

## 14.8 要点与结论

本章我们首先研究了将一个非平稳时间序列对其他非平稳时间序列回归时出现的伪回归现象。

在引入多个伪回归的例证后，我们运用蒙特卡罗模拟研究人工制造的两个随机游走序列，本质上都为 I(1)，即非平稳的。当我们将其中一个序列对另一个序列回归时，会

---

① 参见任何关于货币和银行的书籍，阅读有关利率结构的章节。

② 具体细节参见 Johansen, S. (1988), Statistical analysis of cointegrating vectors, *Journal of Economic Dynamics and Control*, 12, 231-54。这是一本高级参考书。

得到两者之间一个"有意义的"关系，但是我们最开始就知道一个先验（a priori），就是两个序列之间本不应有任何关系。

有一个独特的情况：一个非平稳时间序列对另一个非平稳时间序列回归时不会产生伪回归。这种情形称为协整。如果两个时间序列有随机趋势（即它们是非平稳的），一个序列对另一个序列回归可以剔除随机趋势，则表明两者之间有长期或均衡的关系，尽管两个序列各自是非平稳的。

我们讨论了对协整的检验，该检验是对迪基-富勒和增广迪基-富勒检验的改进，称作恩格尔-格兰杰和增广恩格尔-格兰杰检验。

我们通过考虑两个例子来解释协整。在第一个例子中，我们考虑的是个人消费支出与个人可支配收入之间的关系，均剔除了物价因素。结果表明，两个时间序列各自都是稳定的且表现出确定性趋势。我们还得出了两个序列是协整的。

谨记，单位根和非平稳性是两回事。一个有确定性趋势的随机过程是非平稳的，但不是单位根过程。

本章我们讨论的第二个例子是美国的 3 个月期和 6 个月期国债之间的关系。运用 1981 年 1 月—2010 年 1 月的月度数据，我们得出，两个序列在二次趋势附近平稳。结果还表明，两个序列是平稳的，即两者之间有稳定的关系。

在本章中我们还讨论了 EG 方法论的一些不足之处，注意到，一旦时间序列超过两个，我们就必须用约翰森方法检验多个变量之间的协整关系。

## 习题 ☞

14.1 考虑正文中 PCE 与 PDI 之间的关系。

(a) 将 PCE 对截距和趋势回归，得到回归残差，称为 $S_1$。

(b) 将 PDI 对截距和趋势回归，得到回归残差，称为 $S_2$。

(c) 将 $S_1$ 对 $S_2$ 回归。这个回归有什么含义？

(d) 得到（c）中回归的残差，检验残差是否平稳。若为平稳，它们对于 PCE 与 PDI 之间的长期关系有什么意义？

(e) 这个习题与本章讨论的例子有什么不同？

14.2 重复习题 14.1 的步骤分析国债利率，确保使用的是二次趋势模型。将你的结果与本章讨论的例子作比较。

14.3 假设你有墨西哥和美国的实际 GDP 数据。一个先验是：你预期两个时间序列是协整的吗？为什么？贸易理论如何解释这两者之间的关系？[1]

本书配套网站上的表 14-11 给出了墨西哥和美国 1980 年第一季度到 2000 年第三季度的实际 GDP 季度数据，共 107 个观测值。[2] 这两个序列都把 2000 年的数值标准化为 100。（a）检验墨西哥和美国的 GDP 时间序列是不是协整的。解释你所使用的检验。

---

① 这些数据来自以下这本书的配套网站：Carter Hill, R., Griffiths, W. E., and Lim, G. C., *Principles of Econometrics*, 3rd edn, Wiley, New York, 2008。数据也可从世界银行发布的《世界发展指数》中找到，参见 http://www.worldbank.org/data/。数据会经常更新。

② 这些数据取自 Carter Hill, R., Griffiths, W. E., and Lim, G. C., *Principles of Econometrics*, 3rd edn, Wiley, New York, 2008。这些数据也可以在世界银行的《世界发展指数》中找到。参见 http://worldbank.org/data/。数据会经常更新。

（b）如果这两个时间序列不是协整的，这是否意味着没有办法研究这两个时间序列之间的关系了？请给出其他的选择。

14.4　回顾习题 13.9 中的表 13 – 10。

（a）股息数据是时间序列平稳的吗？你用了什么检验方法？

（b）企业收益数据是时间序列平稳的吗？你用了什么检验方法？

（c）这两个时间序列是协整的吗？请说出你的分析方法。

# 第 15 章

# 资产价格波动性：ARCH 和 GARCH 模型

诸如股票价格、利率、汇率、通货膨胀率等金融时间序列通常表现出**群集波动**（volatility clustering）的现象，即在一段时期内其价格表现出大幅波动，然后又会在下一段时期内保持相对稳定。菲利普·弗朗西斯（Philip Franses）指出：

> 由于这种金融时间序列反映了（比方说）股票市场上买卖双方交易的结果，各种信息来源及其他外生经济事件都有可能对资产价格的时间序列模式产生影响。由于对信息有各种不同的解释，而且诸如石油冲击等特定经济事件可能持续一段时间，所以我们通常会观察到，金融时间序列中较大的正观测值和负观测值都倾向于群集出现。[1]

我们只需要考虑伴随着 2008 年上半年迅速上涨的油价，美国股票市场的行为；在短短一年内油价上涨幅度超过了 100%。2008 年 6 月 6 日，每桶油的价格上涨了 10 美元，紧接着当天的道琼斯指数下跌了约 400 点；油价上涨至 139 美元/桶，而两天前刚降到 122 美元/桶。到 2008 年 10 月底，油价已跌至约 67 美元/桶。石油价格的这种动荡直接导致了股票价格的大幅波动。

2008 年 9 月 29 日，伴随着次贷危机导致的一些金融机构破产，道琼斯指数下跌了约 777.7（"幸运七"?）点。尽管美国政府在 2008 年 10 月 3 日宣布了一项 7 000 亿美元的紧急援助计划，但 10 月 6 日股票市场在复苏之前下跌了 800 点，收盘时仅为 369 点。这次股市下跌的罪魁祸首是信贷市场危机。2008 年 10 月，有几天道琼斯指数波动幅度超过 300 点，表明股票市场已变得更加不稳定。该模式一直不同程度地持续到 2009 年和 2010 年。例如，道琼斯指数在连续上涨了 6 个工作日后，于 2010 年 7 月 16 日下跌了 261 点。

---

[1] Franses, P. H., *Time Series Models for Business and Economic Forecasting*, Cambridge University Press, New York, 1998, p. 155.

类似的石油价格波动和信贷危机对实体经济及金融市场都产生了巨大的负面影响。一般来说，投资者不仅仅关心自己的投资收益率，还关注投资风险及变异性，或者说是风险的波动性。因此，衡量资产价格和资产收益波动性就显得十分重要。[①]

对资产收益波动性的一个简单衡量就是一段时期内的方差。如果我们取得，比如1 000个工作日的股票收益数据，通过把每一个股票收益值减去股票收益平均值，取差值的平方，再除以观测值的总数，就能计算出股票收益的日方差。不过，这个方法本身无法捕捉到群集波动，因为它衡量的是所谓的**无条件方差**（unconditional variance），是针对给定样本的一个简单数字。它并没有将过去的收益考虑在内，即不考虑资产收益的时变波动性。将过去考虑在内的一个衡量方法就是**自回归条件异方差性**（autoregressive conditional heteroscedasticity），简写为 ARCH。

## 15.1 ARCH 模型

由于在诸如家庭、企业、宗教、国家等横截面观测值中，各截面单位之间存在异质性，所以在横截面数据中我们经常会遇到异方差性（或者不相等的方差）。

通常我们会观察时间序列数据的自相关性。但是在包括诸如股票或汇率等资产收益的时间序列数据中，我们会观察**自相关异方差性**（autocorrelated heteroscedasticity）。也就是说，不同时期观察到的异方差是自相关的。众多文献中将这类现象称为自回归条件异方差性（ARCH）。接下来我们将通过一个例子探索 ARCH 的性质，同时还将考虑ARCH 模型的一些拓展。

背景设置：考虑第 13 章中提到的 2004 年 1 月 1 日至 2008 年 5 月 8 日美元/欧元每日汇率的表现。由于假期、市场关闭等原因，这些汇率数据并不是连续的。

为了一睹美元/欧元的日汇率（$EX$），图 15-1 绘制了样本期间 $EX$ 的对数（$LEX$）。在金融计量经济学中，对汇率的对数而不是汇率本身绘图是一种惯例，因为对数变化代表的是相对变化，或百分比变化（若将相对变化乘以 100）。

如图 15-1 所示，一开始欧元兑美元贬值，但之后欧元兑美元表现出稳步升值。[②] 但是仔细观察你会发现，图中的线条呈锯齿状，表明欧元一开始的贬值和之后的升值都不是平滑的。这说明美元/欧元汇率具有相当大的波动性。

为了使结果更加生动直观，我们对 $LEX$ 的变化绘图（见图 15-2）。如前所述，对数值变化代表的是相对变化，或百分比变化（若将相对变化乘以 100）。为便于讨论，我们将资产价格的对数变化称为资产收益，在本例中即为美元/欧元汇率的日收益，因为我们使用的是每日数据［在图 15-2 中 D(LEX) 表示美元/欧元汇率对数的变化］。

如果在 0 处画一条水平线，你会清晰地看到汇率变化的对数的波动性：该变化的振幅随着时间大幅摇摆。不仅如此，摇摆的存留状态持续了一段时间。也就是说，这些摇

---

① 注意，资产价格通常是非平稳的，但资产收益是平稳的。不过，这并不妨碍资产收益表现出波动性。在第13 章中我们讨论了平稳和非平稳时间序列的性质。

② 2010 年欧元兑美元再次贬值，也许反映了欧洲经济相对于美国经济是弱势的。

计量经济学：原理与实践（第二版）

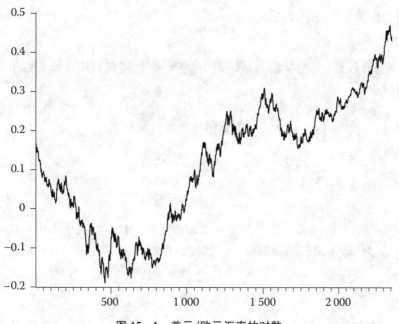

图 15 - 1　美元/欧元汇率的对数

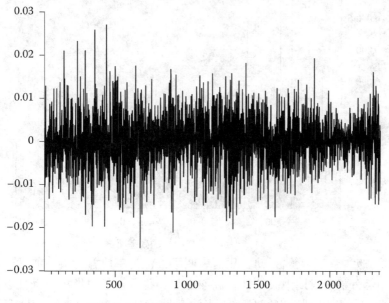

图 15 - 2　每日美元/欧元汇率对数的变化

摆似乎是自相关的。这就是 ARCH 背后的启发思想。

　　一个随机变量的方差是对该随机变量波动性的衡量。在我们的数据中，日汇率收益的平均值约为 0.000 113（或 0.011 3%），方差约为 0.000 035 1。但这个方差并没有捕捉到图 15 - 2 所示的日汇率收益波动性。这是因为方差的计算是将每个收益与均值的偏离值的平方和除以观测值的数量。[①] 正因为如此，它没有将图 15 - 2 中振幅的变化考虑在内。

---

　　① 更精确地说，它应该除以自由度（$n-1$），但是在大样本中我们除以 $n$ 也没有什么区别。

衡量波动性的一个简单方法就是运行以下回归：

$$RET_t = c + u_t \tag{15.1}$$

其中 $RET$ 是每日收益，$c$ 是常量，$u_t$ 代表误差项。[①] 这里我们用连续天数里汇率的对数变化来衡量收益。

本例中常量 $c$ 衡量的是每日汇率收益的均值。注意，在式（15.1）中我们没有引入任何解释变量，因为资产收益从本质上来说是不可预测的。

回归结果如下：

$$\widehat{RET_t} = 0.000\,113$$
$$se = (0.000\,122) \tag{15.2}$$

如你所见，0.000 113 是平均日收益，跟前面说的一样。对我们来讲，这个回归并不重要。但如果你获得该回归的残差（$e_t$）（即每日收益与其均值之差），取平方，你会得到图 15-3。

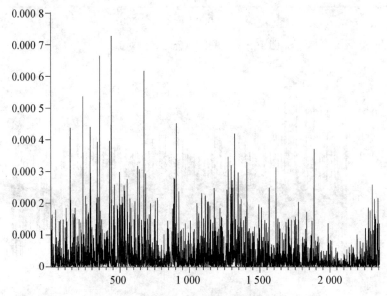

图 15-3　回归（15.2）的残差平方

这说明平方残差存在大幅振动，从而表明了外汇汇率收益的潜在波动性。我们观察到，不仅在一部分群集时期中波动性较高而在另一部分群集时期中波动性较低，而且这些群集似乎是"自相关的"。也就是说，当波动性较高时，这种高波动性会持续一段时间；当波动性较低时，这种低波动性也会持续一段时间。

我们如何衡量这种波动性？ARCH 模型及其之后的拓展尝试回答这个问题。

考虑下面这个简单的线性回归模型：

$$Y_t \mid I_{t-1} = \alpha + \beta X_t + u_t \tag{15.3}$$

该回归表明，在获得 $(t-1)$ 期及之前信息的前提下，随机变量 $Y_t$（这里指汇率收益）

---

①　有两种方法可以衡量收益。(1) $[(EX_t - EX_{t-1})/EX_{t-1}] \times 100$；(2) $(\ln EX_t - \ln EX_{t-1}) \times 100$，其中 $EX$ 是汇率，$t$ 为时间。由于我们所用的是相当长一段时间内的每日数据，因而两种收益率没有什么区别。

的值是变量 $X_t$（或者是变量向量，若有多个变量 $X_t$）和 $u_t$ 的函数。

在式（15.3）中我们假设

$$u_t | I_{t-1} \sim iid\, N(0, \sigma_t^2) \tag{15.4}$$

即，给定（$t-1$）期及之前的信息，误差项独立同分布于均值为零、方差为 $\sigma_t^2$ 的正态分布。在经典正态线性回归模型中，我们假设 $\sigma_t^2 = \sigma^2$，即方差恒定。

不过，为了考虑 ARCH 效应，并跟随恩格尔的脚步，我们令

$$\sigma_t^2 = \lambda_0 + \lambda_1 u_{t-1}^2 \tag{15.5}$$

即我们假设 $t$ 期的误差方差等于某个常数加上另一个常数乘以前一期误差项的平方。[①] 当然，若 $\lambda_1$ 为零，则误差方差是同质的，在这种情况下我们运用经典正态线性回归模型的框架。我们假设这个等式中的系数是正的，因为方差不可能是负数。此外，我们还假设 $0 < \lambda_1 < 1$，下文将马上对此作出解释。

对式（15.3）两边取数学期望，得到**条件均值方程**（conditional mean equation）$\alpha + \beta X_t$。式（15.5）称为**条件方差方程**（conditional variance equation），两者均建立在获得信息组 $I_{t-1}$ 的前提下。式（15.5）称为 ARCH(1) 模型，因为它不仅包括误差项的滞后平方值，而且可以轻易地拓展为 ARCH($p$) 模型，$p$ 代表我们有 $p$ 个误差项的滞后平方值，如下所示：

$$\sigma_t^2 = \lambda_0 + \lambda_1 u_{t-1}^2 + \lambda_2 u_{t-2}^2 + \cdots + \lambda_p u_{t-p}^2 \tag{15.6}$$

通过估计系数 $\lambda$ 的统计显著性可以检验 ARCH 效应。如果我们正在考虑一个如式（15.5）的 ARCH(1) 模型，可以用 $t$ 检验方法对估计系数 $\lambda$ 的统计显著性进行检验。若结果与零显著不同，那么我们可以得出结论：存在 ARCH 效应。

为了检验式（15.6）中的 ARCH 效应，我们可以用 $F$ 检验来验证以下假设：

零假设：

$$H_0: \lambda_1 = \lambda_2 = \cdots = \lambda_p = 0 \tag{15.7}$$

备择假设：

$H_1$：至少有一个 $\lambda$ 系数在统计上与零显著不同。

检验式(15.7)的另一种方法是用下面的 $\chi^2$ 检验。

$$(n-r)R^2 \sim \chi_p^2 \tag{15.8}$$

其中 $r=$ 估计系数的数量。即估计的 $R^2$ 乘以自由度（$n-r$）服从自由度为 $p$ 的 $\chi^2$ 分布。[②] 若估计的 $\chi^2$ 值在选定的显著性水平上统计显著，我们就可以断定存在显著的 ARCH 效应。或者，若 $p$ 值（精确的显著性水平）足够低，我们就可以拒绝这个零假设。

注意，由于方差不可能是负数，我们首先估计式（15.3），对 $u$ 进行如下估计：

$$\hat{u}_t = Y_t - \hat{\alpha}_t - \beta \hat{X}_t \tag{15.9}$$

---

[①] Engel，R. F. （1982），Autoregressive conditional heteroscedasticity with estimates of the variance of United Kingdom inflation，*Econometrica*，50，987—1007. 恩格尔首先提出了 ARCH 模型。在他的众多著作中，恩格尔凭借该贡献获得了诺贝尔经济学奖。

[②] 如果 $n$ 与 $r$ 高度相关，式（15.8）的左边可以写为 $nR^2$。

然后估计如下模型：

$$\hat{u}_t^2 = \lambda_0 + \lambda_1 \, \hat{u}_{t-1}^2 + \lambda_2 \, \hat{u}_{t-2}^2 + \cdots + \lambda_p \, \hat{u}_{t-p}^2 + \varepsilon_t \tag{15.10}$$

换言之，我们将 $t$ 期的残差平方对其至 $p$ 期前的各阶滞后值进行回归，$p$ 值由经验确定。注意，在实践中我们用 $u_t^2$ 替代 $\sigma_t^2$，且用 $\hat{u}_t^2$ 替代 $u_t^2$。

如你所见，ARCH 模型的 AR 部分被如此称呼是因为在式（15.10）中，我们将残差平方对其至 $p$ 期前的各阶滞后值进行回归。ARCH 模型的 CH 部分则是因为在式（15.10）中方差是以获得至（$t-1$）期的信息为前提的。

## □ ARCH 模型的估计：最小二乘法

一旦取得选定模型的误差项平方，我们就能用常规的最小二乘法轻易地估计出式（15.10）。当然，我们必须要确定式（15.10）中误差项的数量。这个工作可以基于某些标准来完成，如赤池和施瓦茨信息准则，在类似 Eviews 和 Stata 的统计软件包中都包含了这些准则。基于这些准则，我们选择给出这些准则的最低值的一个模型，这相当于线性回归模型中的最高 $R^2$ 值。有时两种信息准则会有矛盾，但定性地讲，大部分情况下它们会给出类似的结论。

举例说明，我们用美元/欧元汇率数据估计一个 ARCH(8) 模型，结果如表 15 - 1 所示。

表 15 - 1　美元/欧元汇率收益 ARCH(8) 模型的 OLS 估计

Dependent Variable：Return
Method：Least Squares
Sample（adjusted）：10 2 355
Included Observations：2 346 after adjustments
Convergence achieved after 3 iterations

|  | Coefficient | Std. Error | t-Statistic | Prob. |
|---|---|---|---|---|
| C | 0. 000 118 | 0. 000 124 | 0. 949 619 | 0. 342 4 |
| AR(1) | 0. 005 585 | 0. 020 678 | 0. 270 107 | 0. 787 1 |
| AR(2) | −0. 001 528 | 0. 020 671 | −0. 073 936 | 0. 941 1 |
| AR(3) | −0. 018 031 | 0. 020 670 | −0. 872 340 | 0. 383 1 |
| AR(4) | 0. 053 298 | 0. 020 660 | 2. 579 725 | 0. 009 9 |
| AR(5) | −0. 035 622 | 0. 020 648 | −1. 725 156 | 0. 084 6 |
| AR(6) | 0. 016 990 | 0. 020 662 | 0. 822 254 | 0. 411 0 |
| AR(7) | 0. 021 674 | 0. 020 653 | 1. 049 456 | 0. 294 1 |
| AR(8) | −0. 028 401 | 0. 020 656 | −1. 374 958 | 0. 169 3 |
| R-squared | 0. 005 679 | Mean dependent var | 0. 000 118 |
| Adjusted R-squared | 0. 002 275 | S. D. dependent var | 0. 005 921 |
| S. E. of regression | 0. 005 915 | Akaike info criterion | −7. 418 928 |
| Sum squared resid | 0. 081 756 | Schwarz criterion | −7. 396 830 |
| Log likelihood | 8 711. 403 | Durbin-Watson stat | 1. 998 549 |
| F-statistic | 1. 668 334 | Prob(F-statistic) | 0. 101 121 |

注：收益是由 LEX 的差得到的。

为了便于说明，我们选择 ARCH(8) 模型。在实践中人们几乎不会选用高阶 ARCH 模型，因为它们需要花费太多的自由度（即需要估计太多参数）。此外，更加经济的模型如 GARCH，估计起来很方便。稍后我们会讨论 GARCH 模型。

用最小二乘法估计 ARCH 模型的一个缺点在于，不能保证所有估计得到的 ARCH 系数都为正数，这从表 15-1 中可以明显看出来。记住（条件）方差必须是正的。最小二乘法不适合用来估计 ARCH 模型的另一个原因是，我们需要估计的不仅有均值函数，同时还有方差函数。这个任务可以通过**最大似然法**（method of maximum likelihood）来完成。

## □ ARCH 模型的估计：最大似然法

如前所述，ML 方法的一个优势在于，我们可以同时估计均值函数和方差函数，而不是像在 OLS 中那样需要分开估计。ML 方法的数学细节在某种程度上来说较复杂，不过类似 Eviews 和 Stata 的统计软件包都有内嵌的常规程序来估计 ARCH 模型。

回到我们的例子中，表 15-2 给出了 ARCH(8) 模型的 ML 估计。表中第一部分给出的是均值方程的估计，第二部分给出的是方差方程系数的估计。如你所见，与预期中的一样，全部滞后方差系数都是正数；前三个系数单独地看都不具有统计显著性，不过最后五个有统计显著性。看来在美元/欧元汇率收益中似乎存在 ARCH 效应。也就是说，误差方差是自相关的。如下文所示，该信息可以用于预测波动性。

表 15-2　ARCH(8) 模型的 ML 估计

Dependent Variable：Return
Method：ML-ARCH (Marquardt) -Normal distribution
Sample (adjusted)：2 2 355
Included Observations：2 354 after adjustments
Convergence achieved after 6 iterations
Presample variance：backcast (parameter＝0.7) GARCH＝C(2)＋C(3)*RESID(−1)^2＋C(4)*RESID(−2)^2＋C(5)*RESID(−3)^2＋C(6)*RESID(−4)^2＋C(7)*RESID(−5)^2＋C(8)*RESID(−6)^2＋C(9)*RESID(−7)^2＋C(10)*RESID(−8)^2

| | Coefficient | Std. Error | z-Statistic | Prob. |
|---|---|---|---|---|
| C | 0.000 168 | 0.000 116 | 1.455 799 | 0.145 4 |
| | | | | |
| | | Variance Equation | | |
| C | 2.16E−05 | 1.57E−06 | 13.763 29 | 0.000 0 |
| RESID(−1)^2 | 0.003 934 | 0.014 396 | 0.273 266 | 0.784 6 |
| RESID(−2)^2 | 0.016 995 | 0.020 147 | 0.843 548 | 0.398 9 |
| RESID(−3)^2 | 0.030 077 | 0.016 471 | 1.826 061 | 0.067 8 |
| RESID(−4)^2 | 0.058 961 | 0.022 441 | 2.627 397 | 0.008 6 |
| RESID(−5)^2 | 0.061 412 | 0.025 193 | 2.437 648 | 0.014 8 |
| RESID(−6)^2 | 0.088 779 | 0.023 935 | 3.709 209 | 0.000 2 |
| RESID(−7)^2 | 0.058 567 | 0.020 293 | 2.886 032 | 0.003 9 |
| RESID(−8)^2 | 0.076 195 | 0.023 278 | 3.273 296 | 0.001 1 |

| | | | |
|---|---|---|---|
| R-squared* | −0.000 088 | Mean dependent var | 0.000 113 |
| Adjusted R-squared | −0.003 928 | S. D. dependent var | 0.005 926 |
| S. E. of regression | 0.005 938 | Akaike info criterion | −7.435 345 |
| Sum squared resid | 0.082 649 | Schwarz criterion | −7.410 860 |
| Log likelihood | 8 761.401 | Hannan-Quinn criter. | −7.426 428 |
| Durbin-Watson stat | 1.995 120 | | |

* 负的 $R^2$ 值在当前情况下并不重要，因为该均值方程没有解释变量。

## 15.2 GARCH 模型

ARCH($p$) 模型的一些缺陷如下：第一，它要求获得 $p$ 个自回归项系数的估计值，而这需要花费一些自由度。第二，通常解释所有系数是有难度的，尤其是当它们当中有一部分是负数的时候。第三，OLS 估计模型不能做到同时估计均值函数和方差函数。因此，众多文献建议高于 ARCH(3) 的 ARCH 模型最好用蒂姆·博勒斯莱文（Tim Bollerslev）最先提出的 GARCH（generalized autoregressive conditional heteroscedasticity）模型进行估计。[1]

在 GARCH 最简单的形式中，我们保持均值公式（15.3）不变，不过需要对方差公式作如下修正：

$$\sigma_t^2 = \lambda_0 + \lambda_1 u_{t-1}^2 + \lambda_2 \sigma_{t-1}^2 \tag{15.11}$$

注意，这里 $t$ 期的条件方差不仅取决于 $(t-1)$ 期的滞后误差平方项，还取决于 $(t-1)$ 期的滞后方差项。

该模型称为 GARCH(1，1) 模型。尽管我们未做证明，但可以看出，随着 $p$ 值的增加，ARCH($p$) 模型等价于 GARCH(1，1) 模型。注意，在式（15.6）给出的 ARCH($p$) 模型中，我们需要估计 $(p+1)$ 个系数，而在式（15.11）给出的 GARCH(1，1) 模型中，我们只需要估计三个系数。

GARCH(1，1) 模型可以推广至 GARCH($p$，$q$) 模型，即模型中有 $p$ 阶滞后的误差平方项和 $q$ 阶滞后的条件方差，但在实践中对金融资产收益建模，GARCH(1，1) 被证明更有用。

回到我们的汇率例子中，表 15-3 给出了 GARCH(1，1) 模型的结果。

表 15-3　美元/欧元汇率的 GARCH(1，1) 模型

Dependent Variable：Z
Method：ML-ARCH (Marquardt) -Normal distribution
Sample (adjusted)：2 2 355
Included Observations：2 354 after adjustments
Convergence achieved after 9 iterations
Presample variance：backcast (parameter=0.7) GARCH=C(2)+C(3)* RESID(−1)^2 + C(4)* GARCH(−1)

|  | Coefficient | Std. Error | z-Statistic | Prob. |
| --- | --- | --- | --- | --- |
| C | 0.000 198 | 0.000 110 | 1.797 740 | 0.072 2 |
| | | Variance Equation | | |
| C | 7.72E−08 | 5.02E−08 | 1.538 337 | 0.124 0 |
| RESID(−1)^2 | 0.022 788 | 0.004 063 | 5.609 174 | 0.000 0 |
| GARCH(−1) | 0.975 307 | 0.004 377 | 222.849 4 | 0.000 0 |

---

[1]　Bollerslev, T. (1986), Generalized autoregressive conditional heteroscedasticity, *Journal of Econometrics*, 31，307-27.

计量经济学：原理与实践（第二版）

| | | | |
|---|---|---|---|
| R-squared | $-0.000\,205$ | Mean dependent var | $0.000\,113$ |
| Adjusted R-squared | $-0.001\,482$ | S. D. dependent var | $0.005\,926$ |
| S. E. of regression | $0.005\,931$ | Akaike info criterion | $-7.472\,999$ |
| Sum squared resid | $0.082\,659$ | Schwarz criterion | $-7.463\,205$ |
| Log likelihood | $8\,799.720$ | Hannan-Quinn criter. | $-7.469\,433$ |
| Durbin-Watson stat | $1.994\,884$ | | |

注：$Z = d(lex) = LEX$ 对数的一阶差分。

对比 ARCH(8) 和 GARCH(1，1)，我们从表 15-2 中可以看出 GARCH(1，1) 是如何体现八阶滞后误差平方项的。这个结果不足为奇，因为我们已经提到过，GARCH(1，1) 是对有限 ARCH 过程建模的简便方法。

正如大家所看到的，在方差公式中滞后误差平方项和滞后条件方差项分别具有高度的显著性。由于滞后条件方差会影响当前的条件方差，可以清晰地看出存在显著的 ARCH 效应。

综上所述，有充分的理由证明不管是用 ARCH 模型还是 GARCH 模型，美元/欧元汇率均表现出随时间变化并与时间相关的巨大波动性。

## 15.3 对 ARCH 模型的一些拓展

对 ARCH 模型的拓展涉及诸多方向。我们通过例子研究这些变形中的一小部分。

### □ GARCH-M 模型

如前所述，普通投资者所关注的不仅是个人投资收益的最大化，还包括与该投资相关的风险的最小化。因此，为了将风险考虑在内，我们可以通过清晰地引进风险因素（即条件方差）来对式 (15.3) 给出的均值公式稍作修正。现在我们考虑下述均值函数：

$$Y_t = \alpha + \beta X_t + \gamma \sigma_t^2 + u_t \qquad (15.12)$$

其中 $\sigma_t^2$ 如式 (15.11) 中定义的一样，表示条件方差。

该模型称为 GARCH-M(1，1) 模型。下面我们来看用条件方差衡量的风险因素是如何进入条件均值函数的。

运用 Eviews，我们得到如表 15-4 所示的结果。

现在表 15-4 中的均值公式包括了风险因素，即条件方差。该风险因素具有统计显著性，表明不仅存在 ARCH 效应，而且风险因素直接影响平均收益。

### □ ARCH（8）和 GARCH（1，1）模型的条件方差图

鉴于投资者一般厌恶不确定性，预测（条件）波动性就变得非常有用。下面来看看如何完成这项任务。回到式 (15.11) 中，假设我们想估计下一期的波动性，即：

$$\sigma_{t+1}^2 = \lambda_0 + \lambda_1 u_t^2 + \lambda_2 \sigma_t^2 \tag{15.13}$$

表 15-3 给出了 $\lambda$ 系数的估计值，我们可以用这些估计值预测此后时期的条件方差。可以将式（15.13）作简单的推广，用来预测 $j$ 期之前的波动性：

$$\sigma_{t+j}^2 = \lambda_0 + (\lambda_1 + \lambda_2) \sigma_{t+j-1}^2 \tag{15.14}$$

从长期的角度看，使所有的方差项相等可以得到所谓的**稳态方差**（steady state variance）：

$$\sigma^2 = \frac{\lambda_0}{1 - \lambda_1 - \lambda_2} \tag{15.15}$$

**表 15-4　美元/欧元汇率收益的 GARCH-M(1，1) 模型**

Dependent Variable：RET
Method：ML-ARCH (Marquardt) -Normal distribution
Sample (adjusted)：2 2 355
Included Observations：2 354 after adjustments
Convergence achieved after 14 iterations
Presample variance：backcast (parameter=0.7) GARCH=C(3)+C(4)＊RESID(−1)^2 + C(5)＊GARCH(−1)

|  | Coefficient | Std. Error | z-Statistic | Prob. |
|---|---|---|---|---|
| GARCH | −0.188 763 | 0.095 900 | −1.968 318 | 0.049 0 |
| C | 0.078 320 | 0.031 583 | 2.479 842 | 0.013 1 |

| Variance Equation | | | | |
|---|---|---|---|---|
| C | 0.000 803 | 0.000 495 | 1.621 984 | 0.104 8 |
| RESID(−1)^2 | 0.022 472 | 0.003 982 | 5.642 678 | 0.000 0 |
| GARCH(−1) | 0.975 473 | 0.004 327 | 225.433 5 | 0.000 0 |

| R-squared | 0.001 512 | Mean dependent var | 0.013 049 |
|---|---|---|---|
| Adjusted R-squared | −0.000 189 | S. D. dependent var | 0.592 711 |
| S. E. of regression | 0.592 767 | Akaike info criterion | 1.736 635 |
| Sum squared resid | 825.374 0 | Schwarz criterion | 1.748 878 |
| Log likelihood | −2 039.020 | Hannan-Quinn criter. | 1.741 094 |
| F-statistic | 0.889 015 | Durbin-Watson stat | 1.998 503 |
| Prob(F-statistic) | 0.469 582 | | |

若 $\lambda_1 + \lambda_2 < 1$，则式（15.15）给出了 GARCH(1，1) 模型的长期波动性水平。从表 15-4 可以看出，本例中估计值 $\lambda_1 + \lambda_2 = 0.998$，小于 1，但差值并不大。

图 15-4 给出了从 ARCH(8) 和 GARCH(1，1) 模型中估计得到的条件方差：这两个条件方差序列具有相似的外观，这并不让人感到意外，因为 GARCH 模型体现了包括 ARCH(8) 及更高阶的 ARCH 项。

由于两个图非常相近，而且 GARCH(1，1) 模型更加经济，在实践中我们可以集中于 GARCH 模型。值得注意的一点是，预测条件波动性能帮助投资者作出个人投资决策。

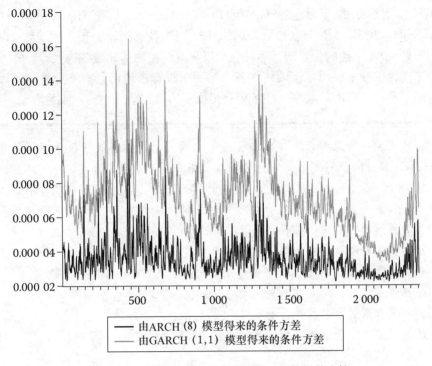

图 15 - 4　ARCH(8) 和 GARCH(1，1) 模型的比较

#### □ 对 ARCH 和 GARCH 模型的一些拓展

在前面我们接触了 ARCH 和 GARCH 模型的极少数变形，但实际上这类变形很多，缩写如 AARCH，SAARCH，TARCH，NARCH，NARCHK 和 EARCH。探讨这类深奥的模型超出了本书的范围，不仅因为它们会使我们太离题，而且由于有些数学计算相当复杂。感兴趣的读者可以参考其他文献以扩充知识。[1]

## 15.4　要点与结论

诸如股票价格、通货膨胀率和汇率等金融时间序列的一个显著特征就是：它们通常会表现出群集波动，即在一段较长的时间内，它们的价格表现出大幅的摇摆，而在另一段时间内又相对稳定。结果就是，随着时间的推移，误差方差表现出自相关性。考虑到这种自相关性，金融计量经济学家提出了以 ARCH（autoregressive conditional heteroscedasticity）为首的一些模型。使用较长一段时期内美元/欧元汇率的每日数据，我们展现了 ARCH 模型是如何在资产价格和资产收益中将波动性考虑在内的。

① 例如，参见 Enders, W. , *Applied Econometric Time Series* , 2nd edn, Wiley, 2004；Brooks, C. , *Introductory Econometrics of Finance* , Cambridge University Press, 2002；Gusti Ngurah Agung, I. , *Time Series Data Analysis Using Eviews* , Wiley (Asia), 2009。

ARCH 模型后来的变形包括 GARCH，GARCH-M（均值 GARCH），TGARCH（门限 GARCH）和 EGARCH（指数 GARCH），每一种都拓展了在估计波动性时的多功能性（和复杂性）。幸运的是，统计软件包可以相对简便地估计这些模型。

除了波动性的技术层面，该话题在各个层面对投资来说都具有实际意义，因为投资者不仅着眼于获得更高的收益率，还希望获得稳定的（波动性小的）收益率。

## 习题 ☞

15.1 收集某一股票指数在一段较长时期内的数据，找出该指数波动性的特征。运用 ARCH，GARCH 或 ARCH 家族的任何成员来分析波动性。

15.2 表 15-5（见本书配套网站）提供了 2012 年 5 月 17 日—2013 年 6 月 26 日，美国每天开盘、最高点、最低点以及收盘时每盎司黄金的价格。因为节假日等原因，这一数据并不是连续的。① 请回答下列问题：

(a) 请画出每日收盘价格的图，你有什么发现？

(b) 请画出每日收盘时黄金价格百分比变化的图，这一结果有什么意义？

(c) 每日收盘价格是时间序列平稳的吗？为什么？

(d) 每日收盘时黄金价格的百分比变化是一个平稳序列吗？为什么？

(e) 请根据每日收盘时黄金价格的百分比变化这一数据，构建一个合适的 ARCH 或 GARCH 模型。

## □ 有用的网站

下列网站提供了一些有趣的数据集以及参考链接，所链接的网站能提供各种宏观和微观经济数据。

**经济学网上资源（WebEc）**：经济现象和数据最综合的图书馆，http://www.helsinki.fi/WebEc

**美国经济分析局（BEA）**：各种经济活动数据的最佳来源，http://www.bea.gov/

**商业循环指示数字**：拥有 256 个经济时间序列数据资料，http://www.globalexposure.com/bci.html

**FRED 数据库**：圣路易斯联邦储备银行，囊括经济社会的历史数据，包括利率、货币和商业循环指数、汇率，等等，http://www.stls.frb.org.fed/

**世界银行数据和统计**：http://www.worldbank.org/data

**各种经济数据集**：http://economy.com/freelunch

**经济时间序列数据**：http://economagic.com/

**世界经济指数**：http://devdata.worldbank.org/

---

① 资料来源：http://www.livecharts.co.uk/.

# 第 16 章

# 经济预测

经济预测在一些领域中已经被证明是有用的[1]：

1. 经营计划和控制（例如，存货管理、生产计划、销售人员管理等）；

2. 市场营销（例如，针对不同营销方案的销售回应）；

3. 经济（主要经济变量，如 GDP、失业、消费、投资和利率）；

4. 金融资产管理（例如，资产收益、汇率和商品价格）；

5. 金融风险管理（例如，资产收益波动性）；

6. 企业和政府预算（预期收益）；

7. 人口统计（人口出生率和死亡率）；

8. 危机管理（违约概率、货币贬值、军事政变等）。

预测的目的在于，基于过去和当前的信息，为所关注目标（如个人消费支出）未来进程的可能性提供定量估计。为了达到这个目标，我们将提出一些模型，并运用一种或多种方法对未来进程进行预测。

尽管预测的方法有很多，本章中我们仅讨论三种主要的预测方法：（1）回归模型；（2）由统计学家博克斯（Box）和詹斯金（Jenkins）推广的**自回归整合移动平均**（autoregressive integrated moving average，ARIMA）模型，称为博克斯-詹金斯（Box-Jenkins，BJ）方法论[2]；（3）克里斯托弗·西姆斯（Christopher Sims）提出的**向量自回归**（vector autoregression，VAR）模型。[3]

---

[1]　参见 Diebold，F. X.，*Elements of Forecasting*，Thompson-South-Western Publishers，4th edn，2007，Chapter 1。

[2]　Box，G. P. and Jenkins，G. M.，*Time Series Analysis：Forecasting and Control*，revised edn，Holden Day，San Francisco，1976.

[3]　20 世纪 70 年代和 80 年代比较流行的另一种预测方法是联立方程模型。不过由于预测表现不好，尽管政府机构和联邦储备委员会仍然会用这个模型，但该模型在 20 世纪 70 年代的 OPEC 石油禁运之后就失去了支持。关于该方法的讨论，参见 Gujarati/Porter，*op cit*.，Chapters 18-20。

## 16.1 用回归模型预测

在本书中我们在回归分析的各个方面花了大量的篇幅，不过至今为止几乎未谈到回归模型在预测方面的运用。对于很多在企业和政府事务中运用回归分析的人来说，估计回归模型最重要的目的大概就是预测。商业和经济预测这个话题非常宽泛，关于该话题的专业书籍也不少。[①] 我们将仅讨论用回归模型来预测的最突出的方面。为了简化程序和使用图表，我们首先考虑下面的二元回归：

$$PCE_t = B_1 + B_2 PDI_t + u_t \tag{16.1}$$

其中 $PCE$ 等于人均个人消费支出，$PDI$ 等于人均个人可支配（即税后）收入，均以 2005 年美元为基础进行计算，$u$ 是误差项。我们将这个模型称为消费函数（consumption function）。该回归的斜率系数代表**边际消费倾向**（marginal propensity to consume, MPC），即增加 1 美元收入带来的消费支出的增加。为了估计该回归，我们取得了美国 1960—2008 年有关这些变量的综合数据。参见本书配套网站上的表 16-1。

为了估计消费函数，一开始我们使用 1960—2004 年的观测值，保留的最后四组观测值称为延期样本（holdover sample），用来评估所估计的模型。我们首先对数据进行描点，初步了解两个变量之间存在何种关系（见图 16-1）。这个图表明 PCE 和 PDI 之间近似存在一种线性关系。对数据拟合一个线性回归模型，我们得到如表 16-2 所示的结果。

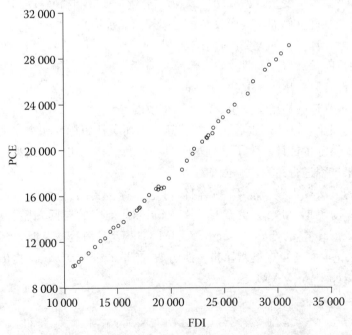

图 16-1　1960—2004 年美国人均 PCE 和 PDI

① 例如，参见 Diebold，*op cit*.，Evans，M. K.，*Practical Business Forecasting*，Blackwell Publishing，Oxford，2003；Newbold，P. and Bos，T.，*Introductory Business and Economic Forecasting*，2nd edn，South-Western Publishing Company，Cincinnati，Ohio，1994。

表 16 - 2  1960—2004 年消费函数估计

Dependent Variable：PCE
Method：Least Squares
Sample：1960 2004
Included Observations：45

| Variable | Coefficient | Std. Error | t-Statistic | Prob. |
|---|---|---|---|---|
| C | −1 083.978 | 193.957 9 | −5.588 729 | 0.000 0 |
| PDI | 0.953 768 | 0.009 233 | 103.298 1 | 0.000 0 |
| R-squared | 0.995 986 | Mean dependent var | | 18 197.91 |
| Adjusted R-squared | 0.995 893 | S. D. dependent var | | 5 515.914 |
| S. E. of regression | 353.490 7 | Akaike info criterion | | 14.617 02 |
| Sum squared resid | 5 373 095. | Schwarz criterion | | 14.697 31 |
| Log likelihood | −326.882 9 | Durbin-Watson stat | | 0.299 775 |
| F-statistic | 10 670.51 | Prob(F-statistic) | | 0.000 000 |

结果表明，若 PDI 增加 1 美元，平均消费支出将增加 95 美分，即 MPC 等于 0.95。根据标准统计准则，估计模型的拟合度良好，尽管过低的德宾–沃森值有力地表明存在正序列相关性。我们稍后会讨论这一点。

为了警惕出现伪回归的可能性，我们用单位根检验回归（16.1）的残差，尽管单独来看，PCE 和 PDI 时间序列都是非平稳的（试着证明），但并没有发现证据表明存在单位根。

从表 16 - 2 中你能得到估计的平均消费支出函数为：

$$P\hat{C}E_t = -1\,083.978 + 0.953\,7PDI_t \tag{16.2}$$

我们如何处理这个"历史"回归？我们可以用它来估计个人消费支出的未来值。假设我们要找出 $E(PCE_{2005} \mid PDI_{2005})$，即给定 2005 年家庭消费支出总量（$X$）31 318 美元，求 2005 年人口或实际平均个人消费支出的值（注意，我们的样本回归是基于 1960—2004 年这段时期）。

在着手这个任务之前，我们需要学习一些预测中用到的专业术语，例如：（1）点和区间预测，（2）事后和事前预测，（3）条件和无条件预测。下面我们简单介绍一下这些术语。

1. **点预测**（point forecast）和**区间预测**（interval forecast）：在点预测中我们为每一个预测期提供一个值，而在区间预测中我们得到的是包括可能目标值的一个范围或区间。换句话说，区间预测得到的预测点存在一定的不确定性。

2. **事后和事前预测**（ex post and ex ante forecast）：为了区分这两种预测，请看图 16 - 2。[①]

| 估计期 | 事后预测期 | 事前预测期 |
|---|---|---|
| 1960—2004年 | 2005—2008年 | 2009年以后 |

图 16 - 2  预测类别

---

① 以下讨论参见 Pindyck，R. S. and Rubinfeld，D. L.，*Econometric Models and Economic Forecasts*，3rd edn，McGraw-Hill，New York，1991，Chapter 8。

在估计期间内我们拥有模型中所有变量的数据，在事后预测时期内我们还知道回归子和回归元的值（此为延期时间）。我们可以利用这些值初步了解拟合模型的表现形式。在事前预测中，我们所估计的是超出估计范围的因变量的值，但前提是可能不知道回归元的确定值。在这种情况下，我们必须在预测之前先估计回归元的值。

3. **条件和非条件预测**（conditional and unconditional forecasts）：在条件预测中，预测目标变量的前提条件是给定回归元的假定值。回顾一下，一直以来我们运行回归分析都是基于给定回归元的值这个前提条件。这种类型的条件预测也称为**情境分析**（scenario analysis）或**应变分析**（contingency analysis）。

在非条件预测中，我们知道回归元的确定值而不是像条件分析中那样挑选一些任意值。当然，这种情况比较罕见；事实上它需要涉及迪博尔德所说的预测右边变量（即回归元）的问题。[1] 当前情况下我们将会运用条件预测。

有了这些初步准备，给定 2005 年人均 PDI 的值 313 180 亿美元，我们来估计 2005 年消费支出的点预测。

现在，给定 $X$ 的值，对 $Y_{2005}$ 的最佳平均预测如下：

$$
\begin{aligned}
P\hat{C}E_{2005} &= b_1 + b_2 PDI_{2005} \\
&= -1\,083.978 + 0.953\,7 \times 31\,318 \\
&= 28\,783.998 \\
&\approx 28\,784
\end{aligned}
\tag{16.3}
$$

即给定 PDI 的值 313 180 亿美元，对 2005 年个人消费支出的最佳平均预测值为 287 840 亿美元。从表 16-1 中我们看到 2005 年 PCE 的实际值为 297 710 亿美元。所以实际值比估计值高出 9 870 亿美元。我们可以称其为**预测误差**（forecast error）。当然，我们并不预期用估计的回归模型能没有任何误差地对回归子的实际值进行线性预测。

由于式（16.3）给出的 PCE 是一个估计值，如前所述，它可能会存在误差，因此我们需要的是预测误差的估计值，以便能把式（16.3）中的数字作为 2005 年消费支出的实际平均值。现在可以表明，若式（16.1）中的误差项服从正态分布，令 $Y = PCE$，$X = PDI$，得到的 $\hat{Y}_{2005}$ 服从均值为 $(B_1 + B_2 X_{2005})$ 的正态分布，且

$$
\mathrm{var}(\hat{Y}_{2005}) = \sigma^2 \left[ \frac{1}{n} + \frac{(X_{2005} - \overline{X})^2}{\sum (X_i - \overline{X})^2} \right]
\tag{16.4}
$$

其中 $\overline{X}$ 是在样本期间 1960—2004 年内 $X$ 值的样本均值，$\sigma^2$ 是误差项 $u$ 的方差，$n$ 是样本容量。

由于我们不观测 $u$ 的实际方差，根据第 1 章的讨论，我们通过样本来估计它的值，得到 $\hat{\sigma}_2 = \sum e_t^2 / (n-2)$。

给定 2005 年 $X$ 的值及上述信息，我们可以为实际的 $E(Y_{2005})$ 建立一个 95% 的置信区间，如下所示：

---

[1] 解决该问题的方法参见 Diebold, *op cit*., p. 223。

$$\Pr[\hat{Y}_{2005}-t_{\alpha/2}\,se(\hat{Y}_{2005})\leqslant E(Y_{2005})\leqslant \hat{Y}_{2005}+t_{\alpha/2}\,se(\hat{Y}_{2005})]=95\% \tag{16.5}$$

其中 $se(\hat{Y}_{2005})$ 是从式 (16.4) 得到的标准误，$\alpha=5\%$。注意，在建立该置信区间时，我们用的是 $t$ 分布而不是正态分布，因为所估计的是实际误差方差。以上步骤都遵循第 1 章中讨论的线性回归理论。

运用式 (16.4)，我们得到 $se(\hat{Y}_{2005})$（试着证明）。因此，$E(Y_{2005})$ 的 95% 置信区间是（285 520 亿美元，290 190 亿美元），而单一最佳估计值是 287 840 亿美元。（注意：自由度为 43 时，$t_{\alpha/2}\approx 2.02$。）

我们需要对样本中的每一个 $E(Y\,|\,X)$ 计算上述置信区间。将这些置信区间的端点连接起来，就能得到**置信带**（confidence band）。用 Stata 和 Eviews 等统计软件包可以避免这些冗长的计算。通过 Eviews，我们得到本例的置信带（见图 16-3）。

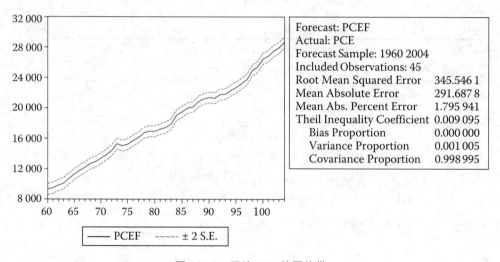

**图 16-3　平均 PCE 的置信带**

图 16-3 中的实线是估计回归线（曲线），两条虚线表示的是其 95% 的置信带。仔细观察估计的均值的方差计算公式，你会发现预测所依据的 $X$ 值离均值越远，方差越大。换句话说，与回归元均值的差距增大，则预测误差增大。因此，我们应当预测 $E(Y\,|\,X)$，因为若 $X$ 的值比它的均值大得多，则会导致相当大的预测误差。

图 16-3 右边的附表给出了预测质量的一些衡量标准，包括**均方根**（root mean square）、**平均绝对误差**（mean absolute error）、**平均绝对百分比误差**（mean absolute percentage error）和**泰尔不等系数**（Theil inequality coefficient），这些指标取值均在 0 和 1 之间——越接近 0，模型越好。这些衡量标准在本章附录中会作简要介绍。在对比两种或两种以上预测方法时，这些预测表现的衡量标准就显得很有用处，下面我们将会讨论到。

我们也可以将这种分析拓展到多元回归中，不过在那种情况下我们需要用矩阵代数来表示预测方差。关于该话题的讨论详见参考书籍。

从表 16-2 给出的回归结果中我们发现德宾-沃森统计量具有显著性，表明误差项服从一阶序列正相关。可以推断，若在误差项中考虑序列相关，能减小预测误差，但我们不会探究详细的计算过程。[①] 不过，Eviews 可以估计模型（16.1）而且同时允许误差项中存在自相关性。举个例子，如果我们假设误差项服从第 6 章讨论过的一阶自回归 [AR(1)]，即 $u_t=\rho u_{t-1}+\varepsilon_t$；$-1\leqslant\rho\leqslant1$，其中 $\rho$ 是（一阶）自相关系数，$\varepsilon$ 是白噪声误差项，可以得到如表 16-3 所示的结果。

表 16-3 AR(1) 消费函数

Dependent Variable：PCE
Method：Least Squares
Sample（adjusted）：1961 2004
Included Observations：44 after adjustments
Convergence achieved after 8 iterations

| Variable | Coefficient | Std. Error | t-Statistic | Prob. |
|---|---|---|---|---|
| C | −1 592.481 | 611.480 1 | −2.604 305 | 0.012 8 |
| PDI | 0.975 013 | 0.025 965 | 37.550 95 | 0.000 0 |
| AR(1) | 0.812 635 | 0.079 793 | 10.184 30 | 0.000 0 |

| | | | |
|---|---|---|---|
| R-squared | 0.998 872 | Mean dependent var | 18 387.16 |
| Adjusted R-squared | 0.998 817 | S. D. dependent var | 5 429.892 |
| S. E. of regression | 186.733 6 | Akaike info criterion | 13.362 99 |
| Sum squared resid | 1 429 647. | Schwarz criterion | 13.484 64 |
| Log likelihood | −290.985 8 | Durbin-Watson stat | 2.433 309 |
| F-statistic | 18 158.75 | Prob(F-statistic) | 0.000 000 |

与表 16-2 中的模型相比，我们看出边际消费倾向有细微的变化，不过这里的标准误要高得多。从表 16-3 中还可以看到，一阶自相关系数约为 0.81。[②]

运用表 16-3 中的结果，我们得到估计回归线的 95% 的置信带——见图 16-4。将这

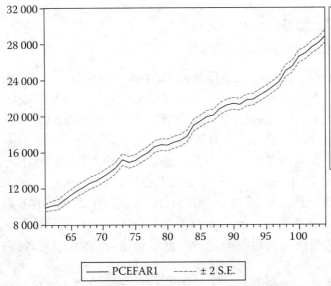

Forecast: PCEFAR1
Actual: PCE
Forecast Sample: 1960 2004
Adjusted Sample: 1961 2004
Included Observations: 44
Root Mean Squared Error 268.668 0
Mean Absolute Error 217.652 6
Mean Abs. Percent Error 1.242 707
Theil Inequality Coefficient 0.007 010
　Bias Proportion 0.008 466
　Variance Proportion 0.010 655
　Covariance Proportion 0.980 878

—— PCEFAR1 ----- ± 2 S.E.

图 16-4 AR(1) PCE 的 95% 的置信带

---

① 参见 Pindyck and Rubinfeld，*op cit.*，pp. 190-2。
② 我们鼓励读者尝试更高阶的 AR 方案，如 AR(2)，AR(3)，看看表 16-3 中的结果会发生什么变化。

个图与图 16-3 作比较，你会发现表 16-3 中的模型比表 16-1 中的模型拟合得稍微好一点，因为它将一阶序列相关明确地考虑在内，支持了我们前面的论断：若考虑序列相关，预测区间（带）会比不考虑序列相关时窄一点。这一点也可以从两个图附带的性能统计量中对比得出。

## 16.2  博克斯-詹金斯法： 建立 ARIMA 模型

BJ 预测方法潜在的基本理念是：以"让数据不言自明"为指导思想，根据经济时间序列本身来分析概率或随机性质。与传统的回归模型用 $k$ 个解释变量 $X_1$，$X_2$，$X_3$，…，$X_k$ 来解释因变量 $Y_t$ 不同，BJ 时间序列模型允许用过去或滞后 $Y_t$ 值以及当前和滞后 $u_t$ 值来解释 $Y_t$ 值本身，$u_t$ 是服从均值为零、恒定方差为 $\sigma^2$ 的不相关的随机误差，即白噪声误差项。

用 BJ 法预测时间序列的方法有很多，后续会做讨论。我们首先概括地讨论不同的 BJ 方法，然后考虑一个具体的例证，即第 13 章中最先涉及的美元/欧元汇率问题。

BJ 方法论是基于这个假设：所研究的时间序列是平稳的。在第 13 章中我们讨论过平稳性的话题，并指出了研究平稳时间序列的重要性。我们用符号 $Y_t$ 代表平稳时间序列。

### □ 自回归 （AR） 模型

考虑下面这个模型：

$$Y_t = B_0 + B_1 Y_{t-1} + B_2 Y_{t-2} + \cdots + B_p Y_{t-p} + u_t \tag{16.6}$$

其中 $u_t$ 是白噪声误差项。

模型（16.6）称为 $p$ 阶自回归模型，AR($p$)，因为它是将 $t$ 期的 $Y$ 值对滞后 $p$ 期的 $Y$ 值回归，$p$ 值依据诸如赤池信息准则的某些特定标准由经验决定。回顾一下，在第 6 章中讨论自相关的话题时，我们提到过自回归。

### □ 移动平均 （MA） 模型

我们也可以对 $Y_t$ 进行如下建模：

$$Y_t = C_0 + C_1 u_t + C_2 u_{t-1} + \cdots + C_q u_{t-q} \tag{16.7}$$

即将 $Y_t$ 表示为当前和过去白噪声误差项的加权平均，或者说是移动平均。模型（16.7）称为 MA($q$) 模型，$q$ 值由经验决定。

### □ 自回归移动平均 （ARMA） 模型

将 AR 和 MA 结合起来，我们得到所谓的 ARMA($p$，$q$) 模型，模型中有 $p$ 个自回

归项和 $q$ 个移动平均项。同前面一样，$p$ 和 $q$ 的值还是由经验决定。

### □ 自回归整合移动平均 （ARIMA） 模型

如前所述，BJ 方法论是基于这个假设：潜在时间序列是平稳的，或者可以通过取一阶或多阶差分而变得平稳。我们称之为 ARIMA($p$, $d$, $q$) 模型，其中 $d$ 表示为了将序列变平稳需要对其差分的次数。在大部分应用中，$d=1$，即我们仅对时间序列取一阶差分。当然，若时间序列本来就是平稳的，那么 ARIMA($p$, $d$, $q$) 模型就变成了 ARMA($p$, $q$) 模型。

现实的问题是：如何在给定情形下确定一个合适的模型？在回答这个问题时，BJ 方法论有四个步骤：

**步骤 1：识别**（identification）。找出适当的 $p$，$d$ 和 $q$ 值。这个阶段的主要工具是**相关图**（correlogram）和**偏相关图**（partial correlogram）。

**步骤 2：估计**（estimation）。一旦确定了适当的模型，下一步便是估计所选模型的参数。有些情况下可用简单的最小二乘法，但在另一些情况下则有必要使用非线性（参数）估计方法。由于现在一些统计软件包都能按例行程序做好这一工作，我们不必为估计中的数学运算而烦恼。

**步骤 3：诊断**（diagnostic checking）。BJ ARIMA 与其说是一门科学，不如说是一门艺术：为了选取正确的 ARIMA 模型，需要运用大量的技巧，很多时候我们不能绝对保证所选模型就是正确的那一个。一个简单的检验方法就是看拟合模型得到的残差是不是白噪声；如果是，就可接受所选的这个模型；如果不是，我们必须重新拟合。由此可见，BJ 方法论是一个反复的过程。

**步骤 4：预测**（forecasting）。对一个成功的 ARIMA 模型的最终检验在于预测表现，包括样本期间内和样本期间外。

## 16.3 关于 2000 年 1 月 3 日—2002 年 10 月 31 日 IBM 股票每日收盘价的 ARMA 模型

在第 13 章中我们证实了 IBM 股票每日收盘价的对数（LCLOSE）是非平稳的，但这些价格的一阶差分（DLCLOSE）是平稳的。由于 BJ 方法论是基于平稳时间序列，我们将运用 DLCLOSE 而不是 LCLOSE 来对该时间序列建模，其中 DLCLOSE 代表 LCLOSE 的一阶差分。

按照 BJ 方法论的步骤，确定哪个 ARMA 模型适合 DLCLOSE，我们给出了该序列直至 50 期滞后的相关图（见表 16-4），即使考虑更多滞后，该图也不会发生太大变化。

这个相关图产生了两种类型的相关系数：**自相关**（autocorrelation，AC）和**偏自相关**（partial autocorrelation，PAC）。ACF（自相关函数）度量的是当前 DLCLOSE 与各期滞后值之间的相关性。PACF（偏自相关函数）度量的是在控制了中间滞后（即滞后小

**表 16－4　IBM 股票每日收盘价的 ACF 和 PACF**

样本时期：1/03/2000 10/31/2002
包含的观测值数目：686

| 自相关 | 偏相关 | | AC | PAC | Q 统计量 | 概率 |
|---|---|---|---|---|---|---|
| .\|. \| | .\|. \| | 1 | −0.059 | −0.059 | 2.413 2 | 0.120 |
| .\|. \| | .\|. \| | 2 | −0.058 | −0.061 | 4.704 6 | 0.095 |
| .\|. \| | .\|. \| | 3 | −0.016 | −0.024 | 4.887 5 | 0.180 |
| .\|*\| | .\|*\| | 4 | 0.083 | 0.077 | 9.639 3 | 0.047 |
| .\|. \| | .\|. \| | 5 | −0.007 | 0.001 | 9.670 6 | 0.085 |
| .\|. \| | .\|. \| | 6 | 0.017 | 0.026 | 9.872 7 | 0.130 |
| .\|. \| | .\|. \| | 7 | 0.017 | 0.023 | 10.080 | 0.184 |
| .\|. \| | .\|. \| | 8 | −0.044 | −0.047 | 11.446 | 0.178 |
| .\|. \| | .\|. \| | 9 | 0.018 | 0.016 | 11.665 | 0.233 |
| .\|. \| | .\|. \| | 10 | 0.036 | 0.031 | 12.574 | 0.248 |
| .\|. \| | .\|. \| | 11 | −0.050 | −0.049 | 14.292 | 0.217 |
| .\|. \| | .\|. \| | 12 | −0.012 | −0.007 | 14.396 | 0.276 |
| .\|. \| | .\|. \| | 13 | 0.038 | 0.030 | 15.415 | 0.282 |
| .\|. \| | .\|. \| | 14 | 0.012 | 0.010 | 15.519 | 0.344 |
| .\|. \| | .\|. \| | 15 | 0.021 | 0.036 | 15.821 | 0.394 |
| .\|. \| | .\|. \| | 16 | 0.052 | 0.056 | 17.695 | 0.342 |
| .\|. \| | .\|. \| | 17 | 0.050 | 0.058 | 19.455 | 0.303 |
| *\|. \| | *\|. \| | 18 | −0.103 | −0.089 | 26.984 | 0.079 |
| .\|. \| | .\|. \| | 19 | 0.002 | −0.013 | 26.987 | 0.105 |
| .\|. \| | .\|. \| | 20 | 0.030 | 0.010 | 27.609 | 0.119 |
| .\|. \| | .\|. \| | 21 | −0.025 | −0.033 | 28.064 | 0.138 |
| *\|. \| | *\|. \| | 22 | −0.109 | −0.103 | 36.474 | 0.027 |
| .\|. \| | .\|. \| | 23 | −0.011 | −0.031 | 36.561 | 0.036 |
| .\|. \| | .\|. \| | 24 | 0.011 | 0.001 | 36.651 | 0.047 |
| *\|. \| | *\|. \| | 25 | −0.069 | −0.066 | 40.020 | 0.029 |
| *\|. \| | *\|. \| | 26 | −0.068 | −0.075 | 43.369 | 0.018 |
| .\|. \| | .\|. \| | 27 | −0.030 | −0.039 | 43.998 | 0.021 |
| .\|. \| | .\|. \| | 28 | −0.025 | −0.026 | 44.444 | 0.025 |
| .\|. \| | .\|. \| | 29 | 0.006 | −0.007 | 44.470 | 0.033 |
| .\|. \| | .\|. \| | 30 | 0.071 | 0.066 | 48.139 | 0.019 |
| .\|. \| | .\|. \| | 31 | −0.005 | 0.021 | 48.154 | 0.025 |
| .\|. \| | .\|. \| | 32 | −0.036 | −0.018 | 49.115 | 0.027 |
| .\|. \| | .\|. \| | 33 | −0.029 | −0.043 | 49.731 | 0.031 |
| .\|. \| | .\|. \| | 34 | 0.004 | −0.009 | 49.744 | 0.040 |
| *\|. \| | *\|. \| | 35 | −0.079 | −0.069 | 54.268 | 0.020 |
| .\|. \| | .\|. \| | 36 | 0.008 | −0.012 | 54.317 | 0.026 |
| *\|. \| | .\|. \| | 37 | −0.050 | −0.057 | 56.155 | 0.023 |
| *\|. \| | .\|. \| | 38 | −0.070 | −0.059 | 59.698 | 0.014 |
| .\|. \| | .\|. \| | 39 | 0.046 | 0.057 | 61.247 | 0.013 |
| .\|. \| | .\|. \| | 40 | −0.019 | −0.036 | 61.514 | 0.016 |
| .\|. \| | .\|. \| | 41 | −0.003 | 0.023 | 61.520 | 0.021 |
| .\|. \| | .\|. \| | 42 | −0.035 | 0.004 | 62.392 | 0.022 |
| .\|*\| | .\|. \| | 43 | 0.076 | 0.058 | 66.617 | 0.012 |
| .\|. \| | .\|. \| | 44 | 0.006 | −0.001 | 66.640 | 0.015 |
| .\|. \| | .\|. \| | 45 | 0.020 | 0.017 | 66.937 | 0.019 |
| .\|. \| | .\|. \| | 46 | −0.026 | −0.041 | 67.432 | 0.021 |
| .\|. \| | .\|. \| | 47 | 0.032 | 0.007 | 68.185 | 0.023 |
| .\|. \| | .\|. \| | 48 | 0.001 | −0.006 | 68.186 | 0.029 |
| .\|. \| | .\|. \| | 49 | −0.000 | −0.015 | 68.186 | 0.036 |
| .\|. \| | .\|. \| | 50 | −0.014 | −0.015 | 68.327 | 0.043 |

于 $k$）效应的情况下，相隔 $k$ 个时期的（时间序列）观测值之间的相关性。[1] BJ 方法论运用这两种相关系数来辨别给定情况下哪种 ARMA 模型更适合。

表 16-5 给出了 ACF 和 PACF 的一些理论模式。注意，AR($p$) 和 MA($q$) 的 ACF 和 PACF 有相反的模式：在 AR($p$) 中，ACF 呈几何（或指数）型衰减，但 PACF 维持了一定数量的滞后期后截尾。MA($q$) 过程也出现了同样的相反情况。

**表 16-5　ACF 和 PACF 的典型模式**

| 模型的类型 | ACF 的典型模式 | PACF 的典型模式 |
| --- | --- | --- |
| AR($p$) | 呈指数型衰减或呈阻尼正弦波型衰减或二者兼有 | 滞后 $p$ 阶截尾 |
| MA($q$) | 滞后 $q$ 阶截尾 | 呈指数型衰减 |
| ARMA($p$, $q$) | 呈指数型衰减 | 呈指数型衰减 |

记住，在具体的例子中，我们可能不会观察到表 16-5 给出的简洁模式。实践中反复尝试是不可避免的。

回到先前的例子中，我们看到 ACF 和 PACF 的值在正数和负数之间徘徊，没有出现持续的指数型衰减。

仔细观察相关图，我们会发现 ACF 和 PACF 都没有展现出表 16-5 给出的简洁模式。下面我们来检验哪个相关具有统计显著性，回顾一下，（样本）相关系数的标准差计算公式为 $\sqrt{\dfrac{1}{n}} = \sqrt{\dfrac{1}{739}} \approx 0.037$，其中 $n$ 是样本容量［见式（13.2）］。因此，实际相关系数的 95% 的置信区间约为 $0 \pm 1.96 \times 0.037 = (-0.072\,5, 0.072\,5)$。超出这个范围的相关系数在 5% 的水平上显著。在此基础上，ACF 和 PACF 滞后 4，18，22，35 和 43 期的相关性看起来似乎都具有统计显著性（见图 16-4 中的置信带）。

由于我们无法得到表 16-5 所列的理论 ACF 和 PACF 的清晰模式，因此需要进行反复尝试。

首先，假设我们拟合一个滞后 4，18，22，35 和 43 期的 AR 模型。表 16-6 给出了结果。如你所见，AR(35) 和 AR(43) 的系数都不具有统计显著性。但是，需要注意，当对前述回归的残差进行序列相关检验时，直到 5 期滞后都没有发现任何相关性，所以表 16-6 的模型是可以进一步考虑的一个选择。

鉴于 AR(35) 和 AR(43) 的系数都不具有统计显著性，我们可以将它们排除在外并重新估计仅含 AR(4)，AR(18) 和 AR(22) 的模型，表 16-7 给出了结果。该回归的方差似乎也呈随机分布。

如果必须在上述两个模型中选择一个，我们可以通过赤池或施瓦茨信息准则来做出选择。尽管两个表中两种准则的值相差不大，但从数字上来看表 16-7 中模型的信息值比表 16-6 中负的程度更大；记住，以信息准则为依据时，我们选择准则的数值最低的那个模型——本例中即为负的程度最大的那个值。

---

① 这类似于多元回归中的偏回归系数。在有 $k$ 个变量的回归模型中，第 $k$ 个回归元的系数 $B_k$ 表示，在保持或允许模型中其他回归元的影响的情况下，该变量对回归子的影响。

表 16-6　DCLOSE 的 AR(4, 18, 22, 35, 43) 模型

Dependent Variable：D(LCLOSE)
Method：Least Squares
Sample（adjusted）：3/03/2000 8/20/2002
Included Observations：643 after adjustments
Convergence achieved after 3 iterations

| | Coefficient | Std. Error | t-Statistic | Prob. |
|---|---|---|---|---|
| C | −0.000 798 | 0.000 966 | −0.825 879 | 0.409 2 |
| AR(4) | 0.096 492 | 0.039 101 | 2.467 745 | 0.013 9 |
| AR(18) | −0.073 034 | 0.039 623 | −1.843 242 | 0.065 8 |
| AR(22) | −0.084 777 | 0.039 642 | −2.138 565 | 0.032 9 |
| AR(35) | −0.055 990 | 0.039 381 | −1.421 768 | 0.155 6 |
| AR(43) | 0.052 378 | 0.039 310 | 1.332 428 | 0.183 2 |

| | | | |
|---|---|---|---|
| R-squared | 0.032 112 | Mean dependent var | −0.000 811 |
| Adjusted R-squared | 0.024 515 | S. D. dependent var | 0.026 409 |
| S. E. of regression | 0.026 084 | Akaike info criterion | −4.445 734 |
| Sum squared resid | 0.433 385 | Schwarz criterion | −4.404 059 |
| Log likelihood | 1 435.303 | Durbin-Watson stat | 2.089 606 |
| F-statistic | 4.226 799 | Prob(F-statistic) | 0.000 869 |

注：AR(4，18，22，35，43) 表示模型所包含的滞后项。

表 16-7　DCLOSE 的 AR(4, 18, 22) 模型

Dependent Variable：D(LCLOSE)
Method：Least Squares
Sample（adjusted）：2/03/2000 8/20/2002
Included Observations：664 after adjustments
Convergence achieved after 3 iterations

| | Coefficient | Std. Error | t-Statistic | Prob. |
|---|---|---|---|---|
| C | 0.000 937 | 0.000 944 | −0.992 942 | 0.321 1 |
| AR(4) | 0.101 286 | 0.038 645 | 2.620 899 | 0.009 0 |
| AR(18) | 0.082 566 | 0.039 024 | −2.115 760 | 0.034 7 |
| AR(22) | 0.091 977 | 0.039 053 | −2.355 157 | 0.018 8 |

| | | | |
|---|---|---|---|
| R-squared | 0.027 917 | Mean dependent var | −0.000 980 |
| Adjusted R-squared | 0.023 499 | S. D. dependent var | 0.026 416 |
| S. E. of regression | 0.026 104 | Akaike info criterion | −4.447 488 |
| Sum squared resid | 0.449 720 | Schwarz criterion | −4.420 390 |
| Log likelihood | 1 480.566 | Durbin-Watson stat | 2.102 050 |
| F-statistic | 6.318 233 | Prob(F-statistic) | 0.000 315 |

　　基于上述原因，表 16-7 中的模型似乎更优于表 16-6 中的模型。而且，表 16-7 中的模型比表 16-6 中的模型更经济，因为我们只需要估计 4 个参数而不是 6 个。

　　最开始我们尝试过与表 16-6 相对应的回归，用了 5 个滞后 MA 项，分别滞后 4，18，22，35 和 43 期，不过滞后 35 期和 43 期的系数不具有统计显著性。因此，我们估计了与表 16-7 相对应的 MA，得到如表 16-8 所示的结果。该回归的残差呈随机分布。

表 16-8　DCLOSE 的 MA(4，18，22) 模型

Dependent Variable：D(LCLOSE)
Method：Least Squares
Sample（adjusted）：1/04/2000 8/20/2002
Included Observations：686 after adjustments
Convergence achieved after 7 iterations
MA Backcast：12/03/1999 1/03/2000

|  | Coefficient | Std. Error | t-Statistic | Prob. |
|---|---|---|---|---|
| C | −0.000 887 | 0.000 878 | −1.011 247 | 0.312 3 |
| MA(4) | 0.086 628 | 0.038 075 | 2.275 167 | 0.023 2 |
| MA(18) | −0.099 334 | 0.038 682 | −2.567 953 | 0.010 4 |
| MA(22) | −0.112 227 | 0.038 958 | −2.880 715 | 0.004 1 |

| | | | |
|---|---|---|---|
| R-squared | 0.027 366 | Mean dependent var | −0.000 928 |
| Adjusted R-squared | 0.023 088 | S. D. dependent var | 0.026 385 |
| S. E. of regression | 0.026 079 | Akaike info criterion | −4.449 579 |
| Sum squared resid | 0.463 828 | Schwarz criterion | −4.423 160 |
| Log likelihood | 1 530.206 | Durbin-Watson stat | 2.104 032 |
| F-statistic | 6.396 312 | Prob(F-statistic) | 0.000 282 |

我们应该选择哪一个模型？ AR(4，18，22) 还是 MA(4，18，22)？

由于 MA 模型的赤池和施瓦茨信息准则值是最低的，因此我们可以认为 MA 优于 AR，尽管两者的差距并不大。

回顾一下，MA 模型仅是随机误差项的加权平均。不过，由于 IBM 收盘价对数的一阶差分是平稳的，因此用 MA 模型是有意义的。

但是在赞同 MA 模型前，我们先看看能否建立一种将 AR 和 MA 都包括在内的模型。经过一些实验，我们得到如表 16-9 所示的模型。

表 16-9　DLCLOSE 的 ARMA[(4，22)，(4，22)] 模型

Dependent Variable：D(LCLOSE)
Method：Least Squares
Sample（adjusted）：2/03/2000 8/20/2002
Included Observations：664 after adjustments
Convergence achieved after 12 iterations
MA Backcast：1/04/2000 2/02/2000

|  | Coefficient | Std. Error | t-Statistic | Prob. |
|---|---|---|---|---|
| C | −0.000 985 | 0.001 055 | −0.934 089 | 0.350 6 |
| AR(4) | −0.229 487 | 0.061 210 | −3.749 152 | 0.000 2 |
| AR(22) | −0.641 421 | 0.062 504 | −10.262 02 | 0.000 0 |
| MA(4) | 0.361 848 | 0.060 923 | 5.939 484 | 0.000 0 |
| MA(22) | 0.618 302 | 0.055 363 | 11.168 08 | 0.000 0 |

| | | | |
|---|---|---|---|
| R-squared | 0.048 013 | Mean dependent var | −0.000 980 |
| Adjusted R-squared | 0.042 235 | S. D. dependent var | 0.026 416 |
| S. E. of regression | 0.025 852 | Akaike info criterion | −4.465 365 |
| Sum squared resid | 0.440 423 | Schwarz criterion | −4.431 493 |
| Log likelihood | 1 487.501 | Durbin-Watson stat | 2.111 835 |
| F-statistic | 8.309 156 | Prob(F-statistic) | 0.000 002 |

根据赤池和施瓦茨信息准则，这个模型似乎是"最佳的"。用单位根检验该模型的残差，发现不存在单位根，表明模型的残差是平稳的。此外，基于第 6 章讨论过的 BG 自相关检验，运用 5 期滞后，残差中未发现任何序列相关性。

综上所述，所有迹象均表明，ARMA[(4，22)，(4，22)]也许是描述样本期间 IBM 股票每日收盘价对数的一阶差分行为最合适的模型。

### □ 用 ARIMA 预测

一旦得到一个特定的 ARMA 拟合模型，就可以用它来预测，这也是这类模型的首要目标。预测类型分为两种：**静态**（static）和**动态**（dynamic）。在静态预测中，我们用的是预测变量的当前实际值和滞后值；而在动态预测中，我们用的是预测变量的前一个预测值。

运用表 16-9 中的模型，我们得到如图 16-5 所示的静态预测。[1] 该图给出了 IBM 股票收盘价对数的实际值和预测值，以及预测的置信区间。附表给出了预测质量的衡量标准，与我们之前所见到的一样，包括均方根、平均绝对误差、平均绝对百分比误差和泰尔不等系数。在本例中，该系数实际为零，表明模型拟合得相当好。这一点也可以从图 16-5 中看出，在该图中，实际值与预测值的轨迹离得非常近。

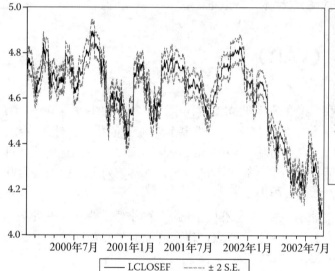

| | |
|---|---|
| Forecast: LCLOSEF | |
| Actual: LCLOSE | |
| Forecast Sample: 1/03/2000 10/31/2002 | |
| Adjusted Sample: 2/03/2000 8/26/2002 | |
| Included Observations: 664 | |
| Root Mean Squared Error | 0.025 754 |
| Mean Absolute Error | 0.019 017 |
| Mean Abs. Percent Error | 0.414 809 |
| Theil Inequality Coefficient | 0.002 788 |
| Bias Proportion | 0.000 005 |
| Variance Proportion | 0.001 310 |
| Covariance Proportion | 0.998 685 |

图 16-5　IBM 股价的实际值和预测值

图 16-6 给出了动态预测的图像。Eviews 给出的预测质量的衡量标准与图 16-4 相同。

从泰尔不等系数来看，动态预测的表现不如静态预测好。此外，沿着时间轴，95% 的置信带迅速扩大。出现这种情况的原因是，我们用前一期的预测值来计算后续的预测值，并且如果前一期预测值中存在任何误差，则该误差会被一直传递下去。

在进一步深入之前，我们鼓励读者去获得最新的数据，看看当前样本中观察到的模

---

① 表 16-6 是基于 IBM 收盘价对数的一阶差分，而图 16-5 所给出的预测是基于收盘价的对数水平。Eviews 可以自动完成这个任务。

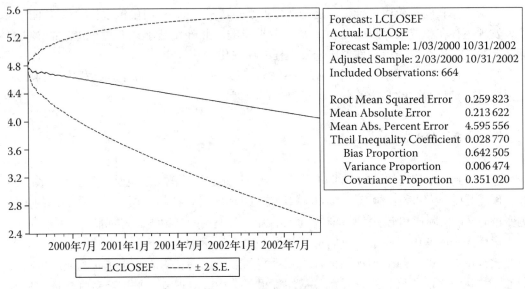

| | |
|---|---|
| Forecast: LCLOSEF | |
| Actual: LCLOSE | |
| Forecast Sample: 1/03/2000 10/31/2002 | |
| Adjusted Sample: 2/03/2000 10/31/2002 | |
| Included Observations: 664 | |
| | |
| Root Mean Squared Error | 0.259 823 |
| Mean Absolute Error | 0.213 622 |
| Mean Abs. Percent Error | 4.595 556 |
| Theil Inequality Coefficient | 0.028 770 |
| Bias Proportion | 0.642 505 |
| Variance Proportion | 0.006 474 |
| Covariance Proportion | 0.351 020 |

图 16 - 6　IBM 股价的动态预测值

式是否适用于新样本。由于 ARIMA 建模是一个反复的过程，读者或许想要尝试其他的 ARIMA 模型，看能否对本节所讨论的模型做一些改进。

# 16.4　向量自回归（VAR）

在包含 $m$ 个内生变量（即因变量）的古典联立方程模型中，每个内生变量有一个对应的方程，即共有 $m$ 个方程。[1] 每个方程均包含一个或多个内生变量及一些外生变量。在估计这些方程之前，我们必须确保**识别问题**（problem of identification）已经解决，即参数或参数集自始至终都可以被估计。为了达到识别的目的，常常要对方程中的变量作限制，使系统中某些变量仅出现在某些方程中。

这种做法受到了西姆斯的严厉批判，他认为模型中的 $m$ 个内生变量应当平等地对待；而不应该事先区分内生变量和外生变量。[2] 所以，每个方程应包含相同数目的回归元。基于这个原因，西姆斯提出了 VAR 模型。

## □ 二元 VAR[3]

为了解释 VAR 的基本思想，我们首先考虑有两个变量的一个系统。在第 14 章中我

---

① 本书中我们不讨论联立方程模型，因为它们已经不再像 20 世纪六七十年代那样被广泛应用了。有关概述可参见 Gujarati/Porter, *op cit*., Chapters 18-20。

② Sims，C. A.（1980），Macroeconomics and reality，*Econometrica*，48，1-48.

③ 在数学中向量是指有方向的任何数字。在这里，我们将变量的数值排成一列，称为列向量。由于在 VAR 中我们需要处理的变量超过一个，因此可以将每一个变量的所有取值设为一个列向量。当处理的是这类（列）向量时，我们把研究这类列向量的系统称为 VAR 系统。

计量经济学：原理与实践（第二版）

们从协整的角度讨论过 3 个月期和 6 个月期国债利率之间的关系。现在我们将从用 VAR 方法来预测这两种利率的角度来讨论。考虑下面两个方程：

$$TB3_t = A_1 + \sum_{j=1}^{j=p} B_j TB3_{t-j} + \sum_{j=1}^{j=p} C_j TB6_{t-j} + u_{1t} \tag{16.8}$$

$$TB6_t = A_2 + \sum_{j=1}^{j=p} D_j TB3_{t-j} + \sum_{j=1}^{j=p} E_j TB6_{t-j} + u_{2t} \tag{16.9}$$

其中 $TB3$ 和 $TB6$ 分别为 3 个月期和 6 个月期国债利率，$u$ 为白噪声误差项，在 VAR 术语中称为**脉冲值**（impulses）或**新生值**（innovations）或**冲击值**（shocks）。

注意，上述方程中给出的二元 VAR 的性质如下：

1. 上述二元系统与联立方程系统相似，两者之间的根本区别在于每个方程仅包含自身的滞后值和系统中其他变量的滞后值。但是，这些方程式的右边均不包含两个变量的当前值。

2. 尽管每个变量滞后值的数量可能不同，但大部分情况下我们在每个方程中使用相同数量的滞后项。

3. 上述二元 VAR 系统称为 VAR($p$) 模型，因为在方程右边每个变量都有 $p$ 个滞后值。若右边的每个变量都只有一个滞后值，则为 VAR(1) 模型；若有两个滞后值，则为 VAR(2) 模型；依此类推。

4. 虽然我们讨论的只有两个变量，但 VAR 系统可以拓展为多个变量。假设引入一个新变量，如联邦基金利率（Federal Funds rate），于是我们得到一个三变量 VAR 系统，系统中每个方程式右边的每个变量均包含 $p$ 个滞后值。

5. 但如果在系统中考虑多个变量，且每个变量有多个滞后值，那么我们不得不估计多个系数。不过，在这个有高速计算机和精密软件包的时代，以上问题可以轻松解决，但这个系统会迅速变得笨拙。

6. 在式（16.8）和式（16.9）这种二变量系统中，两个变量之间至多存在一种协整或均衡关系。如果是三变量 VAR 系统，则三个变量之间至多存在两种协整关系。概括来说，一个 $n$ 变量 VAR 系统至多拥有（$n-1$）种协整关系。

要找出 $n$ 个变量之间存在多少协整关系，需要用到约翰森方法论，不过这超出了本书的范围。但是，Stata 和 Eviews 等统计软件包可以相对简便地解决这个问题。

该协整关系有一些理论基础。在本例中，理论基础为**利率期限结构**（term structure of interest rates）：短期与长期利率之间的关系。

由于我们的目标是介绍 VAR 的基本要素，现在继续回到两变量 VAR 系统中。

鉴于我们有 349 组关于这两种利率的月度观测值，在选择引入模型的滞后项数量时有很大的灵活性。引入的滞后项过少会导致设定误差；引入过多的滞后项则会消耗一部分自由度，更不用说共线性的问题了。因此，我们需要反复尝试，并根据赤池或施瓦茨信息准则最终确定滞后项的数量。

由于我们预期金融市场是有效的，因此不必在两个方程式中引入过多滞后项。因为套利操作的存在，利率市场中更是如此。

无论引入两个方程式中的滞后项是多少个，VAR 的一个关键要求都是所考虑的时间序列为平稳的。我们得到了三种可能性：

第一种：$TB3$ 和 $TB6$ 时间序列都为 I(0)，即平稳的。这种情况下我们可以用 OLS 估计每个方程。

第二种：$TB3$ 和 $TB6$ 都为 I(1)，那么我们可以对两个变量取一阶差分，得到平稳时间序列，然后我们同样可以用 OLS 分别估计两个方程。

第三种：若两个序列都为 I(1)，且是协整的，那么我们可以用第 14 章中讨论过的**误差纠正机制**（error correction mechanism，ECM）。回顾一下，ECM 结合了长期均衡和短期动态以达到平衡。由于我们目前所讨论的 VAR 系统中变量超过一个，因而多元 ECM 称为**向量误差纠正模型**（VECM）。

用 VECM 方法估计式（16.8）和式（16.9）给出的 VAR 模型，包括以下三个步骤：

步骤 1：我们首先估计两种利率之间的协整关系。从第 14 章中我们知道协整关系的式子为：

$$TB6_t = B_1 + B_2 TB3_t + B_3 t + B_4 t^2 + u_t \tag{16.10}$$

表 16-10 给出了回归结果。这些结果表明，当我们允许线性和二次趋势时，两种利率间存在具有统计显著性的正相关关系。若 $TB3$ 增加一个百分点，保持其他条件不变，$TB6$ 平均增加约 0.96 个百分点。结果还表明，两种利率都有递减的趋势，从图 14-2 中可以清晰地看出，递减速率在不断增大。

表 16-10　$TB6$ 和 $TB3$ 之间的关系

Dependent Variable：TB6
Method：Least Squares
Sample：1981M01 2010M01
Included Observations：349

|  | Coefficient | Std. Error | t-Statistic | Prob. |
|---|---|---|---|---|
| C | 0.606 465 | 0.076 820 | 7.894 596 | 0.000 0 |
| TB3 | 0.958 401 | 0.006 308 | 151.940 9 | 0.000 0 |
| @TREND | −0.002 585 | 0.000 528 | −4.893 455 | 0.000 0 |
| @TREND^2 | 4.43E−06 | 1.25E−06 | 3.533 231 | 0.000 5 |

| | | | |
|---|---|---|---|
| R-squared | 0.995 950 | Mean dependent var | 5.352 693 |
| Adjusted R-squared | 0.995 915 | S. D. dependent var | 3.075 953 |
| S. E. of regression | 0.196 590 | Akaike info criterion | −0.403 995 |
| Sum squared resid | 13.333 46 | Schwarz criterion | −0.359 811 |
| Log likelihood | 74.497 16 | Durbin-Watson stat | 0.363 237 |
| F-statistic | 28 283.37 | Prob(F-statistic) | 0.000 000 |

步骤 2：我们从回归中得到残差 $e_t$，由以下关系式给出：

$$e_t = TB6_t - 0.606\,4 - 0.958\,4 TB3_t + 0.002\,6 t - 0.000\,004\,3 t^2 \tag{16.11}$$

假设 $e_t$ 是平稳的，我们知道式（16.11）中的 $e_t$ 为误差纠正（EC）项。[①]

步骤 3：现在我们对如下 VEC 模型用 EC 项估计式（16.8）和式（16.9）：

---

① 为了建立一个平稳的 $e_t$，运用单位根检验。将 $\Delta e_t$ 对 $e_{t-1}$ 回归，检验回归中的斜率系数为零（即存在单位根）的假设。代入数据，读者可以证明，完全有理由拒绝单位根假设，从而表明式（16.10）中的误差项确实是平稳的。

$$\Delta TB6_t = \alpha_1 + \alpha_2 e_{t-1} + v_{1t} \tag{16.12}$$

$$\Delta TB3_t = \alpha_3 + \alpha_4 e_{t-1} + v_{2t} \tag{16.13}$$

你会看到 VEC 是如何通过 EC 项将短期动态融入长期关系中的。在这两个方程中，斜率系数称为**误差纠正系数**（error correction coefficient），因为它们衡量的是 $\Delta TB6$ 和 $\Delta TB3$ 调整至前一期的"均衡误差" $e_{t-1}$ 的程度。

注意观察两种 TB 利率的短期行为是如何通过 EC 项与它们的长期关系相联系的。举个例子，如果 $\alpha_2$ 是正数，$TB6$ 低于前一期的均衡值，因此在当前时期它必须向上调整。相反，若 $\alpha_2$ 是负数，$TB6$ 高于均衡值，所以在当前时期它必须向下调整。同样的道理也适用于 $TB3$。

需要指出，上述两个回归中的斜率系数符号将是相反的，因为两种利率之间仅存在一种均衡关系。

回归得到的简略结果如下：

$$\Delta TB6_t = -0.040\,0 - 0.054\,5 e_{t-1}$$
$$t = (-2.092\,8)(-0.558\,2) \tag{16.14a}$$

$$\Delta TB3_t = -0.043\,0 + 0.196\,2 e_{t-1}$$
$$t = (-2.071\,4)(1.552\,3) \tag{16.14b}$$

其中括号内的数字为 $t$ 比率。

两个 VEC 模型中的斜率系数在统计上均不具有显著性，表明两个利率互相调适的速度非常快。

你可能会感到疑惑：我们以式（16.8）和式（16.9）给出的 VAR 模型开始，其中每个变量均有一个滞后项，以式（16.12）和式（16.13）给出的 VEC 模型结束——两个模型看起来并无相似之处。但这种不同只是表面的，我们可以证明两者实际上是等价的。

要找到这个答案，首先来看式（16.12）：

$$\Delta TB6_t = \alpha_1 + \alpha_2 e_{t-1} + v_{1t}$$
$$(TB6_t - TB6_{t-1}) = \alpha_1 + \alpha_2 [TB6_{t-1} - 0.606\,4 - 0.958\,4 TB3_{t-1}$$
$$\qquad\qquad + 0.002\,6(t-1) - 0.000\,004(t-1)^2] + v_{1t}$$
$$TB6_t = \alpha_1 + (\alpha_2 + 1) TB6_{t-1} - 0.606\,4\alpha_2$$
$$\qquad - 0.958\,4\alpha_2 TB3_{t-1} + 0.002\,6\alpha_2(t-1)$$
$$\qquad - 0.000\,004\alpha_2(t-1)^2 + v_{1t} \tag{16.15}$$

整理式子，可以看出式（16.15）与式（16.8）完全一致。$TB3_t$ 也可以得到类似的等式。

这个练习的目的是表明事实上我们估计的是 VAR 模型，尽管是在多变量时间序列的背景下，但我们按照"格兰杰表述定理"明确地将误差纠正机制考虑在内。

## □ 用 VAR 预测

时间序列模型的首要任务就是预测。前面我们已讨论过 ARIMA 如何用于预测。

现在我们为了同样的目的来考量 VAR。不过，与仅涉及单变量时间序列的 ARIMA 不同，我们现在需要同时处理两个或两个以上时间序列。

我们仍然用 $TB3$ 和 $TB6$ 时间序列来说明如何用 VAR 进行预测。为简便起见，对符号稍作改变，考虑如下 VAR(1) 模型：

$$TB3_t = A_1 + A_2 TB3_{t-1} + A_3 TB6_{t-1} + A_4 t + u_t \tag{16.16}$$

$$TB6_t = B_1 + B_2 TB3_{t-1} + B_3 TB6_{t-1} + B_4 t + u_{2t} \tag{16.17}$$

其中 $t$ 是趋势变量。[①]

估计出两变量 VAR 之后，我们用 $a$ 和 $b$ 来表示系数的估计值。利用时期 1 到时期末 $(t)$ 的样本数据可以得到这些估计值。现在假设我们想要估计超出样本时期的 $TB3$ 和 $TB6$ 的值，即时期 $(t+1)$，$(t+2)$，…，$(t+n)$ 的值，其中 $n$ 为特定值。

用 $TB3$ 继续进行如下步骤。对 $(t+1)$ 期的预测为：

$$TB3_{t+1} = A_1 + A_2 TB3_t + A_3 TB6_t + A_4(t+1) + u_{t+1} \tag{16.18}$$

由于我们无从得知 $(t+1)$ 期误差项的值，故我们将其设定为零，毕竟 $u$ 是随机的。我们也不知道参数值的大小，不过可以用从样本数据中得到的参数估计值来代替。所以，事实上我们估计的是

$$T\hat{B}3_{t+1} = a_1 + a_2 TB3_t + a_3 TB6_t + a_4(t+1) \tag{16.19}$$

因此，为了预测 $(t+1)$ 期的 $TB3$，我们需要用 $t$ 期的 $TB3$ 和 $TB6$ 的实际值，即样本中最后一组观测值。符号上方的帽子代表预测值。

用同样的程序预测 $(t+1)$ 期的 $TB6$，即

$$T\hat{B}6_{t+1} = b_1 + b_2 TB3_t + b_3 TB6_t + b_4(t+1) \tag{16.20}$$

要预测 $(t+2)$ 期的 $TB3$，我们将按照同样的程序，不过需要作如下修正：

$$T\hat{B}3_{t+2} = a_1 + a_2 T\hat{B}3_{t+1} + a_3 T\hat{B}6_{t+1} + a_4(t+2) \tag{16.21}$$

注意观察在这个方程中我们用了前一期 $TB3$ 和 $TB6$ 的预测值而没用实际值，因为我们根本无从得知实际值。

大家可能已经感觉到，这个程序产生的是动态预测。同时要注意，如果在第一期中产生了预测误差，该误差会被向后传递，因为得到第一期的预测值之后，我们会将前一期的预测值输入上述方程的右边，以得到当前的预测值。

当然，这种人工预测方式是非常冗长乏味的。不过类似 Stata 的统计软件包可以用 fcast 指令轻易地完成这个工作。为了节约篇幅，我们将不会展示本例给出的结果。顺便提醒一下，fcast 指令还会计算出预测值的置信区间。

计量经济学：原理与实践（第二版）

---

① 如果有需要，也可以加入二次趋势 $t^2$，不过为了便于讨论，我们排除了这一项。

## 16.5　用 VAR 检验因果关系：格兰杰因果关系检验

一直以来，人们用 VAR 建模来阐释**因果关系**（causality）这一充满争议的深奥哲学问题。正如我们在回归分析中所提到的，因变量 $Y$ 与一个或多个 $X$ 变量（即回归元）之间的区别，不一定意味着 $X$ 变量是"导致" $Y$ 变化的原因。它们之间的因果关系，如果存在，是通过诉诸一些理论或某些实验由外部确定的。[①]

但是，在包含时间序列数据的回归中，情形可能会有所不同，正如一位学者所说：

> ……时间不会逆转。即，如果 $A$ 发生在 $B$ 事件之前，那么有可能是 $A$ 导致了 $B$，但不可能是 $B$ 导致了 $A$。换句话说，过去的事件可能会引发当前的事件，但将来的事件却不能引发当前的事件。[②]

这很可能就是所谓的**格兰杰因果关系检验**（Granger causality test）基本的思维方式。

### □ 格兰杰因果关系检验

为了解释格兰杰因果关系检验，我们将从格兰杰因果关系的角度来看 16.1 节中讨论过的消费函数的例子。现在的问题是：扣除物价因素（以 2005 年连锁美元价格为准），人均消费支出（PCE）和人均可支配收入（PDI）之间存在什么关系？用箭头代表因果关系，是 PCE→PDI 还是 PDI→PCE？以实证为目的，我们将运用这些变量的对数，因为斜率系数可以解释为弹性。

格兰杰检验包含对下列两个回归的估计：

$$LPCE_t = \sum_{i=1}^{m} \alpha_i LPCE_{t-i} + \sum_{j=1}^{m} \beta_j LPDI_{t-j} + \lambda_1 t + u_{1t} \tag{16.22}$$

$$LPDI_t = \sum_{i=1}^{m} \gamma_i LPDI_{t-i} + \sum_{j=1}^{m} \delta_j LPCE_{t-j} + \lambda_2 t + u_{2t} \tag{16.23}$$

其中 $L$ 代表对数，$t$ 为时间或趋势变量，并假定误差项 $u_{1t}$ 和 $u_{2t}$ 是不相关的。

注意，有两个方程代表这是一个二元 VAR。系统中每个方程均包含两个变量的滞后值；每个方程中所包含的滞后项数量是一个反复试验的过程。

下面我们来区分四种情形：

1. 若方程（16.23）中估计的 $\delta_j$ 值总体来讲统计上不等于零，而且方程（16.22）中估计的 $\beta_j$ 的系数集与零没有统计上的不同，则会出现从 LPCE 到 LPDI（LPCE→LPDI）

① 实验经济学是一个迅速成长的研究领域。要了解大致内容，请参见 Stock，J. H. and Watson，M. W.，*Introduction to Econometrics*，2nd edn，Pearson/Addison Wesley，Boston，2007，Chapter 13。相信关于"实验经济学"的书籍很快会问世。

② Koop，G.，*Analysis of Economic Data*，Wiley，New York，2000，p. 175.

的单向因果关系（unidirectional causality）。

2. 若方程（16.22）中估计的 $\beta_j$ 的系数集统计上不等于零，而且方程（16.23）中估计的 $\delta_j$ 的系数集与零没有统计上的不同，则也会出现从 LPDI 到 LPCE（LPDI→LPCE）的单向因果关系。

3. 当两个回归中 LPCE 和 LPDI 的系数集都统计上显著不等于零时，会出现反馈或双向因果关系（feedback or bilateral causality）。

4. 当任何一个回归中 LPCE 和 LPDI 的系数集都不具有统计显著性时，则认为存在独立关系（independence）。

要实施检验，考虑回归（16.22）。进行如下步骤：

1. 将当前 LPCE 对 LPCE 的所有滞后项和可能存在的其他变量（如趋势）进行回归，但回归中不包括 LPDI 的滞后项。我们称之为**受约束回归**（restricted regression）。[1] 从该回归中我们得到受约束残差平方和 $RSS_r$。

2. 现在重新估计包含 LPDI 的滞后项的方程（16.22）。这是无约束回归。从该回归中我们得到无约束残差平方和 $RSS_{ur}$。

3. 零假设 $H_0$ 为：$\beta_1 = \beta_2 = \cdots = \beta_m = 0$，即回归中不包括 LPDI 的滞后项。

4. 为了检验上述零假设，我们用 $F$ 检验，如下所示：

$$F = \frac{(RSS_r - RSS_{ur})/m}{RSS_{ur}/(n-k)} \tag{16.24}$$

自由度为 $m$ 和 $(n-k)$，其中 $m$ 是 LPDI 滞后项的数量，$k$ 是非受限模型中估计参数的数量，$n$ 是样本容量。

5. 如果在选定的显著性水平上，计算得到的 $F$ 值超过了 $F$ 的临界值，则拒绝零假设。这种情况下 LPDI 的滞后项应归入 LPCE 方程，也就是说 LPDI 是引起 LPCE 变化的原因。

对方程（16.23）重复上述步骤，可以找出 LPCE 是不是引起 LPDI 变化的原因。

在实施格兰杰检验之前，我们需要考虑一些因素：

1. 引入格兰杰因果关系检验的滞后项数量的多少是一个非常重要的实际问题，因为因果关系的方向关键取决于模型中所包含的滞后项数量。我们必须用赤池、施瓦茨或类似的准则来确定滞后长度。反复试验是不可避免的。

2. 前面我们假设进入格兰杰检验的误差项是不相关的。如果情况并非如此，则需要进行适当的误差转换，这一点在自相关的章节中讨论过。

3. 我们必须防止"虚假"因果关系的出现。当我们说 LPCE 是引起 LPDI 变化的原因（或者反过来）时，很可能还存在一个能同时引致 LPCE 和 LPDI 变化的"潜伏"变量，如利率。因此，LPCE 和 LPDI 之间的因果关系可能实际上是由于忽略了变量（即利率）而产生的。要找出这一点，其中一种方法是考虑一个三变量 VAR，每个变量一个方程。

4. 格兰杰因果关系检验一个基础的关键假设是所研究的全部变量，如 LPCE 和

---

① 回顾第 2 章中有关受限和非受限模型以及 $F$ 检验的讨论。

LPDI是平稳的。在本例中，可以证明 LPCE 和 LPDI 单独来看都是非平稳的。所以，严格地说，我们不能运用格兰杰检验。

5. 不过，尽管单独来看是非平稳的，但也许所讨论的变量之间存在协整关系。在这种情况下，与单一非平稳变量的情形相同，我们需要用误差纠正机制（ECM）。原因是，如果 LPCE 和 LPDI 是协整的，那么根据格兰杰表述理论，要么是 LPCE 引致了 LPDI 的变化，要么是 LPDI 引致了 LPCE 的变化。[1]

为了确定 LPCE 和 LPDI 是否存在协整关系，我们估计如表 16 - 11 所示的（协整）回归。从该回归可以看出，PCE 对 PDI 的弹性约为 0.71，具有统计显著性。趋势系数同样具有统计显著性，表明 LPCE 的增长速度约为每年 0.76%。

表 16 - 11　LPCE 对 LPDI 和趋势的回归

Dependent Variable：LPCE
Method：Least Squares
Sample：1960 2004
Included Observations：45

| Variable | Coefficient | Std. Error | t-Statistic | Prob. |
|---|---|---|---|---|
| C | 2. 589 374 | 0. 476 107 | 5. 438 637 | 0. 000 0 |
| LPDI | 0. 709 795 | 0. 050 779 | 13. 978 07 | 0. 000 0 |
| @TREND | 0. 007 557 | 0. 001 156 | 6. 537 171 | 0. 000 0 |

| | | | |
|---|---|---|---|
| R-squared | 0. 998 228 | Mean dependent var | 9. 762 786 |
| Adjusted R-squared | 0. 998 143 | S. D. dependent var | 0. 311 154 |
| S. E. of regression | 0. 013 408 | Akaike info criterion | −5. 721 653 |
| Sum squared resid | 0. 007 550 | Schwarz criterion | −5. 601 209 |
| Log likelihood | 131. 737 2 | Hannan-Quinn criter. | −5. 676 753 |
| F-statistic | 11 827. 74 | Durbin-Watson stat | 0. 619 973 |
| Prob(F-statistic) | 0. 000 000 | | |

对该回归的残差进行单位根检验，发现这些残差是平稳的。[2] 因此，我们可以得出结论：这两个时间序列是协整的，尽管它们单独来看是非平稳的。

为了证实这一点，我们可以进行格兰杰因果关系检验，不过要用到误差纠正机制。如下所示：

$$\Delta LPCE_t = \alpha_1 + \alpha_2 \Delta LPCE_{t-1} + \cdots + \alpha_p \Delta LPCE_{t-p}$$
$$+ \beta_1 \Delta LPDI_{t-1} + \cdots + \beta_q \Delta LPDI_{t-q} + \lambda e_{t-1} + v_t \tag{16.25}$$

其中 $\Delta$，跟往常一样，表示一阶差分算子，$e_{t-1}$ 为表 16 - 11 给出的协整回归的残差滞后项，即误差纠正（EC）项。

从式（16.25）中可以清晰地看出，LPCE 的起因有两种来源：（1）通过 LPDI 的滞后值；（2）通过协整向量的滞后值（即 EC 项）。标准格兰杰检验忽视了后一种起因来源。

---

① 参见 Koop, G. , *Analysis of Financial Data*，Wiley，Chichester，UK，2006，Chapter 11。
② 不存在截距和趋势。

因此，若任一 $\beta$ 系数为非零，或 $\lambda \neq 0$，则可以拒绝零假设 $H_0$：$\beta_1 = \beta_2 = \cdots = \beta_q = \lambda = 0$。换句话说，即使所有 $\beta$ 系数均为零，但 EC 滞后项的系数为非零，我们也可以拒绝 LPDI 没有引致 LPCE 变化的假设。因为 EC 项包括 LPDI 的影响。

为了检验 LPDI 没有引致 LPCE 变化的假设，我们进行如下步骤：

1. 用 OLS 估计式（16.25），并从该回归取得残差平方和（RRS）；我们称之为无约束 $RRS_{ur}$，因为回归中包括了全部项数。

2. 去掉 LPDI 的所有滞后项和 EC 项，然后重新估计式（16.25）。从缩减的回归取得 $RSS$，称之为受约束 $RSS$，即为 $RRS_r$。

现在运用 F 检验，和式（16.24）中一样，如果在选定的显著性水平上，计算得到的 F 值超过了 F 的临界值，则拒绝零假设。

注意，标准格兰杰因果关系检验与"扩展"的因果关系检验的区别是式（16.25）中存在 EC 项。

在估计式（16.25）时遇到的现实问题是方程中滞后项的数量。由于我们拥有年度数据，所以决定在方程的右边每个变量只引入一个滞后项。[1] 结果如下（见表 16 - 12）。

注意，滞后误差项 $\Delta LPDI(-1)$ 不具有显著性，但 EC 项是高度显著的。去掉 LPDI 的滞后项和 EC 项，我们重新估计了表 16 - 12 中的模型，基于 F 检验的结果发现，LPDI 的滞后项和 EC 项应归入该模型。这表明 LPCE 的变化是由 LPDI 的滞后项或 EC 项引起的，或者两者皆有。

**表 16 - 12　带 EC 项的格兰杰因果关系**

Dependent Variable：D(LPCE)
Method：Least Squares
Sample（adjusted）：1962 2004
Included Observations：43 after adjustments

| Variable | Coefficient | Std. Error | t-Statistic | Prob. |
|---|---|---|---|---|
| C | 0.013 772 | 0.004 440 | 3.101 368 | 0.003 6 |
| D(LPCE(-1)) | 0.579 602 | 0.240 720 | 2.407 785 | 0.020 9 |
| D(LPDI(-1)) | 0.135 031 | 0.241 895 | 0.558 220 | 0.579 9 |
| S2(-1) | 0.511 126 | 0.192 531 | 2.654 766 | 0.011 4 |

| | | | | |
|---|---|---|---|---|
| R-squared | 0.248 628 | Mean dependent var | | 0.025 026 |
| Adjusted R-squared | 0.190 830 | S. D. dependent var | | 0.016 628 |
| S. E. of regression | 0.014 958 | Akaike info criterion | | -5.478 748 |
| Sum squared resid | 0.008 726 | Schwarz criterion | | -5.314 815 |
| Log likelihood | 121.793 1 | Hannan-Quinn criter. | | -5.418 331 |
| F-statistic | 4.301 676 | Durbin-Watson stat | | 1.831 083 |
| Prob(F-statistic) | 0.010 274 | | | |

注：D（$=\Delta$）是一阶差分算子。

将 LPDI 作为因变量［即式（16.23）］，重复上述步骤以确定是 LPCE 的滞后项还是 EC 的滞后项抑或是两者一起引起了 LPDI 的变化。结论是两者实际上都是引起 LPDI 变

---

[1]　我们也引入了 LPCE 和 LPDI 的两个滞后项，但最终结果没有变化。

化的原因。

以上所有内容要表明的是，LPCE 和 LPDI 之间存在双向因果关系。从宏观水平看，这个结果并不出人意料，因为总收入和总支出是互相依赖的。

## 16.6 要点与结论

本章的主要目的是向读者介绍时间序列计量经济学中四个重要的课题，即（1）用线性回归模型进行预测，（2）用博克斯–詹金斯方法论预测单变量时间序列，（3）用向量自回归预测多变量时间序列，（4）计量经济学中因果关系的性质。

线性回归模型长期以来一直被用于预测销售、生产、就业、企业利润以及很多其他的经济话题。在讨论用线性回归预测时，我们区分了点预测和区间预测、事前预测和事后预测，以及条件预测和非条件预测。我们通过 1960—2004 年美国实际人均消费支出与实际人均可支配收入之间的关系来说明上述预测类型，并保留了 2005—2008 年的观测值以判断拟合模型在估计期间的后期表现如何。此外，我们简要介绍了如何用自相关误差进行预测。

然后我们讨论了 ARIMA 预测方法，也就是广为人知的博克斯–詹金斯（BJ）方法论。用 BJ 方法进行预测时，我们严格依据时间序列过去的历史值或者随机误差项的纯移动平均或者两者皆有。ARMA 的名称是 AR（autoregressive）和 MA（moving average）两个术语的结合。我们假设所研究的时间序列是平稳的。若为非平稳，则通过取一阶或多阶差分使其变平稳。

ARIMA 建模分为四个步骤：（1）识别，（2）估计，（3）诊断，（4）预测。在利用 ARIMA 建模时，我们先来看一些标准 ARIMA 模型的特征，然后根据给定的情形对它们做适当的修正。一旦识别了模型，也就完成了对模型的估计。为了查看拟合模型的表现是否令人满意，我们对其进行各种诊断检验。这里关键看选定模型的残差是否为白噪声。如果不是，我们得重复一遍这四个步骤。所以说 BJ 方法论是一个反复的程序。

一旦最终确定了 ARIMA 模型，就可以用它来预测目标变量的未来值。预测既可以是静态的，也可以是动态的。

如果要预测两个或两个以上时间序列，则需要超出 BJ 方法论的范围。为此我们选用向量自回归模型（VAR）。在 VAR 中，每个变量均有一个方程，每个方程仅包含该变量的滞后值和系统中所有其他变量的滞后值。

与单变量时间序列的情况一样，在 VAR 中同样要求时间序列是平稳的。若 VAR 中的每个变量本来就是平稳的，则可以用 OLS 估计每个方程。若每个 VAR 都为非平稳的，则只能用序列的一阶差分估计 VAR；我们很少会对序列取超过一阶的差分。但是，如果 VAR 中单个变量是非平稳的，但变量之间存在协整关系，则估计 VAR 时需要将误差纠正项考虑在内，误差纠正项从协整回归中获得。于是就产生了向量误差纠正模型（VECM）。

我们可以用估计的 VAR 模型进行预测。在这种预测中，我们不仅要考虑目标变量的信息，还要用到系统中所有其他变量的信息。实际的运算机制十分冗长，可以用统计软件包的固定程序完成。

VAR 模型还可以用来阐明变量之间的因果关系。VAR 因果关系检验的基本思想是：过去能够导致现在和将来，反过来则不行。格兰杰因果关系检验就是运用了这个理念。在 PCE 和 PDI 的例子中，若 PDI 的滞后值对 PCE 当前值的预测效果要优于单独由 PCE 的滞后值对其当前值的预测效果，则认为 PDI 是引致 PCE 的（格兰杰）原因。类似的，若 PCE 的滞后值对 PDI 当前值的预测效果要优于单独由 PDI 的滞后值对其当前值的预测效果，则认为 PCE 是引致 PDI 的（格兰杰）原因。存在一些单向因果关系的例子。但是很有可能这两者之间是一种双向因果关系，即 PCE 是引起 PDI 变化的原因，PDI 是引起 PCE 变化的原因。

在建立因果关系时，我们必须确定潜在变量是平稳的。如果不是，则要对变量取差分，然后在差分变量的基础上进行因果关系检验。但是，若变量为非平稳的，但具有协整关系，如果存在因果关系，则用误差纠正项来解释因果关系。

**习题** ☞

16.1 用变量的对数估计回归 (16.1)，并与表 16-2 中得到的结果作比较。如何判断哪个模型更好？

16.2 回顾正文中 IBM 股票价格的 ARIMA 模型。利用提供的数据尝试找出一个替代模型，将你得到的结果与正文中的作对比。你更倾向于哪一个模型？为什么？

16.3 用最近的数据资料重复上一题你得到的模型，并对结果作点评。

16.4 假设你要预测国家水平上的就业率。收集季度就业数据，并用 ARIMA 方法建立一个合适的预测模型。就业数据通常以季度调整形式呈现，因为要考虑到季度变化。在建立模型时，看看用季度调整数据和用原始数据会不会产生很大的差别。

16.5 建立一个合适的 ARIMA 模型分别预测女性和男性的劳动参与率。在建立这个模型时你会考虑哪些因素？给出必要的计算过程，并解释你在分析中用到的各种诊断检验。

16.6 收集房屋开工率的数据，并建立一个合适的 ARIMA 模型来预测房屋开工率。逐步解释过程。

16.7 回顾正文中 3 个月期和 6 个月期国债的例子。假设你要将联邦基金利率 (FFR) 纳入模型中。获得对应时期的 FFR 数据，为这三个变量估计一个 VAR 模型。你可以从圣路易斯联邦储备银行查询相关数据。

(a) 你预期这三个变量之间存在多少种协整关系？[①] 给出必要的计算过程。

(b) 假设你找到了两种协整关系，如何解释它们？

(c) 在估计 VAR 时，你需要引入一个或两个误差纠正项吗？

(d) 这三个变量之间存在何种因果关系？给出必要的计算过程。

16.8 表 16-13（见本书配套网站）提供了 1960 年第一季度到 2012 年第一季度共计 209 个季度，美国宏观经济的若干个关键指标：

*Inflation* ＝GDP 平减指数年化百分比变化

---

① 查询关于 Stata 和 Eviews 的手册，学习在多变量时间序列中估计协整向量数量的约翰森方法。

*Unemployment rate*＝居民失业率，取一季度内每个月的平均值

*Federal funds rate*＝一个衡量投资率的指标，取一季度内每个月的平均值

（a）检验这三组数据是否服从时间序列的平稳性，并说明你使用的检验方法。

（b）在检验过平稳性后，请为每个时间序列构建合适的 ARMA 模型。

（c）请构建两个变量间的 VAR 模型，也就是，*Inflation* 和 *Unemployment rate* 之间的 VAR 模型，*Inflation* 和 *Federal funds rate* 之间的 VAR 模型，*Unemployment rate* 和 *Federal funds rate* 之间的 VAR 模型。你需要基于赤池或类似的模型选择滞后长度。

（d）请你构建三个变量间的 VAR 模型，为了选择这一模型中的滞后长度，你也许需要借助 Stata 中的 varbasic 指令，这一指令可以帮助你构建一个没有外生变量的 VAR 模型。

（e）请你给每一个变量分别构建一个合适的 ARCH 或 GARCH 模型。

# 附录： 预测精度的衡量[①]

对预测精度的衡量是基于预测误差。下面是一些常用的方法。令

$Y_t$＝预测变量 $Y$ 在 $t$ 期的值

$Y_{t+h,t}$＝在 $t$ 期预测得到的 $Y$ 在 $h$ 期之后的预测值

$Y_{t+h}$＝$Y$ 在$(t+h)$期的实际值

$e_{t+h,t}$＝预测误差

$\dfrac{Y_{t+h}-Y_{t+h,t}}{Y_{t+h}}=p_{t+h,t}$百分比预测误差

对预测精度的衡量方法如下：

$$平均误差(ME) = \frac{1}{T}\sum_{t=1}^{T} e_{t+h,t} \tag{1}$$

即为预测期限 1 到 $T$ 内的平均误差。ME 的值越低，预测精度越好。

$$误差方差(EV) = \frac{\sum_{t=1}^{T}(e_{t+h,t}-ME)^2}{T} \tag{2}$$

该式衡量的是预测误差的离差。

EV 的值越低，预测精度越好。

ME 和 EV 提供的都不是对预测精度的综合度量，所以我们来看下面这些综合衡量方法：

---

① 具体细节参见 Diebold, *op cit.*, pp. 260-3。

$$均方误差(MSE) = \frac{1}{T}\sum_{t=1}^{T} e_{t+h,t}^2 \tag{3}$$

$$均方百分比误差(MSPE) = \frac{1}{T}\sum_{t=1}^{T} p_{t+h,t}^2 \tag{4}$$

$$均方根误差(RMSE) = \sqrt{\frac{1}{T}\sum_{t=1}^{T} e_{h+t,t}^2} \tag{5}$$

$$均方根百分比误差 = \sqrt{\frac{1}{T}\sum_{t=1}^{T} p_{t+h,t}^2} \tag{6}$$

$$平均绝对误差 = \frac{1}{T}\sum_{t=1}^{T} |e_{t+h,t}| \tag{7}$$

$$平均绝对百分比误差 = \frac{1}{T}\sum_{t=1}^{T} |p_{t+h,t}| \tag{8}$$

注意，式（5）和式（6）的衡量方法保留了所衡量变量的基本单位。举个例子，若预测误差以美元来衡量，在 MSE 中是用美元的平方来衡量的，而在 RMSE 中是以美元来衡量的。

$$泰尔 U 统计量 = \frac{\sum_{t=1}^{T}(Y_{t+1} - Y_{t+1,t})^2}{\sum_{t=1}^{T}(Y_{t+1} - Y_t)^2} \tag{9}$$

即预测方法得到的 MSE 后一步的值与一个随机游走的 MSE 值之比，其中 $Y_{t+1} = Y_t$。

$$泰尔不等系数 = \frac{\sqrt{\sum_{t=T+1}^{T+h}(\hat{Y}_t - Y_t)^2/h}}{\sqrt{\sum_{t=T+1}^{T+h}\hat{Y}_t^2/h} + \sqrt{\sum_{t=T+1}^{T+h}Y_t^2/h}}$$

该系数取值在 0 和 1 之间，0 表示完全拟合。

# 第五部分

## 计量经济学的一些精选主题

# 第17章

# 面板数据回归模型

第 16 章讨论过的回归模型基本上使用的都是横截面数据或者时间序列数据。这两种数据都有其各自的特色。在这一章，我们主要讨论**面板数据回归模型**（panel data regression models）。面板数据回归模型主要研究同一组实体（个人、企业、州、国家等）在一定时期内的数据。[①]

下面是一些著名的面板数据集的例子：

1. **动态收入面板研究**（the panel study of income dynamics，PSID）：由密歇根大学社会研究所于 1968 年开始实施的一项调查，该所每年搜集大约 500 个家庭的各种社会经济和人口统计变量数据。

2. **收入与项目参与调查**（survey of income and program participation，SIPP）：由美国商业部人口普查局主持，每年对受访者就其经济状况进行 4 次调查。

3. **德国社会经济面板数据**（the German socio-economic panel，GESOEP）：调查了1984—2002 年 1 761 名个体每年的数据，包括出生年份、性别、生活满意度、婚姻状况、工资和年工作小时数。

4. **全国青少年纵向调查**（national longitudinal survey of youth，NLSY）：由美国劳工部主持，这项调查旨在不同的时间点收集关于劳动市场信息和男女群体其他显著的信息。

有很多类似的调查在各个国家由政府或者私人机构开展。

---

① 欲了解面板数据回归模型的详情和例子，请参见 Gujarati/Porter，*op cit.*，Chapter 16。

## 17.1 面板数据的重要性

比起纯粹的横截面数据或者时间序列数据，面板数据有哪些优点呢？鲍塔基（Baltagi）曾列出了以下几点[1]：

1. 既然面板数据处理的是个人、企业、州、国家等在不同时间上的数据，那么这些统计单位中必然存在着不可观测的异质性。正如稍后我们将看到的，面板数据估计方法能够对**主体特定**（subject-specific）变量进行考虑，从而可以将这种异质性予以明确的研究。我们在一般意义上纳入诸如个人、企业和州这样的微观单位来使用**主体**（subject）这个术语。

2. 通过混合时间序列和横截面数据，面板数据提供了"更富信息的数据，变量间也更具可变性、更少有共线性，同时还具有更大的自由度和更为有效"。

3. 通过对重复的横截面数据进行研究，面板数据更适合研究动态变化。一段时间内的失业、工作变动、失业持续时间以及劳动力的流动性等问题，则更适合使用面板数据进行研究。

4. 面板数据能够更好地检测和度量单纯使用横截面数据或时间序列数据所无法观测到的影响。例如，如果在联邦和（或）州的最低工资中加入最低工资增长的连续波动，那么就可以更好地研究最低工资法对就业和收入的影响。

5. 对于经济规模和技术变化等复杂的行为模型，面板数据可以比单纯的横截面数据或单纯的时间序列数据在研究方面更具优势。

## 17.2 一个阐释性例子：慈善捐助

表 17-1（可从本书配套网站上获得）给出了 1979—1988 年间 47 个个体的慈善捐助情况。[2]

下面给出变量：

*Charity*：捐助的所有现金和其他资产的总和，不包括往年余存

*Income*：调整后的总收入

*Price*：1 减去边际收入税率（marginal income tax rate）；边际税率是定义在捐赠之前的收入上的

*Age*：虚拟变量，当纳税人年龄大于 64 时为 1，否则为 0

*MS*：虚拟变量，当纳税人的婚姻状况为已婚时为 1，否则为 0

*DEPS*：纳税申报单上所注明的亲属人数

这些数据是从 1979—1988 年个人所得税申报表 SOI（Statistics of Income）面板数据

① Baltagi, B. H., *Econometric Analysis of Panel Data*, Wiley, New York, 1995, pp. 3-6.

② 资料来源：Frees, E. W., *Longitudinal and Panel Data Analysis and Applications in the Social Sciences*, Cambridge University Press, New York, 2004.

中得到的。

这项调查的目的之一是要找出边际税率对慈善捐助是否有影响，如果有的话，影响有多大。

在开始分析之前，略需提及的是，这个例子中的面板数据称为**平衡面板**（balanced panel），因为观测时间点的数目（10）对于每个个体都是相同的。如若不然，这样的数据就称为**非平衡面板**（unbalanced panel）。这里的数据也称为**短面板**（short panel）。在一个短面板中，横截面或个体单位的数目 $N$（这里是 47）大于时间段的数目 $T$（这里是 10）。而在一个**长面板**（long panel）中，$T$ 则比 $N$ 要大。

现在假定我们打算估计一个慈善捐助与以上所给出的变量关系的模型，我们称之为慈善函数。那又该如何去做？我们有五个选项：

1. **慈善函数的个体时间序列**。我们可以通过 OLS 对 47 个时间序列慈善函数进行估计，每个个体的数据为 10 年。尽管原则上我们可以估计这些函数，但是这样会导致我们只能获得非常小的自由度来进行有意义的数据分析。这是因为我们必须同时评估总共 6 个系数，其中有 5 个解释变量和 1 个截距项。另外，这些个体慈善函数忽略了其他个体的捐赠行为，因为在同一受控环境中，其他个体也同时产生了影响。

2. **横截面慈善函数**。我们运用 OLS 对 10 个横截面慈善函数进行估计，每个对应一个年份。每个年份将有 47 个观测数据用来估计这样的函数。不过，同样我们忽略了慈善捐助的动态方面（dynamic aspect）的因素，这是因为个体在一定时间段内所做的慈善捐助取决于诸如收入和婚姻状况这类因素。

3. **混合最小二乘（OLS）慈善函数**。我们可以将所有 470（$=47 \times 10$）个观测数据进行混合，然后估计这一"巨大"的慈善函数，从而忽略时间序列数据和横截面数据的双重性质。如果我们使用这个混合模型，我们不仅可以忽略这种数据上的双重性质，而且可以假设这种混合之下慈善函数的系数在时间序列和横截面中均保持恒定不变。因为我们假定其系数在时间序列和横截面中保持恒定不变，所以混合最小二乘估计也称为常系数模型。

4. **固定效应最小二乘虚拟变量（LSDV）模型**。和选项 3 一样，我们综合所有 470 个观测值，但是允许个体拥有其个体截距项虚拟变量（intercept dummy）。这种变异称为**组内估计量**（within estimator），我们稍后予以解释。[①]

5. **随机效应模型**。不像 LSDV 那样允许个体拥有其（固定的）截距项值，我们假设 47 个个体的截距项值是从更大的总体中随机抽取的。事实上，SOI 面板数据是 IRS 个人所得税模型文件的一个文件集。

接下来我们按顺序讨论选项 3、4、5。

## 17.3 慈善函数的混合 OLS 回归

考虑下面的慈善函数：

---

① 另一个变异是一阶差分变换，我们不在这里讨论，因为如果我们有两个以上的时间段，那么它就会有一些估计上的问题。要得到关于这个方法的简短讨论，详见 Gujarati/Porter, *op cit.*, pp. 601-2。

$$C_{it} = B_{1i} + B_2 Age_{it} + B_3 Income_{it} + B_4 Price_{it}$$
$$+ B_5 Deps_{it} + B_6 MS_{it} + u_{it}, \quad i = 1, 2, \cdots, 47; \quad t = 1, 2, \cdots, 10 \quad (17.1)$$

其中 $C$ 是慈善捐助值。注意，我们为变量设置了两个下标：$i$ 代表横截面单位，$t$ 代表时间单位。回归元假定为是非随机的，或者即便随机也与误差项不相关。同时还假定，误差项满足通常的经典假设。

我们会预先期待年龄、收入、价格和婚姻状况对慈善捐助数量有正向的影响，而亲属数量则有负向的影响。所定义的价格变量被纳入这个模型的原因是，它代表进行慈善捐助的机会成本——边际税收越高，机会成本越低。

使用 Eviews 6，我们可以得到如表 17-2 所示的结果。假设数据的混合是有效的（一个很大胆的假设），结果显示年龄、收入和价格对慈善捐助有显著的正影响，而婚姻状况对慈善捐助的影响是负的，而且在统计上不显著。令人惊讶的是，亲属人数对慈善捐助具有显著的正向影响。然而，在这个例子中较低的德宾-沃森值更可能表明存在设定误差而不是表示空间或序列相关。①

表 17-2　慈善函数的 OLS 估计

Dependent Variable：CHARITY
Method：Least Squares
Sample：1 470
Included Observations：470

|  | Coefficient | Std. Error | t-Statistic | Prob. |
|---|---|---|---|---|
| C | −4. 674 219 | 1. 298 134 | −3. 600 722 | 0. 000 4 |
| AGE | 1. 547 275 | 0. 216 955 | 7. 131 788 | 0. 000 0 |
| INCOME | 1. 035 779 | 0. 128 944 | 8. 032 766 | 0. 000 0 |
| PRICE | 0. 483 092 | 0. 207 703 | 2. 325 875 | 0. 020 5 |
| DEPS | 0. 175 368 | 0. 042 642 | 4. 112 556 | 0. 000 0 |
| MS | −0. 008 036 | 0. 184 849 | −0. 043 476 | 0. 965 3 |

| R-squared | 0. 224 488 | Mean dependent var | 6. 577 150 |
|---|---|---|---|
| Adjusted R-squared | 0. 216 131 | S. D. dependent var | 1. 313 659 |
| S. E. of regression | 1. 163 067 | Akaike info criterion | 3. 152 681 |
| Sum squared resid | 627. 663 9 | Schwarz criterion | 3. 205 695 |
| Log likelihood | −734. 880 1 | Durbin-Watson stat | 0. 701 077 |
| F-statistic | 26. 862 80 | Prob(F-statistic) | 0. 000 000 |

模型被误设的可能性来自这一事实：通过将不同时间点上的不同个体进行汇总，我们将这种异质性（个体性或独特性）掩饰起来了，而这种异质性是可能会存在于这 47 个个体之中的。可能每个个体的独特性也被包括在了误差项 $u_{it}$ 内。所以，很有可能误差项与模型内的某些回归元相关。如果确实如此，那么表 17-2 中的估计系数就可能是有偏且不一致的。

① Eviews 是通过对累积的残差集计算一阶序列相关得到德宾-沃森统计量的。

## 17.4 固定效应最小二乘虚拟变量（LSDV）模型

我们可以通过允许每个个体拥有其特定的截距项来将 47 个个体的异质性纳入考虑，用下面的等式表示：

$$C_{it} = B_{1i} + B_2 Age_{it} + B_3 Income_{it} + B_4 Price_{it}$$
$$+ B_5 Deps_{it} + B_6 MS_{it} + u_{it}$$
$$i = 1, 2, \cdots, 47; \quad t = 1, 2, \cdots, 10 \tag{17.2}$$

注意，我们将下标 $t$ 加进截距项，这就表明 47 个个体的截距项可能彼此不同。这种差异可能是由诸如教育或宗教信仰之类的个体间的特性所导致的。

式（17.2）又称为**固定效应回归模型**（fixed effects regression model，FEM）。固定效应这个词源于每个纳税人的截距项不随时间变化这一事实（尽管纳税人之间的截距项存在差异），这就是**时不变**（time-invariant）。如果我们将截距项记作 $B_{1i}$，这就表明每个纳税人的截距项具有时间不变性。值得注意的是，在式（17.2）中，我们假设斜率系数是具有时间不变性的。

那么我们将如何运行式（17.2）呢？我们通过引入在第 3 章中讨论过的**差别截距虚拟变量**（differential intercept dummies）可以轻松解决这一问题。具体来说，我们可以将式（17.2）进行如下修正：

$$C_{it} = B_1 + B_2 D_{2i} + B_3 D_{3i} + \cdots + B_{46} D_{46i} + B_{47} Age_{it}$$
$$+ B_{48} Income_{it} + B_{49} Price_{it} + B_{50} Deps_{it} + B_{51} MS_{it} + u_{it} \tag{17.3}$$

其中 $D_{2i} = 1$ 表示观测值属于个体 2，否则为 0；$D_{3i} = 1$ 表示观测值属于个体 3，否则为 0，依此类推。

需要注意的是，我们只用了 46 个虚拟变量来代表 47 个个体，这样可以避免**虚拟变量陷阱**（dummy variable trap，完全共线性）。在这个例子中，46 个虚拟变量将代表**差别截距虚拟变量系数**（differential intercept dummy coefficient），也就是说，它们将会表明被赋予一个虚拟变量的每个个体截距系数偏离基准组的程度是多少。尽管每个个体都可以作为**基准**（benchmark）或者**参照组**（reference category），但我们通常将第一个个体假定为基准或参照组。

对于表 17-3 中的结果，第一，我们需要注意的是，表 17-3 并没有产生个体差别截距系数值，尽管已经在估计该模型时考虑了它们。不过，差别截距系数可以很容易得到（参见习题 17.1）。第二，如果你将 FEM 的结果与 OLS 混合回归的结果进行比较，你会发现在这二者之间有实质差别，不但体现在系数值上，也体现在它们的符号上。

举例来说，在混合回归中，亲属数量（DEPS）的系数不仅是正的（这与预期的情况正好相反）而且高度统计显著。而婚姻状况（MS）的系数则是负的且统计不显著。为什么婚姻状况的符号是负的呢？

因此，这些结果使我们对混合 OLS 估计产生了质疑。如果你仔细查看个体差别截距虚拟变量，你会发现其中一些在统计上是高度显著的（参见习题 17.1），这表明混合估计隐藏了 47 个个体间的异质性。

**表 17 - 3　具有个体虚拟变量系数的慈善函数的 OLS 回归**

Sample：1 10
Periods included：10
Cross-sections included：47
Total panel (balanced) observations：470

| | Coefficient | Std. Error | t-Statistic | Prob. |
|---|---|---|---|---|
| C | −2.089 970 | 1.131 118 | −1.847 704 | 0.065 4 |
| AGE | 0.102 249 | 0.208 039 | 0.491 490 | 0.623 3 |
| INCOME | 0.838 810 | 0.111 267 | 7.538 725 | 0.000 0 |
| PRICE | 0.366 080 | 0.124 294 | 2.945 265 | 0.003 4 |
| DEPS | −0.086 352 | 0.053 483 | −1.614 589 | 0.107 2 |
| MS | 0.199 833 | 0.263 890 | 0.757 257 | 0.449 3 |

Effects Specification
Cross-section fixed (dummy variables)

| | | | |
|---|---|---|---|
| R-squared | 0.763 177 | Mean dependent var | 6.577 150 |
| Adjusted R-squared | 0.734 282 | S. D. dependent var | 1.313 659 |
| S. E. of regression | 0.677 163 | Akaike info criterion | 2.162 215 |
| Sum squared resid | 191.673 5 | Schwarz criterion | 2.621 666 |
| Log likelihood | −456.120 4 | Hannan-Quinn criter. | 2.342 975 |
| F-statistic | 26.412 39 | Durbin-Watson stat | 1.234 015 |
| Prob(F-statistic) | 0.000 000 | | |

我们可以通过一个检验来判断固定效应模型是不是比表 17 - 2 给出的混合 OLS 模型更好。由于混合模型忽视了在固定效应模型中被明确纳入考察的异质性效应，所以混合模型可以看做是固定效应模型的受限版本。因此，我们可以使用在第 7 章讨论过的受约束的 F 检验，其公式如下：

$$F = \frac{(R_{ur}^2 - R_r^2)/m}{(1 - R_{ur}^2)/(n - k)} \tag{17.4}$$

其中，$R_{ur}^2$ 和 $R_r^2$ 分别是无约束判定系数和约束判定系数，$m$ 是从约束模型中略去的参数的个数（这里是 46），$n$ 是样本观测数据的数量（这里一共是 52）。约束和无约束的 $R^2$ 值可以分别从表 17 - 2 和表 17 - 3 中得到。

使用表 17 - 2 和表 17 - 3 中相应的数值，我们可以得出 F 值：

$$F = \frac{(0.763\ 2 - 0.224\ 5)/46}{(1 - 0.763\ 2)/418} = 20.672$$

因为其分子自由度为 46，而其分母自由度为 418，故 F 高度显著，从而证明了固定效应模型要优于混合回归模型。

在进一步分析之前，对固定效应模型的一些特性应加以注意。首先，模型（17.2）称为**单因素固定效应模型**（one-way fixed effects model），因为我们允许截距在不同横截面——而不是在时间序列——上有所差异（47 个个体）。我们可以引入 9 个时间虚拟变量来代表 10 年间 46 个横截面上的虚拟变量（仍然是为了防止落入虚拟变量陷阱）。我们称在这种情况下得到的模型为**双因素固定效应模型**（two-way fixed effects model）。

计量经济学：原理与实践（第二版）

当然，如果加入这些时间虚拟变量，我们必须估计 46 个横截面虚拟变量、9 个时间虚拟变量、共同截距项和 5 个回归元的 5 个斜率系数：加起来一共 61 个系数。尽管我们有 470 个观测值，但这还是会使我们失去 61 个自由度。

我们假设慈善函数的斜率系数保持不变。不过，这 47 个个体的斜率系数很可能各不相同。为了允许这种可能性，我们引入**差别斜率系数**（differential slope coefficient），将 46 个差别截距虚拟变量与 5 个斜率系数相乘，这将会再消耗掉 230 个自由度。此外，我们还得将 10 个时间虚拟变量和 5 个解释变量进行交互，这将再消耗掉 50 个自由度。最终，我们用于进行有意义的统计分析的自由度已经所剩无几。

## 17.5 固定效应 LSDV 模型的局限

尽管 LSDV 模型易于使用，但是它仍有一些局限：

1. 每个额外的虚拟变量的引入都将以损失一定的自由度为代价。所以，如果样本不是非常大，引入太多的虚拟变量将导致只有非常少的观测值能够用于有意义的统计分析。

2. 太多附加的和进行交互得到的虚拟变量可能会产生多重共线性，进而导致难以准确估计一个或多个参数。

3. 为了得到具有令人满意的统计特性的估计，我们必须谨慎关注误差项 $u_{it}$。表 17-2 和表 17-3 中的统计结果都是建立在误差项服从经典假设这一假定基础之上的，即 $u_{it} \sim N(0, \sigma^2)$。既然下标 $i$ 和 $t$ 分别指的是横截面观测值和时间序列观测值，那么对于 $u_{it}$ 的经典假设就可能需要做出修正。以下是几种可能性：

（a）我们可以假定，对于所有横截面单元其误差项的方差是相同的，或者假定误差方差是异方差的。[1]

（b）对每个主体而言，我们可以假定个体在时间上没有自相关或者我们也可以假定存在 AR(1) 类型的自相关。

（c）对于任一个给定的时间，例如，我们可以允许 1 号个体的误差项与 2 号个体的误差项不相关，或者我们也可以假定存在这种相关性。[2]

如果我们考虑接下来所要讨论的其他方法，那么一些与 LSDV 相关的问题可以得到缓解。

## 17.6 组内固定效应模型的估计

因为 LSDV 模型可能涉及一些系数的估计，消除式（17.2）中 $B_{1i}$ 的固定效应的一种方法是，将该等式中的回归子和回归元表示为对各自（组）均值的偏离，并对均值修正（mean-corrected）后的变量进行回归。为了详细查看这一过程，我们从式（17.2）开始：

---

① Stata 提供了有关面板数据回归模型经过异方差校正后的标准误。

② 这可以通过所谓的似然无关回归（SURE）模型来完成，这种模型最初源于 Zellner, A. (1962), An efficient method of estimating seemingly unrelated regressions and tests for aggregation bias, *Journal of the American Statistical Association*, 57, 348-68。SURE 模型将在第 21 章关于多回归子的模型中讨论。

$$C_{it} = B_{1i} + B_2 Age_{it} + B_3 Income_{it} + B_4 Price_{it} + B_5 Deps_{it} + B_6 MS_{it} + u_{it}$$

将等式从两侧相加并除以 $T$（$=10$），我们可以得到：

$$\frac{1}{10}\sum_{t=1}^{10} C_{it} = \frac{1}{10}\Big[\sum_{t=1}^{10}(B_{1i} + B_2 Age_{it} + B_3 Income_{it} + B_4 Price_{it}$$
$$+ B_5 Deps_{it} + B_6 MS_{it} + u_{it})\Big] \tag{17.5}$$

由于参数不随时间改变，故上式可以简写为：

$$\overline{C}_i = B_{1i} + B_2 \overline{Age}_i + B_3 \overline{Income}_i + B_4 \overline{Price}_i + B_5 \overline{Deps}_i + B_6 \overline{MS}_i + \bar{u}_i \tag{17.6}$$

其中变量上方的横线代表其 10 年间的均值。对于我们的例子，我们可以从每个变量中得到 47 个平均值，每一个都是 10 年期间的平均值。

从式（17.2）中减去式（17.6），得到：

$$C_{it} - \overline{C}_i = B_2(Age_{it} - \overline{Age}_i) + B_3(Income_{it} - \overline{Income}_i)$$
$$+ B_4(Price_{it} - \overline{Price}_i) + B_5(Deps_{it} - \overline{Deps}_i)$$
$$+ B_6(MS_{it} - \overline{MS}_i) + (u_{it} - \bar{u}_i) \tag{17.7}$$

观察固定或个体效应截距项 $B_{1i}$ 是如何从中分离出去的。

正如从式（17.7）中所看到的，我们基本上是就均值修正后的回归子对均值修正后的回归元进行回归。因为均值修正后的变量的平均值为 0，所以式（17.7）并没有截距项。

从式（17.7）中得到的 OLS 估计量即**组内估计量**［within group（WG）estimators］，因为它们在各个横截面单元中均使用了（时间）变动。与表 17 - 2 给出的混合估计量相比，WG 估计量给出了斜率系数的一致估计量，尽管它们并不是有效的（即它们有更大的方差）。①

有趣的是，从 LSDV 方法中得到的估计量和从组内方法中得到的估计量是相同的，因为从数学上来说两者毫无二致。这能够从表 17 - 4 中看出来（其结果可以由 Stata 10 得到）。

表 17 - 4　慈善函数的组内估计量

$R^2 = 0.135\ 0$
调整的 $R^2 = 0.125\ 7$

| 慈善函数中的变量 | 相关系数 | 标准误 | $t$ | $P > \lvert t \rvert$ |
|---|---|---|---|---|
| aged | 0.102 249 3 | 0.197 458 | 0.52 | 0.605 |
| incd | 0.838 810 1 | 0.105 607 5 | 7.94 | 0.000 |
| prid | 0.366 080 2 | 0.117 972 6 | 3.10 | 0.002 |
| depd | −0.086 352 4 | 0.050 762 3 | −1.70 | 0.090 |
| msd | 0.199 832 7 | 0.250 468 | 0.80 | 0.425 |
| cons | 3.15e-09 | 0.029 646 5 | 0.00 | 1.000 |

注：此表中给出的标准误与表 17 - 3 中给出的稍有差异。还需注意的是，常数项的值应该几乎为零。

---

① 这是因为当我们将变量表示为与其均值的偏离时，均值修正值的变动将会比变量初始值的变动小。在这种情况下，干扰项 $u_{it}$ 的变动可能会相对较大，从而导致估计系数出现更高的标准误。

尽管 WG 估计量比 LSDV 模型更加方便，但它还是有一个缺点，那就是在它去掉固定或者个体效应（即 $B_{1i}$）的同时，也去掉了可能出现在模型中的时间不变性回归元的影响。举例来说，在一个工资面板数据中，对工作经历、年龄、性别、受教育程度、种族及其他因素进行回归，由于性别和种族可能对于一个个体而言在时间上不会有差异，所以性别和种族的效应在这些回归元的均值修正值中也一并被消除了。所以我们将无法了解这些时间不变性变量对工资的影响。

在进一步研究之前，我们将使用前面章节提到的怀特方法来给出 FEM 的稳健标准误。

**表 17 – 5    具有稳健标准误的固定效应模型**

Method：Panel Least Squares
Periods included：10
Cross-sections included：47
Total panel (balanced) observations：470
White period standard errors & covariance (d. f. corrected)

| | Coefficient | Std. Error | t-Statistic | Prob. |
|---|---|---|---|---|
| C | −2.089 970 | 1.710 019 | −1.222 191 | 0.222 3 |
| AGE | 0.102 249 | 0.113 897 | 0.897 738 | 0.369 8 |
| INCOME | 0.838 810 | 0.145 653 | 5.758 977 | 0.000 0 |
| PRICE | 0.366 080 | 0.146 602 | 2.497 102 | 0.012 9 |
| DEPS | −0.086 352 | 0.069 186 | −1.248 111 | 0.212 7 |
| MS | 0.199 833 | 0.712 740 | 0.280 373 | 0.779 3 |

Effects Specification
Cross-section fixed (dummy variables)

| | | | |
|---|---|---|---|
| R-squared | 0.763 177 | Mean dependent var | 6.577 150 |
| Adjusted R-squared | 0.734 282 | S. D. dependent var | 1.313 659 |
| S. E. of regression | 0.677 163 | Akaike info criterion | 2.162 215 |
| Sum squared resid | 191.673 5 | Schwarz criterion | 2.621 666 |
| Log likelihood | −456.120 4 | Durbin-Watson stat | 1.234 015 |
| F-statistic | 26.412 39 | Prob(F-statistic) | 0.000 000 |

如果将这些结论与在表 17 - 3 中给出的结论进行比较，你会发现标准误在表 17 - 3 中被大大低估了。[1]

## 17.7  随机效应模型或误差成分模型

在固定效应模型中，我们假设个体特定系数（individual specific coefficient）$B_{1i}$ 对每个主体来说都是固定的，即具有时间不变性。在随机效应模型中，我们假设随机变量 $B_{1i}$ 是具有平均值 $B_1$（这里下标中没有 $i$）的随机变量，而任一横截面单元的截距项则表示如下：

$$B_{1i} = B_1 + \varepsilon_i \tag{17.8}$$

---

[1]  出现这种情况的原因是对一般误差方差 $\hat{\sigma}^2 = RSS/(NT-2)$ 的估计必须调整为 $\hat{\sigma}^2 = RSS/(NT-N-2)$，因为我们不得不估计 $N$ 个均值来计算整组的均值。不过，标准统计软件包已经对此予以考虑了。

其中，$\varepsilon_i$ 是均值为 0 且方差为 $\sigma_\varepsilon^2$ 的随机误差项。

在我们的阐释性例子中，这意味着我们样本中的 47 个个体是从一个个体类似的更为广大的总体中取得的，这也意味着它们在截距项（$=B_1$）上有共同的均值。每个个体慈善捐赠的截距项的个体取值各不相同，这反映在误差项 $\varepsilon_i$ 中。所以，我们可以将慈善函数式（17.1）写成以下形式：

$$C_{it} = B_1 + B_2 Age_{it} + B_3 Income_{it} + B_4 Price_{it} + B_5 Deps_{it} + B_6 MS_{it} + w_{it} \qquad (17.9)$$

其中：

$$w_{it} = \varepsilon_i + u_{it} \qquad (17.10)$$

合成误差项 $w_{it}$ 有两个组成部分：代表横截面或者个体特定部分的 $\varepsilon_i$，以及代表时间序列和横截面误差组合的部分 $u_{it}$。[1]

现在你知道为什么随机效应模型（REM）也称为 **误差成分模型**（error components model，ECM）了：合成误差项由两个（或更多）误差项组成。[2]

ECM 的一般假定如下：

$$\varepsilon_i \sim N(0, \sigma_\varepsilon^2)$$
$$u_{it} \sim N(0, \sigma_u^2)$$
$$E(\varepsilon_i u_{it}) = 0; \quad E(\varepsilon_i \varepsilon_j) = 0 \quad (i \neq j)$$
$$E(u_{it} u_{is}) = E(u_{it} u_{ij}) = E(u_{it} u_{js}) = 0 \quad (i \neq j; t \neq s) \qquad (17.11)$$

即，个体误差成分彼此之间不存在相关性，并且在时间序列单元和横截面单元中也不存在自相关。同时需要特别提及的是，$w_{it}$ 与模型中的任何解释变量都不相关。因为 $\varepsilon_i$ 是 $w_{it}$ 的一部分，所以 $w_{it}$ 很可能与一个或多个回归元相关。如果真的是这样，那么 REM 将会导致对回归系数估计的不一致性。稍后将要提到的 **豪斯曼检验**（Hausman test）会说明在一个给定的应用中 $w_{it}$ 与回归元是否相关——也就是说，REM 模型是否为合适的模型。

式（17.10）中假设所带来的结果如下：

$$E(w_{it}) = 0 \qquad (17.12)$$
$$\text{var}(w_{it}) = \sigma_\varepsilon^2 + \sigma_u^2 \qquad (17.13)$$

如果 $\sigma_\varepsilon^2 = 0$，那么式（17.1）和式（17.8）就没有差别，我们就能简单地混合所有观测值并进行混合回归，如同我们在表 17-2 中所做的那样。之所以我们能这么做，是因为这个情况要么没有主体特定效应，要么它们可以全部由解释变量予以解释。

尽管式（17.12）表明合成误差项是同方差的，但是它也表明 $w_{it}$ 和 $w_{is}$（$t \neq s$）是相关的——也就是说，给定两个不同时间的横截面单元，其误差项是相关的。二者之间的相关系数可以表示为：

$$\rho = \text{corr}(w_{it}, w_{is}) = \frac{\sigma_\varepsilon^2}{\sigma_\varepsilon^2 + \sigma_u^2}; \quad t \neq s \qquad (17.14)$$

---

[1] $u_{it}$ 有时也称为异质项（idiosyncratic term），因为它随横截面（即个体）和时间序列变化而变化。

[2] 如果我们引入时间虚拟变量，那么这里会有特定时间误差成分（详见习题 17.2）。

关于这一相关性有两点需要注意。第一，在任一横截面单元中，无论两个时间段距离有多远，$\rho$ 总是保持不变；第二，$\rho$ 在所有横截面单元中保持不变。

如果我们不考虑 $\rho$，那么随机效应模型的 OLS 估计量将是无效的，所以我们必须使用**广义最小二乘法**（generalized least squares，GLS）才能得到有效的估计。Stata 等软件可以计算出稳健标准误或面板修正标准误。

在我们给出慈善这个例子的 REM 结果之前，可能需要指出的是，相对于固定效应模型（虚拟变量，组内或者一阶差分中的情况），在 REM 模型中我们可以包含时间不变性变量，比如性别、地理位置和宗教信仰。它们不会像在 FEM 中那样被忽略。

回到我们阐释性的例子中来，我们可以得到如表 17－6 所示的 REM。

**表 17－6　具有怀特标准误的慈善函数的随机效应模型**

Dependent Variable：CHARITY
Method：Panel EGLS (Cross-section random effects)
Sample：1 10
Periods included：10
Cross-sections included：47
Total panel (balanced) observations：470
Swamy and Arora estimator of component variances
White period standard errors & covariance (d. f. corrected)

| | Coefficient | Std. Error | t-Statistic | Prob. |
|---|---|---|---|---|
| C | −2.370 567 | 1.386 444 | −1.709 817 | 0.088 0 |
| AGE | 0.277 063 | 0.127 176 | 2.178 577 | 0.029 9 |
| INCOME | 0.852 996 | 0.126 574 | 6.739 099 | 0.000 0 |
| PRICE | 0.370 199 | 0.140 054 | 2.643 253 | 0.008 5 |
| DEPS | −0.036 254 | 0.064 181 | −0.564 874 | 0.572 4 |
| MS | 0.199 669 | 0.472 666 | 0.422 432 | 0.672 9 |

Effects Specification

| | | S. D. | Rho |
|---|---|---|---|
| Cross-section random | | 0.930 938 | 0.654 0 |
| Idiosyncratic random | | 0.677 163 | 0.346 0 |

Weighted Statistics

| | | | |
|---|---|---|---|
| R-squared | 0.132 701 | Mean dependent var | 1.474 396 |
| Adjusted R-squared | 0.123 355 | S. D. dependent var | 0.731 733 |
| S. E. of regression | 0.685 116 | Sum squared resid | 217.794 4 |
| F-statistic | 14.198 81 | Durbin-Watson stat | 1.094 039 |
| Prob(F-statistic) | 0.000 000 | | |

Unweighted Statistics

| | | | |
|---|---|---|---|
| R-squared | 0.136 789 | Mean dependent var | 6.577 150 |
| Sum squared resid | 698.642 7 | Durbin-Watson stat | 0.341 055 |

如同在 FEM 中一样，估计系数拥有预期的符号，尽管变量亲属数量和婚姻状况各自在统计上不显著。从效应说明栏中，我们可以发现 $\sigma_u^2 = (0.930\,9)^2 = 0.866\,5$，$\sigma_\varepsilon^2 = (0.677\,1)^2 = 0.458\,4$。然后从式（17.13）中我们可以得到 $\rho = 0.458\,5/1.325\,1 = 0.346\,0$，这给出了在两个不同时间中横截面单元的相关性程度，并且这一相关性在各个横截面单元中保持不变。这个 $\rho$ 值与表 17－6 中的细微不同是由舍入误差引起的。

## 17.8　固定效应模型与随机效应模型的比较

比较在表 17-3 中给出的固定效应估计量和在表 17-6 中给出的随机效应估计量，你会发现二者之间有实质的区别。那么，哪个模型对我们给出的例子来说是更好的呢？是固定效应模型还是随机效应模型呢？

答案取决于我们对横截面特定误差成分 $\varepsilon_i$ 和 X 回归元之间可能的相关性的假定。如果我们假设 $\varepsilon_i$ 和回归元是无关的，那么 REM 可能比较合适。但如果我们假定它们相关，那么 FEM 可能更合适。前一种情况要求估计的参数更少。那么我们应该如何决定在给定的情况下哪种模型才是更合适的呢？

豪斯曼发明的一个检验，现在已经被纳入 Stata 和 Eviews 等软件中，可以用来回答这个问题。豪斯曼检验的零假设是：FEM 和 REM 没有实质差别。他的检验统计量有一个渐近的（即大样本）、自由度与模型中回归元数量相同的 $\chi^2$ 分布。一般来说，如果计算得出的 $\chi^2$ 值超过了在给定自由度和显著性水平时的 $\chi^2$ 临界值，那么我们可以认为 REM 模型不太适合，因为随机误差项 $\varepsilon_i$ 可能与一个或多个回归元相关。在这种情况下，我们更倾向于使用 FEM 而不是 REM。

就我们的例子来看，表 17-7 中给出了豪斯曼检验的结果。豪斯曼检验有力地拒绝了 REM 模型，因为 $\chi^2$ 估计值的 $p$ 值非常低。而该表的最后一部分则比较了每个变量的固定效应系数和随机效应系数。正如该表最后一列中的概率显示的那样，年龄和亲属数量系数的差别在统计上高度显著。基本上来说，豪斯曼检验检查了 $(b_{RE} - b_{FE})^2$ 的值，即从 REM 和 FEM 中得到的回归系数之差的平方。

表 17-7　豪斯曼检验的结果

Correlated Random Effects-Hausman Test
Equation：Untitled
Test cross-section random effects

| Test Summary | Chi-Sq. Statistic | Chi-Sq. d. f. | Prob. |
|---|---|---|---|
| Cross-section random | 15. 964 273 | 5 | 0. 006 9 |

Cross-section random effects test comparisons：

| Variable | Fixed | Random | Var (Diff. ) | Prob. |
|---|---|---|---|---|
| AGE | 0. 102 249 | 0. 277 063 | 0. 003 539 | 0. 003 3 |
| INCOME | 0. 838 810 | 0. 852 996 | 0. 000 830 | 0. 622 4 |
| PRICE | 0. 366 080 | 0. 370 199 | 0. 000 087 | 0. 659 5 |
| DEPS | −0. 086 352 | −0. 036 254 | 0. 000 487 | 0. 023 2 |
| MS | 0. 199 833 | 0. 199 669 | 0. 016 167 | 0. 999 0 |

既然 REM 看起来并不适合当前的例子，我们可以重新使用 FEM。而另一个选择是：继续使用 REM，不过，需要对那些可能与模型中其他回归元相关的个体效应设置**工具变量**（instrumental variables，IV）。但是，在面板数据中使用工具变量是一个复杂的问题，虽然本书将在第 19 章继续讨论，但不会予以深究。不过值得注意的是，**豪斯曼-泰勒估计量**

计量经济学：原理与实践（第二版）

（Hausman-Taylor estimator）和**阿雷拉诺-邦德估计量**（Arellano-Bond estimator）使用了工具变量来估计 REM。对于这些估计量，如果想有更多了解，可以见参考文献。[①]

### □ 关于固定效应模型和随机效应模型的一些指导方针

下面是关于这两个模型在实际应用中哪一个更为合适的一些基本指导方针[②]：

1. 如果 $T$（观测的时间点的数目）较大，且 $N$（横截面单元的数量）较小，则通过 FEM 和 REM 估计的参数值之间很可能没有什么差别。这时的选择依据就是基于计算上的便利了。在这种情况下，FEM 可能更加可取。

2. 在短面板（$N$ 大且 $T$ 小）中，两种方法的估计值可能有显著差别。回忆一下，在 REM 中，$B_{1i} = B_1 + \varepsilon_i$，其中 $\varepsilon_i$ 是横截面随机部分，而在 FEM 中，我们认为 $B_{1i}$ 是固定不变的。在后一种情况下，统计推断是以样本中所观测到的横截面单元为条件的。如果我们确信样本中横截面单元不是从一个较大的样本中随机抽取的，那么这种统计推断有效。在这种情况下，FEM 是可取的。如果不是这种情况，则 REM 是可取的，因为在这种情况下，统计推断是无条件的。

3. 如果 $N$ 较大而 $T$ 较小，并且 REM 的假设成立，那么 REM 估计量比 FEM 估计量更加有效。

4. 与 FEM 不同，REM 可以估计时间不变性变量的系数，比如性别和种族这类变量。一方面，FEM 确实可以控制住这些时间不变性变量，但是它不能直接估计这些变量，这一点从 LSDV 或 WG 估计模型中可以清楚地得出。另一方面，FEM 可以控制住所有的时间不变性变量，而 REM 模型只能控制住那些在模型中可以被精确表达的时间不变性变量。

## 17.9 各种估计量的性质[③]

这一章我们讨论了估计（线性）面板回归模型的几种方法，比如混合估计、固定效应估计（包括 LSDV 和 WG 估计）和随机效应估计。它们有一些什么样的统计性质呢？我们着重关注**一致性性质**（consistency property），因为面板数据通常包含大量的观测值。

**混合估计**。如果斜率系数在所有主体间是不变的，而且如果在式（17.1）中误差项与回归元无关，那么混合估计就是一致的。但是，对一个给定的主体而言，误差项在时间上很可能相关。所以，我们必须使用面板修正标准误来进行假设检验。否则，一般计算得出的标准误可能会被低估。

① 参见 Koop, G., *Introduction to Econometrics*, Wiley, Chichester, UK, 2008, pp. 267-8, 想要更进一步了解，请参见 Cameron/Trivedi, *op cit.*, pp. 765-6。

② 参见 Judge, G.G., Hill, R.C., Griffiths, W.E., Lutkepohl, H. and Lee, T.C., *Introduction to the Theory and Practice of Econometrics*, 2nd edn, Wiley, New York, 1985, pp. 489-91。

③ 下面的讨论引自 Cameron/Trivedi, *op cit.*, Chapter 21。

需要再补充一句，如果固定效应模型是合适的，但是我们却使用了混合模型，那么估计系数将会不一致，正如我们在关于慈善的例子中所看到的那样。

**固定效应估计**。即使潜在的模型是混合或随机效应模型，固定效应模型也总是一致的。

**随机效应估计**。即使真实的模型是混合的，随机效应模型也是一致的。但是如果真实的模型是固定效应的，那么随机效应模型将是不一致的。

## 17.10　面板数据回归： 一些总结性评论

正如本章伊始所提到的，建立面板数据模型这一主题是庞大而且复杂的。我们仅仅是触及了它的皮毛。在我们未予充分讨论的那些主题中，还有以下这些情况。

1. 面板数据的假设检验。
2. ECM 中的异方差性和自相关性。
3. 非平衡面板数据。
4. 动态面板数据模型，其中回归子的滞后值作为一个解释变量而出现。
5. 涉及面板数据的联立方程。
6. 定性因变量和面板数据。
7. 面板数据中的单位根（关于单位根，请参见本书第 13 章）。

这些主题中的一个或多个能够在本章中所引用的参考书中找到，参考这些书籍可以帮助读者更好地了解这些主题。这些书也引用了一些商业和经济等领域中的实证研究，这些研究都使用了面板数据回归模型。建议初学者去读一些应用实例，从而对研究者在实际中如何运用这样的模型有一个感性的认识。[①]

## 17.11　要点与结论

面板数据回归模型是建立在面板数据之上的，这一数据类型是由同一横截面或同一个体单元在不同时期中得到的观测值组成的。

相对于单纯的横截面数据或单纯的时间序列数据而言，面板数据有几个优点，包括：（a）扩大了样本规模；（b）可以更好地研究横截面数据在时间上的动态变化；（c）可以研究更复杂的行为模型，包括对时间不变性变量的研究。

但是，面板数据也提出了几个有关估计和推断的问题，比如异方差性、自相关性以及横截面单元在同一时间点上的互相关性。

为了解决一个或多个这种问题，固定效应模型（FEM）和随机效应模型（REM）——也可称为误差成分模型（ECM）——这两种方法被经常使用。

在 FEM 中，回归模型的截距允许在个体间存在差异，从而反映了个体单元的一些独

---

① 更多细节和具体应用，请参见 Allison，P. D.，*Fixed Effects Regression Methods for Longitudinal Data, Using SAS*. SAS Institute，Cary，North Carolina，2005。

一无二的特性。这是通过使用虚拟变量实现的，只要我们注意避免落入虚拟变量陷阱即可。使用虚拟变量的 FEM 称为最小二乘虚拟变量（LSDV）模型。FEM 适用于个体特定的截距与一个或多个回归元相关的情形。LSDV 的一个缺点就是：当横截面单元的数目 $N$ 非常大时，我们将消耗很多自由度。

代替 LSDV 的一个方法是使用组内估计（WG）。这里我们从每个个体的值中减去其回归元与回归子的（组）平均值，并对均值修正变量进行回归。尽管从自由度方面来说是经济的，但均值修正变量从模型中去除了诸如性别和种族这样的时间不变性变量。

代替 FEM 的一种方法是使用 REM。在 REM 中，我们假设个体单元的截距项是从一个非常大的均值不变的总体中随机抽取的。那么，个体截距项就可以表示为对这个不变均值的偏离。从需要估计的参数数量方面来说，REM 比 FEM 更为经济。在每个横截面单元的（随机）截距项与回归元不相关的情况下，REM 是更为合适的。REM 的另一个优点在于我们可以引入时间不变性回归元。这在 FEM 中是不可能的，因为所有这种变量都是与主体特定截距项共线的。

豪斯曼检验可以用于决定是使用 FEM 还是 ECM。

必须时刻谨记的是面板数据的一些特殊问题。最严重的就是损耗的问题，因为某些原因，面板中的成员随着时间的推移不断退出，所以在随后的调查中（即横截面中）留存在面板中的初始主体更少了。同样，随着时间的推移，有些主体可能拒绝或者不愿意回答某些问题，这都会造成数据的损耗。

## 习题

17.1 表 17-8 给出了慈善例子的 LSDV 估计。如果让你检验表 17-1 中给出的原始数据，你能否发现具有显著截距项的个体存在的某种模式？举个例子，已婚的纳税人是否比单身的纳税人更可能从事慈善捐助？

### 表 17-8 具有特定主体虚拟变量的慈善函数的面板估计

Dependent Variable：CHARITY
Method：Least Squares
Sample：1 470
Included Observations：470

| | Coefficient | Std. Error | t-Statistic | Prob. |
|---|---|---|---|---|
| AGE | 0. 102 249 | 0. 208 039 | 0. 491 490 | 0. 623 3 |
| INCOME | 0. 838 810 | 0. 111 267 | 7. 538 725 | 0. 000 0 |
| PRICE | 0. 366 080 | 0. 124 294 | 2. 945 265 | 0. 003 4 |
| DEPS | −0. 086 352 | 0. 053 483 | −1. 614 589 | 0. 107 2 |
| MS | 0. 199 833 | 0. 263 890 | 0. 757 257 | 0. 449 3 |
| SUBJECT=1 | −3. 117 892 | 1. 139 684 | −2. 735 752 | 0. 006 5 |
| SUBJECT=2 | −1. 050 448 | 1. 148 329 | −0. 914 762 | 0. 360 8 |
| SUBJECT=3 | −1. 850 682 | 1. 175 580 | −1. 574 272 | 0. 116 2 |
| SUBJECT=4 | −1. 236 490 | 1. 146 758 | −1. 078 248 | 0. 281 5 |
| SUBJECT=5 | −1. 437 895 | 1. 157 017 | −1. 242 761 | 0. 214 7 |
| SUBJECT=6 | −2. 361 517 | 1. 176 887 | −2. 006 580 | 0. 045 4 |
| SUBJECT=7 | −4. 285 028 | 1. 153 985 | −3. 713 244 | 0. 000 2 |
| SUBJECT=8 | −1. 609 123 | 1. 120 802 | −1. 435 689 | 0. 151 8 |

| | | | |
|---|---|---|---|
| SUBJECT=9 | −0.027 387 | 1.242 987 | −0.022 033 | 0.982 4 |
| SUBJECT=10 | −1.635 314 | 1.086 465 | −1.505 170 | 0.133 0 |
| SUBJECT=11 | −2.262 786 | 1.159 433 | −1.951 632 | 0.051 6 |
| SUBJECT=12 | −1.042 393 | 1.189 056 | −0.876 656 | 0.381 2 |
| SUBJECT=13 | −2.382 995 | 1.100 684 | −2.165 013 | 0.031 0 |
| SUBJECT=14 | −2.231 704 | 1.201 993 | −1.856 669 | 0.064 1 |
| SUBJECT=15 | −0.776 181 | 1.113 080 | −0.697 328 | 0.486 0 |
| SUBJECT=16 | −4.015 718 | 1.178 395 | −3.407 788 | 0.000 7 |
| SUBJECT=17 | −1.529 687 | 1.172 385 | −1.304 765 | 0.192 7 |
| SUBJECT=18 | −1.921 740 | 1.178 960 | −1.630 029 | 0.103 8 |
| SUBJECT=19 | −1.643 515 | 1.207 427 | −1.361 170 | 0.174 2 |
| SUBJECT=20 | 0.304 418 | 1.159 808 | 0.262 473 | 0.793 1 |
| SUBJECT=21 | −2.990 338 | 1.101 186 | −2.715 562 | 0.006 9 |
| SUBJECT=22 | −2.719 506 | 1.161 885 | −2.340 599 | 0.019 7 |
| SUBJECT=23 | −2.261 796 | 1.144 438 | −1.976 338 | 0.048 8 |
| SUBJECT=24 | −1.843 015 | 1.163 838 | −1.583 568 | 0.114 0 |
| SUBJECT=25 | −1.665 241 | 1.166 410 | −1.427 664 | 0.154 1 |
| SUBJECT=26 | −3.446 773 | 1.139 505 | −3.024 799 | 0.002 6 |
| SUBJECT=27 | −2.252 749 | 1.172 809 | −1.920 816 | 0.055 4 |
| SUBJECT=28 | −1.832 946 | 1.227 824 | −1.492 841 | 0.136 2 |
| SUBJECT=29 | −2.925 355 | 1.095 088 | −2.671 344 | 0.007 8 |
| SUBJECT=30 | −1.428 511 | 1.140 020 | −1.253 058 | 0.210 9 |
| SUBJECT=31 | −1.740 051 | 1.133 678 | −1.534 872 | 0.125 6 |
| SUBJECT=32 | −0.900 668 | 1.107 655 | −0.813 130 | 0.416 6 |
| SUBJECT=33 | −2.058 213 | 1.157 546 | −1.778 083 | 0.076 1 |
| SUBJECT=34 | −1.060 122 | 1.114 322 | −0.951 360 | 0.342 0 |
| SUBJECT=35 | −2.866 338 | 1.146 888 | −2.499 232 | 0.012 8 |
| SUBJECT=36 | −0.986 984 | 1.174 292 | −0.840 493 | 0.401 1 |
| SUBJECT=37 | −1.394 347 | 1.188 862 | −1.172 841 | 0.241 5 |
| SUBJECT=38 | −5.404 498 | 1.132 293 | −4.773 054 | 0.000 0 |
| SUBJECT=39 | −3.190 405 | 1.140 833 | −2.796 558 | 0.005 4 |
| SUBJECT=40 | −2.838 580 | 1.179 427 | −2.406 745 | 0.016 5 |
| SUBJECT=41 | −2.398 767 | 1.180 879 | −2.031 340 | 0.042 9 |
| SUBJECT=42 | −2.068 558 | 1.085 109 | −1.906 314 | 0.057 3 |
| SUBJECT=43 | −2.434 273 | 1.152 611 | −2.111 964 | 0.035 3 |
| SUBJECT=44 | −2.530 733 | 1.189 329 | −2.127 867 | 0.033 9 |
| SUBJECT=45 | −0.481 507 | 1.200 597 | −0.401 056 | 0.688 6 |
| SUBJECT=46 | −3.304 275 | 1.132 833 | −2.916 826 | 0.003 7 |
| SUBJECT=47 | −3.089 969 | 1.221 833 | −2.528 962 | 0.011 8 |

| | | | |
|---|---|---|---|
| R-squared | 0.763 177 | Mean dependent var | 6.577 150 |
| Adjusted R-squared | 0.734 282 | S. D. dependent var | 1.313 659 |
| S. E. of regression | 0.677 163 | Akaike info criterion | 2.162 215 |
| Sum squared resid | 191.673 5 | Schwarz criterion | 2.621 666 |
| Log likelihood | −456.120 4 | Durbin-Watson stat | 1.430 014 |

注：本表中的虚拟变量系数不是差别截距虚拟变量，但是对每个变量给出了真实截距值。这是因为我们控制了普通截距以避免虚拟变量陷阱。

17.2 通过纳入时间虚拟变量扩展 LSDV 模型，并对结果进行评论。

17.3 为了探究生产率为什么会下降，以及公共投资在促进生产率提升中的作用，艾丽西亚·芒内尔（Alicia Munnell）研究了美国 48 个州从 1970 年到 1986 年的生产率数据，共计 816 个数据。[①] 因变量是 $GSP$（州内生产总值），解释变量是：$PRIVCAP$（私有资本）、$PUBCAP$（公共资本）、$WATER$（水利设施资本）、$UNEMP$（失业率）。详细数据在表 17-9（见本书配套网站）中给出。

（a）请你构建一个描述 $GSP$ 与解释变量关系的 OLS 回归模型。

（b）请你构建一个使用 47 个虚拟变量的固定效应回归模型。

（c）请你构建一个随机效应回归模型。

（d）在上面的三个模型中，你觉得哪个模型最合适？说明理由。

（e）在固定效应模型和随机效应模型间选择，你会选择哪一个？请用合适的检验方法证明你的选择。

17.4 马达拉等人的文章研究了 1970—1990 年，美国 49 个州（不包括夏威夷）居民对电力及天然气需求量的变化。[②] 为了研究这一变化的原因，他们也列出了许多其他的变量。完整数据在表 17-10（见本书配套网站）中。请你根据相关数据回答下列问题：

（a）请你以居民对电力的需求为因变量，以表 17-10 中的变量为解释变量，构建一个合适的固定效应模型。

（b）请你以居民对电力的需求为因变量，保持（a）中的解释变量，构建一个合适的随机效应模型。

（c）请你使用豪斯曼检验，探究在本题中到底应该用固定效应模型还是随机效应模型？

（d）将（a）（b）（c）中的因变量变成居民对天然气的需求，再重复一遍上述操作。

17.5 表 17-11（见本书配套网站）提供了美国 50 个州及华盛顿特区从 1985 年到 2000 年间，在如下方面的数据[③]：

*beer sales*：州人均啤酒消费量

*income*：收入（美元）

*beer tax*：州啤酒税率

*Note*：每个州都有固定的联邦代码，这里用 *fts_state* 指代。样本容量为 816（$=51\times16$）。

（a）请你尝试构建一个描述啤酒消费量与啤酒税率关系的 OLS 回归。

（b）请你尝试用相同的数据构建一个固定效应回归模型。

（c）请你尝试用相同的数据构建一个随机效应回归模型。

① Munnell, A., with assistance of Cook, L. M. (1990), How does public infrastructure affect regional performance?, *New England Economic Review*, September/October, 11-32.

② Maddala, G. S., Trost, R. P., Li, H., and Joutz, J. (1997), Estimate of short-run and long-run elasticities of demand from panel data using shrinkage estimators, *Journal of Business and Economic Statistics*, 15 (1), 90-100.

③ 原始资料来源：Cook, P., *Paying the Tab*：*The Costs and Benefits of Alcohol Control*, Princeton University Press, Princeton, New Jersey, 2007. 同时，该数据也可以在 Murry, M. P., *Econometrics*：*A Modern Introduction*, Pearson/Addison-Wesley, 2006 的配套网站中获得。

（d）请你用豪斯曼检验确定究竟该选用上述哪种模型。

（e）将题干中的变量对数化，再重复（a）（b）（c）中的操作。

（f）预期啤酒税与啤酒销量之间的关系是怎么样的？回归得到的结果支持你的预期吗？

（g）你觉得个人收入与啤酒的消费之间的关系是正向的还是负向的？如果是负向的，那意味着什么？

17.6 从先前提到的弗里斯书中的配套网站上获取你喜欢的面板数据，并使用本章讨论过的各种面板数据估计技术估计其模型。

# 第 18 章

# 生存分析

本章我们将要讨论一个统计方法，它有着各种不同的称呼，诸如**期限分析**（duration analysis，例如，一个人失业的时长，或是一个行业罢工的时长）、**事件历史分析**（event history analysis，例如，人一生中类似结婚这样的事件的纵向记录）、**可靠性或失效时间分析**（reliability or failure time analysis，例如，一个灯泡在损坏之前能亮多久）、**转换分析**（transition analysis，从一种性质状态到另一种性质状态，例如，从已婚到离婚）、**风险率分析**（hazard rate analysis，例如，事件发生的条件概率）或**生存分析**（survival analysis，例如，从得乳腺癌到死亡的时间）。为了叙述的简洁性，我们将使用生存分析（SA）作为这些术语的统称。

生存分析的主要目的是：（1）由生存数据估计并解释生存者或风险函数（稍后讨论），（2）评估解释变量对生存时间的影响。

生存分析的主题较广泛且涉及复杂的数学知识。在本章中，我们的目标是对该主题进行简要的介绍并举例说明。对该主题的进一步学习，读者可以查阅有关参考书目。[①]

## 18.1　一个阐释性的例子：建立累犯期间模型

为了做好准备，我们考虑一个具体例子。这个例子涉及 1977 年 7 月—1978 年 6 月从监狱释放出来的 1 445 名罪犯的随机样本，以及直到他们再次入狱的时间（持

① 参见 Hosmer，D. and Lemeshow，S.，*Applied Survival Analysis*，Wiley，New York，1999；Kleinbaum，D. G.，*Survival Analysis：A Self-Learning Text*，Springer-Verlag，New York，1996；Powers，D. A. and Yu Xie，*Statistical Methods for Categorical Data Analysis*，2nd edn，Emerald Group Publishing，UK，2008，Chapter 6；Cleves，M.，Gould，W. M. and Gutierrez，R. G.，*An Introduction to Survival Analysis using Stata*，Stata Press，College Station，Texas，2002；Wooldridge，J. M.，*Econometric Analysis of Cross Section and Panel Data*，©2001 Massachusetts Institute of Technology，版权归麻省理工学院出版社所有。

续期）。[1] 数据是在 1984 年 4 月通过查看记录获得的。由于开始时间不同，截取时间从 70 个月到 81 个月不等。

分析中所用到的变量定义如下：

*black*＝1 代表黑人

*alcohol*＝1 代表酗酒

*drugs*＝1 代表吸毒史

*super*＝1 代表监外看管

*married*＝1 代表在押时已婚

*felon*＝1 代表判定重罪

*workprg*＝1 代表工作抵罪

*property*＝1 代表涉财犯罪

*person*＝1 代表对个人犯罪

*priors*＝ 前科数目

*educ*＝受教育年限

*rules*＝监狱中违反规则的次数

*age*＝以月计

*tserved*＝服刑时间，四舍五入至以月为单位

*follow length*＝两次入狱的时间段，以月为单位

*durat*＝再次入狱之前的最长时间

*cens*＝1 代表右边断尾持续期

在这项研究中我们关心的变量为持续时间（*durat*），即从一个罪犯被释放到再次犯罪并回到监狱的最长时间。尽管在分析中我们不太可能同时使用上述所有变量，因为有些变量间存在着共线性，但是我们仍想了解 *durat* 是如何与这些回归元（也称为协变量）产生联系的。参见本书配套网站上的表 18-1。

## 18.2 生存分析的相关术语

**事件**（event）。"一个事件是由在特定的时点发生的性质变化构成的。而且这一变化必须是由前后事物间相对急剧的分裂造成的。"[2] 死亡是一个显而易见的例子。工作的变换、升职、裁员、退休、定罪与关押、被疗养院或收容所接纳等，这些都是不太明显却非常重要的事件。

**持续时间**（duration spell）。它是指一个事件在发生之前的时长，诸如一个人从失业到再就业的时长，或一个人从离婚到再次结婚的时长，或生孩子所需要的时间间隔，或是一个罪犯从被释放到再次被捕的时长。

---

① 此处数据来源于 Chung, C. F., Schmidt, P. and Witte, A. D. (1991), Survival analysis: a survey, *Journal of Quantitative Criminology*, 7, 59-98，并从 Wooldridge, *op cit* 处复制而来；这些数据也可以从网站 http://www.stata.com/data/jwooldridge/eacsap/recid.dta 下载。

② Allison, P. D., *Event History Analysis: Regression for Longitudinal Event Data*, A Sage University Paper, Sage Publications, California, 1984, p. 9.

**离散时间分析**（discrete time analysis）。有些事件只在离散的时间段内发生。例如，美国总统选举每 4 年举行一次，而人口普查是每 10 年进行一次。美国的失业率每个月发布一次。我们有专门的方法来处理这些离散型事件，例如离散时间事件历史分析。

**连续时间分析**（continuous time analysis）。与离散时间分析相比，连续时间生存分析把时间看作是连续的。这么做是为了数理统计上的便利性，因为很少有事件在整个时间连续期内被观察到。在有些情况下，事件能在一小段时间内被观察到，例如，每周失业福利申请人数。用于处理连续时间生存分析的统计方法与用于处理离散时间生存分析的统计方法是不同的。然而，在给定的情况下，不存在严格且快速的规则用于判断哪种方法可能是合理的。

**时间累积分布函数**［the cumulative distribution function（CDF）of time］。假设一个人现在住院治疗，用 $T$ 代表直到他出院所用的时间（以天或星期衡量）。如果我们把 $T$ 作为一个连续型变量，那么由累积分布函数（CDF）可得 $T$ 的分布：

$$F(t)=\Pr(T\leqslant t) \tag{18.1}$$

这就给出了事件（出院）在持续期 $t$ 发生的概率。如果 $F(t)$ 是可微的，那么它的密度函数可表示成：

$$f(t)=\frac{\mathrm{d}F(t)}{\mathrm{d}t}=F'(t) \tag{18.2}$$

**生存者函数**（survivor function）。生存超过时间 $t$ 的概率可以定义为：

$$S(t)=1-F(t)=\Pr(T>t) \tag{18.3}$$

**风险函数**（hazard function）。考虑如下函数：

$$h(t)=\lim_{h\to 0}\frac{\Pr(t\leqslant T\leqslant t+h\mid T\geqslant t)}{h} \tag{18.4}$$

此处函数分子表达的是在给定生存时间超过 $t$ 的情况下，在时间区间上离开初始状态（例如，住院）的条件概率。式（18.4）称为风险函数。它给出了单位时间离开初始状态的瞬间速率。

现在根据条件概率的定义，有

$$\Pr(t\leqslant T\leqslant t+h\mid T\geqslant t)=\frac{\Pr(t\leqslant T\leqslant t+h)}{\Pr(T\geqslant t)}$$
$$=\frac{F(t+h)-F(t)}{1-F(t)} \tag{18.5}$$

由于

$$\lim_{h\to 0}\frac{F(t+h)-F(t)}{h}=F'(t)=f(t) \tag{18.6}$$

我们可以写成

$$h(t)=\frac{f(t)}{1-F(t)}=\frac{f(t)}{S(t)} \tag{18.7}$$

简而言之，风险函数就是密度函数和一个随机变量的生存者函数的比率。简单地说，它给出了人们在时刻 $t$ 失败的概率，考虑到他们已经生存超过了时刻 $t$，我们应将失败放入给定的上下文中去理解。顺带提一下，式（18.7）也称为**风险率函数**（hazard rate function)，并且"风险函数"和"风险率函数"可以相互替代使用。

式（18.7）是一个非常重要的等式。因为不论我们为风险函数 $h(t)$ 选择什么函数形式，我们总能从中推得累积分布函数。

现在的问题是：在实践中我们该如何选择 $f(t)$ 和 $S(t)$？我们将在下一节回答这个问题。当前我们需要考虑一些与生存分析（SA）有关的特殊问题。

**1. 截取。**在 SA 中经常遇到的问题是：数据经常是截取的。假设我们从时刻 $t$ 开始跟踪观察 100 个失业人员，直至时刻 $(t+h)$。取决于我们为 $h$ 选取的数值，我们不能保证在时刻 $(t+h)$ 这 100 个人仍全部未就业。有些人会被重新雇用，但有些人会选择退出劳动市场。因此，我们将有一个截取样本。

我们的样本可能是**右截取的**（right-censored），因为在时刻 $(t+h)$ 我们就停止跟踪观察这些失业人员的样本。我们的样本也可能是**左截取的**（left-censored），因为我们不知道在时刻 $t$ 之前，这 100 个失业人员当中有多少是处于失业状态的。我们在估计风险函数时不得不考虑这样的截取问题。回想一下，我们在讨论截取和断尾样本回归模型时遇到过类似的问题。

**2. 具有或不具有协变量（或回归元）的风险函数。**在 SA 中，我们的兴趣不仅在于估计出风险函数，而且还尽力去了解风险函数是否取决于某些解释变量或者协变量。我们阐释性例子中的协变量与 18.1 节中给出的是一样的。

但是如果我们引入协变量，我们必须判定它们是**时间可变的**（time-variant）还是**时间不变的**（time-invariant）。性别和宗教是时间不变性回归元，但是教育、工作经验等则是时间可变的。这使得生存分析变得更加复杂。

**3. 期限依赖。**如果风险函数值不是常数，那么风险函数就存在期限依赖。若 $\mathrm{d}h(t)/\mathrm{d}t > 0$，则存在正的期限依赖。在这种情况下，一个人在初始状态所处的时间越长，那么他脱离初始状态的概率就会越高。例如，在正期限依赖的情况下，一个人失业的时间越长，那么他脱离失业状态的概率就会越高。如果存在负的依赖性，则情况相反。在此情况下，$\mathrm{d}h(t)/\mathrm{d}t < 0$。

**4. 未观察到的异质性。**不论我们考虑多少个协变量，个体间可能存在固有的异质性，此时我们需要对此加以解释。回想一下，我们在面板数据回归模型中遇到过类似的情况，当时，我们通过引入一个个体特定的（截距）虚拟变量来解释未观察到的异质性，如同在固定效应模型中一样。

具备了这些预备知识之后，我们就可以开始学习生存分析是如何展开的了。

## 18.3 建立累犯期间模型

分析生存数据有三种基本方法：**非参数型**（nonparametric）、**参数型**（parametric）以及**偏参数型**（partially parametric），也称为**半参数型**（semi-parametric）。[①] 在非参数方法中，

---

① 正如 Mittelhammer 等人指出的，"半参数模型的数据采集过程分为两个部分；其中一部分一旦有限参数的值已知时就被完全确定了（这就是参数组成部分），然而另一部分并不是完全由有限集参数的值确定的（这就是非参数组成部分）"。参见 Mittelhammer, R. C., Judge, G. G., and Miller, D. J., *Econometric Foundations*, Cambridge University Press, New York, 2000, p. 15.

我们不做关于生存时间概率分布的任何假设，然而，在参数方法中，我们对概率分布会做一些假设。

在对**生命表**（life table）进行分析时，我们会用到非参数方法，而这被用于描述人类经验死亡率已超过 100 年。精算师和人口统计学家显然对生命表很感兴趣，但在本章我们不会深入探讨这个话题。[①] 参数方法被广泛用于连续时间数据。

有几种参数模型被用于期限分析。每一种都取决于所假设的概率分布，例如，指数分布、韦布尔（Weibull）分布、对数正态分布以及 loglogistic 分布。由于它们各自的概率密度函数是已知的，因此我们可以很容易推得它们相应的风险和生存函数。现在我们考虑几个这样的分布，并把它们运用到我们的案例中。在下面所讨论的每一个分布中，我们都假设风险率 $h$ 能由一个或几个协变量来解释。

然而在考虑这些模型之前，我们为什么不运用传统正态线性回归模型就变量 *durat* 对之前所列出的解释变量进行回归分析？传统回归方法可能在生存分析中并不适用的原因在于，"事件的时间分布可能与正态分布不一致——它们几乎可以肯定是非对称的以及是双峰的，而线性回归并不必然违反这些要求"[②]（参见习题 18.1）。

## 18.4 指数概率分布

假设风险率 $h(t)$ 是一个常数且恒等于 $h$。对我们的例子而言，这意味着累犯的概率不取决于待在初始状态的时间。一个固定的风险意味着具有如下的累积分布函数和概率密度函数：

$$F(t) = 1 - e^{-ht} \tag{18.8}$$
$$f(t) = F'(t) = he^{-ht} \tag{18.9}$$

由于

$$S(t) = 1 - F(t) = 1 - (1 - e^{-ht}) = e^{-ht} \tag{18.10}$$

这也就给出了生存函数。那么由式（18.7）可以推得

$$h(t) = \frac{f(t)}{S(t)} = \frac{he^{-ht}}{e^{-ht}} = h \tag{18.11}$$

也就是说风险率函数是一个常数，等于 $h$（此处无时间下标）。这就是指数分布的**无记忆性**（memoryless property）。

现在我们可以将回归元或协变量引入期限模型，以了解它们是如何影响风险函数的。使用几个之前列出的回归元和 Stata 软件（第 10 版），我们就可以获得如表 18-2 所示的回归结果。指数分布函数的估计是通过 ML 方法完成的。[③]

---

① 对生命表分析的简单描述，参见 Hosmer and Lemeshow, *op cit.*, pp. 36-9。

② 参见 Cleves et al., *op cit.*, p. 2。

③ 注意，我们并没有列入 18.1 节中所列出的所有变量，以避免多重共线性问题。

表 18 - 2  使用指数分布的风险率

Exponential regression—log relative-hazard form

No. of subjects=1 445                                    Number of obs=1 445

No. of failures=552

Time at risk=80 013

                                                         LR chi2(8)=185.13

Log likelihood=−1 647.330 4                              Prob>chi2=0.000 0

| — | Haz. Ratio | Std. Err. | z | P>∣z∣ | [95% Conf. Interval] | |
|---|---|---|---|---|---|---|
| black | 1.627 119 | .143 331 7 | 5.53 | 0.000 | 1.369 107 | 1.933 753 |
| alcohol | 1.590 821 | .167 135 3 | 4.42 | 0.000 | 1.294 769 | 1.954 567 |
| drugs | 1.375 137 | .134 593 1 | 3.25 | 0.001 | 1.135 099 | 1.665 936 |
| felon | .547 773 5 | .079 136 2 | −4.17 | 0.000 | .412 694 7 | .727 064 9 |
| property | 1.523 15 | .213 146 | 3.01 | 0.003 | 1.157 784 | 2.003 816 |
| priors | 1.097 332 | .014 523 6 | 7.02 | 0.000 | 1.069 233 | 1.126 171 |
| age | .996 263 9 | .000 503 4 | −7.41 | 0.000 | .995 277 7 | .997 251 |
| tserved | 1.015 066 | .001 680 9 | 9.03 | 0.000 | 1.011 777 | 1.018 366 |

## □ 对结果的解释

在解释结果之前,对我们来说注意到表 18 - 2 中所列的系数就是**风险比率**(hazard ratio)或**相对风险比率**(relative risk ratio)是非常重要的。

这个比率的表达形式为 $e^{回归系数}$,也就是拟合模型中回归系数的指数。

该表给出了每个协变量的风险率、标准误以及 $Z$ 值。$Z$ 值也称为怀特统计量,它就是所估计的系数与标准误的比率。它近似服从标准正态分布,被用来检验真实(或总体)风险率系数为零的零假设。

基于 $Z$ 统计量,我们可以看到变量中黑人、酒精、毒品、重罪、财产、前科、年龄以及服刑时间各自在统计上都是高度显著的。似然比(LR)统计量的值为 185,也是高度显著的。这意味着模型整体拟合较好。回想一下,在非线性模型中似然比率与 $R^2$ 值是等价的。

关于风险比率的解释如下:

1. 在保持其他全部协变量的值不变的情况下,若一个协变量的风险比率值大于 1,则意味着经历相关事件(当前例子中的再次被捕)的风险是递增的。在我们的例子中,大约 1.63 的风险比率意味着黑人罪犯再次被捕的风险比非黑人罪犯要高 63%。同时,酗酒成瘾的罪犯再次被捕的风险比没有酗酒问题的罪犯大约要高 59%。

2. 若一个协变量的风险比率小于 1,则意味着经历相关事件(再一次,例子中的再次被捕)的风险是递减的。因此在保持其他条件不变的情况下,重罪系数大约为 0.55,意味着和被判有其他罪行的罪犯相比,被判有重罪的罪犯再次被捕的风险要低 45%。[1]

3. 风险比率为 1 意味着该协变量与风险之间不存在关联。因此,在监狱中的服刑时

---

① 由于对重罪犯罪的惩罚比其他罪行更加严厉,因此重罪犯人一旦被从监狱释放出来,他们可能更不想回到监狱并面对更加严厉的惩罚。

计量经济学:原理与实践(第二版)

长对再次被捕的风险没有显著影响。

读者会注意到风险比率与机会比率之间的相似之处。同机会比率为1一样，风险比率为1也意味着没有影响。风险比率为20，与机会比率为20一样，意味着所考虑的总体的风险是其他群体的20倍。

同时我们也应记住，风险比率越低，在$t$时刻的生存概率越高，反之亦然。

我们可以在Stata软件中执行nohr（无风险比率）命令，估计出风险比率系数，而不用去估计风险比率。估计结果如表18-3所示。

表18-3　风险比率的估计系数

Exponential regression—log relative-hazard form

No. of subjects=1 445　　　　　　　　　　　　Number of obs=1 445

No. of failures=552

Time at risk=80 013

　　　　　　　　　　　　　　　　　　　LR chi2(8)=185.13

Log likelihood=−1 647.330 4　　　　　Prob>chi2=0.000 0

| t | Coef. | Std. Err. | z | P>\|z\| | [95% Conf. Interval] | |
|---|---|---|---|---|---|---|
| black | 0.486 810 7 | 0.088 089 3 | 5.53 | 0.000 | 0.314 159 | 0.659 462 5 |
| alcohol | 0.464 250 3 | 0.105 062 3 | 4.42 | 0.000 | 0.258 332 | 0.670 168 7 |
| drugs | 0.318 553 4 | 0.097 876 2 | 3.25 | 0.001 | 0.126 719 6 | 0.510 387 1 |
| felon | −0.601 893 4 | 0.144 468 9 | −4.17 | 0.000 | −0.885 047 2 | −0.318 739 5 |
| property | 0.420 780 5 | 0.139 937 7 | 3.01 | 0.003 | 0.146 507 8 | 0.695 053 3 |
| priors | 0.092 882 1 | 0.013 235 4 | 7.02 | 0.000 | 0.066 941 1 | 0.118 823 |
| age | −0.003 743 1 | 0.000 505 3 | −7.41 | 0.000 | −0.004 733 5 | −0.002 752 8 |
| tserved | 0.014 953 5 | 0.001 655 9 | 9.03 | 0.000 | 0.011 707 9 | 0.018 199 |
| _ cons | −4.498 082 | 0.171 382 1 | −26.25 | 0.000 | −4.833 985 | −4.162 18 |

在该表中，正的系数代表风险的增加，负的系数代表风险的降低。因此，黑人的风险系数大约为0.49，代表着黑人罪犯的累犯风险是增加的。按字面理解，大约0.49的风险系数意味着作为黑人罪犯其风险的对数要高0.49。

你也许会认为表18-2和表18-3的结果不具可比性。但实际上是可以比较的。为了弄明白这一点，从表18-3中取出黑人系数，其值为0.486 810 7。如果你取这个系数的反对数值，可以得到1.630 165，这和表18-2中的风险比率几乎一样。

因此，表18-2和表18-3的差异仅仅在于二者对结果表述的方式不同，而不是结果本身存在差异。

# 18.5　韦布尔概率分布

用指数概率分布建立风险比率模型的一个主要缺点是它假定风险比率是不变的，即风险比率不受时间影响。但如果$h(t)$不是常数，我们就会遇到**期限依赖**（duration dependence）的情况。如果风险比率随持续时间的推移而升高，那么就是正的期限依赖；

如果风险比率随持续时间的推移而降低，那么就是负的期限依赖。在正的期限依赖下，假设其他因素保持不变，一个人在初始状态所处的时间越长，那么他脱离这种初始状态（例如，失业）的概率就会越大。

期限依赖所需要考虑的一个概率分布是韦布尔概率分布。该分布可以表示为

$$h(t) = \gamma \alpha t^{\alpha-1}; \quad \alpha > 0, \gamma > 0 \tag{18.12}$$

以及

$$S(t) = e^{-(ht)^{\alpha}} \tag{18.13}$$

如果 $\alpha = 1$，我们就得到了当 $\gamma = h$ 时的指数概率分布。如果 $\alpha > 1$，风险比率就是单调递增的；如果 $\alpha < 1$，风险比率就是单调递减的。

将韦布尔应用到我们的例子中，我们可以得到如表 18-4 所示的结果。在该表中，由于该值小于 1 且具有统计显著性，这说明随着时间的推移，累犯风险每周下降 21%（负的期限依赖）。

即使表 18-4 中的风险比率与表 18-2 中的风险比率差别不大，这个发现还是让我们对基于指数概率分布得出的累犯结果产生了怀疑。由于基于韦布尔分布的对数似然比率为 −1 630，比基于指数分布的对数似然比率 −1 647 要大，因此，韦布尔分布拟合得更好。

顺带提一下，如果你更想得到系数而不是风险比率，表 18-5 给出了相应的结果。

值得再次提及的是，上述两个表格之间的差异仅在于结果表述方式的不同，而非结果本身存在差异。

### 表 18-4　具有韦布尔概率分布的风险函数估计

Weibull regression—log relative-hazard form

No. of subjects = 1 445　　　　　　　　　　　　　Number of obs = 1 445

No. of failures = 552

Time at risk = 80 013

　　　　　　　　　　　　　　　　　　　　　　　LR chi2(8) = 170.11

Log likelihood = −1 630.715 1　　　　　　　　　　Prob > chi2 = 0.000 0

| _t | Haz. Ratio | Std. Err. | z | P>\|z\| | [95% Conf. | Interval] |
|---|---|---|---|---|---|---|
| black | 1.589 062 | 0.140 057 4 | 5.25 | 0.000 | 1.336 956 | 1.888 706 |
| alcohol | 1.558 327 | 0.163 664 5 | 4.22 | 0.000 | 1.268 413 | 1.914 506 |
| drugs | 1.357 881 | 0.132 933 6 | 3.12 | 0.002 | 1.120 807 | 1.645 1 |
| felon | 0.559 546 8 | 0.080 604 6 | −4.03 | 0.000 | 0.421 908 2 | 0.742 087 1 |
| property | 1.504 077 | 0.208 987 8 | 2.94 | 0.003 | 1.145 507 | 1.974 888 |
| priors | 1.094 469 | 0.014 595 7 | 6.77 | 0.000 | 1.066 233 | 1.123 453 |
| age | 0.996 439 3 | 0.000 500 6 | −7.10 | 0.000 | 0.995 458 7 | 0.997 420 9 |
| tserved | 1.014 259 | 0.001 702 9 | 8.43 | 0.000 | 1.010 926 | 1.017 602 |
| /ln _ p | −0.214 797 4 | 0.038 846 3 | −5.53 | 0.000 | −0.290 934 7 | −0.138 66 |
| p | 0.806 704 9 | 0.031 337 5 | | | 0.747 564 5 | 0.870 523 9 |
| 1/p | 1.239 611 | 0.048 154 3 | | | 1.148 733 | 1.337 677 |

计量经济学：原理与实践（第二版）

表 18 - 5  使用韦布尔得到的风险比率系数

Weibull regression—log relative-hazard form

| No. of subjects=1 445 | | | | | Number of obs=1 445 | | |
| No. of failures=552 | | | | | | | |
| Time at risk=80 013 | | | | | | | |
| | | | | | LR chi2(8) =170. 11 | | |
| Log likelihood=−1 630. 715 1 | | | | | Prob>chi2=0. 000 0 | | |

| _ t | Coef. | Std. Err. | z | P>\|z\| | [95% Conf. Interval] | |
|---|---|---|---|---|---|---|
| black | 0. 463 143 7 | 0. 088 138 4 | 5. 25 | 0. 000 | 0. 290 395 5 | 0. 635 891 8 |
| alcohol | 0. 443 612 9 | 0. 105 025 8 | 4. 22 | 0. 000 | 0. 237 766 2 | 0. 649 459 6 |
| drugs | 0. 305 925 2 | 0. 097 897 8 | 3. 12 | 0. 002 | 0. 114 049 | 0. 497 801 4 |
| felon | −0. 580 628 1 | 0. 144 053 4 | −4. 03 | 0. 000 | −0. 862 967 6 | −0. 298 288 7 |
| property | 0. 408 179 4 | 0. 138 947 5 | 2. 94 | 0. 003 | 0. 135 847 3 | 0. 680 511 6 |
| priors | 0. 090 269 3 | 0. 013 335 9 | 6. 77 | 0. 000 | 0. 064 131 4 | 0. 116 407 2 |
| age | −0. 003 567 | 0. 000 502 4 | −7. 10 | 0. 000 | −0. 004 551 6 | −0. 002 582 4 |
| tserved | 0. 014 157 8 | 0. 001 678 9 | 8. 43 | 0. 000 | 0. 010 867 2 | 0. 017 448 4 |
| _ cons | −3. 723 363 | 0. 211 275 8 | −17. 62 | 0. 000 | −4. 137 456 | −3. 309 27 |
| /ln _ p | −0. 214 797 4 | 0. 038 846 3 | −5. 53 | 0. 000 | −0. 290 934 7 | −0. 138 66 |
| p | 0. 806 704 9 | 0. 031 337 5 | | | 0. 747 564 5 | 0. 870 523 9 |
| 1/p | 1. 239 611 | 0. 048 154 3 | | | 1. 148 733 | 1. 337 677 |

# 18.6  比例风险函数模型

比例风险模型（proportional hazard model，PH 模型）是在生存分析中非常流行的一个模型，最初是由考克斯提出的。[1] PH 模型假设第 $i$ 个个体的风险比率可以表示为：

$$h(t\,|\,X_i)=h_0(t)\,e^{BX_i} \tag{18.14}$$

在比例风险模型中，风险函数是由两部分相乘得到的：（1）一个部分是 $h_0(t)$，被称为**基线风险**（baseline hazard），它是持续时间的函数；（2）另一部分是解释变量（$X$ 代表一个或多个除时间以外的变量）和相应参数 $B$（取决于解释变量的个数，参数可能是一个，也可能是多个）的函数。

PH 模型一个很大的优势在于，任意两个下标为 $i$ 和 $j$ 的个体的风险比率仅取决于协变量或回归元，而不取决于时间 $t$。这也可从下面的公式看出来。

---

[1]  Cox, D. R. （1972），Regression models and life tables，*Journal of the Royal Statistical Society*，series B，34，187-220.

$$\frac{h(t\,|\,X_i)}{h(t\,|\,X_j)}=\frac{h_0(t)\mathrm{e}^{BX_i}}{h_0(t)\mathrm{e}^{BX_j}}=\frac{\mathrm{e}^{BX_i}}{\mathrm{e}^{BX_j}}=\mathrm{e}^{B(X_i-X_j)}\tag{18.15}$$

假设回归元不随时间的推移而发生变化，即协变量与时间无关，上式就是一个常数。①

PH 模型被广泛应用的一个原因是，时间没有被包含在解释变量当中，因此，所有个体的风险比率与基线风险比率是成比例的。这可以表示为：

$$\frac{h(t\,|\,X_i)}{h_0(t)}=\mathrm{e}^{BX_i}\tag{18.16}$$

PH 模型得以流行的另一个原因是，在无须估计基线风险函数参数的情况下，我们就能够得到协变量参数的一致估计。这可以由**偏似然方法**（method of partial likelihood）完成，我们不用探究这种方法所包含的数理细节，但是现代统计软件很容易就能做到这一点。

回到我们所举的例子，我们可以在 Stata 软件中运行 stcox 命令，估计出 PH 模型（见表 18-6）。

如果你感兴趣的是回归系数而不是风险比率，结果在表 18-7 中已列出。应注意到，Cox PH 模型中没有截距项。这是因为截距项被包含在了基线风险 $h_0(t)$ 中。

表 18-6 和表 18-7 中所列的 $Z$ 统计量，就是用于检验所考虑的系数为零的零假设的怀特统计量。在零值假设下，$Z$ 统计量服从近似标准正态分布。正如你从表中所看到的，单个地看，每一个回归系数都是高度显著的。对于零值假设而言，这些表中所列的 $p$ 值都是对于零假设的双侧 $p$ 值（two-sided $p$ value）。似然比统计量是对所估计模型的拟合优度的总体度量，在线性回归模型中与 $R^2$ 值等价。本例中的似然比统计量高度显著。

#### 表 18-6　累犯的 Cox PH 估计

Cox regression—Breslow method for ties

No. of subjects=1 445　　　　　　　　　Number of obs=1 445

No. of failures=552

Time at risk=80 013

　　　　　　　　　　　　　　　　　　　LR chi2(8) =161.02

Log likelihood=−3 813.672 4　　　　　Prob>chi2=0.000 0

| _t | Haz. Ratio | Std. Err. | z | P>\|z\| | [95% Conf. Interval] | |
|---|---|---|---|---|---|---|
| black | 1.555 061 | 0.137 103 9 | 5.01 | 0.000 | 1.308 279 | 1.848 395 |
| alcohol | 1.534 183 | 0.161 106 2 | 4.08 | 0.000 | 1.248 796 | 1.884 789 |
| drugs | 1.349 457 | 0.132 123 2 | 3.06 | 0.002 | 1.113 831 | 1.634 929 |
| felon | 0.563 560 7 | 0.081 309 3 | −3.97 | 0.000 | 0.424 747 8 | 0.747 739 4 |
| property | 1.520 469 | 0.210 447 | 3.03 | 0.002 | 1.159 213 | 1.994 305 |
| priors | 1.092 879 | 0.014 636 7 | 6.63 | 0.000 | 1.064 564 | 1.121 946 |
| age | 0.996 567 3 | 0.000 498 3 | −6.88 | 0.000 | 0.995 591 1 | 0.997 544 5 |
| tserved | 1.013 744 | 0.001 708 8 | 8.10 | 0.000 | 1.010 4 | 1.017 098 |

---

① 这就是说，对于所有 $t$ 而言，个体离开当前状态达到个体所处状态的条件概率假定是相同的。

**表 18 - 7　Cox PH 模型的系数**

```
failure _ d：fail
analysis time _ t：durat
Iteration 0：log likelihood =-3 813.672 4
Cox regression—Breslow method for ties
No. of subjects=1 445                          Number of obs=1 445
No. of failures=552
Time at risk=80 013

                                               LR chi2(8) =161.02
Log likelihood=-3 813.672 4                    Prob>chi2=0.000 0
```

| _ t | Coef. | Std. Err. | z | P>|z| | [95% Conf. Interval] | |
| --- | --- | --- | --- | --- | --- | --- |
| black | 0.441 515 1 | 0.088 166 2 | 5.01 | 0.000 | 0.268 712 5 | 0.614 317 7 |
| alcohol | 0.427 998 1 | 0.105 011 1 | 4.08 | 0.000 | 0.222 180 1 | 0.633 816 |
| drugs | 0.299 702 5 | 0.097 908 4 | 3.06 | 0.002 | 0.107 805 6 | 0.491 599 5 |
| felon | -0.573 480 2 | 0.144 277 9 | -3.97 | 0.000 | -0.856 259 6 | -0.290 700 8 |
| property | 0.419 018 5 | 0.138 409 3 | 3.03 | 0.002 | 0.147 741 3 | 0.690 295 8 |
| priors | 0.088 815 3 | 0.013 392 8 | 6.63 | 0.000 | 0.062 565 8 | 0.115 064 7 |
| age | -0.003 438 6 | 0.000 5 | -6.88 | 0.000 | -0.004 418 7 | -0.002 458 5 |
| tserved | 0.013 650 2 | 0.001 685 6 | 8.10 | 0.000 | 0.010 346 4 | 0.016 954 |

## □ 对结果的解释

年龄的风险比率为 0.997（近乎为 1）。这意味着在其他条件保持不变的情况下，如果年龄增长 1 岁，则累犯风险就下降 1%。黑人的系数为 1.555，这意味着和其他人种相比，黑人的累犯风险要高出 55.5%。用类似的方式可以对其他协变量的系数进行解释。

尽管非常流行，但如果模型中的一些回归元是时间可变的，那么 Cox PH 模型就会稍显复杂。如果在我们的例子中关于全体居民失业状况的信息是每个星期检测一次，那么我们就有了一个时间可变回归元。尽管已有处理这些问题的方法，但鉴于生存分析的引导性作用，我们在本章将不再探究这个主题。为了进一步学习，建议读者查阅参考资料。①

也许还应该加上 PH 模型的合理性检测，但我们再一次建议读者查阅参考资料以掌握这些检验。**加速时间失效模型**（accelerated failure time model，AFT）就是 PH 模型的一个替代模型，关于此，仍然建议读者查阅其他参考资料。

## 18.7　要点与结论

本章的主要目标是向读者介绍一些关于生存分析的基本概念。由于有专门的书籍和

---

① 对于此的直观讨论，参见 Paul Allison, *op cit*.，pp. 36-8。

论文阐述这个主题，所以我们无须讨论生存分析模型中所有的细节。

我们在本章讨论了三个生存分析模型，即指数概率分布模型、韦布尔概率分布模型和比例风险模型。使用累犯数据，我们列出了这些模型的输出结果以及如何理解这些结果。这些模型中最简单的是指数模型或者固定风险模型。但这一模型是韦布尔模型的特殊形式。在许多领域中，非常流行的比例风险模型能够在不用估计出基线风险模型的情况下被估计出来。PH 模型的一大缺点是，它假定协变量是时间不变的。然而 PH 模型能够拓展到把时间可变协变量考虑进来。同时，PH 模型中的比例假设是可以被明确检验的。

正如所指出的那样，我们没有讨论所有的风险模型。在表 18-8 中，我们给出了指数模型和韦布尔模型的显著特征，一起给出的还有本章未讨论的对数正态模型和 loglogistic 模型。但它们在 Stata 等软件的帮助下可以很容易地被估计出来。

**表 18-8　一些期限模型的显著特征**

| 概率分布 | 风险函数 | 生存函数 |
|---|---|---|
| 指数型 | $h(t) = h$ | $S(t) = e^{-ht}$ |
| 韦布尔 | $h(t) = \gamma \alpha t^{a-1}$ | $S(t) = e^{-(ht)^{\alpha}}$ |
| 对数正态型 | $f(t) = (p/t)\phi[p\ln(ht)]$ | $S(t) = \Phi[-p\ln(ht)]^*$ |
| logistic 正态型 | $h(t) = \dfrac{\gamma\alpha(ht)^{a-1}}{1+\gamma t^a}$ $\alpha > 0$，$\gamma > 0$ | $S(t) = \dfrac{1}{1+(\gamma t)^{\alpha}}^{**}$ |

注：* $\ln(t)$ 是服从均值为 $-\ln h$、标准差为 $1/p$ 的标准正态分布。** $\ln(t)$ 是服从均值为 $-\ln h$、方差为 $\pi^2/3p^2$ 的 logistic 分布，ln 代表自然对数。

还需要指出，当 $\alpha = 1$ 时，韦布尔分布就成为 $h = \gamma$ 的指数分布。

### 习题 ☞

**18.1** 把 *durat* 作为独立变量，估计一个与表 18-1 中的回归元有关的回归，并对结果加以解释。这些结果应如何与指数模型、韦布尔模型和 PH 模型的回归结果加以比较？

**18.2** 表 18-1 中哪些回归元是时变的？哪些是时不变的？假设你把所有的回归元都作为非时变的。估计出指数模型、韦布尔模型和 PH 生存模型，并对结果加以评论。

**18.3** 表 18-9 给出了 14 名 15 岁及以上居民的如下数据：

*Minutes*：做一件枯燥无味的事情的时间（分钟）

*Age*：年龄（岁）

*Weight*：体重（磅）

*Gender*：女性为 1，男性为 0

*Censored*：数据被截尾为 0，未截尾为 1

**注**：一些样本的观测值被截尾，因为在一些科目中，这项工作的枯燥程度比其他人更高。这些观测值就被标注为 0。

（a）你预期持续时间与其他变量之间的关系会是怎样的？

| 持续时间（分钟） | 年龄（岁） | 体重（磅） | 性别 | 截尾 |
| --- | --- | --- | --- | --- |
| 16 | 34 | 215 | 0 | 1 |
| 35 | 15 | 135 | 0 | 0 |
| 55 | 22 | 145 | 1 | 0 |
| 95 | 18 | 97 | 1 | 1 |
| 55 | 18 | 225 | 0 | 0 |
| 55 | 32 | 185 | 1 | 0 |
| 25 | 37 | 155 | 1 | 1 |
| 15 | 67 | 142 | 1 | 1 |
| 22 | 55 | 132 | 1 | 1 |
| 13 | 55 | 183 | 0 | 1 |
| 13 | 62 | 168 | 0 | 1 |
| 57 | 33 | 132 | 1 | 0 |
| 52 | 17 | 112 | 1 | 0 |
| 54 | 24 | 175 | 0 | 1 |

（b）请你利用指数分布估计风险函数。

（c）请你利用韦布尔分布估计风险函数。

（d）（b）和（c）中的两个模型相比，你更青睐于哪一个？

（e）请你用和之前一样的数据，构建出一个合适的考克斯比例风险模型。

（f）在上述所有模型中，你认为对本题来说哪一个是最优的？

18.4　表 18－10（见本书配套网站）[①] 给出了一个癌症药物的实验数据。28 名病人服用了新药（*drug*＝1），另外 20 名病人则服用了外观相同的安慰剂（*drug*＝0）。病人的年龄分布为 47～67 岁。这一实验的目的在于探究这些病人参与实验后直至死亡，共存活了多少个月。变量 *studytime* 就描述了这一数据（如果后续无法联系到病人，则以其最后已知存活的下一个月为标准）。变量 *died* 则描述了在收集数据时病人是否还存活，如果病人已死亡，则 *died*＝1；如果病人仍然健在，则 *died*＝0。

（a）请你构建一个考克斯比例风险模型，并记录下相应的统计量。

（b）你估计年龄的系数会有什么特征？回归结果与你的预期相同吗？该系数是否统计显著？

（c）你估计药物的系数会有什么特征？回归结果与你的预期相同吗？该系数是否统计显著？

（d）估计模型是否具有统计显著性？你是如何得知的？

18.5　在附录 B 中给出了本章所引用的 Kleinbaum 的文章中的几个关于生存分析的数据集合。获取一个或多个这些集合，并估计出合理的生存分析模型，以便你能较为顺

---

① 资料来源：StataCorp LP.

畅地处理期限模型。

18.6 由 Joseph P. Klein 和 Melvin L. Moeschberger 所著的书给出了几个有关生物学和健康领域的数据集合。[①] 这些数据能从该书的网站上获得。选择一个或多个来自该书的数据集合，然后运用一个或多个本章所讨论的概率分布估计风险函数。

① Klein，J. P. and Moeschberger，M. L.，*Survival Analysis*：*Techniques for Censored and Truncated Data* (Statistics for Biology and Health)，Springer，New York，2000.

计量经济学： 原理与实践（第二版）

# 第 19 章

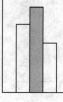

# 随机回归元与工具变量方法

我曾经问过我的学生下面这些命题是对的、错的还是不确定的：

A. 接受学校教育时间越长则收入越高。

B. 老人所占总人口比例越高则贫困率越高。

C. 在社区中学区越多则竞争越激烈，好学校越多。

D. 助学金越高则上大学的学生越多。

E. 在 SAT 考试中口语部分分数越高，则意味着 SAT 考试中数学部分分数也越高。

F. 成为一个战场老兵意味着有更高的终生收入。

G. 由于性别歧视，女性的平均工资比男性的低。

H. 一个学生的计量经济学考试成绩取决于他的努力程度。

I. 货币供给的增加会导致更高的通货膨胀。

J. 看电视会使人变得自闭。

尽管在我的课堂上有一少部分学生认为部分命题是正确的，但是他们大部分都会说"这取决于……"

考虑命题 A。决定将来收入的是每个人所受的正规学校教育或培养，还是天赋才能？如果不考虑学生的能力，我们就会夸大教育对收入的影响。因此，在收入对教育（用受教育的年数来衡量）的回归模型中，变量教育有可能与回归误差项存在相关关系，因为误差项可能包含一个能力变量。在这种情况下我们称教育是一个内生回归元，或更正式地称为随机回归元。正如我们下面将要说明的，这会使得惯用的普通最小二乘法（OLS）的结果不再可信。

作为另一种情况，考虑命题 D。对许多学生而言，更高的奖学金可能是享受更高教育的必要条件。但这可能不是充分条件，因为在决定上大学时会涉及各种各样的因素。因此，决定上大学对奖学金的回归分析（凭借 logit 模型或者 probit 模型）可能会夸大后者的影响，因为这没有考虑到那些来自回归的遗漏变量，且它们与奖学金存在高度相关关系，因此，奖学金可能是一个随机回归元。

上述所有命题以及更多与之相似的命题的要点是：如果我们有一个随机回归元，那么它很有可能会与（回归）误差项存在相关关系，而这又会使得标准普通最小二乘法估计不再适用，或至少变得不可靠。在本章余下的部分，我们会更加正式地研究这个问题，然后考虑一些具体应用。

## 19.1　内生性的问题

式（1.8）表示的经典线性回归模型（CLRM）的一个重要假设是，在给定回归元数值的情况下，误差项的期望值为零。用公式表示为：

$$E(u_i | X_i) = 0 \qquad\qquad (19.1) = (1.8)$$

换句话说，这个假设表明由误差项表示的未观察到的因素与回归元无系统相关关系，或者回归元是完全外生的。注意，$X$ 可能包含一个或多个回归元。

在这个假设以及第 1 章所做的其他假设下，我们可以确定普通最小二乘法估计量是最佳线性无偏估计量（BLUE）。在增加误差项服从正态分布这个假设条件之后，我们可以证明普通最小二乘估计量在个体上是服从正态分布的，分布的均值和方差在第 1 章中已给出。

如果假设式（19.1）不成立，即误差项与一个或多个回归元存在相关关系，结果会怎样？换言之，如果 $X$ 是一个随机变量，且与误差项存在相关关系，那么会发生什么？这就是内生回归元的情形，即随机回归元与误差项存在相关关系的情况。

举一个具体例子，考虑表 19-1 中美国 1992 年 50 个州犯罪率对警务支出的回归分析，这可以在本书配套网站上找到。

使用这些数据，我们可以获得如表 19-2 所示的回归结果。[1][2] 根据一般标准判断，这个回归让人印象深刻。这个结果显示警务支出的增加会导致犯罪率的提高。如果这是真的，那么这确实是个坏消息。当然，我们应该怀疑这个结果，因为它没有实际意义。一些原本属于这个回归的解释变量似乎被遗漏了，警务支出这个变量很可能与这些被遗漏的变量存在相关关系。

表 19-2　犯罪率回归

Dependent Variable：CRIME
Method：Least Squares
Sample：1 50
Included Observations：50

| Variable | Coefficient | Std. Error | t-Statistic | Prob. |
| --- | --- | --- | --- | --- |
| C | 3 251.679 | 430.754 1 | 7.548 806 | 0.000 0 |
| POLICE EXPENDITURE | 6.743 364 | 1.490 629 | 4.523 839 | 0.000 0 |
| R-squared | 0.298 913 | Mean dependent var | 5 085.200 | |

注：犯罪率是按照每十万人来计算的。

---

① 犯罪种类分为：使用致命武器攻击他人、纵火、盗窃、杀人、抢劫、性虐待、偷窃汽车以及从车内偷窃。

② 此数据收集整理自《美国统计摘要》。

计量经济学：原理与实践（第二版）

在经济学畅销书《魔鬼经济学》（*Freakonomics*）中，作者史蒂文·莱维特（Steven Levitt）和斯蒂芬·都伯纳（Stephen Dubner）认为犯罪与警察间存在因果关系。

……我们需要一个完全不是因为犯罪率的提高而雇用更多警察的方案。例如，如果警察被随机派遣到一些城市，我们可以观察这些城市的犯罪率是否下降了。[①]

莱维特和都伯纳指出，在邻近选举日期的几个月里，即使是在犯罪率似乎没有提高的情况下，现任市长们也会对雇用更多警察以实现完美的法律和秩序的世界而喋喋不休。

全部这些讨论的关键之处在于 $X$ 导致 $Y$ 是否取决于另一个变量 $Z$，$Z$ 可能通过影响 $X$ 间接导致 $Y$，尽管 $Z$ 与 $Y$ 没有直接关系。因而，在一个 $Y$ 对 $X$ 的回归中，如果我们不考虑 $Z$ 对 $X$ 的影响并把 $Z$ 归入误差项 $u_i$，那么 $X$ 与误差项就会存在相关关系。换句话说，回归元 $X$ 是一个随机变量，而这违反了式（19.1）中的假设。我们可以用一个路径图对此加以说明，图中箭头代表变量间存在直接的联系（见图 19-1）。[②]

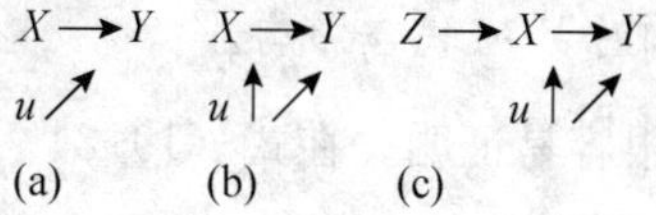

$$X \rightarrow Y \quad X \rightarrow Y \quad Z \rightarrow X \rightarrow Y$$
$$u \nearrow \quad u \uparrow \nearrow \quad u \uparrow \nearrow$$
$$(a) \quad (b) \quad (c)$$

**图 19-1 变量间关系**

在图 19-1(a) 中，$X$ 与 $u$ 之间没有箭头（即没有相关关系），这代表的是经典普通最小二乘法（OLS）的假设。此时，$X$ 对 $Y$ 的普通最小二乘法回归将会产生回归系数的一致估计。图 19-1(b) 表明回归元与误差项存在相关关系，这就是回归元是随机的情形。在这种情形下，正如我们下面要证明的，即使在大样本时 $Y$ 对 $X$ 的回归产生的回归系数估计也是不一致的。在图 19-1(c) 中，$Z$ 的变化不直接影响 $Y$，但通过 $X$ 间接影响 $Y$。我们会简短地加以证明，$Z$ 称为工具变量或简称为工具，并且还要说明如何通过这样的变量使我们获得回归系数的一致估计。

接下来，我们首先要讨论随机回归元的情况，并指出其对 OLS 估计的后果，接着要说明在我们不能运用 OLS 的情况下，工具变量法是如何被使用的。

## 19.2 关于随机回归元的问题

在不采用矩阵代数时，为了解释基本的概念，我们可以考虑二元线性回归：

$$Y_i = B_1 + B_2 X_i + u_i \tag{19.2}$$

我们假设回归元 $X_i$ 是随机的。现在来区分以下三种情形。[③]

[①] Levitt, S. D. and Dubner, S. J., *Freakonomics*, William Morrow, New York, 2005, p. 126.

[②] 该图改编自 Cameron, A. C. and Trivedi, P. K., *Microeconometrics Using Stata*, Stata Press, College Station, Texas, pp. 172-3。

[③] 下面的讨论来自 Kmenta, J., *Elements of Econometrics*, 2nd edn, Macmillan, New York, 1986, pp. 334-41；Greene, W. H., *Econometric Analysis*, 6th edn, Pearson/Prentice-Hall, 2008；Davidson, R. and MacKinnon, J. G., *Econometric Theory and Methods*, 2nd edn, Oxford University Press, New York, 2004.

1. $X$ 与 $u$ 分布独立。在这种情形下，我们所有的实际目的是能够继续使用 OLS。正如格林（Greene）所言：

> 因此，结论是到目前为止我们已得到的关于最小二乘估计量、无偏性和高斯-马尔可夫定理的重要结论都是成立的，无论我们是否把 $X$ 看作随机的。[①]

2. $X$ 与 $u$ 是同期（或同时）不相关的。这是一个比情形 1 弱一点的条件。在这种情形下，经典 OLS 结果只是渐近成立的，即在大样本情况下成立。

3. $X$ 与 $u$ 既不是独立分布也不是同期不相关的。此时的结果是最糟糕的，OLS 估计量不仅是有偏的同时也是不一致的。直观地说，理由如下：

> ……最小二乘估计法是按如下方法设计的：$Y$ 的总离差（TSS）始终可以被划分为两部分，一部分是由解释变量所引起的离差（ESS），另一部分是由其他因素所引起的离差。但当解释变量和扰动项存在相关关系时，这种划分就变得不合理，因为没有考虑到 $X$ 与 $\varepsilon[=u]$ 对 $Y$ 的联合影响。[②]

在二元回归的情形中，这很容易证明。在式（19.2）中 $B_2$ 的 OLS 估计量为：

$$b_2 \frac{\sum x_i y_j}{\sum x_i^2} = \frac{\sum x_i Y_i}{\sum x_i^2} \tag{19.3}$$

其中 $x_i = X_i - \overline{X}$，$y_i = Y_i - \overline{Y}$。

现将式（19.2）代入式（19.3）的右边，则得到

$$
\begin{aligned}
b_2 &= \frac{\sum x_i (B_1 + B_2 X_i + u_i)}{\sum x_i^2} \\
&= B_1 \frac{\sum x_i}{\sum x_i^2} + B_2 \frac{\sum x_i X_i}{\sum x_i^2} + \frac{\sum x_i u_i}{\sum x_i^2} \\
&= B_2 + \frac{\sum x_i u_i}{\sum x_i^2}
\end{aligned}
\tag{19.4}
$$

其中用到了 $\sum x_i = 0$，因为随机变量与其均值的偏差之和始终等于零，同时因为 $\sum x_i X_i / \sum x_i^2 = 1$（参见习题 19.1）。

$$E\left(\frac{\sum x_i u_i}{\sum x_i^2}\right) \neq \frac{E(\sum x_i u_i)}{E(\sum x_i^2)} \tag{19.5}$$

现在如果我们试着求上述等式两边的期望值，就会遇到一个问题，因为期望算子 $E$ 是一个线性算子。更进一步来说，$x_i$ 和 $u_i$ 乘积的期望不是它们各自期望的乘积，因为它们不是相互独立的。[③]

---

① Greene, *op cit.*, p. 50.
② Kmenta, *op cit.*, p. 340.
③ 记住，只有当 $X$ 与 $Y$ 独立时，才有 $E(XY) = E(X)E(Y)$。

计量经济学：原理与实践（第二版）

我们所能做到的最好的就是观察随着样本容量的无限增大，$b_2$ 如何变化。我们可以使用**概率极限**（probability limit）这一概念做到这一点，也简称为 *plim*，这是查明一个估计量是否为一致估计的标准程序。即，随着样本容量的无限增大，概率极限会趋于其真实（总体）值。因此，我们进行如下推导：

$$plim(b_2) = plim\left[B_2 + \frac{\sum x_i u_i}{\sum x_i^2}\right]$$

$$= B_2 + plim\left[\frac{\frac{1}{n}\sum x_i u_i}{\frac{1}{n}\sum x_i^2}\right]$$

$$= B_2 + \frac{plim\left(\frac{1}{n}\sum x_i u_i\right)}{plim\left(\frac{1}{n}\sum x_i^2\right)}$$

$$= B_2 + \frac{总体\ \text{cov}(X_i, u_i)}{总体\ \text{var}(X_i)} \tag{19.6}$$

其中用到了概率极限的性质[1]，$n$ 是样本容量，cov 代表协方差，var 代表方差。

因此，我们得到结果：

$$plim(b_2) - B_2 = \frac{\text{cov}(X_i, u_i)}{\text{var}(X_i)} \tag{19.7}$$

这可以称为**（渐近）偏差** ［（asymptotic）bias］。

一方面，现在如果回归元和误差项之间的协方差是正的，$b_2$ 就会高估真实的 $B_2$，即存在正的偏差。另一方面，如果协方差项是负的，$b_2$ 就会低估真实的 $B_2$，即存在负的偏差。而且无论样本有多大，不管是正偏差还是负偏差都不会消失。

上述讨论的结果是：若一个回归元和误差项是相关的，那么 OLS 估计量就是有偏的，同时也是不一致的。即使在多元回归中，单个回归元与误差项相关，所有系数的 OLS 估计量也是不一致的。[2]

## 19.3　回归元与误差项存在相关关系的原因

回归元与误差项之间存在相关关系的原因主要有四个：

1. 回归元的测量误差；
2. 遗漏变量偏差；
3. 联立方程偏差；

---

[1]　这些性质为：$plim(X+Y) = plimX + plimY$，$plim(XY) = plimX \cdot plimY$，$plim(X/Y) = plimX/plimY$ 以及一个常数的概率极限是其本身。

[2]　回想一下，在多元回归中回归元的交叉乘积项涉及偏回归系数的计算。因此，一个回归元出错可能会影响到模型中其他回归元的系数。

4. 误差项序列相关的动态回归模型。

我们应充分利用工具变量法，研究这些回归元与误差项存在相关关系的原因，这一点非常重要。

## □ 回归元测量误差

在第 7 章中我们提到，如果存在回归元测量误差，那么 OLS 估计量是有偏的并且是非一致的。为了一探究竟，我们可以考虑诺贝尔经济学奖得主弗里德曼非常著名的持久收入假说（PIH）。这可以解释如下：

$$Y_i = B_1 + B_2 X_i^* + u_i; \quad 0 < B_2 < 1 \tag{19.8}$$

其中 $Y$ 为当前或可观察到的消费支出，$X_i^*$ 为持久收入，$u_i$ 为扰动项或者误差项。此处 $B_2$ 代表的是边际消费倾向（MPC），即持久收入每增加一个单位所引起的消费支出的增加额。持久收入是指你所预期的将来能获得的平均收入水平。[①]

当然，我们不易得到持久收入的衡量方式。所以我们用可观察到的或当前收入 $X_i$ 代替持久收入，其中 $X_i$ 可能包含测量误差 $w_i$。因此，我们可以写为

$$X_i = X_i^* + w_i \tag{19.9}$$

即，当前收入等于持久收入加上测量误差。

因此，我们可以估计下式以代替估计式（19.8）：

$$
\begin{aligned}
Y_i &= B_1 + B_2 (X_i - w_i) + u_i \\
&= B_1 + B_2 X_i + (u_i - B_2 w_i) \\
&= B_1 + B_2 X_i + v_i
\end{aligned}
\tag{19.10}
$$

其中 $v_i = u_i - B_2 w_i$，由一个方程式和测量误差构成。

现在虽然我们假设 $w_i$ 的均值为零，是序列不相关的且与 $u_i$ 不相关，但我们不再能维持复合误差项 $v_i$ 独立于回归元 $X_i$［假设 $E(v_i) = 0$］，因为这表明（参见习题 19.2）

$$cov(v_i, X_i) = -B_2 \sigma_w^2 \tag{19.11}$$

这个结果表明，在回归（19.10）中回归元 $X_i$ 与误差项 $v_i$ 是相关的，而这违背了 CLRM 中回归元与误差项是不相关的这一关键假设。

结果，这表明在方程（19.8）中，$B_2$ 的 OLS 估计不仅是有偏的而且是非一致的。这可以被正式地证明（见习题 19.3）：

$$plim(b_2) = B_2 \left( \frac{1}{1 + \sigma_w^2 / \sigma_{X^*}^2} \right) \tag{19.12}$$

其中，如前所述，$plim$ 代表概率极限，我们用其来证明估计量的一致性。

由于括号内的项比 1 小，那么无论样本多大，$b_2$ 都不会趋近于其真实的边际消费倾

---

[①] 我们可以使持久消费（$Y_i^*$）成为持久收入（$X_i^*$）的一个函数，但为了保持代数式的简单，我们将不会这么做。

计量经济学：原理与实践（第二版）

向（MPC）值。如果假设$B_2$是正的（这在当前的例子中是有意义的），那么$b_2$比真实的$B_2$值小，即$b_2$将会低估$B_2$。更技术性地讲，它将偏向于零。

如该例题所显示的那样，回归元的测量误差会在估计真实系数时产生严重的问题。[①]

那么我们该如何估计真实的 MPC 呢？如果我们能以某种方式找到一个持久收入的替代物或工具，以便该替代项与误差项是不相关的，但与回归元又是相关的（假定高度相关），我们就可以在大样本的情况下估计出真实的 MPC。这就是工具变量法的本质。但我们如何才能找到一个好的替代项呢？下面我们将会简短地回答这个问题。

## □ 遗漏变量偏差

在第 7 章中我们讨论了几种设定误差，例如，相关变量的遗漏、错误的函数形式设定以及关于误差项分布的不正确的概率假设，等等。

例如，考虑下面的工资决定模型，也称为工资函数：

$$Y_i = B_1 + B_2 X_{2i} + B_3 X_{3i} + u_i \tag{19.13}$$

其中 $Y$ 是工资或者收入，$X_2$ 是由教育年限衡量的教育水平，$X_3$ 是（天生的）能力。

由于直接测量能力是难以实现的，因此，我们估计下面的函数，而不是式（19.13）：

$$Y_i = A_1 + A_2 X_{2i} + v_i \tag{19.14}$$

其中 $v_i$ 是误差项。

也就是说，我们忽略了工资函数中的能力变量。在这种情形下，$v_i = u_i + B_3 X_{3i}$。

这表明

$$E(a_2) = B_2 + B_3 b_{32} \tag{19.15}$$

其中 $b_{32}$ 是 $X_3$（遗漏变量）对 $X_2$（模型中包含的变量）回归的斜率系数。

换句话说，在当前的例子中，所估计的式（19.15）的斜率系数的期望值等于其真实值（$B_2$）加上遗漏变量的斜率系数乘以 $b_{32}$。这就是说，它是有偏的。而且我们没有理由相信这个偏差会随着样本的增大而消失。换言之，这个估计量甚至不是一致的。有关遗漏相关变量的其他后果，可以参见第 7 章。

我们能像在错误回归情形中一样，寻找一个能力变量的工具变量以便估计出式（19.13）并获得教育系数 $B_2$ 的一致估计吗？我们能用父亲或母亲的受教育程度代替能力变量吗？在我们讨论了回归元与误差项之间的误差的两个主要原因后，我们会随之探讨这个问题。

## □ 联立方程偏差

考虑下面这对等式：

---

① 顺带提一下，因变量的测量误差不会引起这样的问题，因为这些误差可以被囊括到方程误差中，尽管估计量的方差和标准误比在没有因变量测量误差时要大，但我们仍能获得回归系数的无偏估计。

$$Y_i = B_1 + B_2 X_i + u_{1i} \qquad (19.16)$$

$$X_i = A_1 + A_2 Y_i + u_{2i} \qquad (19.17)$$

其中$Y_i$为$i$城的犯罪率，$X_i$为$i$城的警务支出。

这是与先有鸡还是先有蛋类似的问题。是犯罪率决定警察人数以及警务支出，还是警务支出决定犯罪率？

如果用OLS分别估计式（19.16）和式（19.17），你会发现式（19.16）中$X_i$和$u_{1i}$是相关的。同时，如果单独估计式（19.17），你会发现$Y_i$和$u_{2i}$是相关的，这是一种经典的随机回归元与误差项存在相关关系的情形。

在文献中，这种情况称为**联立性偏差**（simultaneity bias）。（见第7章7.9节及第7章附录部分关于本问题的相关讨论。）

我们该如何处理这种情况？正如我们要在下面证明的一样，工具变量法在许多情况下能用于处理这种问题。

## □ 动态回归和误差项序列相关

回到式（19.8）所述的弗里德曼的持久收入假说。由于不能直接观察到持久收入$X_i^*$，考虑由卡甘和弗里德曼发展完善的如下原理，也称为**适应性预期**（adaptive expectation）、**进步性预期**（progressive expectation）或者**错误学习模型**（error learning model）[1]：

$$X_t^* - X_{t-1}^* = \gamma(X_t - X_{t-1}^*), \quad 0 < \gamma < 1 \qquad (19.18)$$

式（19.18）表明，"经济人会依据他们的经历调整他们的预期，并且他们会从错误中汲取教训"[2]。更加明确地说，式（19.18）说明每一期的期望都会以$\gamma$乘以变量现值与其上一期期望值或预期值的差，即当前可观察到的收入与上一期期望或预期收入值之差来进行调整。另一种表达方式是将式（19.18）写成：

$$X_t^* = \gamma X_t + (1-\gamma) X_{t-1}^* \qquad (19.19)$$

这表明在时刻$t$持久收入值是在时刻$t$收入的实际值与其上一期的期望值的加权平均，权数分别为$\gamma$和$1-\gamma$。

将式（19.19）代入式（19.18），经过合理的运算，我们可以得到下列模型：

$$Y_t = \gamma B_1 + \gamma B_2 X_t + (1-\gamma) Y_{t-1} + v_t \qquad (19.20)$$

其中

$$v_t = u_t - (1-\gamma) u_{t-1} \qquad (19.21)$$

---

[1] Cagan, P., Monetary Dynamics of Hyperinflation, in M. Friedman (ed.), *Studies in the Quantitative Theory of Money*, University of Chicago Press, Chicago, 1956, and Friedman, M., *A Theory of Consumption Function*, National Bureau of Economic Research, Princeton University Press, Princeton, NJ, 1957. 这个模型基于考伊克的开创性研究：Koyck, L. M., *Distributed Lags and Investment Analysis*, North-Holland Publishing Company, Amsterdam, 1954。

[2] Shaw, G. K., *Rational Expectations: An Elementary Exposition*, St. Martin's Press, New York, 1984, p. 25.

在文献中，模型（19.20）称为**适应性预期模型**（adaptive expectations model），$\gamma$ 称为**预期系数**（coefficient of expectations）。

模型（19.20）也称为**动态模型**（dynamic model），因为它把当前消费支出表示为当前或可观察的收入与当前消费支出滞后值的一个函数。

我们如何在动态模型的帮助下，有能力去掉不可观察的变量 $X_t^*$，这非常有趣。由于天下没有免费的午餐，在简化持久收入假说的过程中，我们已经造成了一些估计上的问题。首先，$Y_t$ 是随机的，$Y_{t-1}$ 也是随机的。因此，在式（19.20）的右边，我们有一个随机回归元。另外，误差项 $v_t$ 可能是序列相关的，因为它是原始误差项 $u_i$ 的一个线性组合。

事实上，这表明

$$\text{cov}(v_t, v_{t-1}) = -\gamma \sigma_u^2 \tag{19.22}$$

并且

$$\text{cov}(Y_{t-1}, v_t) = -\gamma \sigma_u^2 \tag{19.23}$$

如前所证，如果回归元与误差项相关，那么不管样本大小，OLS 估计量不仅是有偏的，而且也是非一致的。

总结一下：在这四种情形中我们已经考虑过回归元很有可能不仅是随机的，而且与误差项相关。因此，OLS 估计量不仅是有偏的同时也是非一致的。这意味着我们需要放弃 OLS 并找到一种至少能使估计量是一致的合适的替代方法。文献中主要建议的替代方法是我们现在所讨论的工具变量法。

## 19.4  工具变量法

在含有一个或多个回归元与误差项存在相关关系的回归模型中，使用 OLS 的主要问题是：OLS 估计量是有偏的且是非一致的。我们能找到一个回归元的替代量，以便由替代量估计出真实（总体）回归系数的一致估计量吗？如果我们能成功做到这一点，那么这样的变量就称为**工具变量**（instrumental variable），或简称为工具。我们如何才能找到这样的工具？我们该如何判断它们是不是好的工具？是否存在正式的方法去判定所选择的工具确实是好的工具？

为了回答这些问题，让我们从式（19.2）所给定的简单线性回归开始。假设在回归中回归元 $X$ 是随机的并且是与误差项 $u$ 相关的。假设 $Z$ 是 $X$ 的一个候选工具。要成为一个合理的工具，$Z$ 必须满足如下条件：

1. 工具相关性。即 $Z$ 必须或正或负地与随机变量（在当前的情况下就是变量 $X$）相关，这样它表现得就像一个工具。这两个变量之间的相关程度越高，工具就越好。用公式表示为：

$$\text{cov}(X_i, Z_i) \neq 0 \tag{19.24}$$

2. 工具外生性。$Z$ 不能与误差项 $u$ 相关。即，

$$\text{cov}(Z_i, u_i) = 0 \tag{19.25}$$

3. 其自身不是初始模型的回归元。即，它不属于初始模型。如果它属于初始模型，那么初始模型肯定设定有误。

在我们进一步探讨之前，需要指出，如果我们遇到带有几个回归元的多元回归，且其中一些回归元与误差项相关，那么我们必须为每一个随机回归元寻找一个工具。换句话说，在模型中工具的数量必须至少与随机回归元的数量相等。关于这一点，后面我们会谈论更多。

正如你看到的，这些条件同时满足可能比较困难。因此，在每一次应用中都找到好的工具并不容易。这也是为什么尽管存在成功的工具变量的例子，但有时工具变量的想法显得不切实际。[①]

下面就是一个关于 IV 变量运用的有趣但或多或少有点疑问的例子，卡罗琳·霍克斯比（Caroline Hoxby）想查明学生表现与学校竞争之间的关系。她估计了下面的回归：

$$\text{考试分数} = B_1 + B_2(\text{学区数量}) + \text{误差项}$$

因怀疑回归元是随机的，因此她使用学区内小溪的数量作为学校分布数量的工具，因为她观察到拥有更多学区的区域有很多小溪，可推测小溪是学区分布的天然分界线。[②]

IV 估计是如何起作用的？答案如下。

## □ IV 估计

为了表明 IV 估计是如何起作用的，我们继续使用二元回归。我们知道在式（19.1）中 $B_2$ 的 OLS 估计量是：

$$b_2 = \frac{\sum x_i y_i}{\sum x_i^2}$$

其中 $x_i = X_i - \bar{X}$，$y_i = Y_i - \bar{Y}$。

现在我们用 $Z$ 作为式（19.2）中 $X$ 的工具，并得到：

$$b_2^{\text{IV}} = \frac{\sum z_i y_i}{\sum z_i^2 x_i} \tag{19.26}$$

其中 $z_i = Z_i - \bar{Z}$。

**注意**：在公式中对于给定的 $b_2$，不单单是把 $x_i$ 换成 $z_i$，还应细心注意到分母中包含 $x$ 和 $z$ 项。

现在注意 $Y_i = B_1 + B_2 X_i + u_i$，因此，

---

① 例如，参见 Klick, J. and Tabarrok, A., Using terror alert levels to estimate the effect of police on crime, *Journal of Law and Economics*, University of Chicago, 48, 2005, pp. 267-79。

② Hoxby, C. M. （2000）, Does competition among public schools benefit students and taxpayers?, *American Economic Review*, 90, 1209-38.

$$y_i = B_2 x_i + (u_i - \bar{u})$$

我们得到

$$b_2^{\text{IV}} = \frac{\sum z_i [B_2 x_i + (u_i - \bar{u})]}{\sum z_i x_i}$$

$$= B_2 + \frac{\sum z_i (u_i - \bar{u})}{\sum z_i x_i} \tag{19.27}$$

你可以看到 OLS 与 IV 估计量之间的相似之处。当然，如果 $Z = X$，那么 IV 估计量就与 OLS 估计量一致。

根据通常的公式，截距项 $B_1$ 的估计量为：

$$b_1 = \bar{Y} - b_2^{\text{IV}} \bar{X} \tag{19.28}$$

在该表达式中，$B_1$ 的 OLS 估计量与 IV 估计量的唯一区别在于我们使用了斜率系数。

由于我们假设在总体中 $\text{cov}(Z, u) = 0$，取式（19.27）的概率极限可得[①]

$$p\lim b_2^{\text{IV}} = B_2 \tag{19.29}$$

即 $B_2$ 的 IV 估计量是一致的（参见习题 19.4）。

尽管 $b_2^{\text{IV}}$ 是 $B_2$ 的一致估计值，但在小样本时它是有偏的。进一步的，这表明在大样本中 IV 估计量是服从如下分布的：

$$b_2^{\text{IV}} \sim N\left( B_2, \frac{\sigma_u^2}{\sum x_i^2} \frac{1}{\rho_{XZ}^2} \right) \tag{19.30}$$

注意，IV 估计量的方差包含 $X$ 与其工具变量 $Z$（总体）相关系数的平方。一言以蔽之，在大样本情况下 IV 估计量 $b_2^{\text{IV}}$ 是服从均值为其总体值、方差为 $\dfrac{\sigma_u^2}{\sum x_i^2} \dfrac{1}{\rho_{XZ}^2}$ 的正态分布的。对比来看，OLS 估计量的方差为

$$\text{var}(b_2) = \frac{\sigma_u^2}{\sum x_i^2} \tag{19.31}$$

由于 $0 < \rho_{XZ}^2 < 1$，IV 估计量的方差会比 OLS 估计量的方差大，特别是在 $\rho_{XZ}^2$ 比较小时更是如此。换言之，IV 估计量的效率比 OLS 估计量的效率低。一方面，如果 $\rho_{XZ}^2$ 比较小，那么这意味着 $Z$ 是 $X$ 的一个弱工具。另一方面，如果 $\rho_{XZ}^2$ 比较大，那么这意味着 $Z$ 是 $X$ 的一个强工具。

为了了解 IV 和 OLS 估计量方差的偏离程度有多大，我们假设 $\rho_{xz} = 0.2$。在这种情形下，IV 估计量的方差是 OLS 估计量方差的 25 倍。若 $\rho_{xz}^2 = 0.1$，IV 估计量的方差要大 100 倍。若 $\rho_{xz}^2 = 0$，在极端情形下 IV 估计量的方差为无限大。当然，若 $\rho_{xz}^2 = 1$，这两个方

---

① 我们取概率极限是因为式（19.27）的第二项涉及样本数量而不是总体数量。

差是相等的。这就是变量 X 是其自身的工具的另一表述。应注意在应用中，我们用其样本相关系数 $r_{xz}$ 来估计 $\rho_{xz}$。

假设样本大小合理，我们可以使用式（19.30）中的 IV 估计量的方差来确定置信区间和假设检验。但需要注意 IV 估计量的方差具有异质性。[1] 因此，我们不得不使用经过异方差校正的怀特稳健标准误。不过，只要键入合理的命令，现代统计软件就能获得稳健标准误。

对于上述讨论需要提及的一个有趣方面是，在通过 IV 方法获得一致估计的时候，由于 IV 估计量的方差更大，所以我们是以更宽的置信区间为代价的，特别是在所选工具变量是初始回归元的弱替代时，这种情况更为严重。再一次提醒大家，天下没有免费的午餐。

## 19.5　IV 的蒙特卡罗模拟

为了说明在随机回归元与误差项存在相关关系时 OLS 是如何使回归结果失真的，卡梅隆和特雷维迪进行了一项蒙特卡罗模拟实验。[2] 他们进行了以下假设：

$$Y_i = 0.5X_i + u_i \tag{19.32}$$

$$X_i = Z_i + v_i \tag{19.33}$$

$$Z_i \sim N(2,1); \ u_i \sim N(0,1); \ v_i \sim N(0,1); \ \text{cov}(u_i, v_i) = 0.8 \tag{19.34}$$

总而言之，$Y_i$ 对 $X_i$ 回归的真实斜率系数假设是已知的，且等于 0.5。进一步来说，回归元 $X_i$ 等于工具变量 $Z_i$ 与误差项 $v_i$ 之和。作者假设 $Z_i$ 服从均值为 2、方差为 1 的正态分布。误差项都服从均值为 0、方差为 1 的正态分布，并假设两个误差项的相关系数为 0.8。

根据这种结构，他们生成了一个样本容量为 10 000 的样本，并得到如下结果：

| 方法 | OLS | IV |
|---|---|---|
| 常数 | −0.804 | −0.017 |
|  | (0.014) | (0.022) |
| X | 0.902 | 0.510 |
|  | (0.006) | (0.010) |
| $R^2$ | 0.709 | 0.576 |

注：括号中的数字为稳健标准误，即经过异方差校正的标准误。

这些结果具有启发意义。首先，式（19.32）所给定的真实模型没有截距项，但 OLS 结果显示截距项的值为−0.804，并且是统计显著的（$t = -0.804/0.014 = -57.43$）。其次，斜率系数的 OLS 估计是 0.902，然而我们知道真实的斜率系数为 0.5。

另外，IV 的估计值与真实值非常接近。截距项系数在统计上与零无异，斜率系数为 0.51，这与真实斜率系数 0.5 几乎相等。然而，应注意之前提过的一点：IV 估计的标准

---

[1]　对于此处所考虑的简单模型，这是正确的。而对于具有几个回归元的模型而言，方差和协方差的公式是复杂的，读者可以在参考资料中查阅相关信息。

[2]　Cameron and Trivedi, *op cit.*, pp. 102-3.

误比 OLS 估计的标准误大。

卡梅隆和特雷维迪的蒙特卡罗模拟实验显著说明了 OLS 估计是如何偏离真实结果的。

关于蒙特卡罗实验，需要注意的一点是：在这样的实验中，我们假设一个真实的模型并生成若干用于参数估计的人工数据集。从这些估计中，我们可以获得它们的样本分布，以观察它们与那些估计所关注的参数的竞争方法的匹配程度。[①]

## 19.6　一些阐释性例子

在继续拓展 IV 估计的数值例子前，我们先考虑几个 IV 应用的例子。

### □ 使用恐怖警戒级别衡量警察对犯罪的影响

在表 19-2（在本书配套网站上可以找到）中，我们发现警察的作用（用警务支出代表）与犯罪率是正相关的，而这和我们的直觉相悖。我们认为该结果很可能是由于联立偏差造成的。为了评估警察对犯罪的影响，乔纳森·克利克（Jonathan Klick）和亚历山大·塔巴罗克（Alexander Tabarrok）使用了一个避免联立性问题的有趣工具。[②]

他们所使用的工具就是因 "9·11" 事件而成立的国土安全部（Department of Homeland Security，DHS）所制定的**警戒级别**（alert level）。这些警戒级别分为低（绿色）、警戒（蓝色）、较高（黄色）、高（橙色）、严重（红色）。他们假设在高度警戒的日子里华盛顿特区的犯罪率会下降，因为在街头的警察数量增加了。

他们所使用的是 506 天（2002 年 3 月 12 日—2003 年 7 月 30 日）的数据，在此期间犯罪总量是 55 882 起（大约平均每天 110 起）。和表 19-3 显示的一样，他们先做了华盛顿特区每天犯罪总量对警戒等级的回归［式（1）］，然后是特区每天犯罪总量对警戒等级和正午乘坐公共交通工具人数的对数的回归［式（2）］，见表 19-3。

**表 19-3　高警戒日中的犯罪**

| | （1） | （2） |
| --- | --- | --- |
| 高警戒 | −7.316<br>(2.877)* | −6.046<br>(2.537)* |
| 正午乘坐公共交通工具人数的对数 | — | 17.341<br>(5.309)** |
| $R^2$ | 0.14 | 0.17 |

**注意：** 警戒是一个虚拟变量，在高警戒时取值为 1，在降低警戒时取值为 0。作者同时也使用了代表每周各天的虚拟变量以控制不同日所带来的效应，但这些系数未被呈现

[①]　关于这个步骤的图示法和其他一些细节，可以参见 Kennedy, P., *A Guide to Econometrics*, 6th edn, Blackwell Publishing, 2008, p. 23-5。

[②]　参见 Klick and Tabarrok, *op cit.*。

出来。＊和＊＊分别代表 5％和 1％的显著性水平。

如式（1）显示的那样，犯罪数量平均每天下降 7 起，并且高警戒的影响在统计上是显著的。式（2）含有作为游览替代项的正午乘坐公共交通工具人数的对数项。考虑到这一点，犯罪总量每天下降 6 起，这与式（1）中的影响差别不大。对数项的系数为正，意味着正午乘坐公共交通工具的人数增长 10％就会引起犯罪总量平均每天增加 1.7 起，在高警戒时期，这还不足以抵消警察增加的影响。[1]

建议读者阅读这篇文章以了解更多的细节。但需要指出的是，有时人们能找到有意义的替代项，以解决由随机回归元造成的问题。

## □ 持久收入假说 （PIH）

先前在讨论弗里德曼的持久收入假说时，我们证明，如果做个人消费支出对个人可支配收入的回归，而不是对持久收入的回归，那么由于测量误差，我们有可能会得到有偏的边际消费倾向估计。即使我们无限扩大样本容量，这个偏差也不会消失。

这里的困难在于我们不知道该如何衡量持久收入。一种衡量持久收入的方法是取过去一定时期收入的加权平均数，并将其作为一个（粗略的）衡量持久收入的手段。

文献中有很多各种形式的持久收入假说和衡量持久收入问题的讨论。[2] 例如，Fumo Hiyashi 使用滞后变量——诸如滞后人均出口量和滞后人均政府支出量——作为持久收入的工具，因为他认为这些变量是与消费者的持久收入相关的。[3]

弗里德曼本人用当前收入和过去收入的移动平均值去估计持久收入，权数按几何级数递减，把滞后项限定在 17 项。根据之前讨论的卡甘适应性预期模型，武断地限定滞后项是没有必要的。有关其他策略以及模型的细节可以在参考资料中找到[4]（也可参见习题 19.5）。

## □ 执法支出与犯罪率

为了阐明联立性问题，巴雷托（Barreto）和豪兰（Howland）考虑了如下模型（初始符号发生了变化）。[5]

$$执法支出_i = A_1 + A_2 \, 犯罪率_i + u_{1i} \tag{19.35}$$

$$犯罪率_i = B_1 + B_2 \, 执法支出_i + B_3 Gini_i + u_{2i} \tag{19.36}$$

---

① 回想一下我们在第 2 章所讨论的 lin-log 模型。把系数 17.341 乘以 0.01，得到 0.173 41。因此，乘坐公共交通的人数每增加 10％就会导致犯罪率增加 1.7。

② 调查观测数据中的测量误差，可以参见 Bound, J., Brown, C., and Kathiowetz, N., Measurement errors in survey data, in J. J. Heckman and E. E. Leamer (eds.), *Handbook of Econometrics*, vol. V., Amsterdam, North Holland, 2001, pp. 3705-843。

③ 参见 Fumio Hayashi (1982), The permanent income hypothesis: estimation and testing by instrumental variables, *Journal of Political Economy*, 90 (5), 895-916。

④ 参见 Wallis, K. F., *Topics in Applied Econometrics*, 2nd edn, University of Minnesota Press, 1980, Chapter 1; Gujarati/Porter, *op cit.*, Chapter 17。

⑤ Barreto, H. and Howland, F. M., *Introductory Econometrics: Using Monte Carlo Simulation with Microsoft Excel*, Cambridge University Press, New York, 2006, Chapter 24。

计量经济学：原理与实践（第二版）

此处 $Gini$ 是基尼系数，即收入分配不公的一个衡量手段。该系数处于 0（完全平等）和 1（完全不平等，一个人拥有所有收入）之间。该系数越接近于 0，则收入分配越公平。相反，越接近于 1，则收入分配越不公平。

在式（19.36）中，$B_3$ 被认为是正的，因为在保持其他条件不变的情况下，收入分配越不公平，则意味着犯罪率越高。但应注意，我们并没有合乎逻辑的理由认为基尼系数应归入式（19.35）。我们可以把基尼系数作为由系统之外的因素决定的外生变量，并且我们不认为它与误差项 $u_{2i}$ 相关。但这并不适合其他两个变量，因为它们相互作用。

如果我们同时解出式（19.35）和式（19.36），并把基尼系数作为外生变量（一种工具），则我们得到：

$$执法支出_i = C_1 + C_2\,Gini_i + u_{3i} \tag{19.37}$$

$$犯罪率_i = D_1 + D_2\,Gini_i + u_{4i} \tag{19.38}$$

此处这两个等式的系数是式（19.35）和式（19.36）的系数的（非线性）组合。同时，这两个等式的误差项是式（19.35）和式（19.36）的误差项的（非线性）组合。

用联立方程模型的语言，式（19.37）和式（19.38）称为**简化型方程**（reduced form equation）。[1] 与简化型方程相比，式（19.35）和式（19.36）称为**结构方程**（structural equation）。在简化型方程中，只有外生变量或先决变量（即滞后内生或滞后外生变量）出现在等式的右边。[2]

简化型方程的系数称为**简化型系数**（reduced form coefficient），而结构方程的系数称为**结构系数**（structural coefficient）。

我们可以使用 OLS 估计简化型方程。一旦简化型方程被估计出来，我们就有可能估计出单个或所有的结构系数。如果我们可以由简化型方程估计出所有的结构系数，我们就称该结构方程是**可识别的**（identified），即我们可以得到结构系数的唯一估计。如果不能估计出单个或多个结构方程的系数，我们就称该方程是**不可识别的**（unidentified）。如果在一个结构方程中一个或多个参数有多个估计，我们就称该方程是**过度识别的**（overidentified）。

我们应注意到，由简化型系数求得结构系数的方法称为**间接最小二乘法**（indirect least square）。我们先估计简化型系数，然后由此求得结构系数。

我们即将讨论**二阶最小二乘法**（two-stage least square，2SLS），并说明在寻找工具变量时它是如何起作用的。

为达到这一目的，我们先考虑一个数值实例。

## 19.7 数值实例：美国青年的收入与受教育程度

1979 年全国青年纵向调查（NLSY79）是一项对全国代表性样本的反复调查。该样

---

① 对于联立方程的详细讨论，参见 Gujarati/Porter，*op cit.*，Chapters 18，19 and 20。正如其他场合指出的那样，这个主题不再像 20 世纪六七十年代时那么显著。

② 回忆一下，我们曾经在第 7 章简要地探讨过这一话题。

本取自 1979 年年龄处于 14～21 岁之间的男女青年。1979—1994 年，该调查每年进行一次，但从那以后每年进行两次。最初，核心样本是由 3 003 名男性和 3 108 名女性构成的。

NLSY 的截面数据是由 22 个子集提供的，每个子集由随机抽取的 540 名观察对象构成，其中男性和女性各 270 名。[1] 数据是在不同的社会经济条件下收集的，并且十分广泛。所得数据的主要类别为性别、种族、年龄、教育年限、最高学历、婚姻状况、信仰、家庭背景（父母的教育状况以及兄弟姐妹数量）、生活地点、收入、工作时间、工作经验年数、雇佣类型（政府、私人部门和个体经营）以及家乡所处的地区（中北部、东北部、南部和西部）。

我们将使用 2002 年的这些数据（样本子集数量为 22）中的一部分，来建立一个收入函数。遵循雅各布·明瑟（Jacob Mincer）所建立的传统，我们考虑下列收入函数[2]：

$$\ln Earn_i = B_1 + B_2 S_i + B_3 Wexp_i + B_4 Gender_i$$
$$+ B_5 Ethblack_i + B_6 Ethhisp_i + u_i \qquad (19.39)$$

此处 $\ln Earn$ 为按美元计小时工资的对数；$S$ 为教育年限（2002 年所获得的最高年限）；$Wexp$ 为截至 2002 年收集数据时离校后总共的工作经验年数；若是女性，则 $Gender$ 等于 1，若为男性则等于 0；若是黑人，则 $Ethblack$ 等于 1；若是西班牙裔，则 $Ethhis$ 等于 1；既非黑人又非西班牙裔，则要么被排除另计，要么是参考（基准）类别。

正如你所看到的，一些变量是定量的，而另一些则是虚拟的。基于之前的实证证据，我们可以推理得到 $B_2 > 0$，$B_3 > 0$，$B_4 < 0$，$B_5 < 0$ 以及 $B_6 < 0$。

为了达到本章的目标，我们所关心的是上述模型中的教育变量 $S$。如果（天生的）能力和教育是相关的，那么我们应该把这两个变量都纳入模型中。然而，能力变量是难以直接衡量的。因此，它很可能被纳入误差项当中了。但在这种情形下，教育变量与误差项就有可能存在相关关系，从而使得教育变量成为一个内生变量或者一个随机回归元。从之前我们所讨论的随机回归元的后果可知，如果我们使用 OLS 对式（19.39）进行估计，那么 $S$ 的系数将会既是有偏的又是非一致的。因为我们可能无法确定教育对收入的真实影响，该影响中没有去除能力对收入的影响。很自然地，我们就想为教育年限寻找一个合适的工具或一些工具，以便我们能得到其系数的一致估计。

在寻找工具之前，出于比较的目的，我们先用 OLS 对式（19.39）进行估计。使用软件 Stata 10 得到的回归结果如表 19-4 所示。

所有估计系数的符号都在预料之中，并且在经典假设下所有系数在统计上都是高度显著的，只有是否西班牙裔这一虚拟变量的符号是个例外。

这些回归结果显示，在其他条件不变的情况下，与男性员工相比，女性员工的平均工资比她们的男同事低。在其他条件相同时，黑人职员的小时工资比作为基准类别的既不是黑人又不是西班牙裔职员的小时工资低。定性地讲，西班牙裔的系数是负的，但该

① 此处使用的数据是从网站 http://www.bls.gov/nls/下载的。有些数据可以直接下载，更多的需要购买。

② Mincer, J., *Schooling, Experience, and Earnings*, Columbia University Press, 1974. 也可参见 Hickman, J.J., Lochner, L.J., and Todd, P.E., *Fifty Years of Mincer Earnings Functions*, National Bureau of Economic Research, Working Paper No. 9732, May 2003.

系数在统计上是非显著的。

表 19 - 4　美国 2 000 个数据集的收入函数

```
regress lEarnings s female wexp ethblack ethhisp, robust
```

Linear regression　　　　Number of obs=540

F(5，534)=50.25

Prob>F=0.000 0

R-squared=0.363 3

Root MSE=.505 15

| lEarnings | Coef. | Std. Err. | t | P>\|z\| | [95% Conf. Interval] | |
|---|---|---|---|---|---|---|
| | | | | | Robust | |
| S | 0.126 349 3 | 0.009 747 6 | 12.96 | 0.000 | 0.107 200 9 | 0.145 497 6 |
| female | −0.301 413 2 | 0.044 244 1 | −6.81 | 0.000 | −0.388 326 9 | −0.214 499 4 |
| wexp | 0.032 793 1 | 0.005 043 5 | 6.50 | 0.000 | 0.022 885 6 | 0.042 700 5 |
| ethblack | −0.206 003 3 | 0.062 988 | −3.27 | 0.001 | −0.329 738 1 | −0.082 268 6 |
| ethhisp | −0.099 788 8 | 0.088 881 | −1.12 | 0.262 | −0.274 388 1 | 0.074 810 5 |
| _ cons | 0.684 387 5 | 0.187 083 2 | 3.66 | 0.000 | 0.316 878 2 | 1.051 897 |

注：regress 是 Stata 中的 OLS 回归命令。该命令首先给出因变量，然后是回归元。有时候会给出其他一些额外的选项，比如 robust，它可以计算出稳健标准误——在当前情况中标准误经过了异方差校正，这个主题我们在异方差性一章中已经讨论过。

需要注意，回归模型是对数形式的，我们必须对定量和定性的（或虚拟的）变量进行仔细的解释（参见第 2 章中函数形式部分）。对于定量变量——教育年限和工作经验，它们的估计系数代表半弹性。因而，在保持其他条件不变时，如果教育年限增加一年，每小时的平均收入大约就会增加 13%。类似地，如果工作经验增加一年，每小时的平均收入就会增加 3.2%。

为了得到虚拟变量的半弹性，我们先取虚拟系数的反对数（anti-log），然后将其减去 1，最后将这一差值乘以 100%。按照这个步骤，我们得到女性虚拟系数的值大约为 0.739 7，这意味着女性的平均收入比男性员工要低 26%。黑人员工和西班牙裔员工的半弹性大约分别为 0.81 和 0.9。这说明黑人员工和西班牙裔员工的平均工资比基准类别大约分别低 19% 和 10%，尽管西班牙裔的半弹性在统计上与基准类别不同。

正如之前讨论的那样，由于教育变量不一定考虑能力，所以它可能与误差项相关，使得它成为一个随机回归元。如果我们能为教育年限寻找一个合适的工具，且该工具满足适当的工具所需具备的三个条件，那么我们就可以使用它并通过 IV 方法估计收入函数。问题是：什么才是一个合适的工具？这个问题很难明确地回答。我们所能做的就是尝试一个或多个替代项，并与表 19 - 4 中的 OLS 估计结果加以比较。在存在偏差的情况下，确定 OLS 估计结果偏差有多大。

在该数据中，我们有关于父母教育（用教育年限衡量）、兄弟姐们数量以及 ASVAB 词汇（词汇知识）和数学（计算推理）分数的信息。

在选择一个或多个替代项时，我们必须切记这些替代项必须与误差项不相关，但一定要与回归元（假设是高度）相关，且其自身一定不是初始模型的回归元的候选项。在后一种情况下，分析中所使用的模型将会遇到模型设定误差。每种情况都完全达到这些目标并不总是很容易。因此，这往往是一个不断试错的问题，并根据判断或"感觉"对所研究的主题进行补充。

不过，还是存在能告诉我们所选的替代项是否合理的诊断检验，我们即将对此加以讨论。数据提供了关于母亲受教育程度（$Sm$）的信息，我们将把其作为参与者教育年限的工具。这里的思想为 $S$ 和 $Sm$ 是相关的，这是一个合理的假设。我们数据中这二者的相关系数大约为 0.40。我们不得不假设 $Sm$ 与误差项是不相关的。同时我们还假设 $Sm$ 不属于参与者收入函数，这似乎也是合理的。

我们暂时接受把 $Sm$ 作为工具，在我们介绍完 IV 估计的细节后将会对此加以检验。

使用 $Sm$ 作为 $S$ 的工具，并估计收入方程，我们按两个阶段进行：

**阶段 1：**我们就被怀疑为内生变量的 $S$ 对所选的工具变量 $Sm$ 和初始模型中其他回归元进行回归，并从回归中得到 $S$ 的估计值 $\hat{S}$。

**阶段 2：**我们用阶段 1 中得到的 $\hat{S}$ 替代教育变量，然后就收入对初始模型中的回归元进行回归。

因为我们使用了两次 OLS，所以这种估计模型中相关参数的方法称为**两阶段最小二乘法**（2SLS）。因此，IV 法也称为 2SLS。

下面我们来举例说明该方法（见表 19-5）。使用第一阶段回归中所估计出的 $\hat{S}$（$S$-$hat$），我们得到第二阶段的回归结果（见表 19-6）。

表 19-5 以 $Sm$ 作为工具变量的 2SLS 的第一阶段

| regress s female wexp ethblack ethhisp sm | | | | | | |
|---|---|---|---|---|---|---|
| Source | SS | df | MS | | Number of obs＝540 | |
| | | | | | F(5, 534)＝35.06 | |
| Model | 822.264 93 | 5 | 164.452 986 | | Prob＞F＝0.000 0 | |
| Residual | 2 504.733 22 | 534 | 4.690 511 65 | | R-squared＝0.247 1 | |
| | | | | | Adj R-squared＝0.240 1 | |
| Total | 3 326.998 15 | 539 | 6.172 538 31 | | Root MSE＝2.165 8 | |
| s | Coef. | Std. Err. | t | P＞\|t\| | [95% Conf. Interval] | |
| female | −0.027 615 7 | 0.191 303 3 | −0.14 | 0.885 | −0.403 415 1 | 0.348 183 7 |
| wexp | −0.124 776 5 | 0.020 394 8 | −6.12 | 0.000 | −0.164 840 3 | −0.084 712 7 |
| ethblack | −0.918 035 3 | 0.297 813 6 | −3.08 | 0.002 | −1.503 065 | −0.333 005 4 |
| ethhisp | 0.456 662 3 | 0.446 406 6 | 1.02 | 0.307 | −0.420 266 | 1.333 591 |
| Sm | 0.393 609 6 | 0.037 812 6 | 10.41 | 0.000 | 0.319 329 8 | 0.467 889 3 |
| _ cons | 11.311 24 | 0.617 218 7 | 18.33 | 0.000 | 10.098 76 | 12.523 71 |

注意，与表 19-4 所报告的收入函数不一样，在这个收入方程中我们使用的是 $\hat{S}$（2SLS 的第一阶段估计得到的）作为回归元，而不是 $S$。然而表 19-6 所报告的标准误是不正确的，因为它们是基于误差项 $u_i$ 的方差的错误估计量而得到的。校正估计的标准误的公式非常复杂。而使用像 Stata 或 Eviews 这样的软件会非常简便，它们不仅校正了标准误，而且不需要具体使用冗繁的两阶段步骤就能得到 2SLS 的估计。

**表 19 - 6　收入函数的 2SLS 的第二阶段**

regress lEarnings s _ hat female wexp ethblack ethhisp

| Source | SS | df | MS | |
|--------|------|------|------|------|
| | | | | Number of obs＝540 |
| | | | | F(5，534)＝24.26 |
| Model | 39.615 323 6 | 5 | 7.923 064 72 | Prob＞F＝0.000 0 |
| Residual | 174.395 062 | 534 | 0.326 582 514 | R-squared＝0.185 1 |
| | | | | Adj R-squared＝0.177 5 |
| Total | 214.010 386 | 539 | 0.397 050 809 | Root MSE＝0.571 47 |

| lEarnings | Coef. | Std. Err. | t | P＞\|t\| | [95% Conf. Interval] | |
|-----------|-------|-----------|------|------|------|------|
| S _ hat | 0.140 068 | 0.025 348 8 | 5.53 | 0.000 | 0.090 272 4 | 0.189 863 6 |
| female | −0.299 797 3 | 0.050 515 3 | −5.93 | 0.000 | −0.399 030 4 | −0.200 564 2 |
| wexp | 0.034 709 9 | 0.006 431 3 | 5.40 | 0.000 | 0.022 076 2 | 0.047 343 7 |
| ethblack | −0.187 250 1 | 0.085 126 7 | −2.20 | 0.028 | −0.354 474 4 | −0.020 025 8 |
| ethhisp | −0.085 850 9 | 0.114 650 7 | −0.75 | 0.454 | −0.311 072 6 | 0.139 370 8 |
| _ cons | 0.460 771 6 | 0.425 741 6 | 1.08 | 0.280 | −0.375 562 1 | 1.297 105 |

为了做到这一点，我们可以使用 Stata 的 ivreg（工具变量回归）命令。使用这个命令，我们可以得到如表 19 - 7 所示的结果。

我们可以观察到，表 19 - 6 和表 19 - 7 所估计的系数是相同的，但标准误不同。正如前面已经指出的，我们应该信赖表 19 - 7 中的标准误。同时需要注意，在使用 ivreg 命令时只需一个表格，而不是两个。

**表 19 - 7　收入函数的一步估计（具有稳健标准误）**

. ivregress 2sls lEarnings female wexp ethblack ethhisp（S＝Sm），robust

(Instrumental variables (2SLS) regression Number of obs＝540

Wald chi2(5) ＝138.45

Prob＞chi2＝0.000 0

R-squared＝0.360 6

Root MSE＝0.503 38

| | | | Robust | | | |
|-----------|-------|-----------|------|------|------|------|
| lEarnings | Coef. | Std. Err. | z | P＞\|z\| | [95% Conf. Interval] | |
| s | 0.140 068 | 0.021 726 3 | 6.45 | 0.000 | 0.097 485 2 | 0.182 650 8 |
| female | −0.299 797 3 | 0.043 731 | −6.86 | 0.000 | −0.385 508 5 | −0.214 086 1 |
| wexp | 0.034 709 9 | 0.005 510 5 | 6.30 | 0.000 | 0.023 909 5 | 0.045 510 3 |
| ethblack | −0.187 250 1 | 0.063 478 7 | −2.95 | 0.003 | −0.311 666 1 | −0.062 834 2 |
| ethhisp | −0.085 850 9 | 0.094 922 9 | −0.90 | 0.366 | −0.271 896 3 | 0.100 194 5 |
| _ cons | 0.460 771 7 | 0.356 075 9 | 1.29 | 0.196 | −0.237 124 1 | 1.158 668 |

被工具化的：S

工具：female wexp ethblack ethhisp sm

## 19.8　在 IV 估计下的假设检验

由于我们已经使用 IV 方法估计出收入函数，那么我们该如何检验单个回归系数的假设（例如，CLRM 中的 $t$ 检验）以及共同检验几个系数的假设（例如，CLRM 中的 $F$ 检验）？尽管下面我们会检验其是否为正确的，但现在我们还是暂时假设所选择的工具 $Sm$ 是合适的工具。

正如戴维森和麦金农所说："因为有限样本的 IV 估计量的分布几乎无从知晓，因而基于这些估计量的准确的假设检验也几乎不可得。"[1]

然而，在大样本情况下，IV 估计量却是近似服从正态分布的，其均值和方差在式 (19.30) 中给出。因此，正如表 19-7 显示的那样，我们使用 $z$ 检验（例如，标准正态分布）而不是标准 $t$ 检验。在表 19-7 中除了西班牙裔的系数外，其他所有的 $z$ 值从单个来看都是统计上高度显著的。

为了检验两个及两个以上系数的联合假设，我们将使用属于大样本检验的瓦尔德检验（Wald test），而不是经典 $F$ 检验。瓦尔德统计量服从自由度等于待估计的回归元个数的卡方统计量：表 19-7 中自由度为 5。与通常的 $F$ 检验一样，零假设是所有回归系数同时为零，即从总体上看没有一个回归系数对（对数）收入有影响。在我们的例子中，卡方值大约为 138，得到大于或等于该卡方值的概率实际上为零。

换言之，从总体上看，所有的回归系数对小时工资都有重要影响。

### □ 关于在 IV 估计中使用 $R^2$ 的一点提示

尽管我们已经解释了表 19-6 和表 19-7 给出的 IV 回归的 $R^2$，但它与经典线性回归中的解释不一样，并且有时它实际上可能是负值。因此，我们应该对 IV 回归中的 $R^2$ 采取谨慎态度。[2]

### □ 诊断性检验

在介绍了 IV 估计的基本要素后，我们现在可以考虑几个关于 IV 方法论方面的问题。由于在实际中的重要性，我们会按顺序讨论这几个问题。

A. 我们如何才能知道一个回归元是真正内生的？

B. 我们怎样确定一个工具是弱的还是强的？

C. 如果我们为一个随机回归元引入几个工具，情况将会怎样？我们如何检验所有工具的合理性？

D. 当存在多个随机回归元时，我们如何估计一个模型？

---

[1]　Davidson and Mackinnon, *op cit.*, pp. 330-5.
[2]　通常判定系数定义为 $R^2 = 1 - RSS/TSS$，但在 IV 估计的情况下 $RSS$ 可能比 $TSS$ 大，这使得 $R^2$ 为负。

接下来我们将逐个回答这些问题。

## 19.9 回归元的内生性检验

我们已经假设在我们的例子中 $S$ 是内生的。不过，我们可以使用豪斯曼检验的一种变形形式，对这个假设进行明确的检验。这个检验相对简单，有两个步骤。

**步骤 1**：我们就内生变量 $S$ 对收入函数中所有（非随机的）回归元以及工具变量进行回归，由回归我们得到残差，称之为 $\hat{S}$。

**步骤 2**：然后我们就 $lEarnings$ 对包括（随机的）$S$ 和来自步骤 1 的残差在内的所有回归元进行回归。如果回归中残差变量的 $t$ 值是统计显著的，那么我们可以推断 $S$ 是内生的或者随机的。如果不是，那么就没有必要进行 IV 估计，因为在这种情况下 $S$ 是其自身的工具。

回到我们的例子，我们得到了如表 19-8 所示的结果。

表 19-8  学校教育内生性的豪斯曼检验：第一步结果

| regress s female wexp ethblack ethhisp sm | | | | | | |
|---|---|---|---|---|---|---|
| Source | SS | df | | MS | | Number of obs＝540 |
| | | | | | | F(5，534)＝35.06 |
| Model | 822.264 93 | 5 | | 164.452 986 | | Prob＞F＝0.000 0 |
| Residual | 2 504.733 22 | 534 | | 4.690 511 65 | | R-squared＝0.247 1 |
| | | | | | | Adj R-squared＝0.240 1 |
| Total | 3 326.998 15 | 539 | | 6.172 538 31 | | Root MSE＝2.165 8 |
| S | Coef. | Std. Err. | t | P＞\|t\| | | [95% Conf. Interval] |
| female | −0.027 615 7 | 0.191 303 3 | −0.14 | 0.885 | −0.403 415 1 | 0.348 183 7 |
| wexp | −0.124 776 5 | 0.020 394 8 | −6.12 | 0.000 | −0.164 840 3 | −0.084 712 7 |
| ethblack | −0.918 035 3 | 0.297 813 6 | −3.08 | 0.002 | −1.503 065 | −0.333 005 4 |
| ethhisp | 0.456 662 3 | 0.446 406 6 | 1.02 | 0.307 | −0.420 266 | 1.333 591 |
| sm | 0.393 609 6 | 0.037 812 6 | 10.41 | 0.000 | 0.319 329 8 | 0.467 889 3 |
| _ cons | 11.311 24 | 0.617 218 7 | 18.33 | 0.000 | 10.098 76 | 12.523 71 |

. predict shat，residuals

步骤 2 的回归结果如表 19-9 所示。

由于 $shat$ 的系数在统计上是不显著的，这似乎说明学校教育不是一个内生变量。但我们不应该按表面的值去理解这些结果，因为我们使用的是横截面数据，而这类数据最常见的问题是异方差性。因此，我们需要寻找经过异方差校正的标准误，例如，在异方差性章节中所讨论过的 HAC 标准误。

我们可以在 Stata 软件中使用稳健标准误命令，以获得经过异方差校正的标准误，相应结果已在表 19-10 中给出。

表 19 - 9　学校教育内生性的豪斯曼检验：第二步结果

egress lEarnings s female wexp ethblack ethhisp shat

| Source | SS | df | MS | |
|---|---|---|---|---|
| | | | | Number of obs＝540 |
| | | | | F(5，534)＝50.80 |
| Model | 77.858 698 5 | 6 | 12.976 449 8 | Prob＞F＝0.000 0 |
| Residual | 136.151 687 | 533 | 0.255 444 066 | R-squared＝0.363 8 |
| | | | | Adj R-squared＝0.356 6 |
| Total | 214.010 386 | 539 | 0.397 050 809 | Root MSE＝0.505 41 |

| lEarnings | Coef. | Std. Err. | t | P＞\|t\| | [95% Conf. Interval] | |
|---|---|---|---|---|---|---|
| S | 0.140 068 | 0.022 418 6 | 6.25 | 0.000 | 0.096 028 3 | 0.184 107 7 |
| female | −0.299 797 3 | 0.044 676 | −6.71 | 0.000 | −0.387 56 | −0.212 034 6 |
| wexp | 0.034 709 9 | 0.005 687 9 | 6.10 | 0.000 | 0.023 536 5 | 0.045 883 4 |
| ethblack | −0.187 250 1 | 0.075 286 5 | −2.49 | 0.013 | −0.335 144 8 | −0.039 355 4 |
| ethhisp | −0.085 850 9 | 0.101 397 7 | −0.85 | 0.398 | −0.285 039 1 | 0.113 337 3 |
| shat | −0.016 502 5 | 0.024 588 2 | −0.67 | 0.502 | −0.064 804 1 | 0.031 799 2 |
| _cons | 0.460 771 7 | 0.376 528 2 | 1.22 | 0.222 | −0.278 889 5 | 1.200 433 |

表 19 - 10　具有稳健标准误的豪斯曼内生性检验

regress lEarnings s female wexp shat，vce(robust)
Linear regression　　　　　　　　Number of obs＝540
F(4，535)＝59.14
Prob＞F＝0.000 0
R-squared＝0.356 2
Root MSE＝0.507 47

| | | | | Robust | | |
|---|---|---|---|---|---|---|
| lEarnings | Coef. | Std. Err. | t | P＞\|z\| | [95% Conf. Interval] | |
| S | 0.164 275 8 | 0.020 943 9 | 7.84 | 0.000 | 0.123 133 4 | 0.205 418 3 |
| female | −0.300 284 5 | 0.044 344 2 | −6.77 | 0.000 | −0.387 394 7 | −0.213 174 4 |
| wexp | 0.039 038 6 | 0.005 386 9 | 7.25 | 0.000 | 0.028 456 5 | 0.049 620 7 |
| shat | −0.040 710 3 | 0.022 955 | −1.77 | 0.077 | −0.085 803 4 | 0.004 382 8 |
| _cons | 0.031 198 7 | 0.338 074 8 | 0.09 | 0.927 | −0.632 918 2 | 0.695 315 6 |

　　现在 *shat* 变量的系数在大约 8% 的水平上是统计显著的，这表明学校教育似乎是内生的。

# 19.10　如何查明一个工具变量是弱的还是强的

　　如果在分析中所使用的工具是弱的，就这种意义而言工具与其相对应的随机回归元是弱相关的，那么 IV 估计量可能会存在严重偏误，并且它的样本分布即使在大样本情况下也是非渐近正态的。因此，基于它们的标准误和置信区间有很大的误导性，从而导致假设检验不可靠。

参考式（19.30），我们可以知道为什么存在这种情况。如果式中$\rho_{zz}=0$，则 IV 估计量的方差无限大。如果$\rho_{zz}$不为 0，但非常小（即弱工具情形），则即使在大样本情形下 IV 估计量也不是服从正态分布的。那么在给定的情形下，我们如何判定一个工具是否为弱的呢？

在只有一个内生回归元的情况下，经验表明，若豪斯曼检验第一步中的 $F$ 统计量小于 10，则意味着所选的工具是弱的。如果 $F$ 统计量大于 10，则所选工具可能是强的。[①] 在只有一个（随机）回归元时，这个判断原则转变为 $t$ 值要大于 3.2，这是根据 $F$ 与 $t$ 统计量之间的关系得到的，即$F_{1,k}=t_k^2$，此处 $F$ 统计量分子的自由度为 1，分母的自由度为 $k$。

因此，在我们的例子中 $Sm$（母亲的受教育情况）似乎是 $S$ 的一个强工具，因为第一阶段中的 $F$ 统计量的值大约为 35，这超过了临界值 10。但这只是一种经验法则，与其他经验法则一样，该经验法则也不能被盲目地使用。

## 19.11 多个工具变量的情形

由于存在相互竞争的工具变量，学校教育变量可能与多个工具变量存在相关关系。考虑到这种可能性，在 IV 回归中我们也许会包括多个工具。通常在两阶段最小二乘法（2SLS）的协助下我们可以做到这一点。

**步骤 1：**我们就被怀疑的变量对所有的工具回归，由此得到回归元的估计值。

**步骤 2：**我们就收入对初始模型中的回归元进行回归，但将教育变量更换为由步骤 1 所得的估计值。

如下面例子所展示的那样，同时包含几个工具然后在 Stata 中执行 ivreg 命令，我们就可以将两步法更换为一步。

对于我们的收入回归而言，除了母亲的教育（$Sm$）外，我们在收入对教育（$S$）、性别（女性＝1）、工作经验年数（$Wexp$）以及种族（把黑人和西班牙裔作为虚拟变量）回归时也可以把父亲的受教育情况（$Sf$）和兄弟姐妹的个数作为工具。

**步骤 1：**就教育（$S$）对所有初始（非随机的）回归元和工具回归。从回归中我们可以得到教育的估计值 $\hat{S}$。

**步骤 2：**我们现在就收入对性别、工作经验年数、种族虚拟变量以及 $\hat{S}$ 回归。

查看表 19-11。与只有单一工具的表 19-7 相比，当我们引进几个工具时，$S$（教育）的系数有所增大，但它仍然明显比 OLS 回归中的大。但我们应再次注意，系数的相对标准误大于 OLS 中的对应值，这也再次提醒我们，IV 估计量可能效率较低。

---

① 为什么是 10？稍微专业点的答案参见 Stock, J. H. and Watson, M. W., *Introduction to Econometrics*, 2nd edn, Pearson/Addison Wesley, Boston, 2007, p.466。如果 $F$ 统计量超过 10，这说明小样本的 IV 估计偏误比 OLS 估计偏误小 10%，记住，在有随机回归元的情况下，无论样本大小，OLS 估计都是有偏误的。

表 19 - 11　具有多个工具的收入函数

| ivreg lEarnings female wexp ethblack ethhisp (S=sm sf siblings), robust | | | | | | |
| --- | --- | --- | --- | --- | --- | --- |
| Instrumental variables (2SLS) regression | | | Number of obs=540 | | | |
| F(5, 534)=26.63 | | | | | | |
| Prob>F=0.000 0 | | | | | | |
| R-squared=0.349 2 | | | | | | |
| Root MSE=0.510 71 | | | | | | |

| lEarnings | Coef. | Std. Err. | t | P>\|t\| | [95% Conf. Interval] | |
| --- | --- | --- | --- | --- | --- | --- |
| s | 0.157 969 1 | 0.021 670 8 | 7.29 | 0.000 | 0.115 398 6 | 0.200 539 6 |
| female | −0.297 688 8 | 0.044 166 3 | −6.74 | 0.000 | −0.384 449 9 | −0.210 927 8 |
| wexp | 0.037 211 1 | 0.005 846 | 6.37 | 0.000 | 0.025 727 1 | 0.048 695 1 |
| ethblack | −0.162 779 7 | 0.062 549 9 | −2.60 | 0.010 | −0.285 653 8 | −0.039 905 6 |
| ethhisp | −0.067 663 9 | 0.098 886 | −0.68 | 0.494 | −0.261 917 2 | 0.126 589 3 |
| _cons | 0.168 983 6 | 0.362 156 7 | 0.47 | 0.641 | −0.542 443 | 0.880 410 1 |

被工具化的：S

工具：female wexp ethblack ethhisp sm sf siblings

## □ 检验剩余工具的合理性

之前我们说过，工具的数量至少与随机回归元的数量相等。因此，与在表 19 - 7 中使用 $Sm$（母亲的受教育情况）作为工具一样，从技术上看我们的收入回归有一个工具变量就够了。在表 19 - 11 中，我们有三个工具变量，比最小值多出两个。就它们与教育相关而与误差项不相关而言，我们如何判断它们是合理的呢？简单地说，它们是相关的吗？

在我们回答这个问题之前，需要提及以下几点：

1. 如果工具（$I$）的数量等于内生回归元的数量，例如 $K$ 个，我们就说回归系数刚好被识别，即我们可以得到它们唯一的估计。

2. 如果工具（$I$）的数量超过回归元的个数 $K$，那么回归系数就是过度识别的，在这种情形下，我们能得到一个或多个回归元的多个回归。

3. 如果工具数量比内生回归元数量少，那么回归系数就是识别不够的，即我们不能得到回归系数的唯一值。[1]

在当前例子中，如果我们使用三个工具（$Sm$，$Sf$ 和 $siblings$），那么我们就有两个额外的或剩余的工具。如何确定额外工具的合理性？我们可以按下列步骤进行[2]：

1. 获得包括模型中所有（外生的）变量以及所有工具在内的收入回归系数的 IV 估计，在当前例子中是三个系数。

2. 由回归获得残差 $Res$。

3. 就 $Res$ 对包括工具在内的所有初始回归元进行回归，由该回归得到判定系数 $R^2$

---

① 识别的主题经常在联立方程模型的背景下被讨论。对于细节，参见 Gujarati/Porter, *op cit.*, Chapters 18, 19 and 20.

② 该讨论基于 Carter Hill, R., Griffiths, W.E., and Lim, G.C., *Principles of Econometrics*, 3rd edn, Wiley, New York, 2008, pp. 289-90.

的值。

4. 把样本数（$n=540$）乘以由步骤 3 得到的$R^2$值，即 $nR^2$。如果所有剩余的工具都是有效的，这表明 $nR^2 \sim \chi_m^2$，即 $nR^2$ 服从自由度为 $m$ 的卡方分布。$m$ 代表剩余工具的个数，在我们的例子中 $m$ 为 2。

5. 如果所估计的卡方值超过临界卡方值，例如 5%，我们可以推得，至少有一个剩余工具不是有效的。

在表 19-11 中我们已经给出了包含三个工具的收入回归的 IV 估计。按照上面的步骤 3，我们由表 19-11 中的回归得到下列回归。回归结果如表 19-12 所示。

表 19-12　剩余工具的检验

regress Res female wexp ethblack ethhisp sm sf siblings

| Source | SS | df | MS | |
|---|---|---|---|---|
| | | | | Number of obs＝540 |
| | | | | F(7, 532)＝1.32 |
| Model | 2.384 525 16 | 7 | 0.340 646 452 | Prob＞F=0.236 6 |
| Residual | 136.894 637 | 532 | 0.257 320 746 | R-squared＝0.017 1 |
| | | | | Adj R-squared＝0.004 2 |
| Total | 139.279 162 | 539 | 0.258 402 898 | Root MSE＝0.507 27 |

| Res | Coef. | Std. Err. | t | P＞\|t\| | [95% Conf. Interval] | |
|---|---|---|---|---|---|---|
| female | −0.006 790 6 | 0.044 932 9 | −0.15 | 0.880 | −0.095 058 4 | 0.081 477 1 |
| wexp | −0.000 147 2 | 0.004 778 3 | −0.03 | 0.975 | −0.009 533 9 | 0.009 239 6 |
| ethblack | −0.003 420 4 | 0.070 856 7 | −0.05 | 0.962 | −0.142 613 6 | 0.135 772 8 |
| ethhisp | −0.019 711 9 | 0.104 832 3 | −0.19 | 0.851 | −0.225 648 | 0.186 224 1 |
| sm | −0.020 695 5 | 0.011 038 4 | −1.87 | 0.061 | −0.042 379 1 | 0.000 988 7 |
| sf | 0.021 595 6 | 0.008 234 7 | 2.62 | 0.009 | 0.005 419 1 | 0.037 772 1 |
| siblings | 0.017 853 7 | 0.011 047 8 | 1.62 | 0.107 | −0.003 848 9 | 0.039 556 3 |
| _ cons | −0.063 602 8 | 0.158 594 4 | −0.40 | 0.689 | −0.375 150 8 | 0.247 945 2 |

我们无须担心表 19-12 中的系数。关键点在于判定系数$R^2$，此处值为 0.017 1。将$R^2$ 的值与样本容量 540 相乘，我们得到 $nR^2=9.234$。自由度为 2、显著性水平为 1% 的卡方值大约为 9.21。所以，计算得到的卡方值是高度显著的，这意味着至少有一个剩余工具不是有效的。因为我们只需要一个工具来确定（或估计）参数，因此，我们可以去掉三个工具中的两个。当然，去除工具并非一个好主意。在文献中有使用加权最小二乘法得到一致的 IV 估计的步骤。读者可以在参考文献中找到更多有关内容（为获得更多的详细信息，可以参见斯托克和沃森的文章）。

## ■ 19.12　包含多个内生回归元的回归

到目前为止我们集中关注的是单个内生回归元。我们该如何处理两个或更多个随机回归元的情况呢？假设在收入回归中，我们把回归元——工作经验（$Wexp$）也作为随机的。那么我们就有了两个随机回归元——教育（$S$）和 $Wexp$。我们可以使用 2SLS 法处理这种情形。

就像一个工具可以识别教育对收入的影响一样，我们需要为 $Wexp$ 寻找一个工具。在我们的数据中，有一个变量：年龄（$age$）。所以可以用它来代替 $Wexp$。我们可以把年龄作为一个真正的外生变量。为了估计带有两个随机回归元的收入回归，我们进行如下操作：

**阶段1**：我们就每一个内生回归元对所有外生变量回归，得到这些回归元的估计值。

**阶段2**：我们用所有的外生变量和阶段1中内生回归元的估计值来估计收入函数。

实际上我们并不需要经过这两阶段的步骤，因为像 Stata 这样的统计软件只要一步就能完成。结果如表 19-13 所示。

该回归显示，在其他条件不变的情况下，每增加一年教育的回报为 13.4%。同前面一样，回归元中女性和种族都是高度显著的，但工作经验变量在统计上不再显著。

**表 19-13　带有两个内生回归元的 IV 估计**

| . ivregress 2sls lEarnings female ethblack ethhisp（s wexp＝sm age） |
| --- |
| Instrumental variables（2SLS）regression Number of obs＝540 |
| Wald chi2(5)＝139.51 |
| Prob＞chi2＝0.000 0 |
| R-squared＝0.344 0 |
| Root MSE＝0.509 87 |

| lEarnings | Coef. | Std. Err. | z | P＞\|z\| | [95% Conf. Interval] | |
| --- | --- | --- | --- | --- | --- | --- |
| s | 0.133 848 9 | 0.022 964 7 | 5.83 | 0.000 | 0.088 838 9 | 0.178 858 9 |
| wexp | 0.015 181 6 | 0.015 833 2 | 0.96 | 0.338 | −0.015 850 9 | 0.046 214 1 |
| female | −0.337 840 9 | 0.053 515 2 | −6.31 | 0.000 | −0.442 728 7 | −0.232 953 1 |
| ethblack | −0.215 774 | 0.078 729 9 | −2.74 | 0.006 | −0.370 081 8 | −0.061 466 3 |
| ethhisp | −0.125 215 3 | 0.106 387 1 | −1.18 | 0.239 | −0.333 730 1 | 0.083 299 5 |
| _cons | 0.895 927 6 | 0.496 412 8 | 1.80 | 0.071 | −0.077 023 6 | 1.868 879 |

| 被工具化的：s wexp |
| --- |
| 工具：female ethblack ethhisp sm age |

我们已经证明，在回归元存在严重测量误差的情况下，即使所得到的估计是无效的，IV 估计仍能给出一致的估计。如果不存在测量误差，那么 OLS 和 IV 估计都是一致的。在这种情形下我们应该选择 OLS，因为它更有效。因此，我们理应查明所选的工具是否有效。

由德宾、吴和豪斯曼（DWH）共同发展的检验，即广为人知的豪斯曼检验，在应用计量经济学中被用于检验工具的有效性。[①]

尽管该检验涉及较深的数学知识，但其背后的基本思想却非常简单。我们把模型中所有变量的 OLS 和 IV 系数间的区别加以比较，得到 $m=b^{OLS}-b^{IV}$。在零假设 $m=0$ 条件

① 参见 Hausman, J. (1978), Specification tests in econometrics, *Econometrica*, 46 (6), 1251-71；Durbin, J. (1954), Errors in variables, *Review of the International Statistical Institute*, 22 (1), 23-32, and Wu, D.-M. (1973), Alternative tests of independence between stochastic regressors and disturbances, *Econometrica*, 41 (4), 733-50。也可参见 Nakamura, A. and Nakamura, M. (1981), On the relationship among several specification error tests presented by Durbin, Wu, and Hausman, *Econometrica*, 49, 1583-8.

下，这表明 $m$ 服从卡方分布，其自由度等于进行比较的系数的个数。如果 $m$ 的结果是零，这意味着（随机）回归元与误差项是不相关的，并且我们可以用 OLS 代替 IV，因为 OLS 更有效。

表 19-14 是用 Stata 得到的 DWH 检验的结果。在该表中，（b）列给出的是在 IV（earniv）下模型的估计结果，（B）列给出的是使用 OLS（earnols）得到的估计。下一列给出的是（b）减去（B）的差即 $m$。最后一列给出的是两种估计差的标准误。

**表 19-14　收入函数工具有效性的 DWH 检验**

hausman earniv earnols1, constant

| | Coefficients | | | |
|---|---|---|---|---|
| | (b) | (B) | (b−B) | sqrt(diag(V _ b−V _ B)) |
| | earniv | earnols | Difference | S. E. |
| educ | 0.143 138 4 | 0.108 222 3 | 0.034 916 1 | 0.027 328 3 |
| female | −0.283 312 6 | −0.270 110 9 | −0.013 201 7 | 0.012 146 2 |
| wexp | 0.034 941 6 | 0.029 851 | 0.005 090 6 | 0.004 039 7 |
| ethblack | −0.127 985 3 | −0.116 578 8 | −0.011 406 5 | 0.013 814 2 |
| ethhisp | −0.050 633 6 | −0.051 638 1 | 0.001 004 5 | 0.014 116 1 |
| asvab02 | 0.004 497 9 | 0.009 328 1 | −0.004 830 2 | 0.003 796 2 |
| _ cons | 0.171 571 6 | 0.483 885 | −0.312 313 5 | 0.245 461 7 |

b＝consistent under Ho and Ha; obtained from ivreg
B＝inconsistent under Ha, efficient under Ho; obtained from regress
Test：Ho：difference in coefficients not systematic
chi2(7)＝(b−B)'[(V _ b−V _ B)^(−1)](b−B)
＝1.63
Prob＞chi2＝0.977 4

我们不拒绝 OLS 和 IV 估计在统计上相同的零假设，因为此时得到 1.63 或更大的卡方值的概率大约为 98%。此时我们应选择 OLS 估计量，因为 OLS 估计量比 IV 估计量更有效。

尽管我们没有考虑表 19-2（见本书配套网站）中的所有数据，但基于此处所考虑的模型，教育变量（S）似乎可能与误差项不相关。不过还是建议读者用表 19-2 中所给的数据尝试其他模型，看看是否会得到不同的结论。

## 19.13　要点与结论

经典线性回归模型的一个关键的假设是：误差项与回归元是不相关的。但如果它们是相关的，那么我们就称该回归元为随机的或内生的回归元。在这种情况下，OLS 估计量是有偏的，而且即使样本容量无限增大，偏误也不会消失。换言之，OLS 估计量甚至不是一致的。因此，显著性检验和假设检验将会变得不再可靠。

如果我们能找到合适的替代变量，它们与误差项不相关，但与随机回归元相关，并且在回归模型中不是它们自身的替代量，那么，我们就能得到那些被怀疑是随机的回归元的系数的一致估计。如果存在这样的变量，则称其为工具变量，或简称为工具。

在大样本情况下，IV 估计量服从正态分布，其均值等于所强调的回归元的真实总体值，方差包含工具与相应随机回归元的总体相关系数。但在小样本或有限样本情况下，IV 估计是有偏的，并且它们方差的效果比 OLS 估计量的差。

IV 的成功取决于它们有多强，即它们与随机回归元相关关系的强度。如果相关关系高，我们就说该工具变量是强的。但如果相关关系低，我们就称它们为弱工具。如果工具是弱的，那么即使在大样本情况下，IV 估计量可能也不服从正态分布。

寻找到好的工具并非易事。这需要直觉、自省、熟悉之前的实证研究，有时还需要运气。这就是使用诸如豪斯曼检验这样的检验来明确检验所选工具的强弱显得重要的原因。

每个随机回归元都需要一个工具。但如果某个随机回归元有多个工具，那么我们就有剩余的工具，我们就需要检验它们的有效性。此处的有效性是指工具变量是否与回归元高度相关，且与误差项不相关。幸运的是，有几种方法可用于这方面的检验。

如果一个模型有多个随机回归元，我们必须要为每一个随机回归元寻找一个工具变量。再一次强调，我们需要检验工具的有效性。

IV 之所以变得非常流行，一个现实原因在于我们拥有许多优秀的软件，例如 Stata 和 Eviews。它们使估计 IV 回归模型变得非常容易。

IV 理论仍在发展，各种专业学者现在正在做一些重要的研究。我们可以登录他们的网站以了解该领域的最新发展成果。当然，互联网是 IV 及其统计技术信息的重要来源。

**习题**

19.1 证明 $\sum x_i X_i / \sum x_i^2 = 1$ ，其中 $x_i = X_i - \bar{X}$。

19.2 验证式（19.11）。

19.3 验证式（19.12）。

19.4 验证式（19.29）。

19.5 回到本章所讨论的工资回归模型。检验证据显示工资—工作经验（$wexp$）图形是凹的，即工资随工作经验的增加而增加，但增加率是递减的。为了核实情况是否这样，我们可以把变量 $wexp^2$ 加入工资方程（19.39）中。如果 $wexp$ 作为外生变量，那么 $wexp^2$ 也是外生的。用 OLS 和 IV 估计调整过的工资方程，并把你的结果与正文中的结果进行比较。

19.6 继续讨论正文中的工资方程。除了式（19.39）中的几个变量外，原始数据还含有其他几个变量的信息。例如，数据中包含了婚姻状况（单身、已婚以及离婚）、有关算术推理和词汇知识的 ASVAB 分数、信仰（无、天主教、犹太教、新教或其他）、身体特征（身高和体重）、雇佣类型（政府、私人企业以及个体经营）和家乡的位置（中北部、东北部、南部和西部）等方面的信息。把这些变量中的一部分纳入工作方程中，估计你的模型，同时注意内生性的问题。列出必要的计算步骤。

19.7 在文章《数据统计模型的工具变量估计：在吸烟行为模型中的运用》（Instrumental-Variable Estimation of Count Data Models: Applications to Models of Cigarette Smoking Behavior）[《经济与统计评论》（1977，pp. 586-93）]中，约翰·马拉海（John

Mallahy）想查明孕妇在怀孕期间吸烟是否会影响婴儿的体重。为了回答这个问题，他选取了几个变量，例如，出生体重的自然对数、性别（如果是男婴，则为1）、经产状况（妇女生育孩子的数量）、怀孕期间吸烟数量、家庭收入、父亲受教育程度以及母亲受教育程度。

原始数据可在迈克尔·默里（Michael Murray）的网站上找到（http：//www.aw-bc.com/murray/）。下载这些数据，建立你自己的有关孕妇怀孕期间吸烟对婴儿体重影响的模型，并将你的结果与迈克尔·默里的加以比较。说明你为什么觉得一个标准的logit或probit模型就足够了，而无须运用IV估计。

19.8 考虑式（19.35）和式（19.36）中的模型。获得你选择的每一个国家或者一组国家或者一个国家内一组州的犯罪率、执法支出和基尼系数等数据，并使用OLS估计这两个等式。你如何使用IV获得这两个等式系数的一致估计？列出必要的计算步骤。

19.9 考虑下列模型：

$$Y_t = B_1 + B_2 X_t + u_t \qquad\qquad (1)$$

其中，$Y$ 为 AAA 级债券利率的月变化量，$X$ 为三个月期国债利率（TB3）的月变化量，$u$ 为随机误差项。从任何可靠的渠道（例如，圣路易斯联邦储备银行）获得这三个变量过去30年的月度数据。

（a）使用OLS估计式（1）。列出必要的步骤。

（b）由于一般经济条件会影响 AAA 级债券和 TB3 的变化，所以我们不能将 TB3 作为真正的外生变量。这些经济因素可能被很好地隐藏在误差项 $u_i$ 中。因此，TB3 和误差项可能存在相关关系。你将如何使用IV估计得到 $B_2$ 的一个IV估计值？你将使用哪个IV作为 TB3 的工具？

（c）使用你所选的工具得到 $B_2$ 的IV估计，并和（a）中使用OLS得到的 $B_2$ 估计进行比较。

（d）有人向你建议可以使用 TB3 过去的变化作为当前 TB3 的工具。这个建议背后的逻辑是什么？假设你使用滞后一个月的 TB3 作为工具。使用该工具估计上面的式（1），并对结果加以解释。

19.10 在一项调查工资决定因素的研究中，戴维·卡德（David Card）将工资的对数对受教育年限、种族（黑人设为1）、工作经验、工作经验的平方、是否在大都市中工作过（工作过设定为1）、是否在南方工作过（工作过设定为1）等变量进行了回归。[1]

因为受教育年限有可能与误差项（比如个人能力等）相关，卡德使用了两阶段最小二乘法，他将居住地距离任何一所四年制大学的远近作为工具变量，并将这一变量设定为虚拟变量。在第一阶段中，他对受教育年限与居住地距离大学的远近这两个变量进行了回归，在第一阶段的回归中可以得到教育的估计值。在第二阶段中，他将工资的对数与相关变量以及第一阶段中得到的教育的估计值进行了回归。

在表19-15中，我们给出了OLS回归与IV回归的结果。总的样本个数是3 009个，

---

[1] Card，D.，The casual effect of education on earnings，in O. Ashenfelter and D. Card（eds.），*Handbook of Labor Economics*，vol. 3A，Elsevier，Amsterdam，1999，pp. 1801–63.

在两个回归中，回归子都是工资的对数。

**表 19 - 15　OLS 与 IV 方法下的工资回归结果**

| | OLS 回归 | | IV 回归 |
|---|---|---|---|
| 截距 | 4.733 6（0.067 6） | | 3.752 7（0.849 5） |
| Education | 0.074 0（0.003 5） | IVeducation | 0.132 2（0.050 4） |
| Black | −0.189 6（0.017 6） | | −0.130 8（0.054 1） |
| Exper | 0.083 6（0.006 6） | | 0.107 5（0.021 8） |
| Expersq | −0.002 2（0.000 3） | | −0.002 2（0.000 3） |
| SMSA | 0.161 4（0.015 5） | | 0.131 3（0.030 8） |
| South | −0.124 8（0.015 1） | | −0.104 9（0.023 6） |
| Adj $R^2$ | 0.289 1 | | 0.185 4 |

注：括号中是标准误。IVeducation 是从第一阶段回归中估计的受教育值。

（a）使用"距离任意一所四年制大学远近"这一变量作为工具变量的理论基础是什么？它是一个好的工具变量吗？

（b）在 OLS 回归中，受教育年限对工资对数的提升作用只有 IV 回归中的一半，这说明了什么？

（c）在大多数情况下，IV 估计的标准误都比 OLS 估计的标准误要大，这说明了什么？

（d）请你解释 IV 回归中变量系数的含义（注意：此时的回归子还是工资的对数）。

（e）工作经验对工资有正向影响，工作经验的平方对工资有负向影响，这两个变量有经济学上的意义吗？在其他条件不变的前提下，这对于我们理解工资与经验的关系有什么帮助？

# 第 20 章

# 不止于 OLS：分位数回归

当我们假定回归的误差项服从正态分布时，这本书的绝大多数内容都在告诉我们如何利用普通最小二乘法（OLS）或者最大似然法（ML）构建回归模型。[①] 本书中，进行回归的基础模型就是经典线性回归模型（简称经典模型）。同时，因为统计特征的优越，以及在实际操作时较为方便，ML 方法也已经在很多领域被广泛运用。

经典模型基于若干个我们在第 1 章已经探讨过的基本假设，在这些基本假设下，OLS 对经典模型参数的估计就是最佳线性无偏估计量（BLUE）。当我们继续假设误差项必须服从标准正态分布时，可以证明，此时 OLS 估计量就是最佳无偏估计量（BUE）。在本书的第二部分中，我们也讨论了如果不遵守基本假设将会带来什么后果，以及相应的补救措施。

然而，有时候寻找一些对违背这些基本假设不是那么敏感的估计方法，从而替换掉 OLS 会是更好的选择。而另一个更基本的约束则是，OLS 只能基于回归元 $X$ 的取值，得到回归子 $Y$ 的预期均值。也就是说，OLS 方法仅仅关注了 $E(Y|X)$，也就是所谓的**条件期望函数**（conditional expectation function，CEF），正如在 1.1 节中讨论过的，安格里斯特（Angrist）和约恩-斯特芬·皮施克（Jorn-Steffen Pischeke）发现：

> 不管是否合理，有 95% 的应用经济学项目都在关注均值的变动……对均值的过分关注，一部分原因是对平均因果效应进行合理的估计就够艰难了。同时，如果因变量是一个诸如是否就业这样的虚拟变量，均值就比较好地刻画了其整个分布。但是许多其他的变量是连续变化的，比如收入或考试成绩等，这些变量的分布就不再能仅仅用均值来刻画了。例如：在不改变均值的前提下，样本既可以在全部值域内均匀分布，也可以大部分样本都密集地分布在均值周围。应用经济学迫切地想知道

---

① 当然，最大似然估计法是一种普遍适用的方法，也就是说，在使用最大似然估计法时，我们可以在基本假设中去掉对误差项 $u$ 的限制。

完全的分布，既知道分布的均值，又知道当分布变化时究竟谁才是受益者。[1]

为了实现这一想法，我们可以使用**分位数回归法**（quantile regression，QR），对一个变量来说，经典模型中的 OLS 估计只能让我们得到条件均值，而这一方法可以让我们刻画出更完整的条件分布。例如：我们可以用分位数回归来探究**中位数**（median）究竟如何受回归元的影响，而中位数则正是集中趋势（概率分布的中点）的一个替代指标。众所周知，在一些离散度比较大的分布中，中位数比均值更能提供有用信息。正如我们接下来将学习的，中位数回归模型就对极端异常值的出现不甚敏感。

既然如此，那么我们更有理由去试验位于分布中其他位置［也就是**分位数**（quantile）］的回归子，并探究回归元的变化对这些处于不同分位数的回归子有何影响。如果我们发现不同分位数回归子的变化不同，那么基于条件均值函数构建的 OLS 估计法可能就是无效的，因为在这样的情况下，OLS 估计无法告诉我们回归元如何影响不同分位数下的回归子。为了进一步了解分位数回归，我们还需要从几个细节入手，深入探讨分位数的概念。

## 20.1  分位数

我们通常依靠概括样本数据的统计结果来讨论一个概率分布的主要特征。在统计学上，我们称其为"**矩**"（moment），比如均值（期望值）、方差、偏度（测算样本数据分布是否对称）、峰度（测算样本数据峰部的尖锐程度）等。[2] 通过这些统计量，我们就可以了解到该概率分布的**位置**（location，对应集中趋势）、**离散程度**（spread，对应方差）以及**形状**（shape，对应偏度和峰度）。比起将整个概率分布视为一个整体进行分析，将其分为几段进行分析也许可以得到更为有趣的结论，而这种将概率分布分为若干段的做法，就是分位数的思想。

简单来说，分位数就是在一个研究中，将观测样本等分为若干部分，比如**四分位数**（quartile）就是将总体等分为四份、**五分位数**（quintile）就是将总体等分为五份、**十分位数**（decile）就是将总体等分为十份、**百分位数**（percentile）就是将总体等分为一百份。[3] 举例来说，如果一个 6 岁儿童的身高处于 75 百分位数，那就是说这个儿童的身高超过了所有被测量儿童中的 75%。类似的，如果智商（IQ）得分 120 分处于 85 百分位数，那就是说有 85% 的人口智商得分小于或等于 120。对于一个概率分布来说，0.5 分位数就是**中位数**（median）。[4]

社会科学的相关研究对分位数尤其感兴趣，比如对收入不平等、贫困、教育的作用以及医疗保险等的研究，可能大家更关心的是位于较低分位数（如 25 分位数）的样本分布情况。

---

[1] Angrist, J. D and Pischke, J. S., *Mostly Harmless Econometrics：An Empiricist's Companion*，Princeton University Press. Princeton，New Jersey，2009，p. 269.

[2] 但是请注意，矩并不总是存在的，比如在经典的柯西概率分布中，均值和更高级的矩就并不存在。

[3] 比如一个连续变量的分位数，见习题 20.1。

[4] 从基础的统计学中，我们知道，均值、中位数以及其他的很多值都可以用来测算数据分布的中心值，而且当分布对称时，上述所有值均重合在一点。当分布右偏（right-skewed）时，数据的中位数会比均值小，而当分布左偏（left-skewed）时，中位数会比均值大。

计量经济学：原理与实践（第二版）

关于离散概率分布函数的分位数回归尚未有完备的定义，因此，本章将重点致力于研究连续概率分布函数的分位数回归。

不妨设 $Y$ 是一个连续的随机变量，$F$ 为 $Y$ 的累积分布函数（CDF），$p$ 则是位于 0 和 1 之间的一个值。那么 $Y$（或者 $Y$ 分布）的 $p$ 分位数 $Q_p$ 可以由如下等式表示：

$$\Pr(Y \leqslant Q_p) = F(Q_p) = p \tag{20.1}$$

如果 $Q_{0.75} = 5$，也就是说 $Y \leqslant 5$ 的概率是 0.75。此时，分布函数中，位于 $Q_p$ 点左边的面积就是 $p$，而右边的面积则是 $(1-p)$。而有了等式（20.1），$Q_p$ 的表达式就可以很容易地表示为：

$$Q_p = F^{-1} \tag{20.2}$$

这一等式的图像则可以通过调转 CDF 图像的 $X$ 轴与 $Y$ 轴较为方便地得到。

## 20.2　分位数回归模型（QRM）[①]

就像条件期望函数（CEF）是线性回归模型（LRM）的基础，分位数回归模型（QRM）的构建也必须有关键的基础支撑，其中一个就是**条件分位数函数**（conditional quantile function，CQF）。而 QRM 和 LRM 的不同之处在于，QRM 可以针对任意的分位数进行回归，比如目前在实际研究中应用较多的一个分位数就是中位数，也就是 50 百分位数。相比于线性回归，分位数回归的一个优势在于它摆脱了标准误必须服从正态分布的假设。起初，分位数回归被广泛用于检验数据是否存在异方差性。得益于分位数回归的性质，如果回归元对回归子的影响在不同分位数间有差异，就可以认为数据存在异方差性，在下面的学习中，大家也将看到在这一方面一个现实中的例子。

在条件期望函数（CEF）的学习中，我们知道了回归子 $Y$ 的均值期望值是基于一个或多个回归元 $X_s$ 的函数，类似的，在条件分位数函数（CQF）中，$q$ 分位数的回归子 $Y$ 仍然是基于回归元 $X_s$ 的函数。因此，除了在 CEF 中我们只能估计出 $Y$ 的均值，而在 CQF 中我们可以估计出 $Y$ 在任何分位数下的值这一点，二者的概念较为接近。

我们不妨假设一个情景，现在我们有了一份样本容量为 1 000，且按数量大小顺序排列好的工资收入数据，同时，我们也拥有样本的其他有关社会及经济的变量。现在，我们回忆一下第 1 章工资水平受什么因素影响的讨论，如果我们能在工资分布的每个四分位数甚至每个百分位数处进行回归，得到的结果会一样吗？而这也基本上就是基于 CQF，QRM 可以起到的作用。至于这一方法的具体数学与统计学推导，因为过于复杂，超出了本书的范围，在此不作过多介绍（有兴趣的读者可以先看一下本章后面的附录）。目前，我们只需要知道为了估计分位数回归模型，我们需要了解**线性规划**（linear programming）的方法，而幸运的是，这些方法目前已经被整合进了很多统计软件包中。下

---

[①]　对分位数回归模型更详细的介绍，参见 Hao，L. and Naiman，D.，*Quantile Regression*，Sage Publication，California，2007。分位数回归的概念则首次出现在 Konker，R. and Bassett，G.（1978），Regression quantiles，*Ecnometrica*，46，33—50。

一节，我们将学习一个利用分位数回归模型的实例。

## 20.3 分位数工资回归模型

基于 1995 年 3 月当前人口调查（CPS）数据，我们随机抽取了 1 289 个样本。在第 1 章中，我们构建了一个回归模型，以解释平均小时工资率（美元）的变化原因。[①] 在这个回归中，回归元是性别、种族、是否参加工会、受教育年限以及工作经验等变量，其中，性别、种族以及是否参加工会是虚拟（二值）变量。这一回归所需的基本数据已经在表 1-1 中给出，OLS 回归的结果也在表 1-2 中给出，但是为了方便进行回顾与比较，我们在这里再次给出 OLS 回归的结果（见表 20-1）。

表 20-1　（均值）工资函数的 OLS 回归

. regress wage female nonwhite union education exper

| Source | SS | df | MS | | | |
|---|---|---|---|---|---|---|
| | | | | Zumber of obs | = | 1 289 |
| | | | | F (5，128 3) | = | 122.61 |
| Model | 25 967.280 5 | 5 | 5 193.456 11 | Prod＞F | = | 0.000 0 |
| Residual | 54 342.544 2 | 1 283 | 42.355 841 1 | R-squared | = | 0.323 3 |
| | | | | Adj R-squared | = | 0.320 7 |
| Total | 80 309.824 7 | 1 288 | 62.352 348 4 | Root MSE | = | 6.508 1 |

| wage | Coef. | Std. Err | t | P＞\|t\| | [95％Conf. Interval] | |
|---|---|---|---|---|---|---|
| female | −3.074 875 | 0.364 616 2 | −8.43 | 0.000 | −3.790 185 | −2.359 566 |
| nonwhite | −1.565 313 | 0.509 187 5 | −3.07 | 0.002 | −2.564 245 | −0.566 381 7 |
| union | 1.095 976 | 0.506 078 1 | 2.17 | 0.031 | 0.103 144 3 | 2.088 807 |
| education | 1.370 301 | 0.065 904 2 | 20.79 | 0.000 | 1.241 009 | 1.499 593 |
| exper | 0.166 606 5 | 0.016 047 6 | 10.38 | 0.000 | 0.135 124 2 | 0.198 088 9 |
| _cons | −7.183 338 | 1.015 788 | −7.07 | 0.000 | −9.176 126 | −5.190 551 |

本章将会以 Stata 12 为例，介绍如何对分位数回归模型进行回归。[②] 因为 Stata 12 已经囊括了很多相关的指令，在这些指令下，很快就可以得到分析结果。因此，我们只需要了解这些指令的部分基础性质就可以了，如果大家有较为浓厚的兴趣，请参考 Stata 的操作手册获取更深入的细节。值得强调的一点是，这些计算基于迭代法的逻辑，具体的迭代次数则会根据数据特征和模型中的变量数目来确定。我们给每一个不同的操作都列出了单独的结论表格，并将相应的 Stata 命令放在了表格的第一行。

接下来，我们将逐步深入：

1. 首先对 50 分位数，也就是中位数进行分位数回归，这么做的主要目的在于向大家介绍如何解释我们通过 Stata 得到的结果。中位数和均值通常被用来测度随机变量分布

----

[①]　在本章最后的习题 20.2 中，你将被要求用小时工资的自然对数作为回归子进行分位数回归。

[②]　Eviews 的统计软件包中也有用来估计分位数模型的程序。如果有需要，我们同样可以利用 Eviews 分位数回归中的一些特点来简化操作。

的集中趋势。

2. 接下来，我们同时对 25 分位数（第一个四分位数）和 75 分位数（第三个四分位数）进行分位数回归。为了更直观地进行比较，最终汇报的结果中也包含了中位数的回归结果。

3. 对比分位数回归（QR）得到的估计值与 OLS 回归得到的估计值的异同。

4. 对不同的分位数进行回归，结果中系数不同的一个可能原因是数据中存在异方差标准误。为了验证这一情况，我们可以使用 Stata 中的"estat"命令，这一命令可以检验"不存在异方差性"这一假设，而拒绝这一假设就意味着样本存在异方差。

5. 在同一组样本内，针对不同的分位数进行回归往往会得到不同的系数。为了探究这些系数在统计意义上是否有所不同，我们可以使用瓦尔德检验。瓦尔德检验既可以检验不同分位数下单个回归元的系数，也可以检验不同分位数下所有回归元的参数。

除非特殊说明，本章中接下来所有的 OLS 和分位数回归估计均采用了我们在第 5 章探讨过的**稳健标准误**（robust standard error）的形式。[1] 值得一提的是，越来越多的人在进行分位数回归时，也开始采用**自助法**（bootstrap）[2] 来计算标准误。*

在我们对工资进行分位数回归之前，以图形的形式可以较为直观地了解工资的分布情况。图 20-1 就展示了小时工资的直方图。

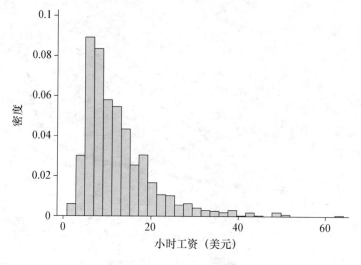

**图 20-1　小时工资的直方图**

在这个直方图中，我们可以直观地发现数据的右侧有一条长长的尾巴，因此，可以认为小时工资的分布是高度（右）偏的。这一直观的印象告诉我们：在表 20-1 中，依靠 OLS 法对工资均值回归得到的结果，并没有反映出工资分布中的异质性。

除了直方图，另一种探究小时工资数据分布特征的方法就是绘出它的累积分布函数

---

① 安格里斯特和皮斯克在《基本无害的计量经济学》一书中提到，"在大样本中，稳健标准误是在最少的假设下能准确地检验假设并给出置信区间的工具。"

② 自助，可以理解为"靠自己的鞋带将自己提起"，是一种从原样本中有放回地重复抽取样本的方法，目的在于了解一个样本诸如标准差这样的分布特征。

* 本书原文说在第 23 章讨论自助法，但本书本无此章，怀疑此处出现了引用错误。——译者注

（CDF），见图 20 - 2。

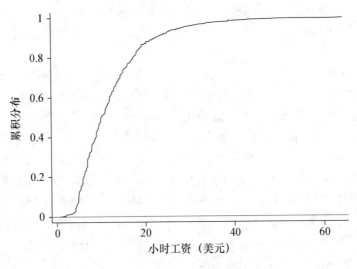

图 20 - 2 小时工资的累积分布

除此之外，还可以将工资数据按照分位数进行排列分割，具体如图 20 - 3 所示。

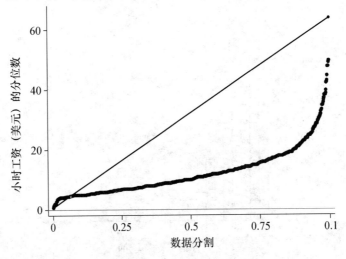

图 20 - 3 小时工资的分位数

如你所见，分位数图就是从 CDF 的逆函数图形中得到的，这也间接验证了公式（20.2）。

## 20.4 工资中位数回归[①]

当我们针对中位数进行分位数回归时，Stata 中的基本指令是"qreg"，就像表 20 - 2

---

① 中位数回归得到的结果同样被称为最小绝对值误差（least absolute deviation，LAD）估计量。在 OLS 中，我们的思路是最小化残差平方和 $\sum u_i^2$，在 LAD 中，我们的思路是最小化残差的绝对值之和 $\sum |u_i^2|$，而这一操作需要运用线性回归技术。

示例的一样，在实际操作时，需要在"qreg"后面输入回归子，然后在回归子后面输入模型中的回归元。因为分位数回归是通过线性规划技术实现的，所以在求解估计的系数时，若干次数的迭代也是必需的。

在 Stata 中，分位数回归运行的结果也是标准的 OLS 格式——系数、每个系数对应的标准误、$t$ 值、上述 $t$ 值的显著性水平（比如 $p$ 值），以及估计系数的 95% 置信区间。为了描述了整个回归的拟合优度，我们引入一个伪 $R^2$（pseudo-$R^2$），它本身是 OLS 回归中 $R^2$ 的一个拓展。然而，目前针对非线性回归，尚未有一个统一的伪 $R^2$ 计算方法。[①] 有了这些知识储备，我们就可以进行针对工资的中位数回归了，结果见表 20-2。

表 20-2　中位数工资回归的 Stata 结果

```
. qreg wage female nonwhite union education exper
Iteration 1: WLS sum of weighted deviations=5 770.922 8

Iteration 1: sum of abs. weighted deviations=5 771.595 6
Iteration 2: sum of abs. weighted deviations=5 762.334 4
Iteration 3: sum of abs. weighted deviations=5 756.788 4
Iteration 4: sum of abs. weighted deviations=5 690.838 2
```

```
Iteration 5: sum of abs. weighted deviations=5 674.539 6
note: alternate solutions exist
Iteration 6: sum of abs. weighted deviations=5 671.973 2
Iteration 7: sum of abs. weighted deviations=5 664.121 8
note: alternate solutions exist
Iteration 8: sum of abs. weighted deviations=5 663.774 6
Iteration 9: sum of abs. weighted deviations=5 663.190 9
Iteration 10: sum of abs. weighted deviations=5 662.723 2
Iteration 11: sum of abs. weighted deviations=5 662.504 9
Iteration 12: sum of abs. weighted deviations=5 662.325 3
Iteration 13: sum of abs. weighted deviations=5 662.290 3
Iteration 14: sum of abs. weighted deviations=5 662.252 5
Iteration 15: sum of abs. weighted deviations=5 662.250 7
Iteration 16: sum of abs. weighted deviations=5 662.250 5
Iteration 17: sum of abs. weighted deviations=5 662.240 6
Iteration 18: sum of abs. weighted deviations=5 662.238 8
```

Median regression　　　　　　　　　Number of obs　=　128 9

Raw sum of deviations　7 169.4（about 10.08）

Min sum of deviations 5 662.239　　　Pseudo R2　=　0.210 2

| wage | Coef. | Std. Err | t | P>\|t\| | [95%Conf. Interval] | |
|---|---|---|---|---|---|---|
| female | −2.784 295 | 0.337 573 6 | −8.25 | 0.000 | −3.446 552 | −2.122 038 |
| nonwhite | −0.822 692 5 | 0.470 658 | −1.75 | 0.081 | −1.746 036 | −0.100 651 2 |
| union | 1.677 949 | 0.467 747 1 | 3.59 | 0.000 | 0.760 315 7 | 2.595 582 |
| education | 1.178 43 | 0.061 085 9 | 19.29 | 0.000 | 1.058 59 | 1.298 269 |
| exper | 0.152 243 6 | 0.014 867 6 | 10.24 | 0.000 | 0.123 076 2 | 0.181 411 |
| _cons | −5.927 436 | 0.941 536 1 | −6.30 | 0.000 | −7.774 556 | −4.080 317 |

注：如果没有指定分位数值，Stata 假设是 50% 分位数或中位数。

---

[①] 关于这一点，可以参见 Cameron, A. C. and Trivedi, P. K., *Microeconometrics: Methods and Applications*. Cambrige University Press, New York, pp. 287−9, 2005。

注意：Stata 中默认伪 $R^2$ 的计算方式如下：$\bar{R}_2 = 1 - (\ln L_{fit} / \ln L_0)$，其中 $L_0$ 是一个截距模型的对数似然估计，$L_{fit}$ 是该模型的对数似然估计。

### □ 中位数回归系数的含义

在 OLS 法中，我们对方程中系数的解释为："每单位回归元的变化使回归子均值变化的程度"，在中位数回归中，我们对系数的解释也是类似的，即每单位回归元的变化使回归子（此例中为小时工资）中位数变化的程度。例如，在当前例子中，受教育这一变量的系数为 1.178，那么就表示如果教育提升一个单位（此例中为一年），那么小时工资的中位数将上涨 1.178 美元。作为对照，在 OLS 中，受教育这一变量的系数为 1.37，也就是说，如果教育提升一个单位，那么小时工资的均值将上涨 1.37 美元。直观上看，同为提升一年受教育时间，利用 OLS 回归得到的小时工资均值的上升，要比利用中位数回归得到的小时工资中位数的上升更为明显，而这一差异刚好可以被分析样本中小时工资的分布情况完美解释。运用同样的方法，我们可以发现，当工作经验提升一年时，工资中位数将上升 0.15 美元，与 OLS 工资均值上升的幅度基本相差无几。

虚拟变量系数的含义则需要联系其参照系共同理解。在此例中，女性小时工资收入的系数为 -2.78，也就是说女性小时工资的中位数比男性同行们（也就是参照系）低大约 2.78 美元。工会的系数是 1.68，这意味着工会成员的小时工资中位数要比非工会成员高 1.68 美元。非白人的小时工资中位数则比白人低 0.82 美元，并且这一差异在 8% 的显著性水平上显著。如果大家仔细对比可以发现，在分位数回归与 OLS 回归中，这些虚拟变量的系数有着较大的不同。在之后的内容中，我们将会学习一种方法，用来检验这些不同是不是统计显著的（见表 20-4）。

## 20.5 对工资的 25%、50%、75% 分位数回归

为了探究影响小时工资的因素及各因素的效果是否会在不同分位数间有所不同，我们针对样本的第 25 分位数和第 75 分位数进行了回归，同时为了方便对比，也保留了中位数回归的结果。结果见表 20-3。当然，除了书中列举的例子，如果大家愿意，也可以对任意你选定的分位数进行回归。

对表 20-3 中回归结果的解释与中位数回归一样，只有一点需要注意：这里的标准误是通过自助法得出的。

在结果中，我们可以看到部分变量系数的显著性水平发生了明显的变化。以"加入工会"（union）这一变量的系数为例，在工资的第 25 分位数和第 50 分位数下，这一系数十分显著，但在第 75 分位数下，似乎工会的影响就没这么显著了。一个可能的解释是：对于那些处在工资收入前 25% 的高收入人群来说，工会的影响要更弱。"非白

表 20-3　第 25 分位数、第 50 分位数（中位数）和第 75 分位数的工资回归

```
. sqreg wage female monwhite union education exper（q. 25.5.75）
（fitting base model）
（bootstrapping··········）

Simultaneous quantile regression        Number of obs   =   128 9
  bootstrap（20）SEs                      0.25 Pseudo R2  =   0.141 8
                                         0.50 Pseudo R2  =   0.210 2
                                         0.75 Pseudo R2  =   0.243 0
```

| wage | Coef. | Bootstrap Std. Err | t | P>\|t\| | [95%Conf. Interval] | |
|---|---|---|---|---|---|---|
| q25 | | | | | | |
| female | −2.042 308 | 0.229 273 3 | −8.91 | 0.000 | −2.492 1 | −1.592 516 |
| nonwhite | −0.944 230 7 | 0.264 488 9 | −3.57 | 0.000 | −1.463 109 | −0.425 352 6 |
| union | 2.453 846 | 0.357 341 3 | 6.87 | 0.000 | 1.752 809 | 3.154 883 |
| education | 0.703 846 2 | 0.087 369 6 | 8.06 | 0.000 | 0.532 443 2 | 0.875 249 1 |
| exper | 0.099 038 5 | 0.017 067 4 | 5.80 | 0.000 | 0.065 555 5 | 0.132 521 5 |
| _ cons | −2.100 962 | 1.023 133 | −2.05 | 0.040 | −4.108 158 | −0.093 764 9 |
| q50 | | | | | | |
| female | −2.784 295 | 0.320 854 8 | −8.68 | 0.000 | −3.413 753 | −2.154 837 |
| nonwhite | −0.822 692 5 | 0.491 648 3 | −1.67 | 0.095 | −1.787 215 | 0.141 830 4 |
| union | 1.677 949 | 0.424 332 7 | 3.95 | 0.000 | 0.845 486 7 | 2.510 411 |
| education | 1.178 43 | 0.064 932 3 | 18.15 | 0.000 | 1.051 044 | 1.305 815 |
| exper | 0.152 243 6 | 0.017 46 | 8.72 | 0.000 | 0.117 990 3 | 0.186 496 9 |
| _ cons | −5.927 436 | 0.934 375 3 | −6.34 | 0.000 | −7.760 508 | −4.094 365 |
| q75 | | | | | | |
| female | −3.709 166 | 0.386 485 2 | −9.60 | 0.000 | −4.467 379 | −2.950 954 |
| nonwhite | −1.506 667 | 0.398 670 7 | −3.78 | 0.000 | −2.288 785 | −0.724 548 7 |
| union | 0.679 999 8 | 0.508 553 5 | 1.34 | 0.181 | −0.317 687 9 | 1.677 687 |
| education | 1.552 5 | 0.099 654 4 | 15.58 | 0.000 | 1.356 997 | 1.748 003 |
| exper | 0.253 333 3 | 0.022 518 9 | 11.25 | 0.000 | 0.209 155 5 | 0.297 511 2 |
| _ cons | −8.174 167 | 1.185 679 | −6.89 | 0.000 | −10.500 25 | −5.849 085 |

人"（nonwhite）这一变量的系数在进行中位数回归时只在 10% 的显著性水平上显著，但在表 20-2 中，我们可以发现其在 8% 的显著性水平上显著。造成这一现象的原因是，在前后两次回归中，我们使用了不同的标准误形式，在表 20-2 的回归中，我们采用了稳健标准误，而在表 20-3 的回归中，我们采用了自助标准误。[①] 另外，一个非常重要的现象是，对同一个变量而言，在不同的分位数回归，以及 OLS 回归下，其系数都不尽相同。这一点告诉我们，在估计回归系数的时候，样本中存在着严重的异质性。因为异质性的存在，我们可以合理地怀疑 OLS 回归无法描绘出回归元与回归子之间较为完备的联

---

①　在同时进行若干个分位数的分位数回归时，Stata 自动采用了自助标准误，当只进行单个的分位数回归时，Stata 采用的是稳健标准误。

第 20 章

不止于 OLS：　分位数回归

合分布。

这一点可以在图 20 - 4（通过 Eviews 7 绘制）中更为生动地展现出来。

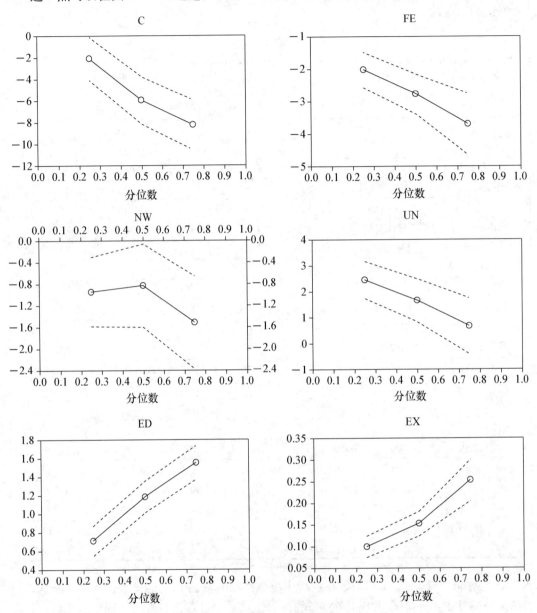

图 20 - 4　分位数回归图

注：点划线代表 95％的置信区间。

在每一幅图中，横轴表示的都是分位数，纵轴表示的是模型中包含的每个回归元的系数值，图形中还包含了这些系数的 95％置信区间。举个例子，在描述"教育"（ED）系数的图中，我们可以看到，随着受教育水平的提高，教育对收入的作用也越来越强。也就是说，如果我们控制其他变量不变，随着分位数的上涨，我们将会发现，教育对小时工资的影响越来越大，进一步对比，可以发现在"工作经验"（EX）这一变量上也是如此。另一方面，如果我们把目光放到"是否为女性"（FE）以及"是否为非白人"（NW）的图像上，就会发现，随着分位数的上升，这些变量的系数在逐渐下降。作为一个强烈的对比，我们通过 OLS 回归，对单个回归元只能得到一个系数值，而这也向我们展示了 OLS 回归是如何隐藏数据中的异质性的。

之前，我们已经提到了，不同分位数下工资分布呈现异质性的原因也许是异方差性。为了检验这一假设是否成立，我们引入一个 Stata 12 中的命令：estathettest，这一命令得到的结果如表 20-4 所示。

表 20-4　检验异质性

```
. estat hettest female nonwhite union education exper
Breusch-Pagan/Cook-Weisberg test for heteroskedasticity
    Ho：Constant variance
    Variables：female nonwhite union education exper
    chi2（5）        ＝257.35
    Prob＞chi2      ＝0.000 0
```

这一检验结果非常显著地拒绝了 OLS 回归的基础假设之一：误差的同方差性。

## 20.6　对不同分位数回归下系数是否相同的检验

通过之前的学习，我们已经发现分位数回归和 OLS 回归得到的系数值可能存在较大的差异。那么更进一步，在不同分位数下进行回归，回归元的系数是否一致呢？Stata 12 给我们提供了一种检验方法，结果见表 20-5。

这一指令可以检验在若干不同分位数下（本例中为三个）每个回归元的系数是否相等，表 20-5 中的 F 值则显著地拒绝了不同分位数下系数相同的假设。这也从另一个侧面说明了一组数据的条件分位数并不是相同的。

表 20-5　不同分位数下系数是否相同的检验

```
. test [q25＝q50＝q75]：female nonwhite union education exper

(1)    [q25] female－[q50] female ＝ 0
(2)    [q25] nonwhite－[q50] nonwhite＝0
(3)    [q25] union－[q50] union＝0
(4)    [q25] education－[q50] education＝0
(5)    [q25] exper－[q50] exper＝0
(6)    [q25] female－[q75] female＝0
(7)    [q25] nonwhite－[q75] nonwhite＝0
(8)    [q25] union－[q75] union＝0
(9)    [q25] education－[q75] education＝0
(10)   [q25] exper－[q75] exper＝0
       F（10.128 3）    ＝27.63
          Prob＞F      ＝0.000 0
```

## 20.7 OLS 回归与第 25 分位数、第 50 分位数 （中位数）、第 75 分位数回归的总结

为了便于更直观地进行比较，我们对 OLS 回归与之前提到的分位数回归进行了总结，结果见表 20-6。

**表 20-6 对第 25 分位数、第 50 分位数、第 75 分位数回归的总结**

. estimates table OLS OLS _ Rob QR _ 25 QR _ 50 QR _ 75，b（%77.3f）se

| Variable | OLS | OLS _ Rob | QR _ 25 | QR _ 50 | QR _ 75 |
|---|---|---|---|---|---|
| female | −3.075 | −3.075 | −2.042 | −2.784 | −3.709 |
|  | 0.365 | 0.364 | 0.281 | 0.328 | 0.522 |
| nonwhite | −1.565 | −1.565 | −0.944 | −0.823 | −1.507 |
|  | 0.509 | 0.398 | 0.349 | 0.463 | 0.518 |
| union | 1.096 | 1.096 | 2.454 | 1.678 | 0.680 |
|  | 0.506 | 0.426 | 0.372 | 0.518 | 0.610 |
| education | 1.370 | 1.370 | 0.704 | 1.178 | 1.552 |
|  | 0.066 | 0.083 | 0.068 | 0.083 | 0.117 |
| exper | 0.167 | 0.167 | 0.099 | 1.152 | 0.253 |
|  | 0.016 | 0.016 | 0.015 | 1.015 | 0.024 |
| cons | −7.183 | −7.183 | −2.101 | −5.927 | −8.174 |
|  | 1.106 | 1.090 | 0.916 | 1.105 | 1.474 |

注：Rob 指稳健标准误。

表 20-6 中三个分位数回归的标准误都采用了自助标准误，OLS 回归则分别给出了常规标准误与稳健标准误。从表 20-6 中可以看到，OLS 回归的（稳健）标准误与三个分位数回归的标准误存在较大的不同，这再次提醒我们：OLS 回归的结果可能并不是有效的。而 OLS 回归失效的原因，就是其在估计的过程中，只能对样本总体均值进行分析，而对样本内部的不同分布形式无能为力。

## 20.8 运用 Eviews 8 进行分位数回归

Eviews 8 为大家提供了另一种利用电脑软件进行分位数回归的方法，回归结果见表 20-7 与表 20-8。总体来看，回归结果与 Stata 得到的结果相差无几。

**表 20-7 运用 Eviews 8 得到的分位数估计**

```
Quantile Process Estimates
Equation：UNTITLED
Specification：W C FE NW UN ED EX
Estimated equation quantile tau = 0.5
Number of process quantiles：4
Display all coefficients
```

| | Quantile | Coefficient | Std. Error | t-Statistic | Prob. |
|---|---|---|---|---|---|
| C | 0.250 | −2.100 962 | 1.014 348 | −2.071 242 | 0.038 5 |
| | 0.500 | −5.927 436 | 1.105 930 | −5.359 684 | 0.000 0 |
| | 0.750 | −8.163 333 | 1.182 446 | −6.903 771 | 0.000 0 |
| FE | 0.250 | −2.042 308 | 0.279 178 | −7.315 426 | 0.000 0 |
| | 0.500 | −2.784 295 | 0.317 050 | −8.781 881 | 0.000 0 |
| | 0.750 | −3.720 000 | 0.487 178 | −7.635 807 | 0.000 0 |
| NW | 0.250 | −0.944 231 | 0.328 357 | −2.875 623 | 0.004 1 |
| | 0.500 | −0.822 692 | 0.395 862 | −2.078 229 | 0.037 9 |
| | 0.750 | −1.506 667 | 0.440 716 | −3.418 683 | 0.000 6 |
| UN | 0.250 | 2.453 846 | 0.364 890 | 6.724 887 | 0.000 0 |
| | 0.500 | 1.677 949 | 0.421 139 | 3.984 313 | 0.000 1 |
| | 0.750 | 0.680 000 | 0.553 617 | 1.228 285 | 0.219 6 |
| ED | 0.250 | 0.703 846 | 0.079 816 | 8.818 314 | 0.000 0 |
| | 0.500 | 1.178 429 | 0.086 696 | 13.592 60 | 0.000 0 |
| | 0.750 | 1.552 500 | 0.092 259 | 16.827 59 | 0.000 0 |
| EX | 0.250 | 0.099 038 | 0.012 341 | 8.024 974 | 0.000 0 |
| | 0.500 | 0.152 244 | 0.014 650 | 10.391 82 | 0.000 0 |
| | 0.750 | 0.253 333 | 0.024 469 | 10.353 09 | 0.000 0 |

将运用 Eviews 8 得到的结果（表 20 - 7）与运用 Stata 7 软件得到的结果（表 20 - 3）对比，忽略回归结果的格式与计算机显示的舍入误差，这两种方法得到的结果是完全一致的。

将运用 Eviews 8 得到的结果（表 20 - 8）与运用 Stata 软件得到的结果（表 20 - 4）对比，除了之前提到的回归结果的格式，这两种方法得到的结果仍然是完全一致的。

表 20 - 8　运用 Eviews 8 对斜率系数的相等性进行检验

Quantile Slope Equality Test
Equation：UNTITLED
Specification：VV C FE NW UN ED EX
Estimated equation quantile tau＝0.5
Number of test quantiles：4
Test statistic compares all coefficients

| Test Summary | Chi-Sq. Statistic | Chi-Sa. d. f. | Prob. | |
|---|---|---|---|---|
| Wald Test | 126.996 6 | 10 | 0.000 0 | |

Restriction Detail：b (tau _ h) − b(tau _ k) ＝0

| Quantiles | Variable | Restr. Value | Std. Error | Prob. |
|---|---|---|---|---|
| 0.25，0.5 | FE | 0.741 987 | 0.280 681 | 0.008 2 |
| | NW | −0.121 538 | 0.342 021 | 0.722 3 |
| | UN | 0.775 897 | 0.366 797 | 0.034 4 |
| | ED | −0.474 583 | 0.077 237 | 0.000 0 |
| | EX | −0.053 205 | 0.012 916 | 0.000 0 |
| 0.5，0.75 | FE | 0.935 705 | 0.402 173 | 0.020 0 |
| | NW | 0.683 974 | 0.389 591 | 0.079 2 |
| | UN | 0.997 949 | 0.463 704 | 0.031 4 |
| | ED | −0.374 071 | 0.082 545 | 0.000 0 |
| | EX | −0.101 090 | 0.020 116 | 0.000 0 |

## 20.9　要点与结论

传统的回归方法往往只将注意力放到"在给定的回归元数值下，如何预测回归子的条件均值"这件事情上。但是如果样本中的数据存在较大的偏度，比如样本属于非正态分布，或者有大量的极端值存在，此时仅仅关注条件均值这一个变量，似乎并不能让我们得到足够的信息。恰巧这些情况又是在社会科学的研究中经常会遇到的，因此，寻找一种新的可以发现样本分布中更多信息的方法势在必行，而分位数回归（QR）就是这样一种方法。

在 QR 中，我们可以着眼于数据中的不同部分（分位数），然后观察在不同的分位数下，回归元对回归子的系数是否会发生变化。如果确实发生了变化，那么对这组样本来说，传统回归得到的结果就可能是有偏的，在这一章中，我们用一个具体的例子阐述了这一情况。[1]

利用从 1995 年当前人口调查（CPS）中随机抽取的 1 289 个小时工资样本，我们构建了一个工资与可能影响因素的函数，回归元中包括了性别、种族、是否工会成员、受教育水平以及工作经验等变量。针对这一函数，本章一共进行了四个不同的回归，首先是传统的 OLS 回归，接着是第 25 分位数、第 50 分位数、第 75 分位数分位数回归。通过表 20-4 可以发现，OLS 回归与 QR 回归的结果在统计意义上是不同的，进一步比较还可以发现，不仅 OLS 回归与 QR 回归的结果不同，在 QR 回归内部，不同分位数回归得到的结果也不尽相同，为了更加直观地看到差异，我们还做出了相应的图。

在本章所举的例子中，分位数回归的结果非常清楚地告诉我们，在样本分布中除了均值，其他的特征也非常重要。

虽然在本章中我们主要使用的软件是 Stata 12，但是 20.8 节也展示了使用 Eviews 8 得到的结果，通过对比可以发现，除了格式上的不同，使用不同软件得到的回归结果是没有差异的。

本章的重点是介绍较为基础的分位数回归，因此并没有过多地介绍各种方法背后的数学原理，如果大家对这一块内容感兴趣，请查阅其他参考资料。需要强调的一点是：到目前为止，分位数回归还处在快速发展中。比如，我们在本章中讨论了分位数回归在连续随机变量模型中的应用，而没有考虑离散的变量，其原因就在于针对离散变量的分析方法尚未完善。虽然标准化的方法尚未出现，但到目前为止，已经有了许多在分位数回归的框架内试图模型化计数数据的尝试；与此同时，许多用户开发的旨在进行计数分位数估计（count quantile regression，CQR）的程序已经成功整合进了 Stata 软件中。[2]

---

[1]　分位数回归模型已经广泛应用于研究收入不平等、工资歧视，以及用于财政风险的度量等诸多方面。具体的细节，请参见 Fitzenberger, B., Koenker, R., and Machado, J. A. F., *Economic Applications of Quantile Regression*，Physic-Verlag，2010。

[2]　参见 Cameron, A. C. and Trivedi, P. K., *Microeconometrics Using Stata*，Stata Press，2009，pp. 220-6。

20.1 一个连续随机变量遵循如下概率密度函数：

$$f(x) = \begin{cases} \lambda x \, e^{-x}, & x > 0 \\ 0, & x \leqslant 0 \end{cases}$$

（1）求出这一函数的中位数。

（2）求出这一函数的第 95 分位数。

提示：如果没有思路，可以先尝试求一下 $x$ 的累积分布函数 $F(x)$。

20.2 在本章所举的工资收入的例子中，请你将工资改为工资的自然对数进行如下估计：

（1）OLS 回归。

（2）第 25 分位数、第 50 分位数、第 75 分位数回归，并比较（1）与（2）结果的异同。

20.3 表 12-1（见本书配套网站）列出了专利申请与授予的相关数据。现在，请你将 1991 年的专利授予数量作为因变量，将 1991 年度的研发支出、所属行业类型以及所在国家作为自变量，并对第 20 分位数、第 60 分位数、第 75 分位数进行回归。值得一提的是，因为此时的因变量是计数变量，这个例子就属于在"要点与结论"一节中我们提到的计数分位数回归。请大家尝试使用 Stata 中的"qcount"指令进行上述回归，并解释回归结果。

# 附录：分位数回归的数学原理

为了简化运算，我们不妨考虑一个双变量模型：

$$Y_i = B_1 + B_2 X_i + u_i \tag{1}$$

在 OLS 中，我们的目的是最小化残差平方和：

$$\sum u_i^2 = \sum (Y_i - B_1 - B_2 X)^2 \tag{2}$$

接下来，最小化这个包含了两个参数的函数，我们可以得到两个正规方程（normal equation），令其等于零，并将它们联立解出，就可以得到相应的系数值。这就是 OLS 估计值的数学原理，更为详尽的讨论，请翻阅本书第 1 章的内容。

在分位数回归中，我们的目的是最小化残差的绝对值之和：

$$\sum |u_i| = \sum |Y_i - B_1 - B_2 X| \tag{3}$$

也就是说，我们需要找到一个特定的 $B_1$ 和 $B_2$，从而使残差的绝对值之和最小。设 $\hat{Y}_i$ 是 $Y_i$ 的估计值或拟合值，那么式（3）可简写为：

$$\sum |u_i| = \sum |Y_i - \hat{Y}_i| \tag{4}$$

当式（4）最小时，我们得到的线就是所谓的中位数回归线。而这一做法也有一个更为标准化的名字：LAD（最小绝对误差，least-absolute deviation）估计。在这个回归中，一半的观测值位于估计曲线上方，另一半的观测值位于估计曲线下方。当式（4）达到最小时，估计的误差，也就是 $\hat{u}_i$ 超过回归线和低于回归线的部分刚好相等。

LAD 估计量可以被总结为 $q$ 分位数估计量，但此时，超过 $q$ 分位数的误差与低于 $q$ 分位数的误差的权重不相等。[①] 于是，为了估计 $q$ 分位数，我们需要最小化如下表达式，同样的，为了方便描述，我们只引入了一个回归元[②]：

$$\min \sum_{i=1}^{n} \lambda_q (Y_i - XB) = q \sum_{(Y_i - XB) \geq 0} |Y_i - XB| + (1-q) \sum_{(Y_i - XB) < 0} |Y_i - XB| \quad (5)$$

其中，$XB = B_1 + B_2 X_i$；$0 < q < 1$，$\lambda_q$ 用来度量样本点与 $q$ 分位数的加权距离。如果 $\hat{Y}_i^q = \hat{B}_1^q + \hat{B}_2^q X_i$，估计的 $q$ 分位数，也就是式（5）等于最小化残差 $\sum |Y_i - \hat{Y}_i|$ 的加权和。在这一操作过程中，对正残差赋予 $q$ 的权重，而对负残差赋予 $(1-q)$ 的权重，如此一来，式（5）右侧第一个加总项可以求出位于估计的百分位数之上的观测值的垂直距离的总和；第二个加总项则可以求出位于估计的百分位数之下的观测值的垂直距离的总和。[③] 然而，值得注意的一点是，在估计任何分位数回归的系数的时候，我们考虑的都是整体的加权数据，而不仅仅是在这个回归中的观测值。

不同于 OLS 回归中的最小化残差平方和方法，式（5）不存在一个明确的解法，为此，我们不得不引入线性规划的相关技术，目前已经有许多的统计软件包可以为我们代劳。这是一个不断试错的过程。

① 这一观点并不难理解，比如说我们针对 10% 分位数进行回归，10% 的观测值将会落在分位数的一边，剩下的 90% 将会落在另一边，而此时将这些观测值对半意义就不是很显著了。

② 接下来的讨论请参见 Hao and Naiman, *op. cit.*, pp. 37–8。

③ 也就是说，如果 $q = 0.20$（也就是 20% 分位数），那些小于 20% 分位数回归线的观测值将会得到 0.8 的权重，而那些高于 20% 分位数回归线的观测值则只有 0.2 的权重。也就是说，80% 在回归线之上的数据将会得到较低的权重，而 20% 在回归线之下的数据将会得到较高的权重。

# 第 21 章

# 多回归子回归模型

在开始这一章的学习之前，我们已经学习了一个回归子对应多个回归元的多元回归模型（multiple regression model），对于这种模型，不管是定性分析还是定量分析，我们都有了初步的掌握。[①] 既然前面的回归都只有一个回归子，那么一个合乎逻辑的想法就是，有没有含有多个回归子的回归呢？在本章中，我们就将学习包含不止一个回归子的多元回归模型。为了接下来表述的规范，这一模型被称为**多回归子回归模型**（multivariate regression model），或者简称为 MRM。在其他书籍中，这一回归也被叫做**多回归子多重回归**（multivariate multiple regression）[*]，简称 MMR，或者**集合回归模型**（set of regression model）。

尽管绝大多数计量经济学的教材都没有涉及这一部分的讨论，但这一模型在经济学、社会学乃至物理学中都有着广泛的应用。在这一章中，大家将学到这一模型是如何建立与应用的。同时，本书的宗旨在于介绍计量经济学的基本原理与实践方法，因此本章并未包含该模型的数学推导与证明，如果大家有深入了解的兴趣，请查询其他参考书目。[②]

---

[①] 本章中讨论的多回归子回归模型与第 7 章中讨论的联立方程模型并不相同。

[*] 英文原文中对于回归元的多重，作者用的是 multiple，直译为多元的、多样的；对于回归子的多重，用的则是 multivariate，直译也是多元的、多变量的，并无回归子与回归元之分。如果直译，很难让没读过英文原文的读者理解具体含义，译者查到国内有人将之翻译为"多因变量回归"，考虑到本书一直用"回归子"来表示"因变量"，所以这里译者将"multivariate regression"翻译为"多回归子回归"。——译者注

[②] 更进一步的讨论，参见 Afifi, A., May, S., and Clark, V. A., *Practical Multivariate Analysis*, 5th edn, CRC Press, 2012, 以及 Meyers, L. S., Ganst, G., and Guarino, A. J., *Applied Multivariate Research: Design and Interpretation*, Sage Publications, 2006。在数学方面更深入的探讨请参见 Haase, R. F., *Multivariate General Linear Models*, Sage Publications, California, 2011。

## 21.1 MRM 的若干实例

表 7-21 给大家提供了每百人中吸烟者数量以及每百人中死于膀胱癌、肺癌、肾癌和死于白血病的人数等相关数据。我们可以将每种疾病死亡人数都与吸烟者数量进行回归分析，从而得到四个模型。然而，这些疾病极有可能并非互相独立，如果这一假设成立，那么将四种疾病作为多个回归子进行联合估计就有着积极的意义。至于联合估计的好处，我们将在下一节进行简要介绍。

另一个例子是，假设我们有一组学生的 SAT（Scholastic Aptitude Tests）分数，并具体掌握了其中阅读与数学的单科成绩，同时也掌握了他们可能影响成绩的社会-经济变量。虽然我们可以对这两科的成绩分别估计，得到两个回归式，但是这两科的成绩本身极有可能是相关的。也就是说，我们对这两个变量进行联合估计要优于两个独立的估计。

为了让大家对其应用范围有一个直观的了解，我们不妨再举一个例子。假设我们有一组病人的血糖、血压与体重数据，同时也掌握了他们的饮食习惯（肉类使用量、饮酒量以及糖分摄入量）。对于这一情况，我们就可以将这三种健康数据作为回归子，并针对三种饮食习惯进行联合估计。

这些例子的一个共性是，列举出的若干个回归子均是相关的，所以相比起来每个回归子都单独进行估计，联合估计是有一定优势的。为了探究回归子之间是否相关，一个可行的方法是看每个回归子独立进行回归时得到的若干个误差项是否相关。[1] 正如我们将表明的，MRM 则可以非常轻松地做到这一点。

简而言之，当我们发现一个或多个回归子相关时，利用 MRM 也许是一个非常适合的解决方法。具体的操作请见下文。

本章中，我们将讨论两种形式的 MRM：（1）回归子相同，回归元相同的 MRM；（2）回归子不同，回归元不一定相同的 MRM。后一种模型又被称为**似不相关回归方程**（seemingly unrelated regression，SURE）。本章将分别介绍这两个模型。

在继续深入学习之前，有一点值得注意：MRM 与我们在 7.9 节中探讨过的联立方程回归模型，以及在 7.10 节中探讨过的动态回归模型有所不同。主要区别在于：在 MRM 中，回归子与回归元不存在互为因果效应。也就是说，MRM 中并不需要引入滞后若干期的回归子当作解释变量。

## 21.2 联合估计的优势

对若干相关的回归子进行联合估计的优势主要在于以下几个方面。[2]

1. 如果有若干个回归子是互相相关的，那么联合回归将会给待研究的现象提供一种更合理的解释。比如，在 SAT 的阅读与数学成绩的例子中，两个分数的联合回归就有可

① 如果假设回归元固定，且回归子之间相关，那么此时若干个独立回归的误差项就会具有相关性，也就是说，在这样的背景下，OLS 估计将不再是 BLUE 的。

② 参见 Meyers et al., *op cit.*, pp. 367-8。

计量经济学：原理与实践（第二版）

能告诉我们一些共同作用于这两个分数的潜在变量，比如学生的先天学习能力等。

2. 如果有两个或若干个回归子是互相相关的，那么在进行回归时，联合估计与独立估计在第 I 类错误（错误拒绝零假设的概率）上，不管是名义上的数据还是真实的水平都存在着不同。仍以 SAT 成绩为例，如果我们分别对两个成绩进行估计，并且它们犯第 I 类错误的概率均为 0.05（或 5%），那么，现实中犯第 I 类错误的概率就处于 5%～9.75%（=1−0.95×0.95）之间；假设我们有四个回归子，并且它们犯第 I 类错误的概率均为 0.05，那么，现实中犯第 I 类错误的概率就处于 5%～18.5%（=1−0.95×0.95×0.95×0.95）之间。而如果我们采用了联合估计法，就可以避免这个问题。

3. 如果若干个回归子在独立估计时其误差项相关，这就意味着回归子极有可能也是相关的。针对每个回归子进行独立的回归估计时没办法顾及这种相关性，而 MRM 方法则可以在估计不同方程误差项的协方差时时将这种相关性纳入考虑。

4. 假设每个方程中的回归元相同，即使 OLS 估计的系数值和标准误的值与 MRM 估计的一致，OLS 估计既不能提供多回归子回归的结果，也不能允许我们跨方程对系数进行检验。比如在 SAT 成绩的例子中，假设家庭收入是影响两个回归子的回归元，如果对两个回归子分别估计，因为可能存在的遗漏变量及相关问题，我们就无法观察两个回归中收入的系数是否相同，或者系数是否均为 0。而作为一种联合估计方法的 MRM，使得跨方程估计并检验系数成为可能。

5. 考虑到不同估计式之间的相互关系，我们也许可以通过 MRM 得到对参数更有效的估计。

因为以上种种原因，使用 MRM 似乎是一个更好的选择。如果回归子之间并不存在相关性，那么对单个回归子进行 OLS 回归当然是一种可行的方法，然而，这么做的代价是，你必须明确地证明回归子间并不存在相关性。

## 21.3  相同解释变量前提下 MRM 估计的一个示例

为了直观地展示 MRM 估计的逻辑和操作，考虑表 21-1（见本书配套网站）给出的数据。该数据是 317 名新入学学生的基础数据，这些学生来自同一个私立大学的同一个班级。变量被定义如下：

*GPA*：入学第一年的学分绩（满分 4.0）

*quant*：SAT 中数学部分的成绩

*verbal*：SAT 中阅读部分的成绩

*female*=1，女性

*female*=0，男性

*prv*=1，上的是私立学校

*prv*=0，其他情况

在这个例子中，回归子是 SAT 中的阅读成绩和数学成绩。回归元是 *GPA*，*female* 和 *prv*。我们还需要将 GPA 成绩按照四舍五入的原则转化为就近的整数，从而生成一个新的变量"*new_gpa*"，之所以有这个步骤，是因为 MRM 在操作中需要将诸如 GPA 这样的因子赋分（factor scores）转化为就近的整数。

原则上，我们可以估计如下的两次 OLS 回归：

$$verbal_i = B_1 + B_2 new\_gpa_i + B_3 female_i + B_4 prv_i + u_{1i} \tag{21.1}$$

$$quant_i = A_1 + A_2 new\_gpa_i + A_3 female_i + A_4 prv_i + u_{2i} \tag{21.2}$$

在经典假设下，这些回归的估计值都是最佳线性无偏估计量（BLUE）。如果加上附加假设：误差项均为正态分布，那么 OLS 估计值本身也会是正态分布的。这有助于我们检验 OLS 估计中的各种统计假设。

OLS 估计的结果分别见表 21-2 和表 21-3。

**表 21-2　OLS 的 *verbal* 分数回归**

| Source | SS | df | MS | | | |
|---|---|---|---|---|---|---|
| | | | | Number of obs | = | 317 |
| | | | | F (3, 313) | = | 8.04 |
| Model | 151 055.125 | 3 | 50 351.708 3 | Prod>F | = | 0.000 0 |
| Residual | 1 960 087.46 | 313 | 6 262.260 26 | R-squared | = | 0.071 6 |
| | | | | Adj R-squared | = | 0.062 7 |
| Total | 2 111 142.59 | 316 | 6 680.830 97 | Root MSE | = | 79.134 |

| verbal | Coef. | Std. Err | t | P>\|t\| | [95%Conf. Interval] | |
|---|---|---|---|---|---|---|
| new_gpa | 35.166 47 | 7.645 9 | 4.60 | 0.000 | 20.122 61 | 50.210 33 |
| female | −19.315 13 | 8.942 611 | −2.16 | 0.032 | −36.910 37 | −1.719 903 |
| prv | −8.105 466 | 17.494 53 | −0.46 | 0.643 | −42.527 21 | 26.316 28 |
| _cons | 466.855 3 | 22.558 85 | 20.69 | 0.000 | 422.469 2 | 511.241 5 |

**表 21-3　OLS 的 *quant* 分数回归**

| Source | SS | df | MS | | | |
|---|---|---|---|---|---|---|
| | | | | Number of obs | = | 317 |
| | | | | F (3, 313) | = | 9.87 |
| Model | 141 273.814 | 3 | 47 091.271 2 | Prod>F | = | 0.000 0 |
| Residual | 1 493 270.67 | 313 | 4 770.832 8 | R-squared | = | 0.086 4 |
| | | | | Adj R-squared | = | 0.077 7 |
| Total | 1 634 544.48 | 316 | 5 172.609 11 | Root MSE | = | 69.071 |

| verbal | Coef. | Std. Err | t | P>\|t\| | [95%Conf. Interval] | |
|---|---|---|---|---|---|---|
| new_gpa | 18.582 23 | 6.673 6 | 2.78 | 0.006 | 5.451 447 | 31.713 02 |
| female | −34.765 12 | 7.805 413 | −4.45 | 0.000 | −50.122 83 | −19.407 41 |
| prv | −33.773 75 | 15.269 82 | −2.21 | 0.028 | −63.818 22 | −3.729 292 |
| _cons | 564.609 6 | 19.690 13 | 28.67 | 0.000 | 525.867 8 | 603.351 3 |

相信大家已经可以很熟练地解释 OLS 结果报表中的常规部分了。现在对比两个回归结果，我们发现 *prv* 变量在 *quant* 回归中是显著的，但在 *verbal* 回归中却不显著，这个现象就很难合理化了。

为了更进一步研究这一问题，我们不妨考虑一下两个回归子——*verbal* 和 *quant* 相关的情况。这一情况可以通过这两个回归的误差项是否相关进行判断。如果两个回归子是相关的，那么根据我们之前的学习，对它们进行联合估计是有意义的，而这一想法则可以借助 MRM 方法得以实现。

## 21.4　MRM 估计

在展示我们的两个回归中多回归子回归的结果之前，我们有必要了解一下这一估计方法必须满足的假设。

1. 系统中的每个回归都线性于参数。

2. 每个回归中的误差项均具有同方差性。

3. 每个回归中的误差项之间，以及误差项和回归元之间都不存在相关性。

4. 然而，两个或若干个回归的误差项在相同的时间或相同的观测值数目下也可能相关，也就是说 $\text{corr}(u_{1i}, u_{2i}) \neq 0$，其中，corr 是指相关系数。这种情况被称为同期相关（contemporaneous correlation）。[1]

5. 更重要的是，这一系统中的回归子必须服从**多元正态分布**（multivariate normal distribution），也就是说，它们服从联合正态分布。为了方便理解，本章的附录给大家展示了两个变量联合正态分布的情况。

为了估计 MRM，我们需要在 Stata 12 中使用两个指令："manova" 和 "mvreg"，manova 用于**多回归子间的方差分析**（multivariate analysis of variance），而 mvreg 则用于进行多回归子回归。

我们在讨论多元回归时曾经讨论过一个指令 ANOVA（见表 1-4），这里的 MANOVA 就是 ANOVA 的一个拓展。如果在多回归子回归中，回归元既有类别变量，又有数量变量，那么 MANOVA 又将变为 MANCOVA，自然，这一指令也是由 ANOVA 拓展而来。接下来的思路是：先展示这些指令的操作及结果，再进一步分析它们的含义（见表 21-4）。

表 21-4 中的第一行是 manowa 指令的输入，可以很明显地看到，两个回归子在等号左侧，回归元在等号右侧。

回顾一下，在此之前，我们对单回归子回归中不止一个回归元进行检验时，通常会使用的工具是 $F$ 检验。我们可以检验系统中所有系数均为零这一假设。而针对多个回归子的联合回归估计，我们有四种方法可以检验整体的显著性。分别是 Wilk's lambda（W），Lawley-Hotelling trace（L），Pillai's trace（P）以及 Roy's largest root（R）。因为这些检验方法的数学原理已经远远超出了本书的范围，所以这里就不再详述。[2] 只需要注意一点，那就是这四个方法都可以转化为相近的 $F$ 统计。

现在，我们继续来看表 21-4 的结构，第一部分是样本数量和检验方法的介绍，在

---

[1]　在对 MRM 更深入的处理过程中，并不会要求假设（2）和（3）得到满足。具体内容请参见之前提到的相关书目。

[2]　更为详细的讨论，请参见 Stevens, J., *Applied Multivariate Statistic for the Social Science*, 3rd edn, Chapter 5. Lawrence Erlbaum Associates, Mahwah, New Jersey, 1996.

它下边的部分是这个多回归子回归模型的总体显著性。由表 21 - 4 中的结果可以看到，四个检验得到的结果均非常显著（$p$ 值均小于 0.001），这也意味着这一多回归子回归模型在统计上是显著的。

接下来的三个部分分别展示了针对每个回归元，相应的回归在这四种检验方法下的显著性。单独来看，当回归元为 $female$ 和 $new\_gpa$ 时，回归是非常显著的，但如果回归元是 $prv$，那么显著性水平只有 7%。

**表 21 - 4　SAT 分数的 MANOVA**

```
. manova verbal quant＝new _ gpa female prv
           Number of obs＝     317
           W＝Wilks'lambda          L＝Lawley-Hotelling trace
           P＝Pillai's trace          R＝Roy's largest root
```

| Source | | Statistic | df | F (df1, | df2)＝ | F | Prob＞F | |
|---|---|---|---|---|---|---|---|---|
| Model | W | 0.852 7 | 5 | 10.0 | 620.0 | 5.14 | 0.000 0 | e |
| | P | 0.150 9 | | 10.0 | 622.0 | 5.08 | 0.000 0 | a |
| | L | 0.168 6 | | 10.0 | 618.0 | 5.21 | 0.000 0 | |
| | R | 0.138 5 | | 5.0 | 311.0 | 8.61 | 0.0000 | u |
| Residua | | | | | 311 | | | |
| new _ gpa | W | 0.912 1 | 3 | 6.0 | 620.0 | 4.87 | 0.000 1 | e |
| | P | 0.088 3 | | 6.0 | 622.0 | 4.79 | 0.000 1 | |
| | L | 0.096 0 | | 6.0 | 618.0 | 4.94 | 0.000 1 | a |
| | R | 0.138 5 | | 3.0 | 311.0 | 9.48 | 0.000 0 | u |
| female | W | 0.937 8 | 1 | 2.0 | 310.0 | 10.28 | 0.000 0 | e |
| | P | 0.062 2 | | 2.0 | 310.0 | 10.28 | 0.000 0 | e |
| | L | 0.066 3 | | 2.0 | 310.0 | 10.28 | 0.000 0 | e |
| | R | 0.066 3 | | 2.0 | 310.0 | 10.28 | 0.000 0 | e |
| prv | W | 0.982 6 | 1 | 2.0 | 310.0 | 2.74 | 0.066 1 | e |
| | P | 0.017 4 | | 2.0 | 310.0 | 2.74 | 0.066 1 | e |
| | L | 0.017 7 | | 2.0 | 310.0 | 2.74 | 0.066 1 | e |
| | R | 0.017 7 | | 2.0 | 310.0 | 2.74 | 0.066 1 | e |
| Residual | | | | | 311 | | | |
| Total | | | | | 316 | | | |
| e＝精确，a＝近似，u＝F 的上界。 | | | | | | | | |

了解了 manowa 指令的结果，现在，我们正式引入 mvreg 指令。通过 mvreg 指令，我们可以得到每个回归元系数的值，以及相应的 $p$ 值。如果我们给 mvreg 指令末尾加上 corr 选项，如表 21 - 5 所示，指令展示的结果就可以告诉我们两个回归的误差项是否相关。

表 21 - 5 的第一部分给出了回归子的名称以及每个回归的显著性。因为是 OLS 回归，所以显著性可以通过 $F$ 统计量及对应的 $p$ 值判断。从表中的数据可以看出，每个回归都很显著，但是 $R^2$ 似乎非常低。好在我们已经探讨过了 $F$ 值与 $R^2$ 之间的关系〔见等

式（1.18）]，所以它们仍然是统计显著的。事实上，在包含了多个观测变量的截面数据回归中，较低的 $R^2$ 才是常态。

表 21-5　SAT 的多元回归：mvreh verbal quant＝new _ gpa female Prvcorr

| Equation | Obs | Parms | RMSE | "R-sq" | F | P |
|---|---|---|---|---|---|---|
| verbal | 317 | 4 | 79.134 44 | 0.071 6 | 8.040 501 | 0.000 |
| quant | 317 | 4 | 69.071 22 | 0.086 4 | 9.870 661 | 0.000 |

| | Coef. | Std. Err. | z | P>\|z\| | [95%Conf. Interval] | |
|---|---|---|---|---|---|---|
| verbal | | | | | | |
| new _ gpa | 35.166 47 | 7.645 9 | 4.60 | 0.000 | 20.122 61 | 50.210 33 |
| female | −19.315 13 | 8.942 611 | −2.16 | 0.032 | −36.910 37 | −1.719 903 |
| prv | −8.105 466 | 17.494 53 | −0.46 | 0.643 | −42.527 21 | 26.316 28 |
| _ cons | 466.855 3 | 22.558 85 | 20.69 | 0.000 | 422.469 2 | 511.241 5 |
| quant | | | | | | |
| new _ gpa | 18.582 23 | 6.673 6 | 2.78 | 0.006 | 5.451 4 47 | 31.713 02 |
| female | −34.765 12 | 7.805 413 | −4.45 | 0.000 | −50.122 83 | −19.407 41 |
| prv | −33.773 75 | 15.269 82 | −2.21 | 0.028 | −63.818 22 | −3.729 292 |
| _ cons | 564.609 6 | 19.690 13 | 28.67 | 0.000 | 525.867 8 | 603.351 3 |

　　表 21-5 的第二部分列出了每个回归的标准统计量（standard statistics）。此时回归元的系数与往常的含义一致，比如在这个例子中，*new _ gpa* 的系数是 35，也就是说，其他条件相同，如果 *new _ gpa* 的值上升一单位，那么平均的阅读成绩将上升 35 个单位。平均而言，给定常数项，女性的阅读成绩要比男性低 19 点，而男性的阅读成绩则可以通过截距项求得为 467 点；通过上私立学校这一变量的 *p* 值，我们也可以认为，上私立学校对阅读成绩并没有显著作用。

　　继续往下来到数学成绩一栏，可以发现，平均而言，给定常数项，女性的成绩比男性低大约 34 点，而男性的成绩均值是 564 点。有趣的是，*prv* 系数的值是统计显著的，但其值是负的，这是否意味着那些上了私立学校的学生比那些没有上私立学校的同伴的数学成绩得分更低？如果属实，对私立学校来说，这无疑是一个坏消息。

　　表 21-5 的最后一部分给出了上述两个回归标准误的相关系数。单从数字上看，0.20 左右的相关系数并不高，但基于相关性中的布鲁施-帕甘检验，这一数值已经足以证明该假设的统计显著性。这也说明，SAT 成绩中，数学成绩和阅读成绩可能存在着关联，也就是说，我们采用联合估计，而不是独立估计的举措合理且必要。

　　最后，如果将表 21-5 与表 21-2、表 21-3 进行对比，可以发现三个表中的估计系数和标准误均是相同的。但 MRM 估计不仅在一个表中给出了系数及其标准误，还告诉了我们如果两个回归中的误差项相关会发生什么。除此之外，在接下来的学习中，我们还会了解到 MRM 估计法在其他方面的优势。

## 21.5　MRM 在其他方面的优势

　　我们可以使用估计的 MRM 来验证几个假设。这可以通过使用 test 指令来完成。比如在上文的例子中，我们想检验假设：在两个回归中 *new _ gpa* 变量的系数均为 0。那么我们的操作和结果如下：

> . test new_gpa
>
> (1)[verbal] new_gpa＝0
>
> (2)[quant] new_gpa＝0
>
> F(2，313)＝12.35
>
> Prob＞F＝0.000 0

结果表明，因为结果中的 $F$ 检验的 $p$ 值几乎为 0，我们可以合理地拒绝这一假设。简而言之，在数学和阅读成绩中，$new\_gpa$ 都具有统计显著性影响。

现在来试试这一假设：

> . test female
>
> (1)[verbal] female＝0
>
> (2)[quant] female＝0
>
> F(2，313)＝10.73
>
> Prob ＞ F＝0.000 0

也就是说，性别变量在两个回归中都是合适的。

更进一步，如果我们想检验假设：女性的阅读成绩和数学成绩不相关，所需的指令与结果如下：

> . test [verbal]female [quant]female
>
> (1)[verbal] female＝0
>
> (2)[quant] female＝0
>
> F(2，313)＝10.73
>
> Prob＞F＝0.000 0

由于这一检验的 $F$ 统计量高度显著，所以这一假设也可以被合理地拒绝。

其他类似的假设也可以被容易地检验。详细的操作流程和注意事项，请大家查阅 Stata 12 手册。

## 21.6 对 MRM 一些技术层面的讨论

之前我们讨论了使用 manova 和 mvreg 指令必须遵从的基础假设。线性性假设、同方差假设与无自相关假设可以通过我们之前讨论的方法很容易地进行检验（见习题 21.2）。但 MRM 还有一个非常重要的假设：多元正态分布；也就是说，回归子服从联合正态分布。事实上，四种针对估计的 MRM 的整体显著性的多元检验均基于这个假设。

所以，该如何检验多元正态分布假设呢？詹姆斯·史蒂文斯（James Stevens）认为，"尽管很难完整刻画出多元正态分布的全部特征，但是每个变量都服从一元正态分布是多元正态性成立的一个必要非充分条件。也就是说，每一个个体变量都必须服从正态分布，以使得多变量正态分布成立。"[1]

接下来，请大家回忆之前学过的正态分布的一些性质。例如，任意个服从正态分布的变量的线性组合都服从正态分布；而对于由若干个服从联合正态分布的变量组合成的任何子集都服从正态分布。也就是说，如果我们证明了几个变量的分布形式为联合正态分布，对这一变量集任意抽取出两个及以上的变量，它们组成的新集合仍然服从相应的联合正态分布。同样的，如果我们随机在一个服从二元正态分布的变量集合中抽取若干样本，那么这些样本的**散点图**（scatterplot）将组成一个椭圆。如果两个变量的相关性较高，散点图呈现出的椭圆就较为扁平，而如果两个变量的相关性很低，那么相应的图像中，椭圆就较为接近正圆。

首先，让我们以 SAT 中的数学成绩与阅读成绩为例画出相应的散点图（见图 21-1）。

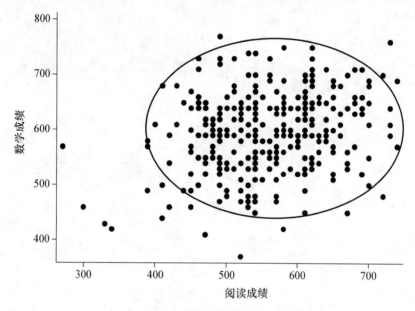

**图 21-1　SAT 中的数学成绩与阅读成绩的散点图**

这一散点图确实是椭圆，但是通过图形我们也可以看出，似乎数学成绩与阅读成绩之间的相关性并不高；事实上，这两个变量之间的相关系数在 0.25 左右。

我们可以针对两个变量的数据都画出一个直方图，如图 21-2 所示。

这些直方图表明，两个变量都近似服从正态分布。

从目前得到的图形结果来看，我们可以认为这两个变量服从二元正态分布，进而上文所有基于这一假设得到的统计结论也都是可靠的。

直观地观察显然并不是绝对可靠的，但是进一步检验多元正态性的数学方法极为复杂，而且目前学术界通用的检验方法也很难在统计软件中运算得到。其中一种检验方法叫 Mardia's 检验[2]，它是我们之前检验分布的正态性时使用的 JB 检验的一个总结。回忆一

---

①　参见 Stevens, *op cit.*, p. 243。

②　参见 Mardia, K., Test of univariate and multivariate normality, in S. Kotz et al. (eds.), *Handbook of Statistics*, Vol. 1, Wiley, New York, 1980, pp. 279–320。

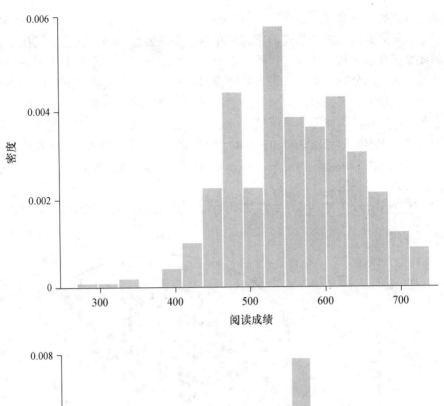

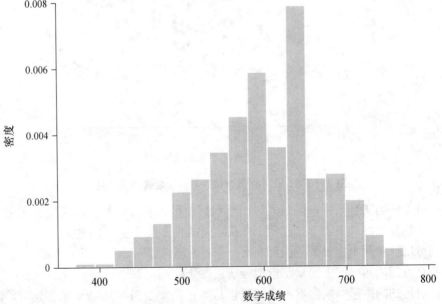

**图 21 - 2　SAT 中的阅读成绩和数学成绩的直方图**

下，在 JB 检验中，我们使用了偏度与峰度作为测量随机变量分布形式的指标。

除了正态性假设，在 MRM 中另一个非常重要的假设就是在同一个模型中，不同的回归子必须对应着相同的回归元。比如在上文的例子中，我们在分析数学成绩与阅读成绩时就使用了完全相同的回归元。尽管在很多具体情境下这一形式的 MRM 是合适的（见习题 21.3 和习题 21.4），但是这一假设并不适合扩展到所有领域，因为总有某些情况，我们无法做到让不同回归子的回归元完全一致。为此，我们需要一个更一般的模型，这就是我们下一节要介绍的 SURE 模型。

计量经济学：原理与实践（第二版）

# 21.7 似不相关回归方程 （SURE）

在 MRM 的两种形式中，更为常见的是我们现在给大家介绍的 SURE 模型，该模型由阿诺德·泽尔纳（Arnold Zellner）在 1962 年首先提出。[1] 不像之前的 SAT 例子中使用的 MRM 模型，虽然回归子不同，但不同的回归子对应的回归元却相同，在 SURE 模型中，回归子与回归元均可以不同。下面我们用一个例子加以阐释。

## □ SURE 的一个应用： 航空公司成本函数

我们目前拥有六家航空公司 1970—1984 年间的部分数据[2]：

$TC$=总成本，以千美元为单位

$Q$=营业收入，以乘客里程数为指标，是一个指数数据

$PF$=燃料价格

$LF$=机队的平均上座率

总之，我们有 15 条航线上的 90 个观测值。

从理论上说，对这六家航空公司，我们可以分别列出六个 OLS 成本函数。但是，因为航空公司处于相同的监管环境下，并且拥有类似的技术，这六个成本函数也许存在相关性。此外，在这个回归中，我们也许还漏掉了其他可能影响整个航空产业，进而影响每一家航空公司的因素。比如油价就是如此，因为对所有航空公司来说，它们或多或少地从同一石油来源处获取石油。

尽管六个航空公司的成本函数不尽相同，但如上文提到的，它们之间却可能存在相关性，似不相关回归方程（SURE）也正因此得名。[3] 既然不同的回归之间有可能存在联系，那么对它们进行联合估计就有了独到的意义。

如果只看名称的话，"似不相关回归"很可能会引起误解，而"似相关回归"会更贴切实际。但是鉴于"似不相关回归"已经成为学术作品中的通用名词，所以本节也称其为"似不相关回归"。

为了对航空公司的成本函数进行联合估计，我们可以使用 Stata 12 中的指令 sureg。具体指令如下：

sureg(TC1 Q1 PF1 LF1)（TC2 Q2 PF2 LF2）（TC3 Q3 PF3 LF3）（TC4 Q4 PF4 LF4）（TC5 Q5 PF5 LF5）（TC6 Q6 PF6 LF6），corr

仔细观察这一指令，你会发现这一大型指令内部暗含了六个回归，每个回归都有相

① Zellner，A. (1962)，An efficient method of estimating seemingly unrelated regressions and test of aggregation bias. *Journal of the American Statistical Association*，57，348−68.

② 数据见 Greene，W. H.，*Econometric Analysis*，6th edn，Pearson/Prentice-Hall，2008 教材的配套网站。

③ 尽管每个方程中回归元的名称相同，但是每个方程中回归元的取值并不相同，因此我们认为在这些回归中回归元并不相同。

应的回归子与紧随其后的回归元。指令最后的 corr 选项则可以让我们探究这六个回归中的误差项是不是同期（contemporaneously）相关的。

回归的结果见表 21-6，其中，每个变量后面的数字（从 1 到 6）都代表了对应的航空公司。

表 21-6 最上面的部分介绍了每个估计的航空公司成本函数的整体显著性，如你所见，每个成本函数的 $R^2$ 值都很高，并且是统计显著的（见卡方值）。

**表 21-6　对航空公司成本函数的 SURE 估计**

Seemingly unrelated regression

| Equation | Obs | Parms | RMSE | "R-sq" | chi2 | P |
|---|---|---|---|---|---|---|
| TCI | 15 | 3 | 115 332.7 | 0.990 8 | 1 783.71 | 0.000 0 |
| TC2 | 15 | 3 | 126 476.5 | 0.989 7 | 1 688.29 | 0.000 0 |
| TC3 | 15 | 3 | 31 065.94 | 0.991 2 | 1 763.66 | 0.000 0 |
| TC4 | 15 | 3 | 37 058.28 | 0.992 0 | 2 045.16 | 0.000 0 |
| TC5 | 15 | 3 | 13 438.56 | 0.994 9 | 3 273.91 | 0.000 0 |
| TC6 | 15 | 3 | 7 779.385 | 0.999 3 | 22 564.07 | 0.000 0 |

| | Coef. | Std. Err. | z | P > \| z \| | [95% Conf. Interval] | |
|---|---|---|---|---|---|---|
| **TCl** | | | | | | |
| Q1 | 2 268 650 | 210 852.4 | 10.76 | 0.000 | 1 855 387 | 2 681 913 |
| PFl | 2.234 136 | 0.136 337 2 | 16.39 | 0.000 | 1.966 92 | 2.501 352 |
| LFI | −5 469 461 | 1 028 230 | −5.32 | 0.000 | −7 484 756 | −3 454 167 |
| _cons | 1 673 114 | 424 819.2 | 3.94 | 0.000 | 840 483.5 | 2 505 744 |
| **TC2** | | | | | | |
| Q2 | 3 046 035 | 303 281.3 | 10.04 | 0.000 | 2 451 614 | 3 640 455 |
| PF2 | 1.471 127 | 0.237 925 8 | 6.18 | 0.000 | 1.004 801 | 1.937 453 |
| LF2 | −7 639 167 | 901 608.2 | −8.47 | 0.000 | −9 406 287 | −5 872 048 |
| _cons | 2 524 377 | 337 699.5 | 7.48 | 0.000 | 1 862 498 | 3 186 256 |
| **TC3** | | | | | | |
| Q3 | 1 511 010 | 155 965.8 | 9.69 | 0.000 | 1 205 322 | 1 816 697 |
| PF3 | 0.678 692 4 | 0.037 563 3 | 18.07 | 0.000 | 0.605 069 6 | 0.752 315 2 |
| LF3 | −748 559.2 | 308 144.2 | −2.43 | 0.015 | −1 352 511 | −144 607.6 |
| _cons | 214 348 | 149 137 | 1.44 | 0.151 | −77 955.25 | 506 651.2 |
| **TC4** | | | | | | |
| Q4 | 2 637 392 | 160 961.9 | 16.39 | 0.000 | 2 321 912 | 2 952 871 |
| PF4 | 0.721 017 6 | 0.045 950 6 | 15.69 | 0.000 | 0.630 956 1 | 0.811 079 |
| LF4 | −938 069.4 | 187 795.8 | −5.00 | 0.000 | −1 306 142 | −569 996.5 |
| _cons | 249 916.8 | 88 377.76 | 2.83 | 0.005 | 76 699.58 | 423 134 |
| **TC5** | | | | | | |
| Q5 | 2 408 490 | 174 624.3 | 13.79 | 0.000 | 2 066 233 | 2 750 747 |
| PF5 | 0.233 325 5 | 0.026 515 2 | 8.80 | 0.000 | 0.181 356 6 | 0.285 294 4 |
| LF5 | −343 319.6 | 84 552.27 | −4.06 | 0.000 | −509 039 | −177 600.2 |
| _cons | 102 039.5 | 40 974.8 | 2.49 | 0.013 | 21 730.42 | 182 348.7 |
| **TC6** | | | | | | |
| Q6 | 3 274 143 | 37 926.84 | 86.33 | 0.000 | 3 199 807 | 3 348 478 |
| PF6 | 0.104 145 | 0.011 397 3 | 9.14 | 0.000 | 0.081 806 7 | 0.126 483 2 |
| LF6 | −232 915.7 | 72 491.04 | −3.21 | 0.001 | −374 995.5 | −90 835.84 |
| _cons | 44 069.52 | 35 444.65 | 1.24 | 0.214 | −25 400.72 | 113 539.8 |

Correlation matrix of residuals

| | TC1 | TC2 | TC3 | TC4 | TC5 | TC6 |
|---|---|---|---|---|---|---|
| TC1 | 1.000 0 | | | | | |
| TC2 | 0.788 3 | 1.000 0 | | | | |
| TC3 | 0.384 8 | 0.366 1 | 1.000 0 | | | |
| TC4 | 0.007 3 | 0.442 2 | −0.056 8 | 1.000 0 | | |
| TC5 | 0.400 6 | 0.265 4 | 0.534 8 | 0.130 4 | 1.000 0 | |
| TC6 | 0.043 1 | 0.302 5 | −0.234 4 | 0.629 3 | −0.110 2 | 1.000 0 |

布鲁施-帕甘独立性检验：chi2 (15)＝32.891, Pr＝0.004 9

接下来的六个小表格分别给出了这六个航空公司估计的成本函数的通常的 OLS 结果，所有估计的斜率系数在统计意义上都高度显著。但更为重要的是，这六个方程中的误差项在统计意义上是显著相关的，某些情况下甚至相关系数非常高。

为了更明显地对比 SURE 估计与每个成本函数单独进行估计的差异，我们在表 21-7 中给出了这些成本函数的 OLS 结果。

如果你将这些 OLS 回归与通过 sureg 得到的回归进行对比，你可以发现估计的系数与它们的标准误都是不同的，而这正是因为这六个 OLS 回归的误差项存在相关性。因此，针对这一回归，如果我们只进行了常规意义上的 OLS 回归，而没有考虑误差项之间的关联性，那么我们得到的系数将是有偏的。

### 表 21-7 每个航空公司成本函数的 OLS 估计

. regress TC1 Q1 PF1 LF1

| Source | SS | df | MS |
|---|---|---|---|
| Model | 2.139 6e+13 | 3 | 7.131 9e+12 |
| Residual | 1.819 1e+11 | 11 | 1.653 7e+10 |
| Total | 2.157 8e+13 | 14 | 1.541 3e+12 |

Number of obs＝15
F(3, 11)＝431.28
Prob＞F＝0.000 0
R-squared＝0.991 6
Adj R-squared＝0.989 3
Root MSE＝1.3e+05

| TC1 | Coef. | Std. Err | t | P＞|t| | [95％Conf. Interval] | |
|---|---|---|---|---|---|---|
| Q1 | 2 584 384 | 329 713.1 | 7.84 | 0.000 | 1 858 690 | 3 310 078 |
| PF1 | 2.116 4 | 0.177 622 3 | 11.92 | 0.000 | 1.725 456 | 2.507 344 |
| LF1 | −6 621 324 | 1 967 830 | −3.36 | 0.006 | −1.10e+07 | −2 290 159 |
| _cons | 1 970 170 | 830 739.8 | 2.37 | 0.037 | 141 724.3 | 3 798 616 |

. regress TC2 Q2 PF2 LF2

| Source | SS | df | MS |
|---|---|---|---|
| Model | 2.302 5e+13 | 3 | 7.674 9e+12 |
| Residual | 2.045 4e+11 | 11 | 1.859 5e+10 |
| Total | 2.322 9e+13 | 14 | 1.659 2e+12 |

Number of obs＝15
F(3, 11)＝412.75
Prob＞F＝0.000 0
R-squared＝0.991 2
Adj R-squared＝0.988 8
Root MSE＝1.4e+05

| TC2 | Coef. | Std. Err | t | P>│t│ | [95%Conf. Interval] | |
|---|---|---|---|---|---|---|
| Q2 | 3 663 084 | 452 273. 4 | 8. 10 | 0. 000 | 2 667 637 | 4 658 531 |
| PF2 | 1. 043 849 | 0. 341 723 5 | 3. 05 | 0. 011 | 0. 291 720 3 | 1. 795 977 |
| LF2 | −9 263 401 | 1 519 381 | −6. 10 | 0. 000 | −1.26e+07 | −5 919 265 |
| _ cons | 2 984 870 | 590 928. 3 | 5. 05 | 0. 000 | 1 684 246 | 4 285 495 |

. regress TC3 Q3 PF3 LF3

| Source | SS | df | MS | | Number of obs=15 |
|---|---|---|---|---|---|
| | | | | | F(3, 11) =423. 99 |
| Model | 1. 628 4e+12 | 3 | 5. 428 1e+11 | | Prob>F=0. 000 0 |
| Residual | 1. 408 2e+10 | 11 | 1. 280 2e+09 | | R-squared=0. 991 4 |
| | | | | | Adj R-squared=0. 989 1 |
| Total | 1. 642 5e+12 | 14 | 1. 173 2e+11 | | Root MSE=35 780 |

| TC3 | Coef. | Std. Err | t | P>│t│ | [95%Conf. Interval] | |
|---|---|---|---|---|---|---|
| Q3 | 1 468 383 | 229 416. 2 | 6. 40 | 0. 000 | 963 441. 5 | 1 973 325 |
| PF3 | 0. 691 917 | 0. 050 659 4 | 13. 66 | 0. 000 | 0. 580 416 5 | 0. 803 417 5 |
| LF3 | −832 423. 8 | 461 973. 9 | −1. 80 | 0. 099 | −1 849 221 | 184 373. 8 |
| _ cons | 274 648. 6 | 217 595. 3 | 1. 26 | 0. 233 | −204 275. 4 | 753 572. 6 |

. regress TC4 Q4 PF4 LF4

| Source | SS | df | MS | | Number of obs=15 |
|---|---|---|---|---|---|
| | | | | | F(3, 11) =487. 71 |
| Model | 2. 559 8e+12 | 3 | 8. 532 8e+11 | | Prob>F=0. 000 0 |
| Residual | 1. 924 5e+10 | 11 | 1. 749 6e+09 | | R-squared=0. 992 5 |
| | | | | | Adj R-squared=0. 990 5 |
| Total | 2. 579 1e+12 | 14 | 1. 842 2e+11 | | Root MSE=41 828 |

| TC4 | Coef. | Std. Err | t | P>│t│ | [95%Conf. Interval] | |
|---|---|---|---|---|---|---|
| Q4 | 2 771 378 | 224 762. 7 | 12. 33 | 0. 000 | 2 276 679 | 3 266 078 |
| PF4 | 0. 673 427 9 | 0. 063 128 2 | 10. 67 | 0. 000 | 0. 534 483 6 | 0. 812 372 2 |
| LF4 | −814 812. 6 | 263 849 | −3. 09 | 0. 010 | −1 395 540 | −234 084. 9 |
| _ cons | 176 458 | 125 057. 8 | 1. 41 | 0. 186 | −98 792. 38 | 451 708. 5 |

. regress TC5 Q5 PF5 LF5

| Source | SS | df | MS | | Number of obs=15 |
|---|---|---|---|---|---|
| | | | | | F(3, 11) =798. 85 |
| Model | 5. 259 2e+11 | 3 | 1. 753 1e+11 | | Prob>F=0. 000 0 |
| Residual | 2. 413 9e+09 | 11 | 219 449 260 | | R-squared=0. 995 4 |
| | | | | | Adj R-squared=0. 994 2 |
| Total | 5. 283 4e+11 | 14 | 3. 773 8e+10 | | Root MSE=14 814 |

计量经济学：原理与实践（第二版）

| TC5 | Coef. | Std. Err | t | P>\|t\| | [95%Conf. Interval] | |
|---|---|---|---|---|---|---|
| Q5 | 2 681 560 | 245 006 | 10.94 | 0.000 | 2 142 306 | 3 220 815 |
| PF5 | 0. 197 025 9 | 0. 034 957 7 | 5. 64 | 0.000 | 0. 120 084 5 | 0. 273 967 3 |
| LF5 | −374 953. 8 | 117 495. 9 | −3. 19 | 0.009 | −633 560. 6 | −116 347 |
| _ cons | 106 228. 5 | 55 808. 73 | 1. 90 | 0.083 | −16 605. 66 | 229 062. 7 |

. regress TC6 Q6 PF6 LF6

| Source | SS | df | MS | |
|---|---|---|---|---|
| | | | | Number of obs=15 |
| | | | | F(3, 11) =5 225.89 |
| Model | 1. 218 4e+12 | 3 | 4. 061 2e+11 | Prob>F=0. 000 0 |
| Residual | 854 846 039 | 11 | 77 713 276. 3 | R-squared=0. 999 3 |
| | | | | Adj R-squared=0. 999 1 |
| Total | 1. 219 2e+12 | 14 | 8. 708 7e+10 | Root MSE=8 815. 5 |

| TC6 | Coef. | Std. Err | t | P>\|t\| | [95%Conf. Interval] | |
|---|---|---|---|---|---|---|
| Q6 | 3 291 911 | 49 835. 98 | 66. 05 | 0.000 | 3 182 223 | 3 401 599 |
| PF6 | 0. 094 152 2 | 0. 015 515 5 | 6. 07 | 0.000 | 0. 060 002 8 | 0. 128 301 6 |
| LF6 | −147 763. 2 | 105 878 | −1. 40 | 0.190 | −380 799. 2 | 85 272. 84 |
| _ cons | 2 690. 307 | 51 641. 8 | 0. 05 | 0.959 | −110 972. 5 | 116 353. 1 |

## □ 独立估计还是联合估计?

SURE 方法的使用也存在若干限制,第一,系统中方程的个数必须小于每个方程中观测值的个数;第二,如果系统中若干个方程的误差项并不相关[①],那么 SURE 估计的效果并不如 OLS;第三,如果每个方程中回归元都是完全相同的,就像我们在 SAT 的数学和阅读成绩的例子中所展示的那样,OLS 与 SURE 将给出完全相同的系数估计。[②]

## 21.8 要点与结论

在本章中,我们着重讨论了多回归子多元回归模型,这一模型可以让我们在一个回归中引入两个或更多的回归子。无论是定量的变量、定性的变量,还是二者的混合,均可纳入这一回归模型中。理论上讲,我们可以针对每一个回归子进行独立的 OLS 回归,但是通过本章的分析可以发现,当回归子之间互相存在联系时,进行联合回归可以得到比若干个独立回归更有效的结论。

本章将 MRM 分成两种类型:第一种是若干个不同的回归子,但共享同样的回归元;

---

① 尽管 Stata 可以非常容易地进行这一步的计算,但是在不借助软件的前提下,我们依然可以通过每个 OLS 回归得到的样本误差项来估计总体误差项的相关性(见习题 21.2)。

② 这一结论的证明见 Goldberger, A. S. , A *Course in Econometrics*, p. 327. Harvard University Press, 1991。

第二种，也就是我们讨论过的 SURE，则是在一个回归中，可以存在若干个不同的回归子，同时每个回归子后面的回归元也可以不同。为了估计第一种类型的模型，我们学习了 mancova 和 mvreg 这两个 Stata 12 中的指令；为了估计第二种类型的模型，我们又学习了 Stata 12 中的 sureg 指令。为了更形象地展示，本章也给这些指令搭配了数值例子。

在若干个回归的误差项相关的前提下，尽管从技术上，我们介绍的每一个模型都可以通过若干个独立的 OLS 回归来替代，但是通过上文的学习，我们也发现了联合回归无法替代的好处。当然，如果这些回归的误差项不再相关，那么联合回归的意义也就不存在了。另外，在 SURE 中，如果不同的回归包含的解释变量是相同的，那么 OLS 估计和 SURE 估计将会给出一样的结果。

## 习题

**21.1** 利用正文中航空公司成本的数据，考虑如下双对数模型：

$$\ln TC = B_1 + B_2 \ln Q + B_3 \ln PF + B_4 \ln LF + u$$

其中 ln 代表自然对数。

(a) 对每个航空公司的成本函数进行独立的回归。

(b) 利用 SURE 模型对成本函数进行回归。

(c) 对于双对数回归得到的结果，你准备如何解释其现实意义？

(d) 如果要在（a）和（b）中选择一种方法，你会选择哪一种？为什么？

(e) 你准备如何探究（a）中各个回归的误差项是否相关？[①]

**21.2** 回到正文 SAT 成绩的例子。

(a) 从式（21.1）和式（21.2）中得出样本回归的残差项 $e_{1i}$ 和 $e_{2i}$。

(b) 计算 $e_{1i}$ 和 $e_{2i}$ 的相关系数。

(c) 使用如下 $t$ 检验的相关方法检验假设：$u_{1i}$ 和 $u_{2i}$ 的总体相关性 $\rho = 0$。

$$t = \frac{r\sqrt{n-2}}{\sqrt{1-r^2}}$$

其中，$r$ 就是样本中两个残差项的相关系数，$n$ 是样本数量。假设样本服从二元正态分布，$n$ 足够大，并且零假设是 $\rho = 0$，这里得到的 $t$ 值就是由服从 $(n-2)$ 个自由度的 $t$ 分布得到的。如果我们求得的 $t$ 值在一定的约束（比如 5% 的显著性水平）下是统计显著的，那么我们就可以拒绝上文的零假设。

(d) 对比你在（c）中得到的结果与表 21-5 给出的结果，你发现了什么？

**21.3** 表 21-8（见本书配套网站）提供了美国 1925—1941 年牛肉与猪肉的消费数据。假设牛肉与猪肉的消费方程如下：

$$CBE_t = A_1 + A_2 PBE_t + A_3 PPO_t + A_4 DINC_t + u_{1t}$$
$$CPO_t = B_1 + B_2 PBE_t + B_3 PPO_t + B_4 DINC_t + u_{2t}$$

---

[①] 对 MRM 中相关性的检验，参见 Heij, C., de Boer, P., Franses, P. H., Kloek, T., and van Dijk, H. K., *Econometric Methods with Applications in Business and Economics*, pp. 687-8, Oxford University Press, Oxford, 2004.

其中，$CBE$＝人均牛肉消费量（磅），$CPO$＝人均猪肉消费量（磅），$PBE$＝牛肉价格（美分/磅），$PPO$＝猪肉价格（美分/磅），$DINC$＝人均可支配收入（考虑物价指数），$u$是误差项。

(a) 为什么在每个等式中都要同时考虑猪肉价格和牛肉价格呢？

(b) 在每个等式中，你预期猪肉和牛肉价格对应的系数符号是正还是负？

(c) 在每个等式中，你预期收入对应的系数符号是正还是负？

(d) 利用 OLS 法估计猪肉和牛肉的需求函数。

(e) 利用 MRM 法估计猪肉和牛肉的联合需求函数。

(f) 对比（d）和（e）中得到的结果，两种方法得到的估计系数和标准误有差别吗？

(g) 就目前我们得到的结果来看，应该在这两种方法中选择哪一种？为什么？

(h) 在目前的估计中，使用 SURE 方法有优势吗？如果有，请说明优势在哪里；如果没有，也请说明原因。

21.4　现在请大家回顾一下在 2.10 节［式（2.34）］中提到过的资本资产定价模型（CAPM），以及这一理论模型对应的实践模型——市场模型［式（2.35）］。假设我们的样本为 100 只证券，用市场模型估计等式如下：

$$R_{it} - r_{it} = B_i(R_{mt} - r_{ft}) + u_{it}$$

其中，$R_{it}$＝证券 $i$ 在 $t$ 时期的回报率；$R_{mt}$＝在 $t$ 时期，市场投资组合（比如标准普尔 500 指数）的回报率；$r_{ft}$＝无风险投资的回报率（此处以美国国库券为代表）；$u$ 则是误差项。

(a) 假设我们目前有 100 只证券在 365 天内的数据，如果让你在 MRM 和 SURE 模型中选择一种进行回归，你会选哪一种？原因为何？

(b) 请你自行收集必要的相关数据，并分别使用 MRM 和 SURE 模型对上述市场模型进行估计。

(c) 在什么情况下你会选择使用 OLS 独立地估计每个证券的 $B_i$ 呢？如果你也进行了 OLS 回归，请对比此处的结果与（b）中结果的异同。

21.5　在某些情况下，一个数据集可以满足若干种方法的需要，在第 17 章中，我们探讨了面板数据回归模型，而面板数据模型使用的数据也是跨越多个时期不同实体的组合。

在 SURE 模型的例子中，我们使用的数据是六个航空公司在 15 年内的成本及其他数据。通过上文的描述，似乎我们也可以利用第 17 章讨论的面板数据的相关方法对这组数据进行分析。对航空公司成本函数构建一个合适的面板数据回归模型，并将所得结果与 SURE 模型中运用同样的数据得到的结果进行对比。你能得出什么结论？

## 附　录

一元正态分布的概率密度函数（PDF）已经在第 1 章的附录中给大家做过介绍。而最简单的多元正态分布就是二元正态分布，其概率密度函数如下：

$$P(x_1, x_2) = \frac{1}{2\pi\sigma_1\sigma_2\sqrt{1-\rho^2}}\exp\left[\frac{z}{(1-\rho^2)}\right]$$

其中，

$$z = \frac{(x_1-\mu_1)^2}{\sigma_1^2} - \frac{2\rho(x_1-\mu_1)(x_2-\mu_2)}{\sigma_1\sigma_2} + \frac{(x_2-\mu_2)^2}{\sigma_2^2}$$

其中，$\mu_1$ 和 $\mu_2$ 是这两个变量的均值，$\sigma_1$ 和 $\sigma_2$ 则是它们对应的标准差，$\rho$ 是 $x_1$ 和 $x_2$ 的相关系数，按照通用习惯，以 $\mathrm{cov}(x_1, x_2)$ 表示 $x_1$ 和 $x_2$ 的协方差，具体计算公式如下：

$$\rho = \mathrm{corr}(x_1, x_2) = \frac{\mathrm{cov}(x_1, x_2)}{\sigma_1\sigma_2}$$

正如你所知道的，相关系数是两个变量的协方差除以这两个变量的标准差。

如果协方差是 0，那么联合概率密度函数就变成了两个独立概率分布函数的结合。一般来说，相关系数为 0 并不一定意味着独立，但在正态分布中，变量间相关系数为 0 就意味着变量间的独立。

对于超过两个且彼此之间相关的变量，此时的多元正态分布函数将会非常复杂，待我们掌握矩阵代数的相关知识后才可以进行简化及相应的运算。

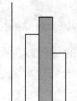

# 附录 1

# 本书使用的数据集

表格名称可以在本书配套网站或本书中找到。章节名称所述数据可以从第三方下载得到。

**表 1-1　工资与相关数据**

$W$（*Wage*）：以美元表示的每小时工资数，因变量。

以下为解释变量或回归元：

$FE$（*Female*）：性别，1 为女性，0 为男性

$NW$（*Nonwhite*）：种族，1 为非白人工人，0 为白人工人

$UN$（*Union*）：加入工会情况，1 为工会成员，0 为其他

$ED$（*Education*）：教育（以年计）

$EX$（*Exper*）：潜在工作经验（以年计），用年龄减去在校时间再减去 6 得到

$Age$：年龄

$Wind$：如果不是以小时计工资，则编码为 1

**表 1-5　654 个波士顿青年的数据**

$fev$：连续指标（公升），因变量

$smoke$：吸烟者记为 1，不吸烟者记为 0

$age$：以年计算的年龄

$ht$：以英寸计算的身高

$sex$：男性记为 1，女性记为 0

**表 2-1　美国生产数据，2005 年**

$O$（*Output*）：产出附加值，单位：千美元

$L$（*Labor input*）：劳动投入，单位：千

$Q$（*Capital input*）：资本支出，单位：千美元

**表 2-5　实际 GDP 数据，美国，1960—2007 年**

*RGDP*：实际 GDP

**表 2 - 8** 1995 年美国 869 个家庭的食品支出与总支出

*SFDHO*：食品支出占总支出的比例

*EXPEND*：总支出

**表 2 - 15** 英国股票市场的 CAPM 模型，1980—1999 年间的月度数据

$Y_t$：周期性消费品板块 104 只股票指数的超额回报率（％）

$X_t$：英国股市整体指数的超额回报率（％）

注：超额回报率是回报率中超过无风险资产回报率的部分

**表 2 - 18** GDP 与腐败指数

*GDP-cap*：人均 GDP（1997）

*Index*：腐败指数（1998）

**表 2 - 19** 64 个国家的生育率及相关数据

*CM*：儿童死亡率，指每年每 1 000 名出生的活婴在 5 岁之前死亡的人数

*FLFP*：女性识字率（％）

*PGNP*：1980 年的人均 GNP

*TFR*：总和生育率，指 1980—1985 年，女性平均生育子女的数量，对任一给定的年份，都使用特定年龄分组的生育率

**表 3 - 6** 美国 1959—2007 年间私人总投资和私人总储蓄

*GPI*：私人总投资，单位：十亿美元

*GPS*：私人总储蓄，单位：十亿美元

**表 3 - 10** 1986 年第一季度至 1992 年第四季度的季度时装销售量

*Sales*：每千平方英尺销售场地的真实销量

**表 3 - 16** 批次产量和平均成本的假设数据

*Average cost*：平均成本

*Lot size*：批次产量

**表 3 - 19** 禁令和糖消耗量对糖尿病的影响

*Diabetes*：一个国家的糖尿病患病率

*Ban* = 1 代表现在有某种针对转基因食品的禁令，0 代表其他

*Sugar Sweet Cap*：人均食糖和甜料总供给，以千克计

**表 3 - 20** 钻石定价

*Carat*：以克拉为单位的钻石重量

*Color*：钻石的颜色，分类为 D，E，F，G，H 和 I

*Clarity of diamonds*：钻石净度，分类为 IF，VVS1，VVS2，VS1 或 VS2

*Certification body*：认证机构，分类为 GIA，IGI 或 HRD

*Price*：以新加坡元计算的钻石价格

**表 3 - 21** 体温、性别和心率

*Body temperature*：体温，以华氏度计

*Heart rate*：心脏每分钟跳动的次数

*Gender*：男性为 1，女性为 2

**表 3-22    528 名工薪阶层的样本**

*Ed*：上学年数

*Region*：如果个体居住在南方，则为 1，否则为 0

*Nonwh*：如果个体是非白人、非西班牙裔，则为 1，否则为 0

*His*：如果个体是西班牙裔，则为 1，否则为 0

*Gender*：女性为 1，男性为 0

*Mstatus*：如果已婚且配偶在身边或参军，则为 1，否则为 0

*Exp*：潜在工作经验年数，计算方式为年龄减去受教育年限减去 6（假设 6 岁开始上学）

*Un*：如果工人从事工会工作，则为 1，否则为 0

*Wagehrly*：平均每小时收入，以美元计

**表 4-2    关于 10 个消费者的支出、收入和财富的假设数据**

*Income*：收入，以美元计

*Expenditure*：支出，以美元计

*Wealth*：财富，以美元计

**表 4-4    已婚女性每小时收入的姆罗茨数据（数据来自 Stata）**

*Hours*：1975 年工作小时数（因变量）

*Kidslt*6：6 岁以下子女数

*Kidsge*6：6~18 岁子女数

*Age*：女性年龄

*Educ*：受教育年限

*Wage*：估计工资收入

*Hushrs*：丈夫工作小时数

*Husage*：丈夫年龄

*Huseduc*：丈夫受教育年限

*Huswage*：1975 年丈夫每小时工资

*Faminc*：1975 年家庭收入

*Mtr*：对女性的联邦边际税率

*motheduc*：母亲受教育年限

*fatheduc*：父亲受教育年限

*Unem*：所在县居民失业率

*exper*：实际劳动市场经验

**表 4-11    美国海军所需的人力资源**

*Y*：运行一个部门所需的员工月工作总小时数

$X_1$：平均每日工作时间

$X_2$：平均月入住数量

$X_3$：周前台服务小时数

$X_4$：公用区域（以平方英尺计）

$X_5$：建筑侧翼数量

$X_6$：可用容量

$X_7$：房间数量

**表 4 - 12**　20 名患者的血压及相关变量数据

$Bp$：血压

$Age$：年龄

$Weight$：体重，以千克计

$Bsa$：体表面积，以平方米计

$Dur$：高血压的持续时间，以年计

$Basal\ pulse$：每分钟脉搏次数

$Stress$：压力指数

**表 4 - 13**　经典的朗利数据

$Y$：就业人数，以千为单位

$X_1$：GNP 隐性价格平减指数

$X_2$：国民生产总值，以百万美元为单位

$X_3$：失业人数，以千为单位

$X_4$：参军人数，以千为单位

$X_5$：16 岁以上的非收容人口

$X_6$：1947 年标记为 1，1948 年标记为 2，依此类推，直到 1962 年标记为 16

**表 5 - 1**　1992 年美国 50 个州的堕胎率数据

$state$：州别（美国 50 个州）

$ABR$：堕胎率，1992 年 15～44 岁的女性中每千人的堕胎数

$Religion$：州人口中天主教、浸信会、福音派或摩门教的信众比例

$Price$：1993 年非医院机构为怀孕 10 周的女性实施局部麻醉的堕胎手术所收取的平均价格（以 1992 年实施堕胎的数量加权）

$Laws=1$ 代表某个州实施限制未成年人堕胎的法律，0 代表其他

$Funds=1$ 代表某个州在多数情况下能够为堕胎实施补贴，0 代表其他

$Educ$：1990 年年龄在 25 岁及以上、具有高中文化程度（或同等学力）的州人口比例

$Income$：1992 年人均可支配收入

$Picket$：报道的被调查中对身体接触比较戒惧或身有病患不适者的比例

**表 5 - 10**　106 个国家的 GDP 增长率及相关数据

$GDPGR$：1960—1985 年一个国家平均每名工人的收入增长率

$GDP60vsUS$：一个国家 1960 年人均收入相对于美国 1960 年人均收入的自然对数

$NONEQINV$：1960—1985 年一个国家的非设备投资

$EQUIPINV$：1960—1985 年一个国家的设备投资

$LFGR6085$：1960—1985 年劳动力增长率

$CONTINENT$：该国的大陆部分

**表 5 - 11**　1994 年美国 455 个制造业的数据

$Shipment$：出货价值，以千美元为单位

*Materials*：生产中使用的材料价值，以千美元为单位

*Newcap*：行业在新资本方面的支出，以千美元为单位

*Inventory*：持有库存的价值，以千美元为单位

*Managers*：雇用监督人员的人数

*Workers*：雇用生产工人的人数

**表6-1**　美国消费函数，1947—2000年

*C*：消费支出

*DPI*：实际私人可支配收入

*W*：实际财富

*R*：实际利率

**表7-1**　小时工资率的决定因素

变量定义参见表1-1

**表7-12**　1960—2009年美国的总体消费函数

*PCE*：人均消费支出，以百万美元计

*GDPI*：全国总私人投资，以百万美元计

*Income*：收入，以百万美元计

**表7-21**　吸烟和由多种癌症导致的死亡之间的关系，数据来自1960年美国的43个州以及华盛顿特区

*Cig*：人均吸烟量，以百支计

*Deaths*：死于膀胱癌、肺癌、肾癌和白血病的人数

**表7-22**　计划生育、社会环境以及20个拉丁美洲国家在1965—1975年间生育率的下降

*Setting*：社会环境指数

*Effort*：计划生育严格程度的指数

*Change*：人口出生率下降的百分比

**表8-1**　吸烟和其他变量的数据

*Smoker*＝1代表吸烟者，0代表不吸烟者

*Age*：年龄

*Education*：受教育年限

*Income*：家庭收入

*Pcigs*：各州1979年香烟价格

**表8-9**　优惠券兑换和价格折扣的数值

*Discount*：价格折扣，以美分计

*Sample size*：发布的优惠券数量，每个案例中为500

*Redeemed*：优惠券兑换数

**表8-10**　固定/可变利率抵押对比

*Adjust*：1代表选择可变利率抵押，0代表其他

*Fixed rate*：固定利率

*Margin*：可变利率－固定利率

*Yield*：10 年期国债利率——年利率

*Points*：可变利率抵押与固定利率抵押的比例

*Networth*：借款人的净值

**表 8 - 11    研究生录取**

*Admit*：如果被研究生院录取，则记为 1，其他情况记为 0

*GRE*：研究生入学考试成绩

*GPA*：平均绩点

*Rank*：毕业学校等级，共分为 1，2，3，4；1 为最好，4 为最差

**表 8 - 12    患有心脏病并且在 48 小时内出现过心肌梗死**

*Death*：如果在心肌梗死发作后 48 小时内记为 1，否则记为 0

*Anterior*：如果前部梗死记为 1，如果下部梗死记为 0

*hcabg*：如果有 CABG（心脏搭桥手术）病史记为 1；没有则为 0

**表 8 - 13    投资品的直销**

*Response*：客户投资于新产品记为 1，否则为 0

*Invest*：客户在新产品上投资的金额，以百荷兰盾为单位

*Gender*：性别，男性记为 1，女性记为 0

*Activity*：活跃性指标，如果客户已经投资了银行的其他产品，记为 1，否则为 0

*Age*：年龄

**表 8 - 14    克林顿总统的弹劾审判**

*Vote for impeachment Article* 1：针对第 1 条弹劾的投票，弹劾记为 1，不弹劾记为 0

*Vote for impeachment Article* 2：针对第 2 条弹劾的投票，弹劾记为 1，不弹劾记为 0

*Party affiliation of the senator*：参议员的党派

*Political ideology of the senator*：参议员的政治意识形态

*Number of impeachment votes cast by the senator*：参议员投出的弹劾票数，最多 2 张

*Term of the senator*：参议员的任期，如果是第一任参议员记为 1，否则为 0

*Vote*：投票，在 1996 年大选中，克林顿在每个参议员所在州获得选票的百分比

*Year of next election*：下届选举年份，如果参议员准备连任的话，下次选举的年份

**表 9 - 1    择校数据**

*Y*：择校，不上大学、2 年制大学或 4 年制大学

$X_2$：*hscath*＝1 代表天主教学校毕业，0 代表其他

$X_3$：*grades*：数学、英语和社会工作在 13 分中的平均成绩，其中 1 为最高，13 为最低。所以，较高的分数代表较差的表现

$X_4$：*faminc*：1992 年家庭总收入，以千美元计

$X_5$：*famsiz*：家庭成员数量

$X_6$：*parcoll*＝1 代表多数受过教育的家庭成员是从大学毕业的或者有高等教育文凭

$X_7$：*female*＝1 代表女性

计量经济学：原理与实践（第二版）

$X_8$：*black*＝1 代表黑人

**表9-3** 旅行模型的原始数据

*Mode*：选择：飞机、火车、巴士或者自驾车

*Time*：站点等待时间，汽车为 0

*Invc*：交通工具成本占比

*Invt*：交通工具上所用时间

*GC*：一般花费测度

*Hinc*：家庭收入

*Psize*：选择的交通方式中的团队大小

**表9-8** 职业选择的多项模型

*Occup* 1：第一类职业，指工人

*Occup* 2：第二类职业，指办公室职员

*Occup* 3：第三类职业，指管理层、工程师或教授

**表9-9** 高中生课程选择

*Prog*：课程选择：普通课程、职业课程或学术课程

*Ses*：社会经济地位，一个三变量分类（虚拟）变量

*Write*：一个连续变量

**10-3 节** 对职业母亲的态度，摘自 http://www.stata－press.com/data/lf2/ord-warm2.data

*response*＝1代表强烈反对；＝2代表反对；＝3代表同意；＝4代表强烈同意

*yr*89：调查年份为 1989 年

*gender*＝1 代表男性

*race*＝1 代表白人

*age*：年龄

*ed*：受教育年限

*prst*：职业声望

**10-4 节** 对研究生院录取率的 OLM 估计，摘自 http://www.ats.ucla.edu/stat/stata/dae/ologit.dta

*Intention to go to graduate school*：对于上研究生院的兴趣，1 代表没有兴趣，2 代表略有兴趣，3 表示很感兴趣

*pared*＝1 代表最少一位家长有硕士学历

*public*＝1 代表在公立大学取得学士学位

*GPA*：学生平均绩点

**表 10-7** 精神健康数据

*Mental health*：精神健康、温和的症状、中性的症状、受损的症状

*SES*：社会经济地位

*Events*：生活事件导引

**表 10-8** 美国 92 家公司信用评级数据

*Credit rating*：信用等级，1（最低）～7（最高）

*Invgrade*：投资等级

*Booklev*：账面杠杆

*logsales*：销售额的对数

*RETA*：留存收益/总资产

*WKA*：营运资金/总资产

*EBIT*：息税前利润/总资产

**表 11-1　已婚女性工作时间和相关数据**

参见表 4-4

**表 11-7　婚外情数据**

*Naffairs*：过去一年的婚外情次数，0，1，2，3，4～10（编码为7）

*Gender*：男性为 1，女性为 0

*Age*：年龄

*Educ*：受教育年限：小学＝9，高中＝12，博士或其他＝20

*Kids*：如果没有孩子记为 0，如果有孩子则记为 1

*Ratemarr*：婚姻的自我评价，1（非常不幸福）～5（非常幸福）

*Relig*：1～5，等级 1 是反宗教

*Affair*：如果从未有外遇记为 0，有过一次或多次外遇记为 1

*Arsmarr*：结婚年数

**表 12-1　181 家公司中研发支出和专利数据**

*P91*：1991 年申请专利数量

*P90*：1990 年申请专利数量

*LR91*：1991 年研发支出的对数

*LR90*：1990 年研发支出的对数

*Industry* dummy：6 个行业的 5 个虚拟变量

*Country* dummy＝1 代表美国，0 代表日本

*R&D*：研发支出

**表 12-7　学者的生产效率**

$\mu_i = E(Y \mid XB)$：一位学者在其攻读博士后的三年中平均发表的文章数

*fem*：性别，女性取值为 1，男性取值为 0

*mar*：婚姻状况，1 表示已婚，0 表示单身

*Kid5*：5 岁以下子女数

*phd*：研究生课程的声望，从 1 到 5

*men*：学者的导师最近三年发表的文章数

**表 12-8　学生旷课的泊松模型**

*daysabs*：学年缺勤天数

*mathnce*：数学的标准化考试成绩

*langnce*：语言的标准化考试成绩

*gender*：性别，1 为女性

**表 13-1　欧元/美元汇率每日数据**

计量经济学：原理与实践（第二版）

*LEX*：欧元/美元汇率每日数据

**表 13 - 6** IBM 股票 2000 年 1 月—2002 年 8 月的每日收盘价

*LCLOSE*：IBM 股票每日收盘价的对数

**表 13 - 9** 每日美元/欧元汇率，2012 年 2 月 3 日—2013 年 6 月 16 日

*LEX*：欧元/美元汇率每日数据

**表 13 - 11** 美国的月度失业率，1948 年 1 月 1 日—2013 年 6 月 1 日

*UNRATE*：公民的月度失业率（%）

**表 14 - 1** 美国季度性 PCE 和 DPI，1970—2008 年

*PDI*：个人可支配收入，以 2000 年十亿美元计

*PCE*：个人消费支出，以 2000 年十亿美元计

**表 14 - 8** 1981 年 1 月—2010 年 1 月 3 个月期和 6 个月期国债每月利率

*TB3*：3 个月期国债利率

*TB6*：6 个月期国债利率

**表 14 - 11** 墨西哥和美国的季度实际 GDP，1980 第一季度—2000 年第三季度

*MEXGDP*：墨西哥的 GDP，以十亿美元计

*USGDP*：美国的 GDP，以十亿美元计

注：两个时间序列均把 2000 年的值标准化为 100。

**表 15 - 5** 2012 年 5 月—2013 年 6 月黄金的每日最高价、最低价和收盘价

*Open*：开盘价，黄金开盘价格，美元/盎司

*High*：高点价，交易日的最高金价，美元/盎司

*Low*：低点价，交易日的最低金价，美元/盎司

*Close*：收盘价，黄金收盘价格，美元/盎司

**表 16 - 1** 美国 1960—2008 年间实际 PCE 和 PDI

*PCE*：人均个人消费支出，以 2005 年美元计

*PDI*：人均个人可支配收入，以 2005 年美元计

**表 16 - 13** 美国宏观经济季度数据，1960—2012 年

*Inflation*：FDP 平减指数季度百分比变化的年化值

*Fed fundRs*：联邦基金利率，衡量利率季度平均值的月度平均值

*Unrate*：平民失业率，月度失业率的季度平均

**表 17 - 1** 慈善捐助

*Charity*：捐助的所有现金和其他财产的总和，不包括往年余存

*Income*：修正后的总收入

*Price*＝1—边际收入税率；边际收入税率由捐助前的收入事前决定

*Age*：虚拟变量，1 代表纳税人年龄大于 64 岁，0 代表其他

*MS*：虚拟变量，1 代表纳税人已婚，0 代表其他

*DEPS*：与名义返税相关的数字

**表 17 - 9** 美国 48 个州公共投资对生产率增长的作用

*GSP*：州生产总值

*PRIVCAP*：私人资本

附录1

本书使用的数据集

*PUBCAP*：公共资本

*WATER*：水务公用事业资本

*UNEMP*：失业

**表 17 - 10** 1970—1990 年美国 49 个州对电力和天然气的需求

*Inc*：名义可支配收入，以千为单位

*def*：平减指数，令 1987 年＝100

*tpop*：人口，以千为单位

*yd*：以 1987 年为基期，以美元计算的实际可支配收入

*ydpc*：以 1987 年为基期，人均实际可支配收入

*esrcb*：住宅用电量，以十亿 Btu 为单位

*esrcbpc*：人均住宅用电量，以十亿 Btu 为单位

*esrcd*：居民电价

*resrcd*：以 1987 年为基期，以美元计算的实际电价

*esrcbg*：住宅天然气消耗量，以十亿 Btu 为单位

*esrcbgpc*：人均住宅天然气消耗量，以十亿 Btu 为单位

*esrcdg*：住宅天然气价格

*resrcdg*：以 1987 年为基期，以美元计算的实际天然气价格

*hdd*：人口加权采暖天数

*cdd*：人口加权降温天数

注：原始数据集包括所有 50 个州、哥伦比亚特区和美国总体的样本。样本期为 1970—1990 年。

**表 17 - 11** 啤酒税对啤酒销售的影响，来自 1985—2000 年美国 50 个州和华盛顿特区的数据

*Beer sales*：该州人均啤酒销量

*Income*：收入，以美元计

*Beer tax*：该州对啤酒征收的税率

注：每个州都有一个联邦数字代码，用 *fts＿state* 表示。横截面/时间序列观测值的总数。

**表 18 - 1** 累犯模型

*black*＝1 代表黑人

*alcohol*＝1 代表酒精问题

*drugs*＝1 代表吸毒史

*super*＝1 代表监外看管

*married*＝1 代表在押时结婚

*felon*＝1 代表判定重罪

*workprg*＝1 代表工作抵罪

*property*＝1 代表涉财犯罪

*person*＝1 代表对个人犯罪

*priors*：前科次数

*educ*：受教育年限

*rules*：监狱中违反规则的次数

*age*：以月计的年龄

*tserved*：服刑时间，四舍五入至以月为单位

*follow length*：两次入狱之间的时间段，以月为单位

*durat*：再次入狱之前的时间与两次入狱之间的时间段，二者取较大者

*cens*＝1代表右边断尾持续期

*ldurat*：*durat* 的对数

**表 18-9** 持续时间、年龄、体重和性别的数据

*Minutes*：做一件枯燥无味的事情的时间（分钟）

*Age*：年龄（岁）

*Weight*：体重，以磅为单位

*Gender*：女性为 1，男性为 0

*Censored*：数据被截尾记为 0，未被截尾记为 1

**表 18-10** 48 名参与者的抗癌药物试验

*Study time*：参与实验后的存活时间，以月为单位

*Died*：如果患者死亡，则记为 1

*Drug*＝1 表示使用药物，0 表示使用安慰剂

*Age*：参与实验时患者的年龄

**表 19-1** 犯罪率和警务支出，美国，1992 年

*Crime rate*：每 10 万人中的犯罪人数

*Expenditure*：警务支出，以美元计

**表 21-1** 使用 SATA 数据的 MRM 模型

*GPA*：第一年平均绩点（满绩为 4.0 分）

*Quant*：SAT 数学部分的分数

*Gender*：女性＝1，男性＝0

*Prv*：如果学生就读于私立学校为 1，否则为 0

*New_GPA*：GPA 四舍五入到最接近的整数

**表 21-8** 1925—1941 年美国牛肉和猪肉消费量

*CBE*：人均牛肉消费量，磅

*CPO*：人均猪肉消费量，磅

*PBE*：牛肉价格，美分/磅

*PPO*：猪肉价格，美分/磅

*DINC*：人均可支配收入，指数

**表 22-1** 全国教育纵向调查（NELS 数据）

*Math*：数学测试得分（因变量）

1 级变量

*SES*：学生的社会经济地位

*Homework*：每周完成家庭作业的小时数

*Race*：学生的种族，白人编码为 1，非白人编码为 0

*Parented*：父母的受教育水平

*Ratio*：学生/教师比率，衡量班级规模

2 级变量

*Schid*：学校 ID

*Public*：公立学校编码为 1，私立学校编码为 0

(% *minorities*)：在校少数族裔学生的百分比

*Geographic region*：地理区域，分为东北、中北部、南部和西部，用虚拟变量表示

*Urban*：学校所处位置，分为城市、郊区和农村，用虚拟变量表示

**表 23 - 1** 原始样本（第 1 列）和 25 个自举法样本

第 1 列：从标准正态分布中抽取的 25 个观测值的原始样本

第 2~26 列：从第 1 列抽取的 25 个自举法样本

# 附录 2

## 统计学附录

本附录可以作为基础统计学理论的一个初步介绍，不能取代全面的统计学背景知识。这里包含的基本工具是理解本书中的经济理论所必需的。本附录对概率、随机变量、概率分布及其性质以及统计推断进行了简单概述。以下四种分布在计量经济学中特别有用：(1) 正态分布；(2) $t$ 分布；(3) 卡方（$\chi^2$）分布；(4) $F$ 分布。

## A.1 求和符号

一些数学表达式实际上是出于简单易写的需要，我们常用希腊大写字母西格玛（$\sum$）来指代求和，例如：

$$\sum_{i=1}^{n} X_i = X_1 + X_2 + X_3 + \cdots + X_n$$

表达式 $\sum_{i=1}^{n} X_i$ 表示变量 $X$ 从第一个值到第 $n$ 个值的和。[1] 等价的书写形式还有以下几种：

$$\sum_{i=1}^{n} X_i, \quad \sum X_i \text{ 和 } \sum_x X$$

----

① 此附录是在艾娜斯·凯利（Inas Kelly）教授的帮助下完成的。一般而言，带有下标 $i$ 的大写字母表示变量而不是常数，它可以取很多值。

## □ ∑ 的性质

1. $\sum\limits_{i=1}^{n} k = nk$ ，其中 $k$ 是常量。

例如，

$$\sum_{i=1}^{4} 2 = 4 \times 2 = 8$$

2. $\sum\limits_{i=1}^{n} kX_i = k\sum\limits_{i=1}^{n} X_i$ 。

例如，

$$\sum_{i=1}^{2} 2X_i = 2\sum_{i=1}^{2} X_i = 2(X_1 + X_2) = 2X_1 + 2X_2$$

3. $\sum\limits_{i=1}^{n}(X_i + Y_i) = \sum\limits_{i=1}^{n} X_i + \sum\limits_{i=1}^{n} Y_i$ ，其中 $X_i$ 和 $Y_i$ 是变量。

例如，

$$\sum_{i=1}^{2}(X_i + Y_i) = \sum_{i=1}^{2} X_i + \sum_{i=1}^{2} Y_i = X_1 + X_2 + Y_1 + Y_2$$

4. $\sum\limits_{i=1}^{n}(a + bX_i) = na + b\sum\limits_{i=1}^{n} X_i$ ，其中 $a$ 和 $b$ 为常量。

例如，

$$\sum_{i=1}^{3}(4 + 5X_i) = 3 \times 4 + 5\sum_{i=1}^{3} X_i = 12 + 5X_1 + 5X_2 + 5X_3$$

## A.2 实验

### □ 关键概念

■ 一个**统计试验**（statistical experiment）或者**随机试验**（random experiment）指的是任何含有一个以上可能结果，并且这些结果的出现具有不确定性的观测或者测量过程。

■ 一个实验所有可能结果的集合称为**总体**（population）或**样本空间**（sample space）。

■ **事件**（event）的结果是一个特定集合，是样本空间的子集。如果一个事件出现意味着另一个事件不可能同时出现，那么它们是互斥的。如果两个事件出现的概率相等，那么它们是等可能的。如果两个事件包含了实验所有可能的结果，那么这两个事件是对立事件。

■ 若一个变量的数值由实验的结果所决定，那么这个变量即为**随机变量**（random, or stochastic, variable）。随机变量一般用大写字母（如 $X$，$Y$，$Z$）表示，而其数值则一般用小写字母（如 $x$，$y$，$z$）表示。**离散随机变量**（discrete random variable）是指一个只取有限个或可数的无限个数值的随机变量。**连续随机变量**（continuous random variable）在一个取值区间内有任意多的值。

■ 如果实验的 $n$ 个结果是互斥的且等可能的，而这些结果中的 $m$ 个是支持 $A$ 的，那么 $A$ 事件发生的**概率**（probability）是 $m/n$。也就是说，$P(A)=m/n=$ 支持 $A$ 的结果数量/总的结果数量。注意，这种概率的古典定义在实验结果非有限或非等可能的情况下是无效的。

这些概念可以用掷硬币的例子来解释。

### □ 掷硬币的例子

投掷两枚同样的硬币。令 H 代表正面，T 代表反面。可能结果有：正正，正反，反正，反反。这四种结果中的每一种都是一个事件。换句话说，样本空间 $S=\{HH,\ HT,\ TH,\ TT\}$。因为不可能同时出现 HH 和 HT，故这两个事件就是互斥事件。每个事件发生的概率均为 1/4，所以四个事件是等可能的。因为四个事件的概率相加等于 100% 或 1，从而样本空间中的事件是对立事件。

## ■ A.3　概率的经验定义

表 A-1 给出了一个孤儿院 10 个儿童的年龄分布。

在表 A-2 中表 A-1 得到了更简明的表达。注意在表 A-2 中，同龄的儿童被合并在一起。

如同在表 A-1 和表 A-2 中所表明的，**频率分布**（frequency distribution）说明了随机变量 $age$ 是如何分布的。第二列给出的是**绝对频率**（absolute frequency），即给定事件的出现次数。这一列中的数字加总必然等于所有事件的总次数（在这个例子中是 10）。**相对频率**（relative frequency）在第三列中给出，它等于绝对频率除以事件出现的总次数。这一列中的数字加总必然为 1，如表中所示。

**概率的经验定义或相对频率定义**（empirical, or relative frequency, definition of probability）给出的是在既定的观测值数量下使用相对频率来估计概率，前提是用于计算相关频率的观测值的数量是非常巨大的。所以，对于 $n$ 个观测值来说，如果 $m$ 个为支持 $A$ 事件的，那么事件 $A$ 的概率 $P(A)$ 即为 $m/n$，前提是 $n$ 足够大。与概率的古典定义不同，这里的结果不需要是互斥和等可能的。

表 A-1　10 个儿童的年龄分布

| 年龄 | 绝对频率 | 相对频率 |
|---|---|---|
| 5 | 1 | 1/10 |
| 7 | 1 | 1/10 |
| 7 | 1 | 1/10 |
| 7 | 1 | 1/10 |
| 8 | 1 | 1/10 |
| 8 | 1 | 1/10 |
| 8 | 1 | 1/10 |
| 8 | 1 | 1/10 |
| 9 | 1 | 1/10 |
| 10 | 1 | 1/10 |
|  |  | $\sum=1$ |

表 A-2  10 个儿童的年龄分布（简缩版）

| 年龄 | 绝对频率 | 相对频率 |
|------|----------|----------|
| 5 | 1 | 1/10 |
| 7 | 3 | 3/10 |
| 8 | 4 | 4/10 |
| 9 | 1 | 1/10 |
| 10 | 1 | 1/10 |
| | | $\sum = 1$ |

# A.4  概率：性质、规律和定义

1. $0 \leqslant P(A) \leqslant 1$。

2. 如果 $A$，$B$，$C$，…是互斥的，则 $P(A+B+C+\cdots) = P(A)+P(B)+P(C)+\cdots$。

3. 如果 $A$，$B$，$C$，…是互斥的且是对立事件，则 $P(A+B+C+\cdots) = P(A)+P(B)+P(C)+\cdots = 1$。

4. 如果 $A$，$B$，$C$，…是统计上的独立事件，$P(ABC\cdots) = P(A)P(B)P(C)\cdots$，即它们同时出现的概率等于每个单独概率的乘积。[1] $P(ABC\cdots)$ 称为**联合概率**（joint probability）。

5. 如果 $A$ 和 $B$ 不是互斥事件，则 $P(A+B) = P(A)+P(B)-P(AB)$。

6. $A$ 的补集 $A'$ 可以定义为：$P(A+A')=1$ 且 $P(AA')=0$。

7. $P(A \mid B) = P(AB)/P(B)$；$P(B)>0$，其中 $P(A \mid B)$ 称为条件概率。

条件概率的一个应用是由**贝叶斯定理**（Bayes' Theorem）给出的，该定理表述如下：

$$P(A \mid B) = \frac{P(B \mid A)P(A)}{P(B \mid A)P(A) + P(B \mid A')P(A')}$$

# A.5  随机变量的概率分布

## □ 离散型随机变量

离散型随机变量取值的数量是有限或可数无穷的。令函数 $f$ 为**概率质量函数**（probability mass function，PMF），定义如下：

$$P(X=x_i) = f(x_i), \quad i=1,2,\cdots$$

---

[1] 注意，如果 $A$，$B$ 是互斥的，则 $P(AB)=0$。

注意：

$$0 \leqslant f(x_i) \leqslant 1$$
$$\sum_x f(x_i) = 1$$

## □ 连续型随机变量

连续型随机变量取值的数量定义在一个区间之上，是无限多的。令函数 $f$ 表示**概率密度函数**（probability density function，PDF），定义如下：

$$P(x_1 < X < x_2) = \int_{x_1}^{x_2} f(x) \mathrm{d}x$$

其中 $x_1 < x_2$，$\int$ 是积分符号，与加总符号 $\sum$ 同义，但它用于连续型随机变量而非离散型随机变量。

注意：

$$\int_{-\infty}^{\infty} f(x) \mathrm{d}x = 1$$

**累积分布函数**（cumulative distribution function，CDF）由大写的 $F(x)$ 表示，与之相联系的随机变量的 PMF 或 PDF 如下：

$$F(x) = P(X \leqslant x)$$

其中 $P(X \leqslant x)$ 是随机变量 $X$ 的取值小于等于 $x$ 的概率。（注意，对于连续型随机函数而言，随机变量取某一个特定值的概率为 0。）

## □ CDF 的性质

1. $F(-\infty) = 0$ 且 $F(\infty) = 1$，其中 $F(-\infty)$ 和 $F(\infty)$ 是当 $x$ 分别趋向于 $-\infty$ 和 $\infty$ 时 $F(x)$ 的极限。

2. $F(x)$ 是非减的，即如果 $x_2 > x_1$，那么 $F(x_2) \geqslant F(x_1)$。

3. $P(X \geqslant k) = 1 - F(k)$，其中 $k$ 为常量。

4. $P(x_1 \leqslant X \leqslant x_2) = F(x_2) - F(x_1)$。

## □ 多元概率密度函数

到目前为止，我们已经讨论了单个变量（单变量的）概率密度函数，即我们一直在讨论一个变量，$X$。现在我们将引入 $Y$，并给出一个最简单的多元 PDF——双变量 PDF 的例子。表 A-3 给出了两个随机变量的有关信息：200 个人的平均工资（$X$）和 DVD 拥有量（$Y$）。表中显示的数字为绝对频率。

表 A-3 中提供的相对频率数值在表 A-4 中给出。注意，该表中的所有概率都称为

**联合概率** (joint probabilities) 或 $f(X, Y)$，且其和必须为 1 或 100%。

注意以下几点：

1. 对于所有 $X$，$Y$ 而言，$f(X, Y) \geqslant 0$。

2. 如前所述，$\sum_x \sum_y f(X,Y) = 1$。

表 A-3 两个随机变量的频率分布

| | | X=收入 | | | |
|---|---|---|---|---|---|
| | | 10 美元 | 15 美元 | 20 美元 | $f(Y)$ |
| Y=DVD 拥有量 | 0 | 20 | 10 | 10 | 40 |
| | 25 | 60 | 20 | 20 | 100 |
| | 50 | 0 | 20 | 40 | 60 |
| | $f(X)$ | 80 | 50 | 70 | 200 |

表 A-4 两个随机变量的相对频率分布

| | | X=收入 | | | |
|---|---|---|---|---|---|
| | | 10 美元 | 15 美元 | 20 美元 | $f(Y)$ |
| Y=DVD 拥有量 | 0 | 0.10 | 0.05 | 0.05 | 0.20 |
| | 25 | 0.30 | 0.10 | 0.10 | 0.50 |
| | 50 | 0.00 | 0.10 | 0.20 | 0.30 |
| | $f(X)$ | 0.40 | 0.25 | 0.35 | 1.0 |

3. 表 A-4 中的边缘概率用 $f(X)$ 和 $f(Y)$ 表示。也就是说，无论 $Y$ 取何值，$X$ 取某一个给定值的概率，称为 $X$ 的**边缘概率** (marginal probability)，而这种概率的分布是 $X$ 的边缘概率分布函数，所以，

对于所有的 $X$：$f(X) = \sum_y f(X,Y)$

且

对于所有的 $Y$：$f(Y) = \sum_x f(X,Y)$

4. **条件概率** (conditional probability) 指一个随机变量在给定另一个随机变量取某一个特定值时取某一特定值的概率。它等于联合概率除以边缘概率。简写为：

$$f(Y|X) = \frac{f(X,Y)}{f(X)} \text{ 和 } f(X|Y) = \frac{f(X,Y)}{f(Y)}$$

例如，在表 A-4 中，给定平均工资为 20 美元时个人拥有 DVD 的数量是 50 的概率可以表达如下[①]：

---

① 注意，这里的条件概率 57% 比拥有 50 个 DVD $[P\ (Y=50)]$ 的非条件概率（30%）要高，这是意料之中的，因为我们预计高收入人群会拥有更多的 DVD。正如我们稍后将会看到的，这表明 $X$ 和 $Y$ 在这个例子中不是统计上独立的。

$$f(Y=50 \mid X=20) = \frac{f(X=20, Y=50)}{f(X=20)} = \frac{0.20}{0.35} = 0.5714$$

5. 当且仅当其联合概率分布函数可以表示为其边缘概率密度函数的乘积时，两个随机变量 $X$ 和 $Y$ 才被称为是**统计独立**（statistically independent）的。换句话说，即：对于所有的 $X$，$Y$，$f(X, Y) = f(X)f(Y)$。

我们可以看到上面的例子中，工资（$X$）和 DVD 拥有量（$Y$）并不是统计独立的。

## A.6　期望值和方差

随机变量的**期望值**（expected value），也称为概率分布的第一个矩条件，它是其可能取值的加权平均值，或者也可以称为随机变量与其相应的概率的乘积的加总。它也用来指代总体均值，可以表示为：

$$E(X) = \mu_x = \sum Xf(X)$$

使用表 A-2 中给出的数值，孤儿院内儿童的平均年龄为：

$$\mu_x = \sum_x xf(X) = 5 \times 0.10 + 7 \times 0.30 + 8 \times 0.40 + 9 \times 0.10 + 10 \times 0.10 = 7.7$$

使用表 A-4 中给出的值，200 个人的平均工资为：

$$\mu_x = \sum_x xf(X) = 10 \times 0.40 + 15 \times 0.25 + 20 \times 0.35 = 14.75$$

200 个人中 DVD 的拥有量为：

$$\mu_y = \sum_y yf(Y) = 0 \times 0.20 + 25 \times 0.50 + 50 \times 0.30 = 27.5$$

注意，简单取平均值是上述更一般的情况中的特例，因为这里权数或概率 $f(X)$ 对所有 $X$ 来说是相等的。

### □ 期望值的性质

1. $E(a) = a$，其中 $a$ 是常量。
2. $E(X+Y) = E(X) + E(Y)$。
3. $E(X \mid Y) \neq E(X)/E(Y)$。
4. $E(XY) \neq E(X)E(Y)$，除非 $X$ 和 $Y$ 是统计独立的随机变量。[①]
5. $E(X^2) \neq [E(X)]^2$。
6. $E(bX) = bE(X)$，其中 $b$ 为常量。

---

① 注意：如果 $X$ 和 $Y$ 统计独立，那么 $E(XY) = E(X)E(Y)$。但是由 $E(XY) = E(X)E(Y)$ 不能推出 $X$ 和 $Y$ 统计独立。你必须证明对所有 $X$，$Y$ 都有 $f(X, Y) = f(X)f(Y)$。

7.  $E(aX+b)=aE(X)+E(b)=aE(X)+b$

所以 $E$ 是一个线性算子。

在双变量 PDF 中两个随机变量的期望值可以表示为：

$$E(XY)=\mu_{xy}=\sum_x\sum_y XYf(X,Y)$$

使用表 A-4 给出的值，工资和 200 个人中 DVD 拥有量的期望值为：

$$\mu_{xy}=\sum_x\sum_y XYf(X,Y)$$
$$=10\times0\times0.10+10\times25\times0.30+10\times50\times0.00$$
$$+15\times0\times0.05+15\times25\times0.10+15\times50\times0.10$$
$$+20\times0\times0.05+20\times25\times0.10+20\times50\times0.20=437.5$$

**条件期望值**（conditional expected value）（与上面所述的非条件期望值相反）是以令某个变量取某一个特定值为条件的某个变量的期望值，使用条件概率可以定义如下：

$$E(X\mid Y)=\sum_x Xf(X\mid Y)$$

使用表 A-4 中给出的数值，在 DVD 拥有量为 50 的条件下，工资的期望值为：

$$E(X\mid Y=50)=\sum_x xf(X\mid Y=50)=\sum_x x\frac{f(X,Y=50)}{f(Y=50)}$$
$$=10\times\frac{0.0}{0.3}+15\times\frac{0.1}{0.3}+20\times\frac{0.2}{0.3}=18.333$$

假设样本是从我们现在已经考虑到的总体中随机抽取的。**样本均值**（sample mean）可以表示为：

$$\bar{X}=\sum_{i=1}^n\frac{X_i}{n}$$

注意，这是在每个观测值的概率都相等——等于 $1/n$——的情况下得出的样本均值。样本均值作为 $E(X)$ 的一个估计。**估计量**（estimator）是一个告诉我们如何估计总体量的规则或公式。

随机变量的**方差**（variance），也称为概率分布的第二个矩条件，它测量的是样本围绕均值的离散程度，可以表示如下：

$$\mathrm{var}(X)=\sigma_x^2=E(X-\mu_x)^2=\sum(X-\mu_x)^2\cdot f(X)$$

使用表 A-2 中给出的数值，孤儿院儿童年龄的方差为：

$$\sigma_x^2=\sum_x(X-\mu_x)^2f(X)=(5-7.7)^2\times0.10+(7-7.7)^2\times0.30$$
$$+(8-7.7)^2\times0.40+(9-7.7)^2\times0.10+(10-7.7)^2\times0.10=1.61$$

使用表 A-4 中提供的数值，200 个人的工资方差为：

$$\sigma_x^2=\sum_x S(X-\mu_x)^2f(X)=(10-14.75)^2\times0.40$$
$$+(15-14.75)^2\times0.25+(20-14.75)^2\times0.35=18.688$$

### □ 方差的性质

1. $\mathrm{var}(k)=0$，其中 $k$ 是常量。

2. $\mathrm{var}(X+Y)=\mathrm{var}(X)+\mathrm{var}(Y)$，且 $\mathrm{var}(X-Y)=\mathrm{var}(X)+\mathrm{var}(Y)$，其中 $X$，$Y$ 是统计独立的随机变量。

3. $\mathrm{var}(X+b)=\mathrm{var}(X)$，其中 $b$ 是常量。

4. $\mathrm{var}(aX)=a^2\mathrm{var}(X)$，其中 $a$ 是常量。

5. $\mathrm{var}(aX+b)=a^2\mathrm{var}(X)$，其中 $a$，$b$ 都是常量。

6. $\mathrm{var}(aX+bY)=a^2\mathrm{var}(X)+b^2\mathrm{var}(Y)$，其中 $X$，$Y$ 是统计独立的随机变量，$a$，$b$ 是常量。

7. $\mathrm{var}(X)=E(X^2)-[E(X)]^2$，其中 $E(X^2)=\sum_x X^2 f(X)$。

随机变量的**标准差**（standard deviation）$\sigma_x$ 等于方差的平方根。使用表 A-2 中给出的数值，孤儿院儿童年龄的标准差为：

$$\sigma_x=\sqrt{\sigma_x^2}=\sqrt{1.61}=1.269$$

**样本方差**（sample variance）$\sigma_x^2$ 是总体方差的估计值，可以表示为：

$$S_x^2=\sum_{i=1}^{n}\frac{(X_i-\overline{X})^2}{n-1}$$

样本方差的分母表示**自由度**（degrees of freedom），等于（$n-1$），原因是我们使用同样的样本计算样本均值时失去了 1 个自由度。

随机变量的**样本标准差**（sample standard deviation）$S_x$ 等于样本方差的平方根。

## A.7  协方差和相关系数

**协方差**（covariance）用于度量两个变量在多元 PDF 中如何一起变化或变动，可以表示为：

$$\mathrm{cov}(X,Y)=\sigma_{xy}=E[(X-\mu_x)(Y-\mu_y)]=\sum_x\sum_y(X-\mu_x)(Y-\mu_y)f(X,Y)$$

或者写为：

$$\mathrm{cov}(X,Y)=\sigma_{xy}=E(XY)-\mu_x\mu_y=\sum_x\sum_y XYf(X,Y)-\mu_x\mu_y$$

使用表 A-4 中给出的数值，200 个人的工资和 DVD 拥有量间的协方差为：

$$\sigma_{xy}=\sum_x\sum_y XYf(X,Y)-\mu_x\mu_y=437.5-14.75\times27.5=31.875$$

## □ 协方差的性质

1. 当 $X$，$Y$ 是统计独立的随机变量时，$E(XY) = E(X)E(Y) = \mu_x \mu_y = 0$。
2. $\text{cov}(a+bX, c+dY) = bd\text{cov}(X, Y)$，其中 $a$，$b$，$c$，$d$ 均为常量。
3. $\text{cov}(X, X) = \text{var}(X)$。
4. $\text{var}(X+Y) = \text{var}(X) + \text{var}(Y) + 2\text{cov}(X, Y)$，$\text{var}(X-Y) = \text{var}(X) + \text{var}(Y) - 2\text{cov}(X, Y)$。

因为协方差是无界的（$-\infty < \sigma_{xy} < \infty$），所以用于表示两个变量间关系的一个更有效的方法就是**相关系数**（correlation coefficient），它是在 $-1$ 和 $1$ 之间取值的，可以表示如下：

$$\rho = \frac{\text{cov}(X, Y)}{\sigma_x \sigma_y}$$

## □ 相关系数的性质

1. 相关系数总是与协方差同号。
2. 相关系数是用于测量两个变量间的线性关系的。
3. $-1 \leqslant \rho \leqslant 1$。
4. 相关系数是纯数字，没有单位。
5. 如果两个变量统计独立，那么它们的协方差和相关系数为 0。然而，如果两个变量间的相关系数为 0，并不意味着两个变量间是统计独立的。
6. 相关并不必然意味着存在因果关系。

**样本协方差**（sample covariance）用于估计总体协方差 $\sigma_{xy}$，可以表示为：

$$S_{xy} = \frac{\sum (X_i - \bar{X})(Y_i - \bar{Y})}{n - 1}$$

同样，**样本相关系数**（sample correlation coefficient）用于估计总体样本相关系数 $\rho$，可以表示为：

$$r = \frac{S_{xy}}{S_x S_y}$$

# A.8 正态分布

最重要的概率分布是钟形**正态分布**（normal distribution）。一个正态分布的随机变量可以表示为：

$$X \sim N(\mu_x, \sigma_x^2)$$

其概率密度函数表示为：

$$f(x) = \frac{1}{\sigma_x\sqrt{2\pi}}\exp\left[-\frac{1}{2}\left(\frac{X-\mu_x}{\sigma_x}\right)^2\right]$$

## □ 正态分布的性质

1. 正态分布曲线是关于均值 $\mu_x$ 对称的。

2. 一个正态分布的随机变量的概率密度函数在均值处最大，在两端变小。

3. 正态曲线下方大约 68% 的面积在（$\mu_x \pm \sigma_x$）之间；大约 95% 的面积在（$\mu_x \pm 2\sigma_x$）之间；大约 99.7% 的面积在（$\mu_x \pm 3\sigma_x$）之间。曲线下方总面积为 100% 或 1。

4. 一个正态分布完全可以由两个参数 $\mu_x$ 和 $\sigma_x$ 表达。一旦函数中这两个参数的值已知，就可以通过上面给出的正态分布的概率密度函数计算出某个给定区间内 $X$ 的概率（或者使用标准统计手册中的表）。

5. 两个正态分布的随机变量的线性组合本身也是正态分布的。

如果 $X \sim N(\mu_x,\ \sigma_x^2)$ 和 $Y \sim N(\mu_y,\ \sigma_y^2)$，并且 $W = aX + bY$，那么

$$W \sim N(a\mu_x + b\mu_y,\ a^2\sigma_x^2 + b^2\sigma_y^2 + 2ab\sigma_{xy})$$

对正态分布的变量予以标准化，可以方便对比，通常是有用的。变量 $X$ 可以使用下面的式子予以标准化：

$$Z = \frac{X - \mu_x}{\sigma_x}$$

最终的变量服从均值为 0 且方差为 1 的正态分布：

$$Z \sim N(0,\ 1)$$

**中心极限定理**（central limit theorem，CLT）表述的是：如果 $X_1$，$X_2$，$X_3$，…，$X_n$ 是从均值为 $\mu_x$ 且方差为 $\sigma_x^2$ 的任意总体（不一定是正态分布的）中抽取的随机样本，则样本均值 $\overline{X}$ 趋向于服从均值为 $\mu_x$ 且方差为 $\sigma_x^2/n$（因为其样本大小增减不确定）的正态分布，即：

$$\overline{X} \sim N\left(\mu_x,\ \frac{\sigma_x^2}{n}\right)$$

我们可以使用下面的式子来对 $\overline{X}$ 进行标准化：

$$Z = \frac{\overline{X} - \mu_x}{\sigma_x/\sqrt{n}} \sim N(0,\ 1)$$

## A.9　学生 $t$ 分布

$t$ 分布用于总体方差未知的情况。在对 $\overline{X}$ 进行标准化时，更多的是使用样本标准差

$S_x$，而不是使用总体标准差 $\sigma_x$：

$$t = \frac{\overline{X} - \mu_x}{S_x/\sqrt{n}} \sim N(0, \frac{k}{k-2})$$

### □ $t$ 分布的性质

1. $t$ 分布关于其均值对称。

2. 当 $k>2$ 时，$t$ 分布的均值为 0 且方差为 $k/(k-2)$，其中 $k$ 等于自由度，即 $k=n-1$（样本方差公式的分母）。

3. 因为标准 $t$ 分布的方差比标准正态分布的方差大，所以标准 $t$ 分布的两翼更宽。但是随着观测值的增加，$t$ 分布向正态分布趋近。

# A.10 卡方（$\chi^2$）分布

$Z$ 分布和 $t$ 分布用于样本均值 $\overline{X}$ 的抽样分布，而**卡方分布** [chi-square（$\chi^2$）distribution] 则用于样本方差 $S_x^2 = \sum_{i=1}^{n} \frac{(X_i - \overline{X})^2}{n-1}$ 的抽样分布。

标准正态变量的平方与自由度为 1 的卡方（$\chi^2$）概率分布的分布相同：

$$Z^2 = \chi^2_{(1)}$$

设 $Z_1$，$Z_2$，$Z_3$，$\cdots$，$Z_k$ 为 $k$ 个独立的标准化随机变量（即每个变量的均值均为 0，方差均为 1），那么这些变量的平方和服从卡方分布：

$$\sum Z_i^2 = Z_1^2 + Z_2^2 + Z_3^2 + \cdots + Z_k^2 \sim \chi^2_{(k)}$$

### □ 卡方分布的性质

1. 与正态分布不同，卡方分布仅取正值，并且值域是从 0 到正无穷。

2. 与正态分布不同，卡方分布是偏斜分布，但随着自由度的提高，它会变得更加对称且趋近于正态分布。

3. 卡方分布的随机变量的期望值为 $k$，方差为 $2k$，其中 $k$ 等于自由度。

4. 若 $W_1$，$W_2$ 是自由度分别为 $k_1$，$k_2$ 的独立的卡方变量，那么它们的和（$W_1+W_2$）是自由度为（$k_1+k_2$）的卡方变量。

# A.11 $F$ 分布

$F$ 分布，也称为方差比分布，在比较两个互相独立的正态分布的随机变量的样本方

计量经济学：原理与实践（第二版）

差时很有用。设 $X_1$，$X_2$，$X_3$，$\cdots$，$X_n$ 是从一个均值为 $\mu_x$、方差为 $\sigma_x^2$ 的正态总体中抽取的大小为 $n$ 的随机样本，设 $Y_1$，$Y_2$，$Y_3$，$\cdots$，$Y_n$ 是从一个均值为 $\mu_y$、方差为 $\sigma_y^2$ 的正态总体中抽取的大小为 $m$ 的随机样本。下面的比率用来决定两个总体的方差是否相同，其服从分子、分母的自由度分别为 $(n-1)$ 和 $(m-1)$ 的 $F$ 分布，即

$$F = \frac{S_x^2}{S_y^2} = \frac{\sum_{i=1}^{n} (X_i - \overline{X})^2 / (n-1)}{\sum_{i=1}^{m} (Y_i - \overline{Y})^2 / (m-1)} \sim F_{n-1, m-1}$$

### □ $F$ 分布的性质

1. 同卡方分布一样，$F$ 分布也是向右偏斜且值域在 0 和正无穷之间。

2. 同 $t$ 分布和卡方分布一样，随着分子和分母的自由度 $k_1$，$k_2$ 的增大，$F$ 分布趋近于正态分布。

3. 自由度为 $k$ 的 $t$ 分布的随机变量的平方服从分子自由度为 1、分母自由度为 $k$ 的 $F$ 分布，即

$$t_k^2 = F_{1,k}$$

4. 当分母自由度较大时，分子自由度乘以 $F$ 值约等于分子自由度的卡方分布，即当 $n \to \infty$ 时

$$mF_{m,n} = \chi_\mu^2$$

其中 $m$，$n$ 分别为分子自由度和分母自由度。

## A.12　统计推断

**统计推断**（statistical inference）的概念指的是在从总体中抽取的随机样本的基础上得出关于总体的一些性质。这需要估计和假设检验。**估计**（estimation）包括从总体中搜集随机样本以及获得估计量，比如 $\overline{X}$（也是样本统计量）。**假设检验**（hypothesis testing）涉及的是，根据一个可能取值的先验判断或期望来评价该值的真实性。例如，我们可以假设女性平均身高为 $5'5''$，或 165cm，然后从总体中选择一个女性的随机样本来看看样本中的平均身高是否与 165cm 有统计意义上的不同。这是假设检验的本质所在。如果这是我们需要检验的，我们就可以列出如下零假设（$H_0$）和备择假设（$H_1$）：

$$H_0 : \mu_x = 165\text{cm}$$
$$H_1 : \mu_x \neq 165\text{cm}$$

正如我们稍后看到的，这是一个双侧检验。如果我们对检验总体均值是否小于 165cm 而不仅仅是不等于 165cm 感兴趣，那么我们可以设置如下零假设和备择假设：

$$H_0 : \mu_x = 165\text{cm}$$
$$H_1 : \mu_x < 165\text{cm}$$

正如我们稍后看到的，这是一个单侧检验。

我们有两种用于假设检验的方法——区间估计和点估计。在**区间估计**（interval estimation）中，我们设定一个真实（总体）值可能存在的 $\overline{X}$ 附近的区间。这个区间称为**置信区间**（confidence interval），此处我们对于结论的信任是建立在犯第Ⅰ类错误的概率上的，所谓第Ⅰ类错误即在虚拟假设是真实的情况下拒绝了零假设。[①] 第Ⅰ类错误通常用 $\alpha$ 表示。区间定义为：

$$P(L \leqslant \mu_x \leqslant U) = 1 - \alpha，其中 \; 0 < \alpha < 1$$

在计算下限（$L$）和上限（$U$）的时候，要回忆起下式[②]：

$$t = \frac{\overline{X} - \mu_x}{S_x / \sqrt{n}}$$

在构造一个 95% 的置信区间时，自由度足够大的 **$t$ 临界值**（critical $t$ value）等于 1.96。[③] 因为 $t$ 分布是对称的，所以 $t$ 值是 $-1.96$ 和 1.96。我们可以构造下面的区间：

$$P(-1.96 \leqslant t \leqslant 1.96)$$
$$P\left(-1.96 \leqslant \frac{\overline{X} - \mu_x}{S_x / \sqrt{n}} \leqslant 1.96\right)$$

化简后可得：

$$P\left(\overline{X} - 1.96 \frac{S_x}{\sqrt{n}} \leqslant \mu_x \leqslant \overline{X} + 1.96 \frac{S_x}{\sqrt{n}}\right) = 0.95$$

在**点估计**（point estimation）中，则使用单一数值，如 $\overline{X}$，从而对设定（假设）的总体均值进行检验。例如，如果我们收集 21 个女性身高的随机样本，并发现其均值 $\overline{X}$ 为 162cm，样本标准差为 2，我们可以使用 5% 的 $\alpha$ 值进行双侧检验，计算实际 $t$ 值并与 $t$ 临界值比较（在自由度为 20 的情况下为 2.086）。实际 $t$ 值为：

$$t = \frac{\overline{X} - \mu_x}{S_x / \sqrt{n}} = \frac{162 - 165}{2 / \sqrt{20}} = -6.708$$

由于 $-6.708$ 的绝对值大于 2.806，所以我们拒绝总体均值是 165cm 的零假设（在 95% 的置信水平下），并支持总体均值不是 165cm 的备择假设。

在样本均值附近的 95% 的置信区间应为：

$$P\left(\overline{X} - 1.96 \frac{S_x}{\sqrt{n}} \leqslant \mu_x \leqslant \overline{X} + 1.96 \frac{S_x}{\sqrt{n}}\right) = 0.95$$

---

① 第Ⅱ类错误是当零假设错误时不拒绝零假设的概率，这通常被认为是两类错误中比较不严重的一种。（如果某人面对死刑，你更愿意处决一个无辜的人——类似于第Ⅰ类错误——还是不处决一个有罪的人？）在不增加观测值数量的情况下，同时减少两类错误是不可能的。检验的概率有时候可以被计算出来，它等于 1 减去犯第Ⅱ类错误的概率。

② 我们使用 $t$ 分布而不是 $Z$ 分布的原因是，我们一般假设总体方差是未知的。

③ 这个值从 $t$ 值表中得到，在标准统计手册中也可以查到。

$$P\left(162-2.086\ \frac{2}{\sqrt{20}}\leqslant\mu_x\leqslant162+2.086\ \frac{2}{\sqrt{20}}\right)=0.95$$

$$P(161.067\leqslant\mu_x\leqslant162.933)=0.95$$

注意，165 在置信区间之外。所以，根据 95% 的置信区间，人们可以拒绝总体身高为 165cm 的零假设，并支持总体身高不是 165cm 的备择假设。

如果对这个例子我们使用单侧检验而不是双侧检验，那么 $t$ 临界值（查表）应该是 1.725，我们可以再次拒绝零假设并支持总体均值比 165cm 小的备择假设。

单侧检验 95% 的置信区间应为：

$$P\left(-\infty<\mu_x\leqslant\overline{X}+1.725\ \frac{S_x}{\sqrt{n}}\right)=0.95$$

$$P\left(-\infty<\mu_x\leqslant162+1.725\ \frac{2}{\sqrt{20}}\right)=0.95$$

$$P(-\infty<\mu_x\leqslant162.771)=0.95$$

注意，165 在置信区间之外，所以，根据 95% 的置信区间，我们可以拒绝总体均值为 165cm 的零假设并支持总体均值小于 165cm 的备择假设。

## □ 点估计的性质

1. 线性：如果估计量是一个关于观测值的线性函数，那么这个估计量称为线性估计量，比如，

$$\overline{X}=\sum_{i=1}^{n}\frac{X_i}{n}$$

2. 无偏性：如果 $\hat{\theta}$ 的期望值等于 $\theta$，即 $E(\hat{\theta})=\theta$，那么估计量 $\hat{\theta}$ 是 $\theta$ 的一个无偏估计量。例如，$E(\overline{X})=\mu_x$，其中 $\mu_x$ 和 $\overline{X}$ 分别是总体和样本中随机变量 $X$ 的平均值。

3. 最小方差性：如果一个估计量的方差在所有关于某个参数的估计量中方差最小，那么这个估计量是一个最小方差估计量。比如，因为 $\mathrm{var}(X_{\mathrm{median}})=(\pi/2)\mathrm{var}(\overline{X})$，所以 $\mathrm{var}(\overline{X})<\mathrm{var}(X_{\mathrm{median}})$。

4. 有效性：如果我们只考虑参数的无偏估计量，那么拥有最小方差的无偏估计量就被称为最佳估计量，或有效估计量。

5. 最佳线性无偏估计量（BLUE）：如果一个估计量是线性的、无偏的，并且在所有对某个参数的线性无偏估计量中方差最小，那么它就称为最佳线性无偏估计量。

6. 一致性：如果一个估计量在样本容量增加的情况下越来越接近参数的真实值，那么这个估计量称为一致估计量。

7. 最小均方误（MSE）估计量

估计量 $\hat{\theta}$ 的 MSE 定义如下：

$$MSE(\hat{\theta})=E(\hat{\theta}-\theta)^2$$

其中 $\hat{\theta}$ 的方差定义为

$$\text{Var}(\hat{\theta}) = E[\hat{\theta} - E(\hat{\theta})]^2$$

这两者之差是测度了围绕其均值或期望值的分布散度的 var() 与测度了围绕在该参数真实值的散度的差。

通过简单的代数运算可得：

$$MSE(\hat{\theta}) = E[\hat{\theta} - E(\hat{\theta})]^2 + E[E(\hat{\theta} - \theta)]^2 = \text{var}(\hat{\theta}) + [\text{bias}(\hat{\theta})]^2$$

假设检验同样可以使用 $F$ 分布或卡方分布，其例子见习题 A.17 和习题 A.21。

## A.13 指数和对数函数

在第 2 章我们研究了几种回归模型的函数形式，其中一种是对数模型，即双对数或半对数模型。由于在经验研究中对数函数形式经常出现，所以我们来学习对数及其逆运算——指数的一些重要性质是很重要的。

我们来看数字 8 和 64，可知

$$64 = 8^2 \tag{1}$$

用这种方式书写，指数 2 就是以 8 为底 64 的对数。规范地讲，一个数（例如，64）对于给定的底的对数(例如，8)是幂指数(2)，底 (8) 的幂 (2) 必然等于该数（64）。

一般来说，如果

$$Y = b^X (b > 0) \tag{2}$$

那么

$$\log_b Y = X \tag{3}$$

在数学中，式（2）称为指数函数，式（3）称为对数函数。从这些方程中明显可以得出，其中一个函数是另外一个函数的逆。

尽管在实际中任何正数都可以为底，但是有两个比较常用的对数，是以 10 为底和以数 e = 2.718 28…… 为底的。

以 10 为底的对数称为常用对数。例如，

$$\log_{10} 64 \approx 1.81 ; \log_{10} 30 \approx 1.48$$

对于前者，$64 \approx 10^{1.81}$；对于后者，$30 \approx 10^{1.48}$。

以 e 为底的对数称为自然对数。因此有，

$$\log_e 64 \approx 4.16 ; \log_e 30 \approx 3.4$$

根据习惯，以 10 为底的对数标示为 "log"，以 e 为底的对数标示为 "ln"。在前例中，我们可以写作：log64 或 log30，以及 ln64 和 ln30。

在自然对数和常用对数之间存在着一个固定关系，即

$$\ln X = 2.302\ 6 \log X \tag{4}$$

也就是说，（正）数 $X$ 的自然对数等于 2.302 6 乘以 10 为底的 $X$ 的对数。因此有，

$$\ln 30 = 2.302\ 6\log 30 = 2.302\ 6 \times 1.48 \approx 3.4$$

这和前面的结果一样。

在数学里，通常使用的底为 e。

值得注意的是，负数的对数没有定义。

对数有一些重要的性质如下：令 $A$ 和 $B$ 是正数。可以证明下述性质成立：

1. $\ln(A \times B) = \ln A + \ln B$。     (5)

也就是说，两个正数乘积的对数等于其各自对数的和。这一性质可以扩展到三个或更多正数的乘积。

2. $\ln\left(\dfrac{A}{B}\right) = \ln A - \ln B$。     (6)

即 $A$ 和 $B$ 之比的对数等于 $A$ 的对数与 $B$ 的对数的差。

3. $\ln(A \pm B) \neq \ln A \pm \ln B$。     (7)

即 $A$ 和 $B$ 的和或差的对数不等于其对数的和或差。

4. $\ln(A^k) = k \ln A$。     (8)

即 $A$ 的 $k$ 次幂的对数等于 $k$ 乘以 $A$ 的对数。

5. $\ln e = 1$。     (9)

即以 e 为底 e 的对数等于 1（同样，以 10 为底 10 的对数也等于 1）。

6. $\ln 1 = 0$。

即数 1 的自然对数为零，其常用对数也是零。

7. 如果 $Y = \ln X$，则 $\dfrac{\mathrm{d}Y}{\mathrm{d}X} = \dfrac{\mathrm{d}(\ln X)}{\mathrm{d}X} = \dfrac{1}{X}$。     (10)

即 $Y$ 对 $X$ 的变化率或者导数是 $1/X$。但是，如果取此函数的二阶导数，就会给出变化率的变化率，可以得到：

$$\frac{\mathrm{d}^2 Y}{\mathrm{d}X^2} = -\frac{1}{X^2}$$     (11)

即尽管一个（正）数的对数变化率是正的，但是其变化率的变化率却是负的。换言之，一个更大的正数会有一个更大的对数值，但它的增幅是不断递减的。因此，$\ln 10 \approx 2.302\ 6$ 而 $\ln 20 \approx 2.995\ 7$。这就是对数转换被称为非线性转换的原因。所有这些都可以在图 A2 - 1 中清楚地看到。

8. 尽管可以取对数的数总是正的，但是这个数的对数却可以为正也可以为负。可以很容易证明下列式子是否成立。

$$0 < Y < 1, \ln Y < 0$$
$$Y = 1, \ln Y = 0$$
$$Y > 1, \ln Y > 0$$

## □ 对数和百分比变化

经济学家经常对一个变量的百分比变化感兴趣，比如 GDP、工资、货币供给等诸如

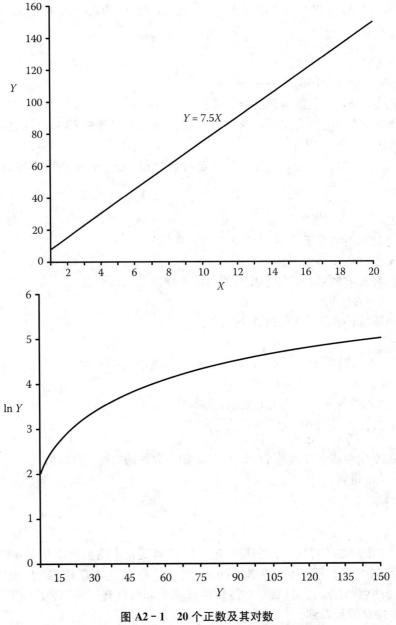

图 A2 - 1　20 个正数及其对数

此类的变量的百分比变化。在计算百分比变化中对数经常非常有用。为了理解这一点，我们把式（10）写为：

$$d(\ln X) = \frac{dX}{X}$$

因此，对于 $X$ 的一个非常小（技术上要求无穷小）的变化，$\ln X$ 的变化等于 $X$ 的相对变化或比例变化。如果将此相对变化乘以 100，就会得到百分比变化。

　　在实际操作中，如果 $X$ 的变化（$= dX$）充分小，那么我们可以将 $\ln X$ 的变化作为 $X$ 相对变化的一个近似值，也就是说，对于 $X$ 的一个很小的变化，我们可以写为：

$$\ln X_t - \ln X_{t-1} \approx \frac{X_t - X_{t-1}}{X_{t-1}}$$
$$= X \text{ 的相对变化}$$

或如果乘以 100 即为百分比变化。

### □ 对数的一些有用的应用

#### 倍乘和 70 法则

假设一个国家的 GDP 以每年 3% 的速度增长，那么多少年之后其 GDP 可以翻倍？令 $r$＝GDP 的百分比增长率，$n$＝GDP 翻倍所需年数。那么这一年数（$n$）可以由下面的公式给出：

$$n = \frac{70}{r} \tag{12}$$

因此，如果 GDP 增速为每年 3%，那么 GDP 翻倍需用 23 年。如果 $r$＝8%，那么 GDP 翻倍只需 8.75 年。这个数 70 从何而来呢？

为了求出这一值，我们令 $GDP(t+n)$ 和 $GDP(t)$ 表示在时刻（$t+n$）和时刻 $t$ 时的 GDP 的值。使用金融学中的连续复利公式，有：

$$GDP(t+n) = GDP(t) e^{r \cdot n} \tag{13}$$

其中 $r$ 以小数表示，$n$ 以年份或任何其他方便的时间单位表示。

现在，我们发现 $n$ 和 $r$ 满足：

$$e^{r \cdot n} = \frac{GDP(t+n)}{GDP(t)} = 2 \tag{14}$$

两边取自然对数，可以得到：

$$r \cdot n = \ln 2 \tag{15}$$

**注**：没有必要担心式（14）的中间一项，因为 GDP（或任何经济变量）的初始水平不会影响翻倍所需要的年数。

由于

$$\ln 2 = 0.693\,1 \approx 0.70 \tag{16}$$

所以我们可以从式（15）中得到：

$$n = \frac{0.70}{r} \tag{17}$$

右边分子分母各乘以 100，我们就可以得到 70 法则了。正如你从这个公式中所看到的，$r$ 值越高，GDP 翻倍所需的时间越短。

#### 一些增长率公式

对数转换在计算时变函数变量的增长率时是非常有用的。为了说明这一点，我们令

变量 $W$ 为时间的函数 $W=f(t)$，其中 $t$ 代表时间。那么 $W$ 的瞬时增长率（即时间点上的增长率），用 $g_W$ 表示，可以定义为：

$$g_W = \frac{dW/dt}{W} = \frac{1}{W}\frac{dW}{dt} \qquad (18)$$

例如，令

$$W = X \cdot Z \qquad (19)$$

其中 $W$＝名义 GDP，$X$＝真实 GDP，而 $Z$ 是 GDP 价格平减指数。所有这些变量随时间变化。取式（19）的自然对数，可以得到：

$$\ln W = \ln X + \ln Z \qquad (20)$$

对此方程两边取时间 $t$ 的微分，可以得到：

$$\frac{1}{W}\frac{dW}{dt} = \frac{1}{X}\frac{dX}{dt} + \frac{1}{Z}\frac{dZ}{dt} \qquad (21)$$

或者

$$g_W = g_X + g_Z \qquad (22)$$

总而言之，$W$ 的瞬时增长率等于 $X$ 和 $Z$ 的瞬时增长率之和。在当前的例子里，GDP 的瞬时增长率是真实 GDP 的瞬时增长率和 GDP 价格平减指数之和，这个结果对经济学专业的学生来说应该是很熟悉了。

同样也可以证明，如果我们有

$$W = \frac{X}{Z} \qquad (23)$$

则

$$g_W = g_X - g_Z \qquad (24)$$

因此，如果 $W$＝人均收入（用 GDP 来衡量），$X$＝GDP，$Z$＝总人口数，那么人均收入的瞬时增长率等于 GDP 的瞬时增长率减去总人口数的瞬时增长率，这是学习过经济增长的学生耳熟能详的命题了。

**习题** ☞

A.1 写出下列式子的含义：

(a) $\sum_{i=3}^{4} x^{i-3}$

(b) $\sum_{i=1}^{4} (2x_i + y_i)$

(c) $\sum_{j=1}^{2} \sum_{i=1}^{2} x_i y_j$

(d) $\displaystyle\sum_{i=31}^{100} k$

A.2 同时投掷一个骰子和硬币，求骰子点数为偶数且硬币为正面的概率。

A.3 一个盘子中有 3 块奶油味曲奇和 4 块巧克力味曲奇。

(a) 如果我从盘中随机取第一块曲奇是奶油味的，那么从盘里拿起的第二块曲奇也是奶油味的概率是多少？

(b) 取到两块巧克力味曲奇的概率是多少？

A.4 在 100 个人中，25 岁以下的有 30 人，25～55 岁的有 50 人，55 岁以上的有 20 人。三类人群中阅读《纽约时报》的人所占的百分比分别为 20%、70%、40%。如果这 100 人中有 1 人被发现正在看《纽约时报》，那么此人有多大概率是 25 岁以下的？

A.5 在一家餐厅中有 20 位棒球运动员在座：7 位 Mets 队球员和 13 位 Yankees 队球员。在这些人中，4 位 Mets 队的和 4 位 Yankees 队的球员正在喝啤酒。

(a) 随机取一位 Yankees 队的球员。他正在喝啤酒的概率是多少？

(b) 两个事件（是 Yankees 队球员而且正在喝酒）是不是统计独立的？

A.6 **维恩图**（Venn diagrams）通常被用来以图形形式表达样本空间中的事件，如图 A2-2 所示。图中所涉及的四个组别的简写如下：W＝白人，B＝黑人，H＝西班牙裔，O＝其他。如图所示，这四个事件互斥且是对立事件。这是什么意思？一般而言，在调查中个体将他们自己视为西班牙裔的同时也会将他们自己视为黑人或者白人。如何使用维恩图来表示？在这个案例中，它们的概率总和为 1 吗？为什么？

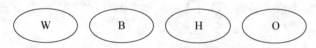

**图 A2-2 种族/族群的维恩图**

A.7 根据下面给出的股票回报率，计算 $x$ 的期望值。

| 回报率（$x$） | $f(x)$ |
| --- | --- |
| 0 | 0.15 |
| 10 | 0.20 |
| 15 | 0.35 |
| 30 | 0.25 |
| 45 | 0.05 |

A.8 概率分布见下表：

| | | $X$ | | |
| --- | --- | --- | --- | --- |
| | | 2 | 4 | 6 |
| $Y$ | 50 | 0.2 | 0.0 | 0.2 |
| | 60 | 0.0 | 0.2 | 0.0 |
| | 70 | 0.2 | 0.0 | 0.2 |

请计算：

(a) $P[X=4，Y>60]$。

(b) $P[Y<70]$。

(c) 求 $X$ 和 $Y$ 的边缘分布。

(d) 求 $X$ 的期望值。

(e) 求 $X$ 的方差。

(f) 当 $X=2$ 时 $Y$ 的条件分布是什么？

(g) 求 $E[Y \mid X=2]$。

(h) $X$ 和 $Y$ 是否相互独立？为什么？

A.9 下表给出了一个双变量的概率分布。两个变量为月收入 $(Y)$ 和受教育程度 $(X)$。

| | | X=受教育程度 | | |
| --- | --- | --- | --- | --- |
| | | 高中 | 大学 | $f(Y)$ |
| Y=月收入 | 1 000 美元 | 20% | 6% | |
| | 1 500 美元 | 30% | 10% | |
| | 3 000 美元 | 10% | 24% | |
| | $f(X)$ | | | |

(a) 写出变量月收入和受教育程度的边缘概率密度分布函数 (PDF)，即 $f(X)$ 和 $f(Y)$ 分别是什么？

(b) 写出条件概率密度函数 $f(Y \mid X=大学)$ 和 $f(X \mid Y=3\,000$ 美元$)$。（提示：有 5 个结果。）

(c) 求 $E(Y)$ 和 $E(Y \mid X=大学)$。

(d) 求 $var(Y)$，写出具体步骤。

A.10 使用统计表，回答下列问题。

(a) 求 $P(Z<1.4)$。

(b) 求 $P(Z>2.3)$。

(c) 若学生得分分布均值为 80，方差为 25，随机选择一个学生，其得分高于 95 的概率是多少？

A.11 瓶中沐浴露的量服从均值为 6.5 盎司、标准差为 1 盎司的正态分布。如果有一瓶不到 6 盎司，它就要再次填充到均值水平，这样则会花费 1 美元。

(a) 一瓶沐浴露不到 6 盎司的概率是多少？

(b) 根据（a）的答案，如果有 100 000 瓶沐浴露，重新填充将花费多少钱？

A.12 若 $X \sim N(2, 25)$，$Y \sim N(4, 16)$，给出以下线性组合的均值和方差：

(a) $X+Y$ [假设 $cov(X, Y)=0$]。

(b) $X-Y$ [假设 $cov(X, Y)=0$]。

(c) $5X+2Y$ [假设 $cov(X, Y)=0.5$]。

(d) $X-9Y$ [假设 $X$, $Y$ 之间的相关系数为 $-0.3$]。

A.13 设 $X(\%)$ 和 $Y(\%)$ 表示两只股票的回报率（每美分）。已知 $X \sim N(18, 25)$，$Y \sim N(9, 4)$，以及 $X$, $Y$ 间的相关系数为 $-0.7$。假设你想要持有相同比例的两只

股票。求这种投资组合回报的概率分布。持有这种组合或仅投资两只股票中的一种，哪一个更好？为什么？

A.14　使用统计表，求在下面情况中的 $t$ 临界值（df 代表自由度）。

(a) df＝10，$\alpha$＝0.05（双侧检验）。

(b) df＝10，$\alpha$＝0.05（单侧检验）。

(c) df＝30，$\alpha$＝0.10（双侧检验）。

A.15　Bob 面包店有 4 位求职者，基本情况都相同，两位男性，两位女性。如果随机选择两位求职者，两位求职者同性别的概率是多少？

A.16　Don 漫画书店每天卖出的漫画书数量服从均值为 200、标准差为 10 的正态分布。

(a) 求在某一天中，漫画书店卖出的书少于 175 本的概率。

(b) 求在某一天中，漫画书店卖出的书多于 195 本的概率。

A.17　镇子两头的服装店主想要知道在这两个地点的生意是否有区别。两个独立随机样本得出：

$n_1$＝41 天

$S_1^2$＝2 000 美元

$n_2$＝41 天

$VS_2^2$＝3 000 美元

(a) 哪种分布（$Z$，$t$，$F$ 或卡方分布）在这个案例中更合适？求出 $Z$，$t$，$F$ 或卡方分布值？

(b) 取得该值相应的概率是多少？（提示：使用统计表中合适的表。）

A.18　(a) 已知 $n$＝25，具有 5％ 的（单侧）概率的 $t$ 值是多少？

(b) 已知 $X \sim N(20, 25)$，若 $n$＝9，求 $P(\overline{X} > 15.3)$。

A.19　美国人每月平均有 3.6 天觉得身体不舒服，标准差为 7.9。[①]设不舒服的天数服从均值为 3.6 天、标准差为 7.9 天的正态分布。那么某人在一个月内超过 5 天不舒服的概率是多少？（提示：使用统计表。）

A.20　R 鞋厂生产的鞋子尺寸服从均值为 8、总体方差为 4 的正态分布。

(a) 任意取一双鞋，求其尺寸大于 6 的概率。

(b) 求其尺寸小于 7 的概率。

A.21　我们已经知道，如果 $S_x^2$ 是从方差为 $\sigma_x^2$ 的正态总体中抽取的 $n$ 个观测值的随机样本中获取的样本方差，那么统计学理论表明，样本方差与总体方差之比乘以自由度 $(n-1)$ 服从自由度为 $(n-1)$ 的卡方分布：

$$(n-1)\left(\frac{S_x^2}{\sigma_x^2}\right) \sim \chi_{(n-1)}^2$$

现从 $\sigma_x^2$＝10 的总体中抽取一个有 30 个观测值的随机样本，且给出样本方差为 $S_x^2$＝15。求获得这种（或更大的）样本方差的概率。（提示：使用统计表。）

---

① 数据来自疾病控制中心（the Centers for Disease Control）的《2008 年行为风险因子监管系统》（2008 Behavioral Risk Factor Surveillance System）。

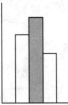

# 术语表

asymptotic sample theory　渐近样本理论

augmented Engle-Granger test　增广恩格尔-格兰杰检验

autocorrelation　自相关

　coefficient of　自相关系数

　partial　局部自相关

　remedial measures　自相关补救措施

　tests of　自相关检验

autocorrelation function　自相关函数

autoregressive conditional heteroscedasticity，see ARCH model　自回归条件异方差性，
　见 ARCH 模型

autoregressive distributed lag models　自回归分布滞后模型

autoregressive integrated moving average model　自回归整合移动平均模型

autoregressive model　自回归模型

autoregressive moving average model　自回归移动平均模型

auxiliary regression　辅助回归


balanced panel　平衡面板

base category　基准类别

Bayes' Theorem　贝叶斯定理

Bayesian statistics　贝叶斯统计学

best linear unbiased estimator　最佳线性无偏估计量

best unbiased estimator　最佳无偏估计量

beta coefficients　beta 系数

BLUE，see best linear unbiased estimator　BLUE，见最佳线性无偏估计量

Box-Jenkins methodology　博克斯-詹金斯方法

Breusch-Godfrey test　布鲁施-戈弗雷检验

Breusch-Pagan test　布鲁施-帕甘检验

BUE，see best unbiased estimator　BUE，见最佳无偏估计量


cancer　癌症

categorical variables，see dummy variables　类别变量，见虚拟变量

causality　因果关系

CDF，see cumulative distribution function　CDF，见累积分布函数

censored regression models　截取回归模型

censored sample models　截取样本模型

censoring　截取

Central Limit Theorem　中心极限定理

charitable giving　慈善捐赠

chi-square distribution　卡方分布

classical linear regression model　经典线性回归模型

CLM，see conditional logit models　CLM，见条件 logit 模型

CLRM，see classical linear regression model　CLRM，见经典线性回归模型

Cobb-Douglas production function　柯布−道格拉斯生产函数

coefficient of determination　判定系数

coefficient of expectations　预期系数

coin toss　掷硬币

cointegration　协整

  error correction mechanism　协整和误差纠正机制

  tests　协整检验

  unit root tests　协整单位根检验

comparison category　参照类别

conditional expectation　条件期望

conditional forecasts　条件预测

conditional logit models　条件 logit 模型

conditional mean　条件均值

conditional probability　条件概率

conditional probit models　条件 probit 模型

confidence band　置信带

confidence coefficient　置信系数

confidence interval　置信区间

consistency property　一致性性质

consumption function　消费函数

  autoregressive　消费函数自回归

consumption function，USA　美国消费函数

contingency analysis　应变分析

continuous random variables　连续型随机变量

continuous time analysis　连续时间分析

correlation coefficient　相关系数

correlogram　相关图

covariance　协方差

CPM，see conditional probit models　CPM，见条件 probit 模型

cross-sectional data　横截面数据

cumulative distribution function　累积分布函数

  of time　时间的累积分布函数

Current Population Survey　当前人口调查

cutoffs　截点

data　数据

quality　数据质量

sources　数据来源

types of　数据类型

data mining　数据挖掘

data sets　数据集

degrees of freedom　自由度

dependent variable　因变量

deseasonalization　去季节化

deterministic trend　确定性趋势

Dickey-Fuller test　迪基–富勒检验

augmented　增广迪基–富勒检验

difference stationary process　差分平稳过程

differential intercept dummies　差别截距虚拟变量

differential slope coefficients　差别斜率系数

differential slope dummies　差别斜率虚拟变量

discrete random variables　离散型随机变量

discrete time analysis　离散时间分析

distributed lag model　分布滞后模型

DLM，see distributed lag model　DLM，见分布滞后模型

dollar/euro exchange rate　美元/欧元汇率

Dow Jones Index　道琼斯指数

drift　漂移

drift parameter　漂移参数

DSP，see difference stationary process　DSP，见差分平稳过程

dummy regressors　虚拟回归元

dummy variables　虚拟变量

interpretation of　虚拟变量的解释

seasonal data　虚拟变量的季节数据

trap　虚拟变量陷阱

duration dependence　期限依赖

duration spell　持续时间

Durbin's $h$ statistic　德宾 $h$ 统计量

Durbin-Watson statistic　德宾–沃森统计量

dynamic regression　动态回归

dynamic regression models　动态回归模型


earnings and educational attainment　收入与受教育程度

ECM，see error components model；error correction mechanism　ECM，见误差成分模型；误差纠正机制

economic forecasting, see forecasting　经济预测，见预测

efficient market hypothesis　有效市场假说

endogeneity　内生性

endogenous regressors　内生回归元

Engel expenditure functions　恩格尔支出函数

Engle-Granger test　恩格尔-格兰杰检验

equidispersion　等离散

error components model　误差成分模型

error correction mechanism　误差纠正机制

error sum of squares　误差平方和

error term　误差项

non-normal　非正态

  probability distribution　非正态概率分布

errors of measurement　误差测度

ESS, see explained sum of squares　ESS，见解释平方和

estimator　估计量

  best linear unbiased　最佳线性无偏估计量

  best unbiased　最佳无偏估计量

  efficient　有效估计量

estimators, inconsistency　估计量，不一致性

event　事件

Eviews　Eviews 软件

ex ante/post forecasts　事前/事后预测

Excel　Excel 软件

exogeneity　外生性

expected value　期望值

experiments　试验

exponential functions　指数函数

explained sum of squares　解释平方和

exponential probability distribution　指数概率分布


fashion sales　时装销售

*F* distribution　*F* 分布

feasible generalized least squares　可行性广义最小二乘

FEM, see fixed effects model　FEM，见固定效应模型

FGLS, see feasible generalized least squares　FGLS，见可行性广义最小二乘

first-difference transformation　一阶差分转换

fixed effect within group estimator　组内固定效应估计量

fixed effects estimators　固定效应估计量

fixed effects least squares dummy variable  固定效应最小二乘虚拟变量

fixed effects model  固定效应模型

fixed effects regression model  固定效应回归模型

food expenditure  食品支出

forecast error  预测误差

forecasting  预测

  ARIMA  ARIMA 预测

  measures of accuracy  预测精确度衡量

  regression models  预测回归模型

  types of  预测类型

  VAR  VAR 预测

frequency distribution  频率分布

Frisch-Waugh Theorem  弗里希–沃定理

$F$ test  $F$ 检验


GARCH model  GARCH 模型

GARCH-M model  GARCH-M 模型

Gaussian white noise process  高斯白噪声过程

Generalized Autoregressive Conditional Heteroscedasticity, see GARCH model  见
  GARCH 模型

generalized least squares  广义最小二乘

German Socio-Economic Panel  德国社会经济面板数据

GESOEP, see German Socio-Economic Panel  GESOEP，见德国社会经济面板数据

goodness of fit  拟合优度

graduate school decision  申请研究生院的决定

Granger causality test  格兰杰因果关系检验

Granger Representation Theorem  格兰杰表述定理

graphical analysis  图形分析

graphical tests of autocorrelation  自相关的图形检验

gross private investments and gross private savings  私人总投资和私人总储蓄

grouped data  群组数据

growth rates  增长率


HAC standard errors  HAC 标准误

Hausman test  豪斯曼检验

hazard function  风险函数

hazard ratio  风险率

heterogeneity  异质性

  unobserved  未观察到的异质性

heteroscedasticity　异方差性

　　autocorrelated　自相关的异方差性

　　consequences of　异方差性的后果

　　detection　异方差性的检测

　　remedial measures　异方差性的补救措施

holdover observations　保留观测值

homoscedasticity　同方差性

hourly wages　小时工资

hypothesis testing　假设检验


IBM stock price　IBM 股票价格

identities　身份

IIA，see independence of irrelevant alternatives　IIA，无关选择的独立性

ILS，see indirect least squares　ILS，见间接最小二乘

impact multipliers　乘数效应

imperfect collinearity　不完美共线性

income determination　收入决定因素

independence of irrelevant alternatives　无关选择的独立性

index variables　指数变量

indicator variables，see dummy variables　指示变量，见虚拟变量

indirect least squares　间接最小二乘法

influence points　影响力点

instrumental variables　工具变量

　　diagnostic testing　工具变量诊断检验

　　hypothesis testing　工具变量假设检验

interactive dummies　交互项

interval estimation　区间估计

interval forecasts　区间预测

interval scale　区间尺度


Jarque-Bera statistic　JB 统计量

Jarque-Bera test　JB 检验

joint probability　联合概率


Koyck distributed lag model　考伊克分布滞后模型

kurtosis　峰度


lag　滞后

Lagrange multiplier test　拉格朗日乘子检验

latent variables　潜在变量

　　mean value　潜在变量的平均值

law enforcement spending　执法支出

level form regression　水平形式的回归

leverage　杠杆

likelihood ratio　似然比

likelihood ratio statistic　似然比统计量

limited dependent variable regression models　受限因变量回归模型

linear probability model　线性概率模型

linear regression　线性回归

linear regression model　线性回归模型

　defined　线性回归模型的定义式

　estimation　线性回归模型的估计

linear restriction　线性约束

linear trend model　线性趋势模型

lin-log models　线性对数模型

logarithmic functions　对数函数

logistic probability distribution　logistic 概率分布

logit model　logit 模型

log-linear models　对数线性模型

　compared with linear model　对数线性模型与线性模型的比较

long panel　长面板

LPM，see linear probability model　LPM，见线性概率模型

LRM，see linear regression model　LRM，见线性回归模型


marginal probability　边缘概率

marginal propensity to consume　边际消费倾向

married women's hours of work　已婚妇女的工作小时数

maximum likelihood　最大似然

mean equation　均值方程

memoryless property　无记忆性

mixed logit models　混合 logit 模型

ML，see maximum likelihood　ML，见最大似然

MLM，see multinomial logit models　MLM，见多元 logit 模型

model specification errors　模型设定误差

Monte Carlo simulation　蒙特卡罗模拟

moving average model　移动平均模型

MPM，see multinomial probit models　MPM，见多元 probit 模型

MRM，see multinomial regression models　MRM，见多元回归模型

multicollinearity　多重共线性

    detection　多重共线性的检测

    remedial measures　多重共线性的补救措施

multinomial logit models　多项 logit 模型

multinomial probit models　多项 probit 模型

multinomial regression models　多项回归模型

    choice-specific data　选择特定的多项回归模型

    chooser or individual-specific data　选择者或个体特定的多项回归模型

    mixed　混合多项回归模型

    nominal　名义多项回归模型

    ordered　有序多项回归模型

    unordered　无序多项回归模型

multiple instruments　多个工具变量

multiplier　乘数

MXL，see mixed logit models　MXL，见混合 logit 模型


National Longitudinal Survey of Youth　全国青年纵向调查

NBRM，see negative binomial regression model　NBRM，见负二项回归模型

NCLRM，see normal classical linear regression model　NCLRM，见正态经典线性回归模型

negative binomial regression model　负二项回归模型

Newey-West method　纽韦-韦斯特方法

NLSY，see National Longitudinal Survey of Youth　NLSY，见全国青年纵向调查

nominal scale　名义尺度

nonsystematic component　非系统的部分

normal classical linear regression model　正态经典线性回归模型

normal distribution　正态分布


odds ratio　机会比率

OLM，see ordered logit models　OLM，见有序 logit 模型

OLS，see ordinary least squares　OLS，见普通最小二乘

omitted variable bias　遗漏变量偏差

OMM，see ordered multinomial models　OMM，见有序多项模型

one-way fixed effects model　单因素固定效应模型

order condition of identification　识别的阶条件

ordered logit models　有序 logit 模型

    predicting probabilities　有序 logit 模型的预测概率

ordered multinomial models　有序多项模型

ordinal logit models　有序 logit 模型

ordinal probit models　有序 probit 模型

ordinal regression models　有序回归模型

ordinal scale　序数尺度

ordinary least squares　普通最小二乘

outliers　异常值

over-differencing　过度差分

overdispersion　过度离散

overfitting　过度拟合


pairwise correlation　两两相关

panel data　面板数据

 importance of　面板数据的重要性

panel data regression models　面板数据的回归模型

Panel Study of Income Dynamics　动态收入面板研究

panel-corrected standard errors　面板校正标准误

parallel regression lines　平行回归线

partial likelihood　偏似然

patents and R&D expenditure　专利和研发支出

PCA, see principal component analysis　PCA，见主成分分析

PCE, see personal consumption expenditure　PCE，见个人消费支出

PDI, see personal disposable income　PDI，见个人可支配收入

perfect collinearity　完全共线性

permanent income hypothesis　持久收入假说

personal consumption expenditure　个人消费支出

personal disposable income　个人可支配收入

Phillips curve　菲利普斯曲线

point estimation　点估计

point forecasts　点预测

Poisson probability distribution　泊松概率分布

Poisson regression models　泊松回归模型

 limitation　泊松回归模型的局限

polychotomous (multiple category) regression models, see multinomial regression models　多
 类别回归模型，见多元回归模型

polynomial regression models　多项式回归模型

polytomous regression models, see multinomial regression models　多类别回归模型，见
 多项回归模型

pooled estimators　混合估计量

pooled OLS regression　混合 OLS 回归

population　总体

population model　总体模型

population regression function　总体回归模型

PPD, see Poisson probability distribution　PPD，见泊松概率分布

Prais-Winsten transformation　普雷思–温斯腾转换

PRF, see population regression function　PRF，见总体回归模型

principal component analysis　主成分分析

PRM, see Poisson regression models　PRM，见泊松回归模型

probability　概率

probability density function　概率密度函数

probability distributions　概率分布

probability limit　概率极限

probability mass function　概率质量函数

probit model　probit 模型

problem of identification　可识别性问题

proportional hazard model　比例风险模型

proportional odds models　比例机会模型

　　alternatives to　比例机会模型的替代方法

　　limitations　比例机会模型的局限

proxy variables　代理变量

PSID, see Panel Study of Income Dynamics　PSID，见动态收入面板研究

$p$ value　$p$ 值


QMLE, see quasi-maximum likelihood estimation　QMLE，见最大似然估计

$Q$ statistic　$Q$ 统计量

quadratic trend variable　二次趋势变量

qualitative response regression models　定性响应回归模型

qualitative variables see dummy variables　定性变量，见虚拟变量

quasi-maximum likelihood estimation　准最大似然估计


$R^2$ measure　$R^2$ 测度

Ramsey's RESET test　拉姆齐 RESET 检验

random component　随机的部分

random effects estimators　随机效应估计量

random effects model　随机效应模型

random interval　随机区间

random variables　随机变量

　variance　随机变量的方差

random walk models　随机游走模型

rank condition of identification　识别的秩条件

ratio scale　比率尺度

recidivism duration　累犯期间

reciprocal models　倒数模型

reference category　参考类别

regressand　回归子

regression，standardized variables　标准化变量的回归

regression coefficients　回归系数

　　interpretation of　对回归系数的解释

　　truncated　断尾回归系数

regression models　回归模型

　　choice of　回归模型的选择

　　misspecification of functional form　函数形式的误设

regression parameter　回归参数

regressors　回归元

　　correlation with error term　回归元与误差项的相关

　　endogenous　内生回归元

　　marginal effect　回归元的边际效应

　　marginal impact　回归元的边际影响

　　measurement errors　回归元的测量误差

　　random　随机回归元

　　stochastic　随机回归元

relative frequency　相对频率

relative risk ratios　相对风险比

REM，see random effects model　REM，见随机效应模型

residual　残差

residual sum of squares　残差平方和

response probabilities　响应概率

restricted model　受限模型

restricted regression　受约束回归

returns to scale　规模报酬

　　constant　规模报酬不变

　　testing　规模报酬的检验

ridge regression　岭回归

robust standard errors　稳健标准误

RSS，see residual sum of squares　RSS，见残差平方和

rule of　RSS 规则

RWM，see random walk models　RWM，见随机游走模型

sample correlation coefficient　样本相关系数

sample covariance　样本协方差

sample mean   样本均值

sample regression function   样本回归函数

sample regression model   样本回归模型

sample space   样本空间

sample standard deviation   样本标准差

sample variance   样本方差

scale effect   规模效应

scenario analysis   情境分析

school choice   择校

Schwarz's Information Criterion   施瓦茨信息准则

seasonal adjustment   季节调整

semi-elasticities   半弹性

semilog model   半对数模型

SER，see standard error, of the regression   SER，见回归标准误

serial correlation   序列相关

short panel   短面板

SIC，see Schwarz's Information Criterion   SIC，见施瓦茨信息准则

significance   显著性

simultaneity   联立性

simultaneous equation bias   联立方程偏差

simultaneous equation regression models   联立方程回归模型

SIPP，see Survey of Income and Program Participation   SIPP，见收入与项目参与调查

skewness   偏态

smoking   抽烟

software packages   软件包

specification bias   识别偏误

spurious correlation   伪相关

spurious regression   伪回归

　 non-spurious   不伪

　 simulation   伪回归仿真

square transformation   平方转换

squared residuals   残差平方

SRF，see sample regression function   SRF，见样本回归函数

standard deviation   标准差

standard error   标准误

　 of the regression   回归标准误

standardized coefficients   标准化系数

standardized variables   标准化变量

Stata   Stata 软件包

计量经济学：原理与实践（第二版）

stationarity 平稳性

  tests of 平稳性检验

statistical inference 统计推断

stochastic error term 随机误差项

stochastic process 随机过程

stochastic regressors 随机回归元

  problems 随机回归元带来的问题

stock prices 股票价格

strong instrument 强工具

structural coefficients 结构系数

structural equations 结构方程

Student's $t$ distribution 学生 $t$ 分布

summation notation 求和符号

Survey of Income and Program Participation 收入与项目参与调查

survival analysis 生存分析

  terminology 生存分析术语

survivor function 生存函数


tau test，see Dickey-Fuller test Tau 检验，见迪基–富勒检验

$t$ distribution $t$ 分布

Theil Inequality Coefficient 泰尔不等系数

Theil's U-Statistic 泰尔 U 统计量

threshold parameters 临界参数

time series 时间序列

  detrended 去趋势化的时间序列

  difference stationary 差分平稳时间序列

  integrated 时间序列的协整

  random 随机时间序列

  stationary 时间序列平稳

  trend stationary 趋势平稳时间序列

Tobit model Tobit 模型

tolerance 容许度

total sum of squares 总平方和

TPF，see transcendental production function TPF，见先验生产函数

transcendental production function 先验生产函数

travel mode 旅行方式

Treasury Bill rates 国债利率

trend stationary process 趋势平稳过程

trend variables 趋势变量

truncated normal distribution　断尾正态分布

truncated sample models　断尾样本模型

TSP，see trend stationary process　TSP，见趋势平稳过程

TSS，see total sum of squares　TSS，见总平方和

*t* test　*t* 检验

two-stage least squares　两阶段最小二乘法

two-way fixed effects model　双因素固定效应模型


unbalanced panel　非平衡面板

unconditional forecasts　无条件预测

unconditional variance　无条件方差

under-differencing　差分不足

underfitting　拟合不足

unit root test　单位根检验

unrestricted model　非受限模型

unrestricted regression　无约束回归

unstandardized coefficients　非标准化系数


VAR，see vector autoregression　VAR，见向量自回归

variables　变量

   endogenous　内生变量

   exogenous　外生变量

   irrelevant　无关变量

   omitted　遗漏变量

   predetermined　前定变量

variance　方差

   steady state　稳态

variance equation　方差方程

variance-inflating factor　方差膨胀因子

VECM，see vector error correction model　VECM，见向量误差纠正模型

vector autoregression　向量自回归

vector error correction model　向量误差纠正模型

volatility　波动性

volatility clustering　波动率聚类


wage function　工资函数

   functional form　工资的函数形式

   semi-log model　工资的半对数模型

wages model　工资模型

Wald test　瓦尔德检验
weak instrument　弱工具
Weibull probability distribution　韦布尔概率分布
weighted least squares　加权最小二乘法
white noise　白噪声
White's test　怀特检验

Y variable　Y变量

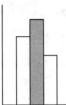

# 译后记

　　古扎拉蒂先生的计量经济学教材是我本科时候就开始学习的教科书，其水平在计量经济学界是有口皆碑的。在我国比较流行的，首推他的《计量经济学基础》，这本书先是由已故的林少宫老先生翻译，后几版由已故的费剑平老师翻译，是最早翻译过来的计量经济学教科书之一。我在读研究生的时候，看的就是林少宫先生翻译的这本书的第三版。后来伍德里奇的教科书《计量经济学导论》异军突起，主要原因之一在于他在指导应用计量经济学方法方面更注重实践，而古扎拉蒂的书则相对比较注重推导。

　　鉴于这种情况，古扎拉蒂先生老骥伏枥，笔耕不辍，不仅出版过一本《计量经济学精要》，大大缩减了篇幅，而且又以80多岁的高龄，重新出版了一本新的计量经济学教科书《计量经济学：原理与实践》。现在，我把这本书第二版也译为中文，以飨读者。

　　这本书有两大优点：第一是精悍，篇幅不再冗长浩繁，省去了很多非计量专业的人士不乐意看到的数学推导过程，更多地强调实践程序；第二是实用，主要借助案例进行教学，条分缕析，丝丝入扣。这本书的英文原名直译过来就是"通过案例学习计量经济学"，足见这一特色。这本书不但可以供本科生学习，也可以供那些不以计量为专业的研究生和实际工作者使用，是一本通俗而又实用的操作手册。

　　在翻译过程中，我曾得到过我的家人以及不少朋友和学生的帮助，尤其是平福冉同学，他在第二版修订过程中做了许多细致的助理工作，在此谨向这些家人、朋友和学生表示由衷的感谢！

李井奎

2022年1月4日于浙江工商大学经济学院

计量经济学：原理与实践（第二版）

# 中国人民大学出版社经济类引进版教材推荐

## 经济科学译丛

20世纪90年代中期，中国人民大学出版社推出了"经济科学译丛"系列丛书，引领了国内经济学汉译名著的第二次浪潮。"经济科学译丛"出版了上百种经济学教材，克鲁格曼《国际经济学》、曼昆《宏观经济学》、平狄克《微观经济学》、博迪《金融学》、米什金《货币金融学》等顶尖经济学教材的出版深受国内经济学专家和读者好评，已经成为中国经济学专业学生的必读教材。想要了解更多图书信息，可扫描下方二维码。

经济科学译丛书目

## 金融学译丛

21世纪初，中国人民大学出版社推出了"金融学译丛"系列丛书，引进金融体系相对完善的国家最权威、最具代表性的金融学著作，将实践证明最有效的金融理论和实用操作方法介绍给中国的广大读者，帮助中国金融界相关人士更好、更快地了解西方金融学的最新动态，寻求建立并完善中国金融体系的新思路，促进具有中国特色的现代金融体系的建立和完善。想要了解更多图书信息，可扫描下方二维码。

金融学译丛书目

## 双语教学用书

为适应培养国际化复合型人才的需求，中国人民大学出版社联合众多国际知名出版公司，打造了"高等学校经济类双语教学用书"系列丛书，该系列丛书聘请国内著名经济学家、学者及一线授课教师进行审核，努力做到把国外真正高水平的适合国内实际教学需求的优秀原版图书引进来，供国内读者参考、研究和学习。想要了解更多图书信息，可扫描下方二维码。

高等学校经济类双语教学用书书目

**图书在版编目（CIP）数据**

计量经济学：原理与实践：第二版／（美）达摩达尔·古扎拉蒂著；李井奎译. --北京：中国人民大学出版社，2022.7

（经济科学译丛）

ISBN 978-7-300-30737-4

Ⅰ.①计… Ⅱ.①达… ②李… Ⅲ.①计量经济学 Ⅳ.①F224.0

中国版本图书馆 CIP 数据核字（2022）第 102247 号

"十三五"国家重点出版物出版规划项目

经济科学译丛

**计量经济学：原理与实践（第二版）**

达摩达尔·古扎拉蒂　著

李井奎　译

Jiliang Jingjixue：Yuanli yu Shijian

---

| | | | | | |
|---|---|---|---|---|---|
| **出版发行** | 中国人民大学出版社 | | | | |
| **社　　址** | 北京中关村大街 31 号 | | **邮政编码** | 100080 | |
| **电　　话** | 010－62511242（总编室） | | | 010－62511770（质管部） | |
| | 010－82501766（邮购部） | | | 010－62514148（门市部） | |
| | 010－62515195（发行公司） | | | 010－62515275（盗版举报） | |
| **网　　址** | http://www.crup.com.cn | | | | |
| **经　　销** | 新华书店 | | | | |
| **印　　刷** | 北京七色印务有限公司 | | | | |
| **规　　格** | 185 mm×260 mm　16 开本 | | **版　　次** | 2022 年 7 月第 1 版 | |
| **印　　张** | 30.5 插页 2 | | **印　　次** | 2022 年 7 月第 1 次印刷 | |
| **字　　数** | 691 000 | | **定　　价** | 72.00 元 | |